BMW-Stammbaum II

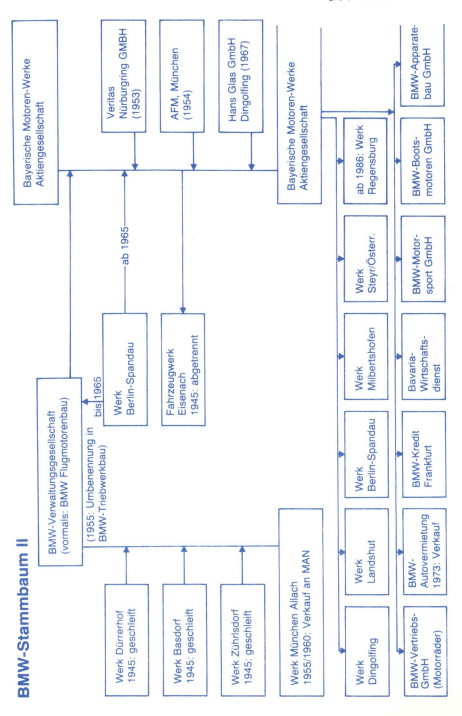

Hanns-Peter Rosellen · Das weiß-blaue Wunder

Hanns-Peter Rosellen

Das weiß-blaue Wunder

BMW – Geschichte und Typen

Seewald Verlag Stuttgart

Die Informationen zu diesem Buch beruhen auf Gesprächen und Interviews mit führenden Mitarbeitern der BMW AG von damals und heute. Dabei reichen die Augenzeugen-Berichte über die Geschehnisse in und um die weiß-blaue Marke bis ins Jahr 1924 zurück. Die Recherchen zogen sich über einen Zeitraum von zwölf Jahren hin. Alle Gespräche wurden auf Tonbändern protokolliert und liegen vor. Angereichert wird die Historie durch Denkschriften, Publikationen, Zeitschriften und Zeitungsausschnitte über das Münchener Werk aus den jeweiligen Zeitabschnitten, sowie aus Presseverlautbarungen der Firma.

Alle Rechte vorbehalten
© Seewald Verlag
Dr. Heinrich Seewald GmbH & Co.
Stuttgart-Degerloch 1983
Schutzumschlag: Claudia Böhmer
Satz: Computersatz Bonn GmbH, Bonn
Druck und Einband:
Wilhelm Röck, Weinsberg
Printed in Germany
ISBN 3 512 00650 7

Inhalt

Ein Wiener kommt nach München	1
Aktionär bei BMW: Zündapp	3
Wege zur Technik	4
Versuch im Autohandel	5
Auf dem Bierdeckel skizziert	6
Schlechte Figur	8
Mehr Leistung durch Preßluft	9
Der Blick nach Stuttgart	10
Drang zum Kleinwagen	11
Fahrräder mit Kardanwellen	12
Entwicklungshilfe aus Frankreich	14
Der Zweitakt-BMW	18
Ein BMW – von Mercedes gebaut	21
„Flucht in die Qualität"	24
Geheimnis: ein stabiler Rahmen	24
Die Geburt der Niere	25
Das beste Motorrad der Welt	27
Wie sich Popp gegen Hitler stellte	28
BMW und der Volkswagen	30
Der Leichtwagen	31
Die Sportwagen-Generation	34
Lizenz an Frazer-Nash	34
Der Drang nach oben – das Vorbild: Horch	38
Zur Perfektion gebracht: das Baukasten-System	40
Vom Treiber und vom Bremser	42
Der Bruch mit Mercedes	42
„Pionier der deutschen Konstruktionsschule"	44
Der Krach zwischen Berlin und München	46
Das Flaggschiff	47
Revolution im Motorenbau	48
Kam, sah und siegte	48
Der Rückschlag	50
Rüffel vom Chef	52
Versuchsfeld: Zwischen München und Eisenach	53
Fürs Gelände: Vierrad-Lenkung	54
Fahrzeugstadt Eisenach	55
Der Ärger mit dem 320	56
Aus dem 320 wird der 321	57
Erprobung im Balkan	57
Von Kofferraumklappen und Abrißkanten	58

Der Sprung zum Konzern	63
Traum von großen Serien	64
Heiße Reifen mit 90 PS	65
Fehlgeburt K-1	67
Den Sieg befohlen	69
Der Mille Miglia-Wagen: kurz und bucklig	71
Die Auto-Generation, die nie erschien	73
Die Motorrad-Boliden	78
Der Kriegsausbruch und seine Folgen	79
Mit dem KZ gedroht	80
Per Eisenbahn nach Eisenach	80
Panzerjäger aus München	82
Umzug aufs Land	84
Der Tilly-Befehl	84
Weiterleben als Genossenschaft?	89
Das Kartoffel-Kultur-Gerät	90
Versteck im Kalibergwerk	92
Konstruktionszeichnungen für 10 Cent	93
Befehl zum Autobau	94
Aus BMW wird Awtovelo	96
Aus Schrott-Teilen: das erste Münchener Motorrad	96
„Schmucke Gesellschaft"	99
Autos aus der Kiste	101
Die Rennwagen-Schmiede in Chemnitz	102
Der erste Einspritzmotor von BMW	104
Grenzen zu – Teile weg	107
Der neue BMW 340	107
Wie Bristol BMW-Wagen baute	109
Mit leeren Händen in den Autobau	110
Der DKW von BMW?	113
Zwang zur Größe	115
Kontakt nach Italien	116
Hilfe aus Minden	118
Vorherrschaft im Motorsport	121
Veritas – der Wagen für die Reichen	123
Die Auslands-Konkurrenz	124
BMWs aus Stuttgart	128
Acht Zylinder mit Pfiff	134
„Viel Glück . . ."	136
Hoffmanns Erzählungen	139
Vorgabe: 220 Spitze	141
Angriff auf Bonn	144
Verpaßtes Motorroller-Geschäft	149
Kleinstwagen-Nöte	150

Isetta mit vier Sitzen	156
Der Griff in die Rücklagen	158
Die lästigen Zweigwerke	158
Neue Männer – neue Pläne	160
Krach um Türen	162
Die schwere Geburt des 700	165
Retter gesucht	167
Hoffnungsschimmer	169
Ausverkauf	171
„Makabres Schauspiel"	172
Ein neuer Anfang	174
Der Einstieg in die Mittelklasse	175
Zartes Pflänzchen	179
Die Rache	180
Das Lancia-Kleid	180
Sehnsucht nach Gediegenheit	183
Der teuerste Lehrling	185
Prototypen – aufs Fließband gestellt	188
Modellbereinigung	188
Qualität um jeden Preis	189
Spiegel's Nischen	191
Jahr der Wende	192
Die neue Klasse	192
Tiefstapler in Silbergrau	193
Erstmals Dividende	194
Das weiße Cabriolet	195
Noch besser: BMW 1600	196
Sonne-Abgang	196
Das Schlitzaugen-Coupé	197
Der fünfzigste Geburtstag	199
Hahnemanns Ruhm als „Nischen-Paul"	203
Strecken-Schreck	203
Die Indiskretion	205
„Ein großer Brocken"	206
„Die Wurst von beiden Enden anschneiden"	207
Der Gieschen-Plan	210
BMWs Stiefkinder	211
Expansion in der Talsohle	214
Der Studentenwagen	217
Der Sportwagen aus Leverkusen	218
„Schrecklich, schrecklich"	220
Internationale Kontakte	221
Das Kraftwerk	224
„Sechs Richtige"	226

Das Karmann-Coupé	228
Einbruch in die Mercedes-Klasse	231
Kunsthandwerk für Ingenieure	231
Kein Platz für den „City"	233
Gestiftete Stiftung	234
Die schöne Braut	234
Falscher Krisenalarm	236
Vom City zum Touring	238
Nicht nach Hilfe rufen	239
„Wir reizen aus"	240
Neue Fabrik: Von Ungarn gebaut	244
Hahnemanns Sturz	245
Riemen-Triebe	247
„Stimmung ausgezeichnet"	248
BMWs größter Vierzylinder	250
Späte Sportrenaissance	251
Autos gerecht verteilen	253
Wankel-mütig	254
Der May ist gekommen . . .	255
Das Hick-Hack um den Sportwagen	256
Michelottis Coupé	259
Entwicklungshilfe für Amerika	260
Der Beau aus Bayern	260
Drei Alternativen	262
Die ungeliebte Tochter	265
Große Pläne von großen Motoren	266
Kontakte zum Osten	267
Das Doppel-Jubiläum	268
Festtag für Kleinaktionäre	268
Feuerofen mit Spiegelschrift	269
Verbrannte Erde	270
Das Flossen-Coupé	271
Die Lang-Limousinen	271
„Kein neues Detroit"	274
„Jupp, komm nach Bayern"	275
Die Ölkrise und ihre Auswirkungen	275
Auf der Suche nach dem kleinen BMW	277
Schamfrist für Lutz	278
Die Senkrecht-Taucher	280
Motorenlieferant für Rennställe	280
Der Rückschlag	281
Vom Spar- zum Luxusauto	282
Keine British-Motor-Works	283
Die Niere hoch	284

Mißfallen am Heck	286
Die Benzin-Krise	288
Bilanz 75: Lager geräumt	289
Lohnauftrag für Lamborghini	290
Ideen vom Turbo	292
Potz 1000	294
Kein falscher Fünfer	295
Der Wunderknabe	296
Der BMW mit Porsche-Motor	297
Der Konkurrenz 10 Jahre voraus?	299
Unerfüllte Hoffnung	302
Der Krisen-Motor	302
Der Kraft-Zwerg	305
Die Frischluft-Version	306
Eberhard der Glückliche	306
Die PS-Aufrüstung	308
Lamborghinis Finanzkrise	309
Ratten-Pech	312
Drang zum Diesel	313
Blick in die Zukunft	314
Gipfeljahr	316
„Automobile Exklusivität"	317
Die M-Reihe	319
Kunst am Auto	320
Kontakt zu Fiat?	322
Lob dem freien Unternehmertum	323
Bester Kunde: Ford	323
Zwei Anläufe	324
Weg vom Inspektionsheft	325
Von Kombis und Cabrios	329
Das Export-Jahr	330
Der Bruch mit Steyr	331
Technische Daten der BMW-Modelle	335
BMW Dixi 3/15 (Typ DA 1)	337
BMW Dixi 3/15 (Typ DA 2)	338
BMW Dixi 3/15 (Typ DA 4)	340
BMW Wartburg 3/15 (Typ DA 3)	341
BMW AM 1 (und 3)	343
BMW AM 4	345
BMW 303	346
BMW 309	348
BMW 315	349

BMW 315/1	351
BMW 319	352
BMW 319/1	354
BMW 329	355
BMW 325	357
BMW 326	358
BMW 327	360
BMW 328	361
BMW 327/328	363
BMW 320	364
BMW 321	366
BMW 335	367
BMW 501	369
BMW 501/2	370
BMW 501/3	372
BMW 502 V8	373
BMW 502 (ab 1958: 2,6)	375
BMW 2600	376
BMW 2600 L	378
BMW 502 V8 (ab 1958: 3200 L)	379
BMW 3200 L	381
BMW 502 Super (ab 1958: 3200 S)	382
BMW 3200 Super	384
BMW 505	385
BMW 503 (Serie I und II)	387
BMW 507 (Serie I und II)	389
BMW 3200 CS	390
BMW Glas 3000 V8	392
BMW Isetta 250 (300)	393
BMW Isetta Export 57 – 250 (300)	395
BMW 600	396
BMW 700	398
BMW 700 C	399
BMW 700 Sport	401
BMW LS	402
BMW LS Coupé	404
BMW 1500	405
BMW 1600	407
BMW 1800	408
BMW 1800	410
BMW 1800	411
BMW 1800 TI	413
BMW 1800 TI/SA	414
BMW 2000 TI	415

BMW 2000	417
BMW 2000	418
BMW 2000 TI-lux	420
BMW 2000 tilux	421
BMW 2000 tii	423
BMW 2000 CA/C	424
BMW 2000 CS	426
BMW 1502	428
BMW 1600-2	429
BMW 1602	431
BMW 1602	432
BMW 1600 TI	434
BMW 1600 GT	435
BMW 1802	437
BMW 1802	438
BMW 2002	440
BMW 2002	442
BMW 2002 ti	444
BMW 2002 tii	446
BMW 2002 tii	447
BMW 2002 turbo	449
BMW Touring 1600	451
BMW Touring 1800 (ab Dez. 1972: Touring 1802)	452
BMW Touring 2000 (ab Dez. 1972: Touring 2002)	454
BMW Touring 2000 tii (ab Dez. 1972: Touring 2002 tii)	455
BMW 2500	457
BMW 2500	458
BMW 2500/2,8l (Exportausf.: BMW Bavaria)	460
BMW 2800	461
BMW 2800	463
BMW 2,8 L	464
BMW 3,0 S	466
BMW 3,0 Si	468
BMW 3,0 Si	470
BMW 3,0 L	471
BMW 3,3 L	473
BMW 3,3 Li	474
BMW 2800 CS	476
BMW 2,5 CS	477
BMW 3,0 CS	479
BMW 3,0 CSi	480
BMW 3,0 CSL	482
BMW 3,0 CSL	483
BMW 3,0 CSL	485

BMW Turbo	486
BMW 518	487
BMW 518	489
BMW 518	490
BMW 520	492
BMW 520	494
BMW 520/6	495
BMW 520 i	497
BMW 520 i	499
BMW 525	500
BMW 525	502
BMW 528	504
BMW 528	505
BMW 528 i	507
BMW M 535 i	509
BMW 518	510
BMW 520 i	512
BMW 525 i	513
BMW 528 i	515
BMW 316	517
BMW 316	518 und 553
BMW 315	520
BMW 318	521
BMW 318 i	523 und 554
BMW 320	525
BMW 320 i	526 und 556
BMW 320/6	527
BMW 323 i	529 und 558
BMW 728	531
BMW 728 i	532 und 560
BMW 730	534
BMW 733 i (ab Aug. 1979: 732 i)	536 und 561
BMW 735 i	538 und 563
BMW 745 i	539 und 564
BMW 630 CS	541
BMW 628 CSi	543
BMW 633 CSi (ab Sept. 1980: 632 CSI)	544
BMW 635 CSi	546
BMW 628 CSi	548
BMW 635 CSi	549
BMW M-1	548
Betriebwirtschaftliche Daten der BMW AG	567
Dankadresse und Foto-Quellen	611

Ein Wiener kommt nach München

Eintönig rattert der Personenzug von Wien nach München. In einem der vollbesetzten Abteile saß schweigend ein junger Mann in der Uniform eines österreichischen Marine-Offiziers. Über ihm – im Gepäcknetz – zwei prall gefüllte Koffer; in der bayerischen Metropole sollte ein neuer Lebensabschnitt für den Wiener Franz Josef Popp beginnen.
Der hagere Mann hatte gerade sein Studium als Diplom-Ingenieur beendet als der Erste Weltkrieg ausbrach. So erlaubten die Umstände auch keine große Stellungswahl: Popp trat ins österreichische Heer ein und stieg aufgrund seiner technischen Kenntnisse bald zum Sachverständigen für das Flugwesen im Kriegsministerium auf.
In dieser Eigenschaft plädierte er für die Einführung eines Zwölfzylinder-Motors in österreichische Kampfflugzeuge. Ein Triebwerk, das bei Austro-Daimler in der Wiener Neustadt konstruiert worden war. Die Sache hatte nur einen Haken: Die große Fabrik hatte soviel Aufträge, daß zur Fertigung des neuen Motors kein Platz blieb. Weil aber die Militärs auf den neuen Motor nicht verzichten mochten, kümmerte sich der Austro-Daimler-Aktionär Camillo Castiglioni selbst um Produktionsmöglichkeiten. Er kaufte die Karl-Rapp-Motorenwerke in der Schleißheimer Straße 288 von München. Ein winziger Betrieb, der seit seiner Gründung am 26. Oktober 1913 für die österreichische Armee und die dortige Seeflieger-Sektion „Pola" Vierzylinder-Triebwerke lieferte. Karl Rapp – früher Konstrukteur bei Gottlieb Daimler – hatte zwar vom Ausbruch des Ersten Weltkrieges und dem Trend, Flugzeuge militärisch einzusetzen, zwei Jahre lang profitiert; doch als Reklamationen an seinen Triebwerken eingingen, geriet Rapp in finanzielle Engpässe. Er hätte Konkurs anmelden müssen, wäre ihm nicht der Wiener Kommerzialrat Camillo Castiglioni begegnet, der sich im Herbst 1915 bei Rapp einkaufte.
Castiglioni schob den Auftrag des Kriegsministeriums über den Bau von 200 Exemplaren des Austro-Daimler-Zwölfzylinders der Münchener Firma zu und kassierte dafür zehn Millionen Mark Vermittlungsprovision.
Die österreichischen Militärs schickten nun ihren Sachverständigen für das Flugwesen nach München, der bei Rapp den ordnungsgemäßen Bau der 200 Triebwerke überwachen sollte. Als Franz Josef Popp (30) in der Schleißheimer Straße eintraf, fand er eine marode Firma vor; eine kleine Werkhalle, in der etwa 370 Arbeiter mit veralteten Maschinen neue Motoren bauten. Der neue Qualitätskontrolleur war kaum einige Monate in München, als Firmenchef Karl Rapp schwer erkrankte. Daraufhin bat Rapp den jungen Marine-Offizier, doch zumindest solange als Technischer Direktor das Werk zu führen, bis der Auftrag aus Wien erfüllt sei. Franz-Josef Popp schrieb nach Wien um Erlaubnis, dieses Angebot annehmen zu dürfen. Da seine Vorgesetzten um sieben Millionen Mark Vorauszahlungen bangten, stimmten sie zu.
So leitete ein österreichischer Offizier ein deutsches Unternehmen – und das mitten im Krieg. Als Technischer Direktor reiste Franz Josef Popp nun auch zu den verschiedenen Heeresverwaltungen und erfuhr dort, daß Rapp-Motoren wegen ihrer Unzuverlässigkeit einen sehr schlechten Ruf besaßen: eine Tatsache, die sich letztlich in schrumpfenden Aufträgen bemerkbar machte.
In jenen Monaten bewarb sich in der Schleißheimer Straße ein junger Mann. Max Friz (33) war Ingenieur bei Gottlieb Dailmer in Stuttgart und mit seiner Idee von einem „überverdichteten Motor" dort abgeblitzt. So versuchte es Friz bei der kleinen

Münchener Firma; er legte Popp Pläne von einem Triebwerk vor, daß in seinem Aufbau und Werkstoff ganz auf Treibstoffsparen ausgelegt war. Franz Josef Popp war beeindruckt und engagierte Friz zum 1. Januar 1917. Doch auch die Frizschen Ideen konnten in so kurzer Zeit den Geschäftsgang nicht zum besseren wenden.

Bei einer Sitzung mit dem Geldgeber Castiglioni legte Popp klar, daß nur durch eine Namensänderung noch etwas zu retten sei. Er schlug vor, die „Rapp-Motoren-Werke" in „Bayerische Motoren-Werke" umzutaufen, zumal Karl Rapp auch längst aus der Firma ausgeschieden war. Castiglioni stimmte zu, und so wurde am 20. Juli 1917 die Namensänderung offiziell vollzogen. Als Firmenemblem hatte Popp einen Kreis entworfen, der – in Stroboskop-Effekt – einen rotierenden Flugzeug-Propeller in den bayerischen Landesfarben weiß-blau symbolisierte; drumherum die Buchstaben „BMW".

Der Technische Direktor und Initiator wäre auch garzugerne als Teilhaber in die neue Gesellschaft mit beschränkter Haftung eingestiegen; doch Castiglioni war dagegen. Popp mußte sich mit dem Posten des Geschäftsführers abfinden. Immerhin: Er stieg jetzt aus österreichischen Staatsdiensten mit dem Ziel aus, sich künftig ganz der Flugmotorenfabrik zu widmen.

Inzwischen trugen auch die Gedanken von Friz Früchte. Kurze Zeit später legte BMW-Chef Popp der Inspektion der Fliegertruppe den Entwurf von Friz zu einem Sechszylinder-Standmotor vor und erhielt prompt einen Probeauftrag. Im September 1917 lief das erste Exemplar mit den drei Buchstaben „BMW" und der Typenbezeichnung „III a" auf dem Prüfstand. Nach vielen Rückschlägen hatte es seine Bewährungsprobe bestanden: Die Regierung in Berlin orderte 2 000 Exemplare für die Ausrüstung der Richthofen-Staffel. Die Firma wuchs; BMW hatte bald den Ruf, besonders fortschrittliche Motoren zu bauen. Schon reichte die geringe Kapitaldecke nicht mehr. Castiglioni pumpte noch einmal fünf Millionen Mark in die aufstrebende Gesellschaft.

Flugmotoren-Werbung von 1918: Aus dem rotierenden Propeller in Stroboskop-Effekt entstand das weiß-blaue BMW-Markenzeichen

Nach Kriegsende Sorgen um Aufträge: Generaldirektor Franz Josef Popp

Bei Gottlieb Daimler gelernt: Chefingenieur Max Friz

Aktionär bei BMW: Zündapp

Von diesem Geld kaufte Popp in der Moosacher Straße 80 ein Grundstück und ließ darauf ein neues Werk bauen. Die „Bayerischen Motoren-Werke, neues Werk" wurden im Sommer 1918 betriebsfertig, und so lief die Produktion von Flugmotoren sowohl im alten Werk in der Schleißheimer Straße wie auch in der Moosacher Straße auf Hochtouren. Innerhalb von nur zwei Jahren wuchs damit der kleine Betrieb zu einem der größten Flugmotoren-Fabriken im Lande mit rund 3 500 Arbeitern.
Da die Aufträge weiter zunahmen, warb Popp zur nächsten Wachstumsphase neue Teilhaber an. Darunter auch den Nürnberger Fabrikanten Friz Neumeyer, Inhaber der „Zünder- und Apparatebau-Gesellschaft" (Zündapp). Am 13. August 1918 gründete man gemeinsam die „Bayerische Motoren-Werke Aktiengesellschaft". Und als Vertreter der Nationalbank für Deutschland zog ein gewisser Hjalmar Schacht in den Aufsichtsrat. Jener Mann, der ein halbes Jahrzehnt später als Reichswährungskommissar Verdienste um die Stabilisierung der Rentenmark erwarb und danach zum Reichswirtschaftsminister aufstieg.
Doch dann endete der Erste Weltkrieg. Der Bedarf an Flugmotoren versiegte nicht nur, die neuen Herren im Lande untersagten den Bau von solchen Aggregaten als Kriegsgerät. BMW war die Existenzgrundlage von einem Monat zum anderen entzogen: Die Produktion in der Moosacher Straße – wohin man des größeren Platzes wegen gezogen war – ruhte. Um überhaupt Arbeit für seine Belegschaft zu finden, reiste Franz Josef Popp wenige Wochen nach Kriegsende nach Berlin zur

„Knorr-Bremse Aktiengesellschaft". Hier handelte er eine Lizenz zur Herstellung von Güterzugbremsen für Süddeutschland aus. Ein Geschäftszweig, der in den folgenden Monaten das Überleben der Firma sicherte. Wenn auch die Kapitalgeber zufrieden waren, Franz Josef Popp war es nicht; er wollte wieder Flug-Motoren bauen.
In ihm reifte die Idee, durch einen aufsehenerregenden Coup die Aufmerksamkeit der Zivil-Luftfahrt auf die Qualitäten des BMW-Motors zu lenken. So hatte Popp heimlich das neue 300 PS-Sechszylinder-Triebwerk mit 22,6 Liter Hubraum vom Typ IV in einen Doppeldecker einbauen lassen. Trotz Verbot schoben eine kleine Gruppe von Ingenieuren und Mechanikern das Flugzeug am 17. Juni 1919 auf das Oberwiesenfeld – den vereinsamten Flugplatz von München – und Pilot Franz Diemer startete zu einem zweistündigen Flug. Er schaffte eine Höhe von 9 760 Metern. Ein Weltrekord, der allerdings nie offiziell anerkannt wurde. Die Münchener feierten das Ereignis, doch die Sieger waren erbost. Sie erwogen, die ungehorsame Firma zu schließen. Wütend stampfte ein Franzose mit zwei Begleitern in die Moosacher Straße und stellte Popp zur Rede, wieso das absolute Flugverbot hintergangen würde. Der ganze Vorgang hatte Folgen: Kurze Zeit später erschien eine Kommission von fünf Herren in eleganten Anzügen, um darüber zu wachen, wie alle vorhandenen Flugmotoren-Teile unter einem Fallhammer verbogen wurden. Die alliierten Kontrolleure beschlagnahmen außerdem die Unterlagen und verhindern damit die offizielle Anerkennung des Weltrekords.

Wege zur Technik

Popp mochte sich dennoch nicht damit abfinden, in Zukunft allein Zugbremsen zu produzieren. Für ihn war dies ein Geschäftszweig, der mit dem Namen BMW nicht verknüpft werden durfte. Was sich der BMW-Geschäftsführer unter einem Programm der weiß-blauen Marke vorstellte, verbreiteten 1919 Anzeigen: „Bayerische Motoren-Werke liefern Motoren für Flugzeuge und Motorpflüge, Kraftwagen und Boote."
Parallel zum lukrativen Bremsenbau plante Popp, Einbau-Motoren an andere Hersteller zu liefern. So soll schon 1919 Max Friz die ersten Zeichenstriche für einen komplett neuen Vierzylinder-Viertakt-Motor mit acht Liter Hubraum und etwa 60 PS Leistung gezogen haben. Die extrem langhubige Maschine glich im Grunde früheren BMW-Flugmotoren und als Hochleistungs-Aggregat besaß es gar schon vier Ventile pro Zylinder. Das erste Exemplar wurde in einen gebraucht gekauften Austro-Daimler eingebaut.
Generaldirektor Popp ließ es sich nicht nehmen, die ersten Probefahrten im Hof der Firma höchstpersönlich zu absolvieren. Doch er kam nicht weit. Schon die erste Kurve fuhr der extrem kurzsichtige Popp zu schnell an. Bremsen nützte nichts mehr, der Wagen kippte um. Popp kam zwar mit dem Schrecken davon, doch die Versuche mit dem starken Motor wurden sofort eingestellt.
Stattdessen tüftelte nun Friz an einem anderen Triebwerk, das ebenfalls auf alten Flugmotoren-Traditionen beruhte: Ein Vierzylinder – wie damals üblich – ohne abnehmbaren Zylinderkopf, dafür aber mit obenliegender Nockenwelle. BMW wollte den Motor als Lastwagen-Aggregat, aber auch als Boots-Antrieb auf den Markt bringen. Einige Exemplare dienten als Einbau-Maschinen, Marke „Bayern-Motor". Doch der große Durchbruch gelang nicht. Das Triebwerk war zu aufwendig konstruiert und konnte nur zu einem hohen Preis angeboten werden.

Versuch im Autohandel

Langfristig wollte Popp keinesfalls nur Güterzugbremsen produzieren, sondern in seinen Werken etwas technisch hochwertiges bauen. Die Bremsen sicherten zwar die Existenzgrundlage, doch ein festes Standbein im Fahrzeugbau war das Ziel von Popp.
Durch das Verbot der Alliierten nach dem Ende des Ersten Weltkriegs Flugzeuge zu bauen, erhielt der Autobau neue Anstöße. Viele Flugzeug-Konstrukteure wendeten sich notgedrungen der Benzinkutsche zu und brachten Erfahrungen aus dem Luftschiffbau mit. Paul Jaray, zum Beispiel, der Aerodynamiker der Zeppelin-Werke, konstruierte seinen ersten Stromlinienwagen. Edmund Rumpler, ebenfalls Flugzeug-Konstrukteur, erregte mit seinem Tropfenwagen Aufsehen.
Popp und Friz hatten versucht, Erfahrungen aus dem Flugmotorenbau in den Fahrzeugmotor einfließen zu lassen – doch ohne geschäftlichen Erfolg. So wollte Popp wenigstens über eine Auto-Handlung den ersten Schritt in die neue Branche wagen. Da BMW-Hauptaktionär Camillo Castiglioni inzwischen Generaldirektor der österreichischen Auto-Schmiede Austro-Daimler war, erhielten die Bayerischen Motorenwerke 1920 den Generalvertrieb von Austro-Daimler-Autos für ganz Deutschland. Aber der „AD 617", ein nobler Sechszylinder mit 4,5 Liter Hubraum („Eines der bemerkenswertesten Automobile der ersten Nachkriegsjahre" – ein Automobil-Historiker) war zu teuer, um im verarmten Deutschland ein Geschäft zu werden.
In allen Fragen der Motorisierung herrschten zu jener Zeit noch unklare Vorstellungen. Einerseits sah man im Automobil einen Luxusgegenstand, andererseits strebten immer weitere Kreise in den Besitz einer solchen Benzin-Kutsche. Die volkswirtschaftliche Bedeutung des Fahrzeugs erkannte man zwar, aber die Folgen des Krieges hemmten die Motorisierung.
Mit Blick auf Nord-Amerika wurde BMW-Chef Popp klar, daß nur die Großserie eines wirtschaftlichen Kleinwagens das Problem lösen könne. Anläßlich der Automobil-Ausstellung im Dezember 1924 veröffentlichte Popp in dem Fachblatt „Motor" einen Artikel; darin regte er an, eine Marktanalyse zu erstellen, die Chancen und Grenzen der Motorisierung in Deutschland ausloten solle. Diese Forderung ließ die Fachwelt aufhorchen. Deshalb schrieb Popp am 3. Februar 1925 in der „Münchener Augsburger Abendzeitung" nochmals zu diesem Thema. Hier erwähnte Popp erstmals das Wort „Volkswagen", der nicht „mehr als 1 000 Dollar kosten" dürfe. Eine Idee war geboren, die Folgen haben sollte. Denn zu jener Zeit las dies alles ein gewisser Adolf Hitler im Gefängnis zu Landsberg. Als sich Jahre später Autor Popp und Leser Hitler trafen, kam der sofort auf die Volkswagen-Geschichte zu sprechen und meinte: „Nicht 1 000 Dollar darf der Wagen kosten, sondern 1 000 Mark."
Doch zurück ins Jahr 1921: Zwischen den Aktionären der Bayerischen Motoren-Werke und der Generaldirektion bahnte sich ein Zwist an. Popp wollte unbedingt die Firma langfristig zum Fahrzeugbau hinführen. Doch die Aktionäre wollten nicht mitziehen. Die gute Rendite der Zugbremsen-Fabrikation stimmte sie zufrieden. Warum sollten sie mit – nach ihrer Meinung – technischen Spielereien die guten Geschäfte aufs Spiel setzen?
So beschwor Franz Josef Popp seinen Freund und Geldgeber Castiglioni einzugreifen: 1922 kaufte der reiche Wiener alle Aktien der anderen Teilhaber auf und verkaufte das ganze Paket an die Knorr-Bremse AG in Berlin, die damit zu einem komplett eingerichteten Zweigwerk, die Süddeutsche Bremsen AG, in München kam.

Castiglioni handelte aber auch, daß er den Namen BMW, deren Patente und Konstruktionen vom früheren Motorenbau aus dem Werk in der Moosacher Straße mitnehmen dürfe.
Mit diesem mehr ideellen Eigentum kaufte Castiglioni auf Anraten von Popp ein 30 Hektar großes Fabrikgelände der völlig darniederliegenden „Bayerischen Flugzeugwerke" in der Lerchenauer Straße 76.
Auch diese Fabrik hatte eine bewegte Vergangenheit. 1913 kam Gustav Otto, der Sohn von Nikolaus August Otto – dem Erfinder des Viertakt-Motors – nach München und ließ sich in Schwabing nieder. Zu Beginn des Ersten Weltkriegs hatte Gustav Otto einige überdurchschnittliche Flugtriebwerke entwickelt; er zog nach Milbertshofen, in die Nähe des damaligen Exerzierfeldes und Flugplatzes Oberwiesenfeld und gründete dort eine kleine Fabrik. Ottos Triebwerke besaßen dort zwar anfangs einen besseren Ruf als die von Karl Rapp. Doch auch Otto kam 1916 in finanzielle Bedrängnis und mußte aus seiner Firma ausscheiden.
Die neuen Besitzer tauften die „Otto-Werke" in „Bayerische Flugzeugwerke" um. Nach Ende des Ersten Weltkriegs durften allerdings auch hier weder Flugmotoren noch Flugzeuge gebaut werden. Und da man den Sprung in eine andere Branche nicht schaffte, siechten die „Bayerischen Flugzeugwerke" auch unter ihrem neuen Besitzer – der Firma Albatros – dahin. Bis sie 1922 aufgelöst werden sollten.
Doch nun kaufte Castiglioni das Werk in der Lerchenauer Straße. Popp und sein Konstrukteur Friz, sowie etwa hundert Leute zogen in die leerstehende Halle, baute sie in eine Aluminium-Gießerei um, errichtete eine völlig neue Werkstatt mit Material-Prüflabor und adoptierte die Vergangenheit der Bayerischen Flugzeugwerke für die eigene Firmengeschichte. Weshalb 1916 als Gründungsdatum der BMW gilt.

Auf dem Bierdeckel skizziert

Zu jener Zeit trieb Deutschland in die Inflation. Das Geld verlor erst monatlich, später wöchentlich, dann täglich an Wert. Dennoch glaubte Popp an die Zukunft: er regte an, einen Motorrad-Motor zu bauen. Nach wenigen Wochen hatte Max Friz einen Zweizylinder-Boxermotor mit 500 ccm Hubraum und acht PS Leistung geschaffen; ein recht leistungsschwacher Motor, der sich aber auf dem Prüfstand als ungewöhnlich zuverlässig zeigte. Popp reist mit dem ersten Exemplar in Deutschland herum und pries die Konstruktion verschiedenen Motorrad-Firmen als Einbaumotor an.
In der Nähe Münchens soll es eine kleine Motorradfabrik gegeben haben, die fortan ihre „Helios"-Kräder mit dem BMW „M-2/5-15" ausstattete – in Längsrichtung eingebaut. In Nürnberg orderte die Motorradfabrik Victoria Aggregate aus München. Während die Victoria-Maschinen durch den Quereinbau allgemein Anklang wegen ihrer Laufruhe fand, war das Helios-Motorrad durch den Längseinbau unruhig im Lauf und im übrigen eine altersschwache Konstruktion mit Pendelgabel, über die selbst Max Friz gespottet haben soll: „Man muß schon Seiltänzer sein, um darauf zu fahren."
Popp wurmte es bald, daß die „Helios" eine wenig zeitgemäße Konstruktion war. Darum sollte ein völlig neues Zweirad entstehen. Popp rief Friz in sein Büro und erklärte ihm den Plan. Worauf Friz maulte: „Ich bin Flugmotoren-Konstrukteur und gebe meinen Namen nicht für Basteleien her." Nach einigem Hin und Her ließ er sich dennoch dazu überreden und präsentierte Popp einige Tage später seine Ideen von einem neuen Motorrad auf einem Bierdeckel.

Da auf keinen Fall andere Kunden von dem Plan erfahren durften, sollte das Motorrad in der Wohnung von Max Friz in der Riesenfeldstraße entwickelt werden. Friz hatte Popp dazu noch die Zusicherung abgerungen, einen firmeneigenen Ofen zu bekommen. An einem kühlen Februarmorgen 1922 setzte sich dazu der einzige Lastwagen der Firma zur Frizschen Wohnung in Bewegung. Im Gästezimmer ließ Friz den Ofen und ein großes Zeichenbrett aufstellen. Dann vergrub sich der Konstrukteur eine Woche lang und zeichnete auf einem zwei Meter breiten und 1,50 Meter hohen Bogen in allen Einzelheiten das erste Motorrad mit weiß-blauem Zeichen.

Friz wußte genau um die Schwächen seines 500 ccm-Aggregats, deshalb war er darauf aus, den Antrieb so auszulegen, daß eine bestmögliche Kraftübertragung vom Motor zur Hinterachse erzielt würde. Die Lösung dazu fand er bei den belgischen FN-Motorrädern, bei denen die Kraft nicht durch eine Kette, sondern durch eine stabile Welle, ein Kardan, vom Motor zum Hinterrad übertragen wurde. Hierbei war nur ein Zahneingriff im Getriebe und einer am Kardan nötig. Diese – seit 1904 bekannte – Lösung griff Friz bei seiner Konstruktion wieder auf.

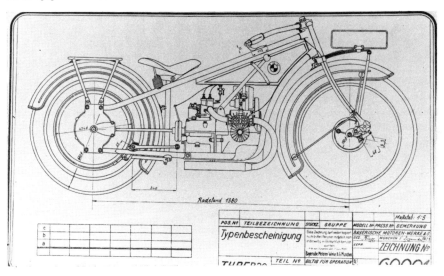

Aus Geheimhaltungsgründen im Gästezimmer konstruiert: Die R-23 mit querstehendem 750 ccm-Boxermotor und Kardanantrieb

Erstmals kombinierte der Konstrukteur aber die – schon seit langem bekannten – Konstruktionsdetails wie querliegenden Boxermotor (dadurch ruhiger Motorlauf), Blockmotor und Kardanantrieb zu einem abgestimmten Motorrad. Am ersten Exemplar des Zweirads zeigte es sich, daß die „R-32" – trotz des schwachen Aggregats – erstaunliche Fahrleistungen brachte. Als Popp im Oktober 1923 – mitten in der Inflation – die Neuheit auf dem Pariser Automobilsalon vorführte, staunte die Fachwelt über solch unorthodoxe Bauweise. Gleichzeitig kamen aber Zweifel auf, ob sich so etwas im Alltag bewähren könne.

Kurz nach der Ausstellung meldete sich Friz mit dem Prototyp persönlich zum Wettbewerb „Fahrt durch Bayerns Berge" an. Er kam ohne Pannen – aber auch ohne Aufsehen – als einer unter vielen ins Ziel.

Schlechte Figur

Auch in den nächsten Rennen machte das Motorrad aus München wenig her. Vor allem gegen die Victoria-Maschinen, die ja das gleiche Triebwerk besaßen, war einfach nicht anzukommen.
Das hatte seinen Grund: Martin Stolle (39), damals Versuchsleiter bei BMW, hatte den Boxermotor mitentwickelt und kannte das Aggregat in- und auswendig. Da er sich jedoch mit Chefkonstrukteur Friz überworfen hatte, wechselte er zu Victoria und baute dort innerhalb kürzester Zeit einen BMW-ähnlichen Motor. Der war sogar nach noch moderneren Konstruktionsprinzipien entwickelt und leistete auf Anhieb 12 PS. Da konnten die 8 PS-Zweiräder aus Milbertshofen nicht mithalten. Und da Verkaufserfolge eng mit Rennerfolgen verknüpft waren, gingen bei BMW die Geschäfte nur schleppend. Zu allem Unglück verzichtete Victoria angesichts ihrer erfolgreichen Eigenentwicklung – und weil BMW selbst Zweiräder anbot – bald auf den Einbaumotor mit dem weiß-blauen Zeichen.
Mit Hochdruck tüftelte Friz deswegen in der Versuchsabteilung an der Entwicklung eines verbesserten Triebwerks. Grundlage dazu war die Idee des – als Ersatz für Stolle – angestellten, jungen Diplom-Ingenieurs Rudolf Schleicher(29). Der hatte schon am 23. Oktober 1923 einen völlig neuartigen Zylinderkopf gezeichnet. Den ersten Leichtmetall-Zylinderkopf für ein Motorrad; hierbei waren die Ventile obengesteuert und abgekapselt, wodurch sie nicht mehr – wie bisher – trocken, sondern in Öl

Mit Handarbeit auf Montageböcken; 1923 rollte die Serienfertigung des neuen Motorrads in der Milbertshofener Fabrik an

liefen. Der erste gebaute Motor leistete auf Anhieb 20 PS und war damit dem Erzkonkurrenten Victoria endlich überlegen.

Mit dem dazu neu gebauten Motorrad „R-37" wollten sich die BMW-Leute sogleich im Rennen messen. Selbstverständlich übernahm das der Konstrukteur selbst: Rudolf Schleicher stand zur „Winterfahrt München-Garmisch 1924" höchstpersönlich am Start. Auf vollkommen verschneiter Fahrbahn schaffte er die Strecke innerhalb von einer Stunde und 56 Minuten. Geholfen hatten Schleicher dabei die von ihm selbst gebastelten Winterreifen, bei denen Nägel aus der Reifendecke lugten. Der Spike-Reifen war geboren.

Für BMW war das erste große Rennen gewonnen. Die Fachwelt horchte auf, und sofort schlug sich der Sieg auch in Verkaufserfolgen nieder. Noch sensationeller war aber ein weiterer Sieg: Schleicher startete kurze Zeit später mit seiner R-37 im Land der Motorräder, England, zu einer Sechs-Tage-Fahrt und gewann das Rennen als erster Deutscher. Worauf der englische Motorrad-Experte Professor A. M. Loew schrieb: „Diese Maschine ist ihrer Zeit um Jahre voraus."

Trotz der Erfolge arbeiteten Franz Josef Popps Leute beim Serienbau in Milbertshofen noch unter einfachsten Verhältnissen. Im Montageraum standen einige Tische hintereinander, auf denen die Zweiräder in Handarbeit entstanden.

Ähnlich spartanisch sah die Versuchsabteilung aus. Der neue Versuchsleiter Schleicher werkelte in einer kärglich eingerichteten Werkstatt. Als er Friz bat, einen Schweißapparat anschaffen zu dürfen, wehrte der ab: „Den brauchen wir nicht. Zum Schweißen können Sie ja in die Schlosserei gehen."

Mehr Leistung mit Preßluft

Auf deutschen Rennen hatte sich BMW schon in eine Favoritenrolle vorgearbeitet; sobald jedoch internationale Konkurrenz antrat, gab es für die Münchener geringere Siegeschancen. Vor allem die britischen Motorräder liefen ungewöhnlich schnell. Denn damals züchteten die Engländer ihre Maschinen schon mit Kompressoren zu Höchstleistungen heran; der Kompressor drückt Luft in den Brennraum und erhöht die Intensität der Verbrennung.

Rudolf Schleicher wurmte dieser technische Vorsprung, deshalb begann er 1926 auf dem Prüfstand mit ähnlichen Versuchen. Zunächst kaufte er einen englischen Kompressor und setzte ihn auf den Boxermotor. Dabei erwies sich das Zusatzaggregat als äußerst unzuverlässig. Da es aber nichts besseres am Markt gab, half sich Rudolf Schleicher selbst: Zusammen mit seinem Mitarbeiter Sepp Hopf leitete der Versuchschef durch einen Schlauch einfach Preßluft in den Motor, der auf dem Prüfstand lief.

Mitten in die mühsamen Versuchsarbeiten platzte dann ein Brief des zum Technischen Direktor aufgestiegenen Max Friz. Ohne Angabe von Begründungen befahl er kurz und knapp „solche Versuche sofort einzustellen." Schleicher reagierte sauer, es kam zu einem Streit. Der Versuchsleiter kündigte und wechselte im April 1927 zu der renommierten Automobilfabrik Horch nach Zwickau. Dort erfuhr Schleicher, daß Friz ein Jahr später bei BMW neue Kompressor-Versuche begann. Daraus entstand jener Motor, mit dem BMW 1929 einen neuen Geschwindigkeits-Weltrekord auf der Ingolstädter Straße in München schaffte.

Der Blick nach Stuttgart

Rund 1 000 Menschen arbeiteten um 1926 bei den Bayerischen Motoren-Werken, die sich inzwischen einen guten Ruf als Motorradfabrik geschaffen hatten. Nebenbei begann wieder der Bau von Flugmotoren für die Zivil-Luftfahrt.
Dank zahlreicher Sporterfolge lief das Zweiradgeschäft gut, die wirtschaftlichen Verhältnisse hatten sich in Deutschland etwas gebessert. Dennoch durchlebte Deutschlands Automobil-Industrie eine Krise. Die AGA, die Aktiengesellschaft für Automobilbau in Berlin, ging in Konkurs, auch die Hiller-Automobilfabrik schloß die Tore. Die Dixi-Werke in Eisenach entließen 450 Mann. Als sich nach der Inflation die Währung 1925 etwas stabilisiert hatte, stand die über viele Jahre vom Importdruck verschonte und in eine Vielzahl von Unternehmen zersplitterte deutsche Automobilindustrie einer ausländischen Konkurrenz gegenüber, die in Konstruktion und Produktionsmethoden einfach besser war. Der Vorsprung, den die vom ersten Weltkrieg unberührte US-Autoindustrie erzielen konnte, schien nicht mehr aufzuholen zu sein. 1925 wurden in Deutschland über 70.000 Automobile gebaut – und das von 70 Herstellern, die meist mit abgewirtschafteten Maschinen arbeiteten.
Im Herbst 1925 waren die seit 1919 verhängten Einfuhrbeschränkungen aufgehoben worden, und nun drängten ausländische – vor allem amerikanische – Fabrikate auf den Markt. Denn die großen US-Firmen wandten sich nach der ersten Marktsättigung in der Heimat mehr dem Export zu. Ford gründete noch 1925 in Berlin Unter den Linden ein Zweigbüro. Am 2. Januar 1926 richtete Henry Ford im Berliner Hafen sogar einen Montagebetrieb ein. Kurze Zeit später etablierte sich auch General Motors in der Hauptstadt.
Der Konkurrenzdruck trieb die deutsche Automobilindustrie in eine schwere Krise. Viele Marken verschwanden, andere mußten fusionieren. Sogar solch etablierte Fabriken wie die von Gottlieb Daimler und Carl Benz planten einen Zusammenschluß. In dieser Situation erschien es BMW-Chef Popp aussichtslos, eine eigene Autoproduktion aufzubauen. Der Einstieg konnte nur noch über eine Fusion mit einem Etablierten der Branche gelingen. Dr. Emil Georg von Stauss, Direktor der Deutschen Bank, gehörte zu den Förderern der deutschen Luftfahrt und war deshalb auch der weiß-blauen Marke verbunden. Diesen Kontakt nutzte Popp, um den Bankier mit dem Gedanken vertraut zu machen, daß BMW in Zukunft Autos bauen müsse. Von Stauss wiederum, zugleich Aufsichtsratschef der Daimler-Motorengesellschaft, machte deswegen eines Tages Popp mit dem Daimler-Direktor Dr. Wilhelm Kissel bekannt. „Schon nach den ersten Besprechungen", erinnerte sich Popp später, „bahnte sich ein verständnisvolles Verhältnis an, da wir feststellten, wie sehr unsere Gedanken gleichartig waren." Stauss, Kissel und Popp waren bald der Überzeugung, daß eine „Interessengemeinschaft in der Automobilindustrie" nötig sei. Am 15. April 1926 schlossen sie einen entsprechenden Vertrag, mit dem Ziel, die süddeutschen Fabriken zu einem Konzern zu vereinigen.
Auf der Daimler-Generalversammlung am 29. Juni 1926 gaben allerdings die Aktionäre ihre Zustimmung nur zur Fusion von Daimler und Benz. Immerhin wählte man auf Drängen der Deutschen Bank BMW-Chef Popp in den Aufsichtsrat der neuen Daimler-Benz AG. Popp seinerseits rief eine Generalversammlung ein und empfahl seinen Aktionären, den Deutsch-Bankier von Stauss in den Aufsichtsrat zu wählen. Franz Josef Popp war enttäuscht; er hatte fest mit einem Großkonzern Daimler-

Der Stolz der ganzen Mannschaft: Motorrad-Ausstellungsraum im Stammwerk 1925

Benz-BMW gerechnet. Stauss tröstete Popp damals, daß einer kompletten Verflechtung eben „langjährige freundschaftliche Beziehungen" vorangehen müßten. Und die wolle von Stauss gerne fördern. Allerdings unter der Bedingung, daß BMW-Anteile an deutschen Börsen gehandelt würden. Zu diesem Zweck übernahm die Deutsche Bank erst einmal einen Teil der BMW-Aktien, die bisher fast ausnahmslos im Besitz von Camillo Castiglioni waren und führte sie an den Börsen ein. Der bisherige Chef im BMW-Aufsichtsrat, Castiglioni, erhielt zwar den Titel „Präsident von BMW", büßte aber an Macht und Einfluß ein.

Drang zum Kleinwagen

Im Herbst 1926 fuhr der BMW-Chef zu einer Studienreise nach Nord-Amerika. In Detroit besichtigte er die Ford Motor Company, bei der schon alle vier Minuten ein fertiges Auto vom Fließband rollte. Beeindruckt von der Massen-Motorisierung meinte Popp, daß Deutschland auf „unabsehbare Zeit" nicht in der Lage wäre, auch nur „annähernd eine Motorisierung wie drüben" zu schaffen. Gespräche mit den Bankiers der Henry Schroeder Banking Corporation in New York bestärkten Popp in der

Absicht, daß BMW möglichst bald Automobile bauen müsse. Schroeder wollte sich sogar an BMW beteiligen (wogegen sich später die Deutsche Bank stemmte).
Immerhin war diese Zusicherung sehr wichtig für Popp. Denn das Bankhaus hatte die Finanzierung des nagelneuen Karosserie-Preßwerks Ambi-Budd in Berlin-Johannisthal übernommen. Es sollte künftig nach Patenten des Amerikaners Edward G. Budd Ganzstahl-Karosserien an die deutsche Auto-Industrie liefern.
Zurück von seiner Reise, begannen Popp und Friz mit der Konzeption eines BMW-Wagens. Unterstützt wurden beide wieder vom Aufsichtsratsvorsitzenden von Stauss: „BMW sollte einen Kleinwagen bauen, ohne dabei in Konkurrenz zu Daimler-Benz zu treten." Und um das abzustimmen, wählte man den Daimler-Benz-Direktor Carl Schippert (53) in den Aufsichtsrat. Weit kam man aber nicht. Es entstand im Herbst 1926 zwar ein Zentralrohr-Chassis nach Art der tschechischen Tatras mit einem Zweizylinder-500 ccm-Boxermotor aus eigenem Hause. Doch die ganze Konstruktion mochte nicht zuverlässig arbeiten.
Da erinnerte sich Popp einer alten Freundschaft: Der Diplom-Ingenieur Wunibald Kamm (32) verstand etwas von Automobilen. Als Popp mit ihm Kontakt aufnahm, arbeitete Kamm seit gut einem Jahr an einer Kleinwagen-Konstruktion mit nebeneinander liegenden Sitzen. Auftraggeber waren die Schwäbischen Hüttenwerke (SHW) in Böblingen, die damit eine neue Erwerbsquelle auftun wollten. Der kleine Kamm-Wagen war eine für damalige Zeiten revolutionäre Entwicklung: Nicht nur die Karosserie bestand aus Aluminium-Blech, auch das Chassis hatte Kamm aus Aluminium-Guß anfertigen lassen. Den sehr leichten Wagen zog ein 1 030 ccm-Zweizylinder-Boxermotor mit 20 PS, der seine Kraft auf die Vorderräder gab. Popp und Friz waren so beeindruckt, daß sie vorschlugen, die Weiterentwicklung bis zur Serienreife mitzufinanzieren. Bis Ende 1927 dauerten die Erprobungen von drei Prototypen, aber immer wieder zeigten sich Schwachstellen. Auf einer außerordentlichen Hauptversammlung – am 7. Juli 1928 – beschlossen die ungeduldigen Aufsichtsratsmitglieder, sich von dem Projekt zu trennen. Einen neuen Wagen im eigenen Hause zu entwickeln,dazu langte weder das Know-how noch die Zeit. Franz Josef Popp erkannte auch, daß Friz zwar ein hervorragender Flugmotoren- und Motorrad-Techniker war, doch vor einer Automobil-Konstruktion kapitulieren mußte.
Deutschland hatte sich bis 1927 wirtschaftlich erholt. Die Automobil-Produktion stieg auf 138.472 Stück an. Wollte BMW den Anschluß nicht verpassen, mußte man jetzt ein Auto auf den Markt bringen. So beschlossen die führenden Köpfe, eine fertige Konstruktion zu kaufen. Dazu stockte BMW das Stammkapital von 10 auf 16 Millionen Mark auf. Emil Georg von Stauss hatte erfahren, daß der Industrielle Jakob Schapiro seine Dixi-Werke in Eisenach verkaufen wollte. Sie waren mit 7,8 Millionen Mark verschuldet. Von Stauss vermittelte in München das erste Kontaktgespräch.

Fahrräder mit Kardanwellen

Die Eisenacher Fabrik gehörte zu den ältesten Automarken im Lande. Schon 1898 erschien der „Wartburg Kutschierwagen" mit Viertakt-Zweizylinder-Heckmotor. Aufsehen erregte 1902 ein Wartburg-Rennwagen mit 22 PS-Vierzylindermotor und

Markenzeichen der Eisenacher Dixi-Werke: nach der Übernahme durch BMW trug der Kleinwagen den Namen „Dixi" nur noch als Typenbezeichnung auf dem Kühler

Fünfganggetriebe, der Tempo 120 schaffte. Am 31. August 1902 siegte dieses Auto beim Internationalen Automobilrennen in Frankfurt. Ab 1907 baute man auch Lastwagen. Um 1910 experimentierte Wartburg sogar mit einem Dampfwagen. Zu einer breiten Wagenpalette kamen damals Fahrräder hinzu; Bergräder, die anstelle des Kettenantriebs eine Kardanwelle besaßen. Das Militär erwarb solche Treter für seine Fahrrad-Kompanien. Wegen der vorzüglichen Qualität hatten sich die Erzeugnisse aus Eisenach eines guten Rufs erfreut. Nach dem Krieg aber mochte das Geschäft nicht mehr laufen. Als 1921 Heinrich Ehrhardt – hinter Krupp Deutschlands zweitwichtigster Kanonenkönig – seine Wartburg-Fahrzeugwerke abstieß, soll er dies mit dem lateinischen Wort „Dixi" (ich habe gesprochen) getan haben. Die neuen

Herren im Haus, die Manager der Gothaer Waggonfabrik sollen – so geht die Sage – dies aufgegriffen und fortan Fabrik und Modelle danach benannt haben. Man baute Anfang der Zwanziger Jahre große Wagen, doch der Geschäftserfolg blieb aus. Pro Jahr entstanden etwa 1 200 Exemplare in teurer Handarbeit.

Als 1924 Hanomag seinen Kleinwagen („Kommißbrot") herausbrachte und Opel von Citroën die Lizenz zum Bau eines Kleinwagens („Laubfrosch") erwarb, suchten auch die Dixi-Werke nach einem preiswerten Wagen. 1926 entwarf die Konstruktionsabteilung ein dreisitziges Automobil mit 763 ccm-Motor, das als „Diana" in einigen Exemplaren erprobt wurde. Doch es war zu aufwendig für eine Massenfertigung. Da Zeitnot herrschte und ein Bankkredit für bereits eingeleitete Fabrikationsumstellung abgezahlt werden mußte, erwarb Dixi im Herbst 1927 in einem Zehnjahres-Vertrag von dem Engländer Herbert Austin die Lizenz zum Nachbau des Austin „Seven". Sofort kamen 100 fertige Austins nach Eisenach; zehn Lieferwagen, achtzig offene Viersitzer, fünf offene Zweisitzer und fünf Limousinen.

Die gesamten Konstruktions- und Fertigungsunterlagen mußten kurzfristig auf das metrische Maßsystem umgearbeitet werden, und die Wagen erhielten Linkslenkung. Im Dezember 1927 wurden die ersten „Dixi"-Kleinwagen ausgeliefert.

Der kleine Zweisitzer mit dem Vierzylinder 747 ccm-Motor war seit 1922 auf dem englischen Markt ein Verkaufsschlager. In Frankreich baute die Firma Rosengart den Austin in Lizenz, in Japan montierte Datsun das englische Auto. In den USA trat der „Seven" als „Bantam" gegen Fords T-Modell an; montiert von der American-Austin-Corporation. Der neue kleine Dixi kam auch in Deutschland gut an. Die Eisenacher verkauften 1928 insgesamt 9 300 Wagen, fast soviele Automobile wie in den drei Jahrzehnten zuvor in Eisenach gebaut worden waren. Dennoch schafften es die Dixi-Werke nicht, aus der Verlustzone zu fahren. BMW-Chef Popp gab sich da optimistischer.

Am 16. November 1928 war der Kauf perfekt. Für zehn Millionen Reichsmark übernahm BMW das komplette Werk in Eisenach. BMW-Generaldirektor Popp zahlte die Summe jedoch nicht etwa aus; der größte Brocken wurde durch Übernahme alter Schulden getilgt. Schapiro erhielt für nominal 800.800 Reichsmark BMW-Aktien und nur 200.000 Reichsmark in bar. Rückwirkend zum 1. Oktober wurden die Dixi-Werke in „BMW-Aktiengesellschaft Zweigniederlassung Eisenach" umgetauft.

Entwicklungshilfe aus Frankreich

Endlich hatte Popp erreicht, was er ein halbes Jahrzehnt angestrebt hatte: BMW baute Autos. Auf Anhieb lagen die Münchener damit hinter Hanomag auf der zweiten Stelle der deutschen Kleinwagen-Produktion und hielten in diesem Marktsegment den beachtlichen Anteil von 32 Prozent.

Viel änderten die BMW-Techniker am Dixi nicht. Nach Maßstäben vom Motorradbau überarbeitete Cheftechniker Friz noch zum Jahresende 1928 den Motor, der nun 15 statt bisher 13 PS leistete. Äußerlich erhielt der Wagen nur ein anderes Kühlerblech und als Markenbezeichnung das runde, weiß-blaue Emblem an die Front. Damit verbunden war auch der neue Typenzusatz „DA-1". In München wurde dieser Zusatz als „Deutsche Ausführung" gedeutet, in Eisenach dagegen als „Dixi-Austin". Da englische Arbeit zu jener Zeit noch als besonders hochwertig galt, bezog BMW auch weiterhin die kompletten Getriebe von Austin und stellte dies auch in der Werbung gebührend heraus.

Drei BMW-Dixi-Wagen nahmen im Frühjahr 1929 an der „Deutschen Alpenfahrt" teil, kämpften sich mit einem Durchschnitt von 42 km/h brav durch Schneegestöber und Matsch. Und weil alle anderen Konkurrenten ausfielen, gewannen die drei Wagen aus Eisenach die Zuverlässigkeitsfahrt. Zum ersten Mal tauchte damit im Automobilsport der Name BMW auf den Siegerlisten auf. Zu Hause in Eisenach empfingen Arbeiter Fahrer und Wagen mit Blumengirlanden.

Mitten in der Stadt Eisenach und direkt an der Bahnlinie lagen die Dixi-Werke, die ab Oktober 1928 zum Zweigwerk wurden

Das alles konnte jedoch nicht darüber hinwegtäuschen, daß die Beliebtheit des Dixi sank. Die Kleinwagen-Konstruktion, 1921 entwickelt, war in vielen Details nicht mehr zeitgemäß. Immer mehr Käufer klagten über die nur 1,03 Meter schmale Karosserie und den winzigen Innenraum. Sie bemängelten die – gegenüber der Konkurrenz – schlechte Straßenlage des Dixi und die viel zu schwach dimensionierten Bremsen an den Vorderrädern, die zugleich als Feststellbremsen dienen mußten.

Die neuen Herren im Haus entdeckten zudem bald, daß die Fabrik doch sehr veraltet war und erhebliches Geld zur Modernisierung investiert werden mußte. Angesichts der Schwierigkeiten versuchte Franz-Josef Popp die Eisenacher Zweigfabrik wieder zu verkaufen. Er wußte, daß Henry Fords Zweigniederlassung im Berliner Hafen aus allen Nähten platzte und daß die Amerikaner in Deutschland eine Fabrik aufbauen wollten. So nahm Popp bald Kontakt mit den Ford-Leuten auf und bot ihnen das – erst im Jahr zuvor gekaufte – Werk in Eisenach an. Doch die Ford-Leute winkten nach der Besichtigung ab; auch ihnen erschien das Werk veraltet. Sie entschieden kurze Zeit später, in Köln eine von Grund auf neue Automobilfabrik zu bauen.

1,03 Meter breit und schlechte Straßenlage, dafür relativ zuverlässig: Dixi nach Austin-Lizenz

Bremsen nur an den Vorderrädern: Fahrgestell des Dixi (Abbildung aus einem Prospekt)

In den ersten Monaten 1929 hatten sich derweil die Lagerbestände an Dixi-Wagen gehäuft. Nun griff Popp zur Radikalkur. Er setzte Mitte April 1929 die Preise herunter. Der offene Tourenwagen, bisher für 2 400 Mark zu haben, kostete nun 2 200, der Sportwagen anstatt 2 700 nur noch 2 500 Reichsmark. Mit diesem Winterschluß-Verkauf ließen sich die Lager halbwegs räumen.

Gleichzeitig spornte Popp seine Ingenieure an, den Dixi zu verbessern. Da die Vorschläge von Werksdirektor Leonard Graß aber nicht gefielen, andererseits die Münchener selbst keine Erfahrung im Fahrzeugbau besaßen, bat Popp einen Franzosen um Entwicklungshilfe: Lucien Rosengart aus Neuilly-sur-Seine baute ebenfalls den Austin Seven in Lizenz, hatte die Karosserie jedoch gekonnt verfeinert und – ohne das Chassis zu ändern — etwas vergrößert. Gegen gutes Honorar nahm sich Rosengart auch des BMW-Dixis an.

Ende Juli 1929 stellte BMW dann den „Dixi DA-2" der Öffentlichkeit vor. Äußerer Anlaß dazu war die feierliche Eröffnung der neuen BMW-Ausstellungsräume am Berliner Zoo. Motor und Chassis der neuen Dixi-Variante blieben gegenüber dem Vormodell unverändert. Doch jetzt besaß der DA-2:

- einen neu gestalteten Kühler
- keine Trittbretter mehr, dadurch einen etwas größeren Innenraum
- größere Heck- und Seitenfenster
- Vordersitze, die sich in Längsrichtung verstellen ließen
- Seilzug-Vierrad-Bremsen

Siegeschancen durch Zuverlässigkeit: Bei der deutschen Alpenfahrt 1929 errangen drei Dixis den Mannschaftssieg. Im Eisenacher Werk wurden sie mit Blumen empfangen

Der Käufer hatte die Wahl zwischen zwei Grundmodellen: Eine Cabriolet-Version mit Steckfenster und Kunstleder-bezogener Holzrahmen-Karosserie oder einer kleinen Limousine mit Ganzstahl-Aufbau und Holzrahmen-Gestell, deren Rohkarosse nun Ambi-Budd, Berlin, lieferte. Denn für die anspruchsvollere Karosserie-Herstellung war Eisenach nicht eingerichtet. Der Preis für den DA-2: jeweils 2 500 Reichsmark. Für sportliche Kunden lieferte Eisenach einige Monate später sogar den DA-3, besser unter den Namen „Wartburg" bekannt. Der Sportzweisitzer mit Trittbrett und spitz zulaufendem Heck maß bei umgeklappter Windschutzscheibe nur ein Meter in der Höhe und besaß einen getunten Motor. Das 748 ccm-Triebwerk hatte eine – für damalige Zeiten recht hohe Verdichtung von 7 : 1 und leistete ganze drei PS mehr als die Limousine. Immerhin legten 1930 rund 150 Kunden 3 100 Mark an, um diesen Roadster zu erwerben; meist beteiligten sie sich damit am Motorsport.

Die Investitionen schienen sich gelohnt zu haben: Der Verkauf zog an. 1929 verkaufte BMW 5 350 Wagen. Zufrieden schrieb Popp im Geschäftsbericht: „Der BMW-Kleinwagen ist so ausgeglichen, daß die Kosten für Nach- und Garantiearbeiten noch nicht einmal ein Promille des Umsatzes betragen."

Dennoch fiel ein Wermutstropfen in das Glück; andere Automobilfabriken verkauften noch mehr. Hinter Opel, Hanomag und Adler lag BMW jetzt an vierter Stelle der Verkäufe und errang nur noch 7,2 Prozent Marktanteil. Somit lagen die Münchener aber noch vor Daimler-Benz, die sich mit 6,4 Prozent begnügen mußte.

Trotz des Aufwärtstrends stieg Camillo Castiglioni im Oktober 1929 bei BMW aus. Wahrscheinlich durch den Schwarzen Freitag an der New Yorker Börse und dem anschließenden weltweiten Bankenkrach kam er – wie viele Aktionäre – in finanzielle Engpässe. Zudem hatten sich im Laufe der Jahre Spannungen über die Unternehmenspolitik zwischen dem Aufsichtsratsvorsitzenden von Stauss und dem Stellvertreter Castiglioni aufgebaut. Das Aktienpaket des Wieners in Höhe von fünf Millionen Mark übernahm ein Bankenkonsortium unter Führung der Dresdner- und der Danak-Bank.

Der Zweitakt-BMW

Zwar gehörte der Dixi DA-2 (Slogan: „Innen größer als außen") mit seinem Preis von 1995 Mark zu den fünf billigsten Wagen in Deutschland, aber es wurden immer wieder die – inzwischen nicht mehr zeitgemäße – vordere Starrachse und der winzige Innenraum kritisiert. Deshalb gab Popp dem Eisenacher Konstruktionsbüro unter Chefkonstrukteur Erwin Duckstein grünes Licht, den Dixi entsprechend zu verbessern.

Doch es ging langsam voran, weil sich die Zeiten verschlechterten. Deutschland begann, Ende 1930 die Weltwirtschaftskrise zu spüren. Die Zahl der Arbeitslosen stieg auf über vier Millionen an. Henry Ford, der in Köln ein von Grund auf neues Werk errichten ließ, mußte den Gebäudetrakt wenige Wochen nach der Einweihung für Monate einmotten. 1931 rutschten 17.000 deutsche Firmen in Konkurs. Von 70 Automarken im Jahr 1925 waren nur 15 übriggeblieben.

Auch BMW spürte die dürren Zeiten: 700 Arbeiter aus dem Flugmotorenbereich mußten entlassen werden, weil der Staat die Mittel für die Luftfahrt gekürzt hatte. Der

Limousine

Der vornehme geschlossene Wagen mit Ganzstahlkarosserie, breiten Türen, Kurbelfenstern und guter Sitzgelegenheit. Wände und Sitze mit Stoff überzogen, der mit der Lackierung des Wagens harmoniert. Platz für 4 Personen. Beide Vordersitze verstellbar und zum Umlegen eingerichtet, um den Zugang zu den Rücksitzen zu ermöglichen. Innenbeleuchtung, Rückblickspiegel, elektrischer Scheibenwischer, vom Führersitz zu betätigender Fall-Vorhang für Rückfenster, Armaturenbrett-Beleuchtung und Stopplicht. Für die kleine Familie das Ideal, da er bei vollständigem Witterungsschutz die ausgedehntesten Erholungsfahrten ermöglicht.

(BMW-Prospekt 1930)

Hoher Besuch am Ausstellungstand: Reichspräsident Hindenburg beim Eröffnungsrundgang zur Berliner Autoausstellung am 19. Februar 1931. Links daneben: Franz Josef Popp

Dixi verkaufte sich kaum noch. Die Lager der Händler waren voll. Tagelang ruhte die Produktion in Eisenach. Arbeiteten in Eisenach 1928 noch 2 022 Arbeiter, waren es 1931 noch 1 093. Die, die bleiben durften, hatten nichts zu lachen: Es gab nur drei Tage Jahresurlaub und im Durchschnitt 92 Pfennige Stundenlohn. Als die Zeiten noch schlechter wurden, verordnete Popp Gehalts- und Lohnkürzungen von zehn Prozent pro Jahr.

Immerhin wies der Geschäftsbericht auch für das Geschäftsjahr 1931 noch 64.000 Mark Reingewinn aus, wobei schon 1,6 Millionen Mark für zurückgezahlte Kredite abgezogen waren.

Im Februar 1931 hatte BMW den Dixi „DA-4" zur Berliner Automobil-Ausstellung vorgestellt: Dieses Modell besaß nun eine „Schwingachse". Hinter dem schönen Namen verbarg sich eine querliegende Blattfeder, an deren Enden die Räder hingen – gehalten lediglich von je einem geschobenem Lenker. Die Karosserie wuchs wieder um einige Millimeter, und die Reifen wurden eine Nummer dicker. Schon die ersten Fahrberichte in der Presse zeigten, daß die vordere Schwingachse anstatt der bisherigen vorderen Starrachse ein Fehlgriff war. Die Straßenlage des Dixi DA-4 entsprach keineswegs dem Standard. Der Auto-Tester Josef Ganz spottete gar: „Die BMW-Achse frißt Achsschenkel wie ein Wal grüne Heringe." Denn die Schwingachse sorgte zwar für weichen Komfort, doch beim Ein- und Ausfedern veränderte sich die Spurweite und zauberte unberechenbare Fahreigenschaften hervor. Dies und die schlechte wirtschaftliche Lage sorgten dafür, daß BMW 1932 nur 3 326 Fahrzeuge verkaufte, fast die Hälfte weniger als im Jahr zuvor.

Popp wußte, daß die kontinuierliche Weiterentwicklung des Dixis keinen Erfolg mehr bringen würde; das Auto war insgesamt zu winzig. Es mußte ein völlig neues Fahrzeug her. Also nahm Popp wieder Kontakt mit Wunibald Kamm auf. Der freischaffende Diplom-Ingenieur sah – den erfolgreichen DKW aus Zschopau vor Augen — im Zweizylinder-Zweitakt-Motor mit Frontantrieb die Zukunft. Prompt erhielt Kamm den Auftrag aus München, einen solchen Wagen zu entwickeln. Kamm baute also ein Zentralrohr-Chassis und setzte einen 600 ccm-Zweizylinder-Zweitakt-Motor hinein, der die Vorderräder antrieb. Der Prototyp war nur mit Motorhaube, Fahrersitz und Windschutzscheibe ausgestattet, als er im Winter 1931 zu den ersten Testfahrten startete. Doch die Konstruktion wollte nicht halten: Der Zweitakter machte ebenso Schwierigkeiten, wie die Gelenkwellen des Frontantriebs. Es ließ sich absehen, daß der Kamm-Wagen innerhalb der nächsten Monate nicht serienreif sein würde. Mit Genugtuung beobachtete dies der Technische Direktor von BMW, Max Friz, der in Kamm einen Rivalen sah. Von einem Tag zum anderen blies Friz das Projekt ab.

Ein BMW – von Mercedes gebaut

Nun wurde BMW-Chef Popp nervös. Viel Zeit war verronnen und seine Firma keinen Schritt weitergekommen. In größter Eile nahm man im Dezember 1931 ein neues Fahrzeug in Angriff. Dazu verordnete Popp aus Zeitgründen Arbeitsteilung. In München sollte der Motor, in Eisenach das Fahrgestell entwickelt werden. Max Friz tüftelte auf der Basis des bisherigen Dixi-Motors an einer neuen 782 ccm-Vierzylinder-Maschine, bei der die Nockenwelle nicht mehr mit Stirnrädern, sondern mit einer Kette angetrieben wurde. Derweil arbeitete Chefkonstrukteur Erwin Duckstein in Eisenach an der Verfeinerung des Fahrwerks. Es nahm zwar in Radstand und Spurweite jeweils um rund zehn Zentimeter zu, die Art der Radaufhängung – oft kritisiert – änderte er dagegen nicht.
Mit dem neuen Wagen versuchte Generaldirektor Popp noch einmal, seine Firma der Stuttgarter Auto-Schmiede näher zu bringen. Er ließ nämlich die Karosserie für den geplanten BMW – mangels eigener Spezialisten – von Mercedes-Benz-Konstrukteuren entwerfen. Da zudem für die aufwendigere und anspruchsvollere Form im BMW-Werk Eisenach weder Herstellungsgeräte noch Facharbeiter-Stamm vorhanden waren, gab Popp den Lohnauftrag an Daimler-Benz, für BMW künftig Aufbauten zu liefern. Der Fertigungsauftrag mit Ambi-Budd lief aus.
Im Mercedes-Werk Sindelfingen entstand daraufhin eine komplette Fertigung nur für BMW-Karossen. In bewährter Weise zimmerte man ein Holzgestell, das hernach mit Blechteilen benagelt wurde. Bald sollte Daimler-Benz täglich zehn komplett fertige Aufbauten per Güterzug von Sindelfingen nach Eisenach liefern. An Stelle des Daimler-Benz-Direktors Carl Schippert zog nun dessen Kollege Wilhelm Kissel in den Aufsichtsrat der weiß-blauen Marke.
Ehe allerdings der neue BMW auf den Markt kam, mußte der Lizenz-Vertrag mit Herbert Austin gelöst werden. Durch Übernahme von Eisenach und dem Weiterbau des Dixi hatte BMW automatisch den Lizenzvertrag mit Austin übernommen, der zehn Jahre – also bis 1937 – laufen sollte. Popp wollte jedoch unbedingt früher aussteigen. Bereits jetzt – fünf Jahre nach dem ersten Dixi-Bau in Eisenach – war das englische Auto technisch überholt. Und für die Neukonstruktion – auch wenn sie äußerlich dem Dixi ähnlich sah – mochte Popp keinesfalls Lizenzen nach England überweisen. Im

Januar 1932 fuhr der BMW-Chef persönlich nach London; „im Einvernehmen" mit Herbert Austin lösten beide zum ersten März den Lizenzvertrag.
Wenige Wochen später – Ende März – erschien der neue BMW auf dem Markt. Er trug die Typenbezeichnung „AM-1"; das hieß „Ausführung München". Für die altgedienten Eisenacher Autobauer ein deutlicher Wink, daß die neuen Herren im Haus auch ihre Macht ausübten. Der neue Wagen trug zudem die Bezeichnung 3/20. Die „3" wies die sogenannten Steuer-PS (250 ccm Motorhubraum = 1 Steuer-PS) aus, während die 20 die tatsächlichen Pferdestärken angab. In der Werbung stellte Popp besonders die Karosserie „Originalfabrikat Sindelfingen" heraus. Denn zu jener Zeit verstand es keiner so meisterhaft wie die Schwaben, Holzgestell-Aufbauten zu produzieren.
„Wer im neuen BMW-Wagen durch die Stadt gleitet oder bequem mit vier Personen auf freier Strecke die Durchschnittsgeschwindigkeit doppelt so starker Wagen hält, hat das Gefühl, ein großes Fahrzeug zu besitzen", lobte im April 1932 der Prospekt. Für BMW galt es, in der Werbung laut genug herauszustellen, daß der neue BMW-Wagen größer als die rollende Sardinenbüchse Dixi war.
Besonders originell an diesem Wagen geriet der Tachometer. Anstatt üblicher Rundinstrumente bewegte sich hinter dem Glas eine Walze, die das Tempo anzeigte. Im Prinzip ähnlich den Tachometern heutiger Citroën-Wagen. Die Tachowelle ging beim AM-1 unter dem Armaturenbrett direkt durch den Innenraum in den Kardantunnel. Ingesamt erfreute sich der AM-1 des Rufs, eine besonders gute Innenausstattung zu besitzen.
Weniger angetan war die Kundschaft allerdings wieder von der Straßenlage. Die an einer Querblattfeder aufgehängten und von zwei geschobenen Lenkern gehaltenen Vorderräder flatterten fröhlich während der Fahrt und trugen wenig zu einer guten Spurhaltung bei. Diplom-Ingenieur Rudolf Schleicher, 1931 gerade von Horch abgeworben und wieder als Versuchsleiter in München eingestellt, bezeichnete die Vorderachs-Konstruktion in internen Sitzungen schlicht als „Fehlkonstruktion". Zu dieser Erkenntnis kam auch Generaldirektor Popp, der jetzt überzeugt war, daß künftige Entwicklungen nur noch in München erfolgen sollten – und früher oder später die komplette Entwicklungsabteilung von Eisenach nach München zu verlegen sei.
Dem AM-1 folgte Ende 1932 der AM-3 (mit vier statt mit drei Gängen) und im letzten Baujahr hieß der BMW „AM-4".
Daß die AM-Serie kein Verkaufsschlager wurde, lag nicht nur an der Wirtschaftskrise und dem hohen Preis. Ob als Viersitzer-Cabriolet oder als „Sonnenschein-Limousine" (mit Stoff-Rolldach), der AM kostete 2 845 Reichsmark. Die Konkurrenz von Opel und Hanomag bot dagegen vergleichbares schon zu Preisen um 2 500 Mark. Die BMW-Kaufleute waren sich im klaren darüber, daß man den BMW verbilligen müsse. „Aber nur die Massenproduktion dieses Kleinwagens hätte das bringen können", bedauerte Popp später, „und dazu fehlte es an Geld."
Vor allem Opel hatte zu jener Zeit ein Programm, das den Münchenern imponierte: Da gab es eine viersitzige Einheitskarosserie, die der Kunde wahlweise mit einem 995 ccm-18 PS-Motor oder aber mit einem Sechszylinder-1,8 Liter-32 PS-Motor haben konnte. Mit dem großen Triebwerk ausgerüstet, war damals der Opel „der kleinste Sechszylinder der Welt." (Opel-Werbung).
Gute Geschäfte machten in den schlechten Zeiten jene Fabriken, die Dreirad-Fahrzeuge für Gewerbetreibende anboten. Billigst-Mobile, mit wenig Aufwand gebaut. Da bei BMW der AM-4 nur in geringen Stückzahlen entstand, blieben noch Kapazitäten in Eisenach frei. Und weil zudem in München ein robuster Motorradmotor

Hinter der Bezeichnung „Karosserie: Originalfabrikat Sindelfingen" steckte die Tatsache, daß BMW die Aufbauten zum AM-1 bei Daimler-Benz im Werk Sindelfingen bauen ließ

in Serie lief, nahmen die Bayern auch diese Gelegenheit zum Geldverdienen wahr. Es entstand ein kleines Dreirad-Nutzfahrzeug, der Typ F-76, mit vorderer Ladefläche und dahinter einer Fahrer-Kabine. Die Vorderräder des Eil-Lieferwagens hingen an einer Starrachse, das hintere Einzelrad federte ein Schwungarm ab. Über ein Dreigang-Getriebe hielt der Fahrer den 200 ccm-Einzylindermotor und die rollende Ladefläche in Schwung. Allerdings zeigte sich bald, daß das kleine 6 PS-Triebwerk zu schwächlich war. Deshalb konnte der Kunde zusätzlich auch eine 400 ccm-Dreirad, den F-79 mit 12 PS kaufen. In den größten Notzeiten Deutschlands – im Dezember 1932 – kam das BMW-Dreirad auf den Markt, und es verkaufte sich anfangs so gut, daß Eisenach im Anschluß daran ein Personen-Dreirad daraus entwickelte. Die nicht ausgelastete Konstruktionsabteilung unter Erwin Duckstein baute einen Prototyp mit zwei vorderen und einem hinteren Rad. Ein kleiner Zweisitzer mit richtigem Lenkrad und Faltverdeck – auf einfachste Fertigung ausgelegt. Aber die Techniker in München winkten gleich ab. Im Programm blieb bis 1935 nur der Dreirad-Lastenesel, von dem

Zentralkasten-Niederrahmen: rationeller Chassisbau von 1932

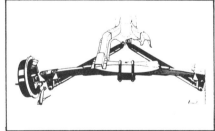

„Frißt Achsschenkel-Bolzen wie ein Wal Heringe" – Vorderradaufhängung an einer Querblattfeder

insgesamt 600 Stück entstanden und der dennoch zeitweise die Stütze des Programms war.

„Flucht in die Qualität"

An vielen Abenden saßen Franz Josef Popp und sein Freund, Daimler-Benz-Direktor Wilhelm Kissel, zusammen und diskutierten die Lage an der Auto-Front. Schon in den 20er Jahren war die US-Autoindustrie in den deutschen Markt eingedrungen und hatte teilweise 40 Prozent des Absatzes erobert. Beide, Kissel und Popp, waren sich einig, daß ihre Firmen zuwenig Geld besaßen, um die Einrichtung für ein konkurrenzfähiges Großserienprodukt zu finanzieren.
Um dennoch bestehen zu können – so die Theorie von Kissel – müsse man die „Flucht in die Qualität" wagen. Also fertigungstechnisch und qualitativ bessere, aufwendigere Wagen herstellen als es die Amerikaner konnten. Gemeinsam wollten die beiden Generaldirektoren vorgehen: Im Oktober 1931 schlossen deshalb BMW und Daimler-Benz einen „Interessen-Gemeinschaftsvertrag". Ziel: Entwicklung eines Kleinwagens, der in mehreren Typen gebaut werden sollte, um ein gemeinsames Programm vom Klein- bis zum Luxuswagen parat zu haben. Nach dem Vertrag würde Daimler-Benz einen komfortablen Vierzylinder-1,3 Liter-Wagen in zwei Varianten mit Front- und mit Heckmotor – entwickeln. BMW dagegen wollte sich auf einen 800 ccm-Vierzylinder und einen sportlichen 1,2 Liter-Wagen konzentrieren. Die spätere Erprobung sollte ergeben, welche Typen in Serie genommen würden. Im Vertrag stand auch, daß BMW weiterhin Karossen in Sindelfingen kaufen werde, andererseits die Daimler-Benz-Filialen den Vertrieb von BMW-Wagen übernehmen sollten.
Für das neue Konzept sollte nun ein guter Motor erdacht werden. Max Friz entwarf dazu ein Sechszylinder-Triebwerk mit Aluminium-Zylinderblock. Konstrukteur Duckstein tüftelte parallel dazu in Eisenach an einer Sechszylinder-Maschine mit Grauguß-Block und drei Kurbelwellen-Lagern. „Was halten Sie von den beiden Vorschlägen?", wollte Popp im Sommer 1932 von Versuchsleiter Schleicher wissen. „Nicht viel", antwortete der, „denn der eine ist in der Herstellung durch den Aluminium-Block zu teuer, der andere in der Mechanik zu anfällig." Schleicher schlug vor, einen – nach amerikanischen Konstruktionsprinzipien konzipierten – Sechszylinder-Motor mit Grauguß-Block und – wie vorgegeben – mit 1,2 Liter Hubraum zu bauen. Popp war begeistert: „Das machen wir."

Geheimnis: ein stabiler Rahmen

Weil Rudolf Schleicher keine Erfahrung im Bau von Sechszylindern mit nur einem Vergaser besaß (und die Zeit drängte, diese Erfahrung zu sammeln), setzte er dem neuen Triebwerk zwei Vergaser auf; bei Solex kostete das Stück nur 7,50 Mark. Die Maschine leistete damit auf dem Prüfstand sofort 30 PS und schnurrte so seidenweich wie eine Turbine. Der Generaldirektor war voller Lob und meinte: „Jetzt müssen Sie auch einen Wagen dazu machen." Schleicher winkte ab: „Ich habe den Motorrad- und Autoversuch am Bein, mehr kann ich wirklich nicht schaffen." Stattdessen regte er an, den Horch-Konstrukteur Fritz Fiedler nach München zu holen. Der wechselte auch gern über und begann – zusammen mit Schleicher – kurz darauf mit der Entwicklung eines technisch aufwendigen Wagens. Dabei machten sich beide die Erfahrungen aus vergangenen Horch-Tagen zunutze. Man baute in München – ohne Einschaltung der Eisenacher Kollegen – einen sehr starken Rohrrahmen, der gegen Verwindung steif war. „Denn mit einem Fahrgestell, das sich dauernd verwindet", begründete es Schleicher, „lassen sich Feder- und Fahreigenschaften nie exakt und dauerhaft abstimmen."

Mit dem ersten kompletten Fahrwerk auf der Ladefläche eines Lastwagens fuhren Schleicher und Fiedler im Dezember 1932 nach Stuttgart-Untertürkheim. Popp hatte nämlich angeordnet, die neueste Kreation schon in frühem Stadium den Daimler-Benz-Leuten zur Begutachtung vorzuführen. In Stuttgart angekommen, wiesen die BMW-Techniker stolz auf den stabilen, hinten hochgekröpften Rohrrahmen hin. Doch die Schwaben schüttelten den Kopf: Nein, so hätten sie es nicht konstruiert. Sie würden bei ihren Modellen weiterhin beim bewährten Profilrahmen bleiben.

Erst Jahre später schwenkte Mercedes-Benz bei seinen Wagen auch auf den Rohrrahmen um.

Die Geburt der Niere

Fritz Fiedler hatte zum Besuch in Stuttgart nicht nur ein Chassis, sondern auch gleich Entwürfe für eine neue Karosserie mitgebracht. Ein – gegenüber dem AM-4 – wieder etwas geräumigerer Limousinen-Aufbau, der jedoch erstmals jene Eigenheit besaß, die später besonders BMW-typisch werden sollte: Die Niere an der Front.

Nach den neuesten Erkenntnissen der Aerodynamik wußte Fiedler, daß ein senkrecht stehender Kühler viel Fahrtwind auffängt. Also sah der BMW-Konstrukteur den Kühler so vor, daß er leicht nach hinten geneigt stand. Das hatten auch andere Firmen wie Hanomag und Adler an ihren Modellen verwirklicht. Um den Luftwiderstand weiter zu drücken, legte Fiedler nach dem Vorbild von Renault den Kühler in leichter nach vorn gespitzter Form an. Der Eleganz wegen rundete er die Ecken ab. Daraus ergab sich zwangsläufig eine Form, die später als nierenförmig gedeutet wurde. Eine Lösung, die übrigens die Karosseriefirma Ihle in Bruchsal an einigen wenigen Sonder-Aufbauten für das Dixi zwei Jahre zuvor erstmals verwendet hatte.

Die Karosserie sollte Daimler-Benz so bauen, wie es schon Tradition war; mit Holzrahmen und daran befestigten Blechplatten. Auf der Berliner Autoausstellung, im Februar 1933, wurden die drei ersten Exemplare vorgestellt; sie wirkten hochbeinig und unfertig. Mit Hilfe der Mercedes-Karosserie-Spezialisten rundete man bei den nächsten Wagen die Ecken ab und gab damit dem BMW eine etwas geduckte Haltung. Im November lief dann die Serienfertigung des Sechszylinder-BMWs an. Der „1,2 Liter" – intern auch 303 genannt – verblüffte die Kundschaft durch seinen seidenweichen Motorlauf, bullige Kraft und gute Fahreigenschaften. Gemessen an den entsprechenden Konkurrenzmodellen von Wanderer und Adler wog der BMW 200 Kilogramm weniger und beschleunigte entsprechend temperamentvoller. Ohne

Starker Rahmen nach Horch-Vorbild und Sechszylinder-Motor nach US-Muster: 303

Mühe schaffte er eine Spitze von 100 km/h. „1.2 Liter entsprechen ganz allgemein 23 PS", wunderte sich die „Allgemeine Automobil Zeitung" damals, „nur der neue BMW macht eine Ausnahme: sein Motor leistet bei genau dem gleichen Hubraum 30 PS." Das Fachblatt erklärte, wie das kam: „Man gab dem Motor zwei Vergaser, so daß sich die Arbeitstakte nicht überdecken und nie ein Zylinder dem anderen die Speise wegnehmen kann."
In den ersten Monaten des Jahres 1934 verkaufte sich der BMW sehr gut. BMW-Generaldirektor Popp errechnete ein Umsatzplus von stolzen 192 Prozent zum Vorjahr. Doch plötzlich flaute der Boom ab. Überrascht ließ Popp den Verkaufschef rufen, um die Gründe zu erfahren. Der meinte, BMW stoße mit dem 303 in eine ganz neue Käuferschicht vor. Denn die bisherigen Kunden könnten sich es sich nicht leisten, vom kleinen AM-4 auf den Sechszylinder umzusteigen. So müßte erst langsam eine neue Stammkundschaft herangezogen werden, und das sei angesichts des Konkurrenzkampfes nicht leicht. Der kleine BMW 3/20 dagegen sei inzwischen unbeliebt, so daß nur wenige neue Käufer dazukämen.
In langen Konferenzen überlegte Popp mit den führenden Technikern und Kaufleuten des Werks, wie die weiß-blaue Marke aus dieser Zwickmühle entrinnen könne. Dabei stieß man auf den Gedanken, doch den ungeliebten AM-4 ganz auslaufen zu lassen und die kleine robuste Vierzylinder-Maschine – aufgebohrt auf 845 ccm – in die modernere und größere Karosserie des 303 zu setzen. Damit war zwar ein Auto geboren, das lange nicht so kraftvoll beschleunigte und so ruhig lief. Doch der 309 – so wurde es getauft – ersetzte den 3/20 im Programm als wirtschaftliches Fahrzeug. Gleichzeitig hatte BMW – dem Vorbild Opel entsprechend – erstmals in seiner Geschichte die Vorteile des Baukasten-Systems erkannt und genützt.

	6-Zylinder 1,2 Liter/30 PS	4-Zylinder 845 ccm/22 PS
Einheitskarosserie	303	309

Das beste Motorrad der Welt

Weitaus stärker als im Autogeschäft hatte sich BMW bereits auf dem Motorradsektor einen geradezu legendären Ruf erworben. In schlechten Zeiten blieb das Zweirad für viele Deutsche das einzige Fortbewegungsmittel. Und eine BMW-Maschine galt als besonders haltbar und wirtschaftlich. Die R-32 war zwar immer weiter verbessert worden, doch ein grundlegend neues Modell kam erst 1933 auf den Markt: die R-16, eine 750 ccm-Zweivergaser-Maschine mit Boxermotor und Kardanantrieb; dazu die R-11, weniger hoch gezüchtet und mit nur einem Vergaser ausgerüstet, besaß sie die für damalige Zeiten hochmoderne Tankschaltung. Hierbei lag der Schalthebel für das Getriebe direkt im sogenannten Kniekissen des Tanks. Auf den Rennstrecken der Welt machten BMW-Motorräder in jenen Jahren viel her. Deshalb lobte die Fachzeitschrift „Motor-Cycling" am 4. Oktober 1933 die Münchener Zweiräder: „Was ist das beste Motorrad der Welt? Kann es daran noch Zweifel geben? Es ist einzigartig, daß der Geschwindigkeits-Weltrekord und als Mannschaftsleistung die Zuverlässigkeits-Trophy der Welt von derselben Marke und dem gleichen Modell gehalten werden." Zu diesem Ruhm entscheidend beigetragen hatte der Versuchsleiter Rudolf Schleicher. Mit Strenge achtete er persönlich darauf, daß exakt gearbeitet wurde. Jeden 200. Motorradmotor aus der Serienfertigung ließ er in jener Zeit in die Versuchswerkstatt schaffen, ihn auseinandernehmen und nachmessen.

Immer wenn der Herbst kam, trat der Rennfahrer Ernst Jakob Henne zu neuen Rekordfahrten an. Und jedesmal durfte sich die weiß-blaue Marke neue Lorbeeren anheften. So auch am 28. und 30. Oktober 1932. Auf der Betonstraße bei Gyon in Ungarn, die sich 4,8 Kilometer weit liniengerade durch die Landschaft zog, hielt ein Lastwagen: Heraus stiegen Oberingenieur Schleicher, zwei Monteure und Rennfahrer Henne. Sie holten drei Maschinen von der Ladefläche: eine 500er, eine 750er-Solo und eine 750er mit Seitenwagen. Am nächsten Morgen, einem feucht-kalten Sonntag,

„Beschleunigung nach amerikanischen Verhältnissen" – 303 als Rolldach-Limousine, 1933

standen schon tausende von Zuschauern an der Strecke. Der Reichsverweser von Ungarn, Horthy, kam zur Begrüßung, ließ sich die Mannschaft vorstellen, die Nationalhymne ertönte, Gendarme standen stramm.
Dann bestieg Henne die 750er Rekordmaschine, fuhr los – und erreichte auf Anhieb mit 246 Stundenkilometern einen neuen Weltrekord; er war diesmal zwei Stundenkilometer schneller als im Vorjahr. Dann stieg Henne auf die 500er um, jagte über die Piste: Es langte nicht, den eigenen Vorjahresrekord einzustellen. Schleicher und seine beiden Monteure bastelten am Vergaser herum – dann ein neuer Versuch... und wieder nicht schneller. Endlich, nach sechs Anläufen, raste Henne mit 227 Stundenkilometer über die Landstraße, drei Stundenkilometer schneller als im Vorjahr. Ein neuer Weltrekord in der 500er Klasse für BMW.
Glückwunsch vom Reichsverweser für Ungarn, die Maschinen wurden wieder in den grauen Lastwagen verstaut, dazu die vielen leeren Benzinkanister. Die kleine Expedition zog zurück nach München.

Wie sich Popp gegen Hitler stellte

Seit sich 1933 Adolf Hitler zum Reichskanzler erkoren hatte, veränderte sich Deutschland. Die Wehrmacht rüstete auf und pumpte gewaltige Geldmengen in die Wirtschaft. Vor allem Betriebe, die sich am Rüstungsgeschäft beteiligten, profitierten von diesem Boom. Auch BMW, die seit nunmehr zwei Jahrzehnten einen guten Ruf in der Flugmotoren-Branche pflegten, galt die Gunst der Braunen.
Staatssekretär Eberhard Milch vom Luftfahrtministerium besuchte oft und gern die Firma in der Lerchenauer Straße und lockte BMW-Chef Franz Josef Popp mit immer neuen Versprechungen zu größeren Investitionen im Flugzeugbau. Der Druck der Braunen auf die weiß-blaue Marke hatte von 1933 bis 1935 wesentlich zugenommen. Hitlers Management redete in die Produktionspolitik der Flugmotoren hinein, was wiederum Popp sehr ungern sah. Da er sich dem nicht widersetzen konnte, griff er 1935 in Abstimmung mit dem Aufsichtsrat zu einem Trick: Er teilte die Bayerischen Motoren-Werke.
Der Flugmotorenbau wurde in eine separate Gesellschaft eingebracht, die „BMW-Flugmotorenbau GmbH". Während die BMW-Aktiengesellschaft als Muttergesellschaft zwar auch ein gewichtiges Wort im Flugmotorenbau mitredete, widmete sie sich im übrigen jedoch ganz und gar dem Fahrzeugbau. Immerhin schaffte es Popp auf diese Weise, daß dem Hitlerregime wenigstens vorerst das Mitspracherecht im Fahrzeugbau verwehrt blieb.
Welchen Druck die Braunen auch in der Personalpolitik ausübten, zeigte sich am Schicksal des Technischen Direktors Max Friz. Der mochte sich nicht damit abfinden, daß die Luftwaffe den von ihm bevorzugten Sternmotor nicht in größerer Zahl verwendete, sondern dazu die weniger guten wassergekühlten Triebwerke von Junkers und Daimler-Benz. Friz maulte über diese Politik, woraufhin ihn die politischen Vertreter im BMW-Aufsichtsrat mit Nachdruck nahelegten, doch Technischer Direktor im strategisch unwichtigen Flugmotorenwerk Dürrerhof zu werden.

Sportroadster nach Schwaben-Art: 303 mit Sonderaufbau von Wendler, Baujahr 1933

Cabriolet nach individuellem Kundenwunsch: 303 mit Wendler-Karosserie von 1933

In kleiner Serie gebaut und übers Händlernetz verkauft, zweisitziges Wendler-Cabriolet 303 von 1933

BMW und der Volkswagen

Indirekt versuchte bald darauf Adolf Hitler – wie in allen deutschen Auto-Schmieden – auch in München seine Befehle rigoros durchzusetzen. Der Führer träumte vom Volkswagen. „Nicht 1000 Dollar, sondern 1000 Mark muß er kosten", hatte Hitler zu Popp gesagt. Aber der BMW-Chef glaubte nicht daran, daß sich das deutsche Volk ein eigenes Auto leisten könne. Dabei ging es Popp weniger um den Anschaffungspreis als um die laufenden Unterhaltskosten. In einem Artikel für das „Berliner Tageblatt" vom 2. März 1931 hatte Popp den Omnibus als die einzig mögliche, wirtschaftliche Lösung, als den „Volkswagen Nr. 1", bezeichnet. Doch sagte er das nicht aus Hochmut – wie es später Ferdinand Porsche auslegte – sondern aus bitterer Erfahrung mit dem geringen Verkaufserfolg des Dixi. Deswegen mochte Popp für das gesamte Projekt von Hitlers Volkswagen „nicht einen Pfennig" investieren.

Doch Hitler blieb hart. Er schaltete Parteiinstanzen und Reichsbehörden ein. Unzählige Sitzungen des Reichsverbandes der Deutschen Automobilindustrie (RDA) brachten keine Lösung, wie ein Auto für 1 000 Mark zu bauen sei. Um aber Hitler nicht zu verärgern, beschloß der RDA erst einmal ein gemeinsames Studienbüro zu gründen. Und auf Vorschlag Kissels wurde der begabte Ferdinand Porsche mit dessen Leitung betraut. Erinnert sich Popp: „Wobei aber Kissel ausdrücklich verlangte, daß Konstrukteure einiger Automobilfabriken an dieser gemeinsamen Arbeit beteiligt werden müßten, damit dieser Wagen nicht eines Tages als „Porsche-Wagen" das Licht der Welt erblickt." Die Frage des Preises war nach wie vor ungeklärt: Selbst Porsche äußerte die Meinung, daß der Volkswagen – wie ihn sich Hitler vorstellte – mehr als 1 000 Mark kosten müsse.

Der ließ nicht locker. Anfangs glaubten die RDA-Experten, das Preisdiktat durch Druck auf die Materiallieferanten lösen zu können. Popp erinnerte aber daran, daß dann die Zulieferer die Last abwälzen würden; die Zuliefer-Preise für die übrigen Automobile müßten steigen. Bei einer der vielen Besprechungen im Reichsverband der Automobil-Industrie kam Franz-Josef Popp allerdings die Idee, das Problem von der Steuerseite her aufzuzäumen. Er ließ sofort Berechnungen anfertigen, die ergaben, daß die Baukosten eines Autos mit insgesamt 25 bis 30 Prozent Steuern belastet seien. Da zudem weitere 20 Prozent als Verkaufsprovision den Endpreis ausmachten, ergab sich nun ein neues Bild: Die reinen Herstellungskosten betrugen demnach nur 50 Prozent des Verkaufspreises. Aus diesem Gedanken heraus erarbeiteten Popp und Kissel gemeinsam eine Studie, nach der die Arbeitsfront als gemeinnützige Gesellschaft künftig den VW bauen solle und nicht – wie Hitler es wünschte — die deutsche Auto-Industrie. Dadurch könnte das Auto in einem Staatsbetrieb ohne Steuerbelastung gefertigt werden. Über den Reichstreuhänder der Arbeit in Bayern, Kurt Frey, trug Popp diese Studie an den Arbeitsfront-Führer Robert Ley heran. Der beauftragte das „Arbeitswissenschaftliche Institut der Deutschen Arbeiterfront" mit der Prüfung des Vorschlags. Als ein negativer Bescheid kam, tobte Ley: „Ein kapitalistisches Manöver." Doch einige Monate später präsentierte Ley in einer Denkschrift an Hitler das ganze Projekt als eigene Idee. Seine neue Kalkulation war einfach: der Volkswagen wiegt 600 Kilogramm, ein Kilogramm Automobil kostet 1,50 Mark, daher Selbstkosten 900 Mark.

Die gesamte deutsche Automobil-Industrie war damit von dem Alptraum befreit, ein Fahrzeug unter Selbstkostenpreis herstellen zu müssen – nur aus politischen Gründen.

Der Leichtwagen

Hitlers Rüstungspolitik brachte viel Geld in den Wirtschaftskreislauf, was sich letztendlich in einem wachsenden Wohlstand des Volks äußerte. Ab April 1933 wurden alle neu zugelassenen Personenwagen und Krafträder von der Kfz-Steuer befreit. Ein Jahr später durften gewerblich genutzte PKWs bereits im Anschaffungsjahr steuerlich voll abgeschrieben werden. Der Erfolg blieb nicht aus. Die Deutschen kauften mehr Autos. Wurden 1931 nur 40.000 Autos an den Mann gebracht, waren es 1935 immerhin schon 200.000. Von dem Nachfrage-Boom profitierte auch BMW.
Die Kunden verlangten nach bequemen Wagen der Mittelklasse. Zudem stand nun fest, daß eines Tages Hitlers extrem billigere Volkswagen auf den Markt kommen würde und einer Konkurrenz kaum Chancen ließ. „Auf diesem Weg wurden Kissel und ich nun in unseren Programmen getrennt", erinnerte sich Popp später. Daimler-Benz machte aus dem Ur-Projekt 1,3 Liter-Wagen, einen 1,5 Liter-Wagen, danach den „170 V". In München gab aus denselben Gründen Popp Order an Rudolf Schleicher, den vorhandenen 1,2 Liter-Motor auf 1,5 Liter Hubraum aufzubohren, womit auch die Leistung auf 34 PS anstieg. Mit der Karosserieform des 303 war Fritz Fiedler nicht zufrieden. Er entwarf deshalb für den 1,5 Liter-Wagen eine modifizierte Linie. Die neue Limousine besaß etwas größere Glasflächen, einen wiederum etwas größeren Innenraum und rundere Linien. Die Windschutzscheibe war – nach italienischen Vorbildern – etwas nach hinten geneigt, die vorderen Kotflügel geschwungener ausgelegt, wodurch auch die Trittbretter kleiner ausfielen. Eine Stoßstange schützte nun die Front. Hatte der 303 noch Türen, die sich nach hinten öffneten, erhielt der Neuling – des bequemeren Einstiegs wegen – nach vorn öffnende Türen. Karosserie-Lieferant blieb weiterhin Daimler-Benz, Werk Sindelfingen.
Mit dem neuen 1,5 Liter-Wagen, auch 315 genannt, begründete BMW erstmals seinen Ruf, besonders fortschrittliche Autos zu bauen. Als Geheimnis der guten Straßenlage galt auch hier der stabile Rohrrahmen, hinzu kam der weiche, starke Sechszylinder-Motor. Er gehörte zum Besten, was es damals auf dem Markt zu kaufen gab. Als er im April 1934 erschien, nannte BMW seinen Neuen stolz „den Leichtwagen", denn die Limousine wog nur 850 Kilogramm. Die Konkurrenz in der 1,5 Liter-Klasse brachte damals üblicherweise rund 1.100 Kilogramm auf die Waage.
Die „Allgemeine Automobil Zeitung" testete 1935 den großen BMW und war überrascht von den Fahrleistungen des 34 PS-Autos: „Es klingt nach amerikanischer Ziffer, wurde aber tatsächlich gemessen: der 1,5 Liter-BMW beschleunigt im dritten Gang von 10 auf 60 km/Std. in nicht ganz 10 Sekunden." Kritik gab es bei diesem Test allerdings am Innenraum-Angebot: „Man hat im Platzbedarf das Notwendigste . . ."
Kein Wunder, denn auch der 315 war mit 3,50 Meter Länge und 1,30 Meter Breite immer noch ein winziges Fahrzeug; vergleichbar heute mit einem VW Polo.

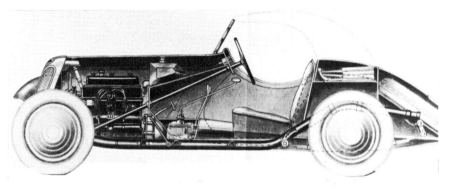

Viel Fahrleistung, wenig Kofferraum: Schnitt durch den 315/1

Antwort auf die englischen Sportroadster: Mit dem 315/1 gelang den Bayern der Einstieg in den Motorsport

Prominente Kundschaft: Der deutsche Kronprinz mit seinem 315 Sport-Cabriolet (1935)

Hochmodisch: zweifarbiges Wendler-Cabriolet auf der Basis des 315/1 von 1936

Wenn die Serienausfertigung sportlich war, pflegte der Individualist das komfortable: Luxuscabriolet mit Speichenrädern auf dem Fahrwerk des 315/1. 1935 von Wendler gebaut

Die Sportwagen-Generation

Kraft und Ausdauer des gelungenen Sechszylinder-Motors reizten Popp nun, einmal einen richtigen Sportwagen bauen zu lassen. Fritz Fiedler entwarf dazu eine schnittige Karosserie mit verdeckten Hinterrädern und lang auslaufender Heckpartie. Sie wurde nach Fiedlers Angaben bei der Darmstädter Karosseriefirma Authenrieth gebaut und nach Eisenach geschickt.
Ein wenig aufgemöbelt hatte Schleicher für diesen Wagen den Motor. Die Verdichtung wurde leicht heraufgesetzt und ein dritter Vergaser angebracht. Damit leistete das für den Sportwagen bestimmte Triebwerk stattliche 40 PS. Sein Debüt feierte der neue BMW 315/1-Sportwagen auf der „Internationalen Alpenfahrt 1934". Die traditionelle Herbstfahrt durch die Berge war für den BMW eine glorreiche Premiere. Gleich vom Start weg überholte der Neuling alle Konkurrenten und gewann überlegen.
Einige Monate später begann in Eisenach die Serienfertigung. Der nur 760 Kilogramm schwere Sportwagen schaffte mit seinem 40 PS-Motor eine Spitze von 125 km/h. Berichtete die „Allgemeine Automobil Zeitung": „Aber die hohe Geschwindigkeit ist noch nicht einmal das, was das sportliche Fahren in diesem Wagen vom ersten Augenblick an so sportlich gestaltet. Das ist vielmehr die Beschleunigung." Die Tester maßen, daß der 315/1 in nur 7,6 Sekunden von 10 auf 60 Stundenkilometer kam, „und zwar ohne Kompressor und bei fast geräuschlosem und ganz erschütterungsfreiem Motor." Zu Kritik gab bei dem Sportwagen nur die Lenkung Anlaß, die zu indirekt übersetzt gewesen sein soll. Immerhin verdienten die BMW-Wagen in den Augen der Tester das Prädikat „ideal".
Fast jede Automobilfabrik führte damals ein schmuckes Cabriolet. Deshalb mußte sich BMW besondere Mühe geben; jedes Exemplar wurde 500 Kilometer zur Probe gefahren, ehe es an den Kunden ausgeliefert wurde. Dank solcher Kontrolle und eines ausgewogenen Charakters zeigten wohlhabende und prominente Leute erstmals Interesse an einem Wagen der weiß-blauen Marke. Der deutsche Kronprinz zum Beispiel, wählte den 315/1 aus seinem Fahrzeugpark zum Lieblingswagen.

Lizenz an Frazer-Nash

Schon beim ersten Erscheinen in der Öffentlichkeit, zur Internationalen Alpenfahrt im Herbst 1934, fand der neue BMW 315/1 gebührende Aufmerksamkeit der ausländischen Renn-Teams. Vor allem die Rennfahrer der englischen Marke Frazer-Nash bestaunten den Neuling, glaubten ihn jedoch mit ihren winzigen und wendigen Sportroadstern auf den alpinen Straßen leicht abhängen zu können. Als ihnen dann der BMW den Auspuff zeigte, wurde die Neugierde der Frazer-Nash-Oberen geweckt. Generaldirektor H. J. Aldington beschäftigte sich plötzlich ausgiebig mit der neuen Konkurrenz. Er entdeckte dabei, daß die Wagen aus seinem Hause viele Qualitäten nicht vorweisen konnten. „Der BMW hat eine Steuerung und eine Federung", verriet Aldington einem Journalisten, „wie sie viele Kraftfahrer erträumen. Er ist sehr schnell, außerordentlich bequem und vermittelt das Gefühl absoluter Sicherheit bei jeder Straßenoberfläche." Doch anstatt seine Techniker anzutreiben, diese Qualitäten nachzubauen, handelte der englische Manager klüger: Er fuhr kurzerhand von London

Bei Sportveranstaltungen beeindruckte der 315/1 die Konkurrenz durch seine Wendigkeit

Nationalgefühle geweckt: Frazer-Nash-BMW 1935 am Start in England

Lange Motorhaube, kurzer Innenraum: 315 mit mit Spezialkarosserie von Rometsch, Berlin (Baujahr 1934)

Die Kühlerrippen im Stil von Hanomag-Autos: 315 mit einer Sonderkarosserie von Wendler aus dem Jahre 1934

nach München und bat Franz Josef Popp um eine Nachbau-Lizenz. Die erhielt Aldington prompt, und am 18. Dezember 1934 plauderte das englische Fachblatt „The Motor" die neue Cooperation aus. Einzelteile von Karosserie, Motor und Fahrgestell wurden separat nach England verschifft und dort zusammenmontiert. Denn während fertige Autos auf der Insel hoch verzollt werden mußten, belastete der Zoll Einzelteile nur gering.

Die englischen BMWs waren also völlig identisch mit den Eisenacher Originalen und trugen ebenso das weiß-blaue Zeichen. Jedoch umrahmte das Propeller-Symbol der Schriftzug „Frazer-Nash-BMW". Aufgrund dieser neuen Zusammenarbeit testete „The Motor" damals einen 1,5 Liter-BMW und wunderte sich: „Das hervorstechendste Merkmal ist sicherlich die Federung, die ohne irgendwelche unangenehmen Auf- und

315 als Landaulet von 1934: Spezialanfertigung von der Karosseriefabrik Wendler

Einzelanfertigung im Kundenauftrag von Wendler auf 315-Fahrwerk. Baujahr 1934

Für einen schwäbischen Textilfabrikanten geschaffen; 315 mit Autenrieth-Aufbau von 1935

Mehr Hubraum zum höheren Preis: 319, damals auch als BMW 2-Liter bekannt, von 1935

Abbewegungen die Unebenheit schlechter Straßen ausgleicht, selbst wenn diese mit ausgesprochen rücksichtslosen Geschwindigkeiten gefahren werden."
Meinte die Hauspostille „BMW-Blätter" daraufhin: „Deutschland hat berechtigten Grund, stolz darauf zu sein, daß der Frazer-Nash-Konzern, der in England als führend auf dem Gebiet des kleinen Sportwagens gilt, sich entschlossen hat, einen deutschen Sportwagen, den 1,5 Liter-BMW, in England einzuführen und zu propagieren."

Der Drang nach oben – das Vorbild: Horch

Der Vorstand glaubte, endlich den Platz am Markt gefunden zu haben, der BMW gebührte. Popp und Fiedler strebten danach, der Edel-Marke Horch nachzueifern – wenn auch aus unterschiedlichen Motiven. Fiedler war vor wenigen Jahren aus der sächsischen Auto-Schmiede zu BMW gekommen und durfte hier endlich seinem Genius freien Lauf lassen. Hier konnte er nach Horch-Rezepten Autos bauen und das verbessern, was die Horch-Oberen ihm damals nicht erlaubt hatten. Popp dagegen schwebte immer noch die Fusion mit Daimler-Benz vor. Würde die bayerische Marke erst eine ähnliche Reputation wie Horch haben und einen festen Platz als Qualitäts-Hersteller in einer kleineren Klasse einnehmen, wäre BMW auch für die Stuttgarter ein ebenbürtiger Partner.
Aus all diesen Gründen wollte man den Leistungsvorsprung, den man mit dem erfolgreichen 315 gegenüber der Konkurrenz geschaffen hatte, unbedingt halten. Versuchsleiter Rudolf Schleicher erhielt im Mai 1934 den Auftrag, die Sechszylinder-Maschine noch leistungsfähiger zu machen. Schleicher bohrte den Hubraum auf 1,9 Liter auf und schaffte damit den gewaltigen Leistungssprung von 34 auf 45 PS. Ursprünglich wollte man damit nur ein PS-stärkeres Triebwerk für den Sportwagen schaffen, um in der Zweiliter-Klasse bei Wettbewerben starten zu können.

Zugeständnis an die AM-4 Kundschaft: Typ 309 in der Linie des 303 aber ohne Stoßstange, mit runderer leicht nach hinten geneigter Windschutzscheibe und kleinen Trittbrettern

Ganz kurzfristig entschied Popp dann aber, diese Maschine auch in die Limousinen-Karosserie zu setzen. Mit dem neuen „2 Liter", später auch 319 genannt, schuf man im Herbst 1934 parallel zum weitergebauten 315, eine starke Luxus-Limousine. Sie besaß schon eine selbständig arbeitende Kühler-Jalousie, die das Kühlerwasser immer richtig temperieren half. Anstatt des eigenwilligen Bandtachometers erhielt der 319 nun ein großes rundes Instrument, das sogar schon indirekt beleuchtet war. Zigarrenanzünder, eine in jeder Lage festzustellende Windschutzscheibe und verschließbare Ablagekästen am Armaturenbrett gehörten zur Standardausrüstung. Besonders originell: Am Rückfenster saß ein Fallvorhang, der vom Fahrersitz aus bedient wurde. Fasziniert schrieb ein Fachblatt über die neue Limousine: „Schußartig geht der Wagen aus dem Schritt-Tempo heraus und erreicht in kürzester Zeit seine Geschwindigkeit von 115 km/h."
Parallel zum 315/1 pries BMW den 1,9 Liter auch als Sportroadster an: den 319/1. Durch höhere Verdichtung und mit drei Vergasern bestückt, leistete der Motor jetzt ganze 55 PS. Da zudem die Karosse des Zweisitzers 100 Kilo weniger wog als die Limousine, schaffte der 319/1 die für damalige Zeiten enorm hohe Spitzengeschwindigkeit von 135 km/h. Äußerlich unterschied sich der 55 PS-Sportwagen vom 315/1 nur durch das eingerahmte seitliche Entlüftungsgitter an der Motorhaube.
Wie alle anderen Typen besaß aber auch die besonders schnelle Baureihe mechanische Seilzug-Bremsen. Denn richtige Öldruckbremsen waren den BMW-Technikern noch immer zu teuer. Um die Kritik an den Bremsen früherer Modelle zu beheben, verbesserte man die Seilzugbremsen dahingehend, daß nun die Stahlkabel vor Rost und Schmutz geschützt in Panzerschläuchen lagen.
Trotz des recht hohen Preises von 5 200 Mark fand der 319 beim Publikum großen Anklang. Die Produktion pendelte sich bei etwa 3 000 Stück pro Jahr ein: Für die

großen Massenhersteller schon damals eine zu geringe Stückzahl. Für BMW allerdings ein wichtiger Sprung voran. Denn nun schien die künftige Richtung klar: Zum Großserienhersteller hatte die finanzielle Basis nicht gereicht, zum Hersteller exklusiver – und teurer – Qualitätsautos hatte die weiß-blaue Marke einen soliden Grundstein gelegt.

Zur Perfektion gebracht: das Baukasten-System

Franz Josef Popp hatte nun ein komplettes Fahrzeug-Programm von fünf Typen, die jedoch aus verschiedenen Teilen einfach kombiniert wurde. Alle Modelle besaßen das stabile Rohrrahmen-Fahrgestell mit eingeschweißten Querträgern. Alle Typen hatten die Vorderräder einzeln aufgehängt an einer Querblattfeder, wobei Dreiecklenker die Räder führten. Einheitlich waren auch die Hinterradaufhängungen mit Starrachse und Halbelliptikfedern.
Diese Fahrgestelle wurden durch Einbau verschieden starker, aber auf gleicher Grundlage konstruierter Motoren zu fünf Typen verwandelt. Alle besaßen Zahnstangenlenkung und ein Viergang-Getriebe mit synchronisiertem dritten und vierten Gang.
Nachdem der mißlungene 3/20 nicht mehr gebaut wurde, stand der 309 als kleinster Typ im Programm, eine Stufe höher lag dann der 315 und darüber der 319. Die Tabelle zeigte die Kombinationen zwischen unterschiedlich starken Motoren und Typen:

„Schußartig geht der Wagen aus dem Schritt-Tempo heraus" – Typ 319 aus dem Jahre 1935 in der Cabriolet-Version

	4 Zylinder-Motor	6 Zylindermotor			
Karosserien	0,845 Liter/ 22 PS	1,5 Liter/ 34 PS 2 Vergaser	1,5 Liter/ 40 PS 3 Vergaser	1,9 Liter/ 45 PS 2 Vergaser	1,9 Liter/ 55 PS 3 Vergaser
Limousine	309	315		319	
Cabrio-Limousine	309	315		319	
Sportroadster			315/1		319/1

Dank dieses Systems mixte Fritz Fiedler aus zwei Grundmotoren und zwei Grundkarosserien eine ganze Modellpalette, in der sich Stammkunden schon regelrecht hochkaufen konnten. BMW setzte mit 8 769 Fahrzeugen im Jahr 1935 soviel ab wie noch nie zuvor. Dennoch ging der Marktanteil zurück. Lag die weiß-blaue Marke 1933 noch an fünfter Stelle der Neuzulassungen, sank sie bis 1935 auf Platz sieben. Großserienhersteller wie Hanomag und Adler stellten in diversen Hubraum-Klassen mehr Autos her. Und das neue Ford-Werk in Köln, erst 1930 gebaut und Mitte der dreißiger Jahre voll in Betrieb, drängte mit großen Stückzahlen nach vorn.

Reserveradabdeckung beim 319/1, von 1935

Während die Großen der Branche, wie etwa Opel und Ford, nach amerikanischen Methoden ihre Autos am elektrischen Fließband herstellten, mußten sich kleinere Hersteller – wie BMW – in Bescheidenheit üben. Popps Fahrzeugschmiede lag mitten in der Stadt Eisenach und konnte deshalb kaum erweitert werden. Hier arbeitete man wie früher auch: Auf einem Gestell mit Rädern schweißten die Arbeiter den Rahmen zurecht. Dann rollte das Gestell von Hand geschoben alle 20 Minuten von einer Monteursgruppe zur anderen, die dann den darauf sitzenden Rahmen Stück für Stück weiter aufbauten. Das Problem der Aufsicht war es dabei, daß die Gestelle immer rechtzeitig weitergeschoben wurden, sonst traten Stockungen in der ganzen Halle auf. Ganz zum Schluß stülpten die Arbeiter die von Daimler-Benz angelieferte Karosserie mittels eines Flaschenzuges über das Chassis.

Vom Treiber und vom Bremser

Der gute Geschäftsgang einerseits und das Absinken des Marktanteils andererseits trieben BMW-Chef Popp geradezu ruhelos danach, das Fahrzeugprogramm laufend zu erneuern und zu erweitern. Immer wieder brachte er Ideen zu neuen Autos zur Diskussion, am liebsten hätte er jedes Jahr die Modellpalette erneut. Er galt als „Treiber."

Sein Gegenstück war Versuchschef Rudolf Schleicher, der sich selbst als „Bremser" sah. Wenn Popp wieder von neuen Modellen schwärmte, murrte Schleicher zurück: „Soviele Modelle können wir gar nicht bewältigen. Wir können doch nichts richtig fertig machen." Der Qualitäts-Perfektionist hätte es viel lieber gesehen, wenn BMW weniger Modelle gebaut hätte, dafür die Versuchsabteilung gründlicher und unter geringerem Zeitdruck arbeiten müßte.

Wie damals überall üblich, wurden auch bei BMW neue Wagen innerhalb von nur zwölf Monaten geplant, erprobt und gebaut. Berechnungen für Materialfestigkeiten gab es kaum. Ein Typ wurde gezeichnet, danach im 1:5-Modell und später im Original gebaut. Hernach sammelte der einzige Prototyp in Tag- und Nachtfahrt Kilometer – solange, bis Teile brachen oder Schwachstellen sichtbar wurden. Danach begann hastig die Serienproduktion.

Popp wischte Schleichers Bedenken vom Tisch: Er, das Ebenbild eines Unternehmers, spürte instinktiv, daß sich BMW nur durch außergewöhnlich moderne und leistungsfähige Fahrzeuge gegen die Großserienhersteller halten könne. Und da sich die Technik von Jahr zu Jahr fortentwickelte, mußte auch BMW entsprechend mithalten. Fritz Fiedler, als Nachfolger von Max Friz inzwischen zum Technischen Direktor aufgestiegen, kannte Popps Vorstellungen genau und zeichnete im Frühjahr 1935 die Linien zu einem ganz außergewöhnlichen und zukunftsweisenden Auto: dem 326.

Der Bruch mit Mercedes

Anstatt des bisher üblichen breiten Kühlergrills besaß der 326 eine ganz schmale Kühlerfront mit den inzwischen typischen Nierengrill. Die Kotflügel schwangen weit nach hinten, die geteilte Windschutzscheibe lag schräg im Fahrtwind. Die vier Türen an der stromlinienförmigen Karosserie bewiesen, daß BMW nun endgültig in die große Klasse vorstoßen wollte.

Als Popp die erste Zeichnung sah, schwieg er einen Augenblick. Dann ließ er den Kalkulator kommen: „Rechnen Sie aus, was hierbei an Entwicklungskosten anfallen." Das Ergebnis kam wenige Tage später: BMW müsse mit einer ganzen Million Reichsmark Anlaufkosten rechnen. „Ja, woher sollen wir denn die Million nehmen?", fragte Popp fassungslos als er die Kalkulation las. Und nach einer Weile setzte er trotzig hinzu: „Aber wir bauen ihn trotzdem, weil er das nicht kosten darf."

Fiedler ging bei der Entwicklung vom bisherigen Einheitsfahrgestell mit 2 400 Millimeter Radstand ab und baute ein längeres mit 2 870 Millimeter. Die Vorderräder hingen jetzt an doppelten Dreieck-Querlenkern und wurden von Drehstäben abgefedert, ebenso die hintere Starrachse. Diese Drehstabfederung war gerade von Porsche erfunden worden. BMW überwies für dieses Patent künftig Lizenzzahlungen an ihn. Immerhin galten diese Stäbe als das modernste auf dem Fahrzeugsektor. Sie garantierten eine leicht ansprechende Federung und quietschten an heißen, trockenen Sommertagen nicht so unangenehm wie Blattfedern. In Federungstechnik und in den Federeigenschaften war damit der neue BMW seinen Konkurrenten um rund fünf Jahre voraus.

Wenig geändert wurde dagegen am Motor. Basis blieb weiterhin das Sechszylinder-Aggregat, das nun auf zwei Liter Hubraum vergrößert und mit zwei Vergasern bestückt, 50 PS leistete. Völlig neu war hingegen das Getriebe. Die beiden unteren Gänge besaßen einen Schaltfreilauf, der ein Schalten ohne Auskuppeln ermöglichte: Dritter und vierter Gang waren synchronisiert.

Für damalige Verhältnisse recht modern fiel die Karosserie-Konstruktion aus. Opel hatte zwar zu jener Zeit gerade den selbsttragenden Ganzstahl-Aufbau in Serie genommen, bei dem das Fahrgestell überflüssig wurde; was wiederum das Fahrzeug-Gewicht drastisch reduzierte. Doch diesem System traute man bei BMW nicht. Fritz Fiedler baute unter die Ganzstahlkarosserie des 326 noch einen Blechkastenrahmen; der Holzrahmen war passé.

Voller Stolz reiste Generaldirektor Popp und sein Technischer Direktor im Herbst 1935 mit allen Plänen und Konstruktions-Unterlagen nach Stuttgart. Beiden schien es selbstverständlich, daß Daimler-Benz wiederum als Karosserie-Lieferant dienen sollte. Doch als sie alle Zeichnungen erläutert hatten, winkten die Mercedes-Techniker ab. Sie, die meisterhaft Karosserien mit Holzrahmen herzustellen verstanden, konnten den vollkommenen Stahlblech-Aufbau nicht liefern. Das lag nicht nur an der unterschiedlichen Fertigungstechnik. Das Mercedes-Management empfand den repräsentativen Stromlinien-BMW plötzlich als Konkurrenz zum eigenen Sortiment. Und da mochte man nicht auch noch Zulieferant sein.

BMW suchte nun einen neuen Zulieferanten für Karosserien. Dabei empfahl sich die Firma Ambi-Budd in Berlin-Johannisthal. Seit 1926 preßte hier die deutsche Ambi-Aktiengesellschaft nach Patenten des Amerikaners Edward G. Budd und mit dessen Werkzeugmaschinen Ganzstahlaufbauten für die deutschen Fahrzeugfabri-

Immer niedriger und gestreckter: Dixi 1930 (links), Typ 303 von 1933 (mitte) und 326 von 1936 (rechts): Die weiß-blaue Auto-Generation

Der Konkurrenz in der Federungstechnik um fünf Jahre voraus: BMW 326 von 1936

ken Adler, Hanomag und Ford. Ambi-Budd erklärte sich sofort bereit, auch BMW in die Kundenkartei aufzunehmen.

Wenn auch die geschäftlichen Beziehungen lockerer wurden, der private Kontakt zu Daimler-Benz-Chef Kissel blieb erhalten. Popp knüpfte über Kissel sogar eine neue Freundschaft zu Wilhelm Haspel, Chef des Daimler-Karosseriewerks in Sindelfingen. Popp und Haspel gingen oft zur gemeinsamen Jagd in die bayerischen Berge. Und da Popps Töchter oft zu Gast im Hause Haspel waren, lernten sie dort auch ihre künftigen Ehemänner Paul Heim und Richard Seaman – beide Daimler-Benz-Angestellte – kennen.

„Pionier der deutschen Konstruktionsschule"

Viel Lob erntete BMW im Juni 1934 durch seine erfolgreiche Rennbeteiligung, die Weltrekorde und die hohe Qualität seiner Serien-Motorräder. Das Fachblatt „Motor und Sport" meinte gar: „BMW wurde zum Pionier der deutschen Konstruktionsschule." Unter Versuchschef Rudolf Schleicher, dem die Weiterentwicklung der Zweiräder ein besonderes Anliegen war, erhielten die Kräder ein ganz neues Fahrgestell aus geschweißten konischen Rohren. Das Programm umfaßte folgende Modelle:

Typ	Zylinderzahl	Hubraum	PS	Charakteristik
R-2	1	200 ccm	8	führerscheinfreie, wirtschaftliche Maschine
R-4	1	400 ccm	12	mittelschwere Solo- und Sozius-Maschine
R-12	2	750 ccm	18	schwere Tourenmaschine
R-12	2	750 ccm		sportl. Beiwagen-Maschine
R-17	2	750 ccm	33	Sportmaschine; zweimal. Siegerin der Int. 6-Tage-Fahrt 1934

Alle Motorrad-Experten Europas zollten den neuen BMW-Maschinen Anerkennung; denn sie besaßen eine Teleskop-Vorderradgabel, die ein Meilenstein im Motorradbau wurde. Zwar hatte es auch schon früher Teleskopgabeln gegeben, doch keine in dieser Art; die BMW-Gabel besaß 80 Millimeter Hub und eine Öldämpfung, zudem war die BMW-Teleskopgabel völlig wartungsfrei und staubdicht abgeschlossen. Durch ihre ausgetüftelte Konstruktion gab sie außerdem den neuen Krädern aus München eine überdurchschnittliche Straßenlage.

Nur in einem Punkt waren einige Konkurrenten von BMW, etwa die italienische Motorradmarke Guzzi, noch fortschrittlicher: wenn es um die Hinterradfederung ging. Noch 1935 stellte BMW seine Motorräder zur Internationalen Automobilausstellung ohne abgefederte Hinterräder aus. Als Rudolf Schleicher damals dem Diktator Adolf Hitler bei dessen obligaten Eröffnungsrundgang die Vorzüge der Maschinen aus Bayern schilderte, fragte der nur kurz zurück: „Und wann kommt die Hinterradfederung?" Schleicher lachte verlegen und war sprachlos.

Immerhin gab diese Frage den Anstoß dazu, dies schnellstens in Angriff zu nehmen. Der Chefkonstrukteur hatte in den Frühjahrsmonaten 1936 eine Hinterrad-Federung entwickelt, wie sie die gerade eben auf den Markt gekommene Rennmaschine der englischen Motorradfabrik Norton auch besaß. Und die 15-Mann-starke Entwicklungsabteilung arbeitete nun heftig daran, das englische Grundprinzip als Vorbild zu nehmen und hier und da etwas zu verbessern.

Damit aber war der junge Konstrukteur Alexander von Falkenhausen garnicht einverstanden. In seiner Arbeitszeit zeichnete der Diplom-Ingenieur – der gerade bei BMW eingestellt worden war – zwar artig die ihm aufgetragenen Details. Nach Feierabend grübelte er an einer völlig anderen Hinterradfederung.

Als der Technische Direktor Schleicher dann wieder einmal durchs Konstruktionsbüro eilte, winkte ihn von Falkenhausen schüchtern ans Zeichenbrett und erklärte Schleicher die Einzelheiten seiner Lösung. Mürrisch erklärte der hinzugekommene Chefkonstrukteur die von Falkenhausen erdachte Hinterradaufhängung für zu aufwendig. Außerdem seien die Vorbereitungen für die erste Lösung soweit fortgeschritten, daß es für eine Kehrtwendung zu spät wäre. Doch Schleicher entschied kurz und bündig: „Das machen wir gleich so."

Die Hinterradfederung nach englischer Art hatte nämlich am Rahmenende zwei Hülsen, in denen ein Gleitstück hing. Bei von Falkenhausens Konstruktion waren die Rahmenenden mit einem senkrechten Rohr verbunden, auf dem ein Gußstück glitt. Die Vorteile dieser Lösung: der Rahmen blieb steifer, und man schuf mehr Platz für die Feder. Mit dem ersten Versuchs-Motorrad schickte Schleicher seinen ideenreichen Konstrukteur zu einem Rennen. Und der Sieg bewies im Werk deutlich, daß hier wieder eine Lösung gefunden worden war, die BMW-Motorräder sicherer und komfortabler machte. Ab 1937 wurden alle Kräder aus München damit serienmäßig ausgestattet.

Als Adolf Hitler auf der Automobil-Ausstellung in Berlin wieder den BMW-Stand besuchte, konnte Rudolf Schleicher stolz die Neuentwicklung an den weiß-blauen Zweirädern zeigen. Zufrieden drehte sich der braune Diktator zu dem Technischen Direktor hin und meinte: „Eine gute Leistung."

„Und wann kommt die Hinterradfederung?" – Adolf Hitler mit Direktor Rudolf Schleicher auf der Berliner Automobil-Ausstellung 1937

Der Krach zwischen Berlin und München

Schlecht waren die braunen Machthaber auf die BMW-Oberen zu sprechen, wenn es um Flugmotoren ging. Das Reichsluftfahrtministerium bedrängte Franz Josef Popp immer wieder, endlich mehr militärische Flugmotoren zu bauen. Wenn es nach dem Willen des Staatssekretärs Milch gegangen wäre, hätte BMW seinen Fahrzeugbau ganz eingeschränkt und völlig auf Flugzeug-Triebwerke umgeschaltet.

Doch Popp weigerte sich beharrlich gegen solche Anordnungen aus Berlin. Er lehnte jede Kapazitätsvergrößerung der Abteilung Flugmotorenbau im Stammwerk München ab. Die Erfahrungen im Ersten Weltkrieg hatten Popp gelehrt, daß eine Rüstungsperiode nur von kurzer Dauer sein konnte. Damals hatte der BMW-General die Fabrik rigoros vergrößert und nach Beendigung des Kriegs nicht genügend Beschäftigung für seine Arbeiter gefunden. Diese unternehmerische Sorge wollte er sich nicht noch einmal aufladen. In endlosen Konferenzen wehrte sich Popp gegen jeden Plan der Braunen. „Wenn Sie größere Flugmotorenfabriken brauchen", schlug er vor, „dann errichten Sie doch Staatswerke." Der Vorschlag fiel auf fruchtbaren Boden, nur in einer Weise, wie sie Popp nicht mehr ablehnen konnte. Das Luftfahrtministerium – über eine Bank schon an der BMW-Flugmotorenbau GmbH beteiligt – gründete das „BMW Reichswerk Allach" und stampfte im Münchener Vorort gleichen Namens im Herbst 1936 eine hochmoderne Flugmotorenfabrik aus dem Boden.

Der direkte Einfluß von Hitlers Gefolgschaft hatte aber zur Folge, daß der widerspenstige Generaldirektor Popp als Leiter des Flugmotorenbaus bei BMW kurzerhand abgesetzt wurde.

Das Flaggschiff

Als am 15. Februar 1936 die Internationale Automobil-Ausstellung in Berlin ihre Pforten öffnete, präsentierte BMW seinen von Grund auf neuen Typ 326. Ein Auto, das durch seine zukunftsweisende Form und Technik beträchtliches Aufsehen erregte. Endlich hatte auch BMW einen richtigen Reisewagen (Prospekt: „Mit verblüffend guten Fahreigenschaften") im Programm. Schrieb das Fachblatt „Motor und Sport": „Das neueste Modell von BMW, der 326, ist etwas ganz anderes als alle bisherigen Wagen dieser Marke. Er ist vor allem der erste BMW-Wagen, der in Bezug auf räumliche Abmessungen in das Gebiet des mittelstarken Typs vorstößt." Anerkennung fand auch, daß BMW endlich in der Bremstechnik mit der Konkurrenz mitzog. „Beim neuen BMW ist erstmals die Öldruckbremse gewählt worden," schrieb „Motor und Sport". Alle Experten waren sich einig, daß der 326 das modernste Zweiliter-Auto Europas war.
Fritz Fiedler hatte jedoch nicht nur eine Limousine gebaut, sondern dazu auch eine offene Version. Im Gegensatz zu früheren Varianten geriet dieser Wagen nicht mehr zu einem spartanischen Roadster, sondern zu einem eleganten Cabriolet mit Kurbelfenstern, Klappverdeck und – erstmals bei BMW – in die Karosserie versenkten Scheinwerfern. Als Besonderheit pries der Prospekt: „Einbau eines Auto-Super-Rundfunkempfängers vorgesehen". Damit der Wagen nicht als Limousinen-Variante angesehen wurde, sondern als eigenes Modell, hieß es „327". Die Karosserien lieferte die Stuttgarter Karosseriefabrik Reutter nach Eisenach. Den Motor übernahm der 327 unverändert vom 319/1; es war die bewährte Sechszylinder-Maschine mit zwei Vergasern und 55 PS.
Auf der Ausstellung hatte BMW nur ein Einzelstück gezeigt. Ehe allerdings die Serienfertigung anlief, vergingen noch viele Monate. Die von der Zahnradfabrik Friedrichshafen (ZF) gelieferten Getriebe für den 327 ließen sich nämlich nicht schalten. Aus rund 100 schon fertigen Sportwagen mußten sie deshalb wieder ausgebaut und nach Friedrichshafen geschickt werden. Wochen vergingen, in denen die getriebelosen Wagen auf dem Hof der Eisenacher Fabrik herumstanden. Als schließlich die reklamierte Sendung generalüberholt von ZF zurückkam, waren die Stoffverdecke so verwittert, daß sie nun ebenfalls erst renoviert werden mußten.
Mit dem 327 hatte BMW zwar die Liebhaber eleganter Cabriolets auf seine Seite gezogen, doch die Verfechter sportlicher Roadster gegen sich aufgebracht. In den Monaten März und April beschwerten sich viele alte Kunden im Werk, daß der schnelle deftige 319/1 dem eleganten 327 Platz in den Eisenacher Hallen machen mußte. Franz Josef Popp wollte den sportlichen Ruf, den seine Marke erst vor wenigen Jahren erworben hatte, nicht wieder aufs Spiel setzen und gab grünes Licht zur Entwicklung eines Sportwagens, der schneller und sportlicher sein sollte als alle bisherigen Wagen aus Eisenach.

Revolution im Motorenbau

Weil es aber an Geld für eine komplette Neuentwicklung fehlte, griff Fritz Fiedler auf bewährtes zurück. Er nahm das Chassis des 319 – mit den alten Blattfedern an der Hinterachse – und zeichnete darauf einen zierlichen Roadster, dessen Linien aber wiederum an die neue Serie 326 und 327 erinnerten. Genau wie beim 327 lagen die Leuchten zwischen Motorhaube und Kotflügel eingebettet. Aus Gewichtsgründen plante man die Motorhaube aus Aluminium, die wiederum nur von Lederriemen zugehalten wurde; so gehörte es sich für zünftige Sportwagen jener Jahre. Den leichten Aufbau – das war bald beschlossene Sache – würde die Karosseriefabrik Authenrieth in Darmstadt bauen und per Eisenbahn nach Eisenach schicken.
Da sich BMW auch keinen ganz neuen Sportmotor leisten konnte, half sich Schleicher und sein Team mit vorhandenem: Auf den serienmäßigen Zweiliter-Block wurde ein neuer Leichtmetall-Zylinderkopf mit drei Vergasern und acht Ventilen aufgesetzt. Das Besondere daran: Die Verbrennungsräume waren in Halbkugelform ausgebildet und die Ventile hingen hier erstmals V-förmig. Dadurch war es allerdings aus Platzgründen auch notwendig, daß zusätzliche Stoßstangen die zweite Ventilreihe bewegten. Der Motor blieb durch solch komplizierte Konstruktion über 5 200 Umdrehungen pro Minute nicht mehr vollgasfest. Auf Anhieb schaffte das Zweiliter-Triebwerk dafür auf dem Prüfstand 80 PS, eine für damalige Zeit unglaubliche Leistung. Langsam reifte ein nur 800 Kilogramm schwerer Sportwagen heran, der Maßstäbe setzen sollte. Der neue 328 war der erste europäische Serienwagen mit Aluminium-Zylinderkopf. Mit einer Beschleunigung von null auf hundert in zwölf Sekunden und einer Höchstgeschwindigkeit von 150 km/h galt er auf Anhieb im Motorsport als schnellster Wagen der Zweiliter-Klasse.

```
Die Elastizität des 328
20 – 60 km/h =    9 sek.
30 – 70 km/h =   15 sek.
```

Kam, sah und siegte

Völlig unerwartet von der Fachwelt rollten Rudolf Schleicher und seine Männer den neuen Wagen im Herbst 1936 zum „Eifel-Rennen" auf dem Nürburgring an den Start. Ernst Jakob Henne, der wenige Wochen zuvor noch den Motorradgeschwindigkeits-Weltrekord mit einer BMW-Maschine auf 272 km/h hochgeschraubt hatte, saß nun am Steuer des neuen Sportwagens. Und kaum fiel die Starterflagge, schob sich Henne an die Spitze des Feldes und gab die Führung nicht mehr ab. Die Sensation war perfekt, der Grundstein zu sportlichem Ruhm und Ehre des 328 gelegt.
Zum stolzen Preis von 9 000 Reichsmark konnte jeder den 328 kaufen, der sich zum sportlichen Fahren hingezogen fühlte. Die meisten der 462 Käufer, die bis 1940 den 328 erwarben, fuhren auch Rennen damit. Und dank dieser vielen Privatfahrer beherrschte BMW in den folgenden Jahren sehr erfolgreich die Motorsportszene.

Erster BMW-Wagen mit in die Kotflügel eingebauten Scheinwerfern: das 327-Cabriolet von 1936. Mit diesem mehr komfortablen Wagen verschreckte Popp die sportlich eingestellte Kundschaft so, daß er kurze Zeit darauf grünes Licht für die Entwicklung des Sportroadsters 328 geben mußte, der kurze Zeit darauf seine Weltpremiere auf dem Nürburgring feierte. Die 327-Reihe wurde später noch durch ein Coupe ergänzt.

Getrübtes Verhältnis: Adolf Hitler – bei der Besichtigung des 327 auf der Berliner Auto-Ausstellung 1938 – rechts daneben Franz Josef Popp

Cabriolet mit hinteren Einzelsitzen auf der Basis des 326, gebaut 1938 in zwei Exemplaren von Wendler; eines kaufte der Uhrenfabrikant Kienzle, das andere erhielt NSKK-Führer Adolf Hühnlein

Der Rückschlag

Innerhalb von nur einem Jahr hatte BMW-Generaldirektor Popp ein komplettes Programm hochmoderner, sportlicher Autos auf den Markt gebracht: Allerdings auch zu hohen Preisen. Kostete der 315 noch 4 800 Reichsmark, mußte der Käufer eines 326 schon 5 800 Mark zahlen. Ein Preissprung, den viele bisherigen BMW-Kunden nicht mitvollziehen konnte. So erlebten die Münchener völlig unerwartet im Sommer 1936 einen Verkaufsrückgang. „Der 326 ist zu teuer", schrieb die Verkaufsleitung an die Geschäftsleitung. Daraufhin versuchten die Techniker, ihr Flaggschiff in der Ausstattung abzumagern. Aber die Hoffnung trügte, durch eine Standard-Ausführung auch ein billigeres Modell anbieten zu können. Die Einfach-Version wäre kaum preiswerter geworden.

Die Marke BMW wurde ein Opfer ihrer eigenen Fortschrittlichkeit: Die neue Generation 326/327/328 sprach wegen ihres hohen Preises nur einen begrenzten Kundenstamm an, die Modelle 315 und 319 dagegen mochten die Käufer angesichts der moderneren BMW-Typen auch nicht mehr kaufen. BMW-Chef Popp wurde es zu diesem Zeitpunkt klar, daß seine Firma unterhalb des 326 ein ganz neues kleines Modell plazieren mußte. Doch ein solcher Wagen brauchte mindestens zwölf Monate Entwicklungszeit.

Um diese Zeit zu überbrücken, schuf Fritz Fiedler innerhalb weniger Wochen ein Zwischenmodell; den 329. Er nahm dazu das unveränderte Chassis des 319 und zeichnete einen viersitzigen Cabriolet-Aufbau, der mit seiner schmalen windschnittigen Vorderfront dem 326 sehr ähnlich sah. Lediglich hinten ließ es sich nicht vermeiden, die Kastenform früherer Modelle zu übernehmen. Der 329 besaß echte Lederpolster und all jenen Komfort, der zu jener Zeit in der oberen Mittelklasse üblich

Erster europäischer Serienwagen mit Aluminium-Zylinderkopf: 328 mit der von Autenrieth gelieferten Karosserie

Start der Zweiliter-Klasse zum Sonderlauf im Großen Preis von Deutschland 1938 auf dem Nürburgring; die 328 beherrschten das Feld

war. „Dieses viersitzige Kabriolett hat eine vornehme und sportliche Note", lobten die BMW-Blätter, „seine Inneneinrichtung ist mit besonderer Liebe ausgeführt." Als der 329 im Herbst 1936 auf den Markt kam, stiegen sofort die Verkaufszahlen wieder an. Innerhalb von zwölf Monaten baute man in Eisenach 1 179 Exemplare des 329.

Rüffel vom Chef

Die beiden Technischen Direktoren Schleicher und Fiedler waren in jenen Wochen gerade zu einer Studienreise nach Nord-Amerika aufgebrochen. Der Verein Deutscher Ingenieure hatte diese Reise organisiert, um – zusammen mit anderen Automobilkonstrukteuren – den BMW-Oberen den Stand amerikanischer Automobiltechnik bei den großen US-Konzernen Ford und Chrysler vorzuführen. Beeindruckt von den modernen Herstellungsmethoden berichteten Fiedler und Schleicher hernach ihrem Generaldirektor. „Die wichtigste Erkenntnis für uns ist, daß wir größere Stückzahlen bauen müssen", meinte Schleicher, „sonst können wir bald nicht mehr konkurrieren." Und Fiedler ergänzte: „Wir dürfen nicht mehr so viele neue Modelle herausbringen." Popp wollte solche Belehrungen nicht hören. „Dazu habe ich Sie nicht nach USA geschickt," raunzte er zurück, „wenn wir im Jahr 1 000 Exemplare vom 327 bauen und an jedem Wagen 1 000 Mark verdienen, haben wir eine Million Gewinn."
Aber die nach außen getragene Selbstsicherheit Popps war nicht echt. Insgeheim wußte der Unternehmer sehr genau, wie recht seine beiden Techniker hatten. Erst viele Jahre später gab er das zu. Immerhin begannen nun in der Direktionsetage die ersten Vorarbeiten zu einem kleineren Modell, das von vornherein auf größere Stückzahlen ausgelegt war.

Viersitziges 320-Cabriolet – erstmals mit halbselbsttragender Karosserie von Baur

Bald hatte Fritz Fiedler und sein Team von 15 Konstrukteuren den ersten Entwurf des kleinen Typs 320 fertiggestellt. Selbstverständlich besaß er dieselbe moderne Form des 326, jedoch nur mit zwei Türen. In der Konstruktion war der Aufbau sogar noch fortschrittlicher als der des großen Wagens. Bei BMW hatte man die von Opel erfundene selbsttragende Bauweise sehr genau studiert. Dennoch mochte sich Fiedler nicht dazu durchringen, solche Leichtbauweise auch beim 320 anzuwenden. Er wählte den Kompromiß: Fiedler legte den Aufbau halbselbsttragend aus, eleganter auch „freitragend" genannt. Hierbei war die Karosse nicht mehr mit dem Chassis verschraubt, sondern erstmals fest verschweißt.
Ein Opfer dieser Bauweise war die ausstellbare Windschutzscheibe. Der 320 besaß eine feste vordere Scheibe, die es allerdings erforderlich machte, Belüftungsschlitze am Armaturenbrett anzubringen und der gesamten Innenraumbelüftung mehr Aufmerksamkeit als bisher zu widmen.
Das Fahrgestell des Neulings baute man aus Kostengründen nach altem Muster: Die Vorderräder hingen an einer oberen Querblattfeder und einem unteren Querlenker; die Hinterräder an zwei Halbelliptikfedern, genau wie beim alten Modell 319. Eine Lösung, die sich bald darauf als großer Rückschritt erweisen sollte. Vom 319 übernahm man auch den Motor: die Sechszylinder-Maschine, die jedoch beim 320 mit einem Vergaser bestückt, 45 PS leistete.

Versuchsfeld: Zwischen München und Eisenach

Wie immer bei BMW standen auch diesmal die Erprobungen des Prototyps unter argem Zeitdruck. Die Verkäufer wollten möglichst schnell mit dem kleinen Typ das Programm nach unten abrunden.
Die Versuchsfahrten des 320 fanden auf jener Strecke statt, auf der alle BMW-Vorkriegsmodelle erprobt wurden: Zwischen München und Eisenach. Um die Verbindung beider BMW-Werke aufrecht zu erhalten, war nämlich ein ständiger Pendelverkehr notwendig. Dazu setzte man in der Regel Versuchsfahrzeuge ein. Jeden Morgen um acht Uhr startete ein Wagen – vollbesetzt mit Kaufleuten und Technikern, die in München zu tun hatten. Die Fahrt ging über Landstraßen zweiter Ordnung, mitten durch die Städte Coburg, Bamberg und Nürnberg bis hin nach München. Sechs Stunden, so lautete eine Anordnung, durfte ein Wagen für die etwa 430 Kilometer weite Strecke unterwegs sein. Überschritt er die Zeit, starteten in Eisenach und München Suchtrupps, um den Kurierwagen wieder in Fahrt zu bringen.
Verlief die Reise reibungslos – wie in den meisten Fällen — übernachteten die Eisenacher in Münchener Pensionen, um am Morgen darauf wieder die Rückfahrt anzutreten. Parallel dazu startete in Eisenach dann ein Münchener Wagen.
So wurden neue Modelle, aber auch Serienwagen, dauernden harten Tests unterzogen. Verbesserungen, die sich aus diesen Dauererprobungen ergaben, flossen sofort in die Serienproduktion ein.
Als im Mai 1937 der Opel-Ingenieur Albert Siedler seinen neuen Posten als Betriebsleiter für die Fertigmontage, sowie Achsen-und Rahmenbau im Werk Eisenach antrat, waren die Fertigungseinrichtungen für den kleinen BMW bereits zu

80 Prozent fertig installiert. Karosserie-Teile von Ambi-Budd waren nun für den 320 nicht notwendig. Im Juli begann die Serienfertigung.
In das neue Modell setzte man bei BMW große Hoffnungen; mit ihm sollte die weiß-blaue Marke den Sprung zum Großserienhersteller schaffen. Der BMW 320 schien auch für den Mittelstand erschwinglich: das 45 PS-Auto kostete damals 4 500 Mark.

Fürs Gelände: Vierrad-Lenkung

Fast alle deutschen Automobil-Fabriken hatten auf Hitlers Wunsch hin Geländewagen entwickelt. Die Reichswehr lockte zudem mit lukrativen Aufträgen. Auch BMW konnte sich diesem Angebot nicht verschließen. Aus möglichst vielen Serienteilen entstand der „325". Fiedler baute einen sehr starken Kastenrahmen, setzte dahinein den 45 PS-Sechszylinder und konstruierte dazu ein Spezial-Getriebe mit fünf Gängen. Dies erlaubte Geschwindigkeiten vom Schritt-Tempo bis hinauf zu 80 km/h. Im ersten Gang kletterte der 325 sogar Steigungen bis zu 60 Prozent. Das besondere an diesem Geländefahrzeug war allerdings nicht sein Vierrad-Antrieb, sondern seine Vierrad-Lenkung. Genauso, wie sie der Geländewagen von Mercedes-Benz, der „G", damals auch besaß. Damit konnte der 325 auf der Stelle drehen. Der ganze Wagen war auf rauhen Alltagsbetrieb hin geschneidert. Sein aufrecht stehender Spitzkühler hatte nichts von der Eleganz einer BMW-Niere an sich. Die vier Seitentüren und das groß dimensionierte Faltverdeck wirkten grobschlächtig, aber praxisgerecht.
Die erhofften Großaufträge der Wehrmacht blieben allerdings aus. Bei Vergleichsfahrten schnitten andere Geländewagen besser ab. Die Militärs entschieden sich damals für den schwimmfähigen Geländewagen des Hanns Trippel, der fortan im ehemaligen Bugatti-Werk Molsheim seine Wagen produzierte. BMW legte von seinem 325 nur eine kleine Serie auf; Eisenach stellte die Fahrgestelle her, die dann bei den Karosseriefabriken Reutter und Baur in Stuttgart komplettiert wurden. Von August 1937 an entstanden täglich vier Exemplare des 325. Innerhalb der nächsten drei Jahre summierte sich das zu 3.259 Wagen, die nur zum kleinen Teil an die Wehrmacht

Auf Druck der Wehrmacht hin konstruiert: 325 mit Vierrad-Antrieb und -Lenkung

gingen. Meist fand der 325 Verwendung als Forst-Transportmittel. Prominentester Besitzer eines BMW-Geländewagens war der König von Rumänien, der seinen Vierradlenker vor allem als Jagdwagen in den Karpaten nützte.

Vom König von Rumänien (an der Wagentür) bevorzugt: zum Jagdwagen umgebauter 325

Fahrzeugstadt Eisenach

Die Filiale Eisenach platzte aus allen Nähten, um das gesamte BMW-Programm bauen zu können. Tagtäglich rollten dort 36 Fahrzeuge aus den Hallen. Gemessen an den Großserienherstellern wie Opel und Adler auch damals wenig, aber für die alte Fabrik zuviel.
Der 320 und der 326 entstanden auf gleichen Schiebebändern, das Cabriolet 327 und der 325 hatte je eine eigene Fertigungslinie, und der 328 wurde ebenfalls auf einer eigenen Fertigungsstraße hergestellt. Acht Einfahrer testeten jedes Fahrzeug vor Auslieferung noch zehn Kilometer weit auf einer öffentlichen Straße. Dazu ausgesucht hatten Techniker die Landstraße von Eisenach zum Dorf Marxuhl, die auf einen Berg hinauf führte. An seinem Fuß stand ein Häuschen, in dem alle Wagen auf einer Grube nochmals von unten überprüft wurden. Schwierigkeiten gab es nämlich mit der Hinterachse, die – das war konstruktionsbedingt – fast immer Geräusche erzeugte. Deshalb hatte BMW auch die Schrägverzahnung so ausgelegt, daß die Hinterachse nachgestellt werden konnte. Und danach wurden die mahlenden Geräusche auch leiser.
Anschließend rollten alle Wagen in die „Putzerei", heute allgemein Finish-Abteilung genannt. Hier besserten Arbeiter eventuelle Lackschäden aus, malten die feinen eleganten Zierstreifen auf und brachten Außenrückspiegel oder anderes Zubehör an.

Besondere Sorgfalt widmeten die Eisenacher dem Sportwagen 328. Da jedes Exemplar durch Sportwettbewerbe extremen Belastungen ausgesetzt sein konnte, versplintete man beim Serienbau alle Schrauben; das kostete viel Zeit und einen besonderen Fertigungsrhythmus. Jeder 328 mußte nach Fertigstellung rund 50 Kilometer Probefahrt absolvieren. Man hatte dazu eine besondere Strecke in Richtung Marxuhl abgesteckt. Bei diesen Fahrten stellten sich dann die Schwächen des hochgezüchteten Sechszylinders heraus. Weil er sehr leicht konstruiert war, brachen ab und zu die Stößel, und durch die dünnwandigen Zylinderwände kam es öfter schon bei der Probefahrt zu Kolbenfressern. Überhaupt zeigte der Sechszylinder im 328 seine Grenzen.

Der Ärger mit dem 320

Über die Händler drang plötzlich die Kunde ins Werk, daß einige der seit wenigen Monaten ausgelieferten 320 in sehr schwere Unfälle verwickelt seien. Beunruhigt schickte Popp Inspektoren zu den Vertragswerkstätten, die feststellten, daß jedesmal die Vorderfeder gebrochen war. Nähere Untersuchungen in der Versuchsabteilung förderten dann folgendes zutage: Die Vorderradaufhängung des 320 war unverändert vom Modell 319 übernommen worden. Hierbei hingen die Räder an einem unteren Querlenker und und federten oben an einer querliegenden Blattfeder. Doch der neue 320 wog 150 Kilogramm mehr als der 319. In der Praxis zeigte sich, daß dieses Mehrgewicht bei extremer Belastung zum Bruch der Vorderradaufhängung führte.
Noch im November 1937 setzten sich die führenden Techniker zusammen und grübelten, wie das Übel abzustellen sei. Anfangs versuchte man, die Vorderachse durch Laschen zu verstärken, doch das nützte nichts.
Um nicht noch mehr Unheil anzurichten, hatte Eisenach die Lieferung des 320 eingestellt. Was von der Fertigungslinie rollte, wurde erst einmal im Hof eingelagert. Zur Konstruktion einer ganz neuen Vorderachse langte die Zeit nicht. Also griff Fritz Fiedler zur schnellsten, aber auch aufwendigsten Lösung: Er baute die teure Vorderachse des 326 ein. Sie besaß obere Querlenker, eine Querfeder unten und zusätzlich zwei Drehstabfedern.
Rund 350 Wagen, die auf dem Werkshof herumstanden, mußten nun in Eile umgerüstet und nachgearbeitet werden. Die Karosserien wurden wieder abgeschweißt, die schwache Vorderachse an der Spritzwand abgesägt. Die komplette 326-Radaufhängung schraubten die Eisenacher Facharbeiter nun an einen Kasten, der hernach ans Chassis angeschweißt wurde. Erst danach setzte man die Karosserie wieder auf.
Parallel dazu bat BMW die Besitzer der etwa 1 000 bereits ausgelieferten 320 zu einer Generalüberholung des Wagens nach Eisenach. Eine Aktion, die unter strengstem Stillschweigen über die wahren Gründe ablief.

Aus dem 320 wird der 321

Dieser erste Rückruf kostete der weiß-blauen Marke rund zwei Millionen Reichsmark. Popp hatte über diese unangenehmen Vorfälle auch im Werk München den Mantel des Schweigens gehängt. Selbst Versuchsingenieure erhielten von all dem nur gerüchteweise Kenntnis.
Dennoch fürchtete Popp um den Ruf des kleinen BMWs. Für ihn war es deshalb beschlossene Sache, den Wagen mit der neuen Vorderachse einfach eine neue Typenbezeichnung zu geben, um vom unseligen 320 abzulenken. Die letzten Exemplare des alten 320 lieferte BMW noch an die Reichswehr, dann sprach man nur noch vom 321. So hieß die kleine Limousine mit der 326-Vorderradaufhängung ab sofort. Ein Wagen, der sich wirklich nur durch die andere Vorderachse vom 320 unterschied. Mit dem Serienanlauf des 321 allerdings ging BMW einen weiteren Schritt zum großen Automobilwerk. Hatte BMW bisher Sitze und Bänke der einzelnen Wagen von verschiedenen Polstereien im Stadtgebiet von Eisenach bezogen, richtete der neu von Horch kommende Betriebsleiter Peter Szimanowski zum Jahreswechsel 1937 auf 1938 eine richtige Werks-Polsterei ein.
Einige Tage und Nächte hindurch putzten und schrubbten einige Arbeiter zwei Exemplare des 321 auf Hochglanz. Ausgerechnet an einem Sonntagmorgen zwischen sieben und acht Uhr erschienen dann zwei BMW-Direktoren mit ihren Frauen. Sie sahen sich die Autos gründlich an, und erst als die Damen ihr Einverständnis gaben, das die beiden 321 in Ordnung seien, hatten das Polieren ein Ende. Dann wurden die Wagen eilig auf einen Lastwagen geladen und nach Berlin geschafft. Denn auf der Automobilausstellung, die am 18. Februar 1938 öffnete, feierte BMW die Premiere des 321.

Erprobung im Balkan

Die Versuchsabteilung in München arbeitete zu dieser Zeit gerade an der Fertigstellung eines 327-Coupés. Dies war insofern etwas besonderes, da es zu jener Zeit fast nur offene Sportwagen gab. Zweisitzer mit festem Dach wurden wegen ihres höheren Gewichts kaum zum Motorsport benutzt und allenfalls als Boulevard-Wagen von einigen kleinen Karosseriefabriken als Sonderaufbau für besonders wohlhabende Mitbürger geboten.
Dies wollte BMW-Chef Popp ändern. Durch eine kleine Serienfertigung wäre das bequemere und luxuriösere Coupé auch mehr Käufern erschwinglich. Bei Reutter in Stuttgart – dem Lieferanten des 327-Cabriolet-Aufbaus – entstanden auch die ersten drei Prototypen; und als sie im November 1937 komplett waren, schickte Versuchschef Rudolf Schleicher sie unter Leitung des Diplom-Ingenieurs Herrmann Holbein erstmals auf eine richtige Erprobungsfahrt in den Balkan. Quer durch Rumänien und Ungarn sollten die neuen BMWs Kilometer sammeln. Ein Beiwagen-Gespann mit

Wegen Schneesturm bei den Probefahrten den Serienanlauf verschoben: 327 Coupé

Ersatzteilen begleitete den Konvoi. Nach einer Strecke von 20.000 Kilometern und drei Wochen Fahrzeit hinderte allerdings ein Schneesturm in Bukarest die Testfahrer an einer pünktlichen Heimkehr. Holbein schickte ein Telegramm ins Werk, das dort große Aufregung auslöste. Denn diese Zeitverzögerung war Schuld daran, daß BMW das Coupé erst Wochen nach dem Berliner Automobilsalon im Februar 1938 in Serie geben konnte.

Von Kofferraumklappen und Abrißkanten

Versuchschef Rudolf Schleicher grübelte immer wieder darüber nach, wie die einzelnen Modelle verbessert werden könnten. Ihn störte es, daß alle BMW-Wagen keine Kofferraum-Klappen besaßen und vom Innenraum her beladen werden mußten. Deswegen ließ Schleicher zwei Exemplare des 326 mit unterschiedlich großen Kofferraum-Deckeln herstellen. Stolz führte er beide Einzelexemplare Generaldirektor Popp vor – der darüber gar nicht erfreut war. Auf Schleichers Frage, ob der 326 nicht endlich ein von außen zugängliches Gepäckabteil haben sollte, wehrte Popp ab: „Kommt gar nicht in Frage. Leute, die so einen Wagen fahren, haben einen Chauffeur. Und der kann die Koffer ja von innen reinlegen."
Obwohl im Oktober 1937 die gesamte Fahrzeug-Entwicklungsabteilung von Eisenach nach München verlegt worden war, gab es in Thüringen immer noch einige Ingenieure, die auf eigene Faust Experimente durchführten. So stand im Hof des Eisenacher Werks regelmäßig ein 326 herum, der statt der vier seitlichen Türen vier nach oben schwingende Flügeltüren besaß.
Nach wie vor war es nämlich ein ungelöstes Problem, daß sich während der Fahrt die Türen öffneten und es dadurch zu schweren Unfällen kam. Deshalb suchten auch Spezialkarossiers dieses Manko zu beseitigen. Die Firma Autenrieth schuf 1938 ein 326-Cabriolet mit „Sicherheits-Schiebetüren", und im selben Jahr stellte eine andere Firma eine BMW-Spezialkarosse vor, bei der sich die Türen parallel zur Seitenwand herausschoben.

Unabhängig davon: Die Leistungsfähigkeit der Eisenacher Erzeugnisse regten phantasiebegabte Ingenieure zu neuen Taten an. Der Aerodynamiker der Zeppelin-Werke, der Schweizer Paul Jaray, hatte schon 1921 Patente angemeldet, wie Automobile strömungsgünstiger zu bauen seien (Deutsches Reichspatent 441 618, erteilt 1926). Der deutsche Vertreter der Jaray-Aktiengesellschaft, Reinhard Freiherr von Koenig-Fachsenfeld, entwickelte nach diesen Patenten wiederum Stromlinienwagen, die bei der Karosseriefirma Wendler in Reutlingen verwirklicht wurden.
Auf der Basis des BMW 326 baute Wendler 1937 für den Textilfabrikaten Hornschuch in Urbach einen solchen Stromlinienwagen mit lang auslaufendem Heck. Ein ähnliches Exemplar (allerdings mit Scheibenwischer an der Unterkante der Windschutzscheibe) bestellte daraufhin BMW zu Versuchszwecken. Stolz präsentierten die Bayern die glatte Sonderkarosserie auf der Internationalen Automobil-Ausstellung in Berlin 1938. Daraufhin wurde der Wendler-Stromlinienwagen in ganz Deutschland bekannt. Während der serienmäßige 326 eine Höchstgeschwindigkeit von 118 km/h erreichte, schaffte die windschnittige Sonderanfertigung gleich 138 km/h. Nun orderte auch der Textilfabrikant Pfänder in Neuffen ein solches Exemplar, das allerdings diesmal vier Sitze besaß.
Da mochte der Rosenheimer Textilfabrikant Klepper nicht nachstehen: er gab den Auftrag nach Reutlingen, ein solches Stromlinien-Exemplar diesmal auf der Basis des 80 PS-starken 328 zu bauen. Baron Koenig-Fachsenfeld leistete gründliche Arbeit; er entwarf eine noch strömungsgünstigere Form, die schon einen Luftwiderstandsbeiwert von 0,30 cw gehabt haben soll. Das langgestreckte Exemplar erreichte damit eine Höchstgeschwindigkeit von 165 km/h, während der serienmäßige 328 es nur auf 150 km/h brachte.
Ein Jahr später – 1938 – baute Wendler noch einen „Jaray-BMW", diesmal für Dr. Rosterg, den Chef der Deutschen Kabelwerke in Berlin. Die Mechanik stammte wiederum vom 328 und damit soll der Stromlinienwagen sogar schon eine Spitze von knapp über 180 km/h geschafft haben.
Die Münchener liehen sich das schnelle Gefährt sogar aus und unternahmen damit Testfahrten auf der französischen Rennstrecke Le Mans.
Die Textil- und Kabel-Fabrikanten wollten mit ihren aufsehenerregenden Spezialfahrzeugen 1939 an der „Zuverlässigkeitsfahrt Berlin – Rom" teilnehmen. Nicht ohne Hintergrund: die braunen Machthaber hatten Siege im Motorsport längst zum nationalen Interesse erhoben – und entsprechend subventioniert. So fehlte es auch nicht an technischem Aufwand für diese geplante Zuverlässigkeitsfahrt. Nur: Sie fand nie statt.
Insgesamt ließ Wendler-Betriebsleiter Helmut Schwandter in jenen Jahren zwischen 1937 und 1939 vier „Jaray-BMW" auf 326-Basis und zwei auf 328-Basis zurechtklopfen.
In kleinem Rahmen experimentierte auch der Aerodynamiker und Diplom-Ingenieur Wunibert Kamm mit strömungsgünstigen Aufbauten auf BMW-Wagen. 1936 wurde Kamm Professor und Chef des Flugtechnischen Instituts (später: Forschungsinstitut für Kraftfahrzeugwesen und Fahrzeugmotoren, FKFS) in Stuttgart – als Nachfolger von Paul Jaray. Kamm kümmerte sich vor allem um die ideale Gestaltung eines Autohecks. Und die private Freundschaft zu BMW-Chef Popp sicherte dem Institutschef ständigen Zutritt in die Münchener Versuchsabteilung; zum Ärger von Rudolf Schleicher.
Weniger um technischen Fortschritt als um Schönheit ging es anderen Karosserie-

„326-Fahrer haben einen Chauffeur" – Versuche von Rudolf Schleicher, in das Heck des 326 eine Kofferraum-Haube zu bauen

Firmen, die auf Basis von BMW-Fahrgestellen eigene Kreationen schufen. Für wohlhabende schwäbische Fabrikanten – vornehmlich aus der Textilbranche – schneiderte Wendler immer wieder neue super-elegante Cabriolets. Auch Nazi-Größen mochten da nicht abseits stehen: NSKK-Korpsführer Adolf Hühnlein ließ sich damals bei Wendler auf einem BMW 326 eine viersitzige Cabriolet-Karosserie anfertigen, die durch ihre hinteren Einzelsitze auffiel. Die renommierten Spezialhersteller wie Gläser in Dresden, Graber und Autenrieth kreierten schmucke Aufbauten – vornehmlich auf dem 328-Sportwagen.
Auf etwas größerer Basis arbeitete die Karosseriefabrik Karl Baur in Stuttgart. Bisher war sie darauf spezialisiert gewesen, für Horch Pullmann-Cabriolets zu fertigen. Als aber 1937 der Leiter der Horch-Karosserieabteilung, Peter Szimanowski, als neuer Betriebsleiter zu BMW nach Eisenach zog, kam bald dorthin ein Kontakt zustande. Baur schneiderte nun viersitzige Cabriolets von der 326-Limousine. Bedarf war bald auch an zweisitzigen offenen Wagen vom Typ 321. Der Bau der 321-Cabriolets erschien Baur besonders reizvoll, denn dieses Auto besaß eine „freitragende" Karosserie, was wiederum eine neue Fertigungstechnik beim Umbau erforderte. Das Chassis kam mit fertigem Vorderteil und Heck aus Eisenach. Bei Baur wurde das Cabrio-Mittelteil samt Türen montiert.
Die erste Bestellung aus Eisenach lautete auf 500 Stück, später orderten die BMW-Männer bis 1940 nochmals 400 Cabriolets in Stuttgart.

Nach Stromlinien-Patenten des Aerodynamikers Paul Jaray von Reinhard Freiherr von Koenig-Fachsenfeld entworfen und von Wendler gebaut: Sonderkarosserie „Jaray I" mit 326-Mechanik

Für Textilfabrikant Pfänder gebaut: „Jaray II" zweisitziges Coupé auf 326-Basis von Wendler. Kennzeichen: Scheibenwischer unten an der Windschutzscheibe

„Jaray III": Für Klepper-Rosenheim 1938 gebautes Stromlinien-Coupé auf 328-Basis

Für den Chef der Deutschen-Kabelwerke entwarf Koenig-Fachsenfeld 1938 eine noch windschlüpfigere Form auf 328-Basis

Langauslaufendes Heck und verdeckte Hinterräder trugen mit dazu bei, daß der 80 PS-Wagen für die Kabelwerke eine Spitze von 180 km/h schaffte.

Von BMW selbst geordert: viersitzige Karosserie mit 326-Mechanik, gebaut 1937

Der Sprung zum Konzern

Die bayerische Firma war in den letzten Jahren mächtig gewachsen. Vor allem die „BMW-Flugmotorenbau GmbH." blähte sich mit finanzieller Stützung der Reichsregierung auf. Immer mehr Aufträge zwangen zu immer größeren Kapazitäten. Und Entwicklungen von neuen Triebwerken finanzierten die Braunen großzügig außerhalb üblicher Aufträge.
Listig hatte Generaldirektor Popp diese Tatsache für den ihm näherstehenden Fahrzeugbau genützt. Die gesamte End- und Qualitätskontrolle bei Autos und Motorrädern verrechnete er – wie er später zugab – immer auf das Konto Flugmotorenbau. Und das zahlte Hitlers Regierung. Da solche Qualitätskontrollen damals schon etwa fünf bis sechs Prozent der Gesamtkosten ausmachten, sparte der Fahrzeugbau jährlich einige Millionen Reichsmark. Obwohl der Motorradbau florierte, rechnete Popp die Kosten dafür immer so hin, daß zum Jahresende rote Zahlen blieben. Als Rudolf Schleicher ihn eines Tages daraufhin ansprach, meinte Popp nur: „Machen Sie nur ruhig weiter so. Wir sind schon zufrieden."
Früher hatte sich der BMW-Chef gegen die aufgezwungene Expansion gewehrt, jetzt wußte er sie zu nutzen und in friedlichere unternehmerische Ziele einzuplanen. Allerdings war der Generaldirektor den braunen Machthabern schon lange zu unbequem. Absetzen konnten sie ihn nicht. Doch setzten sie durch, daß neben Popp der Posten eines „Technischen Generaldirektor" geschaffen wurde und dazu berief man Ernst Zipprich, der zuvor Technischer Direktor der Zündapp-Werke gewesen war.
1938 weihten die BMW-Oberen das neue Werk Dürrerhof ein. Es lag oberhalb von Eisenach mitten in einem Wald und war nach modernsten Gesichtspunkten errichtet. Diese bestanden hauptsächlich darin, daß einzelne Gebäude weit auseinandergerückt standen, um nach Fliegerangriffen noch arbeiten zu können. Dürrerhof baute nämlich Flugmotoren für die Luftwaffe.
Eines Tages – so rechnete Popp insgeheim – müßte der Bedarf an Flugmotoren gesättigt sein. Dann sollte der Flugmotorenbau, der jetzt im Stammwerk München-Milbertshofen lief, ganz nach Dürrerhof verlagert werden. Denn dort müßte genug Platz sein, um einen Ersatzbedarf nach Flugtriebwerken zu befriedigen. In München wäre dann Raum genug, Autos und Motorräder zu produzieren. Das alte Werk Eisenach hätte BMW dann verkauft.
Popp ahnte nicht, daß Deutschland in den Krieg steuerte. Im Luftfahrtsministerium gab es bereits Pläne, den Flugtriebwerkbau bei BMW noch weiter aufzustocken. Die Brandenburgische Flugmotoren-Werke – kurz Bramo genannt – gehörten seit 1915 zum Siemens-Konzern. Auf Druck Hitlers mußte Siemens die Bramo, zu denen die Zweigwerke in Zührlsdorf und Basdorf (bei Berlin), sowie das Stammwerk in Berlin-Spandau gehörten, an die BMW-Flugmotorenbau GmbH verkaufen. Aus dem mitübernommenen Technikerstamm kamen 1939 so hervorragende Leute wie Kurt Donath nach München, die in der BMW-Geschichte noch eine große Rolle spielen sollten.

Front und Heck komplett aus Eisenach angeliefert; 321 Cabriolet von Baur aus dem Jahr 1938

Traum von großen Serien

Die Meinung vom individuellen Autobau hatte sich bei BMW inzwischen grundlegend geändert. Hitlers Devisenbewirtschaftung hatte die deutsche Autoindustrie vor ausländischer Konkurrenz – die sehr viel billiger anbot – geschützt. Der Export deutscher Wagen wurde durch Subventionen künstlich gestützt. Ein Zustand, der auf die Dauer nicht haltbar war. Jede Auto-Schmiede mußte eines Tages mit ausländischer Konkurrenz rechnen und dann ebenso billig anbieten können. Für BMW bedeutete dies, höhere Stückzahlen anzupeilen, um ebenfalls rationell zu bauen und preiswerter zu verkaufen. Die größeren Hallen in München wären dazu ein guter Grundstock gewesen.

Vorläufig setzte BMW hauptsächlich noch auf das exklusive teure Auto. Ein typischer Vertreter dieser Klasse war das neue BMW 327/328-Coupé. Im Äußeren glich es dem

Kontakte von Horch: Viersitziges Cabriolet auf der Basis des 326 von Karl Baur

schönen 327-Coupé, unter der Haube saß jedoch die starke 80 PS-Maschine des 328. Damit hatte BMW eine Mischung aus Sport- und Luxuswagen geschaffen, der – wie Autotester damals bescheinigten – besonders „harmonisches Fahren" gestattete. Das 1 100 Kilogramm schwere Coupé fuhr eine Spitzengeschwindigkeit von 150 km/h, besaß vier rechteckige Instrumente und einen runden Drehzahlmesser.

Heiße Reifen mit 90 PS

Auf eine der üblichen Routinesitzungen der Techniker im Werk Eisenach wurde im April 1938 ein Brief der Generaldirektion verlesen. Darin erbat Popp die Lieferung mehrere Karosserien des 326, die jedoch eine um 150 Millimeter längere Motorhaube und einen um 25 mm nach vorne verlängerten Radstand haben müßten. In Handarbeit schmiedeten Arbeiter drei Sonderstücke zurecht und schickten sie per Eisenbahn auf die Reise nach München.
Dort war es beschlossene Sache, einen großen Wagen zu entwickeln, der in Fahrleistung und Luxus den Renommierstücken deutscher Autobaukunst – wie Maybach, Mercedes und Horch – nicht nachstehen sollte. Schließlich hielten anderen Autofirmen für die neuen Autobahnen auch schon extrem schnelle Wagen parat. Dazu arbeiteten Fiedler und Schleicher bereits an einem großen Motor; einem Sechszylinder mit 3,5 Liter Hubraum, der 90 PS leistete. Es war ein von Grund auf neues Triebwerk, das jedoch nach den gleichen Konstruktionsprinzipien wie der Zweiliter arbeitete.
Bereits im Mai 1938 stand der erste „BMW 3,5 Liter" auf den Rädern. Während die vergleichbaren Wagen von Horch rund 2000 Kilogramm wogen, brachte der BMW nur 1400 Kilogramm auf die Waage. Damit hatten die 90 PS ein leichtes Spiel, so daß die Hinterachsübersetzung extrem lang ausgelegt werden konnte. Bei nur 3000 Touren im vierten Gang lief der große BMW schon 130 Stundenkilometer. Die Spitze von 160 km/h schaffte der Wagen als Dauertempo bei jeder Witterung. Besonders fortschrittlich war auch das Getriebe; es besaß schon vier vollsynchronisierte Gänge.
Im Herbst 1938 begannen die ersten Versuchsfahrten. Dabei stellte sich heraus, daß die Reifen dem schnellen Wagen nicht gewachsen waren. Nach jeder längeren Strecke ab Tempo 140 lösten sich Reifenprofile ab. Schleicher ließ unterschiedliche Fabrikate aufziehen, doch kein Pneu hielt den Belastungen stand. Dadurch kam es auf den damals leeren Autobahnen zu haarsträubenden Szenen: Testfahrer versuchten mit viel Lenkakrobatik den durch platzenden Reifen ins Schleudern gekommenen Wagen wieder abzufangen.
Schließlich stellte Schleicher die Versuchsfahrten erst einmal ganz ein und bewog die Reifenfirma Continental in Hannover dazu, speziell für den großen BMW einen Hochgeschwindigkeitsreifen zu entwickeln. Inzwischen ließ die Versuchsabteilung noch einige Exemplare der flotten Limousine anfertigen. Das richtige Testprogramm konnte dann im Winter 1938 erneut beginnen.
Versuchsingenieur Herrmann Holbein (Monatslohn: 400 Reichsmark) zog mit einem fünf-Mann-Team für vier Monate zum Nürburgring. Zwei Exemplare mußten hier insgesamt 100.000 Kilometer mit Voll-Last über die Rennstrecke gejagt werden. Tag und Nacht sammelten die Autos Kilometer. Lastwagen schafften dazu hunderte neuer Reifen heran, denn ein Satz hielt nur 380 Kilometer. Für das Auswuchten der Räder

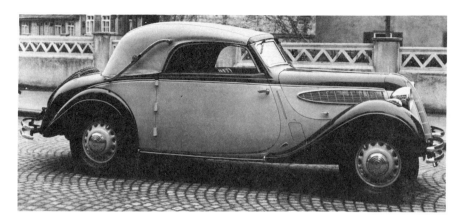

Viersitziges Cabriolet auf 326-Chassis. Einzelanfertigung von Wendler, Baujahr 1937

Zweisitziges Wendler-Cabriolet mit besonders lang auslaufendem Heck. Mechanik: 326, gebaut 1938

Viersitziges Wendler-Cabriolet auf dem 326-Fahrwerk, Baujahr 1936

wurde jedesmal die Felge angebohrt und mit einem Bleistopfen ausgefüllt. Das führte dazu, daß die Felge durch die vielen Bohrlöcher schließlich brach – meist in Kurven. Warum, überlegte Holbein, sollte man das Blei-Auswuchtstück nicht einfach an die Felge klemmen können? Es funktionierte; das „schnellwechselbare Gegengewicht für Auto-Reifen" wurde erfunden – so, wie es heute noch üblich ist. BMW meldete es zum Reichspatent an (DRP 717.798): „Vorrichtung zum Auswuchten der Laufräder von Kraftfahrzeugen durch an federnd angeklemmte Haltespangen befestigte Gewichte."
1953 ließ sich ein ehemaliger BMW-Mitarbeiter dasselbe noch einmal auf seinen Namen patentieren (DP 954 483).
Bei den Versuchsfahrten am Nürburgring lief Team-Chef Holbein eines Abends ein Reh ins Auto. In der Kurve „Fuchsröhre" überschlug sich der Versuchswagen sechsmal. Holbein und zwei Beifahrer konnten zwar unverletzt aus dem Wrack, doch durch dieses Malheur wurde die Presse informiert.
BMW trat daraufhin die Flucht nach vorn an: Franz-Josef Popp ehrte seine Versuchsmannschaft, lobte den Teamchef Holbein zu seiner Erfindung und versprach Beförderung. Gleichzeitig gab der Generaldirektor in Anwesenheit von NSKK-Führer Adolf Hühnlein offiziell den Serienbeginn des großen „335" bekannt.
Auf seine Weise erprobte der junge Ingenieur Alexander von Falkenhausen zu jener Zeit den 3,5 Liter-Wagen. Ab und zu nahm er ein Exemplar und fuhr dann mit Höchstgeschwindigkeit die soeben neu eingeweihte Autobahn München-Berlin entlang, die damals noch völlig leer war. Bei durchgetretenem Gaspedal schaffte er die 570 km-weite Strecke in vier Stunden. Am Berliner Ring drehte er um, tankte auf und fuhr in ebenso kurzer Zeit zurück. Andere Versuchsfahrer kamen mit dem Kraftboliden nicht so gut zurecht. Insgesamt sechs Mann verunglückten bei Versuchsfahrten mit dem BMW 335 tödlich.

Fehlgeburt K-1

Bei seinem Rundgang durch die Hallen blieb Adolf Hitler am BMW-Stand stehen, schaute aufs Armaturenbrett und hörte aufmerksam zu, was Generaldirektor Franz Josef Popp von der neuen großen Limousine zu erzählen wußte. Auf der Internationalen Automobil-Ausstellung in Berlin präsentierte die Münchener Auto-Schmiede am 7. Februar 1939 die Neuheit, den „335".
In den folgenden Wochen begann in Eisenach die Produktion in Einzelstücken. Allerdings ohne Reifen; die mußte sich der Käufer selbst besorgen. Und weil es keine richtigen Hochgeschwindigkeits-Pneus gab, hatte Versuchschef Schleicher beim Serienmodell eine kürzere Hinterachsübersetzung gewählt, mit der die Höchstgeschwindigkeit auf 145 km/h begrenzt war. Der Prospekt pries den großen BMW mit „weiter gesteigerten Leistungen". Ein zweistufiges Gaspendal verhinderte Überbeanspruchung, allerdings wies man deutlich darauf hin: „Kastenrahmen-Fahrgestell und 3,5 Liter-Motor autobahndauerfest." Einen Ölkühler gab es gegen Aufpreis, und die Innenausstattung besaß „alle zweckmäßigen Details".
Da die Karosserieteile denen des 326 glichen, blieben die Investitionen gering. Lediglich Motorhaube und Rahmen mußten entsprechend verlängert werden, um dem höheren Platzbedarf des voluminösen Reihensechszylinders zu genügen. Und diese

kleine Änderung schafften die Eisenacher ohne den Karosserie-Zulieferer Ambi-Budd.

Als der neue Große Premiere feierte, nahm BMW dies gleich zum Anlaß, auch dem 326 ein Face-Lift angedeihen zu lassen. Die Motorleistung des Zweiliters wurde von 50 auf 55 PS aufgestockt. Und die Mehr-PS trug man durch eine geänderte Stoßstange deutlich zur Schau. Während die 50 PS-Version bisher eine geteilte Doppel-Stoßstange besaß, war sie bei der 1939er-Version als durchgehendes Stück ausgeführt.

Rudolf Schleicher und Fritz Fiedler wußten sehr genau, daß die abgewandelten Linien des 326 für das neue Prestigeauto 335 nur kurze Zeit tragbar waren. Über kurz oder lang mußte der 335 eine eigene Form bekommen. Dabei fehlte es weniger an Phantasie als an Geld. Da zu jener Zeit alles zur Stromlinie hinführte, beauftragte Popp seinen Freund, Professor Wunibert Kamm, mit der Entwicklung eines neuartigen windschlüpfigen Aufbaus.

Im Sommer 1939 brachte ein Lastwagen aus München ein im Radstand verkürztes 335-Fahrgestell ins Institut für Kraftfahrwesen (FKFS) Stuttgart. Darauf ließ Kamm bei der Firma Vetter eine viertürige Limousine aus Aluminiumblech nach seinen neuesten aerodynamischen Erkenntnissen formen. Die Windschutzscheibe zog sich weit um die Ecken, das Heck blieb kurz, um hinter dem Wagen Luftwirbel zu vermeiden. Kamm gab seiner Kreation die Pontonform; jene raumsparende Bauweise, die aus Amerika kam und bei der Trittbretter und abstehende Kotflügel entfielen. Der „K-1" (Kamm-1) hatte sogar eine Vorrichtung, mit der sich der Reifendruck aller Räder während der Fahrt vom Fahrersitz aus verändern ließ. Und im Windkanal des Institus maß Kamm am Modell des K-1 einen Luftwiderstandsbeiwert von nur 0,23 cw.

Als Kamm seinen „Autobahnwagen" im August 1939 in München ablieferte, fand er wenig Beifall unter den Technikern. Rudolf Schleicher setzte sich sofort in den K-1 und fuhr die Strecke München-Augsburg, um die 183 km/h-schnelle Sonderanfertigung zu erproben. Als er zurückkam, fiel sein Urteil negativ aus: „Der Wagen ist zu seitenwindempfindlich und instabil." Kamm rüstete daraufhin den K-1 mit nachträglich aufsetzbaren Heckflossen an der Dachoberkante aus. Auch davon mochte Schleicher nichts wissen: der K-1 verstaubte bald in der Versuchsabteilung. Nur seine Pontonform sollte Vorbild für künftige Entwicklungen sein.

Dem Horch auf der Spur; der „Große BMW", Typ 335, mit viertüriger Cabriolet-Karosserie, Baujahr 1939

Auf einem verlängerten Chassis des 326 baute Professor Wunibald Kamm den Autobahn-Wagen „K-1" mit Pontonkarosserie aus Aluminium. Er diente Kamm 1939 zu aerodynamischen Versuchen und erreichte eine Höchstgeschwindigkeit von 183 km/h

Den Sieg befohlen

Stundenlang schnurrten drei weiße 328 über die schnurgeraden Straßen der libyschen Mittelmeerküste. Gleißende Sonne wechselte mit Sandstürmen ab. 1 500 Kilometer mußten die Fahrer solche Qualen durchstehen.
Der königlich-italienische Automobilclub hatte im Frühjahr 1939 als Ersatz für das traditionelle „1 000 Meilen-Rennen von Brescia" nach Libyen – damals noch italienische Kolonie – geladen. Und Korpsführer Adolf Hühnlein hatte die Teilnahme einer Mannschaft auf BMW-Wagen zugesagt, „um der starken Verbundenheit mit dem italienischen Motorsport Ausdruck zu verleihen."
So traten denn die Zweiliter-Wagen aus Deutschland gegen die schweren 2,5 Liter Alfa Romeo an, die exzellent auf das Rennen präpariert worden waren. Die Alfas besaßen einen Spezial-Coupé-Aufbau aus einer Aluminium-Legierung. Anfangs lästerten die BMW-Männer noch über die „italienischen Blechbüchsen". Denn in den Bergen fuhren die wendigen Roadster wesentlich flinker durch die Paßstraßen. Auf den langen endlosen Straßen durch die libysche Wüste rollten die Alfa-Coupés aber nicht nur schneller, sie schützten die Insassen auch besser vor den Strapazen des tropischen Klimas. Erfolg: Alfa Romeo gewann das Rennen im Gesamtklassement mit einem Durchschnittstempo von 141,5 km/h, während der deutschen Mannschaft der Klassensieg mit einem Schnitt von 140 km/h blieb.
Den ehrgeizigen NSKK-Führer Hühnlein wurmte diese Niederlage. Bei einem Besuch in München befahl er, zum nächsten Sporteinsatz einen geschlossenen Wagen bereitzustellen. Versuchschef Schleicher, zugleich oberster Sportherr im Hause, nahm das gleichgültig zur Kenntnis und gab die Order an die Ingenieure Dr. Hermann Beißbart und Ernst Loof weiter. Sie konstruierten auf der Basis des 328 ein ganz leichtes Chassis. Für die Karosserie bemühten sie die italienische Firma Touring in Mailand. Eben jene Schmiede, in der auch Alfa Romeo seine Wettbewerbswagen schneidern ließ. Touring verstand es nämlich vortrefflich, besonders leichte Aufbauten aus „Itallumag", einer Spezeiallegierung aus Aluminium und Magnesium herzustellen.

Die Italiener schufen für ihre Münchener Kunden ein Coupé mit Pontonform. Um keinen Luftstau in den Radkästen zu erzeugen, saßen in den vorderen Kotflügeln Luftleitschächte. Zusätzlich ließen die BMW-Leute noch zwei Roadster mit langgeschwungenen Kotflügeln und winziger Windschutzscheibe in Mailand anfertigen.
Im Juni 1939 mußten die „Stromform-Limousine" (BMW), sowie die beiden Cabriolets ihre erste Bewährungsprobe ablegen; beim 24-Stunden-Rennen von Le Mans. Die drei extrem leichten Wagen rollten an den Start dieses schweren Rennens. Kurzfristig brachten Mechaniker noch einen dritten Scheinwerfer in Kühlergrill-Mitte an jedem Wagen an. Denn nichts durfte schiefgehen. Während der sieben Nachtstunden, so besagte das Reglement, mußte die Scheinwerferanlage einwandfrei arbeiten. Die kleinste Panne in der elektrischen Anlage hätte zum Ausschluß geführt. Benzin, Öl und Kühlwasser durften nur alle 24 Runden ergänzt werden – verplombte Einfüllstützen sorgten dafür.
Das neue Stromform-Coupé mit NSKK-Obersturmführer Prinz Schaumburg-Lippe und NSKK-Mann Hans Wencher als Mannschaft legte bei diesem Rennen innerhalb von 24 Stunden genau 3.188,4 Kilometer zurück. Das bedeutete einen Gesamtdurchschnitt von 132,8 Stundenkilometer und damit neue Rekordzeit. Bisher hatte bei diesem Rennen in der Zweiliter-Klasse niemand mehr als 120,7 km/h geschafft. Selbst in der Dreiliter-Klasse blieb dieses Tempo unerreicht. Somit lag das BMW-Coupé in der Gesamtwertung auf dem fünften Platz, gleich hinter den großen Sportwagen der Nobelmarken Bugatti, Delage und Lagonda.
Nicht nur das: Alle drei BMW-Wagen erreichten das Ziel. Damit war es der weiß-blauen Marke in der 16jährigen Geschichte des Le Mans-Rennens als einziger

Die Mannschaft bei der Mille Miglia 1940: links eines der drei bei Touring gebauten Roadster, mitte das ebenfalls bei Touring entstandene Coupé (der spätere Siegerwagen), rechts das nach Kamm-Theorien geformte und viel zu schwer geratene Buckelheck-Coupé

gelungen, drei gestartete Wagen einer Mannschaft vollständig durchs Ziel zu bringen. Ein Erfolg, mit dem selbst die BMW-Techniker nicht gerechnet hatten.

Der Mille Miglia-Wagen: kurz und bucklig

Angespornt durch diesen Sieg gab NSKK-Chef Hühnlein die Order, auch für das nächste Rennen ein Coupé einzusetzen. Obwohl Deutschland seinen Nachbarstaaten den Krieg erklärt hatte, sollte im Frühjahr 1940 das „1000-Meilen-Rennen von Brescia", die Mille Miglia, noch einmal stattfinden. Daran würde auch Deutschland ein letztes Mal teilnehmen – und als krönenden Abschluß siegen. So jedenfalls wünschte es Adolf Hühnlein. Und nicht nur der: Adolf Hitler hatte dazu sogar den Befehl gegeben.
Wenige Wochen vor dem Start wurden Rudolf Schleicher und Ingenieur Ernst Loof sogar in die Reichskanzlei nach Berlin bestellt. Hitler ließ sich genau berichten, welche Vorbereitungen die Münchener für das Rennen treffen wollten. Dann drehte sich der Führer zu Schleicher: „Sie sind mir ein Garant für den Sieg." Der vorsichtige Schleicher antwortete: „Aber die Technik ist unberechenbar." Das ließ der Diktator nicht gelten. „Dann sorgen Sie dafür, daß sie berechenbar wird", schrie er. Verängstigt nickte Schleicher, und beim Hinausgehen meinte er zu Loof: „Wenn wir nicht gewinnen, hängt der uns auf." Von nun an war in München nichts zu teuer, um das Risiko eines Defekts auszuschalten.
Das in Le Mans siegreiche „Stromform-Coupé" wurde immer und immer wieder durchgecheckt und erhielt nun verkleidete Hinterräder. Insgesamt drei – von Touring in Mailand geschneiderte – Roadster standen bereit. Ihre Aufbauten wogen nur je 42 Kilo, die kompletten Wagen brachten es auf ein Leergewicht von je 650 Kilogramm. Zusätzlich wollten die BMW-Männer noch ein eigenentwickeltes Coupé in zwei Exemplaren an den Start bringen. In Zusammenarbeit mit Professor Kamm entstand eine Karosse mit langgeschwungenen Kotflügeln, tief herunter gezogener BMW-Niere mit waagerechten Einlaßschlitzen, herumgezogener Windschutzscheibe und kurzem, buckligen Heck. Fast einem Kombiwagen ähnlich war das Heck eines zweiten Modells, das parallel dazu entstand und bei dem Wunibald Kamm das abgeschnittene K-Heck durchgesetzt hatte.
Die Alu-Aufbauten von beiden Wagen wurden von dem Spengler Willi Huber – einem Meister seines Faches – über den Holzklotz geklopft. Die ersten Fahrversuche zeigten dann, daß der Wagen mit K-Heck wiederum zu instabil bei Seitenwind war; deswegen setzte Schleicher ihn gar nicht erst ein. Und der andere Wagen geriet gegenüber dem Touring-Coupé etwas zu schwer.
Die beiden Coupés und die drei Roadster, die schließlich an den Start gingen, erhielten Modifikationen am Motor, so daß der Zweiliter nun 135 PS leistete. Gegenüber ihren stärksten Konkurrenten, den Alfa Romeo-Wagen, leisteten die BMWs damit zwar nur zehn PS mehr, wogen aber bis zu 300 Kilogramm weniger. Nach Bekanntwerden der technischen Daten raunten sich die Experten zu: „BMW hat die 1000 Meilen schon in München gewonnen."
Als die Starterflagge am 28. April 1940 fiel, raste eine Meute von 50 italienischen, französischen und deutschen Rennwagen los. Es war nicht mehr die alte „1000-Meilen-Strecke" wie sie seit 1927 jedes Jahr befahren wurde, sondern ein abgesteckter Rundkurs Brescia – Cremona – Mantova – Brescia von 165 Kilometer

Grandioser Sieg im Ausland: Stromlinien-Coupé beim Le-Mans-Rennen 1939

Länge. Die klassische 1000-Meilen-Strecke Brescia – Bologna – Rom – Ancona – Bologna – Brescia war nämlich 1938 verboten worden, weil damals auf kerzengerader Straße ein Lancia-Fahrer vor Übermüdung am Steuer eingeschlafen und mit Tempo 80 in die Zuschauermenge gerast war. Dennoch ließ sich die Regierung – angespornt von der italienischen Autoindustrie – dazu überreden, ihr Verbot zwei Jahre später zurückzunehmen und auf einem nun abgesperrten Rundkurs wieder zu starten.

Die neue Rennstrecke war für hohes Tempo besonders geeignet. „Die einzigen Hoffnungen von Alfa lagen in der fabelhaften Straßenlage ihrer Wagen", schrieb damals die „Allgemeine Automobil Zeitung", „aber dieser eventuelle Vorteil konnte wegen der besseren Beschleunigung von BMW und wegen des großen Geschwindigkeitsunterschieds auf einer Strecke, die zu 70 Prozent gerade ist, keine Rolle spielen". Schon von der ersten Runde an hatte der Fahrer des rundlichen BMW-Coupés, Huschke von Hanstein, die Führung übernommen; und er vergrößerte seinen Vorsprung von Runde zu Runde. Während die schnellste Runde der Alfas bei 164,844 km/h lag, fuhr Hanstein die schnellste mit 174,102 km/h. Selbst die großen französischen Delage-Wagen mit Dreiliter-Motoren konnten da nicht mithalten. Staunte die italienische Zeitung „Il Populo" über die deutschen Sieger: „Sie stiegen einfach aus, machten Fotos, nahmen Glückwünsche ihrer Kameraden entgegen. Nach einer Viertelstunde hörten sie Motorgeräusche. Es war Farina, der ankam, unser Bester, der schließlich Zweiter wurde."

Die 1000-Meilen von Brescia wurden für BMW der sportliche Höhepunkt: Alle Wagen gewannen zusammen den Mannschaftspreis. BMW wurde zudem mit einem Durchschnittstempo von 166,723 km/h Gesamtsieger aller Klassen und natürlich Sieger der Zweiliter-Klasse.

Und das, obwohl die BMW-Männer vom Veranstalter unkorrekt behandelt wurden. Als die Deutschen nämlich fragten, ob beim Tanken Schnellfüller erlaubt seien, wurde dies verneint. So brauchten die BMW-Wagen immerhin zweimal drei Minuten, um wieder aufzufüllen. Die Alfas dagegen benützten beim Rennen dann doch Schnellfüller und benötigten pro Tankvorgang nur 35 Sekunden. Ein Manko, das BMW beinahe den Mannschaftssieg gekostet hätte. Dagegen mußten die Italiener fleißig Reifen wechseln, die BMW-Wagen liefen mit den eigens von Continental entwickelten Pneus das ganze Rennen ohne einen Wechsel. Nicht nur das; die BMWs waren so stabil, daß sie nach dem Rennen auf eigener Achse wieder nach München fuhren. Stöhnte die italienische Presse zerknirscht: „Geschlagen, geschlagen." Jubelte die BMW-Hauspostille über diesen Sieg: „BMW zeigt aller Welt – sportliche Höchstlei-

stung auch im Krieg." Dieses letzte großen Rennen der Vorkriegszeit brachte der BMW-Mannschaft alle Trophäen, die zu erringen waren, unter anderem den „Ehrenpreis des Königs und Kaisers des Faschistischen Imperiums", den „Ehrenpreis des Duce", den „Ehrenpreis der Provinzialregierung", den „Ehrenpreis des Herzogs von Piemont" und den „Ehrenpreis des Parteisekretärs Muti".
Wenig Ruhm errang allerdings die große Stromform-Limousine, an dessen Linien Professor Kamm mitgearbeitet hatte. Sie war zu schwer geraten und lag nur im Mittelfeld. Ungeachtet dessen, brachten die „1000-Meilen von Brescia" auch den endgültigen Durchbruch des geschlossenen Wagens im Motorsport. „Hauptsächlich auf einer Strecke wie dieser", prophezeite daraufhin die „Allgemeine Auto Zeitung", „werden die Innenlenker, die nicht nur schneller, sondern auch viel bequemer sind, immer zunehmen." Und der Autor verriet auch warum: „Am Nachmittag sahen wir Innenlenker vorbeifahren, bei denen der zweite Fahrer ganz ruhig schlief! Im Rennen! Bei einem offenen Wagen wäre so etwas ziemlich unmöglich."
Der grandiose Sieg löste in der Rennabteilung eine Euphorie aus: Schon tüftelte Ernst Loof an einem Roadster und einem Coupé mit glatter Pontonform. Dieser noch leichtere Wagen, so plante Loof, sollte beim nächsten Rennen eingesetzt werden. BMW gab sogar 1942 bei Touring den Bau eines solchen Wagens noch in Auftrag. Viele Jahre später tauchte der pontonförmige Roadster dann als „falscher" Mille-Miglia-Wagen auf.

Gesamtergebnis der Mille Miglia 1940

1. Huschke v. Hanstein/Walter Bäumer (mit BMW-Stromliniencoupé) in 8 Std. 54 Min. 46 Sek.
2. Dr. Farina/Mombelli (mit Alfa Romeo 2,5 Liter-Coupé) in 9 Std. 10 Min. 16 Sek.
3. Adolf Brudes/Ralph Roese (mit dem offenen BMW-Wagen) in 9 Std. 13. Min. 27 Sek.
4. Biondeti/Stefani (mit Alfa Romeo 2,5 Liter-Coupé) in 9 Std. 13. Min. 37 Sek.
5. Willi Briem/Ulrich Richter (mit offenem BMW-Wagen) in 9 Std. 16. Min. 08 Sek.
6. Hans Wencher/Rudolf Scholz (mit offenem BMW-Wagen) in 9 Std. 17 Min. 15 Sek.
7. Pintacuda/Sanesi (mit 2,5 Liter-Alfa Romeo)

Die Auto-Generation, die nie erschien

Schon 1939 war es geplant, daß fünf Jahre später eine ganz neue Generation von BMW-Wagen auf den Markt erscheinen sollte. Fahrzeuge, mit der in Amerika schon populären Pontonform.
Unter Fritz Fiedlers Zeichenstift entstand 1939 eine viertürige Limousine mit jeweils drei Seitenfenstern, verdeckten Hinterrädern und rundlicher Front. Der Neuling besaß

eine halbselbsttragende Karosserie nach Art des 320 und Lenkradschaltung. Von dem gestreckten Wagen, der einmal die Nachfolge des derzeitigen 335 antreten sollte, wurden in den Jahren 1940/41 insgesamt 31 Prototypen gebaut. Typenbezeichnung: BMW 337.
Fiedler und sein Karosserie-Konstrukteur Peter Szimanowsky arbeiteten auch an einem Nachfolger des Typs 326, den „332".. Ebenfalls ein rundliches, äußerst windschnittiges Fahrzeug mit vier Türen und verdeckten Hinterrädern, das Familienähnlichkeit mit dem 337 zeigte. Beim „332" nützte man sogar die Erkenntnisse aus dem Rennwagenbau. Genau wie der Le Mans-Siegerwagen besaß der 332 Luftleitschächte in den vorderen Kotflügeln, um den in Radkästen und Motorenraum angestauten Fahrtwind abzuleiten. Am 22. November 1939 erstellte die Abteilung Karosserie-Entwicklung in München sogenannte Zusammenstellungs-Zeichnungen vom neuen BMW-Wagen. In den Jahren 1940 bis 1941 baute Ambi-Budd in Berlin unter strengster Geheimhaltung für BMW einige Exemplare. Als Tonmodell im Maßstab 1 : 5 existierte sogar schon ein Nachfolger des Luxus-Coupés 327/328; ebenfalls eine Stromlinien-Karosserie, jedoch ohne Pontonform. Der Eleganz wegen zeichnete Fiedler das Coupé und Cabriolet mit langgeschwungenen Vorderkotflügeln.
Von diesen Plänen wußte damals noch nicht einmal die 30-Mann starke Versuchsabteilung. Sie beschäftigte sich 1939 in erster Linie mit Detailfragen. So gab es hier ein 327-Cabriolet, dessen Außenhaut ganz aus Aluminium und daher 90 Kilogramm leichter war als serienmäßige Exemplare. Gehörten die BMWs Anfang und Mitte der dreißiger Jahre noch zu den leichtgewichtigen Wagen, hatte die Konkurrenz die weiß-blaue Marke zum Ende des Jahrzehnts aufgeholt. Dies hatten die anderen Firmen vor allem durch die selbsttragende Bauweise geschafft, während man bei BMW am Fahrgestell festhielt.
Erprobt wurden zur damaligen Zeit auch neue Türgriffe. Sie öffneten nicht mehr durch Klinkenbewegung, sondern durch Ziehen. Ein System, wie es auch Ferdinand Porsche am Volkswagen verwendete.
Die Weiterentwicklung galt jedoch nicht nur der äußeren Hülle. Obwohl Generaldirektor Popp strikt verboten hatte, ein neues Aggregat zu bauen, tüftelte Schleicher an einem solchen Triebwerk herum. Die Kosten dafür hatte der Versuchsleiter von dem Etat abgezwackt, der für die Entwicklung des 3,5 Liter-Motors zur Verfügung stand. Schleicher wußte zu genau, daß gerade in sportlichen Wettbewerben die derzeitige Zweiliter-Maschine durch zu schwache Kurbelwelle und Lager an die Grenze ihrer Leistungsfähigkeit gekommen war. Wollte BMW in kommenden Jahren weiterhin im Motorsport führend bleiben, mußte eine neue Maschine her.
Zum Jahresende hielt Motorenkonstrukteur Alexander von Falkenhausen ein neues Sporttriebwerk parat: Eine nur 140 Kilogramm schwere Sechszylinder-Maschine mit Aluminium-Block und zwei obenliegenden Nockenwellen. Als Straßenversion leistete dieser Motor auf dem Prüfstand 120 PS bei 6000 Umdrehungen pro Minute. Dabei begnügte er sich mit dem damals üblichen Normalbenzin. Unter der Arbeitsbezeichnung „318" reifte dieses Aggregat zur Serienfertigung heran.
Unabhängig davon baute Schleicher einen neuen Sechszylinder für die Limousinen. Er unterschied sich nur in Details von der betagten Standard-Maschine. Vor allem aber war die Größe des Triebwerks so gewählt, daß sich daraus unterschiedliche Hubraum-Versionen ableiten ließen. So hätte BMW künftig die Möglichkeit gehabt, aus diesem Block Motoren mit

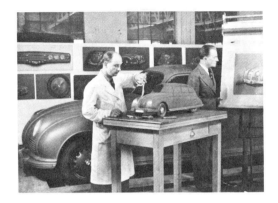

Unter größter Geheimhaltung arbeiteten die Entwurfsabteilungen in Eisenach 1939 schon an einer ganz neuen Genaration von BMW-Autos

Als Nachfolger des „335" sollte 1944 der „337" erscheinen: Ein Auto ganz auf Windschnittigkeit nach den Theorien des Aerodynamik-Professors Wunibald Kamm hin getrimmt

Dieser pontonförmige Wagen, der damals im Maßstab 1:1 schon als Ton-Modell fertig war, sollte – so die Pläne – eines Tages Nachfolger des 326 werden

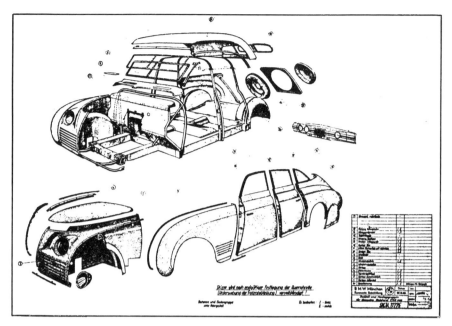

Die Karosserie-Zusammenstellungszeichnung für den 332 stammt von 1939

- 2,0 Liter
- 2,5 Liter
- 3,0 Liter
- 3,5 Liter

Hubraum zu bauen.
Doch ehe alle diese Pläne verwirklicht und zur Serienreife gebracht waren, traten Ereignisse ein, die jegliche Zukunftsarbeit zunichte machten: Der Zweite Weltkrieg begann.

Im Gegensatz zu den Limousinen sollte das Nachfolgemodell des 327 keine Pontonform bekommen. 1939 waren zu diesem Cabriolet schon die 1:5-Tonmodelle fertig

Schon 1939 hatte Fiedler ein Nachfolge-Modell für den 326 entwickelt, der 332 heißen sollte. Einige Prototypen dieses pontonförmigen Wagens waren um 1941 bei der Karosseriefirma Ambi-Budd gebaut worden. Auf Umwegen tauchte 1947 in München ein ausgebranntes Exemplar des 332 wieder auf. Es wurde sorgfältig vermessen. Wäre der Zweite Weltkrieg nicht ausgebrochen, hätte BMW 1944 die Serienfertigung anlaufen lassen

Wo BMW im Vorkriegsmarkt lag

1930	1933	1934	1935	1936	1937	1938
1. Opel	1. Opel	1. Opel	1. Opel	1. Opel	1. Opel	1. Opel
2. Hanomag	2. DKW	2. DKW	2. DKW	2. DKW	2. DKW	2. DKW
3. Adler	3. Mercedes	3. Adler	3. Adler	3. Mercedes	3. Mercedes	3. Mercedes
4. B M W	4. Adler	4. Mercedes	4. Mercedes	4. Adler	4. Adler	4. Ford
5. Mercedes	5. B M W	5. Ford	5. Hanomag	5. Ford	5. Ford	5. Adler
6. Wanderer	6. Hanomag	6. B M W	6. Ford	6. Hanomag	6. Wanderer	6. Wanderer
7. DKW	7. Wanderer	7. Hanomag	7. B M W	7. Wanderer	7. Hanomag	7. Hanomag
8. Brennabor	8. Stoewer	8. Wanderer	8. Wanderer	8. B M W	8. B M W	8. B M W

Neuzulassungen nach Marken

Die Motorrad-Boliden

Am Katschberg – im Tauerngebirge – tuckerte in den ersten Frühjahrstagen 1940 ein schweres Motorrad mit Seitenwagen und beladen mit drei Mann, einer Maschinenpistole und Munition die 32-prozentige Steigung der Paßstraße hoch. 20 Minuten dauerte die Bergbezwingung, bei der das Motorrad – trotz Vollgas – mit 20 Stundenkilometer hochkroch.
Der geheimnisvolle Troß gehörte nicht zur Wehrmacht, sondern zu BMW. Die Militärs hatten nämlich alle Motorradfabriken im Staate aufgefordert, Wehrmachts-Maschinen zu konstruieren. Alexander von Falkenhausen übernahm gerade damals die Abteilung Motorrad-Entwicklung und stürzte sich mit Begeisterung in die neue Aufgabe. Aus der zivilen 750 ccm-Maschine entwickelte er ein geländegängiges Zweirad mit Seitenwagenantrieb, acht Vorwärts- und zwei Rückwärtsgängen und sogar Sperrdifferential. Das 420 Kilogramm schwere 26 PS-Gefährt mußte – so verlangte es die Wehrmacht – ebensoviel Last schleppen können. In Tag- und Nachtschicht lief die Erprobung der beiden ersten Exemplare am Katschberg. Als aber der Prototyp eines Tages den Offizieren vorgeführt wurde, versagte wegen der zu geringen Luftkühlung im Kriechtempo der Motor.
Enttäuscht zogen die Militärs ab, nicht ohne von Falkenhausen und den Verbindungsmann von BMW zu Reichswehr, Lorenz Dietrich, wissen zu lassen, daß nunmehr der

Drohung mit Zündapp-Modellen: Erprobung des Militärmotorrads R-75 am Katschberg

Konkurrent Zündapp den Auftrag über die Produktion von Wehrmachts-Maschinen bekommen würde. Zündapp hatte nämlich ein ähnlich schweres Zweirad mit Seitenwagen gebaut, die KS 600. Würde jedoch der Auftrag über 8000 solcher Kräder an die Konkurrenz gehen, wäre eine paradoxe Situation entstanden: Zündapp hätte nämlich nicht die Kapazitäten gehabt, den gesamten Auftrag auszuführen. In diesem Falle hätte die Reichsregierung Befehl gegeben, daß BMW in seinem Werk die Zündapp-Motorräder hätte bauen müssen.

Lorenz Dietrich bat nochmals um eine Chance: Von Falkenhausen und sein Team fuhren wohl hundert Mal den Katschberg hinauf und hinab, man verbesserte jedes Detail an der R-75. Dann führte man die neue Maschine den Wehrmachts-Technikern nochmals vor; diesmal zur Zufriedenheit aller. Dennoch: Nur auf die guten Kontakte von BMW-Verbindungsmann Dietrich hin teilte die Wehrmacht den Großauftrag wenigstens zwischen Zündapp und BMW je zur Hälfte auf.

Der Kriegsausbruch und seine Folgen

Als im September 1939 mit dem Feldzug gegen Polen Adolf Hitler den Zweiten Weltkrieg entzündete, war Generaldirektor Popp tief betroffen: Daß es soweit kommen würde, daran hatte er nie geglaubt. Die Folgen des Kriegsausbruches machten sich wenige Monate später auch in München bemerkbar; Der neue Generalinspekteur der Luftwaffe, Eberhard Milch, befahl, die Serienfertigung von Autos und Motorrädern stillzulegen, weil „kein ziviler und Export-Bedarf auf diesem Gebiete vorhanden ist" (Verordnung). Gefragt waren nur Kriegsgüter und deshalb durfte lediglich die Serienfertigung des Militär-Motorrades weiterlaufen. Die Wehrmacht konnte nun auf einmal nicht genug davon bekommen. In den Hallen der ungarischen Waffenfabrik Danubia bei Budapest sollte sogar eine weitere Fabrikation der R-75 aufgezogen werden. Rudolf Schleicher mußte hinfahren, um Lage und Maschinenpark zu prüfen. Doch bei der Ankunft geriet er genau in einen Luftangriff. Unverrichteter Dinge kehrte er um.

In München wurde der Triebwerksbau inzwischen weiter ausgedehnt. Das Werk Eisenach mußte innerhalb weniger Wochen im Frühjahr 1940 auf die Flugmotoren-Reparatur umgerüstet werden. Bald rollte der erste Güterzug vollbeladen mit defekten Flugmotoren heran. Der Karosseriebau diente nun zur Herstellung von Triebwerks-Verkleidungen. Zähneknirschend gab Popp dazu sein Zustimmung.

Nur vorübergehend sollte die Flugmotoren-Reparatur in Eisenach bleiben. Sechs Monate später – so prahlte Milch gegenüber dem BMW-Chef – würde sie nach Prag verlegt, ein Jahr später nach Moskau. Dann wäre der Krieg sowieso gewonnen und Popp könne in Eisenach wieder Fahrzeuge bauen.

Mit dem KZ gedroht

Im Juni 1941 gab Hitler Befehl zum Angriff auf die Sowjetunion. Er hoffte, innerhalb von acht Wochen zu siegen. Als diese Rechnung nicht aufging, herrschte im Führerhauptquartier Panikstimmung, die zu noch mehr Druck auf die gesamte deutsche Industrie und auch auf BMW führte. Ernst Udet, Generalluftzeugmeister, beging Selbstmord: Eberhard Milch rückte auf seinen Posten und warf der Luftfahrt-Industrie Versagen vor.
Milch reiste nach München und verlangte von Generaldirektor Popp lautstark auch die sofortige Einstellung der zivilen Fahrzeug-Entwicklung. Denn zum Ärger der Braunen arbeitete BMWs Konstruktions-Abteilung trotz des Produktionsstops eifrig weiter an neuen Projekten, dem 332 und dem 337, sowie dem Sportmotor 318.
Mit dem Hinweis, BMW müsse sofort 1 000 Mann mehr zum Flugmotorenbau zur Verfügung stellen, pochte Milch auf das Ende der Auto-Entwicklung. Dann zog der neue Generalluftzeugmeister eine neue Verordnung von Adolf Hitler aus der Tasche, wonach jede Beschäftigung und Planung „zukünftiger Friedensaufgaben bei schwerster Strafe verboten" war. Popp lehnte kühl ab und meinte sinngemäß, daß der Krieg sowieso verloren und ein Anschluß an den Automobilbau der Zukunft viel wichtiger sei. Daraufhin schrie Milch erregt: „Sie sind ein Saboteur, der gegen die Interessen der Partei handelt." Und er drohte: „Ich werde Sie ins Konzentrationslager Tilsit bringen!" Das verhinderte zwar im letzten Moment der Aufsichtsratsvorsitzende Emil Georg von Stauss. Doch Franz Josef Popp mußte jetzt alle Ämter niederlegen und in Pension gehen. Milch brachte gegen Popp zuletzt noch ein Kriegsgerichtsverfahren in Gang. Voller Grimm zog sich Popp in sein Landhaus zurück.
Auf den Stuhl des BMW-Chefs rückte Fritz Hille nach, schon seit 1935 Vorstandsmitglied und Hitlers Partei ein treuer Gefolgsmann. Hille führte aus, was Popp verweigerte: Die Entwicklung neuer Autos wurde im September 1941 ganz eingestellt.

Per Eisenbahn nach Eisenach

Der nächste Konflikt bahnte sich bereits an: Eberhard Milch – inzwischen heimlicher Herrscher im Hause BMW – forderte als nächstes, daß der Bau der Militär-Motorräder von München ins Werk Eisenach verlegt werde. Grund: Noch mehr Platzbedarf für den Flugmotorenbau im Stammwerk München. Versuchschef Schleicher wehrte sich dagegen: „Das ist ja Wahnsinn." Unter seiner Leitung werde dies nicht geschehen. Daraufhin beurlaubte ihn Hille am 13. April 1942 für ein Vierteljahr. Schrieb Schleicher in sein Tagebuch: „Meine große Disziplinargewalt soll vorübergehend ausgeschaltet werden." Schleicher durfte erst neun Monate später das Werk wieder betreten.
Betriebsleiter Albert Siedler wurde zwischenzeitlich aus Eisenach nach München gerufen, um – zusammen mit einigen anderen Technikern – im Motorradbau angelernt zu werden. Dann schafften zwei Güterzüge alle zum Zweiradbau erforderlichen

Zur „Fronterprobung" eingeladen: Alexander von Falkenhausen (links) mit Monteur auf der von ihm konstruierten R-75 in Rußland

Werkzeugmaschinen und Ersatzteile nach Thüringen. Immerhin erhielt das veraltete Zweigwerk Eisenach mit der modernen Motorradfertigung zum erstenmal auch ein elektrisches Fließband. Bisher gab es nur Schiebebänder, die alle 20 Minuten von Hand weitergeschoben wurden.

Unabhängig von den dramatischen Ereignissen arbeitete Alex von Falkenhausen weiter an der Verbesserung der R–75. Das Oberkommando Heer (OHK) lud ihn und Vertreter von Opel und Steyr ein, doch an der Front die Bewährung der Fahrzeuge selbst mitzuerleben. Mitte August 1942 startete von Falkenhausen zusammen mit einem Monteur im Beiwagen zu einer 3 500 Kilometer langen Fahrt durch Rußland. Im kniehohen Schlamm, Wasserfurchen und staubigen Schlaglochwegen fuhren die Firmenvertreter hinter der Front her. In Gesprächen mit Landsern erfuhr der Konstrukteur, daß Motoren und Vorderradgabel sehr schnell defekt waren, wenn die Kräder in einer Kolonne und umhüllt von einer riesigen Staubwolke zum Einsatz rollten. Die Luftfilter der Motoren saugten dann soviel Staub an, daß sie bald verstopft waren. Oft schluckte das Triebwerk direkt Schlamm. Von Falkenhausen sah, wie die Schutzbleche derart mit Schmutz verstopften, daß die Räder blockierten. Einen ganzen Monat lang erlebte der Konstrukteur mit, welchen Strapazen seine Motorräder ausgesetzt waren.

Wieder in München angekommen, zog er daraus die Lehren: Leitungen wurden durch den Tank gelegt, der Luftfilter saß nun oben auf dem Benzintank, wo weniger Staub wirbelte. Anstatt der bisherigen Blechhülsen wurde die Vorderradgabel nun mit Gummimuffen gegen den Staub geschützt.

In Eisenach lief derweil die Produktion des allradgetriebenen Motorrades auf Hochtouren. Jeden Tag wurden rund 25 Militär-Maschinen mit Beiwagen der Wehrmacht übergeben.
Nur: Lange dauerte die Nachfrage nicht. Die Offiziere entdeckte nämlich inzwischen die Qualitäten des von Ferdinand Porsche entwickelten Kübelwagens auf VW-Basis. Und deswegen wurden an der Front die BMW- und Zündapp-Motorräder stufenweise gegen Geländewagen ausgetauscht. Ende 1943 lief in Eisenach der Bau der R-75 nach 16.500 Exemplaren aus. Nach Hitlers Holland-Feldzug bauten die Eisenacher BMW-Werker nur noch Flugmotorteile und Einzelteile für Panzer. Eine Kommission der Wehrmacht erschien im Werk und legte dem Betriebsleiter eine Anzahl von Panzerteilen vor. Er mußte heraussuchen, was mit dem vorhandenen Maschinenpark herzustellen war.
Die alte Stamm-Mannschaft lichtete sich zudem. Nach einer Anordnung mußte die Betriebsleitung jeweils 50 Mann pro Monat fürs Militär freigeben. Ersatz kam durch Kriegsgefangene; zuerst Engländer, später Franzosen, dann Tschechen und Russen.

Panzerjäger aus München

Auch die alte Mannschaft der Fahrzeug-Experten im Stammwerk München mußte für den Krieg umschulen. Versuchsingenieur Hermann Holbein wurde zum Aufbau eines Flugmotoren-Reparaturwerks nach Südfrankreich geschickt. Ernst Loof erhielt die Leitung einer Front-Reparaturwerkstätte, die in den Wäldern um Paris schwere BMW-Flugmotore renovierte. Schorsch Meier, Motorradrennfahrer in München, erhielt den Posten eines Kfz-Offiziers bei der Abwehrleitstelle Paris. Und der BMW-Kaufmann Lorenz Dietrich bekam den Befehl, Verantwortung für die französische Fabrik Gnome-Rhone nahe dem besetzten Paris zu übernehmen, die den weiß-blauen Flugzeug-Motor nachbauen mußte.
In München lief derweil die Produktion von Flugtriebwerken weiter auf vollen Touren. Die meisten Techniker experimentierten dort mit modernsten Anlagen an Strahltriebwerken, mit denen dann die Luftwaffe in Windeseile auf Düsenjäger umrüsten wollte.
Doch vorläufig entstanden noch Propeller-Motoren. In den Werken Allach, Berlin-Spandau, Dürrerhof, Zührlsdorf und Basdorf konnte gar nicht soviel gebaut werden, wie die Luftwaffe anforderte. Nur ganz wenige Männer beschäftigten sich in den ersten Tagen des Jahres 1944 noch mit dem Fahrzeugbau; sie entwickelten Panzer.
Die großen Kolosse des Heeres wurden nämlich von 600 PS-Maybach-Motoren angetrieben. Doch diese Maschinen erwiesen sich als unzuverlässig, weil sie nie erprobt worden waren. Zu oft kam es zu Vergaserbränden. Bald entdeckten die Wehrmachts-Techniker, daß der 27,7 Liter große und 520 PS-starke Siebenzylinder-Sternmotor, den BMW als Flugtriebwerk herstellte, doch in den Panzer passen müßte. Alexander von Falkenhausen erhielt den Befehl, diese Umkonstruktion vorzunehmen. Er setzte auf die Propellernabe ein Schwungrad mit Windschaufeln und auf die Propellerwelle ein Stirnradgetriebe. Auf Anhieb diente der Flugmotor nun als

Panzer-Kraftwerk. Zwei Exemplare entstanden, eines davon schickte BMW-Chef Hille sofort per Eisenbahn nach Berlin. Doch als der Güterzug dort einlief, besetzten gerade die Russen die Stadt. Sie empfingen den Prototyp als willkommene Beute.
Parallel dazu konstruierte von Falkenhausen einen Panzerjäger. Fahrer und Schütze lagen darin auf dem Bauch, neben sich eine automatische Flugzeugkanone. In dem nur einen Meter hohen und 3,50 Meter langen Gefährt war der Motor hinten quer eingebaut; das 3,5 Liter-Aggregat des verblichenen 335. Die Fabrikationseinrichtungen für diese Maschine lagen nämlich komplett in München. Aber ehe diese Panzerjäger richtig erprobt waren, fielen im Juni 1944 die ersten Bomben auf das Werk.

(Werksplakat von 1944)

Umzug aufs Land

BMW-Chef Hille fürchtete vor allem um die Versuchsabteilung, die mit verkleinerter Mannschaft unter Fritz Fiedler und Rudolf Schleicher weitergearbeitet hatte. Deshalb ordnete man den Umzug der ganzen Abteilung in den kleinen Ort Berg am Ufer des Starnberger Sees an. Hierhin schafften die Techniker alle Konstruktionspläne zur Motorradentwicklung. Eine geregelte Versuchsarbeit war hier allerdings nicht möglich, da der Troß nur behelfsmäßig in einer Baracke und im Schloß Elsholz untergebracht war. Das bereits im Versuchsstadium befindliche neue kleine BMW-Motorrad mit besonders leichten Fahrgestell, die R 31/51, wurde von Rudolf Schleicher und Alexander von Falkenhausen nur heimlich nebenbei weiterentwickelt. Hierbei legte man den Tank als oberes Rahmenteil aus, wodurch eine besonders steife und leichte Konstruktion entstand; ein selbsttragender Rahmen. Fünf Exemplare hatte man aus vorhandenen Teilen zusammengebastelt und mit Motoren von 350 und 500 ccm Hubraum versehen. Eines dieser neuartigen Motorräder fuhr Alexander von Falkenhausen in jenen Tagen als Dienstfahrzeug; es besaß sogar einen selbsttragenden Beiwagen.
Im Werk selbst ging es im Juli 1944 chaotisch zu. Am 12. Juli fielen 100 Spreng- und 10.000 Brandbomben aufs Werk; zwölf Hallen zerbarsten. Um vor den Luftangriffen zu retten, was möglich war, schafften die Arbeiter Maschinen aus dem Werk, versteckten die Einrichtungen ganzer Abteilungen im Hofbräuhaus, im Franziskanerkeller und in einsamen Höhlen Oberbayerns.
In den letzten dramatischen Wochen vor Kriegsende hatte Theodor Scholl die finanzielle Leitung des Konzerns übernommen. Um wenigstens mit gefüllten Kassen die schweren Zeiten zu überstehen, hatte Scholl vom Reichsluftfahrtministerium in Berlin noch 60 Millionen Reichsmark für angelaufene Kosten bei der Strahltriebwerks-Entwicklung angefordert. Ein Betrag, der Ende 1944 auch prompt in Berlin bereitgestellt wurde.
Um das Geld in die Münchener Zentrale zu bekommen, griffen die Verantwortlichen zur letzten Möglichkeit: Der Prokurist Oskar Kolk fuhr mit einem 326 von München zum Reichsluftfahrt-Ministerium in Berlin, lud dort die 60 Millionen in Koffer und raste damit trotz schwerer Flugzeugangriffe und chaotischer Verhältnisse auf den Straßen quer durchs Land nach München zurück.
Wie wichtig diese letzte Kapitalspritze für das Überleben der weiß-blauen Firma war, ließ sich erst viel später ermessen.

Der Tilly-Befehl

Das Dritte Reich lag in den letzten Zügen. Menschenreserven wurden mobilisiert, um Deutschland gegen die übermächtigen Gegner zu verteidigen. Im Stammwerk Milbertshofen blieben Arbeiter und Angestellte dem Arbeitsplatz fern, weil sie der Einberufungsbefehl erreichte.

Von den wenigen, die bleiben durften, war Kurt Donath der Ranghöchste. Der Technische Geschäftsführer aus dem Flugmotorenbau versuchte zusammenzuhalten, was möglich war. Die Produktion ruhte längst. Das einst so stolze Werk war zu 30 Prozent eine zerstörte Ruine, in der rund 150 Arbeiter meist im Luftschutzbunker saßen – und, wenn einmal kein Luftalarm aufschreckte, Trümmer zur Seite räumten.

Am elften April 1945 gegen 14 Uhr erhielt Donath den Führerbefehl „Tilly". Adolf Hitler, der eingesehen hatte, daß Deutschland den Krieg verlor, verlangte nun die Vernichtung aller Industriebetriebe – unter anderem auch die Sprengung von BMW.

Den Leuten im Werk lag freilich wenig daran, ihr Unternehmen zu zerstören. Donath riskierte Kopf und Kragen, als er in den letzten Kriegstagen den Führerbefehl hinauszögerte. Fünf Tage nach Eingang dieser unheilvollen Order ordnete Donath die Aufteilung aller im Werk befindlichen Lebensmittel an, zahlte die Mitarbeiter aus und schickte sie nach Hause. Rund 14 Tage lang blieben Donath und der Ingenieur Karl Deby, sowie eine Handvoll Mitarbeiter, allein im Werk und warteten, wie es weitergehen würde.

Am ersten Mai rief der Pförtner Donath an: Vor dem Tor stand der erste US-Panzer. „Warum haben Sie keine weiße Fahne gehißt?" fragte ein Hauptmann barsch. Donath antwortete, hinter dem Bunker neben dem Werk lauere noch eine kleine Truppe deutscher Artillerie, Fahnen hätten nur Verwirrung gestiftet. „Dann befehle ich Ihnen hiermit, weiße Fahnen zu hissen", entschied der Hauptmann.

Wenige Stunden später marschierte ein Kommando der Siebten US-Armee ins Werk ein. Vom leitenden Offizier erfuhr der Geschäftsführer kurz darauf, daß niemand mehr im Werk bleiben dürfe, um Plünderungen und Ausschreitungen zu vermeiden. Donath handelte wenigstens aus, daß 30 Deutsche in der Milbertshofener Fabrik arbeiten und wohnen durften, um die Wasser-, Strom- und Gasleitungen in Ordnung zu bringen und die Werksküche und Ambulanz für die Besatzer bereit zu halten.

In den Werkshallen vermißten die Militärs eine Bar, die schleunigst gebaut werden mußte. Infolge mangelnden Holzes nahmen die US-Boys eben vom reichlich vorhandenen Aluminium-Blech.

Als eines nachts zwei angetrunkene Soldaten aus dieser Bar heraustorkelten, entdeckten sie unter den verbliebenen Lebensmittel-Vorräten zwei R 75-Motorräder und versuchten, sie ans Mondlicht zu zerren. Da sprang der leitende Ingenieur Karl Deby aus dem Feldbett: Die primitive Warnanlage, die er um die beiden letzten werkseigenen Maschinen gezogen hatte, verhinderte, daß sie in Besatzerhände gelangten.

Sobald wie möglich versuchte Geschäftsführer Donath – der täglich beim Flaggenappell der Besatzer mit antreten mußte – zumindest einen Teil des entlassenen Stammpersonals wieder einzustellen. Am 4. Mai 1945 sprach er mit den Siegern über erste Arbeitsmöglichkeiten. Doch die Besatzer hatten andere Sorgen: Das große Durcheinander in den ersten Tagen nach Kriegsende nahm sie voll in Anspruch. Ende Mai bohrten Donath und eine Handvoll Mitarbeiter erneut an diesem Thema, aber im US-Hauptquartier wurden sie abgewimmelt: Hinter Krupp stand die bayerische Firma bei den Siegern auf Platz zwei der schwarzen Liste.

Im Hause des ehemaligen BMW-Entwicklungsingenieurs Claus von Rücker trafen sich in den folgenden Wochen mehrere alte BMW-Recken aus Vorstand und Aufsichtsrat, denen das Betreten des Werksgeländes strikt verboten worden war. Man

Humor auch in ernsten Zeiten: Die Belegschaft schenkte Kurt Donath diese Karikatur. Sie soll darstellen, wie sehr der BMW-Chef sich selbst gefährdete als er kurz vor Kriegsende Hitlers Tilly-Befehl hinauszögerte

konferierte im kleinen Kreis, wie es weitergehen und was in den zum Teil zerbombten Hallen hergestellt werden könnte.
Einer schlug den utopischen Plan vor, eine Gasturbinen-Lokomotive zu entwickeln, um die große Erfahrung auf dem Strahltriebwerks-Sektor zu nutzen.
Nach Donaths Meinung mußte es aber vorerst nur darauf ankommen, möglichst viele Mitarbeiter wieder einzustellen und mit Aufräumungs- und Reparaturarbeiten zu beschäftigen. Wenn die Besatzer daran denken sollten, Milbertshofen zu schleifen, würde es ihnen als menschenleere Ruine leichter fallen.
Bald brachten die ersten amerikanischen Soldaten ihre Autos zur Reparatur nach Milbertshofen, und da die BMW-Männer auch in scheinbar hoffnungslosen Fällen einen Weg fanden, den Wagen wieder in Gang zu setzen, kamen bald aus der gesamten Region die Besatzer und brachten die verschiedensten Wagentypen zur Generalüberholung herbei. Als die Amerikaner aber eines Tages entdeckten, daß in der kleinen Reparatur-Werkstatt auch der Wagen eines Deutschen fahrbereit gemacht wurde, schlitzten sie die Innenpolsterung auf.
Am 21. Juli 1945 erteilten die Amerikaner endlich eine richtige Arbeitserlaubnis, die Auto-Reparaturen legalisierte. Eine größere Werkstatt wurde eingerichtet, und bald durfte Donath dazu 60 Facharbeiter anheuern.

Anfang Oktober 1945 erschienen jedoch Captain Prince und Major McDonald im Werk, besichtigten alle Anlagen und eröffneten Donath dann, daß es nun beschlossene Sache der Sieger sei, den verhaßten Rüstungsbetrieb endgültig zu schleifen. Den Vollstreckungsbefehl brachten sie gleich mit. Alle BMW-Treuen bekamen wieder einmal ihre Kündigung, das Hausvermögen wurde beschlagnahmt. Die Militärs setzten einen Treuhänder ein, der die Liquidation des Betriebes übernehmen sollte.

Im Stammwerk Milbertshofen, wo Flugmotoren nicht nur in Großserie gebaut, sondern auch entwickelt und erprobt wurden, zerstörte ein Bombenangriff kurz vor Kriegsende ein Drittel aller Gebäude

Doch ehe Milbertshofen in ein Trümmerfeld verwandelt wurde, mußten noch alle 4.600 Maschinen und Geräte ausgeräumt werden, die man als Kriegsgut unter insgesamt neunzehn Nationen aufzuteilen gedachte. Aber nicht nur die schweren Brocken, denn in diesem Falle verstand man unter Kriegsgut alles; vom Kochkessel über das Kantinen-Besteck bis zu den elektrischen Leitungen in den Wänden.

Dies zu demontieren und auszuräumen, ging nicht ohne Spezialisten. Deshalb wurden Kurt Donath und einige seiner ehemaligen Mitarbeiter wieder eingestellt und als freie Mitarbeiter pro Tag entlohnt. Sie sollten dafür Sorge tragen, daß alle Maschinen bis zum Abtransport in gutem Zustand blieben. Trotzdem rüffelte eines Tages eine Delegation der Siegermächte den Maschinenverwalter Donath, als sie das Kriegsgut besichtigte und an etlichen Aggregaten kleine Roststellen entdeckte: „Sie wollen wohl die Maschinen absichtlich vernichten?"

Verärgert machte Donath den Besatzern daraufhin klar, daß zur ordnungsgemäßen

Demontage alle Teile in Listen erfaßt und katalogisiert werden müßten. Selbst diese Arbeit könne er aber mit den wenigen Leuten unmöglich schaffen. So dürfe niemand erwarten, daß die Maschinen in den undichten Hallen ohne nötiges Personal auf Hochglanz zu halten seien.
Die Militärs sahen das ein und stimmten seinem Plan, mehr Leute einzustellen, zu. Eine Reparatur-Werkstatt wurde eingerichtet, die nur dazu da war, alle Maschinen vor dem Abtransport in Ordnung zu bringen.
Donath beschäftigte seine Arbeiter aber auch damit, ausgelagerte Maschinen wieder ins Werk zurückzuholen. Aus dem Franziskanerkeller, dem Hofbräuhaus in München sowie aus versteckten Höhlen schleppte man in mühseliger Kleinarbeit Geräte und Maschinen wieder nach Milbertshofen. Donath ging es auch hierbei darum, möglichst vielen BMW-Leuten wieder Arbeit zu geben. Nur die alte Stamm-Mannschaft könnte vielleicht doch noch vor dem Untergang retten.
In Bayern war es inzwischen einigen BMW-Männern gelungen, Kontakte zu der wieder etablierten Landesregierung herzustellen und bis zum ersten bayerischen Ministerpräsidenten, Dr. Wilhelm Högner, vorzudringen. „Es war ein Canossagang", stellten Donath und Deby resignierend fest. Högner dachte nicht daran, sich für BMW einzusetzen: „Sie sind ein Kriegsgewinnler und Rüstungsproduzent."
Im November 1945 trafen die Demontage-Kommissionen ein. Die Amerikaner, Engländer und Franzosen besichtigten wiederum die Anlagen und teilten insgeheim schon die Beute auf. Die Sowjets zeigten wenig Interesse. Auf das Alter der Maschinen anspielend, sprachen sie in gebrochenem Deutsch immer wieder von „Großmutter". Was sie interessierte, hatten die Amerikaner längst abtransportiert.
Als einziges Werk der Welt besaß BMW nämlich eine umfangreiche Anlage, in der Triebwerke den gleichen atmosphärischen Bedingungen ausgesetzt werden konnten, wie sie in 15 Kilometer Höhe herrschen. Gleich nach der Kapitulation hatten die Amerikaner und Engländer ihre Triebwerke hier ausprobiert. Ehe die Russen kamen, hatten die Amis die Anlage still und heimlich schon ab-und in Kalifornien in größerer Ausführung wieder aufgebaut.
Daß es bei der Demontage auch oft zu Mißverständnissen kam, mußten zwei griechische Offiziere erfahren, die extra nach München gereist waren, um eine – ihnen zugeteilte – „Wasserhebe-Anlage" zu besichtigen. Die Anlage hob aber nicht, wie die Griechen glaubten, Schiffe aus dem Wasser, sondern nur Abwässer aus einem Bunker in den höhergelegenen Wasserspiegel; für die Offiziere aber kein Grund, auf das Pumpwerk zu verzichten.
Die Arbeiter, die ihre eigenen Arbeitsplätze abbauen mußten, sorgten dafür, daß nicht alles in Richtung Siegerstaaten verschwand. So mauerten sie zum Beispiel einige für den Werkzeugbau wichtige Maschinen ein, die dann auf den Reparations-Listen fehlten. Ein Bohrwerk verschwand kurzerhand im Trinkwasserbehälter des Werks, und in unbewachten Augenblicken luden Arbeiter auf der anderen Seite des Eisenbahnwaggons ab, was die Kollegen auf der einen Seite als Reparationsgut verstaut hatten. Den Siegern mangelte es an Übersicht, um solche „Diebstähle" zu bemerken.

Wie sehr es in diesen Monaten drüber und drunter ging, zeigte sich auch am Beispiel Indiens, dem ein Großteil des älteren Maschinenparks versprochen war. Innenpolitische Zerwürfnisse, so wußte das amerikanische Nachrichtenmagazin „Time" zu berichten, ließen rivalisierende Gruppen nach Deutschland eilen, um sich in München gegenseitig die besten Brocken wegzuschnappen.
Während die Inder noch um einzelne Maschinen stritten und die Sieger glaubten, BMW's Zukunft sei besiegelt, suchte Donath die Gunst der Banken. Das Werk brauchte für den Fortbestand dringend die Unterstützung einer Bank, die später mit einigen Finanzspritzen weiterhelfen sollte.
Die Deutsche Bank hatte in den Wertpapier-Depots ihrer Kunden mehr als die Hälfte des Aktienkapitals verwaltet und war seit 1926 zur Hausbank herangewachsen. Sie sorgte jetzt zusammen mit der Dresdner Bank bei den Militärs dafür, das beschlagnahmte BMW-Vermögen wieder locker zu machen. Diesen Dienst ließen sich die Bankiers damit bezahlen, daß Dr. Hans Karl von Mangoldt-Reiboldt – Treuhänder der Deutschen Bank – im Frühjahr 1946 auch die Treuhandschaft bei BMW übernahm.

Weiterleben als Genossenschaft?

Hinter verschlossenen Türen beriet der frühere BMW-Aufsichtsrat fieberhaft alle Möglichkeiten, das im Sterben liegende Unternehmen doch noch zu retten. Man erwog sogar, die einst so stolze Firma in eine landwirtschaftliche Genossenschaft umzuwandeln, um wenigstens Namen und Firmenzeichen vor dem totalen Untergang zu retten.
Donath und einige frühere Konstrukteure trafen sich in Privathäusern Münchens heimlich, um zu diskutieren, wie es mit BMW weitergehen könne. Schließlich einigten sich die Verschworenen hinter dem Rücken der Besatzer, eine kleine Produktion von Kochtöpfen und Bäckereimaschinen vorzubereiten; sollte es eine Chance zum Überleben der Firma geben, wären die Weichen zu einem bescheidenen Geldverdienen gelegt.
Heimlich engagierte Karl Deby dazu den früheren Fahrzeugkonstrukteur Alfred Böning als freien Mitarbeiter. Ihm wurde außerhalb des Werksgeländes mit einfachsten Mitteln ein Konstruktionsbüro eingerichtet. Vom Frühjahr 1946 an bereitete Böning hier die Kochtopf-Produktion vor und entwickelte eine Teigteilmaschine für Bäckereien. Wenige Wochen später war es soweit: Leichtmetall-Zylinderköpfe, die vom früheren Flugmotorenbau in großen Mengen herumlagen, schmolzen die Bayern ein und gossen daraus erstmals Baubeschläge und Kochtöpfe. Die faßten zwei oder vier Liter und waren wegen der Präzision, mit der sie hergestellt wurden, manchmal so dicht, daß der Deckel nicht mehr abging.

Das Kartoffel-Kultur-Gerät

Im Sommer 1946 hatte Kurt Donath ungewöhnlichen Besuch. Ein Vertreter bot BMW an, Landmaschinen nach Raussendorf-Lizenzen zu bauen. Raussendorf hatte in Mitteldeutschland eine gutgehende Maschinenfabrik besessen, die er jedoch auf der Flucht vor den Russen im Stich ließ. Nach München brachte er lediglich das Know-how mit, um es gegen bare Münze zur Verfügung zu stellen.
Zu diesem Zeitpunkt wollten die Siegermächte Deutschland zu einem Agrarstaat umwandeln – so wie es der Plan des Staatssekretärs im US-Schatzministeriums, Henry Morgenthau jr., vorsah. Seine Denkschrift gipfelte in dem Satz: „Deutschlands Weg zum Frieden führt über den Bauernhof." Deswegen hatte die amerikanische Militärregierung vorerst keine Einwände, als Kurt Donath einen erneuten Anlauf zur Arbeitsgenehmigung machte und die Einwilligung zum Bau von Kartoffel-Kulturgeräten und Bäckerei-Maschinen erbat. Zudem hatte Donath beim Verkauf solcher Geräte Geschäftspartner, die mit Naturalien zahlen konnten; und das war in Zeiten großer Not sehr nützlich.
Anfang 1947 begann ein primitiver Serienbau. Sowohl die Landmaschinen wie auch die Bäckereimaschinen wurden unter dem Namen Raussendorf verkauft, da den BMW-Leuten dazu ihr weiß-blaues Siegel zu wertvoll erschien.
Ermutigt von den ersten Erfolgen beschlossen Donath und Deby, das Programm zu erweitern; künftig wollte man Vulkanisiergeräte, Fahrräder und sogar Fahrrad-Anhänger bauen.
Während in ganz Deutschland eine Rohstoff-Not herrschte, besaß BMW noch genügend hochwertige Metalle. Die Rohmaterialien erlaubten es sogar – welcher Luxus – Fahrräder aus Aluminium-Guß herzustellen. Allerdings fehlte es an den nötigen Maschinen, um diese Zweiräder in größerer Stückzahl zu produzieren. Aus dem gleichen Grunde blieben auch einige Fahrräder mit einem aus Elektron geschmiedeten Rahmen im Versuchsstadium. Ingenieur Deby und anderen führenden Leuten dienten sie immerhin lange Zeit als Fortbewegungsmittel. Stolz präsentierte die Verkaufsleitung im Mai 1947 das Produktionsergebnis der ersten beiden Nachkriegsjahre:

 7 000 Satz Kochtöpfe (34.000 Einzeltöpfe)
 5 100 Schlagbesen für Bäckerei-Maschinen
 160 000 Baubeschläge
 225 Kompressoren für Bremsen
 25 Bäckereimaschinen
 10 Vielfachgeräte (Landmaschinen)
 11 Fahrräder

Die allgemeine Benzinknappheit hatte die allerletzten Autos ausgetrocknet. Nur Fahrzeuge mit Holzgeneratoren rollten noch. Diese badeofenförmigen Gasentwickler lieferten im Schwelbrand aus Brennholz Kohlenwasserstoff für die Verbrennung im Motor.
Das soeben errichtete bayerische Wirtschaftsministerium versuchte nun, eine Fabrik zu finden, die diese primitiven Energiespender bauen sollte. Deshalb bat man Donath zusammen mit Vertretern anderer bayerischer Firmen zu einem Gespräch. Obwohl

Unter dem Namen „Raussendorf" baute und verkaufte BMW 1946 dieses Kartoffel-Kultur-Gerät

Mit Kochtöpfen aus Leichtmetall, das aus alten Zylinderköpfen gewonnen wurde, begann ein spärliches Geldverdienen. Später kamen komplizierte Geräte dazu: Bäckerei-Maschinen (Bild) und Brems– Kompressoren

Nur wenige Exemplare entstanden von diesem Leichtmetall-Fahrrad. Es gab zwar genug Aluminium-Guß, aber den Münchenern fehlte es an den nötigen Verarbeitungsmaschinen für eine Serienfertigung

man es gerade im Ministerium gerne gesehen hätte, wenn BMW den Holzgeneratorenbau in größeren Serien übernehmen würde, lehnte Donath diesen Auftrag ab. Er glaubte an eine Zukunft mit Benzin.

Zur selben Zeit kam wieder ein Tiefschlag: Ein Konstrukteur, während des Krieges maßgeblich an Strahltriebwerks-Entwicklungen beteiligt, hoffte in den wirren Zeiten das Geschäft seines Lebens zu machen. Für seine frühere Denkarbeit verlangte er nachträglich Lizenzzahlungen in Höhe von 20 Millionen Reichsmark. Doch mit seiner Forderung kam er nicht weit. Die Militärregierung ließ ihn abblitzen.

Überhaupt waren die amerikanischen Militärs BMW nicht mehr ganz so feindlich gesonnen wie noch vor etlichen Monaten. Die Mitglieder der derzeitigen Geschäftsleitung wurden „entnazifiziert" – obwohl sie der Nazi-Partei nicht angehört hatten – und wieder eingestellt. Wenn auch ab und zu Sprengkommandos auftauchten, um hier und da eine Mauer in die Luft zu jagen – und damit wenigstens einen Teil des inzwischen zwei Jahre alten Vernichtungsbefehls auszuführen – so hielten sich die Besatzer doch merklich zurück, seit es in ihren Reihen bei der letzten Sprengung zwei Tote gegeben hatte.

Versteck im Kali-Bergwerk

Schwere Zeiten hatte inzwischen auch das Fahrzeugwerk Eisenach erlebt. Es lag in der Einflugschneise von Berlin und Dresden. Zunächst beobachteten die BMW-Werker, wie die Bombengeschwader vorbeidonnerten. Doch eines Tages im Frühjahr 1944 drehten die Bomber über Gotha bei, flogen das BMW-Werk an und luden hier ihre Last ab. Nur einige Gebäude wurden zerstört.
Eilig räumte man danach die Hallen aus. Rund 300 Produktions-Werkzeugmaschinen aus den Werken Eisenach und Dürrerhof wurden auf etwa 50 Lastwagen geladen und in ein 20 Kilometer entfernt liegendes stillgelegtes Kali-Bergwerk in der Nähe des Ortes Abderode geschleppt. Dort brachte man die Maschinen in 450 Meter Tiefe in Sicherheit, zusammen mit 20 kompletten Militär-Motorrädern des Typs R-75. Andere hochwertige Produktionseinrichtungen schleppten die BMW-Männer in Höhlen; die gesamten Maschinen zur Herstellung von Getriebezahnrädern und Hinterachsverzahnung versenkten sie in einem vollen Wasserbehälter.
Von nun an erlebte das Werk zweimal täglich Bombenalarm. Anfangs durften die Arbeiter das Gelände verlassen, später zwang sie die Wehrmacht im Werk zu bleiben. Der örtliche Kommandant drohte gar, am Werkstor Maschinengewehre aufzustellen, um die BMW-Männer am Verlassen ihrer Fabrik zu hindern. Erst als bei einem der Angriffe drei politische Beamte wegen einer einstürzenden Wand erschraken, änderte sich die Situation. In den Berg neben der Fabrik wurde ein Stollen getrieben, in den sich die Arbeiter bei Luftangriffen verbergen durften. Beim schwersten Beschuß – im August 1944, steckte eine Brandbombe im Keller des ehemaligen Motorradbaus das Leichtmetall in Brand. Die tragenden Säulen stürzten ein und rissen die große Montagehalle nieder. Damit lag die Produktion von Panzerteilen ganz und gar brach. Nur in geringem Rahmen fertigte man in der zu 60 Prozent zerstörten Fabrik noch Einzelteile.
Zum Stammwerk München hatten die Eisenacher nur zeitweise telefonische Verbindung. Da aber auch dort die Zustände zum Chaotischen auswuchsen, blieben die Thüringer auf sich selbst gestellt.
Betriebsleiter Albert Siedler fuhr noch jeden Morgen zum Kalibergwerk, um nach dem rechten zu sehen. Abends hörte Siedler englische Sender und erfuhr: Die Amerikaner rückten an. Die Reaktion des braunen Kommandos: Der Volkssturm wurde eingezogen, im Werk durften nur noch 50 Mann arbeiten. Und die hatten vom Gauleiter Mitte März den Befehl erhalten, die Reste des Werkes zu sprengen, ebenso alle Brücken in und um Eisenach. „Das machen wir im letzten Moment", redeten sie sich heraus, und die Hinhalte-Taktik nützte. Als Albert Siedler am nächsten Morgen

aus dem Werksbunker kam, hingen in ganz Eisenach Bettücher als weiße Fahnen und zum Zeichen der Kapitulation heraus. Die Nationalsozialisten waren über Nacht verschwunden. Nun warteten alle auf die Amerikaner, die schon die ganze Nacht mit Artillerie die Stadt beschossen hatten.
Albert Siedler ging an diesem Sonnentag sichtlich entspannt nach Hause und legte sich drei Stunden lang in den Liegestuhl. Plötzlich stand ein US-Soldat neben ihm: „Sie sollen sofort in die Fabrik kommen." Das erste, was Siedler nun zu tun hatte; er hatte in der kleinen Werksdruckerei Aufrufe an die Bevölkerung zu drucken.

Konstruktionszeichnungen für 10 Cent

Danach mußte Siedler und einige Leute sofort mit Motorrad- und Auto-Reparaturen beginnen. Das einzige Gebäude, das im BMW-Werk völlig unbeschädigt blieb, war die Kantine. Deshalb schafften die Amerikaner Albert Siedler in eine nahegelegene Kammgarnspinnerei und ernannten ihn dort zum Chef eines „Motor-Pools". In der Spinnerei wurde nun alles repariert; vor allem Last- und Personenwagen. Innerhalb eines Vierteljahres arbeiteten hier 300 Menschen. Sie sorgten im Auftrag der Sieger auch für die Lebensmitteltransporte der Region.
Die Amerikaner erwiesen sich in Eisenach als strenge Besatzer. Sie kassierten alle Konstruktions- und Patentzeichnungen von BMW, und in Amerika - so wußte die „Passauer Neue Presse" zu berichten - wurden solche Originale unter Liebhabern mit zehn Cent pro Stück gehandelt. Die US-Soldaten beschlagnahmten alle Meßwerkzeuge, und holten selbst aus den Schränken der Lehrlinge die Schieblehren heraus. Die Besatzer nahmen den Deutschen die Autos weg, fuhren sie solange, bis sie defekt waren und ließen sie dann am Straßenrand stehen. Gar kein Interesse zeigten die Amerikaner an den 300 Produktionsmaschinen und den 20 Motorrädern, die 450 Meter tief unter der Erde lagerten. Dafür demoralisierten sie die Arbeiter. Als im Juni 1945 Albert Siedler aus Ersatzteilen drei Motorräder für seine Leute zusammengebaut hatte, schlugen die Amerikaner die kostbaren Stücke über Nacht kurz und klein.
In jenen Tagen war auch wieder ein BMW-Generaldirektor in Eisenach: Wilhelm Schaaf. Der ehemalige kaufmännische Direktor des Werks Eisenach war in den letzten Kriegstagen zum BMW-Generaldirektor ernannt worden - als Nachfolger von Fritz Hille. Nach der Kapitulation Deutschlands war Schaaf wieder nach Eisenach geflohen, in der Hoffnung, hier unentdeckt zu bleiben. Von BMW-Betriebsleiter Peter Szimanowski erfuhr Schaaf und Siedler allerdings: „Wissen Sie, daß die Russen hierher kommen?" Und alle waren sich gleich einig: „Wenn die kommen, gehen wir nach München. Wollen Sie mit?" Man wollte sich den Amerikanern gegenüber als Triebwerks-Spezialisten ausgeben, und solche Experten mochten die Yankees bei ihrem Rückzug aus Ost-Deutschland nicht zurücklassen. Siedler wollte gerne mit. Doch am nächsten Morgen erfuhr er, daß die Kollegen ohne ihn geflüchtet waren. Als Siedler nämlich in die Werkstatt wollte, stand ausgerechnet jener US-Sergeant vor der Tür, der wochenlang zur Bewachung Siedlers abgestellt war. Der Amerikaner bat: „Bringen Sie mir zwei Zylinderköpfe heraus?" „Holen Sie sich doch welche", antwortete Siedler. „Nein, das geht nicht", sagte der Soldat, „da sind jetzt Russen

drin." Tatsächlich saßen und standen im Raum zehn russische Soldaten. Der Sowjet-Major brachte sogleich einen grünen 321 zur Reparatur. Als Entlohnung schenkte er dem Deutschen dafür einen ganzen Lastwagen voll beladen mit Zigarren – ein Vermögen zu jener Zeit. Stunden später standen 15 US-Wagen der Marke Studebaker vor der Tür; defekte Wagen, welche die Russen von den Amerikanern übernommen hatten, und die nun von Siedler und seinen Leuten generalüberholt werden sollten.

Befehl zum Autobau

Die Sowjets sorgten dafür, daß die Groß-Reparatur wieder ins BMW-Werk verlegt wurde: Zuerst in die unzerstörte Kantine. Gleichzeitig organisierte man – so gut es ging – die Reparatur der Gebäude. Jeder russische Soldat strebte nun nach einem Auto, nahm es einem Deutschen weg und schaffte es zur Überholung ins Werk. Hier wurden jede Woche bis zu 15 Wagen generalüberholt. Oft nach der Methode, aus drei mach' einen. Um den russischen Oberkommandanten in Berlin bei Laune zu halten, schickten ihm die Eisenacher Besatzer fünf reparierte Autos als Geschenk. Der Stadtkommandant in Eisenach hatte sich persönlich einen amerikanischen Buick zugelegt – innen ausgelegt mit echten Perserteppichen. Pro Woche kam der Wagen dreimal in die Werkstatt, um Kotflügel ausbeulen zu lassen. Als Siedler einmal nach der obligatorischen Wagenwäsche vergaß, die Teppiche auszuklopfen, warf der russische Offizier Siedler einen Teppich wütend vor die Füße.
Dennoch; aus dem Chaos, das die Amerikaner hinterlassen hatten, entstand unter der Herrschaft der Russen ein etwas systematischeres Arbeiten. Einige BMW-Werker durften nun Schutt zur Seite räumen, und es begann eine kleine Produktion von Löffeln, Kochtöpfen, Schüsseln, Gartengeräten und Handwagen – und das parallel zum florierenden Reparaturbetrieb. Im August 1945 wurde Siedler von zwei – in zivil gekleideten – Russen aus der Werkstatt geholt und in die städtische Kommandantur gebracht. „Der Sowjetrat hat beschlossen", eröffnete man ihm hier, „wieder Automobile und Motorräder zu bauen." Bis zum 10. September 1945 sollten fünf Automobile als Baumuster bei der sowjetischen Besatzungsmacht in Berlin-Karlshorst abgeliefert werden. Aus den Teilen mehrere alter 321 und vorhandener Ersatzteile schusterte man nun in nur einer Woche in Tag- und Nachtarbeit die Musterexemplare zusammen. Innerhalb kurzer Zeit kam der SMAD-Befehl Nr. 93 vom 13. Oktober 1945 aus Berlin, wonach sofort mit der Herstellung von Automobilen zu beginnen sei. Zudem sei eine Fertigung von 200 Motorrädern pro Monat aufzubauen.
Wiederum wurde Albert Siedler in die Eisenacher Kommandantur geführt und ihm der Befehl vorgelesen. Es wäre nun ein leichtes gewesen, die Produktion der militärmaschine R-75 wieder aufleben zu lassen. Doch die mochten die Russen nicht. Es sollte eine „Friedens-Maschine" sein. Und von solch einem zivilen Motorrad lag in Eisenach wenig an Material und Teilen. Das wiederum interessierte die Russen nicht. Sie wollten von Siedler nur wissen: „Was brauchst Du zum Aufbau der Produktion?" Der antwortete: „Vor allem 18 Monate Zeit." Die Russen wehrten ab: „Viel zu lange, in

sechs Wochen." Als Siedler dies ablehnte, sperrte man ihn für drei Stunden in einen leeren Raum. Aber auch nach dieser Zeit mochte Siedler nicht einlenken. Daraufhin holten die Russen einen Mann namens Schmarje, der weniger vom Autobau verstand, dafür Mitglied der Kommunistischen Partei war. Schmarje – der später zum Wirtschaftsminister des Bezirks Erfurt aufstieg – versprach, die Sollzeit zu erfüllen. Doch auch sechs Monate später war nichts entscheidendes geschehen: Die Fachmänner reparierten weiterhin in größerem Stil alte Vorkriegs-BMWs und bastelten aus drei defekten Wagen immer wieder ein fahrbereites Fahrzeug zusammen. Was die Geschichtsschreiber der DDR aber heute nicht daran hindert zu behaupten, dies wäre der Beginn einer regulären Serienproduktion gewesen.

Als die Russen im Sommer 1946 wieder an Siedler herantraten und zum Motorradbau drängten, erinnerte sich der, daß im Ersatzteillager noch Material für 1000 Stück des Motorrades R-35 lagen. Diese Einzylinder-350 ccm-Maschine war kurz vor Kriegsbeginn in ganz geringen Stückzahlen gebaut worden. Weil sie unerträglich schüttelte, war damals die Fertigung wieder ausgelaufen. Die Münchener hatten dann mit der Produktionseinrichtung für die Militär-Maschine R-75 auch alle Teile der R-35 nach Eisenach geschickt. Die sollten nun Grundlage für eine neue Motorradproduktion sein. Nur der Blechrahmen fehlte. Doch das war für die talentierten Thüringer kein Hindernis; den baute man selbst, wenn auch unter primitivsten Umständen.

Nach Einzug der russischen Besatzungsmacht in Thüringen nahmen die Sowjets das Zweigwerk in Besitz; es wurde kurz darauf in „Awtowelo BMW" umbenannt. Das Foto zeigt einen Demonstrationszug zum am 1. Mai 1946

Aus BMW wird Awtovelo

Die Russen wollten jetzt auch den Maschinenschatz im Kalibergwerk heben. Sie gaben Siedler eine Grubenlampe, und er stieg allein 450 Meter tief in den Schacht. An alle Maschinen, die er für die Motorradproduktion benötigte, sollte er mit Kreide „BMW" schreiben. Die unbeschrifteten würden die Militärs nach Rußland schicken. Da auch die moderneren Maschinen des Werks Dürerhof hier lagerten, suchte Siedler sich das Beste heraus. In Dürerhof selbst durften die Techniker eine unbeschädigte Halle auswählen, die abgerissen und im Werk Eisenach wieder aufgebaut wurde.
Danach schleiften die Russen die Triebwerksfabrik oberhalb von Eisenach bis auf die Grundmauern. Die Maschinen zur Herstellung von Flugmotoren rollten per Eisenbahn gen Osten. Doch hinter der polnischen Grenze landeten die Maschinen im Graben; die Russen wußten nicht, was sie mit dem Maschinenpark anfangen sollten.
Ausgeräumt und gesprengt wurden auch die Triebwerkfabriken Basdorf und Zirlsdorf. Das Fahrzeugwerk Eisenach beschlagnahmten die Russen jetzt offiziell, tauften es in „Awtovelo" um. Oberstleutnant Konstantinow übernahm die Generaldirektion, Albert Siedler stieg zum „Ersten Ingenieur" auf. Aus Rußland kam nach und nach ein ganzer Stab von Fachleuten, vom Ingenieur bis zum Buchhalter.
Im Herbst 1946 begann hier der Serienbau der R-35 mit etwa 50 Exemplaren im Monat. Jedes Stück wurde als Reparation nach Rußland geschafft. Und seit der Fabrikbetrieb rollte, herrschte äußerste Disziplin – selbst unter den russischen Soldaten.

Aus Schrott-Teilen: das erste Münchener Motorrad

Im bayerischen Stammwerk wurde die Kunde vom Serienbau in Eisenach mit Entsetzen aufgenommen. Kurt Donath fürchtete, daß die Thüringer den Bayern im Fahrzeugbau den Rang abliefen. Ausgerechnet im Jahr der größten Rohstoff-Knappheit, im Herbst 1946, fiel deshalb an der Isar endgültig die Entscheidung, so schnell wie möglich ins Motorradgeschäft einzusteigen.
Schon am 3. Juni 1946 hatte Donath hinter dem Rücken der Militärs das Konstruktionsbüro Böning beauftragt gehabt, ein neues Motorrad zu entwickeln. Die R-23, die bis in den Krieg hinein gebaut worden war, würde bis zu einem möglichen Serienbeginn hoffnungslos veraltet sein.
Während sich Böning noch den Kopf darüber zerbrach, wie er mit den knappen Mitteln eine Verbesserung an den Vorkriegsmaschinen durchführen konnte, holte Georg („Schorsch") Meier, vor dem Krieg Rennfahrer beim BMW, seine Kompressor-Maschine unter einem Heuhaufen hervor und war mit von der Partie, als die ersten Nachkriegs-Rennen organisiert wurden. So gut es eben ging, wurde er dabei vom Werk unterstützt. In den Siegerlisten spiegelten sich seine Aktivitäten wieder und frischten den sportlichen Ruhm und Glanz der weiß-blauen Marke nachhaltig auf.

Schon Anfang 1947 hatte Böning auch ein Klein-Motorrad mit einem Zweizylinder-Zweitakt-Boxermotor entwickelt. Nach dem Krieg hatten die Besatzer nämlich Hubraum-Limits eingeführt, die erst später stufenweise aufgehoben wurden. Da bei BMW die Zeit drängte, das Hubraum-Limit bei 125 ccm lag und das Zweitakt-Prinzip bei kleinhubigen Motoren besser schien, war in Bönings Werkstatt eine BMW 125 ccm-Maschine mit Kardanantrieb entstanden. Doch die ersten Probefahrten auf dem Hof zeigten es: Das Prinzip des Boxermotors bewährte sich beim Zweitakter nicht. Der Prototyp schaffte mit Mühe Tempo 40, weshalb die Versuche bald einschliefen.

Bönings Pläne für ein R-24-Motorrad lagen Mitte 1947 vor. Ein neuer Motor, wieder mit 245 ccm Hubraum, aber mit 12 statt 9 PS Leistung, eine bessere elektrische Anlage und ein gefälligeres Aussehen – das alles würde nach Bönings Ideen die Nachkriegs-BMW bieten. Schließlich war auch schon abzusehen, daß die Hubraum-Limits gelockert würden.

BMW wollte sich in den kommenden Jahren ganz auf den Bau von Motorrädern konzentrieren und damit an das Vorkriegs-Image anknüpfen. Die branchenfremden Dinge, mit denen die Münchener zur Zeit ein karges Brot verdienten, sollten nur solange im Programm bleiben, bis die alte Motorrad-Domäne wieder das Existenz-minimum brachte.

Als es an den Bau des ersten Musters ging, spürten die Münchener schnell, wie knapp Rohstoffe im zerstörten Land waren. Mit Leichtmetall allein ließ sich keine Motorrad-Produktion aufziehen.

Also reiste Kurt Donath mit seinem Verkaufschef Fritz Trötsch in einem klapprigen VW über Land und hamsterte bei früheren Händlern alte Teile der R 23. Besonders hold war ihnen das Glück in Nürnberg, wo sie unter einem Trümmerhaufen den ausgeglühten Rahmen einer R-23 hervorzogen. Reich bepackt, reisten sie wieder gen München. Dort brachte die kleine Versuchs-Werkstatt die alten Teile wieder notdürftig auf Glanz und bastelte sie zu einem Motorrad-Prototyp zusammen.

Danach stockte die Entwicklung wieder. Inzwischen hatten die Militärs aus den Münchener Hallen nämlich das letzte Horizontal-Bohrwerk holen lassen. Sie verschifften es nach Neu-Seeland, wo es aber nie ankam; das Schiff lief unterwegs auf eine Mine.

Ohne diese Werkzeug-Maschine jedoch wurde das gesamte Motorrad-Projekt wieder höchst fragwürdig. Schließlich fand sich die Firma Krauss-Maffei bereit, ein solches Bohrwerk auszuleihen. Es war zwar defekt, aber das war für die BMW-Techniker kein unüberwindbares Hindernis. In Tag- und Nachtarbeit reparierten sie erst das Bohrwerk und bauten dann ihr neues Motorrad zusammen. Mit eigener Kraft konnte es allerdings trotzdem noch nicht fahren. Im Motor fehlte die Kurbelwelle, und dem Getriebe mangelte es an den nötigen Zahnrädern.

Auf dem Automobilsalon in Genf – im März 1948 – feierte die erste Nachkriegs-BMW aus München Premiere. Eine Schweizer Fabrik stellte zur selben Zeit ein Motorrad vor, daß nach BMW-Rezepten – mit Boxermotor und Kardanantrieb – gebaut war. Und Graham Walker, bekannter englischer Motor-Journalist, warnte damals in „Motor-Cycling" vor der Neuheit aus München: „Dieser Adler hat zwei Köpfe. Wir dürfen ihn nicht hochkommen lassen."

Dennoch: Die Original-BMW fand den größten Anklang. Händler bestellten auf Anhieb 100 Exemplare und innerhalb weniger Tage addierten sich die Aufträge zu 2500 Motorräder.

Ähnlich großes Interesse schlug der R–24 auf der ersten Exportmesse in Hannover,

Wegen der noch geltenden Hubraumbegrenzung entwickelte Konstrukteur Alfred Böning eine 125 ccm-Zweitakt-Maschine mit Kardanwelle. Doch schneller als 40 km/h fuhr sie nie. Deshalb wurde der Prototyp bald auseinandergenommen und die Teile anderweitig verwertet

am 2. Mai 1948, entgegen. Käufer hätte es genügend gegeben, die durch Extra-Angebote wie Schweine, Gänse, Hühner und andere Nahrungsmittel bevorzugt beliefert werden wollten. Ein Viehhändler bot gar drei Schweine an, um das halbfertige Krad sofort nach Ausstellungsende gegen Reichsmark zu erstehen. Die Münchener winkten ab. Sie notierten nur eifrig Aufträge – ohne verbindlichen Liefertermin.

Nach den Ausstellungen schlichen sich neue Sorgen ins Werk. Wie sollte man den Serienbau auf die Beine stellen können? Während andere Motorrad-Firmen auf den ersten Nachkriegs-Boom hinarbeiteten, standen die Münchener vor ausgeräumten Hallen.

Die Maschinen-Vermittlungsstelle des bayerischen Landes half über die ärgste Not. Betriebe, die von der Demontage verschont geblieben waren, traten einige Oldtimer aus ihrem Maschinenpark ab. Bei BMW wurden damit andere Bearbeitungs-Geräte gebaut. So konstruierte man zum Beispiel nach dem Modell der Magdeburger Werkzeugmaschinen-Fabrik eine Drehbank, die mithalf, wieder andere Maschinen zu bauen oder in Gang zu setzen.

Sogenannte Eisen-Kontingente, also Bezugsscheine für Blech und Stahl, bekamen von der Militärregierung nur die Firmen, die eine notwendige Produktion nachwiesen; BMW konnte das nicht. Nur durch die Großzügigkeit seiner Konkurrenten erhaschte BMW auch einige hundert Kilogramm Eisen. Dr. Gerd Stieler von Heydekampf von der Motorradfabrik NSU und Hans Friedrich Neumeyer, Oberhaupt der Zündapp-Werke, verzichteten freiwillig auf vierzig Prozent ihrer Eisenzuteilung zugunsten des hartgetroffenen Münchener Konkurrenten.

„Schmucke Gesellschaft"

Endlich war der Serienbeginn abzusehen. Verkaufschef Fritz Trötsch verschickte Einladungen: „Nach Überwindung außergewöhnlicher Schwierigkeiten sind wir nunmehr in der erfreulichen Lage, Ihnen bekanntzugeben, daß wir am Freitag, dem 17. Dezember 1948, nachmittags um 16 Uhr aus unserer Nachkriegs-Fertigung das erste Motorrad in unserem Werk München-Milbertshofen zur Auslieferung bringen." Zur Feier des Tages lud Trötsch die Prominenz der Militär- und Landesregierung. Auch die Presse war dabei. Anschließend wurde das Jubiläums-Motorrad unter den 1227 Belegschaftsmitgliedern verlost.
Als im Frühjahr 1948 Auto-Union-Chef Dr. Richard Bruhn an das Milbertshofener Tor klopfte und vorschlug, die sächsische Auto Union sollte sich mit der bayerischen Firma zusammentun, reagierte Donath skeptisch: „Die Auto Union hat nichts, und wir sind auf dem Wege, alles zu verlieren. Das wird eine schmucke Gesellschaft." Donath

Die erste Nachkriegs-BMW feierte zum Genfer Automobilsalon im März 1948 ihr Debüt. Allerdings konnte sie noch nicht aus eigener Kraft fahren. Sie besaß keine Kurbelwelle und keine Zahnräder im Getriebe

Für die Motorradfertigung richtete Donath 1949 mit Wiederaufbau-Krediten ein ganz modernes Fließband in einer nagelneuen Halle ein.

wollte aber mit sich reden lassen, sofern eine klare Abgrenzung erfolge: BMW würde künftig den Zweitakt-Sektor in Ruhe lassen, dafür dürfe die Auto-Union keine Viertakt-Fahrzeuge bauen. Bruhn akzeptierte diese – allerdings noch unverbindliche – Vorvereinbarung. BMW mottete daraufhin das sowiso uninteressant gewordene Zweitakt-Motorrad ein. Dies fiel um so leichter, als inzwischen auch die Siegermächte das Hubraum-Limit heraufsetzten. So konnte die kommende R-24 einen Nachfolger mit größerem Hubraum finden.

Solange die Hubraum-Begrenzung noch bestand, plante die Firmenleitung, das – schon vor dem Krieg gebaute – R 51-Motorrad zur 350 ccm-Version abgemagert, zu bauen. Als aber das Hubraum-Limit fiel, entschied der neugebildete Vorstand, die altbewährte R 51 gleich als 500 ccm-Maschine für den Serienbau vorzubereiten.

Das Motorrad-Geschäft brachte für BMW bessere Zeiten. Die Nachfrage nach der R-24 überstieg bald alle Vorausberechnungen. 1949 produzierten die Münchener 9.400 Motorräder, ein Jahr später schon fast das Doppelte: 17.061. Der gute Geschäftsverlauf spielte einen Gewinn ein, mit dem wenigstens ein Teil der Schulden aus vergangenen Hungerjahren bezahlt werden konnte. In Milbertshofen keimte erstmals wieder Optimismus.

Im Zuge einer systematischen Modellpflege gedieh die R-24 zur R-25 und erhielt die längst fällige Teleskop-Hinterrad-Federung, auf die BMW beim ersten Nachkriegs-Modell aus Sparsamkeitsgründen verzichten mußte.

Im „Bayerischen Hof", dem Renommier-Hotel Münchens, sah man dann schon im Jahr darauf die Krönung des BMW-Programms: die R 51/2, eine schwere 490 ccm-Maschine. Das erste Exemplar aus der anlaufenden Serie wurde dem Rennfahrer-As Schorsch Meier als Anerkennung für seine Renn-Erfolge geschenkt.
1951 folgte der 24PS-Maschine ein verbessertes Modell, die R 51/3, und 1952 komplettierten die Münchener ihr Verkaufs-Programm mit der R-67. Zusätzlich entstand die R-68, eine Sportversion der R-67 mit 36 PS, die sehr bald als schnellstes Serien-Motorrad der Welt bekannt wurde.

Autos aus der Kiste

In Eisenach war man derweil schon einige Schritte weiter. Rund zehn Monate nach Anlauf der Motorrad-Produktion, im Sommer 1947, wurde Siedler wieder einmal zu Generaldirektor Konstantinow gerufen. „Das hat gut geklappt mit dem Motorrad," lobte der, „und deshalb sollten Sie jetzt wirklich mit dem Autobau beginnen."
Maschinen und Werkzeuge für die Autoproduktion waren mittlerweile von überall her zusammengesucht worden. Was zum Bau des kleinen 321 fehlte, war auch in der Schlosserei und im Werkzeugbau, so gut es ging, nachgebaut worden. Im Rahmen des Interzonen-Handelsabkommens nahmen die Thüringer Verbindungen zu westdeutschen Firmen auf, die bereitwillig Zulieferteile wie Lichtmaschinen, Kolben und Reifen lieferten. Nun hatte die Aufpoliererei altersschwacher Vorkriegs-BMWs endlich ein Ende. Es begann eine richtige Serienproduktion aus nagelneuen Teilen. Fünf Wagen des Typs 321 rollten täglich aus dem Werk in Eisenach. Eine Gruppe von Arbeitern fällte im Thüringer Wald Bäume, aus denen große Kisten entstanden. Jeder kostbare neue Wagen wurde dann in einen solchen Holzverhau eingenagelt und per Eisenbahn als Reparationsleistung nach Rußland verschickt.
Eines Tages reiste eine Kommission Russen an und verlangte ärgerlich, sofort alle Holzkisten, die auf dem Bahnhof Eisenach auf die Verladung warteten, zu öffnen. Grund: Viele Wagen kamen in Moskau ohne Bereifung an. So vermuteten die Funktionäre, daß man in Eisenach erst gar keine Pneus montiere. Eine genaue Untersuchung ergab aber, daß beim Transit durch Polen die Kisten geöffnet und die Reifen abmontiert wurden.
Ernsthaft gefährdet wurde die frische Auto-Produktion allerdings kurze Zeit später, als nämlich das Interzonen-Handelsabkommen auslief. Den Westmächten war der Autobau im Osten natürlich ein Dorn im Auge. Sie blockierten die Lieferungen nach Eisenach. Doch die Russen unterstützten die Eisenacher. Westdeutsche Firmen lieferten weiter Zulieferteile in Lastwagen an die deutsch-deutsche Grenze: Im Schutz der Dunkelheit, hinter dem Rücken der Engländer und Amerikaner und mit Hilfe der Russen gingen die Lieferungen nun illegal über die Zonengrenze.
Bald kam auch ein Export-Auftrag; der frühere schwedische BMW-Importeur bestellte im Dezember 1948 genau 150 Exemplare des Typs 321. Allerdings unter einer Bedingung: Eisenach mußte dazu noch 100 Stück des Sportwagens 327 liefern. Dies paßte den sozialistischen Fabrikanten gar nicht; sie wehrten sich dagegen, solch – nach ihrer Ansicht – kapitalistischen Wagen wieder auferstehen zu lassen. Doch da

Devisen lockten, gab man nach. Von früher waren zwar noch die Fertigungseinrichtungen für das Chassis vorhanden, die Karosserie – vor dem Krieg von Authenrieth in Darmstadt geliefert – mußte aber mühsam über Holzklotz und Streckziehpressen gebogen werden. Unter schwierigen Bedingungen begann damit eine Kurzzeit-Produktion des nun „327-2" genannten Oldtimers.
Im Gegensatz zu den Vorkriegs-Originalen besaßen die 327-2 (von denen auch einige wenige Stücke als Coupé entstanden) vorn angeschlagene Türen und Blinkleuchten. Die ersten Exemplare wurden mit dem 321-Motor mit 45 PS geliefert, erst später kam die 55 PS-Maschine zum Einbau. Und alle Wagen gingen nach Schweden.

Später setzten die Russen den ehemaligen Betriebsleiter Albert Siedler (links) als Direktor ein. Er baute eine Serienfertigung aus kleinsten Anfängen auf

Die Rennwagen-Schmiede in Chemnitz

Wichtiger erschien es dem ostdeutschen BMW-Chef Konstantinow, den Bau der viertürigen Limousine 326 wieder aufleben zu lassen. Die Fertigungseinrichtungen dazu lagen zum Teil in Eisenach, die Karosserie-Werkzeuge besaß aber Ambi-Budd in Berlin-Johannisthal. Ein Gebiet, das zwar ebenfalls zum sowjetischen Sektor gehörte. Dennoch gab es keine Verständigung zwischen den Besatzern in Eisenach und Berlin. Als die deutschen Techniker die Produktion des 326 allein vom Herbeischaffen der Karosserieschmieden abhängig machte, handelten die Eisenacher Russen kurzentschlossen: Mit zwölf Lastwagen brachen sie an einem Sommerabend 1948 von Eisenach aus nach Berlin auf, stahlen kurzerhand nachts die Werkzeuge hinter dem Rücken ihrer eigenen Landsleute und hatten gegen morgen alles in Eisenach, was der Erste Ingenieur Siedler wünschte.
Die Vorbereitungen zum Bau des 326 konnten jetzt kurzfristig starten. Im September 1948 lief eine kleine Serienfertigung an. Schon wenige Wochen später meinten die verantwortlichen Russen, der 326 müsse moderner – also mehr den schicken US-Straßenkreuzern ähnlich – werden. Albert Siedler grübelte, wie das mit einfachsten Mitteln zu machen sei. Er ließ einem 326 schließlich eine breite Schnauze mit waagerechten Chromstreifen anbauen, veränderte das Armaturenbrett etwas und setzte anstatt der Knüppelschaltung eine Lenkradschaltung ein. Die vorderen

Auf dem Fahrwerk eines Vorkriegs-319 bauten die Vereinigten Karosseriewerkstätten, München, dieses Coupé im US-Stil. Debüt zur Handwerksmesse 1949 in München

Einzelsitze wichen einer Sitzbank. Das bisher außen auf dem Heck angebrachte Reserverad verschwand im Kofferraum, der nun durch eine Klappe auch von außen zugänglich war. Die starre Hinterachse erhielt zur besseren Führung zusätzlich Dreieck-Lenker, die Zug- und Schubkräfte aufnehmen sollten.
Als „340-2" kam der so veränderte BMW 326 zur Leipziger Frühjahrsmesse 1949 auf den Markt. In Belgien und der Schweiz fanden sich für den BMW aus dem Osten sogleich Käufer, die bereit waren, 16.000 West-Mark dafür zu zahlen. Im westlichen Ausland und in den West-Zonen mußte BMW-München in Rundschreiben seinen Händlern hart drohen, um sie nicht in Versuchung geraten zu lassen, die mitteldeutschen Erzeugnisse zu vertreiben: „Wir werden gegen sämtliche Personen, die sich

340 hieß der Typ 326 mit angeflickter Chromschnauze, der ab 1949 ins westliche Ausland geliefert wurde. Dem Trend der Zeit folgend, besaß der 340 Lenkradschaltung

innerhalb der Bundesrepublik an dem Handel mit Motorrädern und Kraftwagen, die unter Verletzung obiger Rechte hergestellt sind, beteiligen, mit allen uns zu Gebote stehenden Mitteln vorgehen." Denn die Ost-Deutschen verkauften ihre Fahrzeuge zwar ins westliche Ausland, mit Garantieansprüchen wandten sich die Käufer aber dann immer nach München. Berichtete die „Frankfurter Zeitung" über diese Doppelgleisigkeit: „In München erklärt man, daß die Eisenacher Produktion zu wünschen übrig läßt, da zum Beispiel nur die fertigen Fabrikate, nicht aber die dazugehörigen Ersatzteile geliefert werden. Aus der Schweiz kommen nun Beanstandungen nach München. Man fordert Ersatzteile, die aber von hier aus nicht geliefert werden können."

Neben der neuen Limousine 340-2 hatten die Eisenacher zur Leipziger Frühjahrsmesse gleich zwei hochinteressante Sportwagen präsentiert, die im Westen viel Aufsehen erregten. Entwickelt wurden sie in der ehemaligen Versuchsabteilung der Auto Union, die dem Eisenacher Werk zugeschlagen worden war.

Noch im Sommer 1948 fuhren zwei Offiziere mit Albert Siedler nach Chemnitz (heute: Karl-Marx-Stadt), zeigten ihm ein großes Gebäude und sagten: „Das ist Ihnen." Die zentrale Versuchsabteilung der Auto Union war nach Kriegsende von den Militärs als Reparaturwerk genützt worden. Unter dem ehemaligen Auto Union-Versuchsleiter Wafzyniok fanden bis zu 300 Menschen hier Arbeit. Zuvor hatten Amerikaner und Russen die Entwicklungsarbeiten der Auto Union genau ausgeforscht. Dort gab es schon Vorarbeiten für Drehschiebermotoren und Triebwerke mit Benzineinspritzung. Die verantwortlichen Konstrukteure waren längst verhört worden und mußten ihr Wissen preisgeben. Was an Versuchsmotoren und Prüfeinrichtungen vorhanden war, hatten die Sieger demontiert. Nun wußten die Russen allerdings nicht mehr, wie sie den Betrieb halten sollten.

Siedler besichtigte Werk und Arbeiter und schlug dann vor, die in Eisenach gebauten Wagen nach Fehlern abzusuchen: Die Chemnitzer Techniker sollten also die Qualitäts-Kontrolleure der Eisenacher sein.

Nebenher baute Wafzyniok mit den Konstrukteuren Görge und Georg Hufnagel einen schnittigen Rennwagen, den sie „BMW SI" tauften. Der Leichtmetall-Aufbau auf dem Fahrgestell eines alten 328 war abgestimmt auf geringsten Luftwiderstand. Selbst der Wagenboden geriet völlig glatt und unterbrochen nur durch kleine Radausschnitte. Hinter dem flachen Kühlergrill saß ein einziger Scheinwerfer. Eine Plexiglas-Kuppel zog sich weit ausladend über den Wagen und endete in einem schräg abfallendem Heck.

Der erste Einspritzmotor von BMW

Auf der Leipziger Frühjahrsmesse 1949 war dieser Wagen die Sensation und von Neugierigen ständig umlagert. Bewundernd fragte selbst das westdeutsche Fachblatt „Das Auto": „Top secret bleibt, wie die betagte 328-Maschine auf die enorme Leistung von 130 PS gebracht werden soll." Das Geheimnis: Wafzyniok plante, den Zweiliter-Sechszylinder auf Benzineinspritzung umzubauen. Nach den Berechnungen müßte der Motor dann 130 PS leisten und damit den Wagen auf eine Spitzengeschwindigkeit

BMW „SI" hieß dieser Sportwagen, der von Auto Union-Ingenieuren im Auftrag der Eisenacher Auto-Manager gebaut worden war. Auf das Chassis des 328 hatte man eine Aluminium-Karosse gesetzt, die auch an der Unterseite völlig glatt und geschlossen war. Hinter dem Kühlergrill saß nur ein Scheinwerfer. Eine Plexiglas-Kuppel ersetzte das Dach

Dieses stahlblaue Sportcabriolet mit schwarz abgesetzten Kotflügeln sollte die Rolle des alten 328 im Nachkriegs-Europa übernehmen. Unter der Haube saß der 80 PS-Zweiliter. Es blieb bei zwei Exemplaren

von 160 km/h bringen. Für rund 10.000 Dollar sollte das Wunderauto „Si" später einmal an motorsportbegeisterte Amerikaner verkauft werden.

Wafzyniok und Siedler fuhren nach der Messe über die Zonengrenze zu Bosch nach Stuttgart und regten hier gemeinsame Entwicklungsarbeit auf dem Gebiet der Benzineinspritzung an. Aber Bosch lehnte – wohl nach einer Rückfrage in München – jede Zusammenarbeit ab. So blieb der erste BMW mit Benzineinspritzung ein unvollendetes Einzelstück.

In zwei Exemplaren wurde aber jener Sportwagen gebaut, der ebenfalls auf der Frühjahrsmesse 1949 debütierte; ein stahlblaues Cabriolet mit schwarz abgesetzten Kotflügeln und breiter Chromschnauze. Das normale 328-Fahrgestell wurde durch Bohrungen erheblich leichter gemacht. Darauf setzten die Eisenacher Techniker eine sehr flache Aluminium-Karosserie mit geteilter Windschutzscheibe. Der winzige Sportwagen sollte mit dem normalen 80 PS-BMW-Motor eine Spitze von 160 erreichen. Als regulären Nachfolger des 328 wolle man davon rund 800 bis 1000 Stück für den Export bauen, gaben die Eisenacher optimistisch zur Messe bekannt. Doch daraus wurde schon wegen des zu knappen Materials nichts.

Grenzen zu – Teile weg

Die fleißigen Thüringer hatten nicht mit der politischen Entwicklung in Deutschland gerechnet. Ende 1949 war die deutsche Teilung besiegelt. Im Osten entstand die Deutsche Demokratische Republik, im Westen die Bundesrepublik Deutschland. Die deutsch-deutsche Grenze wurde abgeriegelt und stärker bewacht – von beiden Seiten. Die westdeutsche Auto-Industrie sorgte zudem dafür, daß den Zulieferanten keine Kapazitäten für den ostdeutschen Kunden blieben.
Die Folge für das BMW-Werk in Eisenach: Über Nacht blieben die Zulieferteile aus dem Westen aus. Von einem Tag zum anderen ruhte die Produktion. Albert Siedler – ausgestattet mit einem Wagen mit russischer Nummer – reiste im östlichen Teil Deutschlands herum und suchte neue, geeignete Zulieferanten. Mit entsprechenden Vollmachten der Russen ausgestattet, konnte er durchsetzen, daß eine Keramikfabrik nunmehr Zündkerzen zu liefern hatte, eine Leipziger Firma Kolben herstellen mußte. Es fehlte an allem; sogar wasserfestes Schleifpapier zum Schleifen der Karosserien blieb aus. Kurbelwellen wurden jetzt in Eisenach selbst geschmiedet, Radaufhängungen mühsam zusammengeschweißt.
Die Karosseriebleche bezog man jetzt aus Rußland. Meist Ausschußware, die so weich war, daß man sie kaum verarbeiten konnte: Karosserie-Teile blieben wellig. Überhaupt ließ die Qualität der Wagen aus Eisenach schlagartig nach. Um zu erkunden, wie eine Spezialmaschine aussah, die Getriebezahnrädern den richtigen Schliff gab, durfte Siedler sogar zur Getriebefabrik Hurth nach München fahren. Seine Frau blieb als Pfand in der DDR.

Der neue BMW 340

Zu allen Materialschwierigkeiten kam auf Siedler noch der Druck Ost-Berlins, einen Nachfolger für den 340 zu entwickeln. Zusammen mit dem Oberstleutnant Gafranow wurde Siedler ins Ascania-Haus nach Berlin beordert. Hier teilte ihm der Präsident des Wirtschaftsrates mit, daß innerhalb von zwei Jahren ein Nachfolgemodell zu bauen sei. Nicht nur das: PS, Verbrauch, Motorgewicht waren Vorgabedaten. Trotz langer Diskussion, ob eine geistige Arbeit so termingebunden sein könne, mußte Siedler letztendlich unterschreiben, daß ein solcher Wagen innerhalb von zwei Jahren parat stände. Andernfalls müßte er eine Konventionalstrafe von seinem Einkommen zahlen. Für Siedler stand damit fest, sich noch vorher – im Oktober 1950 – in den Westen abzusetzen: Siedler fand bei BMW in München sofort wieder Arbeit.
Sein Posten wurde in Eisenach an drei Mann übergeben. Sie entwickelten aus dem 340-2 einen Prototyp: den 341, mit weit ausladender Pontonkarosserie und dem Kühlergrill nach dem Vorbild des amerikanischen Studebaker. Ein Aufbau, der viel zu schwer für den alten 55 PS-Motor geriet. Ein Jahr später hatten die Eisenacher einen neuen Prototyp parat: den 342. Eine harmonisch gezeichnete Ponton-Limousine wieder mit traditioneller BMW-Niere Auch dieser Wagen blieb ein Einzelstück. In Serie lief nach wie vor der 340-2, der nun auch mit der Typenbezeichnung 340-2 als Kombiwagen geliefert wurde.

Dem Typ „340" folgte bald der Typ „341": ebenfalls auf der Basis des 326, besaß der 341 nun eine ausladende Pontonkarosserie und eine vordere Sitzbank. Allerdings nahm damit auch das Gewicht gewaltig zu. Nur einige Exemplare wurden Anfang 1950 vom 341 gebaut

Nur als Einzelstück existierte Mitte 1950 in Eisenach dieser Wagen vom Typ 342, der ebenfalls zu gewichtig für den Zweiliter-BMW-Motor war

Alle Wagen aus Eisenach durften bald nicht mehr die Buchstaben BMW tragen. Die Münchener, die angesichts der Aktivitäten in ihrem enteigneten Fahrzeugwerk und der eigenen finanziellen Misere um den Anschluß im Autobau fürchteten, hatten nämlich beim Registergericht München die Auflösung der Zweigniederlassung Eisenach beantragt. Als am 28. September 1949 dem Verlangen nachgegeben wurde, strengte Kurt Donath einen Prozeß an, der Eisenach untersagen sollte, die Buchstaben BMW weiterhin zu verwenden. Der in den Westen geflüchtete Albert Siedler mußte dabei als Zeuge aussagen. Maßgeblich für den Richter war schließlich, daß Verwaltung und Konstruktionsbüros in München standen. Ab 1952 durfte Eisenach die Buchstaben BMW nicht mehr verwenden. Und fast zum gleichen Zeitpunkt, am 5. Juni 1952, hob die Sowjet-Union die Beschlagnahme der Fabrik in Eisenach auf und übergab sie in das Volkseigentum der Deutschen Demokratischen Republik.

Die Thüringer firmierten weiter als „Eisenacher Motoren-Werke" und verkauften bis 1953 ihren qualitativ immer schlechteren 326-Verschnitt als EMW 340, nun mit rot-weißem Markenemblem. Da die Exportchancen in wohlhabende europäische Länder angesichts der starken westlichen Konkurrenz immer weiter absanken, und der EMW 340 für die ärmlichen Verhältnisse in Mittel-Deutschland zu groß war, stellte man 1953 die Produktion ein. Das zum „VEB Automobilwerk Eisenach" umgetaufte Werk übernahm nun die Produktion des zuvor in Zwickau gefertigten 900 ccm-Wagens IFA-F9.

Wie Bristol BMW-Wagen baute

Der Weg zum Autobau war im Stammwerk München noch viel schwieriger. Auf geheimen Sitzungen – von denen die Besatzer nichts erfahren durften – grübelten die führenden BMW-Männer schon im Frühjahr 1946 darüber nach, wie die weiß-blaue Marke in München mit dem Autobau beginnen könnte. Auch wenn an eine Verwirklichung nicht zu denken war, einigte man sich darauf, daß ein künftiger BMW-Wagen wieder einen Hubraum von zwei Litern habe müsse. Kurt Donath vertrat damals die Ansicht, daß man in europäischen Ländern zu sehr die Hubraumklasse bis 1,5 Liter gepflegt hatte, während in den USA die Autos erst mit Motoren ab 2,5 Litern aufwärts begannen. Ein Zweiliter-Wagen stieße auch nach Ansicht des Konstrukteurs Böning in eine Marktlücke, die sowohl für Europa wie auch für Amerika interessant sei.

Im Herbst 1946 kam ein weiterer Grund hinzu, warum ein künftiges BMW-Auto zunächst zwei Liter Hubraum haben sollte. Der Technische Direktor Fritz Fiedler, dem der Wiedereintritt bei BMW von den Amerikanern verwehrt wurde, erhielt nun das Angebot, auf der britischen Insel beim Flugmotorenwerk Bristol Aeroplane Company Konstruktion und Serienfertigung eines großen Autos vorzubereiten.

Bristol hatte während des Krieges – genau wie BMW – mit Hochdruck Flugtriebwerke produziert. 1945 standen die Engländer vor der Tatsache, daß die Luftwaffe keine Triebwerke in der Größenordnung wie zu Kriegszeiten benötigte. Arbeitsplätze waren gefährdet, die gesamte Firma steckte in der Krise. Nun wollten die Bristol-Techniker in Eile einen eigenen Wagen entwickeln – als Ersatz für die wenig gefragten Triebwerke. So recht ging es jedoch damit nicht voran, bis H. J. Aldington – früher Chef des

englischen BMW-Lizenznehmers Frazer-Nash-Generaldirektor – bei Bristol wurde. Adlington setzte die Idee durch, auf der BMW-Tradition aufzubauen. Er suchte die Verbindung mit dem entmachteten früheren BMW-Aufsichtsrat und erhielt von ihm im Sommer 1946 alle jene Konstruktionspläne des 327 und 328, die den Krieg überlebt hatten; deklariert als Reparationsleistung. Die Pläne allein halfen nicht weiter, und so holte Adlington wenige Monate später Fritz Fiedler nach.
Bei diesem einseitigen Geschäft handelte Kurt Donath noch aus, daß BMW künftig einmal das Recht bekommen solle, von der Weiterentwicklung bei Bristol zu profitieren oder weiterentwickelte Motoren aus England einkaufen zu dürfen.
Im Frühjahr 1947 erschien der „Bristol 400" auf dem Markt. Äußerlich eine originalgetreue Kopie des 327 Coupés. Einziger Unterschied; der Bristol besaß Schiebefenster, während das Original vor dem Krieg mit Kurbelfenstern ausgestattet war. Fiedler hatte aber bei der Konstruktion des Bristol-Autos jene Weiterentwicklung vornehmen können, zu der vor dem Krieg keine Zeit mehr geblieben war. Um Gewicht zu sparen, besaß der Bristol 400 einen Aufbau aus Aluminium; gehalten von einem Holzrahmen. Bodengruppe und Fahrwerk basierten auf dem 326. Denn im Gegensatz zum Original-327 besaß das 326-Chassis die moderneren Längsdrehstäbe an der Hinterachse. Der Bristol-Motor war dem 328-Triebwerk nachgebaut und auf eine Höchstleistung von 85 später auf 100 PS gebracht. Damit lief der Bristol 400 über 160 km/h. Mit einem Preis von 2375 Pfund gehörte der BMW-Nachbau auf Anhieb zu den exklusiven englischen Sportwagen.

Mit leeren Händen in den Autobau

In München gab es zu dieser Zeit einige verzweifelte Versuche, ein Fahrzeug auf die Räder zu stellen. „Wir müßten es doch schaffen", meinte Donath, „die alten Modelle wieder zu bauen." Da aber sämtliche Konstruktionszeichnungen fehlten, und BMW nicht ein einziges Exemplar seiner früheren Wagen mehr besaß, mußte Konstrukteur Alfred Böning einspringen; er erhielt den Auftrag, neue Zeichnungen zu erstellen. Dazu ließ er sämtliche Ersatzteile sammeln, vermessen und zeichnete sie auf. Teile, die nicht gerade herumlagen, wurden leihweise aus den zur Reparatur kommenden Wagen ausgebaut. Mitten in dieser Vorentwicklung kamen Donath doch Bedenken, in ein technisch überholtes Fahrzeug völlig neu zu investieren.
Denn zu dieser Zeit – März 1947 – tauchte über Umwege ein arg beschädigter Prototyp des projektierten 332 wieder im Münchener Werk auf. Ein seltenes Exemplar jener Limousine, die – wäre der Krieg nicht gekommen – 1944 als Nachfolger des 326 in Serie gegangen wäre. Kurt Donath glaubte nun, die Auto-Entwicklung auf dieser Basis mit den bescheidenen Mitteln fortführen zu können. Er ließ das – von Granatsplittern und Einschüssen gezeichnete – Auto von allen Seiten fotografieren. Und am 21. Juli 1947 fertigte man von der viertürigen Buckel-Limousine technische Zeichnungen an. Dabei blieb es aber auch, denn es fehlten Produktionseinrichtungen, Material – und natürlich die Erlaubnis der Militärregierung, überhaupt Autos herstellen zu dürfen. Monatelang schien es so, als ob BMW-München nie wieder Autos bauen würde. Das wenige Geld, das aus der Kochtopf- und Bäckereimaschinen-Produktion hereinkam, investierte Donath in die Vorbereitungen zum Bau eines Motorrades.

Als Reparationsleistung hatte die englische Flugmotorenfabrik Bristol Aeroplane 1946 sämtliche Konstruktionspläne des 327 erhalten. Mit Hilfe des angeworbenen Technischen Direktors Fritz Fiedler brachte Bristol 1949 eine Kopie des 327 als „Bristol 400" auf den Markt

Bis 1951 hatte Bristol den 400 zum 401 weiterentwickelt; ein viersitziges Luxuscoupé, dessen Zweiliter-Motor 85 PS leistete

Es dauerte kaum einige Wochen, bis die Besatzer entdeckten, daß man bei BMW eine ganze Menge vom Autoreparieren verstand. Deshalb durften die Bayern bald eine Werkstatt einrichten, in der die Offiziere ihre erbeuteten Wagen pflegen ließen

Vom „337" gab es 1941 ebenfalls schon einige Prototypen, die allerdings im Krieg arg zerschunden wurden. Um 1950 hatte ein BMW–Mitarbeiter das Wrack eines dieser seltenen Autos wieder fahrbereit gemacht

Der DKW von BMW?

Den einzigen Weg zum Autobau sah Donath noch in einer Fusion oder im Lizenzbau. Eine Zusammenarbeit mit der Auto Union, schon im Frühjahr 1948, Gesprächsthema im Verwaltungsgebäude an der Lerchenauer Straße, sollte mit dem Bau der Vorkriegs-DKW-Typen in Milbertshofen beginnen. Auto Union-Chef Dr. Richard Bruhn stellte sich vor, daß BMW rund 100 Exemplare der Frontantriebs-Zweitakter pro Tag bauen könnte. Die Weiterentwicklung des Veteranen mit Holzkarosse würde man dann gemeinsam übernehmen.
Die Auto Union selbst hatte im Krieg alles verloren. Die Fabrikanlagen hatten die Russen in Mittel-Deutschland beschlagnahmt, und die führenden Männer der ehemals zweitgrößten deutschen Automobilfabrik waren lediglich mit einigen Konstruktionszeichnungen im Rucksack in den Westen geflüchtet. BMW-Chef Donath war es klar, daß er im Falle einer Fusion zusätzlich diese verarmte Firma über Wasser halten mußte. Außerdem befürchteten die BMW-Leute, durch den Bau der DKW-Kleinwagen das weiß-blaue Image vom sportlichen, technisch anspruchsvollen Auto zu verletzen. Man legte schließlich die Fusionspläne zu den Akten, hauptsächlich aus Geldmangel.
Ex-Generaldirektor Franz Josef Popp, der nach dem Krieg bei BMW nicht mehr Fuß fassen konnte, hing immer noch dem Traum von einer Fusion der süddeutschen Autofabriken nach. Zusammen mit seinem Freund, den zum Daimler-Benz-Chef aufgestiegenen Dr. Wilhelm Haspel, arbeitete Popp folgenden Plan aus: Die Stuttgarter entwickeln einen 1,2 Liter Kleinwagen mit sportlicher Note, so wie im Grundgedanken schon 1931 geplant. Auf Wunsch von Haspel sollte dies zugleich die Grundlage für einen Ein-Tonnen-Lastwagen sein. Nach der Serienreife sollten beide Autos im Werk Allach in großer Serie gebaut werden – und gemeinsam verkauft werden. BMW stellte also Werk und Gelände, Daimler-Benz zahlte die Investitionen. Doch weil die Amerikaner auf unabsehbare Zeit das Werksgelände Allach beschlagnahmt hatten, scheiterte dieser Plan.
Ein gutes Angebot machte die Firma Adler, die ebenfalls stark an einer Zusammenarbeit mit BMW interessiert war. Schon vor dem Krieg bekannt durch ihre Autos mit Lenkradschaltung und Frontantrieb, hatte Adler die Nachkriegsjahre mit dem Bau von Motorrädern überlebt und suchte nun einen Partner, um wieder in den Club der Autobauer einzusteigen. Adler schlug vor, ein gemeinsames Karosseriewerk zu errichten. Für beide Firmen ergäben sich dabei erträgliche Investitionen. BMW sollte dann die großen Zweiliter-Autos bauen, während sich Adler auf Fahrzeuge bis 1000 ccm Hubraum spezialisieren wollte. Langsam und organisch könnten danach beide Firmen zusammenwachsen. Aber auch diese Gespräche zerschlugen sich wieder an Finanzierungsfragen, welche durch die Währungsreform zum unüberwindbaren Problem wurden.
Weit deutlicher stand auf Kurt Donath's Terminkalender noch ein dritter Name: Die Bristol Aeroplane Company. Eine Zusammenarbeit mit dieser englischen Firma hätte der BMW-Chef am liebsten gesehen. Das Werk, das die Konstruktion des 327 übernommen hatte, paßte nach Ansicht von Donath genau zu BMW. Aber der Abgesandte von Bristol, den Donath zu Verhandlungen nach München gebeten hatte, riet strikt von einer Verbindung von BMW zu einer anderen Firma – auch zu der englischen Flugmotorenfirma – ab. Hinterher war es schwer festzustellen, ob dieser

Rat wirklich aus Liebe zur traditionsbeladenen Firma erteilt worden war, oder ob die Engländer hofften, die verhaßte BMW-Gesellschaft würde sich allein schneller totlaufen.

Auf jeden Fall versprach Bristol's Bayern-Kurier, die technische Arbeit von BMW zu unterstützen. Ein Chassis des Bristol 400 sollte in Kürze nach München geschickt werden. Außerdem bot sich Kurt Donath Gelegenheit, mit seinem ehemaligen Kollegen Fritz Fiedler zu sprechen. Nachdem der Konstrukteur für die Engländer aus dem Vorkriegs-BMW den Bristol 400 entwickelt hatte, war er für sie wertlos geworden. Deshalb gaben ihn die Engländer auch gleich frei, als er nach dem Gespräch mit Donath den Wunsch äußerte, in die Heimat zurückzukehren.

Bis Fiedler nach München umzog, reiste der BMW-Chef nach Frankreich und besuchte die Autofabrik Simca. Hier hoffte er, eine Lizenz zum Bau des Simca 8/11 zu erhalten. Die kleine viertürige Einliter-Limousine mit 32 PS entsprach mit ihren ausladenden Kotflügeln genau dem Zeitgeschmack. Eine Lizenz hätte BMW bekommen, nicht aber die dazu nötigen Preßwerkzeuge. Und um die Geräte selbst anzuschaffen, fehlte es wiederum am Geld.

Das nächste Ziel von Donath's Reise lag im amerikanischen Dearborn. Im Frühjahr 1948 klopfte er bei der Ford Motor Company an und hoffte auf Unterstützung. Insgeheim glaubte der BMW-Mann, er könnte Ford für den Plan gewinnen, künftig US-Lastwagen fürs westliche Deutschland zu bauen. Aber Geld für die Produktionsmittel wollten die Ford-Kaufleute nur gegen entsprechende Beteiligung zur Verfügung stellen. „Mit anderen Worten: Wir müssen unser Werk verkaufen", analysierte der BMW-Vorstand das Gespräch. „Wir können aber ins Geschäft kommen", boten die Amerikaner an, „wenn Sie uns einen Dieselmotor bauen." Doch auf diesem Gebiet verfügten die Münchener Konstrukteure über keine Erfahrung.

Die Währungsreform kam. Volkswagen, Opel und Mercedes-Benz bauten schon länger Personenwagen. Nun erschienen auch die Kölner Ford-Werke mit ihrem ersten Nachkriegs-Pkw, dem Taunus. Ein kaum verändertes Modell von 1939, technisch Generationen älter als der 326.

Die Firma Adler schlug BMW vor, gemeinsam ein Preßwerk zu errichten. Adler hätte seinen „Trumpf Junior" darin gebaut, BMW eine Zweiliter-Limousine. Auf lange Sicht sollte es eine Fusion geben

Die Lizenz zum Bau des französischen Simca 8/11 hätte BMW bekommen, nicht aber die erforderlichen Werkzeuge

Zwang zur Größe

Alle Fusionsverhandlungen waren fehlgeschlagen. Also befaßte sich Kurt Donath Mitte 1949 mit dem Gedanken – trotz leerer Kassen – selbst ein neues Auto zu entwickeln.
Als erstes verlangte dazu aber die Hausbank die Erweiterung des Vorstands. Neben dem Technischen Geschäftsführer Kurt Donath sollte ein Kaufmann mitregieren. Ein verständlicher Wunsch, denn mit sich ausbreitender Geschäftsbasis mochte man einen Experten im kaufmännischen Sektor nicht missen. So engagierten die Bayern auf Empfehlung der Deutschen Bank zum 1. Oktober 1949 Hanns Grewenig zum Direktor. Hinzu kam etwas später Heinrich Krafft von Dellmensingen, der nun – ebenso wie der aus England zurückgekommene Fritz Fiedler – den Vorstand als stellvertretendes Mitglied erweiterte.
Die neue Führungsmannschaft grübelte nun, wie ein künftiges BMW-Auto aussehen müsse. Ein kleines Fahrzeug hätte für eine rentable Fertigung riesige Stückzahlen erfordert. Doch das wiederum hätte Investitionen erfordert, die von der kriegsversehrten Firma nie aufzubringen waren. Also schien es eine logische Folgerung, ein exklusives und teures Fahrzeug zu kreieren. Der gute Ruf der weiß-blauen Marke trug mit dazu bei, daß man sich von solchem Vorhaben genügend Absatzmöglichkeiten versprach.
Über die Größe des Motors gab es zwar heiße Diskussionen. Letztendlich diktierte die Sparsamkeit alles. Kurz nach Kriegsende waren nämlich für die vielen, noch lebenslustigen Vorkriegs-BMW's Austauschmotore in der Werkstatt von Milbertshofen entstanden. Das Geschäft mit diesen Ersatztriebwerken lief sogar so gut an, daß sich BMW schon 1947 entschlossen hatte, rund 1000 Zylinderblöcke für den 326-Motor neu zu gießen. Ein Teil dieser Austausch-Aggregate lag nun noch in den Hallen. Und diese Sechszylinder-Zweiliter-Maschinen sollten auch als Grundlage für einen neuen BMW genommen werden. Die ersten 350 bis 400 Autos mußten den alten Zweiliter-Motor tragen.
Unsicher war man auch, wie der Aufbau aussehen sollte. Kurt Donath hätte garzugerne jenen Wagen in Serie genommen, der bereits 1939 als Nachfolger des 326 projektiert war: den 332. Auch jetzt – um 1950 – war dieser Wagen hochmodern: die windschnittige Karosserie, die Pontonform, der freitragende Aufbau, alles das sprach für den Serienbau dieses Autos.
Der Technische Direktor Fritz Fiedler und Ober-Ingenieur Peter Szimanowski waren allerdings gegen den Wagen. Fiedler mißtraute der freitragenden Bauweise und hielt sie für eine Mode-Erscheinung. Er schwor – wie eh und je – auf eine stabiles Fahrwerk. Und Ober-Ingenieur Szimanowski, der schon vor dem Krieg die Linien der BMW-Modelle beeinflußt hatte, meinte, die Pontonform des Einzelstücks 332 seien Marken-untypisch. Auch der neue BMW müsse die langgeschwungenen Kotflügel haben, um an alte Traditionen anknüpfen zu können.
Nun wußten aber alle Techniker, daß der 326 in den letzten dreißiger Jahren gegenüber der damaligen Konkurrenz recht schwergewichtig geworden war. Ein neuer BMW mußte leichter sein. Das wäre technisch zwar leicht durch die selbsttragende Bauweise zu lösen gewesen – doch dagegen stemmte sich Fritz Fiedler. Also entschieden sich die BMW-Techniker für einen anderen Weg. Fiedler

Einer der ersten Entwürfe für den neuen Nachkriegs-Wagen: geteilte Scheibe, dreigeteilter Kühlergrill, ähnlich wie es Fiedler auch beim Bristol verwirklicht hatte

konstruierte eine viertürige Limousine mit Aluminiumhaut auf einem stabilen Rohrrahmen. Der Stylist Wilhelm Hofmeister zeichnete dazu die Linien.

Da man in München keine Geräte und Maschinen besaß, um auch nur eine einzige Karosserie nach den nun festgelegten Plänen zu bauen, knüpfte Fiedler Kontakt zu jener Firma, die schon vor dem Krieg Leichtmetall-Aufbauten für den 328 hergestellt und nach Eisenach geliefert hatte: Reutter & Cie. in Stuttgart. Die Schwaben bauten nach den Plänen aus München noch im Dezember 1949 die allererste Karosserie des 501 mit rundlichen Formen und geschwungenen Kotflügeln – ganz aus Aluminium-Blech.

Nur einer im Vorstand stand den Zukunftsplänen der alten BMW-Leute skeptisch gegenüber: Hanns Grewenig. Er meinte, ein nagelneuer Wagen müsse auch nach den letzten Erkenntnissen der Technik gebaut werden. Und die hießen Pontonform und selbsttragender Aufbau. Weil aber niemand bei BMW in solcher Bauweise Erfahrung besaß, beschritt Grewenig einen anderen Weg.

Kontakt nach Italien

Der Kaufmännische Direktor nahm Kontakt zu italienischen Karosseriefirmen auf. Während bei Reutter der hauseigene Entwurf entstand, forderte Grewenig die italienischen Designer Pinin Farina und Giovanni Michelotti – damals bei Vignale angestellt – auf, Entwürfe zu einer großen Zweiliter-Limousine nach München zu schicken.

Michelottis 1 : 3-Holzmodell gefiel den BMW-Leuten überhaupt nicht. Dagegen fand der Entwurf von Pinin Farina durchaus Anklang im Werk. Grewenig bestellte im Februar 1950 sogar ein fahrbereites Modell von dieser Kreation. Der Italiener hatte nämlich eine pontonförmige Limousine mit selbsttragendem Aufbau erdacht, die außen sehr kompakt war, innen jedoch viel Platz bot.

Auf ausdrücklichen Wunsch des Kaufmännischen Direktors Hanns Grewenig gab BMW Pinin Farina den Auftrag, einen neuen Wagen zu entwerfen. Die Italiener lieferte eine moderne Ponton-Limousine mit selbsttragender Karosserie. Dem Aufsichtsrat erschien sie nicht traditionsbewußt. Neben dem Wagen: BMW-Chef Kurt Donath

Im April 1950 stellte Kurt Donath und Hanns Grewenig dann dem Aufsichtsrat unter Vorsitz von Dr. Hans Karl von Mangoldt-Reiboldt sowohl den hauseigenen Entwurf einer viertürigen Limousine wie auch den Pinin Farina-Wagen vor. Nach einer langen Sitzung entschied sich der Aufsichtsrat für den von Fiedler und Szimanowski konstruierten Wagen. Vor allem mit Blick auf die immer noch begehrten Vorkriegs-BMW's glaubte man, die Käuferschaft erwarte einen ähnlichen Wagen, der auch mit der dreistelligen Typenbezeichnung 501 an die Vorkriegs-Tradition anknüpfen sollte.

Mit dem Pinin Farina-Wagen fürchteten die BMW-Männer ein zu modisches Auto anzubieten, dessen Form sich in wenigen Jahren überleben würde.

Pinin Farina verwertete damals seine Arbeit anderweitig: Nach dieser Entscheidung verkaufte der Italiener seine Kreation – leicht verändert – wenige Monate später an Alfa Romeo, die den Wagen 1951 als Typ 1900 in Serie nahmen.

Neben den beiden großen Wagen stand in dieser wichtigen BMW-Aufsichtsratssitzung im April 1950 übrigens noch ein kleines Coupé mit der Typennummer „331" zur Debatte. Trotz des Plans, erst einmal nur teure Autos zu verkaufen, hatte Fritz Fiedler mit seinem Team einen hübschen Zweisitzer mit Chassis entwickelt, der im Konzept dem italienischen Fiat Topolino ähnelte. In diesem Mini-BMW brabbelte der Zweizylinder-Viertakt-Motor des R-51-Motorrades. Aber der Weg in die Rumpelkammer der Entwicklungsabteilung blieb dem 500 ccm-Kleinwagen mit Frontmotor und Hinterradantrieb nicht erspart. Der große Wagen hatte Vorrang.

Hilfe aus Minden

Zwar stand nun fest, wie der neue BMW ausschauen sollte, aber es ging dennoch nicht weiter. Im Frühjahr 1950 brach nämlich der Korea-Krieg aus, in dessen Folge ganz Europa unter Material-Knappheit litt. Stahl und Feinbleche wurden rar. Andere Autofirmen verlangten inzwischen von ihren Kunden „Materialzuschläge", um überhaupt die drastisch gestiegenen Stahlpreise wieder hereinzubekommen.

In dieser Situation schien es für BMW aussichtslos, den Serienbau zu beginnen. Fast ein ganzes Jahr lang verfeinerten die Techniker, so gut es ging, das erste Exemplar des 501, sie legten Zeichnungen für die spätere Fertigung fest und hielten im übrigen das gute Stück streng unter Verschluß.

Im Frühjahr 1951, so planten Donath und Grewenig, sollte zuerst die offizielle Vorstellung, einige Monate später der Serienbau beginnen. Der „Luxusdampfer" von der Isar stahl dann so ziemlich allen anderen Autos die Schau, als er zur Internationalen Automobil-Ausstellung im April 1951 sein Debüt feierte. In einer Zeit, als der Durchschnittslohn eines Angestellten bei 300 Mark im Monat lag, stieß die weiß-blaue Marke mit ihrem 501 und einem Kaufpreis von 15.150 Mark in die absolute Spitzenklasse vor. „Ihr Angeber, ihr Hochstapler", meckerten manche Fachleute zur Premiere, „warum wollte ihr unbedingt Mercedes überholen?" Der auf dem Stand ausgestellte Wagen war absolut nicht serienreif. Die Vertreter von BMW hatten auf die

1949 hatte die Entwicklungsabteilung neben dem 501 auch den Prototyp eines kleinen Wagens gebaut, in dem der 490 ccm-Motor des R 51-Motorrades paßte

Frage nach Lieferzeit und genauen technischen Daten nur ein Achselzucken. Ob das Ausstellungsmodell überhaupt fahrbereit war, darüber streiten sich die Beteiligten. Während die einen behaupten, der 501 sei komplett gewesen, meinen die anderen, auf dem Chassis habe nur Karosserieblech gesessen. Die Motorhaube sei zugeschweißt gewesen, um allzu Neugierigen den Blick in den leeren Motorraum zu verweigern.

Bei der Vorstellung des 501 vor Presse und Prominenz am 13. April 1951 im Hotel „Bayerischer Hof" wies Gastgeber Kurt Donath auf die schwere Geburt des Wagens hin: „Unser technisches Schicksal ist belastet durch den Weiterbau unserer alten Typen in unserem ehemaligen Werk Eisenach; die andere Seite ist belastet durch den Nachbau unserer ehemaligen Erzeugnisse in einem anderen europäischen Land. Wir als Züngeln an der Waage besitzen nichts mehr und werden somit nur zum Anzeiger unserer früheren Qualität. Was bleibt uns, technisch gesehen, weiter übrig, als den Versuch zu unternehmen, die Waage wieder in Bewegung zu setzen? Übersetzt heißt das: Wir müssen neue Wege gehen."

Die Wege zum Serienbau blieben auch nach der Ausstellung blockiert. Denn die Rohstoff-Situation in der jungen Bundesrepublik verschlimmerte sich noch. Kurz nach der Automobil-Ausstellung verordnete Bonn wieder die Zwangsbewirtschaftung und Zuteilung von Eisen und Stahl. Die Eisen-Kontingente waren nach Branchen verteilt. Innerhalb der Autobranche erhielt alles der „Verband der Automobilindustrie" (VDA), der die Zuteilungen unter seinen Mitgliedern vornahm. Innerhalb des VDA begann ein erbittertes Ringen, von dem Eisen-Kuchen ein möglichst großes Stück abzubekommen; denn Aufträge hatten alle, Rohmaterial keiner. Nach nächtelangen Sitzungen einigten sich die Firmenvertreter darauf, den Zulassungsanteil des Vorjahres als Verteilerschlüssel zu nehmen. VW, Opel und Ford erhielten damit die größten Portionen. BMW – im Vorjahr mit keinem Auto auf dem Markt – ging leer aus.

Streit um die Form: Nachkriegs-BMW, ursprünglich mit Aluminium-Karosserie geplant. Den ersten Prototyp noch mit Schmetterlings-Scheibenwischern baute Reutter in Stuttgart

Auch die Hoffnung von Kurt Donath, der Freistaat Bayern würde BMW aus den ärgsten Materialschwierigkeiten helfen, erfüllte sich nicht. Schließlich fand Donath im Verwaltungsamt für Wirtschaft in der Materialverteilungsstelle Minden einen enthusiastischen Verehrer der weiß-blauen Marke, der fortan von Westfalen aus BMW – so unbürokratisch wie möglich – mit Rohmaterial versorgte: Ministerialrat Fritz Wenk. Seine Hilfe reichte allerdings gerade dazu, den Motorradbau mit dem dringend benötigten Rohmaterial zu beliefern. Der Autobau mußte wieder monatelang zurückstehen – während die Konkurrenz Marktanteile eroberte.

In diesen Jahren erinnerten sich auch die Aktionäre wieder an ihre vor dem Krieg dividendenschweren Papiere. Um wenigstens die hohen Belastungen des früheren hohen Konzernkapitals zu umgehen, beantragte der Aufsichtsrat im Mai 1951 eine – nach Meinung des Vorstandes viel zu bescheidene – Herabsetzung des Grundkapitals. Dabei erhielt jeder Aktionär für zehn Alt-Aktien drei neue Anteile. Im Geschäftsbericht 1951 beklagte die Führung die hohen Belastungen seit dem Wiederaufbau und den Umstand, daß demontagegeschädigte Betriebe von der Bundesregierung keine Erleichterungen beim Neuaufbau erhalten hätten: „Da wir durch die Demontage allein in unseren Münchener Werken einen Gegenwartsschaden von etwa 100 Millionen Mark erlitten haben, erscheint es uns unbillig, daß wir Kredite gegen hohe Zinslasten aufnehmen müssen, um wieder rund 3000 Arbeiter und Angestellte im Werk Milbertshofen beschäftigen zu können, während allein die Zinsen auf den bei uns durch die Demontage entnommenen Kapitalbetrag ab Währungsreform bis Ende 1951 rund 12,5 Millionen Mark ausmachen."

Vorherrschaft im Motorsport

Wenn auch auf deutschen Straßen viele Jahre nach Kriegsende immer nur Vorkriegsmodelle der weiß-blauen Marke auftauchten und sich die Zahl der Wagen durch ihr hohes Alter reduzierte – auf den Rennstrecken der Nachkriegszeit spielte BMW eine führende Rolle. Das war weniger ein Verdienst des verarmten Werks, sondern der vielen Privatfahrer, die ihre heiß geliebten BMW-Wagen versteckt hatten und so über die Wirren des Kriegs gebracht hatten.
Zum Beispiel Hermann Holbein; er hatte sein fast neues 327-Cabriolet, Baujahr 1939, fünf Jahre lang unter dem Stroh in einer Scheune versteckt. Alexander von Falkenhausen dagegen hatte bei Kriegsbeginn einen 328 im Schuppen des Hauses seiner Schwiegereltern eingelagert, die Räder abgeschraubt und im Garten vergraben. Ernst Loof und Schorsch Meier hatten ebenfalls rechtzeitig je ein Exemplar des 328 versteckt.
Als der Krieg zu Ende und die schlimmste Zeit – in der die Militärs den Deutschen die Autos einfach wegnahmen – vorüber war, holten viele ihre kostbaren Fahrzeuge wieder ans Tageslicht und polierten sie auf – so gut es mit den vorhandenen primitiven Mitteln ging.
Im August 1946 wurde nämlich in der französischen Besatzungszone am Ruhestein an der Schwarzwaldhochstraße das erste Autorennen wieder ausgeschrieben. Holbein ging mit einem 328 an den Start, der wenige Wochen zuvor noch als ausgebranntes Wrack am Straßenrand gelegen hatte. Von Falkenhausen, der von dem Rennen gehört hatte, eilte mit alten Rennfotos – auf denen er abgebildet war – zum US-Kommandanten und bat um eine Reiseerlaubnis zur Schwarzwaldhochstraße. Die Benzinfrage löste von Falkenhausen über Umwege. Er hatte einen Freund, der wiederum mit dem Chef einer Chemischen Fabrik befreundet war. Und in dieser kleinen Fabrik standen zwei Tankwagen, einer mit Methylalkohol, der andere mit Bleiteräthyl gefüllt. Im Tausch gegen Lebensmittel durfte sich von Falkenhausen aus dem Tankwagen Methylalkohol in Kanister abfüllen. Vollbeladen fuhr von Falkenhausen zum Ruhestein-Rennen. Hier standen eine ganze Reihe mühsam aufgemöbelter BMW-Wagen am Start. Das Rennen gewann schließlich Hermann Lang mit dem BMW Mille Miglia-Wagen. Den zweiten Platz belegte Alex von Falkenhausen.
Bald darauf trafen sich die Rennsportbegeisterten wieder: beim Eggberg-Rennen. Und am 11. Mai 1947 startete das erste Rennen am Hockenheimring. Hier erschien zum erstenmal Ernst Loof mit einem weiterentwickelten BMW 328.
Diesmal machte Alex von Falkenhausen das Rennen. Es gehörte zu den Kuriositäten jener Zeit, das es zwar am Lebensnotwendigsten mangelte, doch Autorennen zu den großen Volksvergnügen gehörten. Etwa 230.000 Menschen verfolgten 1947 am Hockenheimring das Rennen der Oldtimer. Und das spornte an.
Jeder versuchte, seinen Sportwagen weiterzuentwickeln, leichter zu machen, höhere Motorenleistungen herauszukitzeln. Fast alle arbeiteten damals auf BMW-Basis, denn neben einigen Fiats und Maseratis war dies der Favorit unter den Marken.
Vorbild für die Weiterentwicklung war dabei fast immer der Mille Miglia-Rennwagen von BMW aus dem Jahre 1940. Holbein entwickelte seine BMW-Wagen so weiter, daß er bald nicht mehr als BMW, sondern als „HH 47" am Start erschien. Ein Jahr darauf baute Holbein den „HH 48" – immer noch mit BMW-Mechanik – der jedoch als Besonderheit mit einem Handgriff von hinterer Starrachse auf hintere Pendelachse

Mit diesem umgebauten 328 nahm Ernst Loof schon 1946 an Rundsteckenrennen teil: er startete unter dem Markennamen BMW-Veritas

umgebaut werden konnte. Alex von Falkenhausen konzentrierte sich darauf, seine BMWs ganz leicht zu bauen und die Motoren auf 125 PS zu bringen, wobei sie kein Benzin, sondern Alkohol schluckten. Am 31. August 1947 fuhr Alex von Falkenhausen beim Hamburger Stadtparkrennen zum erstenmal mit einem von ihm modifizierten BMW-Motor mit 1,5 Liter Hubraum. Bald startete von Falkenhausen unter der eigenen

Erstes Nachkriegsrennen 1946 am Ruhestein: Von Falkenhausen am Steuer seines renovierten 328 (rechts: Huschke von Hanstein)

Marke „AFM" (Alexander von Falkenhausen, München), die aber nach wie vor auf BMW-Mechanik basierte.

Ernst Loof – unterstützt von der französischen Besatzungsmacht – brachte es besonders weit: Nachdem er einige Male erfolgreich mit alten aufpolierten BMW-Fahrzeugen bei Rennen gestartet war, gründete er mit dem Kaufmann Lorenz Dietrich die „Veritas". Geld verdiente die Firma mit dem Ankauf alter BMW-Sportwagen, die auf Hochglanz gebracht und zu hohen Preisen und harten Devisen vor allem an Schweizer Bürger verhökert wurden. Parallel dazu entwickelte Loof den 328 nach dem Vorbild des Mille-Miglia-Wagens – an dem er 1940 persönlich mitgewirkt hatte – weiter.

Veritas – der Wagen für die Reichen

Zur Währungsreform – am 20. Juni 1948 – hatte es Loof und seine Teilhaber immerhin soweit gebracht, daß die in Rastatt-Muggensturm ansässige Firma „Veritas" über die Grenzen der französischen Besatzungszone bekannt und berühmt war. Zu dieser Zeit schien es tatsächlich so, als ob allein Veritas das sportliche Erbe von BMW übernehmen könnte. Loof entwickelte damals einen neuen Zweiliter-Sechszylinder-Motor mit zwei obenliegenden Nockenwellen und mit Aluminium-Block. Ein Ebenbild jenes Triebwerks, das 1940 bei BMW in München bereits als „318-Sportmotor" auf den Prüfständen lief.

Mit modifiziertem und im Hubraum reduzierten BMW-Motor an den Start: AFM-Rennwagen

Aus dem reinen Sportbetrieb wuchs nach und nach eine Fertigung hochwertiger Sportwagen für wohlhabende Export-Kunden. In kleinster Serienfertigung und in Handarbeit entstand ab Mai 1950 der „Veritas Saturn", im Grunde eine Ponton-Aluminium-Karosserie auf dem Chassis und mit Motor des alten 328, der jedoch nun 100 PS leistete. Preis: 17.250 DM. „Mit diesem Typ hat sich Veritas von der Mutterfirma (Gemeint war BMW) ganz freigemacht", schrieb „Die Welt". Und an diesem Satz zeigte sich, wie eng damals Außenstehende BMW und Veritas miteinander in Verbindung brachten. Dabei hatten beide Unternehmen wirtschaftlich und personell nie etwas miteinander gemein. Immerhin brachte Veritas in den folgenden Jahren atemberaubend schöne Sportwagen auf den Markt, den „Scorpion", den „Comet" und von 1951 an den „Nürburgring". Sportwagen, die mit allen technischen Finessen ausgestattet waren; angefangen von der De-Dion-Hinterachse über Zweikreis-Bremsen bis hin zum Fünfgang-Getriebe und Leichtmetall-Karosserie. Die Veritas Wagen schafften damals schon Geschwindigkeiten um 170 km/h, kosteten aber auch zwischen 17.000 und 28.000 Mark. Und das zu einer Zeit, in der Angestellte im Durchschnitt 300 Mark monatlich und Industriekapitäne allenfalls 4000 Mark im Monat verdienten.

Für BMW waren diese Marken anfangs vor allem im Motorsport eine große Hilfe, das Image aufzupolieren; zwischen 1948 und 1953 fürchtete BMW-Chef Donath jedoch vor allem gegenüber Veritas die Konkurrenz. Im Laufe der Zeit zeigte es sich jedoch, daß die Furcht unbegründet war.

Rennfahrer Holbein wandte sich ab 1949 dem Kleinwagen-Projekt „Champion" zu, Alexander von Falkenhausen war finanziell nicht stark genug, um seine Marke „AFM" halten zu können. 1954 wurde er bei BMW wieder als Leiter der neuen Rennabteilung eingestellt. Veritas war schon 1952 finanziell am Ende. Die Münchener hätten garzugerne Veritas schon früher juristisch belangt, doch es bot sich nie eine Handhabe. Als der Veritas-Stern sank, griff BMW doch ein. „Jetzt kaufen wir den ganzen Club auf, dann ist der Spuk weg", entschied Donath im Sommer 1953. Viel gab es da nicht mehr zu kaufen: Eine alte Baracke am Nürburgring, zwei halbfertige Autos, zwölf Spezialisten und Ernst Loof, der nun – im August 1953 – wieder BMW-Konstrukteur wurde.

Die Auslands-Konkurrenz

Nicht nur im Inland gab es Firmen, die das technische BMW-Erbe gern fortgeführt hätten. Gleich nach dem Krieg begann der frühere englische BMW-Importeur und Lizenznehmer Frazer-Nash alte Vorkriegs-BMWs aufzukaufen, sorgsam aufzupolieren und sie für teures Geld wieder an Liebhaber in aller Welt zu verkaufen. Frazer-Nash verdiente damit so gut, daß er in den fünfziger Jahren auf der Basis des 327 und 328 einige rassige Autos unter eigenem Namen herausbrachte, die allerdings technisch weiterhin auf BMW basierten. 1953 erschien der „Frazer-Nash Mille Miglia Tourismo", ein pontonförmiges Cabriolet mit nierenförmigem Kühlergrill und dem Sechszylinder-Zweiliter-Motor, der hier 101 PS leistete. 1956 kam das „Frazer-Nash Le Mans Coupé" mit schnittiger Karosserielinie und einem Zweiliter-Motor nach

Unter eigenem Namen brachte der frühere englische BMW-Lizenznehmer „Frazer-Nash" Wagen heraus, die auf der weiß-blauen Tradition aufbauten. Im Bild: Frazer-Nash „Targa Florio"

Frazer-Nash „Le Mans" Coupé mit aus München gekauftem Zweiliter-Sechszylindermotor, auf 142 PS hochgekitzelt. Baujahr 1956

Für das Sport-Coupé „Continental" bezog Franzer-Nash ab 1957 aus München Achtzylinder-Triebwerke – zuerst mit 2,6 später mit 3,2 Liter Hubraum

Auch der Frazer-Nash „Mille Miglia" von 1953 besaß ein Sechszylinder-Zweiliter-Aggregat aus München. Die Karosse baute die italienische Firma Touring

Von dem italienischen Karossier Pinin Farina ließ sich Frazer-Nash 1953 diese Coupé- und Cabriolet-Karosserie in winzigen Stückzahlen bauen. Unter der Haube steckte der bayrische Sechszylinder-Motor

BMW-Machart, der es auf 142 PS in einer Wettbewerbsversion und auf 107 PS in einer zivilen Version brachte.
Doch auch bei Frazer-Nash war die Kapitalbasis zu klein, sich von BMW ganz und gar zu lösen. Als die englische Marke zum Londoner Automobil-Salon im Herbst 1957 ihr neues Luxus-Coupé „Continental" zeigte, steckte unter der Haube der 2,6 Liter-

Achtzylindermotor, der in München zwischenzeitlich entwickelt worden war und den BMW an Frazer-Nash verkaufte. Bis 1962, als auch in Bayern die Produktion der teuren Maschinen auslief, bezog Frazer-Nash noch Achtzylindermotoren aus München. Ähnlich verlief die Entwicklung bei der Bristol Aeroplane Company, die seit 1947 den 327 als Bristol 400 produzierte. Dem 400 folgte die verbesserten Versionen 401, 402 und 403, die aber ebenfalls dem alten BMW zum Verwechseln ähnlich sahen. Erst beim 404, der 1954 erschien, ging man von der BMW-Linie ab. Bristol baute 1956 den 405, eine viertürige Limousine mit Sechszylinder-Zweiliter-Motor und 105 PS Leistung, die ganz offensichtlich nochmals versuchen sollte, der Münchener 501-Limousine Kunden wegzuschnappen. 1959 konstruierten die Bristol-Techniker einen neuen 2,2 Liter-Motor, der 105 PS leistete und wiederum auf den alten BMW-Triebwerken basierte. Erst 1962 beendete Bristol den Motorenbau nach BMW-Rezepten und kaufte von da ab große US-Motoren von Chrysler.

Der amerikanische Importeur der Bristol Aeroplane ging Mitte der fünfziger Jahre noch einen Schritt weiter. Mister Arnolt aus Chicago entwickelte das Bristol-Chassis nach eigenen Ideen weiter und ließ sich dazu von dem italienischen Karosserieschneider Nuccio Bertone eine mehr urige als schöne Blechhaut mit versenkten Scheinwerfern zurechtklopfen. Als „Arnolt-Bristol 2 Liter" wurde dieses Auto um 1955 in Amerika ein beachtlicher Verkaufserfolg. Ein amerikanisches Fahrzeug, dessen Grundkonzept über Bristol aber ebenfalls auf BMW-Technik zurückging.

Mit dem 405 brachte Bristol 1956 eine Luxus-Limousine heraus, die am Weltmarkt mit dem 501 konkurrieren sollte. Auch der Motor dieses Wagens basierte auf dem BMW-Triebwerk, das 1931 entwickelt worden war

BMWs aus Stuttgart

Doch zurück nach München ins Jahr 1951: Die Rohstoff-Situation hatte sich bis zum Dezember hin gebessert. Kurt Donath und Hanns Grewenig brannte es unter den Nägeln, endlich das seit zwei Jahren fertig konzipierte Auto auf den Markt zu bringen.
Geld lag dafür zwar immer noch nicht in den Kassen, nur einige Aufbau-Kredite des Landes halfen weiter. Bei der Karosseriefabrik Reutter sollte eigentlich eine kleine Serie des 501 aufgelegt werden. Aber die Zeiten hatten sich geändert. Die Stuttgarter Karosseriefabrik mochte nicht länger auf den BMW-Auftrag warten und hatte schon 1950 den Sportwagenbau für Porsche begonnen. Sogar eine finanzielle Verbindung beider Firmen war im Gespräch. Aus diesem Grunde hatte Fritz Fiedler im Frühjahr 1950 den Kontakt zur Karosseriefabrik Karl Baur in Stuttgart geknüpft, die er noch aus Vorkriegstagen kannte.
Baur sagte sofort zu. Noch im März 1950 ließ BMW den Vorkriegs-BMW, Typ 332, zu Studienzwecken nach Stuttgart schaffen, damit sich Karl Baur und seine Techniker ein Bild vom Entwicklungsstand der Vorkriegwagen machen konnte. Zugleich brachte ein Lastwagen auch die von Reutter zurechtgehämmerte Alu-Haut des 501 in die Poststraße. Aber schon beim Bau der nächsten Leichtmetall-Karosserie türmten sich Schwierigkeiten auf: Bei den Aluminium-Fensterrahmen lösten sich immer wieder die Schweißnähte. Dort, wo große Wölbungen in den Linien vorgesehen waren, brach das Material, weil Aluminium damals noch zu spröde war. Da sich die Motorhaube nicht aus einem Stück fertigen ließ, mußte sie aus zwei Teilen in der Mitte zusammengesetzt werden. Karl Baur tüftelte Vorschläge zur Fertigungsvereinfachung aus, doch Peter Szimanowski lehnte alles ab; er pochte auf die Einhaltung seiner Konstruktions-Ideen.

In Erinnerung an seinen geliebten Vorkriegs-BMW ließ sich 1950 dieser Mercedes-170-Eigner bei Wendler die BMW-Niere an sein Auto basteln

Ein Frankfurter Mühlenbesitzer hatte während des Kriegs ein 3,5-Liter-Chassis vergraben. Nach dem Ende der wirren Zeiten holte er es wieder aus der Erde und ließ 1956 darauf eine Coupé-Karosserie von Wendler bauen

Nachdem sich die Schwierigkeiten häuften, zogen einige BMW-Konstrukteure nach Stuttgart. Der junge Wilhelm Hofmeister wohnte monatelang in einem ausgedienten Zirkuswagen direkt neben der Baur-Fabrik.

Im Februar 1952 begann der Bau von 25 Vorserien-Wagen. Lastwagen brachten die kompletten Fahrgestelle nach Stuttgart, wo dann die Aufbauten daraufgeschneidert wurden. Die Schwierigkeiten mochten nicht abnehmen. Und da die Zeit arg drängte, stimmte Fiedler schließlich zu, einige Teile der Karosserie aus Stahlblech anzufertigen. Allerdings brachte das neue Probleme. Die Blechtüren belasteten die Scharniere so stark, daß sie abbrachen; die Türschlösser waren zwar in der Konstruktion hochmodern, hielten aber nicht lange. Nach und nach stellte Baur nun den Leichtmetall-Aufbau auf Stahlblech um, lediglich Motor- und Kofferraumhaube blieben aus Aluminium. Die nachträglichen Umänderungen belasteten nicht nur die Kalkulationen, sie brachten auch die gesamte Konstruktion in Schwierigkeiten. Der komplette Wagen wog plötzlich mehr als ursprünglich geplant.

Bei den Probefahrten erwies sich der 501 plötzlich als recht behäbiges Auto. Die Lösung suchte man in noch mehr Pferdestärken. Da die festangestellten Motorkonstrukteure dem alten Sechszylinder-Aggregat aber keine PS mehr entlocken konnten, stellte sich BMW-Chef Donath im Sommer 1952 selbst ans Zeichenbrett und entwarf einen neuen Zylinderkopf mit geänderten Brennräumen. Damit leistete der Zweiliter-Motor nunmehr dank höherer Verdichtung und etwas höherer Drehzahl anstatt 60 nun 65 PS. Die Leistungsfähigkeit des Vorkriegs-Motors schien damit konstruktiv am Ende.

Nach dieser Erkenntnis überzeugte Fiedler die Vorstandsmitglieder davon, daß ein neuer Motor konstruiert werden müsse. Obwohl auch dazu eigentlich kein Geld vorhanden war, begannen im Frühjahr 1952 die ersten Arbeiten zu einem V-förmigen Achtzylinder-Motor mit Aluminiumblock und auswechselbaren Zylinderbüchsen. Er war für Hubräume von 2 bis 3,2 Liter ausgelegt. Diese Maschine konnte frühestens in zwei Jahren serienreif sein und bis dahin mußte BMW sich mit dem alten Zweiliter-Triebwerk helfen.

Überhaupt fehlte es den Münchenern zwar an Geld, nicht aber an Phantasie. Noch ehe die Serienfertigung des 501 angelaufen war, arbeitete Fiedler und Szimanowski an einem Nachfolge-Modell. Der 502 erhielt eine Coupé-Form nach amerikanischen Vorbildern. Später hätte daraus auch eine viertürige Limousine entwickelt werden können, die natürlich dann auch mit dem in Arbeit befindlichen Achtzylinder-Motor ausgerüstet worden wäre. Die Konstruktion gedieh bis zu einem Gipsmodell im Maßstab 1:1. Dann ließ sich schon errechnen, daß für die Serienproduktion eines solchen Wagens kein Geld vorhanden war. Die Münchener mußten froh sein, den 501 ausliefern zu können.

Im September 1952 brachte Baur das letzte Exemplar der Vorserie nach München. Und einen Monat später begann bei Baur die Serienproduktion des 501. Auch jetzt noch häuften sich die Schwierigkeiten. „Sie entstanden in erster Linie durch ungenügende Konstruktionsabstimmung auf die fertigungstechnischen Voraussetzungen", notierte Karl Baur später, „durch fortgesetzte Änderungen und überspitzte Abnahmebedingungen." Das anfangs freundliche Verhältnis zwischen beiden Firmen wich durch solche Differenzen einer kühlen Geschäftsbeziehung. Immerhin hatten beide Firmen zu viel Zeit und Geld investiert, um sich noch trennen zu können. Baur, der damals fast die gesamte Arbeitskapazität seiner Firma für das BMW-Projekt einsetzte, hoffte zu dieser Zeit noch auf ein gutes Geschäft. Lastwagen brachten aus München das Chassis mit Motor nach Stuttgart. Dort wurde die komplette Karosserie aufgesetzt und das Fahrzeug dann wieder zurück nach Milbertshofen geschafft.

Auf diese Weise lieferte Baur im Oktober 1952 die ersten neun Serien-Wagen aus, im November waren es bereits 17 und einen Monat später 32 Exemplare. Zwölf Jahre nach Einstellung der Autoproduktion im Werk Eisenach und sieben Jahre nach Kriegsende lieferte BMW endlich wieder einen Wagen.

Im Dezember 1952 übergab Inlandsverkäufer Oskar Kolk den ersten BMW an seinen Käufer. „Wir entbieten unserem Münchener Spätheimkehrer ein herzliches Willkommen", schrieb zu diesem Anlaß das Fachblatt „Das Auto", „die Geduld der alten BMW-Freunde ist stark strapaziert worden."

Der 1951 im Gipsmodell 1 : 1 projektierte Nachfolger des 501: Als 502 sollte er mit dem schon serienreifen V8-Motor 1953 als Coupé, später als viertürige Limousine erscheinen

Auf 25.000 Fahrzeuge pro Jahr waren die Produktionseinrichtungen in München ausgelegt. Doch schon im ersten Jahr verkauften die Münchener nur einen Bruchteil davon

Aus Sparsamkeitsgründen lieferte BMW die ersten 501 – wegen ihrer geschwungenen Linien im Volksmund alsbald „Barockengel" geheißen – nur in schwarzem Lack. Die einheitlich grauen Polster dagegen waren in diesem Jahr auch in anderen Modellen üblich. Das im Prototyp als serienmäßig versprochene Radio entfiel aus Kalkulationsgründen, dafür wies der Prospekt auf andere Vorzüge des 501 hin: „Dem Zug der modernen Entwicklung folgend, ist der Karosserieboden vollständig geschlossen, um das Eindringen von Staub und Wasser zu verhindern."
Beim 501 ruhte – abgetrennt vom Motor – das Getriebe unter der vorderen Sitzbank. Durch diese Anordnung bot der 501 seinen Fahrgästen besonders viel Fußraum, weil der Tunnel für die Kardanwelle niedrig blieb. Große Aufmerksamkeit hatten die Ingenieure bei der Entwicklung den Radaufhängungen geschenkt. Die hintere Starrachse (Banjo-Achse) wurde durch Drehstäbe (wie beim 326) gefedert und von einem oberen Dreieckslenker geführt. Das garantierte eine bessere Straßenhaftung als die üblichen – mit Blattfedern versehenen – Starrachsen anderer Fabrikate.
Die Presse war begeistert. „Das sind schon Delikatessen, die einen Ingenieur begeistern können," schrieb damals die ADAC-Motorwelt, „sie sind die Grundlagen für die wirklich überragenden Fahreigenschaften, die der stärkste Eindruck bei der Prüfung des BMW 501 waren." Man lobte allgemein die Geräuschlosigkeit der Türen beim Schließen, aber auch den großen Innenraum. Der 501 brachte damals 1365 Kilogramm auf die Waage. Ein vergleichbarer Mercedes wog zu jener Zeit 1350, ein Fiat rund 1200 Kilo. Mit seinen 65 PS schaffte der BMW eine kurzzeitige Spitzengeschwindigkeit von 138 und ein Dauertempo von 120 km/h. Wesentlich dazu

trug die enorm windschnittige Form des 501 bei. Seine Linien waren zwar nie im Windkanal getestet worden, anhand von Vergleichsfahrten ermittelten BMW-Ingenieure jedoch Jahre später, daß der 501 in etwa den Luftwiderstandsbeiwert haben mußte wie der stromlinienförmige Citroen DS 19.
Die ersten 150 Exemplare des Nachkriegs-BMW entstanden in Frühjahr 1953 bei Baur in Handarbeit. Motor- und Kofferaumhauben bestanden aus Aluminium. Da dies aber einer rationellen Fertigung im Wege stand und das Leichtmetall auf extreme Beanspruchungen mit feinen Rissen reagierte, erhielten alle späteren Wagen sämtliche Karosserieteile aus Stahlblech – und das bedeutete wiederum Gewichtszunahme.
Am ersten September 1953 feierte Baur in kleinem Kreis die Auslieferung des 1000. Exemplars. Viel zu wenig – denn Kurt Donath und Hanns Grewenig hatten damit gerechnet, pro Jahr mindestens 3000 Stück zu verkaufen. Nur die Karosseriefabrik war zu jener Zeit noch voller Optimismus. In Baurs Geschäftsbericht hieß es: „Dieses Programm sichert der Firma bis in die weite Zukunft eine ausreichende und gute Beschäftigung". Tatsächlich kam aus München kurze Zeit später ein Anschluß-Auftrag über weitere 600 Wagen. Doch dann lief auch bei BMW die Karosserie-Fertigung stufenweise an. Mit Hilfe von Aufbau-Krediten des Bundes und des Landes wuchs ein Preßwerk in Milbertshofen. Daß BMW daran dachte, die 501-Produktion ganz und gar ins eigene Haus zu legen, erfuhr Karl Baur erst aus der Schweizer „Automobil-Revue". „Die Karosserie", so hieß es in einem Bericht, „wird vorläufig von einem Unterlieferanten hergestellt, doch ist die Aufnahme der Karosseriefabrikation bei BMW vorgesehen."
Kurz darauf kaufte Donath von Baur nur noch Roh-Aufbauten, die in München-Milbertshofen dann komplett ausgestattet wurden. Offizieller Grund: Die Qualität der bisher gelieferten Wagen entspräche nicht den geforderten Ansprüchen. Doch der wahre Grund lag tiefer: Da sich der BMW nicht so gut verkaufte wie erwartet, waren auch die lange zuvor projektierten Kapazitäten nicht ausgelastet. Und um die Belegschaft überhaupt zu beschäftigen, wurden Fremdaufträge ins eigene Haus zurückgeholt.
Seit Daimler-Benz im Frühjahr 1954 sein Programm mit leichteren, pontonförmigen und schnellen Limousinen renovierte, ging bei BMW die Nachfrage weiter drastisch zurück. Für die treue Stamm-Kundschaft war der Sprung vom Motorrad zum Sechszylinder zu groß, so daß neue Kundenkreise erst erschlossen werden mußten. Und in Anbetracht der Exklusivität des 501 mußte man auch die – nur auf das Motorradgeschäft spezialisierte – Händlerschaft sieben. Denn den für höhere Einkommensschichten bestimmten Wagen konnte man schon aus repräsentativen Erwägungen heraus nicht nur über die oft räumlich begrenzten Motorradhändler verkaufen.
Aus dem Konkurrenzzwang heraus entschloß sich Kurt Donath und sein Team im März 1954 dem – nach dem Stand der Technik im Greisenalter stehenden – Sechszylinder-Zweiliter-Motor nochmals eine Leistungsspritze zu geben. Die PS-Leistung stieg auf 72 PS an. Doch der Konstruktion setzten die – durch das Hochpeppeln unumgänglichen – höheren Drücke an Stößeln und Nockenwellenantrieb erheblich zu.
So führte die Kraftkur reihenweise zu Stößel-Defekten. Wie „Der Spiegel" später erfahren haben will, zahlte BMW damals Millionen Mark an Garantiekosten: „ Der 1954 gefaßte Entschluß, jedem Eigentümer ohne Rücksicht auf den Zustand seiner

Als Vollschutz-Rahmen propagierte man das stabile Fahrwerk des 501. Gut erkennbar: Das vom Motor getrennt liegende Getriebe in Höhe des Fahrersitzes

Maschine, zum Pauschalpreis von 1.000 Mark einen neuen Motor einzubauen, demonstrierte das Ausmaß des Renomméeverlustes."
Der schlug sich nochmals in den Neuwagen-Verkäufen nieder. BMW verminderte die Abnahme von täglich fünf Fertigkarosserien von Baur auf zwei Fertig- und zwei Rohbaukarosserien.
Da die Geschäfte weiter zurückgingen, verlangte BMW schließlich von Baur sogar die Fertigung der Rohbauten auf Abruf: Wodurch Grewenig das Verkaufsrisiko auf die Karosserieschmiede abwälzen wollte. Erbost schrieb Karl Baur: „Das Verhalten bedeutet einen groben Verstoß gegen Treu und Glauben, wie man ihn von einem Geschäftspartners ihres Ranges ... nicht erwarten konnte." Im Januar 1955 riß die Produktion jäh ab; der Monatsdurchschnitt betrug nur noch 16 Karosserien. Wie bergab es mit der Karosserielieferungen von Baur ging, zeigt die Tabelle:

1952	1953	1954	1955	1956	Jahr
87	958	783	194	24	Stck.

Karl Baur fürchtete im Herbst 1954 gar um seine Existenz. Denn er hatte – in der Hoffnung auf gute Geschäfte – viel Vorarbeit in den Serienlauf der BMW-Karosserie gesteckt, die sich nun nicht auszahlte.

Acht Zylinder mit Pfiff

Des ständigen Kummers mit den Sechszylindern überdrüssig, wurde im Juli 1954 mit aller finanziellen Anstrengung endlich der Achtzylinder aufs Band gelegt.
Mit der stärkeren Maschine wurde der 501 zum 502. Dies war nicht nur der erste Achtzylinder-Wagen, der im Wirtschaftswunder-Deutschland nach 1945 in Serie ging, sondern auch die erste Achtzylinder-Maschine der Welt aus Aluminium-Guß, die in größeren Stückzahlen gebaut wurde.
Mit einem Hubraum von 2,6 Litern brachte das neue Aggregat 95 PS unter die Haube des BMW, die dem Wagen zu einer Spitzengeschwindigkeit von 160 km/h verhalfen.
Mit den besseren Fahrleistungen stellte sich gleichzeitig eine Eigenheit ein, die inzwischen legendär geworden ist und das Image des Wagens kräftig nährte: Bei hoher Geschwindigkeit setzte ein Pfeifton ein, der durch die Gestaltung der Regenleisten oder durch ein Abreißen der Luftströmung an der Oberkante der Windschutzscheibe völlig unbeabsichtigt entstand. Genau konnte dies niemand analysieren. Während dieses Pfeifen für andere Verkehrsteilnehmer typisch für das Herannahen eines BMW V-8 wurde, blieb das Windgeräusch den Insassen verborgen.
Allerdings wurde bei dieser ersten technischen Renovierung der großen Limousine versäumt, den neuen Achtzylinder auch optisch von den schwächeren Brüdern abzuheben, obwohl gerade zu dieser Zeit die Kundschaft begann, besonderen Wert auf Äußerlichkeiten zu legen: Nur ein bescheidenes V8-Zeichen über dem Griff des Kofferraum-Deckels kennzeichnete den ersten Achtzylinder-Wagen im Nachkriegs-Deutschland.
Da die vorhandenen Kapazitäten bei Baur mit dem Bau der Limousinen nicht mehr ausgelastet waren, entwickelten die Schwaben im Frühjahr 1954 aus der Limousine

Nur durch dieses Zeichen auf dem Kofferraumdeckel unterschied sich der neue V8-Wagen vom billigeren Bruder

Kurz nachdem BMW die Serienfertigung des 501 selbst übernahm, stellte sich Baur auf die Produktion von Cabriolets und Coupes des 501 und 502 um. Das erste weiße viertürige Cabriolet bestellte der Industrielle Herbert Quandt in Bad Homburg

anfangs ein zweitüriges, später ein viertüriges Cabriolet, sowie ein Coupé. BMW gab zwar dazu die Erlaubnis, mochte aber keine Aufträge geben. Man zog sich in die Rolle des Vermittlers zurück. BMW bot diese Sonderkarosserien über das Händlernetz an, Baur durfte keine eigene Werbung dafür betreiben, aber produzierte ganz und gar auf eigenes Risiko.
Um die offenen BMWs überhaupt bekannt zu machen, fuhren die beiden Söhne von Karl Baur mit dem ersten viertürigen Cabriolet auf ein Schönheitsturnier in Wiesbaden.

Innenansicht des handgearbeiteten Baur-Cabriolets mit Speichenrädern

Dort erhielten sie für das weiße, offene Auto den ersten Preis. Anschließend überführte man den Wagen nach Homburg von der Höhe, wo ein Käufer schon sehnlichst darauf wartete: Herbert Quandt. Der Industrielle begrüßte die Baur-Söhne Karl jr. und Heinz mit einem Glas Sekt und nahm dann den weißen Wagen in Empfang.
Um mit dem Cabriolet wenigstens eine kontinuierliche Produktion anlaufen zu lassen, hatten sich die Baurs eine besondere Methode ausgedacht: Eine bestimmte Menge von Cabriolets oder Coupés wurde bis zum Rohbau fertiggestellt und danach eingelagert. Erst wenn sich ein Käufer fand, der dann Farbe, Innen- und Sonderausstattung festlegte, komplettierten die Stuttgarter den Wagen.

„Viel Glück . . . "

Daß BMW mit einem Achtzylinder-Wagen auf den Markt kam, näherte im Volk den Verdacht, die Fusion mit dem Prestige-Wagen-Hersteller Daimler-Benz stünde bevor; es schwirrten Gerüchte um die Wette. „Die maßgeblichen Finanzkreise bereiten angeblich einen Plan vor," so verbreitete die Deutsche Presse Agentur, „der darauf abzielt, die Bayerischen Motoren-Werke und Daimler-Benz zusammenzuführen." Zunächst sei daran gedacht, daß beide Firmen gemeinsam einen Wagentyp auf den

Viersitziges Cabriolet der Firma Baur, Stuttgart, auf dem Fahrwerk des 502. Baujahr 1954

Markt bringen würden, der durch seine hohe Qualität und seinen Preis – angeblich 6.700 DM – zum Schlager auf dem Automarkt werde.

An den Fusionsgerüchten stimmte nichts, dagegen arbeitete zu jener Zeit BMW tatsächlich unter strengster Geheimhaltung an einem Mittelklassewagen. Im Frühjahr 1954 hatten die ersten Konzeptionen dazu begonnen. Zunächst entstand eine Bodengruppe mit doppelten Querlenkern und hinterer Starrachse – vorgesehen für eine selbsttragende Karosserie. Mittlerweile mußten auch die Münchener einsehen, daß diese Art, leichtere Autos zu bauen, eben keine Mode-Erscheinung war. Als Antrieb diente ein 1,6 Liter-Vierzylinder. Über diese Bodengruppe stülpte man anfangs eine 501-Karosserie. Aber die Probefahrten zeigten, daß Motor und Fahrwerk der schwere Aufbau arg zu schaffen machte. Daraufhin tarnte man die Neuheit mit dem Kleid eines italienischen Fiat 1400. An einem Kran hing der Fiat-Aufbau über der BMW-Bodengruppe, und Arbeiter schnitten an der Fiat-Haut kurzerhand soviel Blech weg, bis beides zusammenpaßte.

Mit diesem getarnten neuen Mittelklasse-Wagen fuhr man solange herum, bis Mitte 1955 auch ein eigener Karosserie-Entwurf fertig war. Ein selbsttragender Aufbau, der an der Front Ähnlichkeit mit dem kommenden Sportwagen 507 aufwies. Um die Steifigkeit zu erreichen, hatte der junge Karosserie-Konstrukteur Eibl eine Art von Rohrrahmen ins Blech integriert. Mißtrauisch hatte ihn dabei der Technische Direktor Fiedler zugeschaut und gesagt: „Viel Glück damit; bei uns hat sowas bisher noch nie gehalten."

Die Testfahrten – die nur bei Nacht stattfinden durften – zeigten denn auch die Schwierigkeiten. Als Konstrukteur Eibl mit seinem Vorgesetzten, Wilhelm Hofmeister, im neuen Wagen bei Schleißheim die Straße entlang rollten, befahl Hofmeister plötzlich: „Fahren Sie doch mal mit dem rechten Vorderrad auf den Sandhaufen." Als er dann aussteigen wollte, um sich den Wagen von außen anzusehen, klemmten die Türen, so sehr hatte sich die Karosserie verzogen. Mit einem doppelten Wagenboden und dazwischenliegenden Klötzen versuchte Hofmeister am nächsten Tag diesen Nachteil zu beheben.

Bis ins Frühjahr 1956 tüftelte Hofmeister und ein Ingenieur-Team an diesem Mittelklassewagen. Dann kam vom Vorstand Order, die Arbeiten einzustellen – es fehlte das nötige Geld.

Viersitzige Coupé-Karosserie von Baur, Stuttgart, auf der Basis des 502. Baujahr 1955

In kleiner Serie gebautes Coupé der Firma Autenrieth, Darmstadt; konstruiert von Ingenieur Franz Trüby. Steil gestellte Scheinwerfer, Lederausstattung, Chassis: 502 mit 2,6 Liter-V 8-Motor. Debüt März 1955

Hoffmanns Erzählungen

Daimler-Benz hatte Mitte 1954 mit seinem Rennsportwagen 300 SL gehöriges Aufsehen erregt. Angespornt vom Technischen Direktor Fritz Fiedler überredete der kaufmännische Direktor Hanns Grewenig damals den Aufsichtsrat, daß BMW hierbei nicht nachstehen könne. Bald darauf war es beschlossene Sache; es sollte ein rassiges Sport-Cabriolet entwickelt werden. Mit einem Sechszylinder-Triebwerk, das man gehörig aufpusten würde.
Grewenig verständigte von dem Aufsichtsratsbeschluß seinen Vorstand-Kollegen, Kurt Donath, per Telefon. Donath kurte zu jener Zeit gerade in Bad Kissingen. „Das ist doch heller Wahnsinn", erregte sich Donath bei diesem Telefonat, „wie kann man zu unseren teuren Wagen, die uns schon Bauchschmerzen genug machen, zusätzlich noch teurere Autos entwickeln?" Außerdem wäre es doch Unsinn, einen neuen Sechszylinder zu schaffen, wo doch der moderne Achtzylinder gerade in Serie ginge.
Wenige Stunden später erfuhr Kurt Donath noch einmal von dem Plan: Der Konstrukteur Ernst Loof war nach Bad Kissingen geeilt. Loof, der vor dem Krieg die Rennabteilung geleitet hatte und nach Kriegsende mit seinen Veritas-Sportwagen reichlich Erfahrung im Bau schneller Wagen auf BMW-Basis gesammelt hatte, bettelte nun darum, einen solchen Zweisitzer konstruieren zu dürfen. „Das können Sie ja machen", antwortete Donath, „aber Sie müssen alles von Hand bauen. Nur Motor und Fahrgestell bekommen Sie komplett."
Loof, der aus alten Veritas-Zeiten seine Baracke am Nürburgring als Außen-Entwicklungsstelle hatte behalten dürfen, erhielt aus München ein Chassis mit Achtzylinder-2,6 Liter-Motor zugeschickt. Das Limousinen-Fahrgestell wurde gekürzt, und Loof zeichnete dafür eine Karosserie, die in der Linie auf dem „Veritas Nürburgring RS", Baujahr 1953, basierte. Mit den Zeichnungen fuhr Loof zur Karosseriefabrik Baur in Stuttgart, die dann einen fertigungstechnisch einfachen Aluminium-Aufbau auf das Chassis setzte. Kostenpunkt der Einzelanfertigung: 15.000 Mark.
Voller Stolz führte Loof den BMW-Sportwagen in München vor. Und wenige Tage später, im Mai 1954, kam Maximilian Edwin („Maxie") Hoffmann ins Werk. Der Austro-Amerikaner, der in den USA schon Porsche und Volkswagen verkaufte, war bereit, auch BMW drüben zu vertreten. Gleich beim ersten Besuch meinte der Technische Direktor Fritz Fiedler: „Ich habe einen Sportwagen für Sie". Dann fuhr Fiedler den neuen BMW-Vertreter zu Baur nach Stuttgart und zeigte ihm Loofs-Wagen. Hoffmeister war über die schwulstige Form entsetzt:„So etwas können Sie drüben nicht verkaufen. Der ist zu häßlich." Ratlos starrte Fiedler auf den Boden.
Hoffmann meinte dann: „Ich fahre sowieso nach Italien, da werde ich den Kontakt zu einem Designer herstellen, der eine schönere Linie entwirft." Als Hoffmann allerdings aus Italien zurückkehrte, hatte er vor lauter Arbeit das Kontaktschmieden vergessen. Daraufhin setzte sich Hoffmann zu Fiedler an den Tisch und malte, so gut es ging, auf einem Stück Papier die Linie eines rassigen Sportwagens auf: „So etwas läßt sich drüben blendend verkaufen." Hanns Grewenig, in der Hoffnung auf ein gutes Amerika-Geschäft, fing Feuer.
Zehn Tage später kehrte Hoffmann nach New York zurück. Hier ging er gleich zu seinem Freund, dem deutschstämmigen Grafen Albrecht Goertz. Der war Stylist und

Veritas „Nürburgring" hieß der 1953 gebaute Sportwagen, den Loof als Vorbild für einen geplanten weiß-blauen Sportwagen nahm

Nach Loofs Entwürfen baute Baur in Stuttgart eine Aluminium-Karosserie auf das verkürzte Fahrgestell eines 502. Preis der Einzelanfertigung: 15.000 Mark

ehemals Schüler des berühmten Designers Raymond Loewy – dem Schöpfer der Coca-Cola-Flasche – gewesen. Goertz fertigte einige Skizzen von dem geplanten Wagen an, die umgehend nach München geschickt wurden. Zehn Tage später kam zu Hoffmann ein Anruf von Grewenig: Goertz möge doch nach Deutschland kommen, um mit den Hausstylisten das Projekt zu diskutieren.

Kaum war Goertz aus Europa zurück, schickten die BMW-Stylisten ein 1:5-Modell eines Sportwagens zu Hoffmann nach New York. Der erinnerte sich: „Die Form ähnelte der des Thunderbird. Nichts daran von meinen Ideen. Viel zu hoch und zu schmal." Hoffmann lehnte ab.

Erpicht auf ein gutes Amerika-Geschäft willigte Grewenig dann doch ein, daß die Form eines BMW-Sportwagens nun in den USA entstand. Dabei durfte sogar die klassische

Niere an der Front fehlen. Goertz entwarf nun die endgültige Form des späteren 507.

Da der Aufsichtsrat und Grewenig aber nicht ganz sicher war, ob die nierenlose Form auch in Europa ankam, erhielt Graf Goertz aus München gleich noch einen Auftrag; er sollte die Linien eines luxuriösen Sportwagens mit Niere und Pontonfom zeichnen, aus dem es später sogar möglich gewesen wäre, einen Nachfolger für den 501/502 zu schaffen. So entwarf Graf Goertz den 503. Und von diesen Plänen wußte Hoffmann nichts. Wahrscheinlich fürchtete man in München, den neuen Kunden mit solchen Argumenten zu verprellen.

Loofs Kreation wurde in München von Stund an nicht mehr beachtet. Um dennoch zu beweisen, daß sein Auto beim Volk ankam, fuhr der Konstrukteur trotzig mit dem Prototyp zum Schönheitswettbewerb 1954 nach Bad Neuenahr. Dort erhielt der rundliche Sportwagen prompt eine Goldmedaille und noch obendrein den „Goldenen Kranz" für Linie, Form und Ausstattung. Irritiert fragte das Fachblatt „Auto, Motor und Sport" nach diesem Auftritt: „Welchen Zweck mag die Taktik der BMW-Geschäftsleitung haben, den Prototyp des seit längerer Zeit erwarteten Sportwagens auf einer Schönheitskonkurrenz zu zeigen, ihn dann rasch wegzunehmen und mit dem Mantel geheimnisumwitterten Schweigens zu umgeben?"

Grewenig kochte vor Wut als er die Notiz las. Er verbot Loof, den Prototyp weiter herumzuzeigen. Denn der neue Serien-Sportwagen sollte anders aussehen.

Vorgabe: 220 Spitze

Als erstes trafen aus Amerika die Entwürfe zum 503 ein. Grewenig und Donath gaben den Auftrag für das erste Exemplar an die Karosserieschmiede Baur. Man wollte damit die Verstimmung beheben, nachdem BMW nur noch 501-Rohkarossen aus Stuttgart bezog und bald die gesamte Karosserieanfertigung für die Limousinen übernehmen wollte. Stattdessen, so versprach Hanns Grewenig den Schwaben, erhielte Baur die Produktion aller Sportwagen-Typen.

Während in Stuttgart der erste 503 entstand, begann in der Versuchsabteilung der Bau des ersten 507. Hierbei mußte das Original-Chassis der Limousine verkürzt werden. Verantwortlich für die Fahrwerksabstimmung und Ausführung der Bremsen zeichnete hierbei Konstrukteur von Falkenhausen.

Im Juli 1955 standen die ersten beiden Exemplare des 507 komplett auf den Rädern. Sie wurden eiligst nach New York verschifft, wo sie Grewenig und von Falkenhausen im Walldorf-Astoria-Hotel stolz dem US-Importeur Hoffmann und einigen ausgewählten Händlern zeigten. Hoffmann war begeistert und orderte sofort 5000 Exemplare – sofern ihm BMW einen Einkaufspreis von 12.000 Mark pro Stück garantiere. Damit hatten die Kaufmänner in München nicht gerechnet. Sie hofften, den 507 in den USA für etwa 5000 Dollar (= 21.000 Mark) verkaufen zu können. Mit dem von Hoffmann diktierten Preis hätte man noch nicht einmal die Selbstkosten gedeckt. Verschreckt lehnte Grewenig den Großauftrag ab. Hoffmann bestellte daraufhin nur einige Einzelstücke. Die Hoffnung Grewenigs auf ein lukratives Amerika-Business schwamm dahin. Verschnupft trennte man sich von Hoffmann.

Dennoch mußte das Projekt durchgeboxt werden; die Münchener hatten schon zuviel investiert. Allerdings stimmten nun auch alle Kalkulationen nicht mehr, denn ohne den USA-Markt mußte man mit wesentlich geringeren Stückzahlen rechnen. BMW konnte den 507 nun allenfalls für 8988 Dollar (= 37.000 Mark) drüben anbieten: ein Preis, der die Marktchancen entsprechend schmälerte. In Deutschland durfte der weiß-blaue Sportwagen nicht teurer sein als der Mercedes-Benz 300 SL, und der kostete knapp 30.000 Mark.

Durch solche Komplikationen hielten sich die BMW-Leute auch nicht mehr an ihre Absprache mit Baur, sondern bereiteten selbst die kleine Serienfertigung vor. Die Karosserie sollte über kunststoff-verstärkte Holzmodelle gehämmert, der gesamte Wagen fast ausschließlich in Handarbeit hergestellt werden.

BMW stellte den 503 und den 507 zur Internationalen Automobil-Ausstellung im September 1955 offiziell vor. Wahlweise als Cabriolet oder Coupé lieferbar, unterschied sich der 503 technisch durch 20-Mehr-PS von der ebenfalls zur IAA vorgestellten 502-Limousine mit 3,2 Liter-Motor. Nach den Vorstellungen der Verkaufsleitung sollte der 503 seine Besitzer in jenen Kreisen suchen, die sich eines hübschen Zweisitzers erfreuen wollten, aber wenig Wert auf sportliche Qualitäten legten.

Für die sportlich ambitionierte High-Society war der 507 bestimmt.

Die beiden Sportwagen aus München blieben lange Zeit die Anziehungspunkte vieler europäischer Automobil-Ausstellungen. Die Presse überschlug sich damals mit Lobessprüchen wie „Die weiß-blauen Diamanten vom Isarstrand", „Die schönsten Automobile, die es auf der Welt gibt" oder „Die BMW-Leute haben sogar die italienischen Karosserieschneider übertrumpft."

Die 503- und 507-Typen wurden innerhalb von knapp 18 Monaten entwickelt. „Wir müssen den Vorsprung der anderen Firmen schnell aufholen", hieß die offizielle Begründung für solche Hast. Doch nach dem offiziellen Debüt im September 1955 vergingen nochmals Monate, ehe das Fließband anlief.

Nach der Ausstellung bereitete Alexander von Falkenhausen ein Exemplar des 507 – das es nur als Cabriolet mit Hardtop gab – für die Typprüfung beim Technischen Überwachungsverein (TÜV) vor. Das bereitete ihm insofern Kopfschmerzen, da der Vorstand schriftlich die Anordnung gegeben hatte, der 507 müsse bei der Typprüfung eine Spitzengeschwindigkeit von 220 km/h erreichen. „Das ist doch nie zu schaffen", dachte sich der Konstrukteur. Er ließ Continental-Rennreifen auf den Wagen aufziehen und pumpte fünf Atü Luftdruck drauf, an unauffälligen Stellen wurde die Front verkleidet, um den Luftwiderstandsbeiwert zu senken. Letzendlich frisierte von Falkenhausen den Motor etwas – ohne dabei zu sehr von der Serienmäßigkeit abzuweichen. Dann bat man den TÜV um einen Termin.

An einem trüben regnerischen Tag im November 1955 war es soweit: Auf der Autobahn München-Eching – die zu diesem Zwecke total gesperrt wurde – bauten die BMW-Techniker Lichtschranken auf. Der oberste TÜV-Beamte erschien – und äußerte den Wunsch, im Wagen mitzufahren, anstatt wie üblich, an der Lichtschranke zu stehen. Von Falkenhausen – ängstlich, die Vorgabe nicht zu schaffen –, saß am Steuer des 507 und nahm 10 Kilometer Anlauf, um an der Lichtschrankenstrecke auch wirklich auf Höchstgeschwindigkeit zu kommen. Denn inzwischen hatte es zu schneien begonnen. Von Falkenhausen glaubte schon, das gesteckte Ziel nicht zu erreichen, doch nach einigen Hin- und Herfahrten stoppte der TÜV-Beamte mit seiner Taschenstoppuhr wirklich einen Durchschnitt von 220,1 km/h.

Entwurf von Graf Goertz zum neuen Sportwagen

Im Mai 1955 wurde der erste 503 ausgeliefert, während die ersten 507 im November zu den Händlern rollten. BMW fertigte die Sportwagen in eigener Regie, um die vorhandene Stamm-Mannschaft überhaupt zu beschäftigen. Dabei gab man sich bei den beiden Sportwagen besondere Mühe: Jedes Exemplar, das vom Band lief, kam vor Auslieferung in die Versuchsabteilung. Hier wurde jeder Wagen noch einmal zur Probe 100 Kilometer weit gefahren und sämtliche Klappergeräusche abgestellt.

In Preis, Ausstattung und Fahrleistung fügte sich der 507 schnell in die Spitzenklasse

Vorstandsorder: 220 km/h – 507 hier mit aufgesetztem Hardtop. Da der erhoffte Amerika-Export ausblieb, wurde das gesamte Projekt zum Verlustgeschäft

Der US-Designer Raymond Loewy (Gestalter der Coca Cola-Flasche) kaufte sich einen 507 und ließ sich darauf von der französischen Karosseriefirma Pichon-Parat diese nach eigenem Geschmack entworfene Sonderkarosserie bauen. Debüt Paris 1957

erlesener Automobile ein und stellte seinen behäbigen Bruder 503 bald in den Schatten. Daß der Stolz der Münchener Autobauer – der 507 – auch auf Rennpisten eine gute Figur abgab, bewies Rennfahrer Hans Stuck in den folgenden Monaten einige Male bei Bergrennen.

Angriff auf Bonn

Hanns Grewenigs Ehrgeiz nach mehr Prestige- und damit Verkaufsfortune stand im Weg, daß die Bundesregierung in Bonn fast ausschließlich Wagen der Stuttgarter Konkurrenz bewegte; und das wollten die Bayern ändern. Zwei komplette Fahrgestelle der 3,2 Liter-Limousine wurden im Juli 1955 zur Schweizer Karosseriefirma Ghia-Aigle geschickt, mit dem Auftrag, etwas ganz exklusives zu entwerfen.

Hoffnung auf eine Ponton-Limousine; hinter dem Rücken von Amerika-Importeur Hoffmann ließ Grewenig von Graf Goertz den 503 entwerfen

Für Kunden, denen der serienmäßige 503 zuwenig Platz bot, fertigte Wendler diese viersitzige Coupé-Blechhaut in Einzelexemplaren. Debüt 1956

Für Individualisten, die einen BMW ohne die typische Niere (und mit mehr Platz als der 507 es bot) suchten, bot die Karosseriefirma Autenrieth dieses viersitzige Cabriolet „Marburg" an. Gebaut 1956

Nachdem 1959 die Serie des 503 auslief, baute die Schweizer Karosseriefirma Gebrüder Beutler in Thun dieses viersitzige Coupé im 503-Stil auf dem Fahrwerk des 3200 Super in kleiner Serie von 1961 bis 1962

Ausgestattet mit so modischen Dingen wie Bandtachometer, Vordersitzbank, Lenkradschaltung und Panoramascheibe: der 505

Innerhalb weniger Tage bauten die Schweizer darauf zwei riesige Pullmann-Limousinen mit allem, was für damalige Zeiten gut und teuer war. Die beiden Luxuskutschen mit der Typenbezeichnung 505 besaßen je eine Fondheizung, eine kleine Bar mit herausklappbarer Schreibplatte und Beleuchtung. Die Fenster ließen sich elektro-hydraulisch öffnen und schließen. Das Autoradio konnte über Fernbedienung vom Fond aus eingestellt werden. Selbstverständlich gehörte zum 505 auch eine Separation; eine Glasplatte, die für vertrauliche Gespräche den Fondraum zum

Beim Aussteigen stieß sich Bundeskanzler Konrad Adenauer nach der Probefahrt den Hut vom Kopf; der schwergewichtige 505, schon mit weit herumgezogener Panorama-Windschutzscheibe

Fahrerraum hin abtrennte. Dann verständigten sich die Fahrgäste nur über eine Sprechanlage mit dem Chauffeur. Die Modelle 505 besaßen sämtlichen modischen Attribute, die zu jener Zeit so gefragt waren – und die in den Serien-Limousinen fehlten: der Breitband-Tachometer am feudalen Armaturenbrett und die weit herumgezogene Panorama-Scheibe (ein Detail, das nur amerikanische Traumwagen trugen und US-Serienwagen erst ab Baujahr 1956 erhielten). Soviel Luxus forderte allerdings auch seinen Tribut; obwohl Motor- und Kofferraumhaube aus Aluminiumblech bestanden, wog die Super-Limousine dennoch stolze 1800 Kilogramm. Wegen ihrer Größe, des tiefschwarzen Lacks und des plumpen Aussehens nannten BMW-Werker die beiden Exemplare respektlos „Leichenwagen".

Mit dem Typ 505 zogen Verkäufer gen Bonn, um Bundeskanzler Konrad Adenauer den geliebten Mercedes 300 madig zu machen. Würde erst des Kanzlers Auto ein BMW sein, stiegen auch alle Minister und Deutschlands feine Leute auf BMW um. Die Chancen standen nicht schlecht. Bereitwillig stieg an einem schönen Sonnentag im August 1955 Konrad Adenauer zur Probefahrt ein; vielleicht hätte er auch ein Exemplar bestellt. Doch ausgerechnet beim Aussteigen stieß sich Adenauer den Hut vom Kopf. Wohl der Grund dafür, warum die erhofften Bestellungen vom Rhein ausblieben.

Dies bedauerte man in Milbertshofen nachträglich durchaus nicht. Eine neue Karosserie hätte die leeren Kassen noch mehr strapaziert. Die beiden Exemplare des 505 wurden zur Internationalen Automobil-Ausstellung im September 1955 noch einmal der Öffentlichkeit gezeigt, ehe sie Grewenig verkaufte.

Trotz der immer größeren Verbreitung des bulligen Achtzylinders, der nun im 502, 503 und 507 mit unterschiedlichen PS-Stärken Dienst tat, ließ BMW den betagten Sechszylinder-Motor nicht sterben. Wenn es schon zum Bau eines Mittelklassewagens nicht reichte, wollte man wenigstens mit dem Zweiliter-Aggregat die Kunden des gehobenen Mittelstandes halten. Deshalb hatten die BMW-Techniker im April 1955 den 501 nochmals aufgewertet. Der 501/3A glich äußerlich seinen Vorgängern und hatte weiterhin 72 PS unter der Haube, die aber jetzt aus einem auf 2,1 Liter aufgebohrten Motor geholt wurden.

Die erste optische Änderung der Einheits-Karosserie erfolgte zur Automobil-Ausstellung 1955. Der Innenraum wurde bei allen Modellen überarbeitet, und mit der Einführung des 3,2 Liter-Achtzylinders erhielten die Luxus-Varianten ein radikal vergrößertes Rückfenster – auch die weiß-blaue Marke verschloß sich nicht länger dem Trend zu größeren Glasflächen am Auto.

Da aber das nötige Geld fehlte, neue Preßwerkzeuge für die Detailänderung zu kaufen, schnitt man das größere Rückfenster einfach mit Hilfe von Schablonen aus dem Dach-Blechteil heraus.

Seitdem die V8-Limousinen in der stärksten Version mit einer 3,2 Liter-Maschine ausgestattet waren, schlugen die Bayern die Stuttgarter Konkurrenz um 200 ccm und bauten damit Deutschlands hubraumgrößten Wagen, der sich auch den Titel „schnellster Tourenwagen" holte. Immerhin erreichte der 502, der werksintern 506/1 hieß, eine Spitze von 170 km/h.

Weil das Geld für ein neues Preßwerkzeug nicht reichte, wurde das größere Heckfenster bei den Luxuslimousinen mit einer Schablone herausgeschnitten

Zur Automobil-Ausstellung 1955 in Frankfurt erhielt die Limousine einen neu gestalteten Innenraum mit drei hochklappbaren Armlehnen hinten, Liegesitzbeschlägen und die damals so begehrten vorderen Ausstellfenster

Verpaßtes Motorroller-Geschäft

Mit den schweren BMW-Motorrädern machten die Münchener zu Anfang der fünfziger Jahre ein gutes Geschäft. Sie produzierten
          1950: 17.061 Stück
          1951: 25.101 Stück
          1952: 28.310 Stück
„Ohne große Investitionen" gelang es, die Produktion 1952 weiter heraufzusetzen, wie der Geschäftsbericht bestätigte. Doch ließ der Vorstand die Aktionäre wissen, daß eine weitere Steigerung nicht geplant sei, um künftig Rückschläge zu vermeiden. Und wirklich: Schon ein Jahr später bekam BMW den Hang der Käufer zum Kleinwagen zu spüren. Im Winter 1953/54 stauten sich in den Hallen die unverkauften Motorräder.
Im Frühjahr überholte BMW sein Zweirad-Programm und präsentierte die R 25/3, die nun 13 PS leistete, Vollnaben-Bremsen, eine neue Auspuffanlage sowie kleinere Räder und einen größeren Tank besaß.
Mit dem neuen Programm steigerten die BMW-Leute ihre Motorrad-Produktion auf 29.699 Stück und erreichten damit 1954 wieder einen werksinternen Rekord. Der Verkaufserfolg konnte aber nicht darüber hinwegtäuschen, daß die Konkurrenz noch wesentlich stärker expandierte. Sie hatte sich schon früh genug auf einen Zweirad-Typ eingestellt, der kurz nach Kriegsende in Italien entwickelt wurde und bald auch in Deutschland viele Freunde fand; den Motorroller. Im Gegensatz zum althergebrachten Motorrad war der Roller voll verkleidet und bot dem Fahrer durch die breite Blechwand unterhalb des Lenkers Schutz gegen Fahrtwind, Schmutz und Staub.
Auch in den Milbertshofener Entwicklungsabteilungen hatte man sich mit dem Motorroller beschäftigt und früh genug ein solches Gefährt mit einem Einzylinder-Viertakt-Motor von 175 ccm Hubraum gebaut. Doch der Prototyp erinnerte in der Form eher an ein vollverkleidetes Motorrad und dokumentierte deutlich, wie schwer es den traditionellen Motorradbauern fiel, sich auf die neue Mode einzustellen.
Erst später kam ein gefälligeres Modell, dem Heinkel-Roller ähnlich, das allerdings ebensowenig realisiert wurde wie der erste Prototyp.
In München mochte man sich einfach nicht dazu entschließen, dem neuen Trend der Käuferschaft zu folgen und rechnete damit, daß dieser Modespuk bis zum Anlauf einer eigenen Serie schon vorbei sein würde. Die Verkaufsleitung überspielte das Dilemma mit der Bemerkung: „Wir lassen unsere schönen Maschinen nicht zu Rollern degradieren."
Während die BMW-Männer noch ihre Motorräder verteidigten, machte sich bereits ein neuer Trend bemerkbar; der, statt eines Motorrollers gleich einen Kleinwagen zu kaufen. Diese Mobile waren vielfach leistungsschwächer und unkultivierter, boten aber den Insassen ein Dach über dem Kopf.
Alle diese Faktoren schlugen sich in der Produktion von 1955 nieder: Die gesamte Motorrad-Industrie verkaufte schlagartig weniger. In der folgenden Zeit sollte es noch weiter abwärts gehen.

Fertig entwickelt, aber nie in Serie gegangen: der BMW-Motorroller

Kleinstwagen-Nöte

Das „Großwagen-Geschäft", so hatte sich schon zum Ende des Jahres 1953 herausgestellt, brachte nicht den kalkulierten Gewinn. Rechneten die BMW-Kaufleute vor Beginn der Limousinen-Produktion mit einem jährlichen Absatz von 25.000 Stück, so mußten sie sich bald damit abfinden, pro Jahr kaum noch den sechsten Teil davon verkaufen zu können.

Mit schmalerem Gewinn und entsprechend unrationeller Fertigung kamen neue Probleme – vor allem in finanzieller Hinsicht – auf die geplagten Manager zu.

Ihnen wurde klar, daß die riesige Lücke zwischen BMW-Motorrädern und -Autos nun endlich mit einem Kleinwagen gefüllt werden mußte. Während andere Firmen ihren Kunden schon ein lückenloses „Aufsteiger-Programm" boten, in dem sich der Käufer von Modell zu Modell hochkaufen konnte, animierte BMW seine Kunden zum Abspringen. Alte Motorrad-Eigner hatten nämlich nur in sehr seltenen Fällen die Mittel, gleich auf ein BMW-Auto umzusteigen. Also wanderten sie – gezwungenermaßen – zu anderen Marken ab.

Zwar stand in einer Ecke der Entwicklungsabteilung immer noch Bönings kleines 24 PS-Auto mit den geschwungenen Linien des 326, aber die Produktionseinrichtungen dafür hätten zuviel Geld verschlungen. So hoffte die Geschäftsleitung wieder einmal mehr, über Zusammenarbeit mit anderen Firmen ohne großen finanziellen Aufwand an einen Kleinstwagen zu kommen.

Durch seine Tätigkeit im Zweirad-Verband traf BMW-Chef Donath an einem kühlen Februartag 1954 im Düsseldorfer Hotel „Breidenbacher Hof" seine Motorrad-Konkurrenten Dr. Richard Bruhn (Auto Union), Dr. h. c. Hans Friedrich Neumeyer (Zündapp) und Dr. Gerd Stieler von Heydekampf (NSU).
„Meine Herren," begann Donath das Gespräch, „das Motorradgeschäft bröckelt immer mehr ab. Lassen wir uns zusammengehen und eine neue Automobilfabrik gründen, die parallel zum Volkswagen einen Kleinwagen in großen Serien baut." Im Zweigwerk München-Allach würden bald die Amerikaner ausziehen, und so hätte man eigentlich einen ausbaufähigen Grundstock für gemeinsame Pläne.
Doch jeder hatte damals andere Vorstellungen und Wünsche. Die Auto-Union arbeitete an einem eigenen Kleinwagen, NSU wollte noch stärker ins Kleinmotorrad-Geschäft einsteigen und sich nicht im Autobau engagieren, ebenso Zündapp.
Anderseits mochte BMW aber auch nicht mit jedem kooperieren. BMW-Händler und Ex-Rennfahrer Georg („Schorsch") Meier, befreundet mit dem niederbayerischen Landmaschinenfabrikanten und Motorroller-Produzenten Hans Glas, wollte einen Kontakt zwischen Glas und BMW schmieden. Meier, – der wußte, daß Glas ins Kleinstwagen-Geschäft strebte – schlug dem BMW-Vorstand Hanns Grewenig vor: „BMW und Glas konstruieren zusammen ein Kleinstauto. BMW liefert seinen 250 ccm-Motor und Glas baut die passende Karosserie dazu." Doch dieser Plan fand keine Gegenliebe in München. „Aber Herr Meier," antwortete Grewenig entrüstet, „Sie werden doch nicht glauben, daß wir, die Bayerischen Motoren-Werke, mit einer niederbayerischen Landmaschinenfabrik zusammenarbeiten." Hans Glas, dem Meier dies einige Tage später erzählte, reagierte auf seine Art: „Die bei BMW kenna uns gern ham. Was die kenna, kenna wia a'." Glas baute kurz darauf das erfolgreiche Goggomobil.
Einige Wochen später – im März 1954 – entdeckte Entwicklungs-Ingenieur Eberhard Wolff auf dem Genfer Automobil-Salon ein Kleinstfahrzeug, das nach seiner Ansicht BMW gut zu Gesicht stände. Er fuhr eiligst zurück und berichtete dem Vorstand von diesem fahrbaren Untersatz, der als „Moto-Coupé Isetta" von der kleinen italienischen Firma ISO entwickelt worden war.
Donath und Fiedler reisten sofort nach Italien und sahen sich das fahrbare Ei mit den hinten eng zusammenstehenden Rädern genauer an. „Als Ersatz für ein Motorrad mit Beiwagen gar keine dumme Sache", überlegten sie. Zudem bot sich geradezu an, den eigenen Motorrad-Motor zu verwenden. Dadurch würde sich der finanzielle Aufwand in Grenzen halten.
ISO-Chef Rivolta, der seinerseits schon längere Zeit nach einem deutschen Lizenznehmer gesucht hatte, gab bei Lizenznahme sogar die Preßwerkzeuge her. Denn neben der marktbeherrschenden Autofabrik Fiat fand ISO in Italien keinen rechten Absatz für den kleinen Zweisitzer mit Fronttür.
Die Bayern einigten sich schnell mit den Italienern. Die Lizenzübernahme schloß gleichzeitig die Belieferung der nordischen Staaten, der Schweiz und Österreich ein. In Frankreich hatte sich einige Monate zuvor schon ein anderer Lizenznehmer gefunden, der ISO's Kind unter dem Namen „Velam" baute und Spanien und die Benelux-Staaten damit belieferte.
Um den Kleinwagen möglichst schnell auf den Markt zu bringen, änderten die Münchener Techniker an der Original-Isetta äußerlich nur wenig; lediglich die Scheinwerfer wurden auf die Kotflügel gesetzt, da sie nach Ansicht der BMW-Leute bei der ISO-Isetta zu tief saßen und die Fahrbahn nicht gut genug ausleuchteten.

Auf dem Genfer Autosalon 1954 entdeckten die Techniker die ISO-Isetta aus Italien, die dann BMW in Lizenz nahm

Dagegen änderte sich unterm Blech manches: Statt des 326 ccm-Zweitakt-Doppelkolben-Motors mit 9 PS erhielt das kleine Moto-Coupé die in ganz weicher Gummilagerung aufgehängte 245 ccm-Viertakt-Maschine des Motorrades R 25, die hier – unter Gebläsekühlung – 12 PS abgab, sowie ein neu konstruiertes Getriebe. Dazu wurde der Federweg von 30 auf 80 Millimeter erhöht.

Zur besseren Fahrbahnausleuchtung wanderten die Scheinwerfer bei der BMW-Isetta auf die Kotflügel. Beim Öffnen der Türe knickte die Lenksäule mit dem kleinen Armaturenbrett zur Seite; ein Patent von Iso. Der Tankinhalt betrug nur 13 Liter

Die Schaltung blieb seitlich links neben dem Fahrersitz, und die Lenksäule einschließlich des kleinen Armaturenbretts, knickte – wie beim Original – beim Öffnen der Fronttür links zur Seite weg. Der Motor lag rechts vor der kurzen Hinterachse.
Mitten in den Vorbereitungen zur Serie, im Herbst 1954, traf es BMW hart, daß eine andere Firma ein ähnliches Moto-Coupé schon an Kunden auslieferte. Die Hoffmann-Werke im rheinischen Lintorf hatten es in kürzerer Zeit – und ohne Lizenzen von ISO – geschafft, eine Pseudo-Isetta mit seitlicher Tür unter dem Namen „Hoffmann Auto-Kabine" aufs Band zu legen. Damit drohte Jakob Osswald Hoffmann den Bayern den Gag, eine völlig neue Kleinwagenart in Deutschland einzuführen, wegzuschnappen. In einem groß angelegten Prozeß bewies BMW den Richtern, daß Hoffmanns Kabine ein Plagiat ihrer Isetta sei. Nachdem der Lintorfer knapp hundert Exemplare zusammengebaut hatte, gab er den Autobau auf.
Die BMW-Fans verstanden die Welt nicht mehr, als im Frühjahr 1955 neben den immer schnelleren Limousinen plötzlich dieses Mini-Auto erschien und damit das Marken-Bewußtsein manches V8-Fahrers (reiche Leute sollen in diesem Punkt sehr empfindlich sein) untergrub.
Mit einem Preis von 2.550 Mark hob sich die BMW-Isetta deutlich von den üblichen Kleinwagen ab und wurde selbst für kleine Geldbeutel erschwinglich. BMW-Donath machte zum Debüt den geladenen Gästen klar, daß ein preiswertes, wirtschaftliches Fahrzeug nicht als verkleinertes Auto denkbar sei, sondern nur als echte konstruktive Neuschöpfung wie die Isetta.
„Vier Räder – ein Dach juchhe", jubelten die „Badischen Neuen Nachrichten". Und fügten hinzu:„Niemand braucht zu fürchten, daß die schmale hintere Spurweite die Fahrsicherheit beeinträchtigt." Tatsächlich ließ sich mit der Isetta, deren Länge ja nur 2,30 Meter maß, in der Stadt besonders wendig fahren (obwohl das Moto-Coupé für seine Kürze noch wendiger hätte sein können). Dank der vorderen Tür konnte man sogar vorwärts an den Bürgersteig heranfahren, doch setzte damals die Polizei solch unorthodoxer Parkweise rasch ein Ende.
„Selbst den Motoruninteressierten muß es auffallen", so schrieb „Die Welt", „daß täglich mehr dieser eiförmigen, schnellen, nicht ganz leisen Fahrzeuge im Straßenbild zu sehen sind, die sich unter dem Namen BMW-Isetta einen guten Ruf erwerben." Die rapide Nachfrage erweckte fast den Anschein, daß nun die weiß-blaue Marke ihre Notzeiten hinter sich hätte. 12.917 Stück verkauften die Händler noch 1955 – bis dahin nie erlebte Stückzahlen. Allerdings stieg wegen des geringen Preises der Isetta der Gesamt-Umsatz nicht wesentlich an. Das Jahresergebnis 1955 zeigte dann auch, daß die Isetta-Fertigung die Verluste aus den anderen Sparten nicht aufzuwiegen vermochte. Allein die Anlaufkosten der beiden Sportwagen-Modelle zehrten mehr als den bescheidenen Gewinn an der Isetta-Serie auf. Nur durch den Teilverkauf des Zweigwerks München-Allach konnte die Geschäftsleitung den Verlust des Jahres 1955 noch abdecken und einen knappen Überschuß von rund 105.528 Mark erwirtschaften.
Der kaufmännische Vorstand, Hanns Grewenig, glaubte nach den ersten Erfolgen der Isetta jedoch, daß mit diesem Kleinstwagen noch das große Geschäft zu machen sei. Deshalb setzte er sich dafür ein, das Moto-Coupé-Programm auszuweiten. Neue Bänder wurden errichtet, neue Maschinen aufgestellt. Ab Februar 1956 bot BMW seinen Isetta-Kunden wahlweise auch eine 300 ccm-Version an.
Der frei arbeitende Ingenieur Helmut Werner Bönsch erstellte damals eine „Untersuchung aller am Markt befindlichen Kleinwagen" und fand bei den sehr ausführlichen

Vergleichen heraus, daß die neue 300 ccm-Isetta – besetzt mit zwei Personen – im vierten Gang elastischer war und die bessere Bergsteigfähigkeit hatte als der wesentlich hubraumstärkere Volkswagen.
Zudem stellten die BMW-Männer fest, daß Isetta-Fahrer nur äußerst selten unter Reifenpannen zu leiden hatten. Auf der Straße liegende Nägel – damals noch häufige Ursache von Reifendefekten – wurden von den Vorderrädern zwar hochgeschleudert, trafen wegen der engen Spur jedoch die Hinterräder nicht. In Milbertshofen rechnete man anhand des statistischen Materials hoch, daß ein Isetta-Fahrer durchschnittlich vier Millionen Kilometer fahren müßte, um eine Reifen-Panne zu haben.
Trotz aller Vorzüge sank im Juni 1956 der Verkauf plötzlich. Die Suez-Krise ließ zeitweise das Benzin knapp werden, und die Käufer übten – nicht nur bei BMW – Zurückhaltung beim Autokauf. Eine Preiserhöhung der Isetta um 200 Mark verschreckte zusätzlich Kunden. Und gleichzeitig tummelten sich in der 250 ccm-Klasse immer mehr Konkurrenten: Vor allem das niederbayerische Goggomobil setzte dem BMW-Ei kräftig zu.
Zur Skepsis der Käufer hatten allerdings auch anfängliche Motorschwierigkeiten beigetragen. Die im Motorrad bewährte 250 ccm-Maschine mußte sich nämlich als Isetta-Aggregat arge Torturen gefallen lassen. Vor allem auf Bergab-Fahrten ließen viele Fahrer den kleinen Motor kräftig überdrehen, der sich sofort mit einem unverschämten Öldurst rächte. Diese Unart lasteten die Käufer wiederum dem Werk an. Zwar vergrößerte BMW die Ölwanne stufenweise von ursprünglich 1,25 auf 1,5, dann auf 1,75 Liter: Die potentiellen Käufer wanderten aber erst einmal zur Konkurrenz ab.
„Der Erfolgstraum des Isetta-Promoters Grewenig entpuppt sich immer mehr als „Fata Morgana", spottete „Der Spiegel". Wieder einmal stauten sich – diesmal in Form von Isettas – die Lagervorräte bei BMW.
Die Verkaufsleitung dachte sich einen Trick aus, um ihre Händler zu mehr Bestellungen zu verführen. In Rundschreiben verbreitete sie, in kürze werde ein großer Export-Auftrag kommen, unter dem die Lieferung im Inland leiden werde. Doch auch das kurbelte den Absatz nicht an.
Im Sommer 1956 hoffte Grewenig, mit neuen Isetta-Versionen neue Käufer zu finden. In aller Eile hatte man eine kombinierte Cabrio-, Lieferwagen-Variante entwickelt. Von der normalen Isetta unterschied sie sich durch ein Faltdeck an Stelle des Plexiglas-Heckfensters. Heruntergeklappt ließ sich darauf eine Mini-Ladefläche aufsetzen. Stolz verkündete Grewenig bei der Vorstellung: „Diese Modelle werden unsere Produktion beleben." Doch seine Prognose erfüllte sich nicht. Das hatte zur Folge, daß die Milbertshofener beim Landesarbeitsamt die Entlassung von 600 Mann beantragen mußten.
Erst als im Oktober 1956 ein verbessertes Isetta-Modell das Licht der Welt erblickte, belebte sich der Absatz zögernd. Markantes Zeichen der „Isetta Export 57" waren seitliche Schiebefenster, durch die – unabhängig vom Stoffdach – eine bessere Belüftung möglich war. Das große Plexiglas-Heckfenster wich einer kleineren Scheibe aus Sekurit-Glas. Weniger sichtbar, dafür um so spürbarer, wirkte die neue, nun weicher federnde Vorderachse. Gegen das Überdrehen des Motors führte BMW einen geringeren Vergaser-Querschnitt, einen Drosselwiderstand im Gaspedal und Überdrehmarken am Tachometer ein. Die bisherige Isetta wurde nun als Standard-Modell neben dem zweifarbig lackierten Export-Modell weitergebaut. Erst später magerte Grewenig auch die Export-Ausführung in der Ausstattung ab und ersetzte die

Um das Isetta-Geschäft neu zu beleben, brachte man eine Vielzweck-Variante des rollenden Ei's auf den Markt. Die hintere Scheibe wich einem Faltverdeck, und mit wenigen Handgriffen ließ sich eine Mini-Pritsche aufsetzen

Original-ISO-Konstruktion ganz durch die in Milbertshofen weiterentwickelte Isetta. Zur Jahreswende 1956/57 hatte sich der Verkauf aber immer noch nicht so erfreulich ausgeweitet, wie es die Geschäftsleitung gerne gesehen hätte. Deshalb startete man eine Werbeaktion unter der Belegschaft, um einen Bestand an rechtsgelenkten Isettas abzubauen: „Wir haben uns entschlossen, allen Belegschaftsmitgliedern die Gelegenheit zu geben, die Isetta zum Sonderpreis von 2.025 Mark zu erwerben. Dieser Preis ist eine Weihnachtsüberraschung. Bitte werben sie auch im Kreise Ihrer Familie für die BMW-Isetta."

Ton-Formstudie zu einer viersitzigen Isetta mit zwei Fondtüren aus dem Jahre 1956

Isetta mit vier Sitzen

Inzwischen verlangte der Markt nach einem Kleinwagen mit vier Sitzen und einem Motor mit 500-600 ccm. Die Bremer Lloyd-Werke hatten offensichtlich mit ihrem LP 600 genau den Publikumsgeschmack getroffen. Nach Ansicht der BMW-Techniker war auch das Isetta-Konzept durchaus noch zukunftsträchtig. So beschloß man, die Isetta einfach zu vergrößern. Dies war zugleich die einzige finanziell tragbare Lösung.
Die ersten Versuchsmodelle der verlängerten Isetta – als Isetta-Lieferwagen getarnt – rollten bereits im Sommer 1956. An diesen Prototypen hatten die Techniker den Radstand verlängert, die hintere enge Spurweite der vorderen angeglichen und damit Platz für eine weitere Sitzbank geschaffen. Um den Einstieg nach hinten zu ermöglichen, stattete man den rechten Vordersitz mit einem Klappmechanismus aus. Doch diese Lösung befriedigte nicht: Dachte man ursprünglich noch daran, die viersitzige Isetta mit dem 300-ccm-Motor auszurüsten, wurde dies gewichtsmäßig bereits nach den ersten Probefahrten illusorisch.

Von dem neuen viersitzigen Kleinwagen war Grewenig so begeistert, daß er sich bei der Karosseriefabrik Wendler in Reutlingen einen kleinen Jadgwagen als Einzelstück anfertigen ließ: Ein viersitziges offenes Auto in mattem, grünen Lack gespritzt.
Als der Aufsichtsrat allerdings die Rechnung für Grewenigs Jagdwagen zu Gesicht bekam, rügte er den Kaufmännischen Vorstand; angesichts des knappen Etats sollten solche Sonderanfertigungen für private Zwecke unterbleiben. Schließlich langte das Geld noch nicht einmal dazu, Pläne für eine leicht veränderte Karosserie der viersitzigen Isetta auszuführen.

Aus Kostengründen plante Entwicklungschef Willy Black die vergrößerte Isetta nur mit einer vorderen Tür (oben). Das Einstiegsproblem löste man mit einem umklappbaren Beifahrersitz (rechts)

Der Griff in die Rücklagen

Unterm Strich summierten sich zum Jahresende 1956 die roten Zahlen zu dem stattlichen Betrag von 11,3 Millionen Mark. Da vom Verkauf des Zweigwerks Allach im vergangenen Jahr noch einige Millionen Mark in der Kasse lagen, deckte man damit und mit der Teilauflösung der Rücklagen die Verluste ab.Nur dadurch ließ sich die erste größere Finanzkrise vermeiden. Es blieb nur ein Verlust von rund 100.000 Mark.
Schon damals entdeckte der Freistaat Bayern die finanzielle Misere eines seiner größten Arbeitgeber im Lande. Deshalb machte in den ersten wirklich trüben Monaten der Freistaat Bayern dem Aufsichtsratsmitglied Dr. Robert Frowein die Offerte, sich mit 30 Millionen Mark an den Bayerischen Motoren-Werken zu beteiligen. Doch Frowein, 1955 von der Deutschen Bank in den Aufsichtsrat bestellt, gab dieses Angebot aus unbekannt gebliebenen Gründen nicht an seine Kollegen weiter.
So erfuhr der Aufsichtsrat erst einige Jahre später – als Frowein schon verstorben war – von der angebotenen Hilfe Bayerns.
Der Isetta-Verkauf ging in den ersten Wochen des Jahres 1957 nur schleppend. Obwohl einige Elektrizitätswerke ihre Männer auf Isettas setzten, die Bundespost ihren Telegrammdienst mit Isettas ausrüstete, die Polizei erwog, ihre Motorradstreifen auf Isetta-Streifen umzusatteln und sogar Multimillionär Rockefeller in Amerika die Isetta als Stadtfahrzeug nutzte, half das alles nicht über die Flaute.
Ein Unternehmer in England glaubte dagegen im April 1957 in der Isetta endlich das ideale Verkehrsmittel für das Inselreich gefunden zu haben. Mister Ashley lud 200 Presseleute in ein Hotel nach Dorchester und verkündete dort seine Pläne vom Bau der britischen Isetta mit hinterem Einzelrad, die in sechs Ausführungen England geradezu überschwemmen sollte. Doch die großen Pläne Ashleys zerplatzten wie Seifenblasen. In Frankreich hatte derweil auch der westliche ISO-Lizenznehmer Velam den Konkurs angemeldet – die Zeit arbeitete gegen das rollende Ei. Der Trend ging zu größeren Mobilen.

Die lästigen Zweigwerke

Das Werk Allach, während des Krieges Glanzstück der Flugmotoren-Produktion, gehörte im Dritten Reich zu einer selbstständigen Gesellschaft, der BMW-Flugmotorenbau GmbH, an der neben der BMW-AG. auch das Luftfahrtministerium über eine Bank beteiligt war.
Aus dieser Selbstständigkeit folgerten die Siegermächte nach 1945, daß das Werk Allach nicht zu BMW gehöre. Sie beschlagnahmten Allach und hatten es endgültig von Milbertshofen abgetrennt. Nicht ohne Hintergedanken; nur so konnten sie Allach ohne Miet- und Benutzungsgebühren erst einmal besetzt halten und ihren gesamten Gerätepark, vom Rasenmäher bis zum Tankwagen, pflegen lassen. In den ehemaligen Flugmotorenhallen beschäftigten die Amerikaner mehrere tausend Deutsche und bauten das Werk innerhalb weniger Jahre zum größten Reparatur-Betrieb Europas aus, obwohl sie es eigentlich nach Kriegsende restlos zerstören wollten – wie alles, was zur weiß-blauen Marke gehörte.

Diese kostenlose Benutzung war den BMW-Leuten natürlich ein Dorn im Auge. Aufsichtsrat Dr. Mangoldt-Reiboldt strebte gleich nach 1948 einen Prozeß vor dem US-State-Departement an, in dem BMW klipp und klar nachwies, daß das Werk Allach zur Aktiengesellschaft gehörte. Das höchste amerikanische Gericht entschied zugunsten von BMW, was für die Streitkräfte bedeutete, daß sie für die Jahre nach 1945 und auch in Zukunft pünktlich Miete abführen mußten. So flossen der verarmten Gesellschaft in jedem Jahr harte Dollars zu, die wesentlich zur Aufbesserung des Geschäftsergebnisses beitrugen. Am 30. Juni 1955 hoben indes die Streitkräfte die Beschlagnahme auf und stellten die Mietzahlungen ein. Das Ausbleiben der routinemäßigen Miete riß in Milbertshofen ein großes Loch in die Kasse.

Während andere Firmen schon an Kapazitätsnöten litten, wußte BMW mit den freigewordenen Hallen nichts anzufangen. Deshalb begann bald die Suche nach einem Käufer.

Betriebsrat Kurt Golda wehrte sich damals heftig gegen einen Verkauf. Nach seiner Meinung hätte man das Werk Allach behalten und das Stammwerk München verkaufen sollen. Schließlich wäre Allach für spätere Jahre erweiterungsfähig und in besserem Zustand gewesen als die Hallen in Milbertshofen. Auf Golda hörte niemand: Er mußte zusehen, wie die 7000-Mann-Belegschaft von Allach in Form von Massenentlassungswellen immer weiter reduziert wurde.

Der damalige Wirtschaftsminister von Bayern, Hans Seidel, hätte garzugerne in den leerstehenden Hallen von Allach die Auto Union untergebracht. Doch diesen Gedanken lehnte der Aufsichtsrat aus Konkurrenzgründen ab, was wiederum zur Verärgerung des Wirtschaftsministers führte.

Die Maschinenfabrik Augsburg-Nürnberg (MAN) erklärte sich schließlich bereit, die Hälfte des 1,6 Millionen Quadratmeter großen Geländes zu kaufen. Für 21,5 Millionen Mark übernahm sie am 28. April 1955 zwei große Fertigungshallen, ein Kraftwerk, mehrere Betriebsräume und zwei Wohnanlagen.

Als die Kaufsumme an BMW überwiesen wurde, ruhte der Betriebsrat nicht: Bei der bayerischen Staatsregierung setzte er sich dafür ein, daß wenigstens für diejenigen BMW-Werker etwas getan wurde, die im Zweigwerk Allach mehr als 25 Jahre dem weiß-blauen Unternehmen gedient hatten und nun ihre Entlassung erhielten. Er erreichte, daß das Land Bayern der BMW-AG vier Millionen Mark Steuern erließ, damit davon in den Münchener Hallen für die Veteranen neue Arbeitsplätze geschaffen werden konnten.

In dem Teil des Werkes Allach, der BMW verblieb, beschäftigte die Milbertshofener Geschäftsleitung 280 Betriebsangehörige mit Werkzeug- und Vorrichtungsbau. Er brachte aber nicht genug ein, um wenigstens die Kosten für den Unterhalt des Werkes einzuspielen.

Ähnlich erging es dem Zweigwerk Berlin-Spandau. Mit schweren Beschädigungen hatte es den Krieg überstanden und sich auf Geheiß Münchens dem Werkzeugbau zugewandt. Die Berliner Zweigstelle hoffte, mit Exzenterpressen und Entgratungsmaschinen ins Geschäft zu kommen. Doch die Stückzahlen blieben gering und der gesamte Betrieb vom jährlichen Zuschuß aus München abhängig.

1955 zeichnete sich wenigstens für Allach ein Hoffnungsschimmer ab. Als sich, durch den Aufbau der Bundeswehr begünstigt, die Regierung für den Bau von Flugzeugen zu interessieren begann, liefen auch bald Verhandlungen mit BMW. Dort benannte man eiligst die seit dem Krieg „BMW-Verwaltungsgesellschaft" geheißene Allacher Hallen in „BMW-Triebwerkbau" um, setzte Geschäftsführer Kurt Donath wiederum zu

Pionierarbeiten ein und plante den Bau der ersten Kolbenmotoren für die Schulflugzeuge einer neuen Bundes-Luftwaffe. Trotz Regierungshilfe brachte der Triebwerkbau freilich auch in den folgenden Jahren nur ein dickes Minus in die Gesamtrechnung.

Neue Männer – neue Pläne

Zum Jahresanfang 1957 schieden die Männer der ersten Stunden nach Kriegsende aus dem Werk aus. Kurt Donath, der erfolgreich die Bayerischen Motoren-Werke vor dem totalen Untergang gerettet hatte, ging in Pension. Wenig später folgte das kaufmännische Vorstandsmitglied Hanns Grewenig.
Dem Aufsichtsratsvorsitzenden Dr. Hans Karl von Mangoldt-Reiboldt, der früher das Firmengeschehen sehr aktiv mitbestimmt hatte, blieb auf Grund anderer Aufgaben kaum noch Zeit für die bayerische Firma. Er überließ dem inzwischen zu seinem Stellvertreter avancierten Dr. Robert Frowein die Geschäfte.
Anstelle der ausscheidenden Manager engagierte Frowein – erstmals mit dem Titel eines Generaldirektors – Dr. Heinrich Richter-Brohm. Der Jurist, den Frowein aus früheren Jahren bei der Firma Pintsch-Bamag gekannt hatte, verfügte über ein dickes Polster an Selbstbewußtsein. Bei seinem Amtsantritt versprach er selbstsicher den geplagten Aktionären: „Bei BMW ist nun eine Wende in der Ertragslage zu erwarten."
Als erstes erstellte Richter-Brohm eine ausführliche Studie von 133 Seiten Länge über das kranke Unternehmen. Darin warf er der alten Geschäftsführung vor, sie habe schon früher erkennen müssen, wie eng der Markt für die 501-Typen war. Von 1952 bis 1957 wären zwar 52.200 Sechszylinder-Autos aus Stuttgart, aber nur 10.100 große BMW-Wagen in Deutschland zugelassen worden. Fertigung und Kalkulation hätte man auf die Produktion von 25.000 Sechs- und Achtzylinder-Wagen pro Jahr ausgelegt, tatsächlich bis 1957 aber nur insgesamt 19.100 verkauft.
Infolge dieser Fehlkalkulation habe die bayerische Marke bei jedem Exemplar der schweren Limousine ganze 5000 Mark hinzugesetzt. Zusammen, so rechnete der neue BMW-Chef seinen Vorgängern auf, hätten sie mit ihrem Autogeschäft einen Verlust von 60 Millionen Mark erwirtschaftet.
Damit, so kombinierte Richter-Brohm, sei der Gewinn von 57 Millionen Mark, den die Motorräder in die Kassen brachten, völlig aufgezehrt worden. Resümierte Richter-Brohm: „Das Grundübel liegt im zu geringen Umsatz, dessen Wurzel wieder in der Struktur des Programms festsitzt." Der neue Vorstandsvorsitzende verordnete der kränkelnden Firma gleich die Medizin: Mit hoher Verschuldung das Produktionsprogramm erweitern und damit der Kundschaft in vielen Hubraum-Klassen einen BMW bieten. Und dies war sein konkreter Vorschlag: Ein Mittelklassewagen mit 1,6 Litern Hubraum und 80 PS. Ein Viersitzer mit imposanter Beschleunigung und einer Spitze von 150 km/h, dessen Preis zwischen 8.500 und 9.000 Mark liegen sollte. Davon, so versprach er, würden sich ohne weiteres 24.000 Stück pro Jahr verkaufen lassen.
Der Aufsichtsrat genehmigte zwar einstimmig den Bau des Mittelklassewagens, nicht jedoch dessen Finanzierung. Die erhoffte sich nun Richter-Brohm von einer

Staatsbürgerschaft. Als der Generaldirektor beim bayerischen Ministerpräsidenten um einen Termin bat, ließ der den BMW-Chef wissen, man habe sowieso einen Termin mit dem Betriebsratschef Kurt Golda, und dem möge sich Richter-Brohm anschließen. Verbittert über die Behandlung seiner Person verzichtete Richter-Brohm auf Staatshilfe und rechnete nun damit, durch einen billig hergestellten Kleinwagen die Finanzierung des neuen Mittelklassewagens doch noch zu retten.

Richter-Brohms Mittelklassewagen lief im Straßenversuch mit Alfa-Romeo-Kühlergrill als Tarnung. Von der Grundform her war der Wagen ein Ableger des 503

Getarnter Mittelklassewagen: Unter der Haube steckte eine 1,6 Liter-Maschine mit 80 PS. Die Hinterräder hingen an einer Starrachse

Die ersten Vorarbeiten dazu waren jedenfalls schon im Gange. Alexander von Falkenhausen, der inzwischen die Abteilung Motorenentwicklung übernommen hatte, entwickelte einen Vierzylinder-Viertakt-Motor mit obenliegender Nockenwelle, Leichtmetall-Zylinderkopf und hängenden Ventilen. Ein Triebwerk mit 1,3 Liter Hubraum, das später bis auf 1,6 Liter vergrößert werden konnte. Es war nach modernsten Gesichtspunkten konstruiert und leistete 65 PS. Bis zum Herbst 1957 hatte der Karosserie-Versuch dazu einen Aufbau hergestellt, der in etwa den Linien des 503 ähnelte. Mit der Frontschnauze des italienischen Alfa Romeo getarnt, wurden die ersten beiden Prototypen in den Straßenversuch geschickt. Bei diesen Wagen war das Fahrwerk recht konventionell ausgelegt: Die Vorderräder hingen an doppelten Dreiecks-Querlenkern, die Hinterräder an einer Starrachse.
Im Januar 1958 begleitete Alexander von Falkenhausen mit einem solchen 1,3 Liter-Wagen die Teams der Rallye Monte Carlo – was ihm hinterher einen Rüffel der Geschäftsleitung einbrachte: Denn nun wußte auch die Fachwelt von BMW's Zukunftsplänen.

Krach um Türen

Den preiswerten Kleinwagen, der die Mittel zum Bau des Mittelklassewagens einspielen sollte, hatte BMW-Chef Richter-Brohm bereits in der Hinterhand. Der in Pension gegangene Hanns Grewenig hatte im Laufe des Jahres 1956 eine viersitzige Isetta entwickeln lassen. Die Techniker verlängerten hierbei einfach die Karosserie um zwei Sitze und setzen den vom Motorrad her bekannten und bewährten 600 ccm-Zweizylinder-Boxermotor ins Heck. Entwicklungshilfe in Sachen Formgestaltung leistete der italienische Karosserie-Designer Giovanni Michelotti; er entwarf das Armaturenbrett, sowie die hochgezogenen Stoßstangen an dem neuen BMW 600.
Als allerdings Betriebsratschef Kurt Golda bei einer Aufsichtsratssitzung im Frühjahr 1957 die verlängerte Isetta erstmals zu sehen bekam, gab es Ärger. Denn das Einstiegsproblem zu den Hintersitzen löste bei dem Fronttürwagen allein ein umklappbarer Beifahrersitz. Golda verlangte von Entwicklungschef Willy Black kategorisch, daß aus Gründen der Unfallsicherheit eine andere Einstiegslösung gefunden werden müsse. Als sich der Vorstand aus Kostengründen weigerte, noch weitere Türen anzubauen, drohte Golda, „die Sperrung des Fahrzeugs bei den zuständigen Behörden" durchzusetzen.
Als am 27. August 1957 BMW-Chef Richter-Brohm den viersitzigen Kleinwagen erstmals der Presse vorführte, besaß der neue 600 dann doch eine zusätzliche Türe auf der rechten Seite. Die Fachpresse bescheinigte dem ungewöhnlichen Auto ausgeglichene Fahr- und Komforteigenschaften.
„Wer den BMW 600 zum erstenmal fährt, ist überrascht, wie gut der Wagen auf der Straße liegt", lobte die Züricher „Straße". Kein Wunder: Der 600 war gewissermaßen die Wiege jener Straßenlage, die Jahre später BMW berühmt machen sollte. Das Geheimnis lag in der hier erstmals angewandten Schräglenker-Hinterachse, an der die Räder einzeln und spur- und sturzkonstant aufgehängt worden waren.

In der Fronttür war das Reserverad untergebracht und hinter der Fondsitzbank blieb eine kleine Ablage. Durch Umlegen der hinteren Sitzlehnen entstand bei dem nur 2,90 Meter langen Auto allerdingseine große Ladefläche

Jagdwagen für Vorstandsmitglied Hanns Grewenig, angefertigt von Wendler. Der Aufsichtsrat rügte später Grewenig wegen der Kosten für diese Sonderanfertigung, die vom Vorstand privat genutzt wurde

Als einziger in der Fülle der Kleinwagen-Neukonstruktionen jener Jahre besaß der BMW 600 auch noch ein separates Fahrgestell, das zwar für eine gute Stabilität des Aufbaus sorgte, jedoch nicht gerade billig in der Herstellung war. Auch andere gute Eigenschaften des 600, wie der extrem niedrige Benzinverbrauch und die seiner Konkurrenz überlegene Haltbarkeit, wurde dem gänzlich kofferraumlosen Auto nicht honoriert. Das Publikum wollte eben ein Fahrzeug mit zwei seitlichen Türen. Mochte die Lösung des Isetta-Einstiegs auch noch so bequem sein, beim großen und schnelleren 600 zog die Fronttür einfach nicht mehr. Kritiker führten zudem das Argument der Sicherheit ins Feld. BMW parierte mit einem Rundschreiben: „Der Nachteil, daß man bei einem frontalen Unfall ‚nichts vor sich hat', ist allerdings eine Fiktion. Außerdem ist die Wahrscheinlichkeit hierfür durch die gute Sicht nach vorn sehr gering."

Als der BMW 600 im Dezember 1957 in Serie ging, zeigten die Verkaufszahlen schon nach wenigen Wochen, daß die Münchener damit kein Geschäft machen würden. Vor allem der erhoffte Export nach Nord-Amerika fiel ganz weg, weil die dortige enge Parkweise den Fronteinstieg unmöglich machte. Damit scheiterte aber auch der erste Abschnitt von Richter-Brohms Plänen: Nach seinen Berechnungen hätte der 600 einen großen Teil des Geldes für das Mittelklasse-Projekt einbringen müssen. Als die Geschäftsleitung erkannte, daß ihr neuestes Produkt nicht das Zeug zum Kassenschlager hatte, nahm sie in aller Eile die Pläne für einen anderen kleinen Wagen in Angriff, der – wie die Käufer es wünschten – eine verkleinerte Ausgabe herkömmlicher Automobile sein sollte.

Karosserieschneider Giovanni Michelotti lieferte am 1. Juli 1958 dieses Tonmodell im Maßstab 1 : 1 für einen Kleinwagen in München ab: ein viersitziges Coupé, dessen . . .

Die schwere Geburt des 700

Die Idee zu einem konventionellen Kleinwagen war von einem Händler ins Werk getragen worden. Der österreichische BMW-Importeur Wolfgang Denzel hatte sich nach einigen, nicht einmal erfolglosen Experimenten auf VW-Basis auch des 600 angenommen. Denn der mit einem separaten Chassis versehene 600 bot sich als Basis für einen kleinen Sportwagen an. Denzel zeigte in München einen Prototyp vor, den er auf eigene Kosten hatte schneidern lassen. Doch das überzeugte die BMW-Techniker nicht. Darauf empfahl der kreative Wiener, das Blechkleid zu einem neuen Kleinwagen von dem italienischen Karosserie-Künstler Giovanni Michelotti entwerfen zu lassen. Die Münchener folgten diesem Rat und gaben in Turin ein kleines Auto mit seitlichen Türen in Auftrag.

Am ersten Juli 1958 schickte der Italiener eine hübsche viersitzige Coupé-Karosserie über die Alpen. Von dem eleganten Einzelstück aus Ton waren Vorstand und Aufsichtsrat durchaus beeindruckt. Als es aber darum ging, die zum Serienbau nötigen zwei Millionen Mark zu genehmigen, verstummte die Begeisterung. Die Aufsichtsratssitzung vom 15. Oktober 1958 mußte dreimal unterbrochen werden und wurde immer wieder um Stunden verschoben, weil die Bankenvertreter wieder und wieder mit ihren Zentralen deswegen Rücksprache hielten. Hermann Josef Abs, Chef der Deutschen Bank, erteilte schließlich persönlich die Order, das Geld ohne Sicherheiten auszuzahlen. Denn sonst hätte – das stand fest – BMW gleich in Konkurs gehen müssen.

Zwei Tage später, am 17. Oktober 1958, durfte Richter-Brohm grünes Licht für die Serienvorbereitungen geben. Dazu änderten die Hausstylisten den ersten Entwurf des kleinen Autos klar in eine Coupé- und in eine Limousinen-Version.

... Dachlinie die Hausstylisten zu einem zweisitzigen Coupé und einer Limousine ummodellierten

BMW 700 Coupé

Das ist Ihr Wagen...

Die neuen Typen BMW 700 und BMW 700 Coupé setzen die Tradition der sportlich-eleganten BMW Wagen fort. Gekonnter Formgebung und höchstem Komfort entsprechen die für BMW typischen, außergewöhnlich guten Fahreigenschaften und der weltberühmte BMW Motor.

Viertakt-Boxermotor - 30 PS - hohe Spitzengeschwindigkeit.
Höchstes Drehmoment bei niederen Drehzahlen erlaubt schaltarmes Fahren.
Sperrsynchronisiertes Vierganggetriebe mit sportlicher und bequemer Schaltung in Wagenmitte.
Großbemessene, hydraulische Bremsen mit selbstzentrierenden Gleitbacken.
Alle vier Räder besitzen Schraubenfedern und doppeltwirkende Teleskopstoßdämpfer.
Vorder- und Hinterachse, langbewährte BMW Bauelemente, garantieren exakte Kurvenführung.
Geschmackvoll ausgestatteter Innenraum von einladender Geräumigkeit. Großer Gepäckraum.
Körpergerecht gestaltete, verschiebbare Sitze mit verstellbarer Rückenlehne. Breite Türen
für bequemen Ein- und Ausstieg. - Alles in allem: ein außergewöhnliches Auto, das überall begeistert.

BMW 700

der neue BMW 700

(Werbung 1959)

Retter gesucht

Unabhängig von diesen Entwicklungsarbeiten grübelte Generaldirektor Richter-Brohm immer noch über Finanzierungsfragen. Zwar hatte er seinen Aktionären versprochen, das nötige Geld zur Entwicklung des Mittelklassewagens rolle bereits an, doch er hatte die Rechnung ohne die Banken gemacht. Weitere 35 Millionen wollten weder die Geldinstitute noch die Lieferanten der glücklosen bayerischen Autoschmiede anschreiben. Nach der offensichtlichen Pleite mit dem 600 waren die Banken vorsichtig geworden. Seit die Firma von Rücklagen lebte, fürchteten die Geldgeber den Kollaps.
Zudem stockte 1958 wieder einmal der Verkauf der großen BMW-Limousinen, der 600 hatte sich noch nicht amortisiert und – das war abzusehen – keine Chance, es je zu tun. Allein die Isetta brachte mageren Verdienst.
Als alle erhofften Kredite ausblieben, fand auch Richter-Brohm die Lage bedrohlich. Im Bremer Holzkaufmann Hermann D. Krages sah der Aufsichtsrat den Retter in der Not, obwohl Richter-Brohm von dem Norddeutschen garnichts wissen wollte.
Krages kaufte seit einigen Monaten für insgesamt rund sieben Millionen Mark BMW-Aktien auf, was übrigens der Großindustrielle Herbert Quandt in kleinen Stücken seit 1956 ebenfalls tat. Schon damals zeigte Quandt großes Interesse am Schicksal des weiß-blauen Unternehmens. Seit 1957 traf sich Quandt auch in Abständen mit dem Betriebsrat, um Belegschaftsprobleme zu besprechen.
Wie einflußreich Quandt schon zu jener Zeit bei BMW war, mag folgendes Beispiel andeuten: Damals konnte sich der Vorstand nicht entscheiden, eine sozialpolitische Maßnahme in der Größenordnung um 100.000 Mark zu genehmigen. Kurzentschlossen fuhr daraufhin Kurt Golda zu Quandt in dessen Haus am Bodensee, erklärte das Problem und erbat Hilfe. Kurze Zeit später kam das gewünschte Okay vom Vorstand.
Während aber Quandt im Hintergrund in kleinen Mengen kaufte, strebte Krages danach, ganz groß in München einzusteigen. Er machte kein Geheimnis daraus, daß er bereit sei, langfristige Investitionsmittel bis zu 20 Millionen in BMW hineinzupumpen. Bald einigten sich die BMW-Manager mit Krages auf ein festverzinsliches Papier, daß nach einiger Zeit in Aktien umgetauscht werden sollte. In Höhe von 15 Millionen Mark pries man allen Aktionären diese Wandelschuldverschreibung an. Krages verpflichtete sich schon vorher, alle diejenigen Papiere zu übernehmen, welche die Aktionäre verschmähten. Sie übernahmen denn auch nur drei Millionen, so daß der Löwenanteil der Papiere in Krages' Depot wanderte. Das bescherte dem Holzkaufmann sofort einen Stuhl im Aufsichtsrat, und von hier aus hoffte er, in der Firmenpolitik mitmischen zu dürfen. Unter anderem empfahl er, den eigenwilligen 600 mit zwei Seitentüren dem Publikumsgeschmack anzupassen. Dafür aber mochte sich niemand begeistern: Alle Aufsichtsrats-Kollegen setzten auf den kommenden 700er.
Richter-Brohm machte nun dem Technischen Direktor Willy Black Vorwürfe, weil sich herausstellte, daß die Anlaufkosten für den 600 höher ausgefallen waren, als ursprünglich geplant. Black meldete sich daraufhin krank und gab bekannt, daß er BMW verlassen werde. Krages beschwor den Vorstand, entweder Black zu halten oder aber schnellstens einen anderen Konstrukteur zu engagieren. Doch nichts geschah. Auch als Krages wenig später die Heraufsetzung des Stammkapitals beantragte, was ja vorher abgesprochen war, erhielt er die Auskunft, daß angesichts

der finanziellen Schwierigkeiten die Hausbanken eine Anhebung nicht befürworten würden. „Ich hatte gedacht, eingreifen und mithelfen zu können, daß aus BMW wieder etwas wird," klagte Krages verbittert, als er am 16. Februar 1959 bei BMW ausschied, „aber ich bin besonders in der Personalpolitik von Anfang an überspielt worden."
In der Zwischenzeit hatte sich im Aufsichtsrat wieder einiges verändert. Vorsitzender Dr. Hans Karl von Mangoldt Reiboldt war zum Vizepräsidenten der neu errichteten Europäischen Investitionsbank ernannt worden und fand daher für BMW-Belange noch weniger Zeit. Am 20. September 1958 schied er aus und hinterließ seinem Stellvertreter Frowein die Führung des Aufsichtsrates. Doch Frowein blieb nur wenige Zeit vergönnt, entscheidendes zu unternehmen. Im Dezember 1958 starb er. Bis zum Mai 1959 blieb die Stelle des Aufsichtsratsvorsitzenden unbesetzt. Bis zum Amtsantritt eines neuen Vorsitzenden fehlten wochenlang die nötigen Stimmen für durchgreifenden Beschlüsse im Aufsichtsrat. Als dann endlich Dr. Hans Feith von der Deutschen Bank den Vorsitz übernahm, stieg Ernst Matthiensen, Vertreter der Dresdner Bank, aus. Denn, wie sich später deutlich zeigte, Feith hatte weniger die Aufgabe, das Unternehmen aus der Krise zu führen, sondern eher als Liquidator zu fungieren.
Interessenten, die zu diesem Zeitpunkt der angeschlagenen Firma helfen wollten, wurden gar nicht erst angehört. Im Frühjahr 1959 meldeten sich in rascher Folge die Ford-Werke, Köln, und der US-Konzern General Electric. Der viertgrößte Autokonzern Amerikas, die American Motors Corporation (AMC), wollte unter den Bedingungen mit BMW fusionieren, daß sie den Alleinvertrieb des künftigen Kleinwagens und BMW eine Staatsbürgschaft des Landes Bayern bekomme. Aber der umbesetzte Aufsichtsrat zeigte keinerlei Interesse. Angeblich ließ er sogar den AMC-Präsidenten, der eigens zu Verhandlungen vom Michigan-See an die Isar geflogen war, 25 Minuten warten. Ein anderer Bewerber, die englische Rootes-Gruppe (Marken: Hillman, Humber, Singer, Sunbeam), war ebenfalls ernstlich bemüht, die weiß-blaue Marke zu stützen. Doch auch diese Angebot blieb unbeantwortet.
Schon früher – im Herbst 1958 – hatte der Freistaat Bayern wiederum Hilfe angeboten. Um die angeschlagenen Muttergesellschaft wenigstens vor den Verlusten des Zweigwerks Allach zu bewahren, sollte ihr Kapital um zehn auf 20 Millionen Mark heraufgesetzt werden, die Bayern zur Verfügung stellen wollte. Gleichzeitig hätte sich die Landesregierung dafür eingesetzt, daß die Banken ihre Kredite erhöhen und – was sie nun verweigerten – einen Teil der Schuldzinsen ablassen würden. Sollte es der Münchener Firma eines Tages wieder besser gehen, wäre ihr ein Rückkaufsrecht der zehn Millionen Mark eingeräumt worden.
An diesen großzügig bemessenen Sanierungsplan knüpfte Vater Staat allerdings einige Bedingungen: So wäre für das Allacher Werk ein Beirat zu gründen, in dem auch zwei Vertreter des Bundes und des Landes mitbestimmt hätten. Außerdem verlangte die Landesregierung, den pensionierten Chef der Deutschen Shell AG, Ernst Falkenheim, als Aufsichtsratsvorsitzenden, der – mit Sondervollmachten ausgestattet – auch die Arbeit des Vorstandsvorsitzenden übernehmen sollte; also eine Firmenleitung in einer Person.
„Bayerns Forderung nach seinem Rücktritt weckte bei Richter-Brohm ein Gefühl kaltschnäuzigen Trotzes", berichtete „Der Spiegel" über die Misere bei BMW, „so unerklärlich und unzumutbar ihm die Mißachtung seiner Person dünkte, so wenig lag ihm daran, daß sie bekannt würde." Vielleicht verschwieg der Vorstandsvorsitzende deshalb im April 1959 auf der Hauptversammlung den BMW-Eignern das Sanierungs-

angebot des Landes Bayern. Richter-Brohm klagte lediglich darüber, daß der Staat nur unter „unzumutbaren Bedingungen" helfen wolle.
Wie ernst es um die alte Firma stand, wurde den Anteilseignern erstmals auf dieser Hauptversammlung bewußt. Im vergangenen Jahr hatte ihre Firma mehr als 12 Millionen Mark verbraucht, die nur durch die Auflösung aller Sparguthaben halbwegs abzudecken waren. Darüber hinaus blieb ein Schuldenberg von 5,52 Millionen Mark stehen, den vorläufig niemand bezahlen konnte.
Eines vormittags rief der Finanzchef beim Betriebsrat an: „Wir wissen nicht, was wir heute nachmittag in die Lohntüten legen sollen." Daraufhin riefen die Betriebsratsvertreter selbst bei Banken an und bettelten darum, für die anstehenden Wochenlöhne nochmals Kredit zu geben.
Große Sorgen über den Zustand der weiß-blauen Firma machte sich vor allem die Landesregierung des Freistaates. Da die angebotene Hilfeleistungen von den BMW-Managern nicht akzeptiert wurden, ergriffen die Landesfürsten von neuem die Initiative. Im niederbayerischen Dingolfing hatte sich die Hans Glas GmbH verhältnismäßig schnell vom Landmaschinen-Hersteller zum Auto-Produzenten gemausert. Die Politiker glaubten, daß Seniorchef Hans Glas durchaus das Geschick hätte, auch die ausgehöhlte Aktiengesellschaft in Milbertshofen wieder flott zu machen. So fragten sie in Dingolfing an, ob man bereit sei, der weiß-blauen Marke zu helfen oder gar BMW ganz zu übernehmen. Doch der 6000-Mann-Betrieb mit seinen Schulden wäre für Glas und seine 3000 Belegschaftsmitglieder ein zu großer Brocken gewesen. Deswegen lehnte Glas sofort ab.
Daraufhin kam aus München ein weiterer Vorschlag: BMW und die in Ingolstadt ebenfalls notleidende Auto Union sollte unter Führung von Glas zu den „Bayerischen Auto-Werken" vereinigt werden. Auch das lehnte Glas ab.

Hoffnungsschimmer

Von Kunden und Testern wurden die großen Aluminium-Trommelbremsen im BMW 507 immer wieder als unzureichend kritisiert. Andererseits suchte man in Milbertshofen einen zugkräftigen Gag, um den Verkauf des teuren Sportwagens wieder anzukurbeln. So kam es gerade recht, als eines Tages die Bremsenfabrik Alfred Teves (Ate) Scheibenbremsen anbot. Im Grunde ein völlig neues Bremssystem, das aus dem Flugzeugbau stammte und im französischen Citroen DS 19 im Jahr 1955 erstmals im Fahrzeugbau Verwendung fand. Begeistert nahm man bei BMW die Scheibenbremsen auf und baute sie in den 507. Damit verwendeten die Bayern als erster deutscher Auto-Hersteller jene Bremse, die sich später allgemein im PKW-Bau durchsetzte.
Doch auch diese Aufwertung brachte wenig neue Käufer. Im März 1959 lief deshalb die Serie der Prestige-Modelle 503 und 507 endgültig aus. Innerhalb von vier Jahren fanden nur 665 Stück ihre Liebhaber.
Ein halbes Jahr später, im September 1959, feierte auf denselben Montagebändern das 700 Coupé sein Debüt. Wie üblich bei Premieren, jubelte auch diesmal wieder die Presse in höchsten Tönen. „Was das Polo-Ponny unter den Pferden, ist der BMW 700 unter den Autos", lobte das Münchener „Acht-Uhr-Blatt". „Dieses Auto ist das

Der 700 bot die Basis für viele Sportversionen von Tuning-Werkstätten. Im Foto eine 700er Rennversion des Eifeler BMW-Händlers Martini: Neben dem Kunstoff-Coupé der Rennfahrer Hubert Hahne

sportlichste und schnellste unter den kleinen Wagen, die zur Zeit auf dem deutschen Markt angeboten werden", fand der Düsseldorfer „Mittag". In Anlehnung an den schnellsten Wagen der Sportwagenfirma Porsche schrieben manche Journalisten gar vom „Klein-Carrera".

Diesmal jubelte nicht nur die Fachpresse, sondern nach langer Zeit flatterten wieder Kaufverträge in größerer Zahl ins Haus. Mit Absicht hatten die BMW-Leute zuerst ein Coupé auf den Markt gebracht: Durch die hohen finanziellen Belastungen konnte der Preis nicht gerade niedrig angesetzt sein, was die Käufer einem sportlichen Zweisitzer eher verziehen als einer zweizylindrigen Familienkutsche.

BMW hatte nicht daran gespart, dem neuen Modell ein sportliches Flair zu mitzugeben. Der vom 600 abgeleitete Zweizylinder-Boxermotor leistete stramme 30 PS. Und die rahmenlosen Türen – bisher ein Privileg weit teurerer Autos – gaben dem neuen Kleinwagen einen extravaganten Look.

Tatsächlich wurden endlich auch BMWs Kleinwagen dem Image gerecht, das die bayerische Marke seit Kriegsende ausstrahlte; dem Hauch des sportlich-exklusiven Wagens. Zwar hatte BMW bisher diese Image-Richtung nicht nur mit den Typen 503 und 507 angestrebt, doch waren alle Wagen in Preisregionen vorgestoßen, die nur wenigen zugänglich blieben. Erstmals bot BMW nun etwas ähnliches für's breite Volk.

Kaum war die erste Begeisterung über den neuen BMW verflogen, fehlte es auch nicht an Kritik. Vor allem der rauhe Lauf der kleinen Maschine ließ Auto-Tester aufmucken. „Man muß notgedrungen eine Summe von Geräuschen als gegeben hinnehmen", hörte die „Westdeutsche Allgemeine Zeitung" heraus, und das Fachblatt „Auto,

Motor, Sport" meldete ebenfalls Bedenken an: „Im Motorradbau gilt der BMW-Zweizylinder als absolutes Spitzen-Triebwerk, es gibt kein kultivierteres. Ins Auto gesetzt, muß sich selbst ein BMW-Boxer nachdenklich betrachten lassen. Zwischen Blech wird er zum Kleinwagen-Merkmal."
Als im Dezember 1959 dank der guten Nachfrage auch die Limousine auf das Band gelegt werden konnte, verkauften die Bayern erstmals seit Jahren wieder populäre Autos. Allerdings vermochte auch die 700-Serie nicht, zugleich die Wende der Finanzsituation herbeizuführen.

Ausverkauf

Bundesverteidigungsminister Franz Josef Strauß hatte sich im Herbst ebenfalls in die Finanzpolitik bei BMW eingeschaltet. Er beauftragte den Nürnberger Wirtschaftsberater Dr. Hartwig Cramer, die Lage der an akutem Geldmangel leidenden Firma zu untersuchen. Mit der Landesregierung hatte Kramer dann Hilfsmaßnahmen erarbeitet, nach denen der Freistaat Bayern für insgesamt 14 Millionen Mark – mehr als die BMW-Schulden – sofort die Ausfall-Bürgschaft übernommen hätte. Doch alle Sanierungsversuche scheiterten an der Haltung der Großbanken, zu deren Lasten die Gesundung BMWs gegangen wäre. Denn nur wenn die Bankiers auf einen Großteil der ihnen zustehenden Zinsen verzichteten, hätte die Sanierung Erfolg gehabt.
Die Deutsche Bank, deren Vorstandsmitglied den BMW-Aufsichtsrat regierte, erarbeitete einen eigenen Plan zur Lösung des Problems, der, wäre er ausgeführt worden, ganz offensichtlich zu Lasten vieler Kleinaktionäre gegangen wäre. Doch dieses Projekt wurde wenige Tage vor Bekanntgabe durch eine Indiskretion aus dem Aufsichtsrat unter den Anteilseigners ruchbar. Sie trafen sich eiligst in einem Nebenraum des Münchner Hotels „Continental" und hielten Kriegsrat. Hinter verschlossenen Türen verschworen sie sich zur „Schutzgemeinschaft der BMW-Aktionäre" und bezogen vor der Presse heftig Stellung gegen die Geschäftsführer von BMW. Im Dezember 1959 berief schließlich die Geschäftsleitung eine außerordentliche Hauptversammlung ein, um über das weitere Schicksal der angeschlagenen Firma zu entscheiden.
Den Aktionären ging noch wenige Tage zuvor der Plan zur „Sanierung der BMW" zu. Danach mußte das Grundkapital von 30 auf 15 Millionen Mark reduziert werden; eine 100-Mark-Aktie wäre damit nur noch 50 Mark wert. Anschließend wollte man das Stammkapital durch den Verkauf neuer Wertpapiere um 70 auf 85 Millionen Mark heraufsetzen.
Nach dem Plan der Deutschen Bank hätten diese neuen Aktien aber nur einige privilegierte Unternehmen kaufen dürfen: Die Deutsche Bank, die Bayerische Staatsbank, die Bayerische Landesanstalt für Aufbaufinanzierung und – Daimler-Benz. Die privaten Aktionäre würden keine Möglichkeit bekommen, ebenfalls diese neuen Anteilscheine zu erhalten. Dieser Umstand machte die bisherigen BMW-Eigner mißtrauisch. Zumal die Daimler-Benz schon Fertigungsaufträge für BMW angekündigt hatte. Alle ahnten, was die „Süddeutsche Zeitung" ausplauderte: „Die Sanierung läuft letztendlich darauf hinaus, BMW der von Friedrich Flick beherrschten Daimler-Benz,

also Mercedes, anzugliedern. Über kurz oder lang würden wohl 75 Prozent des Aktienkapitals dem Flick-Konzern gehören."
Tatsächlich stand nach dem Sanierungsplan den Stuttgarter Autoproduzenten ein Vorkaufsrecht für alle BMW-Aktien innerhalb von zwei Jahren zu. Zwar hätte BMW die Möglichkeit gehabt, seine Schulden zu begleichen und neue Modelle herauszubringen, doch wäre unter der neuen Herrschaft wohl auch die weiß-blaue Marke verschwunden. Mercedes hatte in dieser Zeit für die Modelle 180 und 190 zwölf bis achtzehn Monate Lieferfristen, und in Stuttgart wäre man froh gewesen, die Produktion dieser Wagen nach München zu verlegen.
Die Deutsche Bank hätte nach ihrem eigenen Sanierungsplan ebenfalls gut abgeschnitten. Sie war nicht nur Hausbank bei BMW, sondern auch mit 20 Prozent an der Daimler-Benz AG beteiligt. Eine Einverleibung der Bayerischen Motoren-Werke durch Ausschaltung der Kleinaktionäre würde das Vermögen ihres Besitzes mehren. Nach Meinung der Aktionäre sollte die Herabsetzung des Grundkapitals nur erfolgen, um möglichst billig die bankrotte Firma zu erwerben.
Angespornt durch die Angst, Besitz zu verlieren, rief die Schutzgemeinschaft die bislang von den Großbanken vertretenen Klein-Aktionäre auf, ihr Stimmrecht in dieser Hauptversammlung im eigenen Interesse selbst auszuüben. So sollte verhindert werden, daß die Deutsche Bank im Einklang mit den anderen Banken die selbst ausgeheckte Sanierung durchsetzen konnte.

„Makabres Schauspiel"

Noch kurz vor dem Tag der Entscheidung – dem 9. Dezember 1959 – gab die Maschinenfabrik Augsburg-Nürnberg (MAN) ein Kaufangebot für die Hälfte des restlichen Teils des Zweigwerks Allach ab. Dafür wollte MAN rund 30 Millionen Mark geben. So wären wenigstens die auflaufenden Schulden zu decken gewesen. Doch auch durch dieses günstige Angebot ließ sich der Aufsichtsrat nicht mehr vom vorgefaßten Plan abbringen.
Als Richter-Brohm in der Münchener Kongreßhalle die außerordentliche Hauptversammlung eröffnete, schlug ihm gleich der Zorn seiner Aktionäre entgegen. Er verlas, daß BMW mindestens 9,5 Millionen Mark Verlust erwirtschaftet hatte und alle Reserven um die Hälfte des Grundkapitals aufgebraucht seien. Daraufhin entlud sich ein Gewitter über dem Vorstand: „Pfui, Schiebung!" und „Staatanwalt her", schrien fassungslos die Anteilseigner.
Aufsichtsratsvorsitzender Dr. Hans Feith, der erklären wollte, daß man „nach längerer Verhandlung in Gestalt der Daimler-Benz-Werke einen starken Partner gefunden" habe, konnte vor der zornigen Menschenmasse kaum sprechen, ohne durch Zwischenrufe unterbrochen zu werden. Dabei versicherte Feith feierlich: „Was bei der Sanierung auszuhandeln war, das dürfen Sie mir wohl glauben, habe ich in Ihrem Interesse getan." „Sie meinen, im Interesse der Deutschen Bank", brüllten erbost BMW-Eigner zurück, „das ist kein Aushandeln, sondern ein Ausverkauf, ein makaberes Schauspiel." Hartnäckig sträubten sich die Verhandlungsteilnehmer, den Plan der Deutschen Bank hinzunehmen. Immerhin stand für die Aktionäre ein Kurswert von rund 36 Millionen Mark auf dem Spiel. Feith pochte auf das Ultimatum, nach dem Daimler-Benz das Angebot nur bis zu diesem Tage um Mitternacht aufrecht

hielte. „Wenn der Sanierungsvorschlag nicht hier und heute angenommen wird", drohte Feith, „verlieren Sie, meine Damen und Herren, leider noch mehr Geld." Auf Anfrage der rebellischen Aktionäre, warum denn die Alt-Aktionäre von der späteren Kapital-Heraufsetzung ausgeschlossen werden sollten, wußte Feith keine rechte Antwort.
„Mir kommt das mit dem starken Partner so vor, als wenn man einer Weihnachtsgans vor dem Schlachten sagt, daß sie von einer sehr vornehmen Familie gegessen wird", rief schließlich der Frankfurter Rechtsanwalt Dr. Friedrich Mathern in die erregte Diskussion. Warum, so fragte er, habe die Verwaltung den englischen Auto-Konzern Rootes abgefertigt? Die Engländer hätten auch jetzt noch ein ernstes Interesse daran, mit BMW in Verbindung zu treten. Mathern, der die Rechte mehrerer Aktionäre vertrat, breitete dann seinen Gegenvorschlag aus: BMW-Allach sollte an MAN verkauft und das Kapital – wie vorgesehen – im Verhältnis 2:1 herabgesetzt werden. Danach sollte auch die Kapitalheraufsetzung vorgenommen werden, jedoch nicht nur für eine exklusive Gruppe, sondern für alle BMW-Aktionäre.
Mathern's Vorschlag war für die Manager ein unerwarteter Gegenschlag. Nervös nippte Feith an seinem Wasserglas, dann bat er um einige Minuten Bedenkzeit. Danach gab er kurz und bündig bekannt, daß Mathern's Vorschlag nichts Neues bringe und deshalb abgelehnt worden sei. Die Aktionäre quittierten diese Ablehnung mit Toben und Brüllen und verlangten eine Vertagung. Da aber nach dem Aktienrecht ein solcher Beschluß die Zustimmung der Hälfte des vertretenen Kapitals erforderte und die Großbanken – trotz früherer Aufrufe der Schutzgemeinschaft der BMW-Aktionäre – immer noch die Hälfte aller Stimmen vertraten, ließ es Feith auf eine Abstimmung ruhig ankommen: Der Antrag wurde abgelehnt.
Nun verloren selbst ruhigste Gemüter ihre Fassung. Obwohl man zehn Stunden in der Kongreßhalle tagte, stampften die Aktionäre mit verbissener Kraft wild auf den Boden und schrien in unermüdlicher Energie. „Der Spiegel" beschrieb damals die wilde Szenerie: „Es sprangen soignierte Herren, unverkennbar biedere Kaufleute, Ruhestandsbeamte und Anwälte von den grünen Klappstühlen hoch und schüttelten wild die Fäuste über den Köpfen. An den Tischen klopften Aktionärsvertreter Nold und seine Kumpane in wildem Takt mit Akten und Gesetzesbüchern auf das Holz."
Vereinzelte Rufe formierten sich zum Sprechchor:„Die Verwaltung soll abtreten . . . abtreten . . ." Erst Mathern gelang der nächste Schachzug für die hoffnungslos ausgebooteten BMW-Aktionäre. In der Jahresverlust-Rechnung habe, so kombinierte der Rechtsanwalt messerscharf, die Verwaltung die gesamten Entwicklungskosten des BMW 700 aufgeführt, obwohl sie nach dem Gesetz auf mehrere Jahre verteilt werden müßten: Allein deshalb sei das Treffen zu vertagen. Der Saal atmete auf und spendete Mathern langanhaltenden Beifall. Dieser Schönheitsfehler in der Bilanz ermöglichte es den Aktionären, mit nur zehn Prozent aller vertretenen Stimmen die Vertagung durchzuboxen.
Die Verwaltung gab sich nach einer Pause geschlagen. Durch die Vertagung lief nämlich automatisch das Daimler-Benz-Ultimatum ab: Die fast schon perfekte Übernahme wurde hinfällig. Kurzentschlossen zog Feith die Tagesordnung zurück und schloß die Versammlung. Zuvor ermahnte der Star des Tages, Oppositionssprecher Mathern, den Vorstand, in den kommenden Wochen ernsthafte Fusionsgespräche zu beginnen.
BMW blieb selbständig, doch der Pleitegeier schwebte weiter über der Münchener Firma.

Ein neuer Anfang

In den ersten Tagen der sechziger Jahre liefen in Milbertshofen die Telefondrähte heiß. Denn nun sollte endlich ein geschäftstüchtiger, finanzstarker Mann einziehen und die Firma aus den roten Zahlen reißen. Dr. Fritz Aurel Goergen, der erst vor einigen Monaten die Kasseler Henschel-Werke aus einer aussichtslos scheinenden Lage herausgeführt hatte, schien der BMW-Verwaltung der richtige Mann. Über den bayerischen Ministerpräsidenten hatte sich Goergen in Milbertshofen als Retter empfehlen lassen.
Anfang Februar 1960 wurde er zum Aufsichtsratsmitglied bestellt. Nach kurzer Einarbeitungszeit sollte er in die Geschäfte des Vorstandes eingreifen. Da Goergen selbst über beträchtliche finanzielle Mittel verfügte, hoffte man bei BMW, daß er zusammen mit einer internationalen Finanzgruppe sein Geld in München anlegen würde.
Mit Goergen zogen in nächster Zeit weitere neue Leute in den Aufsichtsrat: Dr. Hans Feith wich dem Präsidenten der Schutzvereinigung für Wertpapierbesitz, Dr. Johannes Semler. Gerhard Wilcke, Justitiar des Großindustriellen Herbert Quandt, erhielt ebenfalls einen Platz im Aufsichtsrat.
Generaldirektor Richter-Brohm blieb nach dem 9. Dezember keine andere Wahl, als seinen Posten aufzugeben. Mit ihm schied auch Heinrich Krafft von Dellmensingen, der schon früh am Wiederaufbau von BMW mitgearbeitet hatte, aus und suchte sich in einem anderen Industrie-Konzern neue Aufgaben.
In den nächsten Tagen überstürzten sich die Ereignisse. Nachdem sich im März 1960 herausstellte, daß Herbert und Harald Quandt große Mengen BMW-Papiere aufkauften, hatte Goergen nichts mehr zu melden. Noch im Weggehen versuchte er über eine Aktionärsversammlung gegen die neuen Herren im Haus anzukommen und etwas Einfluß zurückzugewinnen. Doch der Gegenschlag kam sofort: Die Quandt's kauften abermals ein Aktienpaket über die Börse und waren nun Großaktionäre.
Der Familie Quandt gehörte schon damals eine der stärksten Kapitalgruppen Deutschlands. Über eine Holding-Gesellschaft hielten Herbert und Harald Quandt beträchtliche Anteile der Varta-Akkumulatorenwerke, der Industriewerke Karlsruhe und der Draeger-Werke. Da in den Tresoren der beiden Brüder aus Bad Homburg auch elf Prozent des Aktienkapitals der Daimler-Benz-AG lagen, wollten Branchen-Kenner gleich wissen, daß nun – unter der Obhut Quandt's – eine Fusion Daimer-BMW beschlossene Sache sei. Doch nichts dergleichen geschah.
Daß im benachbarten Hause Machtwechsel eingetreten war, merkte auch bald BMW-Händler und Ex-Rennfahrer Schorsch Meier. Eines Tages klingelte bei ihm das Telefon und Herbert Quandt erkundigte sich persönlich: „Herr Meier, ich habe gehört, Sie haben einen schönen BMW 507 da stehen. Nachdem ich nun bei BMW eingestiegen bin, würde ich gern ein solches Auto fahren." „Ja, mein Gott", antwortete verschmitzt der Auto-Händler, „das ist das Lieblingsauto meiner Frau. Den gebe ich nur ungern her." Erst nach langem Herumdrucksen und einem Preis von 30.000 Mark ließ sich Meier dazu überreden, dem Konzern-Herrn den weißen 507 (Kilometerstand: 4000) zu verkaufen.

Auf der Linie des 700 baute man auf, als es an den Entwurf eines neuen Mittelklassewagens mit 1,3 Liter-Motor ging. In der Frontpartie suchte man Anlehnung an den 507

Der Einstieg in die Mittelklasse

Inzwischen war sogar die Bundesregierung bereit, der leidgeprüften Firma wieder auf die Beine zu helfen. Das Verteidigungsministerium erteilte der BMW-Tochter Allach Triebwerks-Aufträge für Düsenjäger in Höhe von etwa 400 Millionen Mark. Am 19. Februar 1960 stockte die BMW-Triebwerksbau, gestärkt durch solche Aufträge, ihr Stammkapital auf und beteiligte daran das Land Bayern – genauso, wie es die Staatsvertreter schon etliche Monate zuvor vergeblich vorgeschlagen hatten.

Das Überleben war gesichert, und deswegen trieb man die Vorbereitungen zu einem Mittelklassewagen kräftig voran. Allerdings: Richter-Brohms Prototypen mit dem 1,6 Liter-Motor und hinterer Starrachse wurden verschrottet und neue Pläne ausgetüftelt.

Für den Fall, daß dazu nur wenig Geld bereit stand, hatte Entwicklungschef Fritz Fiedler und Planungsmann Helmut Werner Bönsch bereits ein Konzept ausgearbeitet, das mit relativ einfachen Mitteln zu verwirklichen gewesen wäre: Als Nachfolger für den 700 war dabei eine am Heck verlängerte 700er-Limousine vorgesehen, die einen wassergekühlten 800-900 ccm-Motor treiben sollte. Als zweite Stufe hätte der Wagen eine neue Vorderachse bekommen, und der Motor wäre nach vorn gewandert. In der dritten Entwicklungsstufe war es vorgesehen, aus demselben Teileprogramm einen fertigungstechnisch einfachen Sechzylinder-1,2 Liter-Motor zu bauen, der im Laufe der Jahre bis auf zwei Liter aufgebohrt werden könnte. Dazu wäre die leicht vergrößerte 700er-Karosse durch zwei zusätzliche hintere Türen zur gehobenen Mittelklasse-Limousine herangereift. Damit hätte BMW mit vielen gleichen Teilen sowohl einen Kleinwagen wie auch einen Wagen der gehobenen Klasse angeboten.

Doch es kam anders: Es lag mehr Geld in den Kassen als ursprünglich angenommen, deshalb beschloß Vorstand und Aufsichtsrat auf Drängen von Quandt ein technisch sehr anspruchsvolles Fahrzeug zu bauen – und zwar in einer Preisklasse von 7.500 Mark. Zu einer Zeit, in der Ford- und Opel-Mittelklassewagen etwa 6000 Mark kosteten und das Mercedes-Programm bei etwa 8000 Mark begann, suchten die Münchener ganz offensichtlich die Marktlücke dazwischen.

Im Rahmen einer Kalkulation konnte der neue BMW für diesen Preis nur ein 1,3 Liter-Wagen sein. So entstanden im Frühsommer 1960 ein zwei- und ein viertüriger Prototyp – wiederum im Stil des Münchener Kleinwagens. Man wollte aber hier anfangs mit einer flachen geteilten Schnauze an das kürzlich verblichene Sportmodell 507 erinnern. Um dem allgemeinen Trend Rechnung zu tragen, bei der an Automobilen die herausragenden Kotflügel zugunsten einer kastenförmigen Karosserie verschwanden, änderten die BMW-Männer ihren Prototyp nochmals am Bug. Schließlich bestand Großaktionär Herbert Quandt persönlich darauf, daß die klassische BMW-Niere an die Frontpartie kam. „Halten Sie die BMW-Niere hoch", hatte Quandt die Vorstandsmitglieder immer wieder ermahnt. Weil das den Hausstylisten nicht organisch gelingen wollte, gab man dem italienischen Karossier Giovanni Michelotti den Auftrag, das traditionelle Stilelement in den Entwurf einzupassen.

Vergeblich mühten sich die BMW-Techniker darum, dem neuen Wagen das typische Pfeifgeräusch der großen Limousinen mit auf den Lebensweg zu geben. Dieses akustische Signal, das weithin als BMW-typisch bekannt geworden war, hätte nach Meinung der Verkäufer auch dem neuen Mittelklassewagen ein eigenes Flair gegeben.

Mit den Radaufhängungen des Wagens gaben sich die Milbertshofener besonders große Mühe. Sie hatten erkannt, daß Federbeine, bei denen Achsschenkel und Radzapfen mit den Außenrohren der Teleskopdämpfer und Schraubenfedern zum tragenden Element kombiniert sind, viel besser Stoß-, Brems- und Beschleunigungskräfte in die selbsttragende Karosserie überleiten als allein herkömmliche vordere Querlenker. Zudem boten die Federbeine nicht nur deutliche Gewichtsersparnis, sondern auch eine exakte, vom Zustand der Fahrbahn und der Belastung des Wagens völlig unabhängige Führung der Räder.

Abgestimmt auf die vordere Radaufhängung – wie sie im Prinzip auch von Ford-Köln für den Taunus 17 M verwendet wurde – schufen die BMW-Techniker eine Einzelradaufhängung für die Hinterräder; schrägstehende Längslenker erzeugten dabei den für schnelle Kurvenfahrt nötigen Sturz der Hinterräder, und dadurch wurde die Seitenführungskraft erhöht. Diese Schräglenker-Aufhängung hatten sich zwar im BMW 600 und 700 schon bewährt, konnte jedoch in Verbindung mit dem Heckmotor ihre Vorteile nicht optimal zeigen. Erst die Kombination der vorderen Federbeine mit

In der zweiten Entwicklungsstufe wurde der Wagen zum Viertürer (Im Bild als Tonmodell)

Vorbild zur Frontgestaltung des fertigungstechnisch einfachen Autos war der 507

Nachdem mehr Geld in den Kassen lag, entwickelten die Münchener einen mehr kastenförmigen Prototyp, dem Michelotti dann auf Wunsch von Quandt die traditionelle BMW-Niere einpaßte

den hinteren Schräglenkern war es, die dem neuen Mittelklassewagen eine ungewöhnlich gute Straßenhaftung verlieh.
Doch solcher Fahrwerksbau sprengte bald das selbstgezogene Preislimit. Zudem erwies sich die Entwicklung des Motors als nicht gerade billig. Dabei gab es heftige Diskussionen zwischen Kaufleuten und Technikern. „Warum müssen unsere Motoren fünf Kurbelwellen-Lager haben", meinten die Kaufleute, „wenn die Konkurrenz auch mit drei Lagern auskommt?" Motoren-Konstrukteur Alexander von Falkenhausen antwortete dann: „Wir müssen eben etwas hochwertiges anbieten." Unterstützt wurde er dabei von den BMW-Importeuren Wolfgang Denzel und Maxie Hoffmann. In mühevoller Kleinarbeit tüftelte von Falkenhausen die möglichst optimale Gemischfüllug der Brennräume aus: Mit schräghängenden und gegeneinander versetzten Ventilen und der halbrunden Ausbildung des Brennraums als „Wirbelkammer", sowie der – damals durchaus noch nicht üblichen – obenliegenden Nockenwelle schaffte man das Ziel, einen 1,3 Liter-Motor zu bauen, der mit seinen 65 PS als Hochleistungsmaschine galt.
Zu allem Überfluß zeigte sich aber, daß der Motor für den inzwischen nur als Viertürer konzipierten Wagen zu schwach war. Alexander von Falkenhausen hätte nun zwar garzugerne den Motor gleich auf 1,6 Liter Hubraum gebracht. Doch das verbot der Vorstand strikt: „Wir müssen deutlich Abstand zu Mercedes halten." So wurde die Größe auf 1,5 Liter begrenzt. Die Konstrukteure legten aber den Motorblock dennoch so aus, daß er später bis auf 1,8 Liter vergrößert werden konnte.
Uneinigkeit herrschte unter den BMW-Technikern in einem anderen Punkt: Sollte der neue Motor einen Leichtmetallblock haben oder nicht? Fritz Fiedler, ein eifriger Verfechter des Leichtmetall-Triebwerks und der – von Borgward kommende – Cheftechniker Wilhelm Gieschen bestanden darauf, den Motorblock aus unvergütetem Aluminium herzustellen und die Stahllaufbüchsen, in denen die Kolben auf- und abgleiten, in den Block einzugießen. Fiedler verwies auf die Erfahrung von BMW mit dem V8-Motor, der aber sogenannte nasse Büchsen besaß.
Planungsmann Helmut Werner Bönsch und Motorkonstrukteur Alexander von Falkenhausen waren entschiedene Gegner dieses Plans. Sie gaben zu bedenken, daß die Herstellung eines Leichtmetall-Motors sehr teuer sei. Außerdem arbeite ein Aluminium-Block in sich viel mehr als ein Grauguß-Block. Dadurch käme es häufiger zu Lagerschäden und Kolbenklemmern. Bönsch meinte, die Zeit, um ein solches Leichtmetall-Triebwerk zu entwickeln, sei angesichts der Eile des Projekts viel zu kurz.
Fiedler und Gieschen setzten sich aber durch. Bald war es beschlossene Sache, daß der neue Mittelklassewagen einen Leichtmetall-Motor haben würde. Die Fertigungseinrichtungen wurden bereits in Auftrag gegeben. Daraufhin drohte Motor-Experte von Falkenhausen mit seiner Kündigung: „Das Projekt mache ich nicht nicht mit." Worauf Gieschen kurz antwortete: „Dann müssen Sie eben gehen."
Inzwischen stand fest, daß sich das neue Auto zu einem Verkaufspreis von 7500 Mark nicht realisieren ließ. Auch der Versuch, an der Innenausstattung zu sparen, rettete das Ur-Projekt nicht.

Zartes Pflänzchen

Großaktionär Herbert Quandt verfolgte genauestens den jeweiligen Stand der Entwicklungsarbeiten. Obwohl auch andere Firmen zu seinem Besitz gehörten, nahm er sich immer Zeit, wenn es um BMW ging. So diskutierte er stundenlang mit den Vorstandsmitgliedern über die Chromleisten des neuen Wagens. Die bayerische Automarke wurde für den Milliardär immer mehr zum „hervorstechendsten, sichtbaren Nachweis eigener unternehmerischer Qualifikation" (Die Zeit) .
Unterdessen entwickelte sich der 700 zum Verkaufsschlager, und die BMW-Leute mühten sich, das Sortiment dem Kundengeschmack entsprechend zu erweitern. Das kleine Coupé erhielt im August 1960 eine stärkere Maschine, die nun bei gleichem Hubraum ganze 40 PS leistete. Der BMW 700 Sport war ein richtiger Kraftprotz und erwarb im süddeutschen Raum schnell den Spitznamen „Facharbeiter-Porsche". Er beschleunigte von 0 auf 100 km/h in knapp 20 Sekunden und schlug damit alle europäischen Viersitzer bis zu zwei Liter Hubraum. Mit dem Sport-Coupé gelangte BMW wieder zu Automobil-Sporterfolgen, die den Verkauf weiter anheizten.
Dem Unternehmen war wieder etwas Geld zugeflossen, als MAN am 1. Juni 1960 weitere Gesellschaftsanteile von Allach aufgekauft hatte. Deshalb herrschte schüchterner Optimismus, als die leidgeprüften Aktionäre am 30. November 1960 wieder zur Hauptversammlung anreisten. „Seien Sie sich darüber im klaren," eröffnete Aufsichtsratsvorsitzender Dr. Semler den Anteilseignern, „diese Gesellschaft ist nach schwerer Krankheit und Operation, die wir vorgenommen haben, kein kraftstrotzender Stamm mehr, es ist eher ein zartes Pflänzchen. Aber es ist lebensfähig und scheint uns wieder gesund."
Mit der Operation meinte Semler die kurz zuvor beschlossene Kapitalherabsetzung von bisher 30 auf 22,5 Millionen Mark und die geplante Erhöhung auf 60 Millionen. Alle neuen Wertpapiere, welche die Aktionäre im Rahmen dieser Geldzufuhr für Milbertshofen nicht übernehmen wollten, rutschten ins Depot der Frankfurter Bank und in die Tresore der Gebrüder Quandt. Solch teurer Einkauf veranlaßte die Branche, in BMW „Quandt's Modelleisenbahn" zu sehen, die sich die Industriellen-Brüder gerne etwas kosten ließen.
Mit der auf der November-Hauptversammlung beschlossenen Kapitalheraufsetzung hatte die Verwaltung nach vierstündiger Diskussion mit den BMW-Eignern die Mittel zur Fianzierung des Mittelklasse-Projekts endlich gesichert. Neben der Quandt-Gruppe, so ließ die Verwaltung bei dieser Gelegenheit verlauten, sei ein zweiter Großaktionär wünschenswert. Verhandlungen mit General-Motors, dem größten Auto-Konzern der Welt, hätten zwar nicht zu einer Beteiligung geführt, wohl aber dazu, daß BMW „erhebliches an fertigungstechnischem Know-how" gewonnen habe.
In dieser Versammlung kam zum Schluß die Rede auf den Serienanlauf des neuen BMW. Vorstandsmitglied Ernst Kämpfer unkte: „Daß dieser Wagen erst nach zwei Jahren in Serienfertigung gehen kann, stellt die Verwaltung vor eine schwere Aufgabe."

Die Rache

Neue Schwierigkeiten stellten sich ein, als ein Monat später, im Dezember 1960, die Transaktion der Kapitalherab- und anschließend -heraufsetzung durchgeführt werden sollte. Nach den gesetzlichen Bestimmungen, mußte nämlich im Falle einer Kapitalherabsetzung die Notierung an den Börsen ausgesetzt werden, wenn nicht die Hausbank eine Erklärung abgab, daß eine genaue Darlegung der geschäftlichen Situation des Unternehmens vorgelegt wurde.
Die Beziehungen zwischen der Deutschen Bank und BMW waren aber zu diesem Zeitpunkt stark abgekühlt, weil der Plan der Bankiers am Widerstand der BMW-Aktionäre gescheitert war. Nun weigerte sich die Bank, eine Erklärung zugunsten der BMW-Papiere abzugeben. Auch die anderen Großbanken kamen einer entsprechenden Bitte der Münchener nicht nach. Durch diesen Boykott wäre die geplante Kapitalheraufsetzung außerordentlich schwierig geworden, hätte sich die Deutsche Bank durch entsprechenden Druck der Quandt-Brüder nicht doch noch erweichen lassen.
Im Frühjahr 1960 hatte die Modellreihe 700 der weiß-blauen Marke einen kleinen Gewinn eingebracht, mit dem der Verlust der Vorjahre zum Teil abgedeckt wurde. Außer 36.680 BMW 700 hatten die Münchener noch 16.547 Isettas gebaut und ganze 661 „Groß-Wagen" (Firmen-Jargon): Eindeutig ein Erfolg der Kleinwagenreihe. „Der 700er brachte das Unternehmen über den Berg", schrieb der „Industriekurier".

Das Lancia-Kleid

Während im Frühjahr 1961 die Entwicklungsabteilung noch damit beschäftigt war, das langgehegte Ei des Mittelklassewagens endlich auszubrüten, diskutierte der Vorstand bereits, wie mit möglichst wenig Geld die großen BMW-Modelle wieder attraktiver gemacht werden könnten. Der Verkauf war immer weiter abgerutscht seit Konkurrent Mercedes mit neuen Karosserien weitere gutbetuchte und treue BMW-Kunden abwarb. Von diesen neuen Mercedes-Linien war eine Zeitschrift so angetan, daß sie das Idealauto dieser Zeit als Mercedes 220 S mit dem seidenweich laufenden BMW V8-Motor sah.
Das Geld, das für die Entwicklung zur Verfügung stand, beanspruchte der Mittelklassewagen: Für größere Änderungen am „Barockengel" blieben keine Mittel mehr. Die letzte Aufwertung des großen BMW's hatte den Münchenern auch nicht viel Kundschaft gebracht, obwohl sie damit bewiesen, wie fortschrittlich sie dachten. Im September erhielt auch der 502 Super, nun 3200 Super geheißen, vordere Scheibenbremsen. Und kurze Zeit später boten sie die Bayern gegen Aufpreis auch in den anderen großen BMW-Wagen an.
Wegen der Gefahr, Fahrtwind könnte die Türen aufreißen, verbot der Gesetzgeber um diese Zeit Autos mit hintenangeschlagenen Türen. BMW traf diese Verordnung hart, denn die Fondtüren der großen Limousinen öffneten sich zur Fahrtrichtung hin. Für die bayerischen Autobauer bedeutete das, entweder die großen Limousinen auslaufen zu lassen oder Änderungen vorzunehmen.

Das Blechkleid des italienischen Lancia Flaminia paßte haargenau auf das BMW-Chassis. In München dachte man deshalb daran, den „Barockengel" mit der Lancia-Form neu einzukleiden

In dieser Situation tüftelte der zum Technischen Direktor avancierte Helmut Werner Bönsch aus, daß die Karosserie des italienischen Lancia Flaminia haargenau auf das Chassis des 3,2-Liter-Wagens paßte. Die traditionsreiche Firma Lancia in Turin war mit ihren Autos in den letzten Jahren eher zu Ruhm als zu Geld gekommen, und ihr Prestige-Wagen Flaminia verkaufte sich nur schleppend. Der italienische Karossier Pininfarina hatte die Linie gezeichnet. Er baute auch die ersten Prototypen des Flaminia, die im Herbst 1956 vorgestellt worden waren. Im Juni 1957 begann dann die Serienfertigung des großen Lancia-Wagens, den ein Sechszylinder-2,5-Liter-Motor mit 112 PS trieb.

Bönsch zögerte nicht, versuchsweise die elegante Karosserie auf das Chassis des BMW-Achtzylinders zu setzen. Der Vorstand zeigte sich von dieser Kombination durchaus beeindruckt und einigte sich darauf, daß die Italiener künftig für die großen BMW-Modelle Blechkleider liefern sollten. Damit hätten es die BMW-Männer geschafft, nach zehnjährigem Serienbau endlich einen Modellwechsel vorzunehmen, der die Kassen nicht zu sehr belastete. Es wäre dann allerdings auch der letzte deutsche Wagen verschwunden, welcher der Ponton-Form noch nicht huldigte. Nach schon fertigen Plänen hätte der BMW-V8 eine Flaminia-Karosserie erhalten, die von Pininfarina am Kühlergrill und in einigen Details modernisiert worden wäre.

Rund 16.500 Mark würde der Lancia-BMW kosten, was einigen Leuten im Werk viel zu teuer erschien. Anfangs glaubten die Techniker noch, mit der Verwendung der selbsttragenden Lancia-Karosserie das aufwendige BMW-Fahrwerk zu sparen und damit wesentlich unter dem bisherigen Preis des V8 zu bleiben.

Doch kurz bevor aus den Plänen Wirklichkeit wurde, scheiterte das ganze Projekt am Einspruch des technischen Vorstandsmitgliedes Robert Pertuss. Ihm war die Flaminia-Karosserie viel zu niedrig und unbequem. Er habe bei einer Fahrt zur Oper – so wollten Insider wissen – den Wagen an einem besonders hohen Bordstein geparkt, was seiner Gattin Schwierigkeiten beim Ein- und Aussteigen verursachte. Pertuss fand daraufhin, daß die bisherige 1,53 m hohe Karosserie des bisherigen BMW der

Bequemlichkeit der Käufer weit mehr entgegenkam als die moderne Lancia-Verpackung von 1,46 m Höhe.

Äußerlich blieb also der große BMW so, wie er bisher schon zehn Jahre von den Fließbändern lief. Allerdings starben im Dezember 1961 die Sechszylinder-Modelle. Fürs Modelljahr 1962 spendierten die Münchener den großen Limousinen statt der althergebrachten länglichen nun runde Rücklichter – aus Sparsamkeitsgründen wählte man dieselben, die auch die Motorräder trugen. Und die Achtzylinder leisteten jetzt durchweg 20 PS mehr. Die Verordnung des Gesetzgebers, die Türen künftig vorne anzuschlagen, umging BMW mit einer Ausnahmegenehmigung.

Als Ersatz für die mißglückten Renovierungsversuche beschloß man bei BMW gleich nach Abbruch der Verhandlungen mit Lancia das Programm nach oben mit einem schweren Coupé abzurunden, das auf der Basis des 3200 entstehen sollte. Ein entsprechender Auftrag ging an den italienischen Karossier Nuccio Bertone, der mit ersten Entwürfen nicht lange auf sich warten ließ.

Ein gefälliger und schnittiger Coupé-Aufbau entstand, den jedoch BMW's Produktionstechniker nicht so einfach übernehmen wollten. Sie machten dem Karosseriekünstler Auflagen, hier und da einiges zu ändern; doch durch die vielen gegensätzlichen Wünsche verlor die Linie gegenüber dem Ur-Entwurf den gewissen Pfiff. Zum Schluß blieb ein wenig graziles, dafür aber imposantes viersitziges Hardtop-Coupé übrig: Der 3200 CS. Ab September 1961 baute Bertone in Turin die Rohkarosserien, die dann in München fertig montiert wurden. Immerhin gefiel auch dieser Wagen in der Öffentlichkeit, wie das Lob der „Deutschen Zeitung" bewies: „Selbst bei sehr kritischem Blick muß man den Münchnern bescheinigen, daß ihnen mit diesem Modell eine Synthese von Schönheit, Temperament und Sicherheit geglückt ist." Durchaus unverdient aber war dem Luxus-Coupé ein Mauerblümchen-Dasein zugeschrieben, denn als es zur Internationalen Automobil-Ausstellung in Frankfurt 1961 das grelle Licht der Autowelt erblickte, zog der neue Mittelklassewagen aus gleichem Hause das uneingeschränkte Interesse auf sich.

Der italienische Karossier Nuccio Bertone hatte das Äußere des 3,2-Liter-Coupés entworfen. Er lieferte danach auch die Rohkarossen nach München

Sehnsucht nach Gediegenheit

Gleich nach der Übernahme des Regiments bei BMW hatte Herbert Quandt einen neuen Vorstand zusammengesucht. Schon vor einiger Zeit hatte der Groß-Industrielle bei den Bremer Borgward-Werken den Betriebsleiter Wilhelm Gieschen abgeworben, der nun als Vorstandsmitglied für Entwicklung und Produktion bei BMW einrückte. Dem Marketing-Direktor der Auto Union, Paul Gerhard Hahnemann, flatterte im Frühjahr 1961 ein Angebot von BMW auf den Tisch, wonach er im Herbst bei den Münchener Auto-Schmiede den Verkauf übernehmen sollte. Ebenfalls von Borgward holte sich Quandt etwas später den Einkaufschef Karl Monz. Komplett war für Großaktionär Quandt die neue Mannschaft aber erst, als im Oktober 1961 Aufsichtsratsvorsitzender Semler ausschied und an seine Stelle Professor Dr. Dr. Alfons Wagner den ohne Generaldirektor fungierenden Vorstand kontrollierte.

Die alten und neuen Führungsleute sahen auf der Frankfurter Automobil-Ausstellung (IAA) 1961 ihre erste Chance, mit der Akttraktivität des neuen BMW-Mittelklassewagens das Händlernetz zu erweitern. Vor allem die Kaufleute drängten danach, mit dem neuen Modell auf Händlerfang zu gehen; denn nach dem Konkurs der Bremer Borgward-Werke wollten viele Borgward-Vertreter bis zur IAA warten, um sich erst dann zu entscheiden, welches Fabrikat sie künftig übernehmen mochten.

So arbeitete die Entwicklungsabteilung in Milbertshofen unter Hochdruck, um bis zum Ausstellungstermin den ersten Prototyp vorzeigen zu können. Nur wenige Tage vor Beginn des Autosalons hatte sich in München die Erkenntnis durchgesetzt, daß ein Aluminium-Motor mit eingeschlossenen Stahllaufbuchsen für den neuen Mittelklassewagen doch mehr Nach- als Vorteile bringen würde. Deshalb hatten es die Techniker auch nicht mehr geschafft, für den Ausstellungswagen einen Graugußmotor herzustellen. Der erste Prototyp besaß noch ein Triebwerk, ganz aus Leichtmetall. Um den Besuchern jedoch keinen falschen Eindruck vom neuen Wagen zu geben,

Anstatt der geplanten Karosserie-Renovierung erhielten die 501 und 502 nur neue Rückleuchten – dieselben, die auch BMW-Motorräder trugen

strich man in der Nacht vor Ausstellungsbeginn den hellen Aluminium-Block noch mit grauer Farbe an.
Am nächsten Morgen blieb aber die hastige Maler-Arbeit Kennern nicht verborgen. Verschmitzt lächelte Mercedes-Benz-Entwicklungschef Dr. Hans Scherenberg, der kurz vor Beginn der Auto-Show den neuen BMW bewunderte, zu Bönsch: „Ihr könnt aber feinen Grauguß gießen!"
Verborgen blieb nicht die Hinterachse, deren Vorteile in Techniker-Kreisen allgemeine Anerkennung fand, jedoch vielfach für zu aufwendig und zu teuer gehalten wurde. Die Konkurrenz glaubte nicht, daß der deutsche Autofahrer dieses technische Juwel mit einem hohen Preis honorieren würde.
In der BMW-Führung herrschte in den letzten Stunden vor der Eröffnung der Ausstellung eine unerträgliche Spannung. Es war ein Pokerspiel. Denn bisher kauften deutsche Kunden nach dem Motto „Je teurer der Wagen, desto größer die Abmessungen", und gemessen daran hätte BMW mit seinem nun 8.500 Mark-Auto eine Niederlage einstecken müssen. Schließlich gab es anderswo für soviel Geld weit mehr Blech. Als dann die Besucher in die Hallen strömten und den BMW 1500 bewunderten, löste sich die Spannung. Schon die ersten Stunden zeigten: Dem neuen Wagen galt ungewöhnliches Interesse. Die Bewunderung konzentrierte sich auf die harmonisch gezeichnete Karosserie, das fortschrittliche Fahrwerk und die hohe Leistung. Gemessen an den Mittelklassewagen von Opel und Ford, die bei gleichem Hubraum rund 50 PS leisteten, brachte der Prototyp 25 PS mehr an die Kupplung. Dementsprechend sollte – nach Angaben der BMW-Leute – der 1500 auch bessere Fahrleistungen haben. Man sprach von 16 Sekunden für die Beschleunigung 0-100 km/h und einer Spitze von 150 km/h.
Alte BMW-Recken erinnerten sich an die Vorstellung des ersten Nachkriegs-BMW, denn seit dieser Zeit hatte ein BMW-Stand auf Ausstellungen nur wenige Male soviel Aufsehen erregt. So berichtete die Illustrierte „Stern": „Er blieb wohl das am dichtesten umlagerte Ausstellungsstück. Und wer mit dem Wunsch gekommen war, wenigstens eine Minute in dem bildhübschen, technisch vollendeten Wagen Platz zu

„Wir werden nochmal eine richtige Firma" – Chefverkäufer Paul Gerhard Hahnemann kam 1961 von der Auto Union zu BMW und erhielt von CSU-Politiker Franz Josef Strauß den Spitznamen „Nischen-Paul"

nehmen, mußte garantiert eine halbstündige Drängelei in Kauf nehmen." Im Gegensatz zu vergangenen Jahren fanden sich unter den Schaulustigen scharenweise ernsthafte Interessenten, die sogar bereit waren, einen Kaufvertrag zu unterzeichnen. Und das, obwohl ihnen niemand sagen konnte, wann der Wagen serienreif wäre.

Auch wenn die Konkurrenz daran zweifelte, daß der hohe Preis des technisch aufwendigen Wagens viele Käufer anlocken würde, stieß der für 8.500 Mark versprochene BMW 1500 zielstrebig in eine von der damals verblühten Borgward Isabella TS offengelassenen Marktlücke. Ganz offensichtlich erkannte das Publikum die Leistung der BMW-Konstrukteure an, die ein konsequent modernes Auto geschaffen hatten. Das Fahrgestell mit Federbeinen und Schräglenker-Hinterachse sowie der Motor mit obenliegender Nockenwelle und neuartig ausgebildeten Verbrennungsräumen setzte Maßstäbe, die über die sechziger Jahre hinaus Gültigkeit behalten sollten.

In den zehn Tagen der Frankfurter Ausstellung sammelten sich in der Akte 1500 rund 2.000 Kaufverträge. Auf einen solchen Erfolg hatten die Milbertshofener nicht zu hoffen gewagt, und langsam wurde ihnen die Gewißheit zuteil, ein Fahrzeug-Konzept gefunden zu haben, das an die erfolgreiche Vorkriegstradition anknüpfen könne.

Mit vollen Auftragsbüchern reisten sie heim. Zwar wußten die BMW-Männer noch nicht genau, wann der 1500 vom Band laufen würde, doch gab der unerwartete Zuspruch den leitenden Managern auch moralischen Auftrieb. Schon auf dem Rückweg schmiedeten sie Pläne, ob nicht auch ein Coupé auf der Basis des 1500 im Bereich des Möglichen läge.

Die Flut der Bestellungen riß auch in den nächsten Monaten nicht ab, und bis zum Jahresende waren bereits 20.000 BMW 1500 fest verkauft. Analysierte die Stuttgarter Zeitschrift „auto, motor, sport" solch ungewöhnlichen Erfolg: „Tief versteckt, aber um so sicherer geborgen, befindet sich im Herzen des deutschen Autokäufers eine Sehnsucht nach Gediegenheit, die von preiswerten Großserien-Wagen nur unvollkommen erfüllt werden kann." Die weiß-blaue Marke hatte es geschafft, dieses Versteck ausfindig zu machen, wobei allerdings nicht nur die Wagenkonstruktion, sondern auch das Markenzeichen kräftig nachhalf.

Der teuerste Lehrling

In den folgenden Wochen nahm sich die Entwicklungsabteilung des Prototyps wieder an und bereitete eine Null-Serie von 35 Autos vor, um die nötigen Serien-Erprobungen durchzuführen und den Publikums-Liebling in allerkürzester Zeit zur Serienreife zu bringen.

Währenddessen krempelten die neuen Vorstandsmitglieder das Haus um und fanden erstaunliche Dinge heraus. So hatten in den Zeiten der Not viele Mitarbeiter das Haus verlassen, ohne daß dafür entsprechende Nachfolger eingestellt worden waren. Ihre Aufgaben hatte man unter die restlichen Mitarbeiter aufgeteilt, und so lagen – oft vollkommen unorganisch – ganze Abteilungen in einer Hand. Zum Beispiel wuchsen Kundendienst und Ersatzteile zu einer Abteilung zusammen; woraus sich ergab, daß man im Haus BMW bisher nur in kleinem Stil operierte.

Die erste Aufgabe des neuen Verkaufschefs Paul G. Hahnemann und seines

„Eine halbstündige Drängelei in Kauf nehmen"; die Illustrierte Stern über den Andrang auf der Frankfurter Ausstellung, auf der der neue 1500 Premiere feierte

Assistenten Bernd Klein war es, einen Organisationsplan für den Betrieb zu erstellen und ineinander verwobene Abteilungen zu entflechten.
Hahnemann erfuhr, daß bisher nicht allein die Firmenleitung die Höhe der Autoproduktion bestimmte, sondern die Händlerschaft bei dieser Entscheidung

mitmischte. Sie kümmerte sich wenig um den einheitlichen Dienstweg, sondern bestellte die Autos bei irgendeinem Sachbearbeiter, der dann den Auftrag an die Produktion weitergab. Ähnlich ungesteuert und unkontrolliert arbeitete BMW's Inkasso. So waren zwei V8-Limousinen schon vor zwei Jahren ausgeliefert worden, jedoch keine Abteilung kümmerte sich darum, das Geld hierfür einzutreiben.
Künftig, so ordneten die neuen Herren an, gelte ein neues Bestell-System, wonach jeder Händler im Herbst seine unverbindliche Bedarfsschätzung für das folgende Jahr an die Vertriebsabteilung zu melden habe. Ab jetzt ging kein Auto in die Hände der Händler, das nicht im voraus bezahlt war.
Fast zwei Jahre stand inzwischen der Stuhl des Vorstandsvorsitzenden leer, ehe Karl-Heinz Sonne, früher Chef der Quandt-eigenen Concordia-Elektrizitäts-AG, am 15. Februar 1962 seinen Posten als neuer BMW-Generaldirektor antrat und manches änderte.
Der routinierte Betriebswirt richtete mit zwölf Mann die Abteilung „Wertanalyse" ein. Hier wurde jedes Autoteil unter die Lupe genommen und ermittelt, ob kein billigeres Material den gleichen Qualitätsansprüchen gerecht würde. Die zwölf Weisen berieten auch Zulieferer, wie man die angefertigten Teile billiger herstellen könne. Der Erfolg solch intensiver Kleinarbeit blieb nicht aus. So fanden die Wertanalytiker zum Beispiel heraus, daß die massive Seiten-Chromleiste am großen BMW 48 Mark kostete, aber durch eine hohle zu ersetzen wäre, die für ganze fünf Mark herzustellen war.
Der Vorstandsvorsitzende führte in Milbertshofen auch die sogenannte Deckungsrechnung ein. Hiernach wurden Kosten und Gewinn pro Mann für jede der 126 Varianten des BMW-Auto-Programms ausgeklügelt. Dabei stellte Sonne erschreckt fest, daß Variante eins nur einen Zugewinn von 50 Mark brachte, dagegen ab Variante 100 überhaupt nicht mehr verdient wurde.
Vom Autobauen selbst verstand der neue BMW-Boß allerdings wenig. Um solche Bildungslücke wettzumachen, nahm Betriebswirt Sonne im „Bau 54" der Entwicklungsabteilung Unterricht und bemühte sich ernsthaft, als neuer Chef einer Automobilfirma auch etwas von der neuen Materie hinzuzulernen – worauf ihn Spötter „BMW's teuersten Lehrling" titulierten.
Neues brachte auch Verkaufschef Hahnemann mit nach München. Von seiner Arbeit bei der Auto Union kannte er den Marktforscher und Psychologen Professor Dr. Bernt Spiegel, dessen Arbeit Hahnemann sehr schätzte. Spiegel hatte damals gerade das Buch „Die Struktur der Meinungsverteilung im sozialen Feld" geschrieben, in dem er ausführlich die sogenannte Marktnischen-Politik erläuterte. Der Professor schilderte ein Markt-Modell, das auf psychologischer Basis aufbaute. Dieses Modell konnte auf jeden Markt-Bereich angewandt werden, und in jedem sozialen Feld ließen sich nach Spiegels Forschungen Nischen ausfindig machen, die ungenutzt waren. Hahnemann erkannte sofort, daß diese Theorie auf BMW zutreffen könnte. Doch ehe er daraus Schlußfolgerungen zog, beauftragte er Professor Spiegel und sein Institut für Marktpsychologie, das Image der angeschlagenen Marke wissenschaftlich genau zu erforschen. Zwar lagen auch aus früheren Jahren Marktumfragen über BMW vor, doch eine Analyse auf psychologischer Basis hatte es in Milbertshofen bisher noch nicht gegeben.

Prototypen aufs Fließband gestellt

Während die Marktforscher noch dem Volk „aufs Maul" schauten, um zu erfahren, wie hoch das weiß-blaue Zeichen in Ansehen stand, spulten die ersten 35 Wagen des BMW 1500 pausenlos Kilometer herunter. Bis zum späten Sommer 1962 sollte die ausführliche Erprobung abgeschlossen sein. Doch die intensive Entwicklungsarbeit wurde jäh gestört, als in den ersten Frühjahrstagen 1962 der Verband der Automobil-Industrie anrief und sich nach dem Serienbau des 1500 erkundigte.
Der VDA veranstaltete nämlich die Frankfurter Auto-Show und wachte – gewitzt durch frühere Fälle – emsig darüber, daß die dort gezeigten Modelle spätestens nach sechs Monaten auch tatsächlich als Serienwagen von den Fließbändern rollten. War das nicht der Fall, so bestimmte der Verband, mußte die betreffende Firma eine Konventionalstrafe zahlen. Die Bayern, so argwöhnten die VDA-Leute, würden es nicht schaffen, den Prototyp in dieser Zeit aufs Band zu legen. So beraumten sie einen Besuchstermin an, um entweder die Produktionsanlagen zu sehen oder gleich die Strafe zu kassieren.
Bange um jeden Pfennig der zuviel ausgegeben werden mußte, räumten die Manager zu diesem Besuch ein Fließband mit 700er-Modellen und setzten darauf die Prototypen. Als die gestrengen Hüter die Halle betraten, schraubten und bohrten einige Arbeiter fleißig an den 35 Nullserien-Autos herum. Sie inszenierten die Kommödie so echt, daß die VDA-Leute in der Tat glaubten, die 1500er-Serie sei bereits im Anlauf. Oder sollten sie beide Augen zugedrückt haben?

Modellbereinigung

Zur gleichen Zeit, in den ersten Frühjahrstagen 1962, lief eine neue Variante des BMW 700, der LS, an. Er löste die Luxuslimousine des 700 ab und hatte im Gegensatz zu dieser einen um 320 mm längeren Radstand, von dem 110 mm den hinteren Fahrgastraum erweiterten und der Rest mehr Platz im Motorraum schuf. Darin kam sich der kleine Zweizylinder-Motor etwas verloren vor; und da auch die Bezeichnung „700" fehlte, tippte man in der Öffentlichkeit darauf, daß es nun nicht mehr lange dauern würde, bis endlich ein kultiviertes Vierzylinder-Triebwerk den LS aufwerten würde.
Tatsächlich war dieses Auto ursprünglich so geplant. Schon im Herbst 1959 hatte Helmut Werner Bönsch diesen Wagen konzipiert, der dann einmal zu einem Mittelklassewagen herangereift wäre. Alexander von Falkenhausen hatte dazu auch einen wassergekühlten Vierzylinder-Reihenmotor mit obenliegender Nockenwelle und einen-Liter-Hubraum entwickelt (Leistung: 45 PS). Als aber von Falkenhausen und Bönsch mit dem Prototyp im Herbst 1959 vor dem Verwaltungsgebäude vorfuhren und Vorstandsmitglied Ernst Kämpfer zu einer Probefahrt einluden, weigerte sich der, das neue Auto überhaupt einmal anzusehen. Er war damals fest davon überzeugt, daß BMW an Daimler-Benz verkauft würde und fand deshalb weitere Entwicklungsarbeit sinnlos.

So ruhte der LS solange in der Entwicklungsabteilung bis es BMW wieder etwas besser ging. Als dann Möglichkeiten gesucht wurden, den 700er aufzumöbeln, wurde auch der LS wieder hervorgeholt. Doch für einen neuen Motor mochten die Kaufleute kein Geld locker machen. Sie rechneten vor, daß das Mittelklasse-Projekt absoluten Vorrang haben mußte und der bescheidene Etat für den Einliter-Motor nicht langte. Daraufhin versuchte von Falkenhausen aus dem Triebwerk des 1500 eine kleinere Maschine mit 1,2 Liter Hubraum zu entwickeln. Dieses Aggregat baute von Falkenhausen auch in ein BMW 700 Coupé und bewegte es einige Zeit recht flott durch München.

Diskutiert wurden im Vorstand damals auch rationellere Möglichkeiten, den 700er durch einen anderen Motor aufzuwerten. Produktionschef Gieschen hätte aus der Konkursmasse der Bremer Borgward-Werke die Fertigungseinrichtungen des Goliath Hansa Motors billig erwerben können. Das 1,1 Liter-Triebwerk gab 55 PS ab und hätte gut in die BMW-Modellreihe gepaßt. Noch besser geeignet wäre der 900 ccm-Leichtmetall-Motor der Lloyd Arabella, ebenfalls ein Auto des zusammengebrochenen Borgward-Konzerns.

Doch bei allen Maschinen tauchten die gleichen Probleme auf: Entweder wogen sie zuviel, so daß sich der kleine BMW-Wagen als gefährliche Heckschleuder entpuppte, oder sie waren in der Herstellung zu teuer.

Da aber der 700 schon in der oberen Preisregion lag, würde die Kundschaft einen weiteren Preisaufschlag nicht schlucken. Zudem fürchtete Hahnemann die direkte Konkurrenz mit dem Opel Kadett, dessen Großserie im Herbst 1962 die weitere Verbreitung des BMW 700 zu behindern drohte. Der 700 war auch schon längst nicht mehr fein genug fürs BMW-Programm. So erschien der „LS" schließlich mit der alten Zweizylinder-Maschine, und es war schon beim Debüt abzusehen, daß er nicht sehr lange gebaut würde.

Viele heiße Frühjahrs- und Sommertage des Jahres 1962 verbrachte nämlich der Vorstand bei heftigen Diskussionen im Modellraum. Dort wurde jeder einzelne BMW-Typ daraufhin untersucht, ob er denn wirklich „BMW-like" sei. Vor den gestrengen Augen des Vorstands fand die Isetta keine Gnade mehr: Der Serienbau dieses Autos wurde schon im Mai eingestellt. Seine Verkaufszahl war stetig gesunken und lag nur noch knapp über der Rentabilitätsgrenze.

Darunter lagen schon lange die großen BMW-Modelle. Deshalb drängte vor allem Verkaufschef Hahnemann darauf, ohne Rücksicht auf Tradition das „Großwagen-Geschäfts" sterben zu lassen und auf den freiwerdenden Bändern mehr Mittelklassewagen zu bauen.

Qualität um jeden Preis

Als sich das Fließband am 25. August 1962 in Bewegung setzte und Hahnemann den ersten 1500 endlich auslieferte, waren elf Monate vergangen, in denen es die Techniker geschafft hatten, den 1500 bis zur Serienreife durchzukonstruieren. „Wohl kaum ein anderes Modell der Nachkriegszeit vermochte sich so nachhaltige Vorschußlorbeeren zu erwerben", fand der Münchener Merkur, „wohl keines durfte sich eines so glänzenden Starts ins rauhe Leben der Serienfertigung erfreuen."

Einiges hatte sich in diesen elf Monaten am Wagen geändert: Am auffälligsten der Preis, denn die versprochenen 8.500 Mark konnten die BMW-Kaufleute nicht halten. Als die ersten Wagen zu den Kunden rollten, mußten sie fast 1.000 Mark mehr zahlen. Dafür leistete der Serien-1500 nun fünf PS mehr, also 80 PS. Die vorgesehenen 13-Zoll-Räder waren eine Nummer größer geworden, wodurch auch die Trommelbremsen an den Hinterrädern wuchsen.

Der Technische Direktor Bönsch prägte für den neuen Wagen den Begriff „abgestimmtes Automobil". Darunter verstand er jene Fahrkultur, die nur dann entsteht, wenn auch scheinbar getrennt arbeitende Mechanik einander angepaßt ist und harmonisch miteinander arbeitet.

Die Abstimmung des BMW 1500 fand in der Fachwelt größte Anerkennung. Lobte die australische Motor-Zeitschrift Wheels: „Eine der feinsten 1,5 Liter-Limousinen der Welt." Zwar bewunderten die Auto-Tester übereinstimmend die sehr guten Fahreigenschaften des neuen Wagens, doch als eines der ersten Exemplare eines Tages mit für den Straßenverkehr abgestimmtem Fahrwerk auf einer Renn-Veranstaltung erschien, machte es eine klägliche Figur: Von den klassebeherrschenden Volvo's und Borgward's wurde es vernichtend geschlagen.

Den ersten Exemplaren des 1500 – das stellte sich bald heraus – mangelte es noch erheblich an der versprochenen Qualität. Schon kurz nach Auslieferung kamen bitterböse Klagen: Die Längslenker am Delta-Träger waren nicht ausreichend befestigt, das Differential war zu schwach, und die Beschwerden über das Auspuff-System füllten bald ein dickes Buch. In einigen Fällen mochte auch der Motor kein allzu langes Leben führen.

Als sich die Reklamationsansprüche häuften, schritt der energische Verkaufschef Hahnemann zur Tat: Er unterstellte die Endkontrolle der fertigen Wagen dem Verkauf. „Die Produktion braucht ihre Kontrolle nicht mehr durchzuführen", bestimmte Hahnemann, „denn die Endabnahme des Verkaufs wird viel gewissenhafter sein."

Der Chefverkäufer und seine technische rechte Hand, Helmut Werner Bönsch, die beide um den Qualitätsruf von BMW bangten, suchten sich ein Dutzend gewissenhafter Leute, die, mit einer Checkliste bewaffnet, jeden vom Band kommenden Wagen exakt untersuchten. Entsprachen nur drei Prüfpunkte nicht der Norm, verweigerte der Bereich Vertrieb dem Bereich Produktion die Abnahme. Solch radikale Kontrolle stiftete innerhalb von vierzehn Tagen heillose Verwirrung: Jeder Platz im Werksgelände stand voll mit nicht abgenommenen und fehlerhaften Wagen.

Die Auslieferung stoppte. Verärgerte Kunden und Händler bombardierten die Verkaufsabteilung mit Telefonanrufen und klagten bitter über die verschleppten Termine. Doch Hahnemann blieb hart; er wollte lieber keine als fehlerhafte Wagen ausliefern.

Produktions-Vorstand Wilhelm Gieschen raufte sich die Haare, denn er wußte nicht, wohin mit den vielen Autos. Er beschwor Hahnemann, die Fahrzeuge endlich auszuliefern. „Jawohl," versprach der Chefverkäufer, „wir nehmen die Wagen ab. Aber in Ordnung müssen sie sein." Mit seiner Sturheit setzte er schließlich durch, daß die aufgestauten Wagen in Überstunden und unter Einsatz aller verfügbaren Mittel in Ordnung gebracht wurden. Gleichzeitig erreichte Hahnemann, daß auch das Qualitätsniveau am Fließband anstieg.

Spiegel's Nischen

Marktforscher Spiegel war nicht untätig geblieben. Zum Jahresende 1962 brachte er die ersten Ergebnisse seiner Umfrage in die Lerchenauer Straße. Er wußte zu berichten, daß nach wie vor das weiß-blaue Zeichen in hohem Ansehen bei den Deutschen stand und in Erinnerung an die Vorkriegs-Modelle und die teueren Nachkriegs-Limousinen immer noch mit den Begriffen Exklusivität, Sportlichkeit und Qualität in Verbindung gebracht wurde. Nicht unwesentlich trugen die Motorräder zu dieser Sympathie bei, die seit jeher in Bezug auf Technik und Eleganz zur Weltspitze gehörten. Zusammen mit den 327- und 328-Sportwagen hatten sie das Image geprägt, das bis in die sechziger Jahre nicht verblaßt war. Dabei hatte auch die Verklärung eine gewisse Rolle gespielt, denn das Gros der Vorkriegs-BMW-Wagen war durchaus nicht so leistungsstark wie der Glorienschein glauben machte.

Im Zuge ihrer Renommé-Analyse untersuchten die BMW-Leute auch, wieviele der angeblichen Besitzer von Sportwagen des Typs 328 ein solches Auto tatsächlich besessen haben konnten. Sie zählten in den Archiven die damalige Produktion und kamen auf ganze 462 Exemplare.

Obwohl die Deutschen der bayerischen Auto-Marke so anhingen, nahmen sie es ihr – nach Umfragen Professor Spiegels – nicht übel, daß BMW so „untypische" Autos wie die Isetta und den 600 herausgebracht hatte. Spiegel recherchierte, daß die Kundschaft diese Fahrzeuge einfach nicht „zur Kenntnis genommen" hatte und folglich die Erinnerung daran auch das Image nicht strapazieren konnte.

Der 1500 – rein emotionell entwickelt – traf genau die Wunschvorstellung der Käufer von einem BMW-Auto; leistungsstark, kompakt, exklusiv. Durch diese erfreulichen Forschungsergebnisse von Spiegel sah der Vorstand, welchen Treffer man mit dem 1500 gemacht hatte: Ihn galt es behutsam aufzubauen. Nun stand fest, daß BMW sich in der oberen Mittelklasse bewegen mußte, um nicht frontal auf die Großen des Marktes zu treffen; genau dort, wo Firmen wie Opel, Ford und VW den Kunden nichts mehr bieten konnten. Hahnemann drückte es bildlicher aus. Er fand, BMW müsse sich „wie ein Partisan im Dschungel der Modellpolitik anderer Firmen bewegen."

Um den 1500 auch weiterhin in der oberen Mittelklasse zu halten, mußte er besser ausgestattet sein. Der spartanische Innenraum konnte allzuleicht dazu führen, daß Image und Modellpolitik auseinanderklafften. Im Herbst 1962 begannen daher die Entwicklungsarbeiten an eine luxuriös ausgestatteten 1500, der notgedrungen nach einem stärkeren Triebwerk verlangte. Hier blieb keine große Wahl: Auf der einen Seite mußte sich der Luxus-BMW von der Mittelklasse, die bei Opel und Ford schon bis auf 1,7 Liter Hubraum aufgestockt war, abheben; auf der anderen Seite stand Mercedes mit seinem Typ 190. So vergrößerte von Falkenhausen den Motorhubraum auf 1,8 Liter.

Jahr der Wende

Zum drittenmal innerhalb von zwei Jahren erhielt BMW einen neuen Aufsichtsratsvorsitzenden. Im August 1962 schied Professor Wagner aus, und an seine Stelle rückte der Essener Wirtschaftsprüfer Dr. Hermann Karoli.
Wenig später bescherte der Vorstand den Anteilseignern eine erfreuliche Überraschung: Obwohl die Aktionäre ausgerechnet hatten, daß die Münchener Firma durch den Anlauf des BMW 1500 möglicherweise noch einmal mit einen kräftigen Verlust abschließen würde, blieb zum Jahresende 1962 ein erfreuliches Plus von 2,5 Millionen Mark. Die wanderten freilich zur Stärkung der eisernen Reserve aufs Konto.
Grund dieses Erfolges war nicht nur die konsequente Rationalisierung des Betriebes, sondern auch der recht gute Verkaufserfolg des BMW 700. Einen Rückschlag erlitten die Bayern – wie die gesamte Branche – auf dem Motorrad-Sektor. Hier rutschten die Verkaufszahlen von 9.460 auf 4.302 Stück ab. Grund zur Panik gab es deswegen nicht. Denn – das war schon abzusehen – im nächsten Jahr würde man bedeutend mehr Mittelklassewagen verkaufen und damit den Ertrag weiter verbessern. Das vorhandene Auftragspolster beruhigte selbst ängstliche Gemüter.

Die neue Klasse

Zum Jahresbeginn 1963 baute BMW pro Tag rund 50 Wagen vom Typ 1500. Die gröbsten Kinderkrankheiten waren ausgemerzt. Dank der nun besseren Fertigungsqualität, der Kulanz des Werkes und des Wohlwollens der Presse hatte die Kundschaft inzwischen die ersten Fehler des 1500 verziehen. Dem neuen Auto blieb der Rufmord, ein unzuverlässiges Auto zu sein, erspart.
„Es muß eine ganz undemokratisch große Mehrzahl von BMW-Freunden gewesen sein, die über ein Jahr lang Salz auf die Fensterbretter der Garagen gestreut hat – der Erfolg blieb nicht aus: Der BMW 1500 hat einen Bruder bekommen, den BMW 1800", freute sich im September 1963 die Hauszeitschrift „BMW-Journal", und stellte damit das schon erwartete, weiterentwickelte Modell vor. Äußerlich unterschied sich der 1800 nur durch eine durchgehende Chromleiste und Radzierringe. Krassere Unterschiede gab es im Innenraum, wo neben anderen Annehmlichkeiten die Sitze Skai-Einfassungen und gefälligere Polster spendiert bekamen. Eine kombinierte Wisch-Wasch-Anlage sorgte ebenso für Bedienungskomfort wie die Drehknöpfe der vorderen Schwenkfenster. Seine 90 PS holte der neue 1800 nicht – wie der 1500 – aus hohen Drehzahlen, sondern das bulligere Drehmoment resultierte aus dem größeren Hubraum.
Dank der höheren Leistung spielte der 1800 auch seine Fahrwerkstalente besser aus, und oftmals bekam er von den Testern das Lob zu hören, ein Sportwagen mit vier Türen zu sein.
Mit dem neuen Wagen, der zusammen mit der Sportversion „1800 TI" auf der Frankfurter Ausstellung im September 1963 erschien, bürgerte sich der Begriff von BMW's „neuer Klasse" ein. Ein Schlagwort, das erstmals in den Vorstandszimmern gebraucht wurde. Genau wie bei anderen Autofirmen auch, verfolgte nämlich die

Verkaufsleitung peinlich genau die eigenen Zulassungszahlen und die der Konkurrenz. Dazu hatte man Statistiken angefertigt für die Kleinwagen-Klasse, die Großwagen-Klasse und die „neue Klasse". Hahnemann, der kein Blatt vor den Mund nahm, brachte diesen Begriff schließlich an die Öffentlichkeit, und die Werbung machte sich das Schlagwort zunutze.

Auf eigene Initiative und Kosten baute die Karosseriefirma Baur, Stuttgart, auf der Basis des 1500 diesen Kombi-Wagen in zwei Exemplaren

Tiefstapler in Silbergrau

Versprach der 1800 schon gute Fahrleistungen, so erreichte der neue 1800 TI (= Tourismo Internationale) Werte, die Sportwagen gut zu Gesicht gestanden hätten. Der 1800 TI sollte eigentlich nur in einigen wenigen Exemplaren an Sportfahrer und solche, die sich dafür hielten, abgegeben werden.
Entstanden war der Wagen in der Versuchsabteilung. Kaum war nämlich der 1800 fertig entwickelt, ließ Motorenkonstrukteur Alexander von Falkenhausen den Motor eines 1800 mit zwei Doppelvergasern bestücken. Inspiriert dazu hatte ihn die italienische Firma Alfa Romeo, die ihren „Giulia TI" mit vier Vergasern zu mehr Leistung trieb.
Das Rezept wirkte auch beim 1800: Auf Anhieb leistete der 1,8 Liter-Motor 120 PS, dafür röhrte er recht vernehmlich. Um ihn etwas zu dämpfen, verpaßte man der Maschine einen doppeltwirkenden Luftfilter. Damit leistete der Motor immer noch 110 PS. Als von Falkenhausen das Einzelstück dem Vorstand vorführte, fand er nur Beifall. Es war bald beschlossene Sache, den Kraftboliden in Serie zu bauen. Der TI beschleunigte in nur 10,5 Sekunden von null auf hundert, erreichte eine Spitze von 170 km/h und wurde nur in Silbermetallic-Lack geliefert. Dank der geringen

Veränderungen kostete der 1800 TI nur 10.960 Mark, was gemessen an Autos ähnlicher Fahrleistung als ausgesprochen preiswert galt.

Mit den beiden neuen Modellen war der leistungsschwächere 1500 sofort beim Publikum abgemeldet. Auf Anhieb sicherte sich BMW nun einen stärkeren Platz in der oberen Mittelklasse, denn in der Leistung entsprachen der 1800 und 1800 TI weit größeren Autos, während sie in den Außenabmessungen weiterhin zur Mittelklasse zählten. Der 1800 TI bot mit seinem außergewöhnlichen Temperament großes Fahrvergnügen und gab manchem Porsche-Fahrer Grund genug, vom Zweisitzer in die viertürige Sport-Limousine umzusteigen. So dauerte es nicht lange, bis der 1800 TI die ersten Sport-Erfolge ins Haus brachte und sehr deutlich auf die guten Erbanlagen zum Tourenwagen-Sport hinwies.

Im Gegensatz zu den Vorausberechnungen der Marketing-Leute verkaufte BMW den 1800 TI in unerwartet hohen Stückzahlen. Nicht nur Sportfahrer interessierten sich für den „Tiefstapler in Silbergrau" (Sport-Illustrierte), sondern vor allem Familienväter mit einem Hang zum schnellen Fahrzeug.

Eigentlich wollte BMW nur 1000 Exemplare der heißen Version bauen, doch die Nachfrage war wesentlich größer. Das ermutigte die BMW-Techniker, eine noch schnellere Variante des 1800 TI zu bauen: den 1800 TI/SA (= Sonderausführung). Dieser Wagen sollte wirklich nur an aktive Motorsportler abgegeben werden. Die Ausstattung wurde abgemagert, dafür gedieh dem Motor besondere Sorgfalt an. Er wurde fein überarbeitet, die Ansaugkanäle poliert und eine noch leistungsfähigere Vergaseranlage von Weber aufgesetzt. Erfolg; die Maschine leistete 130 PS. Als das Auto jedoch im Frühjahr 1965 in Serie ging, waren die Erbauer enttäuscht. Denn der TI/SA brachte nicht die Leistung, die man sich bei den Prototypen versprochen hatte. Die Serienfertigung ermöglichte doch nicht jene Feinarbeit, die nötig gewesen wäre. Auch die Kunden merkten die geringere Mehrleistung sehr schnell, und deshalb lief der TI/SA bereits nach nur fünf Monaten Bauzeit und 200 gebauten Exemplaren wieder aus.

Den Technikern Kopfzerbrechen und den Kunden Ärger bereiteten allerdings sowohl beim TI wie beim TI/SA die Vierfach-Vergaser. Nur Spezialisten schafften es, diese Vergaser sauber einzustellen. Mit wissenschaftlicher Akribie stellte Helmut Werner Bönsch eine Liste von 22 Fehlern an dieser Anlage fest, und er lieferte bei 16 Fehlern dem Vergaserhersteller Solex die Verbesserungsmöglichkeiten gleich mit. Dennoch kostete es den Händlern Mühe und Schweiß, dem Werk viel Geld, diese Schwächen dauerhaft zu beheben.

Erstmals Dividende

Zum erstenmal seit genau zwanzig Jahren durften die BMW-Aktionäre nach dem verkaufsträchtigen Jahr 1963 wieder eine Dividende erwarten. Das Jahresergebnis schloß mit einem Bilanzgewinn von 3,82 Millionen Mark, aus dem man den Anteilseignern sechs Prozent Dividende zugestand. Das Geschäft hatte sich in den abgelaufenen Monaten mehr vom Kleinwagen auf die Neue Klasse verlagert. Das drückte sich weniger in Produktionszahlen aus, eher im Umsatz, der von 294 (1962) auf 433 (1963) Millionen Mark hochgeschnellt war. Bestärkt durch die Tatsache, daß am 1800 mehr zu verdienen war als an einem 700, verlegte BMW die Produktions-

Anstrengungen auf die Mittelklasse und vernachlässigte die Kleinwagen. Aufschwung gab es auch auf dem Zweirad-Sektor, auf dem BMW die Einbußen von 1962 wieder wettgemacht hatte.

Das weiße Cabriolet

Obwohl im Laufe des Jahres 1963 die Nachfrage nach den großen V8-Limousinen wieder etwas gestiegen war, lief die Produktion der großen BMW's zum März 1964 aus. Das gab Anlaß zum Ärger. Vor allem die bayerische Landesregierung konnte sich nicht mit dem Gedanken abfinden, künftig Edel-Autos aus Schwaben fahren zu müssen, nur weil die Münchener Marke keine großen Limousinen mehr bauen wollte. In mehreren Briefen an die Geschäftsleitung plädierten die Landesfürsten für den Weiterbau der Barockengel. Und in ihren Lobesreigen über das einzige Auto weit und breit, dessen Blechkleid nicht den Schnitt der Pontonform trug, stimmten rund ein Dutzend bayerischer Bankiers und Leute des Geldadels ein.
Vielleicht wäre der Vorstand auch zu Kompromissen bereit gewesen, hätte nicht Hahnemann ganz energisch darauf bestanden, die frei werdenden Fließbänder nun endlich auf die so populären Mittelklasse-Wagen umzustellen.
Von den großen BMW-Wagen blieb als einziger das Bertone-Coupé 3200 CS übrig, das als Flaggschiff des Programms die trauernde V8-Gemeinde trösten sollte.
Ein Exemplar dieses Wagens hatte sich schon 1962 Großaktionär Quandt zu einem weißen Cabriolet umbauen lassen. Das war zwar nicht billig gewesen, aber zur vollsten Zufriedenheit des Bad Homburger Milliardärs ausgefallen. Als Quandt nach München kam, um sein gutes Stück abzuholen, fand er diesen Traum in Weiß so gut, daß er Vorstand Hahnemann ans Herz legte: „Ich möchte, daß dieser Wagen auf dem Genfer Salon 1963 gezeigt wird." Quandt meinte, es würden sich sicher für das bildschöne Fahrzeug Interessenten finden, die schließlich eine Serie ermöglichten. Doch Hahnemann zeigte seinem obersten Dienstherrn die Stirn: „Von dem Auto wurde ein Exemplar gebaut. Das steht hier und gehört Ihnen. Doch ich weigere mich, weitere Cabriolets zu verkaufen."
Später mußte Quandt dann einsehen, daß Hahnemann mit dem Widerspruch garnicht so unrecht hatte. Als der Industrielle mit seinem Wagen nach Nizza rollte, war er unterwegs zum Offenfahren gezwungen. Denn das elektrische Faltdach stellte seinen Dienst ein. Es mußte erst ein Monteur aus München eingeflogen werden. Für Quandt und Hahnemann hatte sich dieses Thema damit von selbst erledigt.
Das 3200 CS-Coupé fand einige wenige begeisterte Liebhaber, die bereit waren, sich Extravaganz etwas kosten zu lassen. Ein Textilfabrikant verschaffte sich sogar das Vergnügen, nach München zu reisen, um die Geburt seines bestellten Coupés am Montageband Teil um Teil zu verfolgen.
Insgesamt gesehen waren die Kaufleute mit dem Erfolg ihres Flaggschiffs nicht zufrieden, zumal die in handwerklicher Arbeit hergestellten Bertone-Aufbauten starke Qualitätsunterschiede aufwiesen und oft mit Nacharbeit dem allgemeinen Fertigungsniveau angepaßt werden mußten. Deswegen, so plante der Vorstand, sollte bei nächster Gelegenheit auch der letzte BMW-Wagen mit separatem Chassis aus dem Programm gehievt werden.

Noch besser: BMW 1600

Mit dem Erscheinen des 1800 und 1800 TI war der ursprünglich als recht lebhaft betrachtete BMW 1500 in die Rolle des Behäbigen gedrängt worden. Deshalb sann man darauf, das gealterte Basis-Modell aufzuwerten. Mit einem aufgebohrten Motor wollten die Techniker ein 1,6 Liter-Triebwerk schaffen, das 83 PS leisten und 200 Touren weniger als der 1500-Motor drehen sollte. Selbst überrascht waren die BMW-Leute, daß dabei ein ungemein elastischeres und vibrationsfreieres Triebwerk entstand, als alle bisherigen Aggregate der Neuen Klasse.
Ebenfalls in die Einheitskarosserie gesteckt, kam die neue Variante im Januar 1964 als 1600 auf den Markt. Mit ihrem Erscheinen wurde der BMW 1500 im Preis auf 8.990 Mark gesenkt und die Neuerscheinung für 9.450 Mark angeboten.
Hatten die Münchener den Plan schon lange aufgegeben, den LS mit einem größeren Motor auszustatten, begannen sie nun langsam, in der weit gesteckten Modell-Palette des 700 aufzuräumen. Schon im September war die Standard-Version des LS weggefallen, wenig später folgte das immer schwerer verkäufliche Coupé und im Mai 1964 schließlich auch das Sport-Coupé mit dem 40 PS-Motor. Stattdessen hatten die Ingenieure ein LS-Coupé parat, das im Einklang mit der Limousine ebenfalls das etwas aufgeblasene Heck besaß. Es wurde bei Baur in Stuttgart produziert.
Diese Neuerscheinung war allerdings beim Debüt im September 1964 schon vom Konkurrenten, dem Opel Kadett Coupé, in Leistung und Preis überholt und vermochte deshalb die rationelle Weiterfertigung des 700 nicht mehr zu garantieren. So stellte man im September 1965 die Produktion aller 700-Modelle ein, was in der Kundschaft manchen Protest hervorrief.
Im Januar 1965 war dann auch der 1500 ausgelaufen, der gegen die größeren Brüder nie recht hatte ankämpfen können und der im 1600 einen würdigen Nachfolger gefunden hatte. Insgesamt wurden vom 1500 innerhalb von drei Jahren nur 23.807 Stück gebaut – weniger als vom 1800 allein im Jahre 1964. Die Stückzahl des 1500 war vor allem deshalb so gering geblieben, weil viele Kunden nach dem Erscheinen des 1800 ihre Kaufverträge auf den größeren Typ umgepolt hatten.

Sonne-Abgang

1964 hatte BMW fast doppelt soviel erwirtschaftet wie im Jahr zuvor. Das kam auch den Aktionären in Form einer zehnprozentigen Dividende zugute. Die Großaktionäre Quandt und Koerfer (seit Herbst 1961 hielt er rund 15 Prozent des BMW-Kapitals) konnten mit ihrem Unternehmen zufrieden sein: BMW baute insgesamt 61.766 Autos. Damit gehörte man zwar immer noch zu den Kleinen, aber hatte die höchsten Zuwachsraten in der deutschen Automobil-Industrie. Die Münchener holten erstmals nach, was die Konkurrenz schon ein Jahrzehnt zuvor geschafft hatte: Das zielstrebige Exportgeschäft, die Stärkung der finanziellen Reserven und die konsequente Ausweitung der Kapazität.
Quandt plagten aber Personalsorgen. BMW-Chef Dr. Karl-Heinz Sonne, der das Unternehmen in den letzten beiden Jahren aus dem Schatten geführt hatte, sah

berufliche Verbesserungsmöglichkeiten. Der kriselnde Kölner Maschinenbau-Konzern Klöckner-Humboldt-Deutz offerierte dem Betriebswirt, den Vorstand zu übernehmen und dem Werk – ähnlich wie BMW – wieder Sonne in die Bilanz zu bringen. Der zögerte nicht lange; er hatte hier die Möglichkeit, eine fast dreimal so große Firma zu leiten.
Um eiligst Sonne's Lücke zu stopfen, suchte BMW per Stellen-Anzeige in großen Tageszeitungen unter Chiffre einen neuen Generaldirektor „für einen bedeutenden metallverarbeitenden Industriebetrieb". Bewerber fanden sich genug, doch Quandt und der Aufsichtsrat waren wählerisch. Sie entschieden sich schließlich für einen Mann, der schon seit längerem dem Großaktionär diente und seit 1960 auch Quandt's Interessen im Aufsichtsrat vertreten hatte; Gerhard Wilcke. Der Rechtsanwalt hatte zwar noch nie ein Industrie-Unternehmen geleitet, doch war er mit den Problemen bei BMW bestens vertraut. Er war in den schweren Zeiten Vorsitzender des Sanierungsausschusses gewesen. Am 1. März 1965 nahm Wilcke hinter dem Schreibtisch des Vorstandsvorsitzenden Platz.

Das Schlitzaugen-Coupé

Angeregt von dem im BMW-Programm ausgebrochenen Power-Racing, das beim Publikum so gut ankam, setzte sich Fritz Fiedler heftig dafür ein, die 3,2 Liter-V8-Maschine in die Karosserie des 1800 zu transplantieren. Doch diese Idee wurde an den Zeichenbrettern nie ernsthaft diskutiert. Die Herstellung des alten Achtzylinders war derart unrationell, daß es sich eher gelohnt hätte, ein neues Triebwerk zu entwickeln. Außerdem hatte sich das 3200 CS-Bertone-Coupé in den letzten Monaten immer schlechter verkauft.
Aus Professor Spiegels Marktuntersuchung ging indes hervor, daß den BMW-Händlern etwas im Schaufenster fehlen würde, sollte die Produktion des 3200 CS eingestellt werden. Ein Nachfolger müßte wieder das Verkaufs-Programm nach oben abrunden; vielleicht nicht in den höchsten Preisregionen, um eine etwas breitere Käuferschicht zu erfassen.
Gerade zu diesem Zeitpunkt machte die Karosseriefabrik Karl Baur den Vorschlag, doch ein Coupé auf der Basis des 1800 in eigener Regie zu entwerfen und zu bauen. Die Stuttgarter fanden damit in München-Milbertshofen sehr viel Zustimmung. Also erstellten die Brüder Karl und Heinz Baur ein 1:1-Holzmodell dazu; ein Coupé mit kurzem Dach und mit einer geraden gestreckten Trapez-Linie.
An einem heißen Sommertag im Juli 1964 reiste der Vorstand und Großaktionär Herbert Quandt nach Stuttgart, um sich das projektierte Modell genau anzuschauen. Dabei wollte Quandt vom Technischen Vorstand Wilhelm Gieschen sogar schon genau erläutert wissen, wie schwer dieses Auto werde, was es leisten werde und welche fertigungstechnischen Schwierigkeiten zu erwarten seien.
Zum Schluß kamen die BMW-Oberen überein, daß es doch besser sei, ein solches Coupé in eigener Regie zu entwickeln. Man kaufte Baur den Holzentwurf für rund 10.000 Mark ab und gab in Milbertshofen grünes Licht für die Arbeit an einem von Grund auf neuen Coupé. Es mußte – darüber waren sich alle einige – von der Limousinen-Form abgehen, um die Exklusivität zu unterstreichen, andererseits

Die Karosseriefirma Baur grübelte bald darüber nach, wie durch Sondervisionen der Erfolg der 1800-Reihe auch für ihre Fabrik zu nutzen sei. Die Schwaben entwarfen deshalb 1964 ein 1800-Coupé, dessen Form sie im Holzmodell im Maßstab 1:1 verwirklichten. Die Münchener kauften den fleißigen Schwaben den Entwurf ab, und nahmen die Idee als Anstoß, selbst ein Coupé zu entwickeln

jedoch die BMW-Niere behalten. Denn Spiegel bestätigte: Die beiden senkrecht stehenden Ovale am Kühlergrill wurden seit jeher als besonders BMW-typisch empfunden.

Hausstylist Wilhelm Hofmeister entwarf im Frühjahr 1965 mit seinem Team ein viersitziges Hardtop-Coupé, abweichend vom einheitlichen Kühlergrill der Neuen Klasse mit schlitzäugigen Leuchteinheiten geziert. Spottete Bönsch: „Die sehen ja aus wie Asiaten-Augen."

Als die Kreation fertig war, applaudierte der Vorstand und ließ es sich nicht nehmen, das neueste Produkt den italienischen Stylisten Nuccio Bertone (der immer noch den 3200 CS-Aufbau lieferte) und Giovanni Michelotti (der mit einem Beratungsvertrag an BMW gebunden war) vorzuführen. Michelotti gefiel die neue Linie, doch regte er eine andere Gestaltung des Armaturenbrettes an, die dann auch nach seinen Ideen erfolgte. Nuccio Bertone stand wortlos vor der Neuschöpfung und fragte schließlich, ob er nicht die Linie des Dachauslaufes für seine Sonderkarosserien übernehmen dürfe.

Solche Komplimente aus Künstlermund ließen die BMW-Leute natürlich nicht ruhen, und einige Augenblicke lang schwankten sie, ob sie nicht für diese Karosserie ihren schönsten und teuersten Motor opfern sollten: 3,2 Liter Hubraum in diesem Coupé – das wäre eine Rakete geworden. Dann aber siegte der Rechenschieber: Der V8 kostete dreimal soviel in der Herstellung wie der Vierzylinder. Damit war der 3,2 Liter-Motor nach zehnjähriger Bauzeit endgültig von den Fließbändern verbannt. In die Coupé-Karosserie wurde jener Motor eingebaut, der schon seit 1964 im Versuch lief: Die nach Konstruktions-Merkmalen des 1800 neu gebaute Maschine mit 1990 ccm Hubraum, die wahlweise 100 oder 120 PS leistete.

Im Juni 1965 verschwand schließlich das Bertone-Coupé aus dem Katalog. An seine Stelle trat drei Monate später das 2000 C-Coupè mit 100 PS und Getriebeautomatik, sowie das 2000 CS-Coupé mit 120 PS und Schaltgetriebe.

Zum Bau der neueren Blechhaut hatte man in Milbertshofen aber keinen Platz. Deshalb gab Wilcke den Auftrag an die Karosseriefabrik Wilhelm Karmann in Osnabrück, künftig die Rohkarosserien nach München zu liefern. BMW zeigte das Starmodell zur Auto-Show 1965 in Frankfurt, aber es feierte nur ein bescheidenes Debüt im Schatten anderer Knüller. So wurde zum Beispiel das nur wenig weiter stehende Glas-Coupé von mehr Besuchern umlagert. Es kostete nur knapp 1.000 Mark mehr; dafür erhielt der Käufer dort einen Achtzylinder-Motor mit 2,6 Liter Hubraum.

Der fünfzigste Geburtstag

Eine weitere Premiere sparte sich BMW für 1966 auf, das als 50. Lebensjahr eine ganz besondere Rolle in der Firmengeschichte spielen sollte. Zum Festjahr wollte die Geschäftsleitung das Modellprogramm weiter ausbauen und nicht mehr allein vom Erfolg des inzwischen zum Grundmodell herangereiften 1800 abhängig sein.

Es erschien Ende Januar der 2000 als Limousine. Obwohl das Coupé schon im vergangenen September vorgeführt worden war, erlebte das 2-Liter-Aggregat erst mit

Serienbeginn des Viertürers den Schritt ins Verbraucherleben. Die Produktionsvorbereitungen für das Coupé hatten sich in Osnabrück bis zum Februar hingezogen. Für den neuen 2000 hatte das Geld nicht zu einer eigenständigen Karosserie gereicht, deshalb päppelten die Ingenieure den 1800-Aufbau mit neugestalteter Front- und Heckansicht auf. Man folgte der um sich greifenden Mode, rechteckige Scheinwerfer einzubauen und glaubte, mit sogenannten „Vierkammer"-Heckleuchten optische Breitenwirkung zu erzielen.

Unter der Haube begnügte sich die BMW-Technik nicht mit Kompromissen, denn der 1,8 Liter-Motor hatte die Grenze seiner Ausbaumöglichkeit erreicht. Schon 1964 war beschlossen worden, einen neuen Motor zu entwickeln, der dem Drang nach mehr Hubraum besser entgegenkam. In der Grundkonzeption hatte der Neue viel mit dem 1800-Triebwerk gemeinsam, nur bekam der Jüngstgeborene die Erfahrung der vorherigen Sportgeneration mit auf den Alltagsweg: Man übernahm die Kurbelwelle des TI/SA und dessen Zweistoff-Ventile.

Ganz ohne Zweifel waren BMW's Techniker mehr denn je bemüht, ihre Neue Klasse komfortabler zu machen. Der 2000 leistete nur zehn PS mehr als der 1800 und dankte dies mit einem weichen, elastischen Lauf. „Ein durch und durch vernünftig aufgewertetes Auto", urteilte die Fachwelt.

Überraschend für Kunden und Kenner war, daß BMW die neue Karosserie nicht auch dem gleichzeitig vorgestellten 2000 TI spendierte. Der besaß nach wie vor den Aufbau des 1800 und unterschied sich äußerlich vom bisher gebauten 1800 TI lediglich durch das Typenschild. Verkaufschef Hahnemann nahm aber das etwas verwirrende Programm zugunsten eines niedrigen Preises hin. Denn, so argumentierte er leutselig anläßlich der Taufe des Neuen, ein 2000 TI im anderen Kleid hätte weit mehr als 13.000 Mark gekostet. So jedoch zahlte man für den Aufstieg vom 2000 zum 2000 TI lediglich einen Aufpreis von 590 Mark. Die Verkäufer spekulierten darauf, daß es den typischen TI-Käufern weniger um die neuen Breitbandscheinwerfer als um eine gehörige Portion Leistung ging. Doch wenige Monate später gab BMW Kundenwünschen nach und lieferte den TI ab Juni 1966 auch mit der Karosse des 2000 als „TI-lux".

Nicht ohne Grund strebten die Bayern weiter nach oben. Auch die Konkurrenz hatte in den letzten Jahren nicht geschlafen und hätte den BMW-Leuten gerne den Ruhm streitig gemacht, besonders schnelle Autos zu bauen. Schon zum Ende des Jahres 1964 brachte Ford-Köln den Taunus 20 M-TS heraus, der, gemessen an der Leistung, durchaus mit den BMW-Wagen konkurrieren konnte. Er bot sogar einen laufruhigeren Sechszylinder-Motor für weniger Geld.

Doch nach wie vor kaufte der sportliche Fahrer einen BMW. Dieser bot das bisher von der Konkurrenz unerreichte Plus im Fahrwerk, das die Werbeabteilung in aggressiven Anzeigen-Kampagnen ausspielte. Schlagworte wie „Dem Unfall davonfahren" und „Freude am Fahren" untermauerten mit den immer häufiger werdenden Rallye- und Tourenwagen-Rennerfolgen das Image der bayerischen Auto-Schmiede.

Am 7. März 1966 lud das Geburtstagskind zum Fünfzigjährigen in die Bayerische Staatsoper. Alles, was Rang und Namen hatte, strömte herbei: Die höchsten Spitzen von Staat und Stadt, von Industrie und Handel. VW-Chef Heinz Nordhoff stellte sich ebenso ein wie Dr. Ferry Porsche und NSU-Boß Dr. Gerd Stieler von Heydekampf. Nach den feierlichen Eröffnungsklängen des Bayerischen Staatsorchesters begrüßte Generaldirektor Gerhard Wilcke die Geburtstagsgäste, und im Anschluß daran trug Professor Dr. Heinrich Netz, Prorektor der Technischen Hochschule München, in einem Festvortrag den bewegten, nun fünfzigjährigen Lebensweg der Aktiengesellschaft vor.

Er erinnerte an die Keimzelle von BMW, die Rapp-Motorenwerke; ein kleiner Hinterhof-Betrieb, der sich schon lange vor dem Ersten Weltkrieg mit dem Bau von Flugmotoren beschäftigt hatte und für die österreichische Marinefliegerei Vierzylinder-Motoren nach einer Austro-Daimler-Lizenz bastelte.

Professor Netz schilderte in der Jubiläumsrede nicht nur die ferne Geschichte, sondern auch die schweren Nachkriegsjahre, die Mühen um den Wiederaufbau der Firma, die als Rüstungsbetrieb zunächst dem Untergang geweiht war.

Im Anschluß an den geschichtlichen Abriß sprach Bayerns Ministerpräsident Alfons Goppel zur Festversammlung und wünschte dem Jubilar weiterhin „Glückhafte Fahrt". Münchens Oberbürgermeister Dr. Hans Jochen Vogel verglich in seiner Rede die BMW-Autos mit der Wesensart der bayerischen Menschen: Beide seien robust, kraftvoll und urwüchsig. Beiden sei das Talent zum Bergsteigen gemein und beide hätten eine Abneigung gegen Bevormundung und eine Neigung zur Unabhängigkeit.

Die Stellung von BMW auf dem Automarkt umriß der Präsident des Verbandes der Automobil-Industrie (VDA), Wolfgang Thomale, in seiner Festrede. Er glaube, das BMW immer seinen Markt unter den Individualisten finden werde, unter denen also, die hohen Wert auf Qualität, auf rassiges Aussehen und temperamentvolles Fahren legten. „Nicht ohne Freude und innere Bewegung" vermerkte die Hauszeitschrift BMW-Journal, das alle Anwesenden der BMW-AG eine glückliche Zukunft auch für die nächsten 50 Jahre wünschten.

Zur Feier des Tages stellte Generaldirektor Wilcke dann ein weiteres neues Modell vor, das künftig die Preislisten der Händler nach unten abrunden sollte.

Der 1600-2 war kleiner und gedrungener, jedoch trug er den gleichen Kleiderschnitt wie seine größeren Brüder. Er begnügte sich mit zwei Türen, weshalb ihm die „-2" bei

Die 1:1-Tonmodelle für den kleinen BMW zeigten deutliche Anklänge an die Linienführung des 2000 CS, ehe sich der Vorstand entschloß, bei dem Modell die 1800-Form beizubehalten

der Namensgebung ins Taufbecken gelegt worden war. Der neue Wagen besaß den gleichen Motor wie der bisherige 1600 (mit etwas höherer Leistung), benutzte das gleiche Getriebe und die gleiche Kraftübertragung, ebenso die gleichen Radaufhängungen wie die großen Modelle. Lediglich die Bodengruppe änderte sich etwas.
Die Entwicklung des 1600-2 war recht dramatisch verlaufen. Als die ersten Besprechungen im Jahre 1963 über die künftige Konzeption des kleinen BMW stattgefunden hatte, verwickelten sich die führenden Köpfe in heiße Diskussionen. Während einige Marktstrategen dafür plädierten, in die 1,4 Liter-Klasse hinabzusteigen und den künftigen kleinen Wagen in der 6.500 Mark-Klasse anzusiedeln, fürchteten andere diesen zu krassen Unterschied in Karosserieabmessungen und Hubraum. Sie führten als Beweis Professor Spiegels letzte Marktstudie auf, wonach ein kleinerer BMW unbedingt in die Nähe des 1800 gehöre.
So entwarf Wilhelm Hofmeister eine kleine Limousine, die in ihren Linien an das zur gleichen Zeit entworfene, so hochgelobte 2000 Coupè erinnerte. Die Front zierten breitschlitzige Rechteckleuchten und am Heck hätten nur Kenner den BMW-Kleinsten vom BMW-Coupé unterscheiden können. In dieser Form tummelten sich die ersten Prototypen bereits im Herbst 1964 in den Alpen. Sie trugen das Schild „Karosserie Michelotti" und einen verdeckten Kühlergrill als Tarnung.
Solche Familienähnlichkeit verwarf Chefverkäufer Hahnemann. Er bangte um die Exklusivität des 2000 Coupés. Zum anderen ab er bedeutete diese neue Linie ein Risiko. Würde sie beim Publikum nicht ankommen, wäre das für ein in wenigen Stückzahlen gebautes Coupé zu verkraften. Bei erhofften Stückzahlen von 20.000 Stück pro Jahr könnte dies aber katastrophale Folgen für die Münchener Firma haben. So kehrte man reumütig zur bewährten Linie des 1800 zurück, von der die Marktforscher genau wußten, daß der Zuschnitt als rasant und elegant, kurzum als BMW-typisch bekannt war. Hanemann selbst soll die runden Dreikammer-Heckleuchten entworfen haben.
Des Preises wegen ließen die Techniker von dem projektierten 1,4 Liter-Motor ab und stimmten für das besonders ausgeglichene Triebwerk des bisherigen 1600, dessen Leistung von 83 auf 85 PS angehoben wurde. Ein neuer Motor hätte mehr Geld gekostet und den Wagen nicht billiger gemacht.
Als die Kalkulatoren schließlich unter das ganze Projekt den Strich zogen und addierten, blieb von dem ursprünglich angepeilten Preis von 7.200 Mark wenig übrig. 8.495 Mark müsse er den Kunden schon wert sein, rechneten die Kaufleute aus. Doch ehe es dann zur Auslieferung des Serienwagens kam, war auch dieser Preis nicht mehr zu halten. Erst mit 8.650 Mark kam BMW knapp über die Runden. Dabei tauchten starke Zweifel bei der Geschäftsleitung auf, ob der Markt zu diesem Preis den kleinen 1600-2 akzeptieren würde. Schließlich war er entgegen den ursprünglichen Kalkulationen gerade 1.000 Mark billiger als der viertürige 1600.
So erhielt der neue BMW auch keinen Beifall von den Händlern. Nach ihrer Meinung würde sich niemand ein solch räumlich knappes Auto in dieser Preislage zulegen. Einige Vertreter fragten höhnisch in Milbertshofen an, wem sie denn dieses Auto überhaupt verkaufen sollten. Doch wenige Wochen nach der Premiere des 1600-2 half die Konkurrenz mit, den kleinen BMW attraktiver werden zu lassen. Als nämlich die Autopreise auf breiter Front anzogen, rutschte die gesamte Mittelklasse an den im Preis stabilen 1600-2 heran.
Außerdem bewies der umstrittene Wagen in nächster Zeit vor allem durch seine Handlichkeit und den starken Motor, daß er auch den etwas höheren Preis wert war.

Selbst kritische Auto-Tester stellten fest, daß der neue BMW-Typ noch mehr auf den Fahrer zugeschnitten worden war als die viertürigen Modelle.
Zudem bot der kompakte Wagen mit seinem verhältnismäßig großen Hubraum einen überdurchschnittlichen Fahrgenuß, der das Handicap des knappen Knieraums auf den Hintersitzen wettmachte.
Dieses Lob der Fachwelt blieb in Käuferkreisen nicht ungehört. Die Frage der Händler nach entsprechenden Käufern erledigte sich von selbst.

Hahnemanns Ruhm als „Nischen-Paul"

Mit der guten Aufnahme der letzten BMW-Typen auf dem Markt wuchs auch des Chefverkäufers Ruhm. Er galt jetzt als der starke Mann in Milbertshofen. Die von ihm bei BMW eingeführte Marktlücken-Politik brachte ihm bald den Spitznamen „Nischen-Paul" ein, von dem Hahnemann gern selbst behauptete, der stamme von CSU-Politiker Franz Josef Strauß. In zahllosen Gesprächen, Diskussionen und Interviews schlug Hahnemann für die weiß-blaue Marke auf die Pauke und scheute dabei nicht vor harten Worten gegen die Konkurrenz zurück.
Das Image von BMW, Hahnemanns Lieblingsthema, stand auch in einem Baden-Badener Unternehmer-Gespräch zur Debatte, wo der Vorstand die Ansicht vertrat, die Münchener Marke dürfe sich auf keine „tödlichen Gemeinsamkeiten mit den Großen" einlassen.
Die Stellung BMW's gegenüber der Prestige-Marke Mercedes-Benz erläuterte Hahnemann besonders oft und gerne. Denn das ergab sich aus den Verkaufszahlen: Immer mehr Bundesbürger tauschten ihren Mercedes 190 gegen einen der kleineren BMW-Sprinter ein. So versäumte es der Chefverkäufer nicht, den Stuttgartern ab und zu publizistische Schläge zu versetzen: „Schließlich ist noch ein ausgeprägt deutscher Zug zu nennen, der auch im Mercedes-Benz-Image vorzüglich anzutreffen ist, dort aber stark autoritative, deutschnationale Züge trägt . . ." Hahnemann sorgte im deutschen Blätterwald dafür, daß der Name BMW beim Publikum nicht in Vergessenheit geriet.

Strecken-Schreck

Als außerordentlich erfolgreich hatte sich der 1800 TI im Motorsport entpuppt. Eines der allerersten Exemplare hatte Alexander von Falkenhausen dem Rennfahrer Hubert Hahne vorgeführt. Gemeinsam fuhren die beiden damals – im Sommer 1964 – zum Nürburgring, und Hubert Hahne jagte den Tourenwagen in Zeiten um die Eifelrundstrecke, die bisher allenfalls Formel-I-Rennwagen erreichten; unter 10 Minuten. Von Falkenhausen wiederum war verblüfft, „wie Hahne quer durch die Kurven fuhr". In der Folgezeit wurde das Gespann Hahne und 1800 TI berühmt beim Publikum und gefürchtet bei der Konkurrenz. Jedes Rennen zur Tourenwagenmeisterschaft ging zugunsten von BMW aus. Dabei fuhren diese Tourenwagen damals noch auf den eigenen vier Rädern an den Start.

Gestärkt durch Ruhm und Erfolg versuchten die Münchener auch in höheren Klassen zu Ruhm und Ehre zu kommen. So war es bald beschlossene Sache, ins Formel-II-Geschäft einzusteigen. Ein dazu passender Motor lief bereits auf dem Prüfstand. Der Versuchsingenieur Apfelbeck brachte nämlich die Idee ins Werk, einen sogenannten Radial-Ventilkopf zu bauen. Hierbei sitzen versetzt, zwei kühlen Einlaßventilen ein heißes Auslaßventil gegenüber. Der Vierzylinder-Motor besaß dadurch 16 Ventile, acht Vergaser und acht Auspuffrohre. Von Falkenhausen ließ einen solchen Zylinderkopf für den Zweiliter-Motor bauen. Und damit leistete das Triebwerk rund 270 PS. Doch das war den Technikern noch nicht genug. Falkenhausen versuchte nun über einen Nitro-Methan-Kraftstoff noch mehr Pferdestärken mobil zu machen. In dieser Treibstoff-Mischung steckt nämlich Sauerstoff, bei der Verbrennung im Motor wird dieser frei gesetzt, der Motor bekommt noch mehr Luft und leistet mehr. Das Zweiliter-Triebwerk schaffte nun 330 PS. Zum Motor fehlte nun das passende Fahrgestell. Dazu flogen von Falkenhausen und Rennfahrer Hubert Hahne im Frühjahr 1966 zur englischen Rennwagen-Schiede Brabham und kauften dort kurzerhand ein gebrauchtes Formel I-Chassis; jenes Fahrgestell, auf dem der Rennfahrer Dan Gurney kurz zuvor Weltmeister geworden war. Stolz zogen die beiden Deutschen mit dem Gebrauchtwagen heim und bauten in München den extrem leistungsfähigen Apfelbeck-Motor ins Heck.

Als zu dieser Zeit Fritz Huschke von Hanstein mit einem Porsche neue Weltrekorde aufstellte und damit Schlagzeilen machte, meinte von Falkenhausen: „Die müßten doch zu schlagen sein." BMW meldete für Juni 1966 auf dem Hockenheimring bei der ONS Weltrekordfahrten an. Doch kaum hatte die ONS zugesagt, verbot Verkaufschef Hahnemann ohne jegliche Begründung diese Fahrten.

Um das neue Gefährt überhaupt zu bewegen, startete die Sportabteilung Probefahrten innerhalb des Werks. Alex von Falkenhausen fuhr mit dem Formel-II-Rennwagen zwischen den Produktionshallen herum. Zum Gaudi der Arbeiter, die staunend am Rand zuschauten. Das ging solange gut, bis sich Betriebsrat und Geschäftsleitung in der Sportabteilung bitter über die privaten Vorführungen beklagten.

Im September jedenfalls genehmigte Hahnemann dann doch die Weltrekordfahrten. Am 22. September stand Alex von Falkenhausen mit seinem PS-Boliden am Start auf dem Hockenheimring. Die Fahrt auf der langen Geraden dauerte nur elf Sekunden und in dieser kurzen Zeit mußte der Fahrer vom ersten bis zum fünften Gang hochgeschaltet haben. Nach den wenigen Sekunden erreichte der Wagen Tempo 220.

Schon nach dem ersten Versuch war der bestehende Weltrekord eingestellt. Dennoch nahm von Falkenhausen noch viermal Anlauf, um die Zeiten vielleicht doch noch um einige Kilometer pro Stunde zu verbessern. Als er zum fünften Versuch den Wagen drehte, klemmte plötzlich die Gangschaltung. Die Mechaniker stellten fest, daß sich die Schwungscheibe gelockert hatte. Von Falkenhausen brach die Rekordfahrten ab.

Immerhin, das Ziel war erreicht: Den Weltrekord über 100 Meter und die Viertelmeile im stehenden Start hatte nun BMW inne. Jedoch konnten sich die Bayern mit diesem Ruhm kaum 14 Tage brüsten. Die italienischen Abarth-Leute jagten ihnen den Rekord ab. Ein wiederholter Versuch von BMW im November scheiterte am Wetter. Endlich, am 15. Dezember, steuerte Rennfahrer Hubert Hahne den Formel-II-Renner von BMW wieder zum Rekord.

In den folgenden Wochen und Monaten hoffte man bei BMW, mit dem 330 PS-starken

Formel-II-Rennwagen ebenso leicht wie im Tourenwagenbereich die Konkurrenz zu schlagen. Doch das gelang nicht. Über längere Distanzen zeigte der aufwendige Apfelbeck-Motor – der bis zu 9000 Touren pro Minute drehte –, seine Mucken. In der Hoffnung auf Sportruhm übernahm BMW das Apfelbeck-System sogar beim 1,6 Liter-Wagen. Aber hier versagte es erst recht: der kleinere Motor mußte bis zu 11.000 Touren pro Minute drehen und dann brach meist die aufwendige Ventilsteuerung.

Die Indiskretion

Wieder einmal war Hahnemann Mittelpunkt, als im August 1966 bei ihm das Telefon klingelte und BMW-Händler Schorsch Meier anfragte, ob Nischen-Paul nicht Zeit hätte, sich mit Andreas, dem Sohn des niederbayerischen Automobilfabrikanten Hans Glas, zu treffen. Denn der wolle seine Firma verkaufen. „Darüber können wir reden", erwiderte Hahnemann, „mach' einen Termin aus, ich komme dann zu Dir." Schon am übernächsten Tag trafen sich Hahnemann und Glas in der Wohnung von Schorsch Meier, und während der Hausherr mit den Damen der Gäste die Kellerbar aufsuchte, offenbarte Andreas Glas, daß die Dingolfinger Firma auf lange Sicht einen starken Partner benötige. Gerade sein Werk hätte die beginnende Absatzflaute zu spüren bekommen und auf Empfehlung seines Freundes Schorsch wolle er anfragen, ob BMW an einer Übernahme oder Cooperation Interesse hätte. Hahnemann war durchaus nicht abgeneigt.
Doch als er den Vorschlag seinen Vorstandskollegen unterbreitete, erntete er nur Tadel. Der eifrige Hahnemann mußte sich belehren lassen, daß sich die bis vor kurzem selbst angeschlagene BMW gerade hochgerappelt habe und finanziell nicht stark genug sei, um eine in Schulden steckende Firma zu übernehmen. Auch der BMW-Aufsichtsrat stand den Übernahme-Plänen lange mißtrauisch gegenüber.
Nur die bayerische Landesregierung – von den geheimen Gesprächen informiert – stimmte dem zu. Kein Wunder; der Staat fürchtete um seine – im Oktober 1965 gegebenen – fünf Millionen Mark Darlehen an Glas. Dazu wären bei einem eventuellen Glas-Konkurs in einem industriell unterentwickeltem Gebiet rund 4800 Automobil-Arbeiter ohne Beschäftigung.
Wahrscheinlich wären die Kontakte dennoch im Sande verlaufen. Doch Hahnemann und Glas trafen sich Mitte August noch einmal und handelten aus, einige Monate später eine Vertriebsgemeinschaft zu gründen. Danach sollten BMW-Händler dann auch Glas-Autos verkaufen. Ein entsprechendes Konzept wurde ausgearbeitet und kurz darauf dem Bayerischen Wirtschaftsministerium vorgelegt. Doch davon bekam die „Frankfurter Allgemeine Zeitung" Kenntnis und brachte den ganzen Plan an die Öffentlichkeit.
Daraufhin überschlugen sich die Ereignisse: Karl Dompert, der gerade zu Versuchsfahrten an der Adria weilte, bekam einen Anruf, er müsse dringend zurückkommen. Die Glas-Händler reagierten auf die Vertriebsgemeinschaft verschnupft; sie nahmen keine Autos mehr ab und bezahlten keine Rechnungen mehr. Erinnert sich Dompert: „Es war die schlimmste Zeit."
Da die Händler-Organisation Boykott ausübte, die Fabrik aber andererseits weiterproduzieren mußte, verschlechterte sich die Situation der Hans Glas GmbH

schlagartig. Die Pläne von der Vertriebsgemeinschaft mußten nun schnell realisiert werden. Hahnemann rief jeden einzelnen europäischen Importeur persönlich an und bat kleinlaut: „Sie müssen mir jetzt helfen." Der holländische Importeur Esser orderte daraufhin am Telefon 2000 Glas-Wagen, was wiederum den belgischen Kollegen ermunterte, dieselbe Zahl an Glas-Fahrzeugen zu bestellen.
Auch die bayerische Landesregierung sah sich nun gezwungen, kurzfristig zu handeln: Der Präsident der Landesanstalt für Wiederaufbau (LFA), Dr. Hans Peter, lockte mit dem Angebot, die an Glas versprochene Bürgschaft über 25 Millionen Mark zu verdoppeln, wenn BMW die Dingolfinger Auto-Schmiede übernehmen würde. Das zog; am zweiten September 1966 faßte der Aufsichtsrat eine Vorentscheidung, unter Voraussetzung dieser Bürgschaft Glas einzugliedern. Diesen Beschluß faßte man wegen massiver Bedenken mit nur einer Stimme Mehrheit. Besonders schwer fiel die Zustimmung dem Betriebsratsvorsitzenden Kurt Golda; er wußte, daß dies zu Lasten der Stamm-Belegschaft gehen würde. In einer Betriebsversammlung brachte er den BMW-Werkern später bei, daß sie durch die Übernahme zwei Jahre lang keine sozialen Verbesserungen erwarten durften. Solange, bis die weiß-blaue Firma den Glas-Brocken verdaut haben würde.

„Ein großer Brocken"

Am 27. September reisten die Glas-Gesellschafter Hans Glas, Sohn Andreas und Mit-Gesellschafter und Chefkonstrukteur Karl Dompert nach München, um mit BMW-Chef Wilcke den Kaufvertrag aufzusetzen. Ursprünglich sollten die Eigentümer der Dingolfinger Fabrik, Hans und Andreas Glas, für ihr 5,2 Millionen Mark starkes GmbH-Kapital den Tageskurs von BMW-Aktien erhalten. Das hätte rund 15 Millionen Mark ausgemacht. Angesichts der schlechten Lage des Werks, der mit zu übernehmenden Schulden sowie der Tatsache, daß BMW schon im August begonnen hatte, Glas zu stützen, handelten die Münchener den Preis schließlich auf 9,1 Millionen Mark herunter. Durch den zusätzlichen Verkauf der Hans Glas-Vertriebs-GmbH kam letztendlich ein Gesamtpreis von etwas über zehn Millionen Mark zustande. Gleichzeitig wurde vereinbart, daß Andreas Glas und Karl Dompert weiterhin Geschäftsführer der neuen BMW-Tochter blieben. Für den ausscheidendenden Hans Glas würde der BMW-Direktor Helmut Werner Bönsch einspringen. Zusätzlich setzte BMW-Chef Wilcke das Vorstandsmitglied Hahnemann als Generalbevollmächtigten für das niederbayerische Werk ein.
In der großen Versandhalle versammelten sich am 10. November 1966 alle Belegschaftsmitglieder der Hans Glas GmbH, um die Übergabe des Werkes an die Bayerischen Motoren-Werke mitzuerleben. Gekommen war auch die politische und wirtschaftliche Prominenz Bayerns. Schließlich rechneten es sich die Politiker als Verdienst an, einigen tausend Niederbayern den Arbeitsplatz erhalten zu haben. Es gab keine langen Reden und keine große Feierlichkeit. Die Belegschaft hatte nicht viel Grund zur Freude. Sie fürchtete, daß die neuen Herren ihre Fabrik einfach schließen würden.

Nachdem der bayerische Ministerpräsident Alfons Goppel und Senior-Chef Hans Glas einige Worte zur Übergabe an die Belegschaft gerichtet hatten, hielt auch BMW-Chef Gerhard Wilcke eine kurze Ansprache. „Es hat in der Presse viel darüber gestanden", sagte er unter anderem, „daß ein Flirt, eine Verlobung oder eine Heirat zwischen unseren beiden Unternehmen stattgefunden habe. Das ist aber nicht richtig. Wir haben nicht geheiratet: BMW hat in der Hans Glas GmbH eine neue Tochter adoptiert." Weiter sprach Wilcke aus, was die gesamte BMW-Führung bedrückte: „Ihr Werk, meine Herren Glas, mit den etwa 4.000 Arbeitskräften, ist für uns ein einigermaßen großer Brocken, der verkraftet sein will." Der neue Herr im Haus meinte aber auch, daß er keine Notwendigkeit sehen, an der konstruktiven Linie von Glas zu rütteln.

Wilcke hatte Grund, in seiner Ansprache darauf hinzuweisen, daß BMW die Firma Glas übernommen habe, denn in der breiten Öffentlichkeit galt Glas noch immer als das Urbild des kerngesunden, expansiven Familienunternehmens. Zu dieser positiven öffentlichen Meinung trug wesentlich bei, daß Glas in den vergangenen Jahren mit immer repräsentativeren Modellen auf den Markt getreten war. Die finanziellen Schwierigkeiten der niederbayerischen Firma drangen erst an die Öffentlichkeit, als es schon fast zu spät war. Kein Wunder, daß vor allem die Redakteure kleinerer Zeitungen nicht auf Anhieb begriffen, daß das Dingolfinger Familienunternehmen jetzt zu BMW gehörte: Sie tippten trotzig etwas von einer Fusion in die Schreibmaschinen.

In den folgenden Wochen bestand die Hauptaufgabe der Presseabteilung darin, wieder und wieder zu versichern, daß alle bisherigen Glas-Autos unverändert weitergebaut würden und lediglich eine Straffung des Programms erfolge. Was nicht offiziell gesagt wurde, aber im Vorstand schon beschlossene Sache war: Ab 1970 sollte in Dingolfing ein neues BMW-Mittelklassemodell mit 1,3 Liter Hubraum entstehen. Jenes Fahrzeug, welches von Glas-Chefkonstrukteur Karl Dompert schon als Nachfolger des Glas 1304 komplett mit einer drei- und fünftürigen Karosserie von Frua (Italien) entwickelt worden war.

Zunächst ging es den drei Geschäftsführern darum, Glas neu zu organisieren und nach den größeren – wenn auch begrenzten – finanziellen Möglichkeiten fertigungstechnisch aufzupolieren. Die Glas-Ingenieure hatten auf konstruktivem Gebiet hervorragendes geleistet. Durch mangelndes finanzielles Polster konnte Firmenchef Glas jedoch manche Produktionsanlage nicht soweit dem schnellen Wandel der Technik anpassen, um eine wirtschaftliche und qualitativ gleichmäßige Fertigung seiner Autos zu sichern. Letzten Endes resultierten hieraus die Schwierigkeiten bei Glas. Aber BMW war bestrebt, dieses Übel bei der Wurzel zu packen.

„Die Wurst von beiden Enden anschneiden"

Im Büro des Firmengründers Glas schlug BMW-Mann Bönsch bald darauf mit einer Handvoll Techniker sein Hauptquartier auf. Von hier aus sollte das Glas-Programm genau untersucht und auf Milbertshofener Niveau gebracht werden. Die Münchener knöpften sich zunächst das erst 1965 herausgebrachte Glas-Modell vor, den 1304 CL.

Ein Einzelstück blieb der „BMW 1000". Der nach Dingolfing abkommandierte BMW-Direktor Helmut Werner Boensch ließ hier einen 700 mit neuer Front und neuer Front und neuem Heck versehen und setzte hinter die Hinterachse den Glas-1004-Motor. Boensch hätte sich gewünscht, daß dieser kleine BMW mit den noch vorhandenen 700er-Werkzeugen in Dingolfing in Serie gebaut würde. Doch Hahnemann lehnte das anthrazit-farbene Auto ab, weil er für die Zukunft auf hubraumstärkere Wagen setzte

Die neue Mannschaft setzte die fertigen Wagen aus der Produktion intensiv künstlichem Regen aus, um die Wasserdichtheit zu prüfen. Das „BMW-Journal" beschrieb die Tortur: „Der Monteur, der in den Kofferraum geklettert war und dort die Dusche über sich ergehen ließ, fand mit der Taschenlampe die Leckstelle. Ein zu schmaler Dichtgummi wurde durch ein neues Profil ersetzt, eine Ecke, die vom Strangprofil nicht satt ausgefüllt wird, erhält ein neues Formstück . . ." Am ersten Tage, den die Tochter Glas bei ihren neuen Eltern erlebte, verließ kein einziger Wagen das Werk, ebensowenig an den folgenden Tagen. Die neuen Kontrolleure achteten peinlich genau auf einwandfreie Fertigung. Im Eiltransport holte Bönsch die präziseste Meßplatte aus München, auf der eine Musterkarosserie des 1304 CL exakt durchgemessen wurde. Acht Tage später wurden die Werkzeuge geändert, um den höheren Qualitätsansprüchen gerecht zu werden. Innerhalb von nur vier Wochen hatten die BMW-Techniker beim 1304 CL das Fertigungsniveau wesentlich angehoben. Die Überarbeitung der GT-Typen und der 1700er folgte in den nächsten 14 Tagen. Die Goggomobile waren dagegen in den vielen Jahren ihrer Produktion so durchgereift, daß „wir uns mit der Überarbeitung etwas mehr Zeit lassen können" (Bönsch).

Am 28. Januar 1967 lud BMW alle Glas-Händler zu einer Tagung nach Dingolfing. Helmut Werner Bönsch erklärte hier, warum er mit seinem Team in Tag- und Nachtarbeit jedes einzelne Glas-Auto unter die Lupe nahm: „Die schnelle Folge der Modelle und die begrenzten finanziellen Mittel bei Glas mußten zwangsläufig dazu führen, daß die fertigungstechnische Reife mit der konstruktiven Brillanz nicht immer Schritt halten konnte."

„Qualität läßt sich nicht herbeibeten", veranschaulichte Bönsch, „sie muß erarbeitet werden. Wir mußten schnell handeln und haben die Wurst von beiden Enden angeschnitten. Jeder Lackfehler, jeder Passungsfehler, jede Schwergängigkeit wurde systematisch vom Finish-Band über den Rohbau bis zu den Ersatzteilen in den Pressen zurückverfolgt und am Ort der Entstehung abgestellt."

Auch die Glas-Wagen, die bei den Händlern standen, sollten gründlich überarbeitet werden. BMW gab dazu Arbeitsanleitungen heraus und vergütete anfallende Arbeiten, die über die normale Übergabe-Inspektion hinausgingen, den Händlern mit 25 Mark pro Fahrzeug. Lackausbesserungen, die einen Aufwand von 150 Mark überschritten, mußten von BMW besonders genehmigt werden.

Alle so gerade gerückten Glas-Modelle erhielten danach das weiß-blaue Zeichen mit dem Hinweis „BMW-Kontrolle" auf die Heckscheibe geklebt. Damit garantierte BMW den Kunden eine einwandfreie Lackierung, Wasserdichtheit und weitgehende Entdröhnung der Karosserie.

Auf lange Sicht plante der neue Herr im Zweigwerk eine eigene Kreation. Dazu holte Helmut Werner Boensch sein Lieblings-Projekt, den 700 LS wieder hervor; denn dessen Preßwerkzeuge existierten noch in Milbertshofen.

Unter Anleitung von Boensch entwarf der von Glas übernommene Konstrukteur Winfried Ball eine neue kleine Limousine. Ein antrazith-farbenes Blechkleid des 700 wurde aus München herbeigeschafft und mit einem Pseudo-Kühlergrill an der Front und runden Rückleuchten am Heck versehen. Es waren dieselben, die auch der 1600-2 und der 1600 GT trugen und an denen Verkaufschef Hahnemann großen Gefallen fand. Zusammen mit dem ehemaligen Glas-Chefkonstrukteur Karl Dompert setzte Boensch dem kleinen Mischlingsauto schließlich die 1,0 Liter-Glas-Maschine hinter die Hinterachse. Das kleine Auto war zwar nicht fahrbereit, aber ein komplettes

Demonstrationsmodell. Als Verkaufschef Hahnemann im Frühjahr 1967 wieder einmal in Dingolfing weilte, ließ Boensch seine neue Kreation von einigen Arbeitern aus der Halle schieben. Er erläuterte, daß ein solches Fahrzeug recht preiswert herzustellen wäre; sowohl die Karosseriepressen des 700 waren noch eonsatzbereit, als auch die Herstellungsstraße des 45 PS-Glas-Triebwerks. Der allmächtige Verkaufschef ging zwar interessiert um das kleine Auto herum, doch dann winkte er ab; er wollte für die Zukunft auf hubraumstärkere Wagen setzen und benötigte dazu den Platz in den Dingolfinger Hallen.

Der Gieschen-Plan

In München-Milbertshofen hatte nämlich derweil ein Umdenkungsprozeß stattgefunden. Im Frühjahr 1967 war die Nachfrage nach BMW-Modellen weiter angestiegen, die Fließbänder konnten kaum mehr bauen. Zusätzlich reifte ein von Grund auf neuer Sechszylinder-Wagen heran, für den eines Tages auch Platz geschaffen werden mußte.
Und weil Hahnemann nach immer mehr Autos verlangte, entwickelte das Vorstandsmitglied für Produktion, Wilhelm Gieschen, im Juni eine Studie für das Werk Dingolfing, die intern fortan „Gieschen-Plan" hieß. Er beinhaltete folgende Punkte:
- Produktionsende aller Glas-Modelle
- Fallenlassen aller Pläne zum Bau des schon von Dompert entwickelten 1,3 Liter-Wagens in Dingolfing, da dies Finanzkraft und Kapazität der BMW-AG überfordere.
  stattdessen:
- Umbau zur Fahrgestell-Fertigung des 1968 in Produktion gehenden Sechszylinders
- Umzug des gesamten Zentralersatzteillagers von München nach Dingolfing, um wiederum im Stammwerk mehr Platz für Fließbänder zu schaffen.

Vier Monate später, im Oktober 1967, stimmte auch der BMW-Aufsichtsrat dem Gieschen-Plan zu. Von nun an wickelten die drei Gesellschafter, Andreas Glas, Karl Dompert und Helmut Werner Bönsch die alten Geschäfte ab und bereiteten das Werk Dingolfing auf die neuen Aufgaben vor. Ihre Schwierigkeit: Einerseits mußten größere Umbauten – vor allem für das Zentralersatzteillager – vorgenommen werden, andererseits mußte die Belegschaft möglichst kontinuierlich weiterbeschäftigt werden. Ein großer Teil der alten, ineinander verschachtelten Holzgebäude mußte weichen, um Platz für 25.000 Quadratmeter neue Hallen zu schaffen. Mit dieser baulichen Umstellung entließ BMW vorübergehend 1000 Mitarbeiter, was wiederum zu beträchtlicher Unruhe in der Bevölkerung führte und dem Gerücht Nahrung gab, BMW trage sich mit dem Plan, das Dingolfinger Werk still zu legen.
Daraufhin diskutierten die Betriebsräte und BMW-Chef Wilcke öffentlich mit Landtagsabgeordneten, Landräten und Bürgermeistern. Sozialdemokratische Politiker forderten, die Entlassungen zu verhindern und stattdessen weniger Dividende zu zahlen. Die BMW-Männer konnten dabei zumindest in einem Punkt beruhigen: Alle entlassenen Glas-Leute hatten schriftlich die Garantie, 1968 wieder eingestellt zu werden und alle bisher erworbenen sozialen Rechtezu behalten.

Mit der Umstellung auf die Zukunfts-Projekte räumte BMW in der Modellschublade von Glas auf. Die Typen 1004, 1204 und 1304 verschwanden ebenso aus dem Programm wie die viertürige Limousine Glas 1700.
Dabei kam es den Bayern recht gelegen, daß der südafrikanische BMW-Importeur in München anfragte, ob er nicht ein BMW-Auto im Schwarzen Kontinent montieren dürfe. Seine finanziellen Mittel reichten aber nicht aus, um die in Milbertshofen zum Teil mit automatischen Schweißmaschinen gefertigte BMW-Karosse herzustellen. Da eignete sich der für wesentlich einfachere Produktionsmittel und kleinere Fertigungszahlen konstruierte Glas-Aufbau des 1700 viel eher. So gab BMW die Werkzeuge des Glas 1700 nach Südafrika, wo die viertürige Limousine ab 1968 mit aus Milbertshofen importierten BMW 1800- und 2000-Motoren als „BMW 1800 GL" gebaut wurde.
Eine Gnadenfrist erhielten in Dingolfing lediglich noch die kleinen Goggomobile, die sportlichen GT-Typen und das eben erst entwickelte V8-Modell.

BMWs Stiefkinder

Das kleine Goggomobil fand in breiten Bevölkerungskreisen – vor allem auf dem Land – immer noch Anklang, weil es als einziges 250 ccm-Fahrzeug Deutschlands in seiner robusten Bauweise alle Krisen überlebt hatte. Es durfte mit dem alten Führerschein IV gefahren werden, der bis 1954 ohne große Fahrprüfung zu erwerben war und zum Fahren von Autos bis zu 250 ccm Hubraum ebenso wie zum Bewegen von Zweirädern berechtigte. Vor allem dieser Kundenkreis blieb dem kleinen Goggo treu. Deshalb duldete Hahnemann mit einem weinenden Auge dieses vollkommen „BMW-untypische" Vehikel.
Von den GT- und V8-Typen hatte BMW aus der Übernahme noch Verpflichtungen und längerfristige Verträge gegenüber Zulieferanten. Daher mußte die Fertigung weitergehen. Zudem entsprachen beide dem BMW-Image und sicherten in der Übergangsphase die Beschäftigung der Dingolfinger Mannschaft. Nur wurden dauernd Hallen abgerissen, in denen früher Teile für die GT-Typen produziert wurden. Um die Produktion dennoch weiterlaufen zu lassen, galt es, die vorhandenen Wagen nach und nach so umzumodellieren, daß man auch Teile aus München verwenden konnte.
So kam es, daß die Sitze des GT bald aus München herbeigeschafft wurden – ebenso wie der Motor. Der neu entwickelte 1,6 Liter-Zweivergaser-Motor leistete 105 PS und war ursprünglich nur für den 1600-2 vorgesehen. Dem Glas-GT wurde anstatt der bisherigen Starrachse die aufwendige Schräglenker-Hinterachse unters Blechkleid gesteckt. Keine leichte Arbeit, denn die neue Achse erforderte mehr Platz, der erst durch Verlegung des Tanks geschaffen wurde.
Zum Schluß erhielt der italienische Karosseriekünstler Pietro Frua – der bisher schon komplette Karosserien für den Glas-GT nach Dingolfing lieferte – einen neuen Auftrag; er sollte dem Glas-Coupé die BMW-Niere ins Kühlergrill einpassen. Nach dieser umfangreichen Vervollkommnung nahm BMW den ehemaligen Glas GT als BMW 1600 GT ins Programm auf und setzte auch den Preis erheblich herauf. Kostete ein vergleichbarer Glas 1700 GT früher 13.850 Mark, verlangte BMW nun 15.850 Mark.

Durch intensive Qualitätsverbesserung sollte 1967 der Glas 1304 CL zum Mini-BMW herausgeputzt werden. Doch die Käufer honorierten diese Mühe nicht.

An dem erst 1965 als Prototyp vorgestellten Glas 2600 V8 fanden die BMW-Männer besonderen Gefallen; sie hatte selbst kein großes Fahrzeug mehr im Programm, und deshalb gab es im Vorstand Überlegungen, das viersitzige Luxus-Coupé weiterzuentwickeln. Bönsch hatte den Ehrgeiz – wie er den Glas-Händlern versicherte - aus dem V8-Coupé in Anlehnung an die italienische Sportwagenmarke Maserati, einen echten „Glaserati" zu machen. Doch dann stellten sich Fertigungsschwierigkeiten ein.
Bönsch stellte fest, daß der 2,6 Liter-Motor „zwar eine ausgezeichnete Spitzenleistung, aber im unteren Drehzahlbereich für sportliche Fahrer etwas zu wenig Pfeffer hat". Deshalb führte man erst einmal aus, was schon Andreas Glas geplant hatte; der V8-Motor wurde auf drei Liter Hubraum aufgebohrt. Jetzt entsprach das große Triebwerk auch BMW-Ansprüchen. Eine Zeitlang spielte man mit dem Gedanken, den Motor auch in künftige BMW-Modelle einzubauen. Doch auf dem Prüfstand zeigte es sich, daß der Glas-Motor mit seinen beiden Zahnriemen als Nockenwellenantrieb nicht sehr zuverlässig arbeitete; oft rissen die Kunststoff-Zahnriemen. Zudem fanden die BMW-Techniker, daß das Glas-Triebwerk – gemessen an den BMW-Aggregaten – in der Herstellung viel zu aufwendig und damit teuer sei. So entdeckte man konstruktive Schwachstellen, die nur mit hohen Investitionen zu beseitigen gewesen wären.

Als der südafrikanische BMW-Importeur 1968 im Werk anfragte, ob er einen BMW-Typ im heißen Kontinent montieren dürfe, erhielt er aus München die Werkzeuge zum Bau des Glas 1700, dessen Produktion in Deutschland auslief. In Afrika erschien der Wagen bald darauf als BMW 1800 GL

Dennoch baute BMW den Wagen zuerst einmal weiter. Er durfte schließlich gar das Markenzeichen BMW-Glas tragen, womit sich allerdings zur Premiere im September 1967 eine kräftige Preissteigerung verband.
Hatte Andreas Glas 1965 noch gehofft, das Luxus-Coupé zum populären Preis von 18.450 Mark verkaufen zu können, kostete es nun 23.600 Mark. Nicht nur deshalb fand der renovierte Wagen wenige Liebhaber.
Schon als die beiden Mischlingskinder zur IAA 1967 in Frankfurt im Rampenlicht standen, war ihr kurzes Leben abzusehen. Der BMW 1600 GT konnte wegen seines hohen Preises nicht auf der bisherigen Glas-Kundschaft aufbauen, sondern stieß in Porsche-Gefielde vor, in denen er wiederum vom Image her nicht mithalten konnte. Zudem störte es den Verkauf, daß der 1600 GT für Sporteinsätze zu wenig Leistung mit an den Start brachte.
Ähnlich erging es dem BMW-Glas 3000, dem jedoch in erster Linie das Dingolfing-Image anhaftete. In winzigen Stückzahlen gebaut, fristeten beide Typen bis zum September 1968, also genau zwölf Monate, ein Außenseiter-Dasein in den Schaufenstern der BMW-Händler, ehe sie aus dem Programm verschwanden.
Seit dieser Zeit bevölkerte lediglich das Goggomobil die Fließbänder des inzwischen zum „BMW-Werk Dingolfing" umbenannten Betriebes. Im Gegensatz zu den anderen Glas-Typen fand es auch im späten Herbst 1968 noch einen festen Abnehmerkreis.

Aber auch das bewährte Deutschlands kleinstes Auto nicht vor der letzten Stunde. Bei der Kostenüberprüfung strichen die Milbertshofener Kalkulatoren den seit Jahren gehaltenen Einheitspreis von 3.450 Mark rot an. Alle Zuliefer-Teile waren inzwischen teurer geworden und eine neue Rechnung ergab, daß Goggomobile künftig mehr als 4.000 Mark kosten müßten, um weiterhin wirtschaftlich gebaut zu werden. Doch dieser Anschaffungspreis wäre, so fürchteten die BMW-Kaufleute, selbst der eingeschworenen Goggo-Gemeinde zu teuer geworden.
So zog man es vor, auch den letzten Glas-Wagen auslaufen zu lassen. Das rief aber die Großhändler auf den Plan. Sie meuterten und verlangten Schadenersatz für Kaufverträge, die nun nicht mehr zu erfüllen waren. Auf dem Verhandlungswege einigten sich beide Seiten, das Goggo-Fließband im September 1968 ein letztes Mal bis Mitte 1969 anrollen zu lassen.
Bevor die Bänder endgültig stillstanden, überlegten die Milbertshofener, ob sich nicht eine Neuauflage des so beliebten Kleinwagens lohne. Sie dachten noch im Herbst 1969 an eine Kombination zwischen der verblichenen Isetta und dem Goggomobil. Ehe solche Gedanken allerdings in die technischen Abteilungen vordrangen, befragte man Nischen-Forscher Spiegel. Der meinte, daß ein neuer Mini nur Zweck hätte, wenn daraus auch ein echter BMW der untersten Klasse, eine „motorisierte Einkaufstasche", würde. Für ein solches Auto wäre zweifellos ein Markt vorhanden. Doch müßte sich das auch im Preis als „echter BMW" erweisen. Ein kleines Fahrzeug mit magerer Ausstattung und populärem Preis, warnte der Wissenschaftler, kratze nur das so sorgfältig gehütete Image an.
In dieser Situation trat der Vorstand lieber einen Schritt zurück, da man in Milbertshofen genug verkaufte, um auch ohne Goggo leben zu können.

Expansion in der Talsohle

In München traf – kaum daß die Kaufverhandlungen mit Glas im September 1966 vertraglich geregelt waren – ein neues Angebot ein: Dr. Gerd Stieler von Heydekampf, NSU-Chef, suchte für seine Neckarsulmer Automobilfabrik einen Partner und fragte im November 1966 an, ob die Bayern Interesse an einer Verbindung zum schwäbischen Wankel-Labor hätten.
Doch BMW hatte genug zu tun, den Glas-Brocken finanziell zu verdauen. An einen weiteren Zukauf war nicht zu denken. Pessimisten behaupteten sogar, die weiß-blaue Marke würde an Glas zugrunde gehen.
Überdies verschlechterte sich die Konjunktur in der Bundesrepublik. In Milbertshofen spürte man von den dürren Zeiten wenig. „In der Hochkonjunktur ging es BMW schlecht, in Zeiten der schlechten Konjunktur dagegen geht es BMW glänzend", wunderte sich die Süddeutsche Zeitung.
Während sich die Käufer schon seit Sommer 1966 merklich aus den Autogeschäften zurückzogen und großen Firmen wie Volkswagen, Opel oder Ford in bittere Bedrängnis brachten, verzeichnete BMW-Chef Gerhard Wilcke wachsende Verkaufserfolge. Hahnemann, von Minderwertigkeitskomplexen nicht geplagt, versäumte keine Gelegenheit zu erzählen, daß es nur am fortschrittlichen Modellprogramm liegen könne, wenn BMW sich weiter nach vorne schiebe.

Als Übergangsmodell eingeplant: der Glas GT erhielt die hintere Schräglenker-Achse, die Rücklichter und den Motor des 1600-2 ti. Karosserieschneider Michelotti paßte dem von Frua entworfenen Wagen außerdem die BMW-Niere in die Front, ehe das Coupé 1967 als BMW GT auf den Markt kam

Tatsächlich war es jedoch nicht nur BMW gelungen, eine Brücke über die Talsohle zu schlagen, sondern auch Daimler-Benz und den meisten ausländischen Automobilherstellern. Es lag an der Strukturierung der Käuferschicht: Von Kurzarbeit oder Entlassung bedrohte Arbeitnehmer griffen eher zu billigen ausländischen Autos oder stellten ihre Neuwagenkäufe ganz zurück. Die Selbstständigen dagegen, die den teueren Autos näher standen, deckten auch in der Krisenzeit ihren Bedarf, weil sie ihren Wagen beruflich benötigten.

Neidisch blickte die Branche nach München, als BMW im September 1966 mit mehr als 8.000 Einheiten den erfolgreichsten Verkaufsmonat in der Geschichte feierte. Ein weiteres Jubiläum gab es einen Monat später: Das 250.000 Motorrad nach dem Krieg wurde fertiggestellt. In den vergangenen Jahren hatte das Motorradgeschäft von BMW schwindelerregenden Schwankungen unterlegen. Der absolute Tiefpunkt war 1962 erreicht, als nur 4.651 Motorräder spärlich gesäte Liebhaber fanden. Seither zog der Verkauf wieder an, und dank des expansiven Autobau's blieb in Milbertshofen immer weniger Platz für die schweren Zweiräder. Deshalb begann man den Motorradbau bis 1968 stufenweise ins Zweigwerk Berlin-Spandau zu verlegen, wo bisher immer noch dem kargen Broterwerb im Werkzeugbau gehuldigt wurde.

Als das Jubiläumsjahr zu Ende ging, purzelten weitere Rekorde. 74.076 Autos hatten die Bayern in die Welt geschickt. Mehr als selbst in den besten Jahren im Dritten Reich von der weiß-blauen Marke gebaut wurden.

Solche Erfolge zahlten sich auch für die Aktionäre aus: Sie durften fürs Geschäftsjahr 1966 zwölf Prozent Dividende kassieren.

„Du brauchst gar nicht erst anzufangen" – Die Idee zu einem Coupé mit der Mechanik des 2000 TI wollte Bauer im Frühjahr 1966 verwirklichen: Die Schwaben bauten im Maßstab 1:5 das Holzmodell zu einem Sport-Cabriolet, das von Stahlrohrrahmen getragene Kunststoff-Karosserie tragen sollte. Als Hanemann den kalkulierten Preis hörte, winkte er gleich ab

Der Studentenwagen

Weit flinker als die Münchener Originale bewegten sich jene 1600-2, denen sich professionelle Leistungssteigerer – namentlich die Firmen Alpina und Schnitzer – angenommen hatten. Sie erzielten 120 bis 140 PS aus dem kleinsten BMW-Motor und bauten damit ganz im Sinne Hahnemanns am sportiven Image. Im gleichen Sinne arbeitete bald auch BMW's Entwicklungsabteilung: Nach dem Muster des erfolgreichen 1800 TI rüstete man nun die 1,6 Liter-Maschine mit einer Doppel-Vergaseranlage aus, womit die Leistung auf 105 PS anstieg. Als dieses Aggregat Ende 1967 in der Karosserie des 1600-2 als „BMW 1600 TI" erschien, unterschied sich die schnelle Version äußerlich nur durch einen schwarz abgedeckten Kühlergrill vom schwächeren Bruder.

Der 1600-2 hatte sich unterdessen immer mehr zu einem Verkaufsschlager entwickelt. Nicht nur in Deutschland schätzte das Publikum den kompakten Wagen, auch im Ausland fand er guten Anklang. Dabei half allerdings ein kleiner Trick: In Anbetracht des für diese Preisklasse knappen hinteren Beinraumes bot Hahnemann den 1600-2 im Ausland nicht als Limousine, sondern als 2+2-Coupé an und brauchte als solches Vergleiche mit der internationalen Konkurrenz nicht zu fürchten.

Schon gleich nach Serienanlauf hatte sich Hausstylist Wilhelm Hofmeister mit dem Gedanken beschäftigt, den 1600-2 auch in einer Cabriolet-Version auf die Räder zu stellen. Mit Billigung von Hahnemann entwarf Hofmeister eine solche offene Version mit verkürztem Radstand und rundlicher Heckpartie.

Im Werk hieß dieses Projekt „Studentenwagen"; wohl in der Hoffnung, daß sich dafür wohlhabende Studenten begeistern könnten. Hofmeisters Pläne gingen zu Baur nach Stuttgart, der im Lohnauftrag ein Exemplar zurecht schneiderte. Dabei zeigte sich aber, daß ein solches Cabriolet sehr teuer geraten würde. Denn durch das geänderte Heck hätten sogar die Seitenteile neu gepreßt werden müssen. BMW wollte das ganze Projekt fallenlassen.

Daraufhin entwickelte Baur in eigener Regie ein Cabriolet und ein Coupé. Hierbei blieb die Grundkarosse erhalten, lediglich der Dachaufbau wurde variiert. Eine solche Variante wäre wesentlich billiger herzustellen. Beide Modelle wurden per Lastwagen nach München geschafft und im Stylingraum abgeladen. Verkaufschef Hahnemann erschien ganz allein und ging wortlos ganze zehn Minuten um das Coupé und das Cabriolet. Dann deutete er auf die offene Version und sagte: „Die nehmen wir."

Baur erhielt nun von BMW Einzelteile der 1600-2-Limousine geliefert, die in Stuttgart zu Cabriolets zusammenmontiert wurden. Zur Automobil-Ausstellung in Frankfurt 1967 feierte die Neuheit Premiere.

Der Erfolg dieser Arbeit hatte schon zuvor die schwäbischen Karosserie-Spezialisten zu weiteren Plänen angeregt: Im Frühjahr 1966 baute Baur ein 1:5-Modell aus Holz. Einen Roadster auf der Basis des 2000 TI. Baur schwebte vor, ein superleichtes offenes Fahrzeug mit Stahlrohrrahmen und einer Kunststoffhaut herzustellen. Die Brüder Karl und Heinz Baur legten ihre neue Kreation ins Auto und fuhren damit zu Hahnemann nach München. Ihm stellten sie kurzerhand das kleine Modell zur Begutachtung auf den Schreibtisch. Hahnemann blickte eine Weile drauf, dann wandte er sich an Heinz Baur: „Baur, ich muß Dir sagen, das Auto sieht gut aus." Er fragte, was das Auto wohl in Serienfertigung kosten würde. Baur: „Wir schätzen etwa

Aus der Idee des Studentenwagens entwickelte Baur ein Coupé und ein Cabriolet, das – ausgenommen des Dachs – ganz aus Serienteilen des 1600-2 entstand

18.000 bis 20.000 Mark." Hahnemann: „Dann brauchst Du garnicht erst damit anzufangen."
Der Verkaufschef erklärte den beiden Schwaben, daß BMW die Serienproduktion eines Kunststoff-Coupés auf der Basis des 2000 TI vorbereite, das nicht mehr als 15.000 Mark kosten werde.

Der Sportwagen aus Leverkusen

Zu dieser Zeit nämlich hatte der Chemiekonzern Bayer die Entwicklung eines Vollkunststoff-Autos gefördert. Das Gugelot-Design-Büro in Neu-Ulm hatte dazu ein schnittiges Coupé auf der Basis des BMW 2000 entworfen. Ein ehemaliger Studienfreund Hahnemanns, jetzt in leitender Stellung bei der Waggon- und Maschinenbau AG in Donauwörth, trug die Idee ins Münchener Werk. Nachdem er vorgerechnet hatte, daß dieser Zweisitzer für rund 15.000 Mark auf den Markt kommen könnte, war Hahnemann hellhörig geworden.
Das Auto bestand völlig aus Kunststoff, sogar die Bodengruppe – das Rückgrat des Wagens – war aus einem einzigen Stück Hart-Moltopren gefertigt. Aus Kunststoff bestanden sogar die Türschließkeile, der Außenspiegel, Brems- und Kupplungsbeläge. Wenn BMW das Coupè ins Verkaufsprogramm nähme, sollte Messerschmitt-Bölkow-Blohm und die Waggon- und Maschinenbau AG die Serienfertigung übernehmen.

Die endgültige Cabriolet-Version des 1600-2 Cabrios erschien zur Frankfurter Automobil-Ausstellung in Frankfurt 1967

Im Sommer 1967 feierte das Chassis des Vollkunststoff-Autos erstmals Premiere. Bis zum November hatte Gugelot die passende Karosserie fertiggeschneidert. Auf der Industriemesse in Hannover erregte das Bayer-Auto mit BMW-Technik große Aufmerksamkeit. Ließ damals Bayer stolz wissen: „Schon heute ist sicher, daß nach dem neuen System hergestellte Teile auch preisgünstig zu fertigen sind." Nach außen

Nach den ersten Versuchsfahrten und Gesprächen mit BMW ließ Bayer vom Ulmer Gugelot-Institut eine Kunststoffkarosserie für das Chassis entwickeln (Debüt November 1967)

hin stellten alle Beteiligten den Wagen zwar noch als Experimentier-Fahrzeug aus, im Hause BMW rechnete man aber fest mit einer Serienfertigung fürs Modelljahr 1969. Bis Mitte 1968 liefen die Vorarbeiten, dann stellte es sich heraus, daß dieses Vollkunststoff-Fahrzeug eben doch teurer würde. Der LEV-K 67 blieb ein Einzelstück, das ein Jahrzehnt später dem Deutschen Museum geschenkt werden sollte.

„Schrecklich, schrecklich"

Das ehemalige BMW-Werk Eisenach feierte zu diesem Zeitpunkt sein 60-jähriges Bestehen. Die Bindung an München war längst gerissen und einer Verflechtung in der sächsischen Automobil-Industrie gewichen. Die EMW auferlegte Verpflichtung, Zweitakt-Automobile vom Typ „Wartburg" zu bauen, wurmte jedoch die sparsamen Mitteldeutschen, da die Vorrichtungen des so beliebten und sagenumwobenen BMW 327 noch immer in den Hallen herumlagen. Nun hofften die Thüringen, im Jubiläumsjahr ihrer Eisenacher Fabrik mit dem alten 327 einen modernen Oldtimer verkaufen zu können. Beinahe wäre der Vorkriegs-BMW damit zu neuen Ehren gekommen. Aber das ganze Projekt scheiterte diesmal an einem geeigneten Triebwerk. Mangels Auswahl hätten die Techniker nämlich auf den nun 30 Jahre alten Langhub-Motor zurückgreifen müssen, der jedoch längst nicht mehr zeitgemäß war. Selbst wenn es gelungen wäre, eine kleine Serie anzukurbeln – unter seinem einstigen Namen hätte Eisenach den 327 nie verkaufen dürfen.
Im anderen Teil Deutschlands überraschte BMW im Januar 1968 mit einem neuen Modell, dem 2002. Dabei war erst drei Monate zuvor die Produktion des 1600 TI – eines fast gleichstarken Wagens aus dem gleichen Haus – angelaufen. Im Grunde war der 2002 eine neue Kombination aus dem Baukasten-Regal; die Hülle des 1600-2 und der Motor des 2000. Die Fahrleistungen des 1600 TI und des 2002 waren praktisch gleich, doch versprach der neue Typ mehr Hubraum für weniger Geld: Mit 9240 Mark kostete er 710 Mark weniger als der – mit teurer Vergaser-Anlage bestückte – 1600 TI.
Entstanden war der 2002 im Hause BMW parallel an verschiedenen Stellen. Kurz nach Serienanlauf des 1600-2 hatte Alexander von Falkenhausen ein Exemplar des kleinen BMW mit der großen Zweiliter-Maschine ausstatten lassen und fuhr damit in und um München unerkannt herum. Planungsdirektor Helmut Werner Bönsch träumte schon seit 1936 von einem 100 PS-Wagen mit 1000 Kilo Leergewicht. Mitte 1966 ließ er sich seinen Traum zurechtbauen; ebenfalls die 1600-2-Karosserie mit der Zweiliter-Maschine und der kurzen Hinterrad-Übersetzung des 1600-2.
Der eine wußte nichts vom anderen: Bönsch zog kurz nach Fertigstellung des Wagens nach Dingolfing in die neue Zweigfabrik. Erst als er Mitte 1967 zurück nach München-Milbertshofen kam, entdeckte er auf dem Hof von Falkenhausens Einzelstück. Gemeinsam führten die beiden nun dem Vorstand ihre Wagen vor. Produktionschef Gieschen und Entwicklungschef Osswald entschieden gegen die Neuheit. Beide, Osswald und Gieschen fuhren sogar zu Großaktionär Herbert Quandt nach Bad Homburg, um gegen das Kraftwerk anzugehen. Doch es nützte nichts.
Aufgeschreckt durch die strengen Abgas-Vorschriften in Kalifornien setzte sich

nämlich Hahnemann sehr stark für den 2002 ein. Er fürchtete, der 1600 TI könne die Abgas-Limits nicht erfüllen, und für diesen Fall hätte man den problemloseren 2002 als Ausweich-Lösung parat. Nach einer ausführlichen Probefahrt entschloß sich Hahnemann dann kurzfristig, den Wagen auch in Europa anzubieten. Das Fachblatt „Auto, Motor, Sport" nannte den 2002 den „billigen Bullen", denn: „Die Fahrleistungen des 1600 TI erschließen sich vor allem dem aktiven Fahrer, der mit Drehzahl und Drehzahlmesser fährt. Der 2002 hingegen vermittelt sie willig auch bequemeren Piloten, die sich gerne einmal das Zurückschalten sparen und lieber hineintreten ins volle Drehmoment". BMW war es mit diesem Wagen konsequent gelungen, ein kleines Auto – im Grunde nicht größer als ein Volkswagen – mit einem kräftigen Motor zu bauen.

Als der 2002 im April 1968 in den Export ging und der Tester der US-Zeitschrift „Car and Driver" den Wagen fuhr, kannte seine Begeisterung kaum Grenzen. „So wie ich hier sitze", schrieb er fasziniert, „eben dem Interieur des neuen 2002 entstiegen, kommt es mir vor, als ob an die 9 bis 10 Millionen Amerikaner dieses Jahr einen schrecklichen Fehler machen werden. Wie pflichtgetreue kleine Roboter werden sie ihre Blechkisten verlassen und den falschen Wagen kaufen ... Schrecklich, schrecklich möchte ich sagen, wo sie doch einen BMW 2002 kaufen sollten."

In Deutschland lag diese Fehlerquote weit niedriger wie bald die Verkaufszahlen bewiesen. Denn allein gegenüber dem 1600 TI rutschte der 2002 in der Käufergunst ganz weit nach vorn. Beigetragen hatten hierzu die Eigenarten der zwei Doppel-Vergaser am TI, die naturgemäß in der Einstellung diffiziler waren als der eine Vergaser des 2002.

Der neue Autotyp sorgte jedenfalls dafür, daß man in der Lerchenauer Straße weitere Expansionpläne schmieden konnte. Als Hahnemann merkte, welch munteres Fahrzeug er da verkaufte, wandte er einen Trick an. Er ließ die Produktion des 1600-2 zugunsten des 2002 drosseln. So entstanden beim 1600-2 Lieferfristen, die ungeduldige Käufer dazu bewegten, auf den 2002 umzusteigen. Das wiederum förderte den Gewinn, denn die Zweiliter-Maschine war durch eine neuartige Gießtechnik des Motorblocks in der Herstellung billiger als das 1,6 Liter Triebwerk mit aufwendigem Vergaser.

Internationale Kontakte

Nach der Übernahme von Glas galten die Bayern offenbar in der Branche als kauflustig. Denn an einem schneereichen Wintertag 1967 fand sich ein Kontaktmann ein und fragte, ob BMW Interesse daran habe, die italienische Auto-Fabrik Lancia zu übernehmen. Der Hersteller sportlicher Qualitätsautos hatte in den letzten Jahren immer schlechtere Geschäfte gemacht und sich hoch verschuldet.

Die Rezession in der Bundesrepublik ging vorüber, und überall qualmten die Schlote wieder. An der Isar war man zwar davon nicht betroffen gewesen, doch mit der besser werdenden Allgemeintendenz schmiedete die Münchener Geschäftsleitung neue Pläne, ihr Imperium zu erweitern. Meinte Hahnemann: „Lancia würde vom Image und der Reputation her sehr gut zu BMW passen." Im März 1968 ließ es sich der

Verkaufschef nicht nehmen, selbst nach Italien zu fahren, um in Turin Fabrik und Führung zu besichtigen. Anschließend verhandelte er mit Lanica-Großaktionär Pesenti und einem Vertreter des Vatikans, da die katholische Kirche ein dickes Aktienpaket von Lancia besaß.
Als Hahnemann nach München zurückkehrte, riet er strikt vom Kauf ab. Nach seinen Recherchen müßte der in Turin erwartete Retter nicht nur die Anteile übernehmen, sondern auch einen angesammelten Schuldenberg von 500 Millionen Mark abtragen. „Das können wir einfach nicht schaffen", resignierte Hahnemann.
Auch Dr. Karl Schott, Chef der MAN, war schon von Lancia ein SOS-Ruf zugegangen. Er rief bei BMW an und unterbreitete den Vorschlag, gemeinsam Lancia zu schlucken, MAN im Lkw-Bereich, BMW auf dem Pkw-Sektor. „Selbst wenn wir zu zweit Lancia kaufen", antwortete Hahnemann, „würden wir vielleicht beide daran baden gehen." Mit den nötigen Geldern wäre es auch nicht getan, denn in Turin hätten die beiden Firmen weitere Mittel für Investitionen locker machen müssen.
Wenig später klopfte ein anderer Autobauer in München an. Die American Motors Corporation (AMC), Amerikas viertgrößter Autokonzern, liebäugelte damit, nach Art der weiß-blauen Marke drehfreudige moderne Triebwerke zu bauen. Nach flüchtiger Bekanntschaft stellte sich heraus, das AMC-Präsident Roy D. Chapin und BMW-Chefverkäufer Hahnemann ähnliche Wesenszüge besaßen; beide waren aggressiv und galten als Hecht im Karpfenteich der Automobil-Wirtschaft.
Solche Verwandtschaft veranlaßten Hahnemann im Herbst 1968 – anläßlich einer sowieso längst fälligen Reise in die Neue Welt – auch Detroit zu besuchen. Während dieser Visite bei American Motors kam zwangsläufig die Sprache auf das Thema, das AMC schon lange am Herzen lag: Chapin hätte garzugerne in Amerika BMW-Autos montiert und umgekehrt hätte er es ebenso gern gesehen, wenn BMW den AMC-Sportwagen „Javelin" für Europa gebaut hätte. Die erste lockere Zusammenarbeit, so rechnete der BMW-Vorstand, hätte später zu einer Beteiligung geführt. Die Aktien von AMC waren sehr breit gestreut; einziger Großaktionär – mit verhältnismäßig wenigen Anteilen – war der Präsident selbst, so daß es den listigen Bayern mit relativ wenig Geld möglich gewesen wäre, als neue Herren in den kleinsten US-Autokonzern einzusteigen. Dann könnten Vertrieb oder gar Montage für den amerikanischen Markt über die AMC gesteuert werden. Das wäre billiger, als eine eigene Vertriebs-Organisation aufzuziehen.
Doch als Hahnemann aus Amerika zurückkam, winkte er ab. „Wir können", stellte er trocken fest, „mit diesen Leuten keine BMW-Wagen bauen. Dort werden die Autos in einer Weise zusammengeschustert, wie wir es uns einfach nicht leisten können." Ein in den USA gebauter BMW könne einfach kein „richtiger BMW" sein. Selbst AMC-Chef Chapin mußte eingesehen haben, daß solch aufwendige Autos am Michigan-See nur schwerlich mit der notwendigen Sorgfalt in allen Details zustande kämen.
So schloß Hahnemann einen neuen Vertrag mit Edwin Maximilian („Maxie") Hoffmann, der bisher schon BMW-Wagen nach Amerika importierte. Hoffmann, der früher ebenfalls VW, Mercedes, Fiat und Porsche in den USA verkauft hatte, besaß im Hause BMW durch die Vorgänge um den 507 einen nicht unumstrittenen Ruf. Deshalb führte auch der neue Vertrag innerhalb des Hauses BMW im Vorstand zu heftigen Diskussionen, die wiederum Hahnemann kurzerhand vom Tisch fegte.

Was ist ein Automobil?
Ein großer Ferienkofferraum, ein modischer Anzug, ein Statussymbol?
Oder eine Entscheidung, von der Ihr Leben abhängen kann?

Werden Sie kritischer!

Automobil ist nicht Automobil.

Ein großer Kofferraum und ein modisches Gesicht garantieren noch lange nicht moderne konstruktive Ideen. Trotz unserer unübersehbaren Verkehrsprobleme dient häufig der periodische Wechsel von Karosserien dazu, den Mangel an notwendigen technischen Verbesserungen zu vertuschen. Es reicht nicht aus, auf breitere, größere Straßen zu warten. Jetzt werden Automobile gebraucht, die schon auf den alten Straßen die Verkehrsgefahren entschärfen.

Werden Sie konsequenter!

Sie haben das Recht des kritischen Vergleichs und ein Recht auf kompromißlose Information. Denn wie Sie und Ihre Familie mit den Schwierigkeiten des Verkehrs fertig werden ist entscheidend von der Qualität des Automobils abhängig. Und zweifellos gibt es heute Automobile zu kaufen, die mit den Problemen des Verkehrs besser und solche, die damit schlechter zurecht kommen.

Das BMW Konzept.

Der Verkehr von heute verlangt einen neuen leistungsfähigeren Automobiltyp. Ein sicheres Automobil beginnt beim Fahrwerk — als technische Form der Lebensversicherung. Ein sicheres Automobil ist schnell — um Unfällen aus dem Weg zu fahren. Ein sicheres Automobil hat vernünftige Abmessungen — für überfüllte Straßen und knappen Parkraum.

BMW baut diese Automobile. Jedem Typ liegt das gleiche Konzept zugrunde. Gleichgültig, ob Sie einen BMW mit 2 oder 4 Türen fahren.

Entscheiden Sie sich!

Immer mehr schält sich die Notwendigkeit heraus, daß ein Automobil nur danach zu beurteilen ist, ob es ein leistungsfähiges, zeitgerechtes Fahrwerk hat, ob es große motorische Sicherheitsreserven bietet und ob es handlich und übersichtlich ist. Unsere Händler erwarten Sie.

Das BMW-Sicherheits-Fahrwerk, die Hinterachse, Einzelradaufhängung mit Längsschwingen. Das Konzept ist so gut, daß es bereits Schule zu machen beginnt.

Aus Freude am Fahren — BMW

(Werbung 1967)

Kaum war die zarte Verbindung zu AMC, die von der Öffentlichkeit unbemerkt blieb, abgebrochen, kündigte sich ein neuer Besucher an; Umberto Agnelli, Aufsichtsratsmitglied von Italiens größter Automobilfabrik. Diesmal lauschte de Börse hellhöriger und spekulierte auf eine Übernahme von BMW durch Fiat.

Doch für Agnelli war die Münchener Visite ein reiner Höflichkeitsbesuch, den er aber zum taktischen Schachzug ausbaute. Da sich Frankreichs Staatschef Charles de Gaulle beharrlich weigerte, Fiat die Beteiligung an der notleidenden französischen Citroën zu erlauben, mußten durch den Bayern-Besuch Agnellis Gerüchte entstehen, daß Fiat nun eine andere Beteiligung suche. Vielleicht war es Zufall, aber wenige Tage später erhielt Fiat die gewünschten Citroën-Anteile.

BMWs Stellung in der deutschen Zulassungsstatistik

1965	1966	1967	1968	1969	1970
1. Volkswagen	1. Volkswagen	1. Volkswagen	1. Volkswagen	1. Volkswagen	1. Volkswagen
2. Opel	2. Opel	2. Opel	2. Opel	2. Opel	2. Opel
3. Ford	3. Ford	3. Ford	3. Ford	3. Ford	3. Ford
4. Mercedes	4. Mercedes	4. Mercedes	4. Mercedes	4. Audi-NSU	4. Audi-NSU
5. Fiat	5. Fiat	5. Fiat	5. Fiat	5. Mercedes	5. Renault
6. Renault	6. Renault	6. Renault	6. Renault	6. Fiat	6. Mercedes
7. NSU	7. NSU	7. B M W	7. B M W	7. Renault	7. Fiat
8. Auto Union	8. B M W	8. NSU	8. NSU	8. B M W	8. B M W
9. B M W	9. Auto Union	9. Auto Union	9. Auto Union	9. Chrysler	9. Chrysler
10. Glas	10. Chrysler	10. Chrysler	10. Chrysler	10. Peugeot	10. Peugeot

Das Kraftwerk

Im August 1968 stellte BMW renovierte Fahrzeuge vor; der Evergreen 1800 hob sich nun vom Vormodell durch einen schwarz abgedeckten Kühlergrill und – genau wie beim 2000 – erhielt eine etwas nach vorn geschobene Niere an der Front. Im Innenraum statteten die Techniker beide Modelle einheitlich mit neu gestaltetem Armaturenbrett aus, bei dem die Oberkante als Ablagefläche ausgelegt war.

Einheitlich wurde unterm Blech auch der Motorblock. Bisher nämlich lieferten die Gießereien den Block des 1800 aus einer anderen Form als den des 2000. Dabei war der 2000er-Block nicht nur der modernere, sondern zudem billiger in der Herstellung. Das war schließlich der Grund dafür, auch den 1800er-Motor aus dem 2000er-Block zu bauen. Durch die Verwendung der Kurbelwelle vom 1,6 Liter-Triebwerk wurde der Hubraum von bisher 80 auf 71 mm reduziert. Dadurch geriet der neue 1,8 Liter-Motor drehfreudiger und elastischer als sein Vorgänger. Und damit sollte der BMW 1800 noch etliche Jahre unverändert weitergebaut werden. Vom Modellprogramm gestrichen wurde im September der erfolglose BMW 1600 TI, sowie die restlichen Glas-Typen 1600 GT und 3000 V8.

An die Stelle des 1600 TI trat eine neue Mischung aus dem Baukasten-Regal: der 2002 TI. Durch den Erfolg des 2002 hatte Alexander von Falkenhausen mit dieser Neukonstruktion wesentlich offenere Türen beim Vorstand gefunden als früher. Der kreative Motorkonstrukteur hatte nämlich im Frühjahr 1968 ein Exemplar des gerade erst in Serie gegangenen 2002 mit einer Viervergaser-Anlage ausgerüstet und damit ein Kraftwerk besonderen Kalibers geschaffen. Gute 120 PS leistete nun der Zweiliter, und er brachte damit das 1000 Kilogramm-Auto auf Fahrleistungen, die einem Sportwagen nicht nachstanden.

Von null auf 100 beschleunigte er in nur 9,4 Sekunden und erreichte eine Höchstgeschwindigkeit von 185 km/h. Damit schuf BMW eine neue Alternative für sportliche Zweisitzer; zum Preis von nur knapp 11.000 Mark. Dieser 2002 TI erforderte zwar einige Verstärkungen am Fahrwerk (die ein Jahr später auch den schwächeren Brüdern zugute kamen), aber es war BMW damit gelungen, in der Preisklasse um 10.000 Mark am Markt die besten Fahrleistungen zu bieten.

Zur Premiere auf dem Hockenheimring im September 1968 warnte allerdings BMW-Direktor Helmut Werner Bönsch: „Es paßt nicht zum Stil des Wagens, auf Krawall zu fahren, sich mit Lichthupe und Horn die Freifahrt zu ertrotzen." Und Bönsch wünschte: „Möge der 2002 TI immer mit der Kultur gefahren werden, mit der er gebaut wurde."

Mit dem 2002 TI zog BMW sehr viele alte Porsche-Kunden herüber. Der „Wolf im Schafspelz" – wie der 2002 TI oft genannt wurde – polierte BMW's Ruf von Sportlichkeit wieder gründlich auf; denn viele Motorsport-Anhänger entdeckten in dem Wagen ein ideales Wettbewerbs-Fahrzeug mit besten Siegeschancen.

Es sollte sich aber zeigen, daß Bönschs Warnung an alle TI-Fahrer, nicht „auf Krawall" zu fahren, unerhört verhallte.

Wilhelm Hofmeister (links), langjähriger Styling-Chef, zeichnete im wesentlichen die Linien der 2500/2800-Serie

„Sechs Richtige"

Die dritte Neuheiten-Stufe zündete schließlich im Oktober 1968. Als Direktor Helmut Werner Bönsch am 28. September zum ersten Male den neuen BMW-Sechszylinder der Presse vorstellte, meinte er, daß dieser Sechszylinder eigentlich mit „x" geschrieben werden müsse, denn er strahle Sex aus. Schon im Jubiläumsjahr 1966 hatte man sich mit dem Plan beschäftigt, das Sortiment aufzustocken. Die letzten Jahre hatten gezeigt, daß viele BMW-Kunden einem größeren Wagen als dem 2000 zustrebten. Selbst Mercedes-Fahrer, die zur Münchener Marke übergewechselt waren, sprangen später wieder ab, nur weil BMW nichts oberhalb der Neuen Klasse bot. Professor Spiegel untersuchte deshalb, ob nicht „etwas weiter oben" Marktlücken im Programm anderer Firmen aufzustöbern seien. Schließlich empfahl er noch 1966, einen 2,2 Liter-Sechszylinder-Wagen zu bauen, der nicht mit den Produkten des Stuttgarter Konkurrenten kollidieren dürfe. Es gelte, einen ausgewogenen Kompromiß zwischen Sportlichkeit und Komfort zu schaffen.

Das technische Vorstandsmitglied Bernhard Osswald, erst 1965 von Ford-Köln zu BMW gekommen, leitete die Entwicklungsarbeiten und nahm die Entwicklung eines Sechszylinders in V-Form in Angriff. Schließlich verfügte er über viel Erfahrung im Bau von V6-Motoren aus seiner Ford-Zeit. Dagegen sträubten sich die alten BMW-Techniker. Man hätte zwar auch garzugerne einen aus den Vierzylindern kombinierten Achtzylinder gebaut. Letztendlich setzte sich Alexander von Falkenhausen durch, der einen Reihen-Sechszylinder aus den bisher schon gebauten Motoren zauberte. An den Motorblock des 1800 hängt man zwei Zylinder an, wodurch ein Sechszylinder mit 2,5 Liter Hubraum entstand. Durch den Anbau von zwei Zylindern des Zweiliters ergab sich ein Sechszylinder mit 2,8 Liter Hubraum.

Ton-Modelle im Maßstab 1:1 mit unterschiedlichen Scheinwerferlösungen

Die erste Zeichnung zu einem Sechszylinder-Wagen: Suche nach einer Linie mit flacher Schnauze im 507-Stil

Überarbeitet wurden bei dieser Gelegenheit die Brennräume. Von Falkenhausen wollte die Zündkerze möglichst in die Mitte des Verbrennungsraums legen, doch dazu hätte er die Ventile zu weit auseinander rücken müssen: Und das war technisch unmöglich. So arbeitete man den Brennraum, der bisher schon die Form von zwei Halbkugeln besaß, zu einer dritten Halbkugel an der Kerzenseite aus. Eine Brennraumform entstand, die später den Namen „Dreikugel-Wirbelwanne" erhielt. Diese neuartige Form sicherte eine gleichmäßige Verbrennung des Benzin-Luft-Gemischs auch bei unterschiedlichsten Drehzahlen. Zusammen mit dem kurzen Hub und der mit zwölf Gegengewichten ausgestatteten Kurbelwelle erreichte BMW einen turbinengleichen Motorlauf und eine Drehzahlfestigkeit, die unter vergleichbaren Konkurrenzmotoren ihresgleichen suchte. Selbst der Vergleich mit den vibrationsarmen Wankel-Kreiskolbenmotoren brauchten die neuen BMW-Motoren nicht zu scheuen. Beim Getriebe gingen die Münchener erstmals von der bisher üblichen Porsche-Synchronisierung ab und verwendeten ein ZF-Getriebe mit Borg-Warner-Synchronisierung, das sich wesentlich exakter schalten ließ.
Das Konzept vom Fahrwerk baute auf Bewährtem auf, wurde aber im Detail verfeinert. Die Schräglenker-Hinterachse blieb im Prinzip unverändert, lediglich Federn und Teleskopdämpfer faßte Osswald zu hinteren Federbeinen zusammen. Bei der Vorderradaufhängung stellten die Techniker die Federbeine erstmals nicht mehr gerade, sondern leicht nach hinten geneigt. Dadurch fiel die Motorhaube flacher aus, und die Federung sprach leichter auf Fahrbahnstöße an. Mit diesem Kniff gelang es auch, die Lenkkräfte im Stand zu verringern und dem jeweils kurvenäußeren Rad einen leicht negativen Sturz zu geben. Patentieren ließ sich BMW den sogenannten Nachlaufversatz: Eine geometrische Auslegung der Vorderachse, welche die Lenkung leichter in Geradeausstellung zurückführte.
Als erstes Auto von der Isar erhielt der neue Typ vier Scheibenbremsen mit doppelten vorderen Bremskreisen, zusätzliche Feststell-Trommelbremsen und eine Bremskraft-

regelung, bei der sich die Bremskraft an den Hinterrädern mit zunehmenden Ausfedern reduziert.

In der Karosserieform bemühte sich Chefstylist Wilhelm Hofmeister die BMW-typische Form beizubehalten. Osswald bestand lediglich darauf, beim Entwurf des Daches Anleihen an seine früheren Kreationen bei Ford zu machen. So geriet die Dachlinie des 2500/2800 ähnlich der des Ford Taunus 17 M (P-5).

„Für unseren Sechszylinder ist das Beste gerade gut genug", sagte Osswald und spendierte dem neuen Wagen dieselben Schlösser wie sie damals der Mercedes 600 trug. Tür- und Zündschloß besaßen nicht mehr den üblichen Bart, sondern waren – mit kleinen Einkerbungen versehen – symetrisch ausgelegt. Ein sehr teures und aufwendig herzustellendes System.

Daß es dennoch nicht immer funktionierte, spürte Chefverkäufer Hahnemann später einmal am eigenen Leibe. Bei einer Dienstreise mußte er drei Tage lang auf frische Wäsche aus dem Kofferraum verzichten, weil das Schlüsselsystem an seinem Wagen versagte. Vor allem wegen des extrem hohen technischen Präzision ging BMW bei späteren Modellen wieder von dem Schlüsselsystem ab.

Als Chefverkäufer Hahnemann nach dem Debüt sein neuestes Paradepferd anpries, betonte er immer wieder, daß dieses Auto durchaus nicht als Konkurrent zu den Mercedes-Typen gedacht sei. Man habe in München hauptsächlich Wert darauf gelegt, ein Auto für BMW-Aufsteiger und „sportlich vitale" Kunden zu bauen, denen es nicht nur um größtmöglichen Komfort, sondern auch um „Freude am Fahren" gehe. Tatsächlich verhieß der 2500 ungewöhnliche Fahrfreuden.

Wie die Tester dem neuen Modell bescheinigten, ließ es sich trotz größerer Abmessungen ebenso handlich und leicht fahren wie die kleinen Vierzylinder.

Des Lobes voll waren die Leute vom Fach auch über den leisen, summenden Lauf des starken Motors, der dem Wagen schon in der 2,5 Liter-Ausführung einen gehörigen Schuß an Leistung mitgab. Von 0 auf 100 km/h beschleunigte der BMW 2500 in rund 10 Sekunden und erreichte eine Höchstgeschwindigkeit von 190 km/h. „Sechs Richtige" attestierte damals die „Deutsche Auto Zeitung" dem neuen Modell. Doch der 2500 sollte noch nicht das letzte Wort der Bayern sein. Schon im Oktober 1968 kündigten sie an, daß demnächst der 2500 auch mit einer 2,8 Liter-Maschine geliefert würde.

Gerade mit dieser Ankündigung kam wieder der Verdacht auf, die Bayern suchten den Frontalangriff mit Mercedes. Denn erst kurze Zeit zuvor hatten auch die Stuttgarter ihre großen Wagen auf einen Hubraum von 2,8 Liter gebracht.

Das Karmann-Coupé

Noch ehe die BMW-Leute den neuen 170 PS-Motor in die Limousine einbauten, fand er in einem Coupé Verwendung. Wilhelm Hofmeister hatte es auf der Basis des bisherigen 2000 CS entworfen. Das neue Coupé sollte zunächst eine ganz eigene Form bekommen. Dazu hatte BMW bei Nuccio Bertone und Pietro Frua einige Entwürfe bestellt, die jedoch nicht zur Zufriedenheit der Auftraggeber ausfielen. Hofmeister selbst erdachte eine schnittige Form mit versenkbaren Scheinwerfern und schräg abfallenden Fließheck.

Doch eine solche neue Form tatsächlich zu bauen, dazu fehlte es im Vorstand an Mut. Man einigte sich lieber auf die bewährte Linie des 2000 CS und änderte lediglich die im Laufe der Zeit immer kritischer betrachtete Frontpartie mit den im Einkauf schon 253 Mark-teuren Scheinwerfer-Einheiten. Stattdessen erhielt das neue Coupé Doppel-Scheinwerfer, die nur 80 Mark kosteten.

Die Fertigung der Rohkarosserie übernahm – wie bisher schon – die Osnabrücker Karosseriefirma Wilhelm Karmann. Noch im Oktober 1968 begann die Serie des 2800 CS. Eigentlich hätte es Hahnemann garzugerne gesehen, wenn parallel dazu das 2000 CS-Coupé weiter im Programm geblieben wäre dazu langte die Kapazität bei Wilhelm Karmann nicht. Aus diesem Grund lief zum Jahresende das 2000-Coupé aus.

Wenige Monate später – im Januar 1969 – begann die Auslieferung der 2800-Limousine. Sie unterschied sich äußerlich vom 2500 nur durch die Typenbezeichnung. Auch im Innenraum hatte sich nichts geändert, jedoch lauerte unter der Motorhaube nun das 170 PS-Triebwerk, das dem rund 1.700 Mark teureren Wagen zu einer Spitzengeschwindigkeit von guten 200 km/h verhalf und zur Beschleunigung von 0 auf 100 km/h nur knappe 9 Sekunden benötigte.

Neben dem stärkeren Motor gehörte zu der neuen Variante ein Sperrdifferential sowie eine als Federbein ausgearbeitete hydraulische Niveauregulierung von Boge. Sie sorgte automatisch dafür, daß das Heck bei jeder Belastung eine gleichmäßige Bodenfreiheit behielt.

Der Vorstand hatte errechnet, daß pro Jahr etwa 35.000 der neuen Sechszylinder abzusetzen wären. Doch diese Zahl wurde schon viel früher erreicht. Für Milbertshofen bedeutete das, entweder die Produktion rapide zu erhöhen oder aber lange Lieferfristen in Kauf zu nehmen. Da sämtliche Kapazitäten ausgelastet waren und selbst im Werk Dingolfing der letzte Fleck ausgenützt war, wurden Lieferfristen unumgänglich. Bald dauerten sie über acht Monate.

Stolz verkündete das Management zum Jahresende 1968 das Erreichte. Erstmals sprang der Umsatz über die Milliarden-Grenze, und die Produktion überschritt 100.000 Einheiten. Endlich war geschafft, was Hahnemann schon früher als „lebensnotwendig" bezeichnet hatte: Von nun an glaubten die Bayern, auch ohne Anlehnung an einen großen Auto-Konzern in härteren Zeiten bestehen zu können. Die bayerische Auto-Schmiede gehörte – an den bisherigen Maßstäben gemessen – eigentlich schon zu den Mittelgroßen der Branche, wäre nicht wenige Monate zuvor die fusionswillige Wankel-Zentrale NSU unter den Konzernmantel der Wolfsburger Volkswagen AG geschlüpft. „Jetzt sind wir die Kleinsten", gab BMW in einer großangelegten Werbekampagne offen zu, erinnerte aber gleichzeitig daran, daß „die Länge des Fließbandes noch nicht die Größe einer Marke" garantiere. Mit solch großen Worten über den Kleinsten handelten sich die BMW-Werber einen mahnenden Brief aus Zuffenhausen ein, in dem Porsche auf sich aufmerksam machte und klarstellte, daß immer noch er die kleinste selbständige Autofabrik habe.

Vorbeugen ist besser als Knautschen

Wer einen 100 km/h Aufprall überleben will, braucht ein Auto mit einer vorderen Knautschzone von 2,70 m. Eine Frontlänge, die heute von keinem Automobil erreicht wird. Fußgänger hingegen haben überhaupt keine Knautschzone. Sie sitzen auch nicht in einer Sicherheitszelle.
Die Konsequenz:
  Sicherheit darf nicht erst beim Unfall beginnen. Sondern davor: um ihn zu verhindern. Darum baut BMW seine Automobile nach dem Prinzip der aktiven Sicherheit. Die aktive Sicherheit des BMW bedeutet: durch eine aufwendige Sicherheitstechnik kann der Fahrer kritische Situationen besser bewältigen. Und kontrolliert reagieren. Er kann sich und andere vor Gefahren bewahren.

Aktive Sicherheit
Für Freude am Fahren

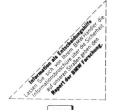

Mietwagen vom Werk erhalten Sie z.Zt. an über 420 Stützpunkten der BMW Autovermietung in Deutschland und im europäischen Ausland.

(Werbung 1969)

Einbruch in die Mercedes-Klasse

Ein großes Paket BMW-Anteilscheine, man sprach von 15 Prozent des Aktienkapitals, wechselte im Sommer 1969 den Besitzer. Dr. Jacques Koerfer, Schweizer Rechtsanwalt und seit 1961 neben Quandt größter Einzelaktionär bei BMW, verkaufte seine Beteiligung an die Herstatt-Bank.
Koerfer war das genaue Gegenteil des hemdsärmeligen Hahnmann. Der Anwalt stammte aus einer sehr reichen Kölner Familie und lebte nach dem Prinzip, sich über keinerlei Dinge aufzuregen. Das störte Quandt: Nach seiner Meinung mußte in einem expansiven Unternehmen, daß zwangsläufig aggressiv arbeitete, eine so unkämpferische Natur nicht recht am Platze sein. Nachdem Quandt Koerfer schon mehrmals geraten hatte, seinen Aktienanteil zu verkaufen und sich aus dem Aufsichtsrat zurückzuziehen, folgte nun der Anwalt den Ratschlägen, als er in der Herstatt-Bank den richtigen Käufer fand. Dabei schnitt der Schweizer besonders gut ab, denn er verkaufte seine Anteile zu einer Zeit, als neben anderen Börsenwerten auch die BMW-Kurse einen Höchststand erreicht hatten.
Nach den großen Investitionen der Vorjahre erntete BMW erst einmal. Die Fließbänder liefen mit voller Kraft, denn schon gleich nach der Vorstellung des erweiterteten Modellprogramms durften die Münchener auch mit wesentlich mehr Aufträgen rechnen.
Sowohl die Sechszylinder-Typen als auch die 2002 und 2002 TI-Kraftzwerge avancierten zu Verkaufsknüllern. Auf dem Markt der Sechszylinder-Wagen (ab 15.000 Mark) errang BMW auf Anhieb den als Ziel gesetzten Anteil von 25 Prozent. Die Analysen zeigten, daß viele Mercedes-Fahrer – froh, endlich eine Alternative zum Guten Stern zu haben – auf die Sechszylinder-BMW's umgestiegen waren.

Kunsthandwerk für Ingenieure

„Aus wirtschaftlichen Erwägungen haben wir es sicher nicht nötig, Motorräder zu bauen", bekannte Helmut Werner Bönsch am 28. August 1969 bei der Vorstellung einer neuen BMW-Motorrad-Generation auf dem Hockenheimring. Doch er erinnerte an das, was die weiß-blaue Marke dem Motorrad zu verdanken hatte: „Man kann darüber streiten, ob Daimler-Benz oder BMW zu irgendeiner Zeit das beste Automobil gebaut hat. Aber es besteht kein Zweifel, daß BMW über viele Jahre das beste und fortschrittlichste Motorrad der Welt baute. Wir haben den Ehrgeiz, uns diesen Ruf auch in Zukunft zu erhalten." Seit fast neun Jahren lief unverändert das Münchener Motorrad-Programm mit stark schwankendem Verkauf. Da man 1969 nur noch 4.701 Exemplare bauen konnte, hätten es vor allem die Kaufleute gern gesehen, wenn diese Urdomäne aufgegeben würde.
Doch da nach einer Periode „übersteigerten Sozialprestiges und bequemer Sattheit" (Bönsch) in aller Welt das Motorrad als Hobby-Sportgerät wieder neue Freunde fand, investierte BMW rund 10 Millionen Mark in eine neue Motorrad-Reihe. Vor allem die japanischen Firmen – unter ihnen namentlich Honda – hatten bewiesen, daß gerade in schweren und schnellen Maschinen in Amerika und Europa wieder gute Geschäfte zu

machen waren. So übte sich auch BMW wieder im „Kunsthandwerk für Ingenieure, die in ihrem Herzen jung geblieben sind" (Bönsch). Im August löste man die bisher gebauten Modelle R 50/2, R 60/2 und R 69 S durch drei neue Typen ab:
R 50/5 (494 ccm, 32 PS)
R 60/2 (595 ccm, 40 PS)
R 75/5 (740 ccm, 50 PS)
Die neuen Maschinen blieben altbewährten Konstruktionsprinzipien treu. Sie verfügten nach wie vor über den Boxermotor, die Blockbauweise, den Doppelrohrrahmen und den Kardanantrieb. Alles brachten die BMW-Techniker auf den neuesten Stand. Die Gleitlager zum Beispiel erhielten dieselben Dimensionen, wie die der Sechszylinder, und auch die Druckschmierung erfolgte nun nach dem gleichen Prinzip wie bei den bayerischen Autos. Die Zylinder, wie bisher aus Gußeisen, erhielten nun einen äußeren Mantel aus wärmeableitendem Aluminium.
Im Gegensatz zur japanischen Konkurrenz, die auch vor Drehzahlen um 10.000 Touren nicht zurückschreckte, blieben die Bayern mit ihren neuen Triebwerken in zivilen Bereichen: 6200 bis 6400 U/min ergaben mit einem kurzen Hub ungefährlichere Kolbengeschwindigkeiten. Die Motoren aller drei Modelle waren gleich aufgebaut, unterschieden sich jedoch im Vergaser. Gleich aufgebaut war auch das Fahrwerk, das im Gegensatz zu früheren Typen eine besonders langhubige Vorderrad-Teleskopgabel aufwies.
Schon 1934 hatte die damalige Flugmotorenfabrik Motorräder erstmals mit einer vorderen Teleskopgabel ausgestattet und damit einen Meilenstein in der Geschichte des Motorrades gesetzt. Diesen Erfolg baute man zwanzig Jahre später mit der Langarmschwinge aus, die beim Bremsen nicht mehr eintauchte. Mit den neuen Maschinen grübelten die BMW-Leute schließlich die neuartige Teleskopgabel mit einem Federweg von 214 mm aus, die den modernen Motorrädern einen sicheren Geradeauslauf und mehr Handlichkeit verlieh.

Der erste, im Fahrwerk noch nicht verkürzte Prototyp des geplanten „City": das Typenschild „Glas" trug er zur Tarnung

Kein Platz für den „City"

Mit nur wenigen Änderungen im Auto-Sektor rückte BMW zur Frankfurter Automobil-Ausstellung 1969. Das bisherige Verkaufsprogramm fand soviel Anklang, daß die Kapazitätsnöte größer waren als die Sorgen um die Zukunft.
Schon seit 1967 rollte als Prototyp eine Fließheck-Limousine des 1600-2, die in der Entwicklungsabteilung „City" hieß. Der gegenüber der normalen Limousine etwas kürzer geratene Prototyp trug zur Tarnung Typenschilder mit der verblichenen Marke „Glas". Nach zweijähriger Entwicklungsarbeit wäre dieses Fahrzeug nun serienreif gewesen. Doch reichten die Fließbänder nicht aus, auch dieses Auto noch in Serie zu nehmen. Hahnemann bestimmte, die Neuheit für einen späteren Zeitpunkt aufzuheben.
Dafür zeigten die Bayern auf der IAA erstmals einen Wagen mit Benzineinspritzung. Obwohl andere Autofirmen – wie etwa Mercedes-Benz – schon seit Jahren Triebwerke mit dieser Gemischaufbereitung bauten, kamen bei BMW solche Motoren eigentlich nie über das Versuchsstadium hinaus. Diesen technischen Rückstand wollte man endlich beheben. Man baute einen 2000 auf eine Kugelfischer-Benzineinspritzung um, womit das Aggregat nun 130 PS leistete. Um den Wagen äußerlich vom Vormodell abzuheben, erhielt der 2000 nach bewährtem Muster einen schwarz abgedeckten Kühlergrill. Schwierigkeiten gab es allerdings mit der Typenbezeichnung. Da die Buchstaben „ti" schon für die Doppelvergaser-Versionen vergeben waren, andererseits das „i" sich inzwischen als typisch für Benzineinspritzung(injection) eingebürgert hatte, nannte man den Typ kurzerhand „2000 tii" (tourimo internationale injection).
Der neue Wagen stand nur als Prototyp auf dem Stand: Über Preis und Liefertermin wußte niemand Auskunft zu geben. Die akuten Kapazitätsschwierigkeiten ließen auch für diese Variante vorerst keinen Platz.
Um rund 40 Prozent steigerte BMW die Auto-Produktion, wurde jedoch in der Zuwachsrate diesmal von der Ingolstädter VW-Tochter Audi geschlagen. Obwohl BMW noch immer zu den expansiven Unternehmen der Branche gehörte, wurden die Bayern durch den größeren Verkaufserfolg der Ingolstädter vom siebten auf den achten Platz der deutschen Zulassungsstatistik gedrängt.
Aus gesundheitlichen Gründen zog sich Generaldirektor Gerhard Wilcke zum Jahresende 1969 zurück. Hahnemann hoffte insgeheim, er werde zum Nachfolger gekürt, auch wenn er in der Öffentlichkeit bescheiden abwinkte. „Ich bleibe lieber Verkäufer", vertraute er dem „Spiegel" in einem Interview an. Aus dieser Bescheidenheit folgerte das Nachrichtenmagazin, daß wohl der Chefverkäufer kein geringeres Jahresgehalt haben werde als der Vorstandsvorsitzende. Trotz des Dementis galt Hahnemann für Außenstehende als ernster Anwärter auf den Stuhl des Bosses. Schließlich wurde er als „BMW-Motor" (Spiegel) und „Mister BMW" (Capital) gefürchtet, geachtet und vergöttert.
Um so größer war die Überraschung, als dann Quandt über den Aufsichtsrat nicht ihn, sondern den 42jährigen Diplom-Ingenieur Eberhard von Kuenheim zum neuen Chef von BMW berief. Dieser hatte sich seine ersten Sporen mit der Automatisierung von Werkzeugmaschinen verdient und stieß 1965 zur Quandt-Industriegruppe. Hier stieg er schnell zum stellvertretenden Vorstandsvorsitzenden der Quandt-eigenen Indus-

triewerke Karlsruhe (IWK) auf, bevor er zum 1. Januar 1970 nach München überwechselte.
Quandt tröstete den abgeblitzten Kandidaten Hahnemann mit dem Titel des stellvertretenden Vorstandsvorsitzenden, den es bis dahin bei BMW noch nicht gegeben hatte.

Gestiftete Stiftung

Eine weitere Stufe auf der Erfolgsleiter erkletterte die BMW-AG am 3. April 1970. Der einmillionste BMW-Nachkriegswagen lief vom Band, ein weißer BMW 2000, der in einer kleinen Feier unter den Betriebsangehörigen verlost wurde. Siebzehn Jahre und sechs Monate waren vergangen, ehe die Million endlich voll war. Zum Vergleich: Volkswagen, Deutschlands Autoriese, spuckte allein 1970 rund 2,2 Millionen Fahrzeuge aus.
Zum Dank für die Hilfe aus der Not der fünfziger Jahre errichtete BMW im Juni 1970, zum sechzigsten Geburtstag ihres Großaktionärs, die Herbert-Quandt-Stiftung und stattete sie mit einer Million Mark aus, die der Förderung von Wissenschaft und Forschung zukommen sollten.
Von dieser dankbaren Anerkennung wollte aber jener Kleinaktionär nichts wissen, der auf der nächsten Hauptversammlung meinte, BMW habe das Geld gegeben und damit auch den Anspruch die Stiftung nach ihrem Namen zu nennen. Aufsichtsratsvorsitzender Dr. Karoli erinnerte ihn daran, daß die Münchener Marke nicht so hoch aufgestiegen wäre, hätte Herbert Quandt sie nicht gestützt.

Die schöne Braut

Regelmäßig kehrten Fusionsgerüchte wieder, wozu in jenen Monaten die führenden BMW-Köpfe selbst beitrugen. So erklärte Hahnemann einmal, er würde einen Anschluß von BMW an das Volkswagenwerk am liebsten sehen. VW-Chef Kurt Lotz wiederum verschwieg wißbegierigen Reportern nicht, daß gerade die sportlichen Autos aus München gut zum Wolfsburger Modellprogramm passen würden. Hahnemann: „Wer zu Lotz lacht, lacht am besten."
BMW-Hüter Dr. Karoli hatte schon früher einmal behauptet, daß die „Braut BMW für eine Heirat täglich schöner" werde. Folge solcher Andeutungen waren im August 1970 an den Börsen heiße Spekulationen um die BMW-Papiere. Börsianer verbreiteten sogar, ein großer Teil der Aktien liege bereits in Wolfsburger Tresoren, und im Frühjahr 1971 würde den übrigen BMW-Eignern ein Übernahme-Angebot gemacht.
Über die Art einer künftigen Zusammenarbeit gingen allerdings die Vorstellungen erheblich auseinander. Hahnemann wollte eine Fusion aller deutschen Auto-Firmen nach dem Vorbild der amerikanischen General Motors Corporation: Eine gemeinsame

„Vom gütigen Geschick verwöhnt" – Eberhard von Kuenheim war stellvertretender Vorsitzender der Quandt-eigenen Industriewerke Karlsruhe, ehe ihn Großaktionär Quandt im Januar 1970 zum BMW-Chef berief

Verwaltung und selbstständig arbeitende Marken. Lotz glaubte dagegen, nur unter dem VW-Dach würden die anderen Auto-Hersteller zu einer Gemeinschaft finden, und die anderen müßten ihre Selbstständigkeit aufgeben. Die gegensätzlichen Ansichten vernichteten bald die Sympathie zwischen dem VW-Boß und dem BMW-Chefverkäufer. Kommentierte Hahnemann den Zwist: „Lotz of troubles."
Besonders gut informierte Kreise wollten damals wissen, daß auf höchster Ebene zwischen Herbert Quandt, Daimler-Benz-Großaktionär Friedrich Flick und der Deutschen Bank geheime Sitzungen stattgefunden hätten, auf denen die Aktienverflechtung zwischen BMW und Daimler diskutiert worden wäre. Man habe für fernere Zukunft ins Auge gefaßt, eine gemeinsame Holding-Gesellschaft zu gründen, der die einzelnen Werke unterstellt würden.
Aus solchen Gesprächen rührte vielleicht der freundschaftliche Kontakt, den die Bayern in der darauffolgenden Zeit zur schwäbischen Konkurrenz pflegten. Hahnemann trug sich plötzlich mit dem Plan, Dieselmotore für den 1800 aus Stuttgart zu beziehen und regte an, später einmal gemeinsam Getriebe zu bauen. Die Schwaben stellten nun den BMW-Männern ihre Anlagen zur Verfügung, auf denen der 1600-2

erstmals Überrollversuche und Crash-Tests unterzogen wurde. Dabei staunten die Mercedes-Techniker, daß der kleinen BMW, dem ja bei der Konstruktion keine Knautschzonen mitgegeben worden waren, doch in der Praxis soviel passive Sicherheit zeigte. Gemeinsam sprach BMW und Daimler-Benz nun von einem „abgestimmten Modellprogramm der Zukunft". Doch diese lockere Zusammenarbeit währte nur kurze Zeit.

Engere Kontakte schmiedeten danach die BMW-Leute zum österreichischen Fahrzeug-Hersteller Steyr-Daimler-Puch. Karl Rabus, Chef des Grazer Unternehmens, führte im Oktober 1970 intensive Verhandlungen in der Lerchenauer Straße. Dabei kam man überein, zusammen ein Motorradprogramm zu entwickeln. BMW hatte schon immer den Wunsch gehegt, in kleinere Hubraumklassen einzusteigen. Für Steyr wäre dies eine willkommene Programmbereicherung. Es sollte ein Zweizylinder-Twin-Motor mit obenliegender Nockenwelle und Hubräumen zwischen 125 und 350 ccm entstehen. BMW sollte den Motor bauen, Steyr das übrige Zweirad. Die kleinen Motorräder würden dann sowohl das weiß-blaue Zeichen wie auch das Puch-Emblem tragen und ab 1972 im Nachbarland Österreich komplett montiert werden. Den Vertrieb würde die 1968 gegründete BMW-Motorrad-Vertriebsgesellschaft übernehmen.

Rabus dachte bei seinen Gesprächen nicht nur an Zweiräder. Er schlug von Kuenheim vor, die Werkzeuge des 700 wieder hervorzuholen. In den Kleinwagen könnte dann der luftgekühlte Vierzylinder-Boxermotor von Steyr eingebaut werden. Doch in München winkte man gleich ab.

Selbst die gern gesehene Kooperation auf dem Motorrad-Sektor geriet bald ins Stocken, als sich nämlich nach genauen Kalkulationen zeigte, wie teuer ein solches Zweirad im Verkaufspreis würde.

Falscher Krisenalarm

An einem Abend im Oktober 1970 war Vorstand Hahnemann im Münchener Presseclub als Ehrengast geladen. Er dürfe über alles reden, versprach man ihm, nichts würde veröffentlicht. Und Hahnemann plauderte über alles. Er hätte da seinen Planungs-Direktor Bernd Klein mitgebracht. Mit ihm, so meinte Hahnemann ironisch, wäre ausgemacht, daß alles, was Klein austüftelte und zum Erfolg führe, sich Hahnemann anschreiben wolle. Aber Fehler, die Hahnemann mache, würden seinem Planungs-Direktor in die Schuhe geschoben. Die Gastgeber lachten, bis der Chefverkäufer auspackte, daß man sich 1970 um genau 4.000 Sechszylinder-Wagen verkalkuliert habe. „Wir haben damit gerechnet", erklärte Hahnemann, „daß sich der Sechszylinder-Markt nach einem Zuwachs von 85 Prozent im Vorjahr nun 1970 nochmals um 30 Prozent ausdehnen würde." Tatsächlich waren es jedoch nur zwölf Prozent. Hinzu kam ein schlechteres Export-Geschäft. Denn in Frankreich wirkte sich die zweimalige Aufwertung der Währungen und zusätzliche Sondersteuern aus, während in Schweden zusätzliche Sicherheitsbestimmungen den Verkauf gebremst hatten. So hätte man im letzten Vierteljahr 1970 die Produktion der großen BMW-Modelle gedrosselt.

Auf dem verkürztem Chassis des 2800 entwickelte der italienische Karossier Nuccio Bertone die Styling-Studie „Spicup". Das zweisitzige Fahrzeug besaß einen breit ausgebildeten Überrollbügel, unter den sich das – aus zwei ineinanderschiebbaren Hälften bestehende – Coupédach elektrisch einfahren ließ. Das giftgrüne Auto feierte seine Weltpremiere auf dem Genfer Autosalon 1969

Die Presse sah bei dieser Tatsache die weiß-blaue Marke nach zehn Jahren unverdünnter Expansion gleich in einer neuen Krise stecken. Die Milbertshofener standen zwar zum erstenmal seit langen Jahren vor Absatzproblemen, die jedoch lange nicht so dramatisch waren, als daß sie den Verantwortlichen echte Sorgen bereitet hätten.

Zur Schwarzmalerei in der Presse trug bei, daß sich BMW ausgerechnet in diesen Tagen vom Rennsport zurückzog. Verkaufschef Paul G. Hahnemann hatte es von einem zum anderen Tag im Alleingang so bestimmt. Er begründete dies öffentlich „in der Gefährlichkeit des heutigen Formel-II-Sports und der immer größer werdenden Entfernung zum Serienautomobil". Außerdem benötige man die Techniker der Rennabteilung für den Serienbau.

Die Rennabteilung reagiert daraufhin sehr spektakulär. Nachdem am 25. Oktober 1970 bei Flugplatzrennen München-Neubiberg der Formel-II-Wagen als Sieger aus dem Rennen hervorgegangen war, deckten die Monteure den Wagen mit einem schwarzen Segeltuch zu. Werksfahrer, Ingenieure und Mechaniker trugen Trauerflor zum stummen Protest gegen die Vorstandsentscheidung. Denn mit sieben Siegen allein im Jahr 1970 hatte ihr Rennwagen den besten Durchschnitt aller Formel-II-Wagen erreicht. Hahnemann schäumte: „Eine Unverschämtheit." Denn diese Demonstration fand in der Presse großen Widerhall. So vermutete die „Deutsche Auto Zeitung" damals, daß der „Rückzug von den Pisten und die Auflösung der Rennabteilung erste Sparmaßnahmen" seien.

Wenig später fand BMW auch für den Tourenwagen-Sport keine Zeit mehr. BMW-Chef von Kuenheim übertrug zum Jahresende 1970 sämtliche Sporteinsätze einer der besten Tuningfirmen im Lande. Die Kaufbeurener Bovensiepen KG (Marke: Alpina) widmete sich dem Frisieren von BMW's, seit die Münchener mit dem Bau der Neuen Klasse begonnen hatten. Mit ihren superschnellen BMW-Alpina-Wagen machten die Allgäuer nicht nur zeitweise beachtlichen Wirbel auf den Renn-Pisten, sondern auch ein gutes Geschäft: Denn der Verkaufserfolg von qualitativ hochwertigen Tuning-Teilen an BMW-Kunden folgte den Siegen.

Vom City zum Touring

Der Vorstand durchforstete zu Jahresanfang 1971 das umfangreiche, teilweise verwirrende Modellprogramm, um Platz für zugkräftigere Typen zu schaffen. Bestehen blieb weiterhin der 1800, der allerdings nun die Linien des 2000 erhielt. Der 2000 tilux verschwand ganz aus dem Programm, an seine Stelle trat der 2000 tii.
Bisher nur in Einzelexemplaren gebaut und an ausgesuchte Kunden abgegeben, sollte der erste BMW mit Benzineinspritzung nun in größerer Stückzahl verkauft werden. Obwohl der Wagen schon zwei Jahre zuvor öffentlich vorgestellt worden war, stand er bisher noch auf der Reserveliste, weil nach Ansicht der Techniker die Benzineinspritzung noch nicht narrensicher arbeitete.
Mit der Modellstraffung schuf Hahnemann endlich Platz für den Serienbau der Schrägheck-Limousine „City", die schon seit 1967 in der Versuchsabteilung lief. Entstanden war sie aus der Befürchtung, daß der 1600-2 wegen seines hohen Preises ein Schlag ins Wasser sein könnte. Deshalb sollte damals schnellstens ein zweites Modell auf Basis der 02-Reihe entwickelt werden, das vielleicht den Kundengeschmack eher treffe. Entwicklungschef Osswald ließ von seinen Stylisten Entwürfe ausarbeiten und gab parallel dazu auch den italienischen Karossiers Bertone und Michelotti Aufträge. Die Zeichnungen von Giovanni Michelotti gefielen am besten, weshalb nach seinen Linien die Prototypen auf der im Radstand verkürzten 02-Bodengruppe gebaut wurden. Ihre Probefahrten absolvierten die Einzelstücke mit dem Glas-Zeichen am Bug, einer Dingolfinger Nummer und dem Typenschild „1304" vergangener Glas-Modelle am Heck. In der Versuchsabteilung hießen die Neulinge kurz und treffend „City", denn sie sollten ja für Kurzstrecken-Verkehr dienen. Umso

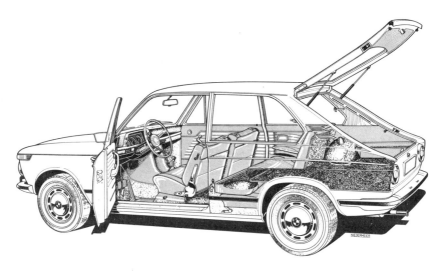

Angst vor dem Kombi-Image: Kurzheck-Limouse mit einzeln umlegbaren Fondsitzen

erstaunter und verärgerter war Entwicklungschef Bernhard Osswald, als die Verkaufsorganisation dieses Auto am 20. Januar 1971 als „Touring" vorstellte. „Als Tourenwagen haben wir das Auto nie konzipiert", reklamierte Osswald vergeblich.
Ganz wohl war den Marketing-Strategen bei der Premiere des „Touring" nicht; sie fürchteten, der Kunde könnte den Neuling mit der Heckklappe eher als Kombiwagen oder als Nutzfahrzeug ansehen – und das, so hatte Marktforscher Spiegel gewarnt, sei äußerst negativ für die Marke. Um den Nutzfahrzeug-Charakter zu unterdrücken, stattete Hahnemann den Wagen mit vielen sportlichen Accecoirs wie Schalensitze und Sportfelgen aus. Peinlich vermied man im Werk den Ausdruck „Kombi-Limousine", prägte den Begriff Kurzheck-Limousine und spendierte dem Neuling sogar die nagelneue 130 PS-Einspritzmaschine, die aus dem Touring einen richtigen Kraftzwerg machte. Den künftigen Käufer sah Planungsdirektor Bernd Klein denn auch weniger in Handwerkern mit ihrem Arbeitsgerät, sondern in der „jungen, sportlichen Familie mit einem sportlichen Hobby."
Im Zusammenhang mit der – in der Herstellung teuren – hinteren Tür und den einzeln umklappbaren Fondsitzen rutschte der „Touring" im Verkaufspreis wesentlich höher als geplant. Und das stand – wie sich in folgenden Monaten zeigte – einem großen Verkaufserfolg im Weg. Mehr Anklang fand der Touring im Ausland, wo ihn BMW als Coupé anbot.

Nicht nach Hilfe rufen

Mit dem Vorzeigen dieser Neuerscheinung, deren Serienanlauf sich allerdings noch einige Monate hinzog, gab von Kuenheim einen ersten Überblick über den Geschäftsverlauf 1970. Die enormen Kostensteigerungen der letzten Zeit, bekannte von Kuenheim, hätten den Gewinn für 1970 kräftig schrumpfen lassen, obwohl wieder einmal ein neuer Umsatzrekord erreicht worden sei. Mit fünf Prozent höheren Preisen und kostensparenden Fertigungsmethoden wolle man die gestiegenen Ausgaben ausgleichen. Bei dieser Gelegenheit könne es einem Unternehmen wie BMW, das „vom gütigen Geschick verwöhnt" sei, nur gut tun, wenn es wieder einmal nach neuen Rationalisierungsmöglichkeiten durchforstet werden, erklärte von Kuenheim.
Selbst wenn der Gewinn in Zukunft weiter schrumpfe, fühle sich Milbertshofen auch ohne Fusion mit einer größeren Autofirma stark genug. „Wir werden 1971 nicht nach Hilfe rufen", betonte von Kuenheim, und sein Vize Hahnemann meinte gelassen, daß es keine übereilten Fusionsbeschlüsse geben werde.
Das an früheren Zeiträumen gemessene bescheidene Wachstum bezeichnete man als „Phase der Konsolidierung", doch das sollte nicht so bleiben. Dafür hielt von Kuenheim eine Reihe von Neuheiten parat, die in den folgenden Monaten präsentiert wurden.
Die – bedingt durch den hohen Preis – geringe Verbreitung des BMW 1600 Cabriolets brachten Überlegungen in Gang, das Oben-Ohne-Auto ganz aus dem Verkehr zu nehmen. Schließlich befürchteten die Fachleute, daß künftige Sicherheitsbestimmungen in Amerika den Verkauf eines Vollcabriolets weiter einengen würden. Seit der Sportwagen-Hersteller Porsche im Herbst 1966 sein Cabriolet „Targa" mit Überroll-

bügel eingeführt hatte, machten sich viele Sicherheitsfanatiker Gedanken, mit einem solchen Überrollbügel auch in anderen Cabriolets das Leben der Insassen besser zu schützen.
Die Stuttgarter Karosseriefirma Baur, die schon seit Jahren die Aufbauten zum BMW-Cabriolet lieferte, fürchtete um ihre guten Umsätze und schlug deshalb vor, aus dem hinteren Dachteil der 1600-Limousine einen Überrollbügel zu schaffen. Daraus ergäbe sich eine höhere Karosseriefestigkeit, die wiederum den Einbau eines stärkeren Motors ermögliche. Solche Gedankengänge schienen den BMW-Kaufleuten nicht nur logisch, sondern ihre Verwirklichung war auch preiswert.
Die Schwaben bauten ein solches Überroll-Cabriolet, das dann auch den Zweiliter-Motor als Antrieb eingebaut bekam. Ehe das BMW 2002 Cabriolet im Februar 1971 auf dem Amsterdamer Autosalon Premiere feierte, hatte es in München noch eine gründliche Renovierung des Innenraums erfahren. Die Sitze erhielten eine bessere Seitenführung, und die Armaturen wurden nicht mehr von Hochglanz-Zierleisten, sondern von mattem Chrom eingerahmt.
Das rückwärtige Verdeckteil des „überdimensionalen Henkelkorbs" (Spiegel) bestand nach alter Cabriolet-Manier aus Stoff und ließ sich voll versenken, während das Dachmittelstück des offenen Autos nun als leichte Platte ausgebildet war, die der Fahrer bei schönem Wetter im Kofferraum verstauen konnte.

„Wir reizen aus"

Mit vornehmem Understatement präsentierten die BMW-Leute bald darauf ihr Dreiliter-Coupé. Äußerlich mit dem 2800 Coupé identisch, deutete nur eine andere Typenbezeichnung am Heck des Wagens die Besucher der Genfer Automobilshow 1971 auf das neue Spitzenmodell aus Bayern hin. Der aufgebohrte Sechszylinder hatte jedoch – entgegen den Prophezeihungen von Fachleuten – vorerst keine Benzineinspritzung, sondern begnügte sich mit der bewährten Vergaser-Anlage. Der vergrößerte Brennraum brachte runde zehn PS mehr gegenüber dem 2800 und machte das aufgewertete Auto noch schneller.
213 km/h Spitze forderten jedoch eine Überarbeitung der Bremsanlage. Vom früheren 2000 CS hatte der 2800 CS noch die Trommelbremsen an der Hinterachse übernommen, obwohl die gleichstarken Limousinen die Vierrad-Scheibenbremsen schon längst zum Standard erhoben hatten. Deshalb bauten nun die Techniker dem 3,0 CS nicht nur die gleiche Vierrad-Scheibenbremsanlage, sondern statteten die Vorderachse mit innenbelüfteten Bremsscheiben aus, die Porsche 1966 vom Rennsport her erstmals in den Serienbau eingeführt hatte.
Bei BMW war es schon fast zur Tradition geworden, daß erst nach dem Debüt des Coupés auch die entsprechende Limousine gezeigt wurde. So warteten die Kunden und solche, die es werden wollten, gespannt auf den 20. April 1971. An diesem Tage, so verbreiteten die Milbertshofener Autobauer schon im Februar, werde die neue Dreiliter-Limousine vorgestellt.
Pessimisten unkten zwar, daß allein der schleppende Verkauf der 2500/2800-Serie an einem vorgezogenen Start des neuen Parade-Modells schuld sei. Für die Stuttgarter

„Überdimensionaler Henkelkorb": Aus Sicherheitsüberlegungen heraus entwickelte Baur das Cabriolet mit Überrollbügel, das auf dem Amsterdamer Autosalon 1971 Premiere feierte

Konkurrenz war jedenfalls der nahende April Grund genug, ebenfalls eine neue Variante zu zeigen. Um gegen allzu attraktiven Kundenfang aus München gewappnet zu sein, wurde der Mercedes 280 SE noch im März 1971 mit der neuen V8-3,5-Liter-Maschine ausgeliefert.
Am 20. April 1971 fand in Hamburg nicht nur die Premiere der Dreiliter-Limousine statt, es wurde auch die luxuriöseste aller BMW-Niederlassungen eingeweiht. Während die Kunden auf das in der Inspektion befindliche Auto warteten, konnten sie hier einen Imbiß zu sich nehmen oder gleich nebenan den Friseur aufsuchen.
Zur Feier des Tages eilte die gesamte BMW-Prominenz in den Norden. Sogar der öffentlichkeitsscheue Herbert Quandt ließ es sich nicht nehmen, bei der Vorstellung des neuen BMW-Programms dabei zu sein. Bei dieser Gelegenheit versicherte er Journalisten, daß er nicht daran denke, das liebste Stück seiner Industriesammlung abzugeben: „Es gibt keine Kontakte, die die Unabhängigkeit des Unternehmens gefährden könnten."
Höhepunkt des Tages war dann die Premiere der neuen Limousine. Allen Gästen war bereits beim ersten Anblick klar, daß dieser neue BMW eher auf Komfort-Käufer als auf sportliche Fahrer zugeschnitten war. Im wesentlichen entsprach der BMW 3,0 S den bisherigen Sechszylindern, und die zahlreichen Verbesserungen kamen hauptsächlich der hinteren Wagenhälfte zugute. So war der Fond unter anderem mit Nackenstützen und Leselampen feudaler ausgestattet. An der hinteren Dachkante verschwanden die Luftaustritts-Schlitze, die so sehr an frühere Ford-Modelle erinnerten.
Außerdem war die Dachstrebe etwas zurückgezogen, so daß die Heckscheibe leicht nach innen versetzt lag. Dadurch erreichten die Konstrukteure ohne Änderung des Radstands bessere Einstiegsmöglichkeiten durch die hinteren Türen. Aus der

Auf dem Fahrwerk des BMW-Glas 3000 V 8 baute der italienische Designer Pietro Frua dieses zweisitzige Coupé als Einzelstück. Premiere: September 1967

Im Auftrag von Henry M. Beissner aus Houston (Texas) baute Frua dieses „2800 GTS"-Coupé als Einzelstück. Der 4700 mm-lange Wagen basiert auf dem 2800 CS und kostete 37.000 Mark. Debüt: September 1969

weicheren Federung und dem höheren Fahrkomfort schloß die „Auto-Zeitung" auf einen neuen Trend im Hause BMW: „Ganz ohne Zweifel zielt BMW mit diesem Wagen wieder in die große Repräsentationsklasse."
Tatsächlich hatten die Münchener Marktforscher im Laufe der letzten Zeit festgestellt, daß es Käufer großer Wagen weniger zum sportlichen als zum leistungsfähigen, aber komfortablen Fahrzeug hinzog. Marketing-Stratege Bernd Klein hatte aus der

Zulassungs-Statistik gelesen: Aufsteiger unter den gutbetuchten BMW-Kunden griffen wieder zum Stuttgarter Stern. Die 2500/2800-Serie war ihnen also nicht bequem – und oft mechanisch nicht zuverlässig – genug gewesen. Diese Erkenntnis kam dem Neuling direkt zugute.

Äußerlich unterschied sich der BMW 3,0 S von den bisherigen Sechszylindern durch einen schwarz abgedeckten Kühlergrill, dickere Chromeinrahmungen der Fenster, einer rundumlaufenden Scheuerleiste und größeren, aber weniger protzigen Heckleuchten.

Wie das schon in Genf gezeigte Coupé besaß auch die Limousine den 2986 ccm-Vergasermotor und innenbelüftete Scheibenbremsen. Größten Wert legte Chefingenieur Osswald auf Details: So verfügte das neue Parademodell über neuartige Scheiben-Spritzdüsen, die mit einem Rückschlag-Ventil gegen Nachtropfen versehen waren.

Phase 2 der Neuvorstellung galt den überarbeiteten Sechszylinder-Modellen. Im August 1971 paßten die BMW-Leute aus rationellen Gründen die 2500/2800-Serie dem Äußeren der Dreiliter-Limousine an; seitliche Scheuerleisten, zweckmäßigere Heckleuchten und geänderte Luftaustritts-Schlitze. Der 2800 kostete nun 500 Mark weniger als früher, dafür fiel die serienmäßige Niveauregulierung an der Hinterachse fort.

Alle Sechszylinger-Modelle erhielten ein überarbeitetes Getriebe. Auch die Renovierung des bisherigen Automatik-Getriebes erschien notwendig. Für die neue Dreiliter-Maschine war das bisherige zu schwach. Ehe die englische Firma Borg-Warner allerdings eine passende Automatik lieferte, verging der November. Mit den neuen automatischen Getrieben wurden die BMW-Techniker allerdings in den folgenden Jahren auch nicht glücklich. Das Borg-Warner-Getriebe war eher auf US-Wagen ausgelegt und schaltete die Stufen ziemlich abrupt hinauf, was wiederum dann Ursache für kleinere und größere Defekte war. Das Problem lag für BMW in der Stückzahl: Man benötigte zu wenig, als daß eine Getriebefirma extra für die bayerischen Triebwerke eine passende Automatik schuf.

Gründlich renoviert und erweitert hatten die Münchener Autobauer das Angebot in der kleinen Klasse, die immerhin mit einem Preis von 9.990 Mark begann. Nach fünfjähriger Bauzeit wurde 1971 der 1600-2 zum 1602 und erhielt neben etlichen Detailänderungen im Innenraum eine schwarze Scheuerleiste als äußeres Zeichen der Aufwertung. Neu aus dem Baukasten-Regal kam der BMW 1802 hinzu. Er schloß die Lücke zwischen dem 1602 und dem 2002 und trug im Gewand des 1602 die Maschine des 1800. Aus dem 2002 ti wurde der 2002 tii mit der 130 PS-Einspritzmaschine, wie sie der Touring schon seit Januar unterm Blech barg. Der Touring war von nun an neben der 130 PS-Version auch mit 85-, 90- oder 100 PS-Maschinen zu haben.

„Wir reizen den Sechszylinder aus", hatte Hahnemann im Frühjahr versprochen und was er damit meinte, reifte im Herbst: Die Dreiliter-Maschine mit Benzineinspritzung, die nun 200 PS abgab und als „Si" in der Limousine und als „CSi" im Coupé zu haben war. Schon im Sommer 1970 hatte Motorkonstrukteur Alexander von Falkenhausen einige US-Journalisten bei einer Probevorführung mit der außergewöhnlichen Elastizität und Kraft verblüfft, sie dann allerdings im Unklaren gelassen, um welche Maschine es sich handelte.

Im Gegensatz zum tii-Motor, der eine Kugelfischer-Einspritzanlage besaß, verwendete BMW beim Sechszylinder eine elektronische Benzineinspritzung von Bosch, die schon früher von Volkswagen und Mercedes in verschiedenen Modellen verwendet wurde.

Mit dem stärksten Motor rutschte der Preis der Limousine nun weit in die 20.000,– und der Preis des Coupés dicht an die 30.000 Mark-Grenze heran.

Aus zwei Grundmotoren und fünf verschiedenen Karosserien mixte von Kuenheim ein Modellprogramm von 17 Typen zusammen. Mit diesem Lieferprogramm, dem umfangreichsten in der Geschichte von BMW, wollten die Bayern mehr Marktanteile erobern und die Tagesproduktion bis auf 1.200 Einheiten hinaufschrauben.

Das BMW-Baukasten-System 1971

Grundmotor	Motor	Limousine 2-türig	Limousine „Touring"	Limousine 4-türig	Große Limousine	Coupé
4-Zyl.	1573 ccm, 85 PS	1602	Touring 1600	–	–	–
	1766 ccm, 90 PS	1802	Touring 1800	1800	–	–
	1990 ccm, 100 PS	2002	Touring 2000	2000	–	–
	1990 ccm, 130 PS	2002 tii	Touring 2000 tii	2000 tii	–	–
6-Zyl.	2494 ccm, 150 PS	–	–	–	2500	–
	2788 ccm, 170 PS	–	–	–	2800	–
	2986 ccm, 180 PS	–	–	–	3,0 S	3,0 CS
	2986 ccm, 200 PS	–	–	–	3,0 Si	3,0 CSi

Neue Fabrik: Von Ungarn gebaut

Wichtiger Faktor, dieses Ziel zu erreichen, war der Aufbau eines neuen Zweigwerks. Denn das Stammwerk hatte in München-Milbertshofen kaum Möglichkeiten zur Erweiterung. Für die neuen Projekte hatten die Aktionäre schon im Juni 1971 ganze 50 Millionen Mark aus einer Kapitalerhöhung bereitgestellt. Und der Aufsichtsrat beschloß kurz darauf, das kleine Zweigwerk in Landshut zu einem großen Komplex auszubauen.

Gar nicht damit einverstanden war Karl Dompert, ehemals Chefkonstrukteur von Glas und nach der Übernahme durch BMW zum Betriebsleiter des Werks Dingolfing aufgestiegen. Das ehemalige Glas-Werk galt als veraltet und hätte im Falle eines

Ausbaus des Werks Landshut kaum noch eine Existenzberechtigung gehabt. Zum Schaden der ländlichen Bevölkerung, die in jenem Landstrich stark von diesem Werk abhing. Dompert war deshalb der Meinung: „Der Beschluß des Aufsichtsrats ist falsch."
Geschäftig reiste er in jenen Tagen zwischen Dingolfing und der Kreisstadt Landshut hin und her, besorgte sich von den Behörden strukturelle Daten über die Bevölkerung und ihre Arbeitsmöglichkeiten in Niederbayern. Daraus erstellte er in mühevoller Kleinarbeit Statistiken und Schaubilder. Mit einer kompletten Studie, daß der Ausbau des Werks Dingolfing sowohl für BMW wie auch für Niederbayern besser sei, reiste er dann nach München. Den Vorstandsmitgliedern sagte er, daß er mit allen ihm zur Verfügung stehenden Mitteln gegen den Beschluß des Aufsichtsrats vorgehen werde. Worauf ihm Wilhelm Gieschen, Vorstandsmitglied für Produktion, düstere Zukunft prophezeite: „Das wird Ihr Ende bei BMW sein."
Im Grunde hielt nur einer aus dem Vorstand zu dem couragierten Einzelgänger Dompert: Verkaufschef Hahnemann. Auf Bitten Domperts berief Hahnemann eine Aufsichtsratssitzung im Konferenzraum des Dingolfinger Werks ein.
Hier erläuterte Dompert dann ausführlich, was für den Ausbau des alten Glas-Werks sprach; und er hatte Erfolg. Der Aufsichtsrat revidierte seinen Beschluß und stimmte dafür, nicht nur das Glas-Werk auszubauen, sondern auf den Wiesen um Dingolfing eine komplett neue Autofabrik zu errichten.
Da die Baupreise hoch und Gegengeschäfte im Inland rar waren, verwirklichte BMW die neuen Pläne unter anderen mit ausländischen Baufirmen. So kam auch ein staatliches Bau-Unternehmen aus Ungarn mit Mann und Material gen Dingolfing und ließ sich dafür mit BMW-Autos entlohnen.
Die Zielprojektion: Auf dem 600.000 Quadratmeter großen Gelände sollten ab Herbst 1973 ausschließlich BMW's Sechszylinder vom Band rollen. Bis Ende 1977 würden dann insgesamt 4500 neue Arbeitsplätze im Werk Dingolfing geschaffen sein.

Hahnemanns Sturz

Außerplanmäßig reisten Herbert Quandt und Aufsichtsrat Hermann Karoli an die Isar, um den langjährigen Produktionschef Wilhelm Gieschen zu verabschieden. Er erreichte im Oktober 1971 die Pensionsgrenze und übergab den Vorstandsposten an Hans Koch (41); ein Ingenieur, der von Ford-Köln über die Stoßdämpfer-Fabrik Boge nun bei BMW zum stellvertretenden Vorstandsmitglied aufstieg.
Weniger festlich, aber umso überraschender kam der Abschied von Paul Gustav Hahnemann. Am 28. Oktober, wenige Tage vor seinem 59. Geburtstag, bat Kuenheims Vize um sofortige Entlassung. Wie ein Lauffeuer verbreitete sich die Nachricht in den zum Feierabend richtenden Werkshallen. Die Gründe für das Ausscheiden des Mannes, der auf den Monat genau seit einem Jahrzehnt in Milbertshofen als Verkaufschef regierte, lagen nicht nur in geschäftlichen Differenzen. Seit Eberhard von Kuenheim den Chefsessel erklommen hatte, gab es zwischen dem ruhigen Ostpreußen und dem temperamentvollen Straßburger keine Harmonie. Dem von Hahnemann ironisch gemeinten Satz „Wir werden nochmal eine richtige Firma",

stellte von Kuenheim den Leitsatz entgegen: „Das Unternehmen muß endlich aus dem Stadium der genialen Improvisation heraus." Der Techniker Kuenheim schwor auf Teamgeist im Vorstand, während Kaufmann Hahnemann einen legeren Führungsstil eigener Machart bevorzugte. Seine früheren Vorgesetzten Sonne und Wilcke duldeten das eigenwillige Temperament und übersahen tolerant, daß sich Hahnemann in der Öffentlichkeit als heimlicher BMW-Chef aufspielte. Von Kuenheim mochte sich aber die Zügel nicht aus der Hand nehmen lassen.

Zu den grundverschiedenen Wesensarten kamen Mitte 1971 noch harte sachliche Auseinandersetzungen. In jenen Monaten suchte nämlich die im holländischen Eindhoven ansässige Van Doornes Automobilfabrik (DAF) einen Käufer. Die Hersteller von Kleinwagen mit der Variomatic-Riemenautomatik waren nämlich in die roten Zahlen gerutscht und suchten nach einem starken Partner. Hahnemann plante die holländische Fabrik aufkaufen und dort einen kleinen BMW-Wagen bauen. Der Chefverkäufer wollte – nachdem der Aufkauf von Glas so gut verdaut war – die rigorose Expansion, während von Kuenheim den vorsichtigen, stufenweisen Aufbau anstrebte. Im Hinblick auf die Pläne Hahnemanns zitierte der neue Generaldirektor von Kuenheim gerne den Vorstandssprecher der Deutschen Bank, Franz Ulrich, der in diesen Monaten warnte, daß in speziellen Konjunkturlagen Boom-Experten eine Gefahr für jedes Unternehmen sein könnten. Als Hahnemann im Alleingang dann schon einige Weichen für den DAF-Aufkauf gestellt hatte, reagierte von Kuenheim Anfang Oktober 1971 mit einem harten Schritt: Er stellte Großaktionär Quandt vor die Wahl, zwischen ihm und Hahnemann zu entscheiden.

Im Günther-Quandt-Haus in Bad Homburg tagte daraufhin das Präsidium des Aufsichtsrats und nahm den Chefverkäufer hart ins Verhör. Zwei Stunden später verließ Hahnemann das Haus als Verlierer. Währenddessen bemühte sich der Aufsichtsrat weiterhin, die zerstrittenen Parteien umzustimmen. Im Zimmer des Betriebsrats konferierte an diesem Abend Kurt Golda mit den Aufsichtsratsmitgliedern Dr. Hans Peter (Vertreter der bayerischen Landesregierung) und Dr. Rudolf Draeger (Vertreter der Quandt-Gruppe). Zuvor hatten die Aufsichtsräte den BMW-Vorstandschef gebeten, doch weiterhin mit Hahnemann zusammenzuarbeiten. Man wollte bis zur endgültigen Bekanntgabe des Ausscheidens 24 Stunden Zeit gewinnen, um einen neuen Vermittlungsversuch zu ermöglichen. Und von Kuenheim – so schien es Betriebsratschef Kurt Golda – wäre nach dem ersten Gespräch fast noch bereit gewesen, einzulenken. Aber mitten in der Wartezeit – gegen 22 Uhr – erhielten alle Konferenzteilnehmer die ersten Exemplare der Zeitungen vom nächsten Tag. Und darin stand zu lesen, daß Hahnemann bei BMW ausschied. Daraufhin gab es auch kein zurück mehr.

Finanziell wurde der Verkaufschef abgefunden; zwei Jahr lang, so wollte die Zeitschrift „Capital" wissen, sollte er noch das derzeitige Salär (schätzungsweise 500.000 Mark) kassieren.

Dem Kündigungsschreiben gab der Aufsichtsrat in einer eilig einberufenen außerordentlichen Sitzung statt, obwohl man für den Hahnemann-Posten noch keinen Nachfolger hatte.

Daß sich der agile Verkäufer zur Ruhe gesetzt hätte, mochte keiner recht glauben, und so wucherten bald darauf Gerüchte: Hahnemann würde Chef bei Audi-NSU. Die Deutsche Bank habe ihn in ihren Vorstand berufen, und Hahnemann baue für die japanische Toyota-Automobilfabrik eine deutsche Vertriebsorganisation auf. Richtig war nur, daß Bundesverkehrsminister Georg Leber einige Monate später den

Ruheständler zum Bundesbahn-Präsidenten küren wollte. Für alle eine groteske Vorstellung: Hahnemann winkte ab.
Knapp zwei Monate lang blieb Hahnemann's Stuhl in München leer. Dann fand von Kuenheim in dem Opel-Verkaufs-Vorstand Robert A. Lutz (39) den geeigneten Mann für BMW. Den ehemaligen Düsenjäger-Piloten reizte die neue Aufgabe in München derart, daß die Zeitschrift Capital vom „schnellsten Stellungswechsel des Jahres 1971" sprach. Am 30. Dezember um neun Uhr bat Lutz den Opel-Chef Alexander Cunningham um Abschied. Schon um 16 Uhr verließ er die Vorstands-Etage in Rüsselsheim, um am 2. Januar 1972 in Milbertshofen einzuziehen: Kein Wunder, denn hier bezog er fast das Doppelte seines bisherigen Einkommens. Erste Handlung des Motorrad-Fans war es, sein japanisches Honda-Motorrad gegen eine R 75 einzutauschen.

Riemen-Triebe

Wenn auch vom Krach um die DAF-Übernahme in Zusammenhang mit dem Sturz Hahnemanns nichts an die Öffentlichkeit drang: von den Plänen drang etwas an die Oberfläche. Die „Frankfurter Rundschau" meldete im November 1971, daß eine Cooperation zwischen BMW und DAF geplant sei. Es habe sogar eine Vorprüfung der Vorstände beider Firmen stattgefunden und innerhalb der nächsten Monate sollten die Händlernetze in Europa zusammengelegt werden.
Doch das war mit Hahnemanns Ausscheiden schon zu den Akten gelegt worden- Übrig blieb nur noch das Interesse der DAF-Techniker am Kauf von BMW-Motoren. Einige Herren mit holländischem Akzent schlenderten deswegen im November durchs Werk und schauten sich interessiert die Motorenfertigung an. Für eine Mittelklasse-Neukonstruktion wünschten sich die Holländer das 1,6 Liter-BMW-Triebwerk, dessen 85 PS dann über das vollautomatische Keilriemen-Getriebe an die Antriebsräder gelangen sollte. Umgekehrt zeigte BMW noch Interesse an der Lieferung solcher automatischer Getriebe, bei denen kaum ein Kraftverlust eintrat.
Die Praxis sah für beide Seiten nüchterner aus: Nachdem ein BMW 1600 mit der Variomatic ausgestattet war, zeigten die ersten Probefahrten im Werk, daß die Riemen-Automatik der Kraft des 1,6 Liters nicht standhielt. Selbst alle Versuche, die PS des bayerischen Vierzylinders zu drosseln, halfen nichts; der Riemen riß nach kurzer Fahrstrecke.
Die Holländer verabschiedeten sich schließlich mit dem Trost, es werde auch einmal ein DAF-Mittelklassemodell mit Schaltgetriebe geben – und dann möchte man noch einmal auf BMW-Motoren zurückkommen.
DAF brachte kurze Zeit nach diesen Kontakten den DAF 66 mit einem 1,3 Liter-Renault-Motor auf den Markt und wurde einige Jahre später von der schwedischen Autofabrik Volvo übernommen.
Um einer abgasfreien Zukunft entgegensehen zu können, erprobten die BMW-Techniker seit nunmehr drei Jahren die Elektrizität als Kraftquelle im Auto. In Zusammenarbeit mit der Quandt-eigenen Elektrofirma Varta hatte BMW zwei 1602-Modelle zu Elektromobilen umgebaut. Wo normalerweise der Motor saß, lag ein 350 Kilogramm schwerer Batteriesatz, der durch die Steckdose im Kühlergrill

aufgeladen wurde. Anstelle des üblichen Schaltgetriebes wirkte ein Elektromotor mit Kühlgebläse. Über ein Zwischengetriebe und eine verkürzte Kardanwelle kam die Antriebskraft an die Hinterräder. Statt des Tanks und des Auspufftopfs versteckte sich unter dem Kofferraum-Boden ein elektronisches Steuergerät. So ausgerüstet, wollte BMW die beiden umweltfreundlichen Autos als „einen der ersten Schritte zur Entwicklung von verkehrstüchtigen Elektrofahrzeugen betrachtet" wissen. Von Null auf 50 km/h beschleunigten sie in acht Sekunden und liefen eine Spitze von 100 km/h. Bei gleichmäßiger Fahrt mit 50 km/h sollten sie mit einer Batterie-Ladung rund 50 Kilometer weit kommen.
Die beiden – eigentlich nicht für einen öffentlichen Auftritt bestimmten – Versuchswagen fanden zu unverhoffter Ehre, als das Komitee der Olympischen Sommerspiele in München einen geräuschlosen und abgasfreien Begleit- und Kamerawagen für den Marathonlauf suchte: Nachdem bereits am 11. und 12. September 1971 die geheime Generalprobe des olympischen Laufes in Begleitung der Elektromobile zur vollsten Zufriedenheit abgespult war, stellte BMW seine Olympia-Kandidaten im Dezember 1971 auch der Öffentlichkeit vor.

„Stimmung ausgezeichnet"

Zum Jahresende 1971 zog man wieder Bilanz: Die Konjunktur hatte sich im Laufe des Jahres leicht abgeschwächt und besonders im letzten Quartal hielten sich die Käufer zurück. Hinzu kam ein Metallarbeiter-Streik in Baden-Württemberg, der im Dezember auch BMW dazu zwang, wegen fehlender Zulieferteile die Bänder sieben Tage lang zu stoppen. So stieg die Produktion nur um 2,2 Prozent auf 164.697 Autos. Umsatzmäßig verzeichnete von Kuenheim höhere Zuwachsraten, denn allein der Verkauf der Dreiliter-Modelle brachte mehr Geld in die Kassen.
Übertroffen wurde dies alles vom Motorradbau, der um 52,8 Prozent gegenüber dem Vorjahr hochschnellte. Glaubten die Bayern 1970 noch an eine Schallgrenze von 12.000 Motorrädern pro Jahr, so hatte man 1971 bereits 18.722 Stück gebaut. Motorrad-Spezialist Helmut Werner Bönsch rechnete für 1972 gar mit 23.000 Einheiten, gab aber zu, daß dann die Kapazitätsgrenze des Zweigwerks Berlin-Spandau erreicht wäre. Weitere Vergrößerungen würden überproportionale Kosten nach sich ziehen. Auch die Entwicklung der vor allem von amerikanischen Kunden geforderten 1000- oder 1200 ccm-Maschinen sei an den unverhältnismäßig hohen Ausgaben gescheitert.
Ebenfalls von Kosten – allerdings in anderem Zusammenhang – sprach Bundeskanzler Willy Brandt im März 1972, als er einen ganzen Tag lang die Bayerischen Motoren-Werke besuchte. Vor 15.000 Belegschaftsmitgliedern legte er seine Ansichten von Wirtschaft und Politik dar und bewunderte danach das neue BMW-Verwaltungsgebäude, das in Kürze direkt neben dem Olympia-Gelände fertiggestellt wurde. Kommentierte die Münchener „Abendzeitung" den Besuch: „Der Beifall war stark und die Stimmung ausgezeichnet."
Als Geschenk erhielt der hohe Gast einen BMW-Touring, den Brandt der gemeinnützigen Aktion „Sorgenkind" übergab. In diesem Zusammenhang meinte Betriebsratsvorsitzender Kurt Golda zum Kanzler, die Bundesregierung solle doch mehr

Auf der mechanischen Basis des 2002 ti und mit dem Armaturenbrett des 2500 baute Pietro Frua das Einzelstück „2002 GT-4", das im März 1970 der Öffentlichkeit vorgestellt wurde

„Coupé Speciale Frua"; azur-metallic-farbenes Einzelstück von Pietro Frua auf der auf 2,62 Meter verkürzten Bodengruppe des 3,0 Si. Die 4,75 Meter lange Sonderkarosserie feierte in Genf 1972 Weltpremiere

BMW-Wagen fahren als bisher. Daraufhin lachte Brandt und versicherte den Münchener Autos seine Verbundenheit: „Meine Frau fährt mich immer in einem weiß-blauen Auto."

BMWs größter Vierzylinder

Das neue Verwaltungsgebäude, das Brandt besichtigte, war bereits seit 1968 geplant. Damals schrieb BMW unter sieben Architekten einen Entwurfswettbewerb aus. Die Jury hatte seinerzeit kein eindeutiges Votum abgegeben und gleichrangig neben die sehr eigenwillige Arbeit von Professor Karl Schwanzer (Wien) einen Entwurf gesetzt, der als Verwaltungsgebäude eine lange schmale Hochhausscheibe vorsah. Daß schließlich die originellere Lösung gewählt wurde, setzte Hahnemann gegen alle Widerstände im Vorstand durch. Er war von dem im Filmgelände München-Geiselgasteig im Maßstab 1 : 1 aufgebauten Funktionsmodell begeistert. An dieser – voll eingerichteten – Attrappe eines Normalgeschosses erläuterte der Wiener Professor, daß gerade runde Räume als Team-Büros besser zu möblieren seien.
1970 begannen dann die Arbeiten im Münchener Norden: Architekt Schwanzer hatte das Verwaltungsgebäude als Hängehaus ausgelegt. Die vier Säulen standen nicht auf dem Boden, sondern hingen an einem Trägerkreuz. Beim Bau errichtete man zuerst den Beton-Kern, der den Aufzugsteil, Treppenhäuser und Sanitäranlagen enthielt. Danach montierten Arbeiter die ersten sieben Stockwerke, die hydraulische Pressen jede Woche um ein Geschoß höher zogen. Unter dem freiwerdenden Raum entstand Woche um Woche ein weiteres Stockwerk, das dann hochgezogen wurde. Zwei Hubtakte höher erhielten die Geschosse Fassade und Verglasung. Innerhalb von zweieinhalb Jahren wuchs damit das 100 Meter hohe Gebäude, dessen äußere Hülle aus – in Japan entwickeltem – Aluminium-Guß ist. 2000 Angestellte finden in den Großraum-Büros Arbeitsplätze. Nur im 22. Stockwerk – der Vorstands-Etage – gibt es Einzelbüros. Acht Aufzüge, die 100 Meter Höhe in 24 Sekunden bewältigen, sorgen innerhalb des Hauses für schnellen Transport. 15 Monate nach dem Kanzlerbesuch bei BMW, am 18. Juni 1973, weihte man in Milbertshofen den „Vierzylinder" ein.
Kurz darauf erhielten Architekt und Bauherr für den ungewöhnlichen Gebäude-Komplex den Preis des Bundes Deutscher Architekten in Bayern. Als Teilstück des Verwaltungsgebäudes öffnete im Juni 1973 auch das BMW-Museum seine Pforten. Ein Rundbau, der sich tassenförmig nach oben verbreitert. Die steil ansteigende Rolltreppe im Innern führt die Besucher zur obersten Plattform. Hier erleben sie eine 360 Grad-Multivisionsschau, die in Bild und Ton auf das Rund am oberen Rand der Schale projiziert wird. Mit 41 Metern Durchmessern war dies zu jener Zeit die größte Panorama-Projektion der Welt. Von der obersten Plattform aus werden die Besucher in sanften Serpentinen von Plattform zu Plattform geleitet, wo jeweils die Meilensteine der BMW-Geschichte nachvollzogen sind. Angefangen von einem V-6-Flugmotor von 1918 bis hin zum Bertone 3200 CS umfaßte die Sammlung schon kurz nach der Einweihung 32 Autos, sechs Flugmotoren und 14 historische Motorräder.

Das Verwaltungsgebäude prägte ab 1972 die Silhouette von München. Nach den vier runden Gebäude-Teilen hieß das Hochhaus: der Vierzylinder. Davor das tassenförmige Museum

Späte Sportrenaissance

Nach dem einsamen Entschluß von Verkaufschef Hahnemann, daß BMW nicht mehr an Motorsportereignissen teilnehmen dürfe, hatten bald die schnellen Ford Capri RS das Sagen auf den Rennpisten. Das wiederum wurmte in München viele Experten. So keimte bald wieder Motorsport-Aktivität, die allerdings besonders beschwerlich war; denn es galt nun, Rückstand aufzuholen. Die von Haus aus sportlichen Motoren erlaubten zwar ausreichende Leistungssteigerung, jedoch erwies sich das viersitzige BMW-Coupé auf der Rennpiste als zu schwer. Während nämlich die Ford Capri RS nur 930 Kilogramm Gewicht an den Start brachten, hatte der etwa gleichstarke Motor im CS-Coupé 1380 Kilogramm zu schleppen.

Um den Anschluß nicht ganz zu verpassen, hatten sich die BMW-Leute schon im September 1970 entschlossen, ein abgemagertes CS-Coupé zu bauen. Die Tuning-Firma Alpina arbeitete einen mehr als 20 Punkte umfassenden Plan aus, der eine Gewichtsersparnis von rund 200 Kilogramm vorsah. Hauben und Türen des Leicht-Coupés waren aus Aluminium gefertigt und abgesehen von der Front- und den Kurbelfenstern erhielt das Coupé Plexiglas-Scheiben.

Die vordere Stoßstange fehlte, die hintere präsentierte sich aus mattschwarz lackiertem Kunststoff. Die soliden, schweren Sitze wichen ganz leichten Schalensitzen, und die elektrischen Fensterheber machten schlichten Haltestäben Platz. Schwerer als beim Original fiel allerdings das Fahrwerk aus, da hier etliche Teile verstärkt wurden.

Zum Genfer Autosalon 1971 feierte dann das mit dem brandneuen Dreiliter-Motor versehene Leichtbau-Coupé als „BMW 3,0 CSL" Premiere. Allzugerne hätten die Münchener dem Neuling auch schon den Dreiliter-Einspritzmotor mit 200 PS eingebaut. Doch Schwierigkeiten mit dem TÜV erlaubten vorerst nur die Verwendung des Vergasermotors, der 180 PS leistete.

Nach den Regeln des Internationalen Automobil-Verbandes (FIA) muß ein Werk jedoch zuerst 1.000 identische Exemplare eines Typs auf die Räder stellen, um für dieses Modell die Anerkennung (Homologation) als Tourenwagen zu bekommen. Und diese 1.000 Wagen müssen allesamt so leicht sein wie das geplante Renn-Exemplar.

Der Beschluß, 1.000 abgemagerte Coupés zu bauen, war bereits gefaßt, ein 30-Millionen-Etat für diesen Zweck genehmigt. Die Karosserie-Firma Karmann in Osnabrück sollte die Sport-Coupés bauen und über das Händlernetz dann die 215 km/h schnellen Wagen für den Selbstkostenpreis von 31.950,– Mark an den Mann bringen. Voller Optimismus rechnete die BMW-Sportabteilung noch im Mai 1971 damit, daß – trotz enger Kapazität bei Karmann – die 1.000 Autos im August verkauft seien.

Doch die Käufer zogen nicht mit. Ihnen war der CSL zu teuer und in den Fahrleistungen bei Wettbewerben immer noch nicht schnell genug. So verkaufte BMW innerhalb eines Jahres nur rund 650 dieser Leichtbau-Fahrzeuge und erreichte damit die Homologationsgrenze der FIA nicht.

Mit dem Eintritt des neuen Verkaufschefs, Robert A. Lutz, änderten sich auch BMW's Sportpläne. Statt des bisherigen Verteilens des Sport-Budgets an einzelne Tuningfirmen wollten die Münchener wieder selbst an den Rennstrecken antreten.

Schon wenige Tage nach seinem Amtsantritt verhandelte Lutz mit dem Mann, der die Kölner Capri-Streitmacht aufgebaut hatte; mit Jochen Neerpasch. Der 33jährige Krefelder hatte nach einer steilen Rennfahrer-Karriere den Ford-Capri zum erfolgreichsten Tourenwagen jener Zeit entwickelt.

Beim BMW avancierte Ford-Rennleiter Neerpasch am 1. Mai 1972 zum Geschäftsführer der neugegründeten „BMW-Motorsport GmbH", einer absolut selbständig arbeitenden Tochtergesellschaft. Auf dem vom Werk abgetrennten Gelände der ehemaligen Gebrauchtwagen-Abteilung entstand eine der modernsten Tuning-Werkstätten Europas. Von hier aus sollten zentral BMW's Motorsport-Aktivitäten ausgehen, von hier aus aber auch den aktiven Motorsportlern in der BMW-Gemeinde ein lückenloser Renn-Service geboten werden.

Die Waffe, mit der Neerpasch gegen die Capri-Streitmacht künftig antreten mußte, war der 3,0 CSL. Unter der Regie des neuen Motorsport-Chefs erhielt das Leichtbau-Coupé den Dreiliter-Einspritzmotor mit 200 PS. Mit einem auf 1165 Kilogramm gesenkten Leergewicht beschleunigte es in nur 6,9 Sekunden von 0 auf 100 km/h und erreichte eine Spitze von 222 km/h. Von seinem weniger erfolgreichen Vorgänger hob sich CSL mit Einspritzmotor durch blaue Seitenstreifen oberhalb des seitlichen Blechknicks ab. Und wiederum hoffte man, 1.000 Stück verkaufen zu können, um die Homologationsgrenze zu überspringen. Der BMW-Rennchef gab sich optimistisch.

„Die Nachfrage nach diesem Auto", so vertraute er im September 1972 der „Frankfurter Rundschau" an, „ist so stark, daß wir weit über die verlangten 1.000 Wagen hinauskommen werden."
Um für die Renn-Saison 1973 auch fahrerisch gut gerüstet zu sein, verpflichtete Neerpasch Hans Stuck jr., den 21jährigen Sprößling des einst weltbesten Bergfahrers. Stuck junior fuhr bisher für Ford recht erfolgreich, sollte jedoch künftig mit dem CSL den Capris Paroli bieten.

Autos gerecht verteilen

Großes Lob erhielt BMW im Juli 1972 aus Frankreich. Dort hatte die Auto-Zeitschrift „L'Auto-Journal" nach umfangreichen Tests die beste Luxus-Limousine Europas ermittelt. Den Titel erhielt – noch vor dem Mercedes 280 SE 3,5 – der BMW 3,0 Si. Besonders Motor, Knüppelschaltung und Hinterachse brachten dem „Si" die Sympathie der französischen Auto-Experten ein.
Auch die Kundschaft wußte die Qualitäten der Dreiliter-Wagen zu schätzen. Seit ihrem Erscheinen im Mai 1971 waren sie die gefragtesten Modell der Sechszylinder-Reihe, und 1972 baute BMW mehr 3,0 S/Si als 2500/2800 zusammen.
„In unseren Produkten und in unserer Bilanz streben wir in den nächsten Jahren eine aktive Sicherheit an", verkündete Vorstandsvorsitzender von Kuenheim am 7. Juli 1972 seinen Aktionären. Es war eine betont ruhige und mäßig besuchte Hauptversammlung, was nicht zuletzt damit zusammenhing, daß zahlreiche Aktionärssprecher sich für die zur gleichen Zeit stattfindende Hauptversammlung des Volkswagenwerkes entschieden hatten. Von Kuenheim legte fürs Jahr 1971 Rechenschaft ab: Der Umsatz war weiter gestiegen, die Gewinne jedoch gesunken. Grund zur Besorgnis gab es deshalb nicht; die Finanzierung neuer Investitionen sei nicht nur bis 1972 „absolut gesichert".
Bei den Sechszylinder-Wagen werde sich der Käufer auch künftig ein paar Wochen auf sein neues Auto freuen müssen, denn noch wäre nicht abzusehen, wann die mehrmonatigen Lieferfristen abgebaut werden könnten. Vor allem im Export, so erklärte der Vorstand den Aktionären, werde teilweise nicht mehr verkauft, sondern „so gerecht wie möglich verteilt". Selbst wenn im niederbayerischen Dingolfing ab 1973 rund 150 Fahrzeuge pro Tag gebaut würden und BMW damit täglich über 1.000 Autos ausliefere, werde die Produktion nicht ausreichen um die Nachfrage zu decken, versprach Verkaufschef Lutz. BMW hatte sich wieder einmal „atypisch" (von Kuenheim) verhalten, denn während fast die gesamte deutsche Auto-Industrie ein leichtes Minus verzeichnete, hatte BMW 1971 mit 164.701 Automobilen 2,2 Prozent mehr produziert als im Vorjahr. Vor allem der 3,0 S und der 1802 erfreuten sich großer Beliebtheit, ganz im Gegensatz zu den Touring-Modellen.
In jedem Falle, so ergänzte von Kuenheim, seien jetzt die Grundlagen gelegt, daß in den nächsten zehn Jahren nicht mehr über die Selbständigkeit bei BMW geschrieben werden müsse.
Zum letzten Male leitete Aufsichtsratsvorsitzender Dr. Hermann Karoli diese Hauptversammlung. Wegen Arbeitsüberlastung und aus gesundheitlichen Gründen zog er sich bei BMW zurück. An seine Stelle trat der Vertraute von Herbert Quandt,

Rolf Draeger. Um den Aufsichtsrat zahlenmäßig auf den bisherigen Stand zu bringen, wurde ein Mann gewählt, der mit BMW bestens vertraut war: Gerhard Wilcke. Schon Anfang der sechziger Jahre saß er einmal im Aufsichtsrat und residierte später als Generaldirektor in der Lerchenauer Straße.

Wankel-mütig

Der neue Mann an der Spitze des Aufsichtsrats brachte allerdings auch neue Ideen mit: Warum, so schrieb er damals an den Vorstand, habe BMW bisher noch keine Lizenz zum Bau des Kreiskolbenmotors erworben? „Jetzt kommt der Durchbruch des Wankel-Motors, und wir haben nichts", schrieb Rolf Draeger vorwurfsvoll.
Tatsächlich lebten die Techniker der Welt damals in einer Wankelmotor-Euphorie. Die Erfindung von Felix Wankel – von NSU zur Serienreife gebracht – schien zukunftsweisend und dem bisherigen Hubkolbenmotor ebenbürtig. Zwischen 1958 und 1971 schlossen 19 Firmen der Welt Lizenzverträge ab und zahlten Millionenbeträge, um Wankelmotoren bauen zu dürfen; darunter so renommierte Automarken wie Rolls-Royce, Daimler-Benz und Porsche. Als im November 1971 sogar der Welt größter Autokonzern, General Motors, eine Wankel-Lizenz in Neckarsulm beantragte, schien der Durchbruch des Kreiskolbenmotors endgültig geschafft. Umso mehr sorgte sich der Aufsichtsrat, daß BMW auf der Liste der Lizenznehmer fehlte.
Aber die Techniker in der Lerchenauer Straße hatten durchaus Gründe, den Wankel-Motor abzulehnen. Schon während des Krieges hatte Felix Wankel bei BMW recht erfolglos an Dichtungsproblemen für Drehkolbenmotore (damals vorgesehen für Flugmotoren) herumexperimentiert. Und aus früheren Jahren bei Ford-Köln wußte Entwicklungschef Bernhard Osswald von den Nachteilen der neuen Motorenart. Zumindest im Autobau setzte er damals weiterhin auf die bewährten Sechszylinder und war sich darin mit den Motorenkonstrukteuren des Hauses einig. Im Motorradbau dagegen gab es andere Überlegungen: Die Firma Fichtel & Sachs, Schweinfurt, selbst Wankel-Lizenznehmer, hatte nämlich BMW den Vorschlag unterbreitet, doch Motorräder mit Zweischeiben-Kreiskolbenmotoren auszurüsten. Hintergedanke war natürlich, Kreiskolbentriebwerke aus Schweinfurt künftig in größeren Stückzahlen an BMW zu liefern. Und Osswald zeigte großes Interesse: Bei den Detailfragen stellte sich dann allerdings heraus, daß der Einbau an den bisherigen BMW-Motorrädern zu teuer gewesen wäre. Deshalb kam man bald von dem Gedanken ab.
Eberhard von Kuenheim wollte sich den Vorwurf – eventuell einen technischen Trend verpaßt zu haben – nicht machen lassen. Zudem hatte der Aufsichtsrat Entwicklungschef Osswald wegen dieses Themas regelrecht ins Kreuzverhör genommen. Im Frühjahr 1972 vereinbarte von Kuenheim in Neckarsulm einen Termin mit Hans Kialka, Verhandlungsleiter in Sachen Wankelmotor in der Neckarsulmer Audi-NSU-AG. Zusammen mit Bernhard Osswald und Motorenkonstrukteur von Falkenhausen fuhr von Kuenheim hin.
Die Bedingungen stellte ganz und gar Audi-NSU-Mann Kialka. Er forderte von den BMW-Männern nicht nur eine große Lizenzsumme, sondern nach Serienbeginn eines bayerischen Wankelmotors auch noch Stücklizenzen. Zudem stellte Kialka weitere

Forderungen: Sollte der Wankelmotor bei BMW nach zwei Jahren nicht in Serie gehen, so hätten die Bayern Lizenzen für jene Stücke zahlen müssen, die projektiert waren. Nachdem von Kuenheim diesen Vertragspassus gelesen hatte, winkte er ab. Unverrichteter Dinge zogen die drei BMW-Männer wieder heim.

Doch damit war das Thema Wankel in München keineswegs vom Tisch: Man wollte selbst den Wankel testen. BMW hätte aber nur dann einen Wankel-getriebenen NSU Ro 80 aus Neckarsulm zu Erprobungszwecken erhalten, wenn von Kuenheim den Vertrag unterschrieben hätte. Also kauften die Bayern in der Schweiz einen anderen Wagen mit Wankelmotor; den japanischen Mazda RX-3. Seine 110 PS, so schien es den bayerischen Versuchsingenieuren, waren viel zu stark für das primitive Fahrwerk. Im Werk traute sich jedenfalls niemand, so recht Vollgas damit zu fahren. Von Falkenhausen ließ das Kreiskolben-Aggregat aus dem Mazda aus- und in einen 2002 einbauen. Dies ging allerdings erst nach größeren Umbauten, denn der Zweischeiben-Wankelmotor paßte nicht in den 2002-Motorraum, weil im unteren Teil nicht so viel Platz für ein Triebwerk mit großem Durchmesser vorhanden war.

Nach Fertigstellung bat Eberhard von Kuenheim alle Mitglieder des Vorstandes zu Vergleichsfahrten mit dem Wankel-BMW und einem normalen 2002. Dabei stellte sich heraus, daß der Kreiskolbenmotor – der im Mazda noch einen temperamentvollen Eindruck machte – die BMW-Karosse kraftloser bewegte als die Zweiliter-Hubkolbenmaschine. Zudem schluckte der Wankelmotor im BMW rund 20 Liter auf 100 Kilometer, und noch ehe die Vergleichsfahrten endeten, blieb der Kreiskolbenmotor mit einem Defekt liegen.

Dennoch kaufte Eberhard von Kuenheim dann im Sommer 1972 eine Lizenz – allerdings zu günstigeren Bedingungen. Bei BMW dachte niemand mehr ernsthaft an den Bau von Wankelmotoren. Die Lizenz diente eher zur Beruhigung des Aufsichtsrates. Verkaufschef Robert A. Lutz stufte künftig anfallende Lizenzgebühren öffentlich als „Versicherungsprämien" ein.

Ernsthafter befaßte sich Entwicklungschef Bernhard Osswald seither mit der Erforschung des Schichtlademotors – wie sie zu dieser Zeit auch Ford-Detroit betrieb. Dazu gab BMW dem Münchener Professor Huber und dessen Institut einen gut dotierten Entwicklungsauftrag. Trotz jahrelanger Versuche brachte Huber den Schichtlademotor, einen Einzylinder, aber nicht auf die von BMW erhofften Abgas-, Leistungs- und Verbrauchswerte. So ließ man das Projekt fallen.

Der May ist gekommen...

Die Abteilung Motorentwicklung in München-Milbertshofen beschäftigte sich zu dieser Zeit – im Sommer 1971 – intensiv mit einer anderen Neuheit; dem Turbolader. Hierbei treiben Abgase des Motors eine Turbine an. Auf der Welle der Abgasturbine befindet sich ein Lader-Rad(Kreisel-Gebläse), das mit etwa 100.000 Umdrehungen pro Minute läuft und den Druck der aus dem Freien angesaugten Luft erhöht. Diese Druckluft wird dem Sammler zugeführt und gelangt von hier aus durch die Einlaßventile in den Zylinder. Folge: Die Motorleistung steigt gewaltig an.

Das System an sich war nicht neu. Vor dem Krieg arbeiteten Kompressor-Triebwerke nach einem ähnlichen Prinzip. In den Sechziger Jahren verfeinerte der Schweizer

Ingenieur Michael May die Turboladung und machte damit Ford-Autos wesentlich schneller.

Der damalige BMW-Verkaufschef Hahnemann hatte 1968 von den schnellen Turbo-Fords gehört und ließ sich bald ein Exemplar vorführen. Beeindruckt vom Turbolader lockte Hahnemann den Schweizer Ingenieur, doch künftig seine Entwicklungsarbeiten in München-Milbertshofen weiterzuführen. Bei den Einstellungsgesprächen stellte sich aber heraus, daß es May in erster Linie darum ging, ein Patent am Turbolader bei BMW unterzubringen. Als die künftigen Kollegen dies ablehnten, weil es nicht nötig sei, zog Michael May verschnupft wieder heim.

Nun begann Alexander von Falkenhausen selbst mit dem Bau eines Turbo-Motors. Er bestellte sich bei der Firma Eberspächer einen Turbolader und setzte ihn auf den Motor eines 2002. Auf Anhieb leistete damit die Maschine 270 PS. An einem lauen Sommerabend startete von Falkenhausen im menschenleeren Werksgelände mit seinem 2002 Turbo die erste Probefahrt. Beim Anfahren drehten dabei jedesmal die Räder leer durch. Und als von Falkenhausen zwischen den Hallen durchbrauste und quer über ein Bahngleis raste, sprang der Wagen fast zehn Meter durch die Luft. In den folgenden Monaten schickte man den Kraftzwerg zu verschiedenen kleineren Rallies, um Ausdauer und Anfälligkeit des Turbo-Motors zu testen.

Bald stellte sich auch heraus, daß Getriebe und Hinterachse des 2002 den 270 PS nicht gewachsen waren, deshalb drosselten die Motorenkonstrukteure die Leistung bis auf 170 PS. Allein Alexander von Falkenhausen fuhr weiterhin einen 270 PS-Prototyp, der sich äußerlich von einem serienmäßigen 2002 nicht unterschied. Autobahnbenützern fiel er lediglich durch seine Spitzengeschwindigkeit von 230 km/h auf.

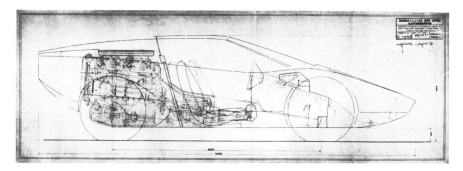

Schon 1971 hatte der Rennfahrer Hubert Hahne die Idee zu einem Sportwagen mit BMW 3-Liter-Motor. Im Auftrag von Hahne projektierte Lamborghini das Mittelmotor-Coupé

Das Hick-Hack um den Sportwagen

Wieder einmal saß der Vorstand zu einer Routinesitzung im März 1972 beisammen und diskutierte. Wichtigster Punkt der Tagesordnung: In wenigen Monaten sollte das tassen-förmige Auto-Museum eröffnet werden, und im September würden direkt vor den Werkstoren der Bayerischen Motoren-Werke die 20. Olympischen Sommerspiele gefeiert. Klar war: BMW mußte dazu etwas besonderes bieten. Fraglich war, ob bis dahin die neue Mittelklasse-Limousine, der „520" vorgestellt werden konnte. Um zu verhindern, daß dieses Auto nur des Show-Effekts wegen zu früh auf den Markt kommt, schlug Verkaufschef Lutz vor, als Glanzpunkt einen rassigen Sportwagen als Einzelstück zu bauen.

Bei dieser Gelegenheit erinnerten sich die Vorstandsmitglieder an einen Vorschlag des Rennfahrers Hubert Hahne. Nach seiner Rennfahrer-Karriere war Hahne deutscher Importeur von italienischen Lamborghini-Sportwagen geworden, aber auch dem Hause BMW als Händler verbunden geblieben. 1970 hatte Hahne dem früheren Verkaufschef Hahnemann vorgeschlagen, auf eigene Initiative und Kosten in kleiner Serie ein rassiges Mittelmotor-Coupé mit BMW-Maschine und Kunststoff-Karosserie zu bauen. Nach dem ersten unverbindlichen Okay aus München schmiedete Hahne die Kontakte. Der Ex-Rennfahrer verhandelte mit italienischen Karosserie-Designern wie dem – damals noch unbekannten – Giorgietto Giugiaro und Nuccio Bertone. Mitte 1971 hatte Bertone bereits erste Zeichnungen für ein solches Coupé fertig. Er hatte sich sogar bereit erklärt, komplette Karosserien zu liefern. Lamborghinis Chefkonstrukteur Stanzani konstruierte in Windeseile ein Chassis mit Mittelmotor und extrem leichten Gitterrohr-Rahmen – vorgesehen für mechanische Teile von BMW. Nachdem Hahne wirklich konkrete Pläne dem Chefverkäufer Hahnemann und von Kuenheim vorlegte, änderte sich die Geschäftspolitik: Hahnemann wollte nun das Projekt in eigener Regie durchführen. BMW hätte mechanische Teile – wie etwa den Dreiliter-Sechszylinder-Motor – über die Alpen geschickt und von Lamborghini komplette Sportwagen zurückbekommen. Hubert Hahne sollte als Gegenleistung in Deutschland den rassigen Zweisitzer exklusiv verkaufen dürfen.

Kurze Zeit später – im Herbst 1971 – unterschrieb Hahnemann einen Vertrag, wonach Lamborghini für BMW einen solchen Sportwagen entwickeln und in kleiner Serie fertigen würde. Als Lamborghini aber gerade zwei Chassis – bestückt mit Vierzylinder-Motoren – komplett fertiggestellt hatte, schied Hahnemann bei BMW aus. Der Vertrag wurde kurzerhand storniert. Nach Zahlung einer Abfindung schickte Lamborghini die beiden Zweiliter-Mittelmotor-Chassis im Januar 1972 nach München, wo sie einige Wochen in den Ecken der Versuchsabteilung verstaubten.

Auf der Vorstandssitzung im März erinnerte man sich dieser Vorgänge wieder und kam zu dem Schluß, nun doch ein Mittelmotor-Coupé zu realisieren – diesmal in eigener Regie. So sollten die vorhandenen Fahrwerke noch Verwendung finden. Osswald versprach den Vorstands-Kollegen, innerhalb von 14 Tagen Formskizzen vorzulegen und stürzte sich – zusammen mit dem neuen Stylisten, dem Franzosen Paul Bracq – in die Arbeit. Auch der im Zeichnen sehr talentierte Verkaufschef brachte seine Ideen zu einem Sportcoupé zu Papier. Nach den ersten Skizzen entwarfen Bracq und Osswald innerhalb von zwei Tagen die exakte Form eines futuristischen Coupés mit Flügeltüren.

Dann reiste Bernhard Osswald mit den Entwürfen im Aktenkoffer zur italienischen Karosseriefirma Giovanni Michelotti nach Turin und gab den Bau von zwei Kunststoff-Aufbauten in Auftrag. Innerhalb von nur drei Monaten lieferte der Italiener das erste Exemplar über die Alpen. In Tag- und Nachtarbeit komplettierte die Versuchsabteilung das in diamantrot mit Metalleffekt lackierte Einzelstück.

Ursprünglich war geplant, in das Traum-Coupé den 2002 tii-Motor mit 125 PS zu setzen. Im Laufe der Entwicklungsarbeit erschien dies allerdings den BMW-

Technikern zu bieder. Von einem Tag zum anderen entschied man sich für den Zweiliter-Turbomotor mit 270 PS, der im Motorversuch noch getestet wurde.
Überhaupt gedieh das Projekt zum Lieblingsobjekt des Technischen Vorstandsmitglieds. Neuartig waren nicht nur die Linien mit der hervorgehobenen BMW-Niere, auch die Front- und Heckpartie aus einer nichtplatzenden, elastischen Plastikhaut – die leichte Kollisionen ohne Schaden überstand – waren hier an einem deutschen Auto erstmals zu sehen. In diesen Front- und Heckteilen waren massive U-Träger eingeschäumt, an denen Blinker und Heckleuchten saßen. Eine Idee von Bob Lutz. Die Türpfosten setzten sich über die gesamte Wagenbreite im Dach fort und wirkten dort als massive Überrollbügel. Zur Ausrüstung gehörten ferner aufrollbare Sicherheitsgurte, die erst bei richtiger Handhabung den Stromkreis der Zündung schlossen. Das Armaturenbrett zog sich in Halbbogenform um den Fahrer herum, und der Tachometer arbeitete in flacher Kreisbogenform mit einem Lichtstrahlanzeiger. Ein Bremsabstands-Warngerät – das BMW zusammen mit der Tachometerfirma VDO entwickelte – berechnete mit Radarstrahlen nicht nur den Abstand zum Vordermann, sondern drosselte notfalls auch den Motor. Zum reichhaltigen Instrumentarium gehörte unter anderem ein Querbeschleunigungsmesser, sowie Belagverschleißkontrolle für Fuß- und Handbremse.

Auf dem verstaubten Mittelmotor-Chassis von Lamborghini aufgebaut: das „turbo-Coupé" mit Flügeltüren-Kunststoff-Karosserie, halbbogen-förmigen Armaturenbrett und Tachometer mit Lichtstrahlanzeiger

Während viele andere Autofirmen in diesen Jahren schwerfällige Sicherheitsautos zeigten, die den strengen US-Sicherheitsnormen entsprachen, wollten sich die Münchener mit ihrem leichtfüßigen und dennoch sicheren Zweisitzer bewußt abheben. Lobte das Fachblatt „Auto, Motor und Sport" das rote Coupé: „Durch seine aktive Fahrtüchtigkeit, in der man in München seit jeher die wahre Autosicherheit erblickt, ist es ein schnittiges Stück BMW-Philosophie."
Zur Premiere am 23. August 1972 im BMW-Automuseum zogen – als Marsmädchen verkleidete – bayerische Dirndl ein großes Laken weg und enthüllten das Show-Stück, das BMW damals als „rollendes Versuchslabor" angekündigte. Osswald erklärte, daß an diesem Wagen neue Sicherheits- und Komfort-Details erprobt würden. Doch sowohl Exemplar Nr. 1 wie auch das von Michelotti nachgelieferte Exemplar Nr. 2 wurden innerhalb des Werks nie ernsthaft gefahren. Der Abstandswarner fand immer

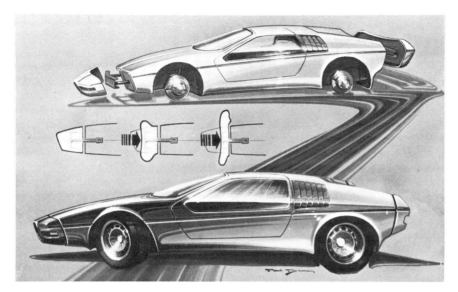

„Schnittiges Stück" – Die Front- und Heckpartie des „turbo" bestand aus elastischer Plastikhaut, in die massive U-Träger eingeschäumt waren

einen Grund zum Piepsen und Blinken, und den Versuchsfahrern war das schöne Ding viel zu schade zur rauhen Erprobung. So wurden die beiden BMW-Turbos in den folgenden Monaten in der Hauptsache auf Automobil-Ausstellungen herumgezeigt, ehe sie ihren Platz im BMW-Museum fanden.

Michelottis Coupé

Immerhin hätten die beiden eleganten Stücke sofort Käufer gefunden, die bereit waren, die Kosten von 500.000 Mark für die Einzelfertigung auf den Tisch zu blättern. Rund 110 ernsthafte Interessenten meldeten sich damals bei Verkaufschef Lutz. Überrascht davon rechneten die Münchener durch, ob sich der Serienbau dieses Sportwagens nicht doch lohne. Zum Jahreswechsel 1972/73 nahm man wieder Kontakt zu Giovanni Michelotti auf: Ob er den Turbo in kleiner Serie bauen wolle. Michelotti sagte zu, reiste nach Bayern und besprach hier weitere Einzelheiten. Mit Billigung des Vorstands plante Osswald aus dem Traumauto nun einen gebrauchsfähigen Sportwagen zu machen. Die Flügeltüren sollten Seitentüren weichen, statt des noch unerprobten Turbo-Motors sollte ein frisierter Dreiliter-Sechszylinder unter die Kunststoff-Haube. BMW würde mechanische Teile nach Turin liefern und Michelotti das komplette Auto produzieren. Danach würde das Coupé zum Preis von 120.000 Mark über das weiß-blaue Händlernetz angeboten.

Pläne und Verträge gediehen im Laufe des Jahres 1973 sehr weit: Mit Bankkrediten kaufte Michelotti bei Turin ein kleines Fabrikgelände und investierte 600 Millionen Lire für den Bau des Sportwagens.

Entwicklungshilfe für Amerika

Während die BMW-Leute auf Ausstellungen stolz ihre Turbo-Coupés herumzeigten, huschten Ende 1972 auf dem Werksgelände in München-Milbertshofen zwei nicht minder rassige Sportwagen herum – in der Form etwa dem italienischen „de Tomaso Pantera" ähnlich.
Die American-Motors-Corporation hatte nämlich in Italien bei Nuccio Bertone zwei Exemplare eines Mittelmotor-Coupés konstruieren lassen, das die Amerikaner später als Konkurrenz zur Chevrolet Corvette bauen wollten. Hierbei saß ein Siebenliter-Achtzylinder hinter den beiden Sitzen, das Getriebe stammte von der Zahnradfabrik Friedrichshafen und die Fahrwerksteile von BMW. Die beiden Musterwagen waren nun in München, um auf dem Fahrwerkssektor den letzten Schliff zu erhalten. Ab und zu schauten die AMC-Techniker nach dem Rechten. Dabei brachten sie eines Tages ihre AMC-Limousine „Ambassador" mit. Sie wechselten auf dem Werksgelände kurzerhand die serienmäßige Achtzylinder-Maschine gegen einen BMW-Sechszylinder. „Oh, wonderful," staunten die Amerikaner nach der ersten Probefahrt, denn der Straßenkreuzer bewegte sich nun weitaus geschmeidiger und schneller von der Stelle.
Nach rund sechs Monaten packten die Amerikaner im Winter 1972 ihre Prototypen kurzerhand ein, verschifften sie nach Detroit und motteten sie dort ein. Offensichtlich fehlte den AMC-Managern dann doch das Geld, den mit viel Aufwand konstruierten Sportwagen in Serie gehen zu lassen.

Der Beau aus Bayern

Wohl von keinem anderen Auto wurden im Sommer 1972 so viele Prototypen-Fotos im deutschen Bilderwald veröffentlicht wie von dem neuen Mittelklasse-BMW. Schon im Frühjahr hatte ihn die „Bild-Zeitung" als 2004 entdeckt, und im August zeigte der „Stern" die endgültige Ausführung des BMW als den „Beau aus Bayern". BMW-Chef von Kuenheim hatte ihn zudem gebührend angekündigt: „Wir werden mit diesem Auto neue Maßstäbe setzen."
Am 13. September – genau einen Tag nach dem Olympischen Spielen in München – präsentierten die BMW-Leute den 520 (gesprochen: 5–20). Bei der Typen-Nummer dieser neuen Modellreihe bezeichnete die erste Zahl den Wagentyp, die zweite und dritte den Motorhubraum. Mit der Fünf in der Bezeichnung wollte BMW an die Tradition berühmter Wagen wie etwa den 501, den 503 und den 507 anknüpfen.

Auf der Basis des 2002 baute Nuccio Bertone diese Sonderkarosserie mit wabenförmiger Heckfensterabdeckung und breiten Scheinwerfern. Der „Garmisch", der im März 1970 Premiere feierte, gefiel Hahnemann besonders gut

Unter strengster Geheimhaltung wurde im Winter 1970 von Bertone diese Coupé-Blechhaut angeliefert, die Entwicklungschef Osswald als Design-Anregung für die neue Mittelklasse-Limousine bestellt hatte

Das Konzept mit der dreistelligen Typennummer hatte ein Mitarbeiter aus dem Vertrieb ausgetüftelt, und danach sollten in den kommenden Jahren alle BMW-Modelle benannt werden.

Schon 1968 hatte die Entwicklungsabteilung unter dem Code-Namen „E-12" mit den ersten Arbeiten zu einem Nachfolger des 1800/2000 begonnen. Damals plante man, einfach die Bodengruppe des bisherigen Modells zu nehmen und eine neue Karosserie darüber zu stülpen. Aber die immer stärker werdenden Sicherheitsbestimmungen forderten so große Änderungen, daß der damalige BMW-Chef Gerhard Wilke gleich grünes Licht zum Bau eines ganz neuen Wagens gab.

Osswald und sein Team entwarfen ein Fahrwerk mit vorderen und hinteren Federbeinen, mit hinteren Schräglenkern und vorderen Dreiecksquerlenkern. In zahllosen Versuchen fand man heraus, daß sich die Winkel der Schräglenker-Achse nicht beliebig festlegen ließen. Die V-förmigen Winkel optimal gegeneinander abzustimmen, erforderte langwierige Berechnungen von Spurweite, Radstand und Schwerpunkt. Damit schuf man eine Hinterachse, die zwar äußerlich noch der alten Schräglenkerachse glich, die in ihrem Verhalten jedoch mehr Fahrkultur zeigte. Dem neuesten Stand der Technik entsprechend verfeinerte man alle Teile. Wie beim 2500/2800 wurden die vorderen Federbeine schräg angeordnet, um leichteres Ansprechen der Federung zu garantieren. Die Vorderachse erhielt ebenfalls den Nachlaufversatz, der die Lenkung leichter in Geradeausstellung zurückführte.

Unter dem Blechkleid der alten 1800er-Modelle scheuchten Versuchsfahrer schon 1969 die ersten neuen Bodengruppen (Fahrwerke) durch die Alpen.

Drei Alternativen

Nach bewährtem Muster versuchte Osswald aus drei verschiedenen Karosserie-Entwürfen den besten herauszufiltern. Die Hausstylisten unter Wilhelm Hofmeister und Paul Bracq entwarfen je eine viertürige Limousine mit Stufenheck und eine mit fünfter Tür als Touring-Modell. Die Italiener Nuccio Bertone und Pietro Frua schickten auf Bestellung im Dezember 1970 jeweils ein naturgetreues 1:1-Modell aus Gips und Kunststoff nach München.

Als Bertone damals seine Arbeit in Milbertshofen ablieferte, lauerte ein Fotograf hinter der Mauer. Auf diese Weise kam zutage, daß das geheimnisvolle Blechkleid Ähnlichkeit mit jener Sonderkarosserie „Garmisch" hatte, die Bertone wenige Monate zuvor, im März 1970, auf dem Genfer Automobilsalon herumgezeigt hatte. Das kompakte viersitzige Coupé mit Wabengitter am Rückfenster soll damals das besondere Interesse von Chefverkäufer Hahnemann geweckt haben. Er gab Bertone gleich den Auftrag „etwas ähnliches" auch für BMW zu bauen. Das nun abgelieferte Stück war gleichzeitig Beitrag zum Projekt E-12. Pietro Frua hatte sich dagegen ein Modell mit hoher Gürtellinie einfallen lassen.

Trotz der südlichen Schönheiten entschieden sich die Techniker letztendlich für den hauseigenen Entwurf. Bertone half lediglich, stilistische Feinheiten und den letzten Schliff in die Form des neuen 520 zu bringen.

Das Auto wurde gleich für die gesamte Motoren-Palette von 1,8 bis 2,8 Liter Hubraum abgestimmt. Angesichts des etwas höheren Gewichts zum Vorgänger und dem Drang der Kunden zum größeren Hubraum plante der Vorstand damals, die 1,8 Liter-Version gar nicht erst in Serie zu nehmen. Basis sollte der Zweiliter-Motor sein, der durch einen – von der Firma Solex empfohlenen – membrangesteuerten Vergaser nun 115 PS leistete. Eine Neuentwicklung der Neußer Vergaserfirma, die im Versuch hervorragend funktionierte. Im 520 i arbeitete dagegen die vom 2000 tii übernommene Einspritzmaschine.

Die Instrumente des 520 wurden bei Nacht von orangefarbenem Licht beleuchtet, das nach Erfahrungen im Flugzeugbau die Nachtsehschärfe nicht beeinträchtigt. Ein besonderer Gag war die quartzgesteuerte Zeituhr mit einer Ganggenauigkeit von plus/minus 1 Sekunde pro Tag; beim 520 i saß die neuartige Uhr mit mittleren Drehknopf der Heizungsregulierung. Viel Aufmerksamkeit schenkten die Konstrukteure der Belüftungsanlage. Sieben Austrittsöffnungen für Warm- und vier für Frischluft sorgten für optimalen Luftdurchsatz im Innenraum. Gegen Aufpreis lieferte BMW den 520 mit einer Höhen-Schnellverstellung des Fahrersitzes sowie einem um 40 Millimeter verstellbaren Lenkrad. Serienmäßig fand sich im Handschuhfach eine Kontakthalterung für eine aufladbare Taschenlampe.

Während man unter dem Blech bewährte Technik verfeinerte, ging BMW bei der äußeren Gestaltung neue Wege. Die vorderen und hinteren Knautschzonen waren von einem Computer berechnet worden, ehe man ihre Wirkung Crash-Tests unterzog. In die Dachkonstruktion integrierten die BMW-Ingenieure einen Überrollbügel, und die überdimensionierten Profile für Türschwellen und Mitteltunnel sollten seitlichen Aufprallschutz geben. Eine neue Sicherheitsverriegelung der vorn angeschlagenen Motorhaube bewirkte, daß sie beim Frontal-Unfall nicht in die Windschutzscheibe gedrückt, sondern sich an Soll-Knickstellen verformte. Vordere Kopfstützen und eine Sicherheitslenksäule gehörten zur Serienausstattung. „Es ist das sicherste Fahrzeug, das BMW jemals gebaut hat", beteuerte Entwicklungschef Bernhard Osswald zur Premiere.

Eberhard von Kuenheim erläuterte, daß der 520 ausdrücklich mit Akzent auf den Fahrkomfort hin konstruiert worden sei. „Ein Auto", so erläuterte der BMW-Chef, „das auch noch 1980 modern sein wird."

Was allerdings nach außen als logische Weiterentwicklung verkauft wurde, hatte werksintern durch harte Diskussionen und äußere Zwänge erarbeitet werden müssen. Gemessen an Fahrzeugen anderer Marken hinkten BMWs in puncto passiver Sicherheit – also Vorkehrungen für den Fall des Unfalls – in vielen Details, wie Lenkung und Heckknautschzonen, hinterher. Die Münchener überspielten zwar in der Werbung diesen Nachteil mit markigen Sprüchen wie „Dem Unfall davonfahren" und prägten das Wort von der „aktiven Sicherheit", womit gute Straßenlage und spurtstarker Motor gemeint war. Auf Dauer, darüber war sich von Kuenheim klar, mußte das allerdings nachteilig auf den Verkauf wirken. Anfang der siebziger Jahre führten verschiedene wichtige Exportländer wie Nord-Amerika und Schweden Sicherheitsvorschriften ein. Und Modelle, die solche Prüfungen nicht bestanden, durften in den jeweiligen Ländern nicht verkauft werden. BMW war also gezwungen, seinen Modellen die passiven Sicherheits-Details mitzugeben. Dies brachte Mehrgewicht. Der neue 520 wog leer 1280 Kilogramm, während der Vorgänger noch mit 1130 Kilogramm auskam. Das Gewichtsplus minderte wiederum das Temperament des Wagens. Eine Erkenntnis, die BMW besonders schmerzte, weil Kunden der weiß-blauen Marke auf exzellente Beschleunigung und hohe Spitzengeschwindigkeit mehr Wert legten als Käufer

anderer Marken. Nur durch mehr PS in der Zweiliter-Version konnte BMW-Entwicklungschef Osswald in etwa das Mehrgewicht auffangen.
Als „äußerst erfreulich" stufte die Fachpresse bei der Premiere den Neuling ein. „Ohne etwas vom Familiencharakter geopfert zu haben, ist der 520 gutmütiger und leichter zu beherrschen als seine Anverwandten", schrieb „Auto, Motor und Sport" damals. Die „Süddeutsche Zeitung" beschrieb den neuen BMW als „nicht schneller, aber komfortabler". Und „Bild" meinte: „Der neue BMW 520 ist ein Klasseauto, aber nicht mehr der strahlende Sieger wie sein Vorgänger 1800/2000 es einmal war." Begründung: „Die Motorleistung ist etwas schwächlich." Das Nachrichten-Magazin „Der Spiegel" schrieb: „Sogar einen alten Zopf haben die Münchener abgeschnitten – der Hebel für den Fahrtrichtungsanzeiger liegt nun nicht mehr rechts, sondern links neben dem Lenkrad, wo auch alle anderen Wagen ihn haben."
Der erste BMW-Wagen, der nach gut einem Jahrzehnt vom Prinzip der Sportlichkeit abwich, erfüllte denn auch die in ihn gesetzten Erwartungen nicht.

Vergleich der BMW-Mittelklasse				
Typ	2000	520	2000 tii	520 i
PS-Zahl	100	115	130	130
Leergewicht (kg)	1130	1280	1160	1250
0 – 100 km/h (sek)	12,4	12,3	10,4	11,1
Höchstgeschwindigkeit (km/h)	168	173	185	183

Kurz nach Serienanlauf konnte BMW die 200 gebauten 520 pro Tag nur mit Mühe an Käufer bringen. Denn in der Sparte der komfortablen Mittelklassewagen regierte zur damaligen Zeit der Audi 100. Schuld am anfangs schlechten Verkauf waren allerdings auch einige Kinderkrankheiten des neuen BMW. So brachte der Registervergaser den Zweiliter-Motor auf mehr Leistung, in der Serienfertigung zeigte sich aber, daß der Vergaser nicht zuverlässig arbeitete. Die Kunden klagten über zu hohen Benzinverbrauch und Rucken des Motors. Die Händler wiederum monierten, daß sich der neue Vergaser – schuld an allen Übel – nicht richtig einstellen ließ. Zwei Jahre lang mußten BMW und der Vergaser-Hersteller Solex immer wieder Kulanzanträge erfüllen und kränkliche Teile austauschen. Solcher Ärger sprach sich schnell in der Kundschaft herum. Jahre später – auf der Hauptversammlung 1977 – gab auch Generaldirektor von Kuenheim zu, daß die Erwartungen in den BMW 520 nicht erfüllt wurden. Doch dafür hatte er dann eine andere Erklärung: „Das BMW-Automobilkonzept war damals so neu, daß das erste Modell, der BMW 520, bei Presse und Kundschaft nur allmählich Anklang fand." Nach außen hin gab sich BMW aber 1972 umso optimistischer. Verkaufschef Lutz prahlte, er könne mehr verkaufen als bauen. Lutz schätzte die „potentielle Nachfrage in Europa auf rund 300.000 Fahrzeuge jährlich".

Mit Motor- und Fahrwerksteilen des 2002 entstand in der Werkstatt Pietro Fruas dieses zweisitzige Coupé mit hervorgehobener BMW-Niere am Bug. Debüt November 1973 (Turiner Autosalon)

Die ungeliebte Tochter

In jedem Fall nützte Lutz die Gunst der Stunde, den Vertrieb umzuorganisieren. Bisher hatte BMW noch an Großhändler geliefert, die wiederum ihre Gebietsvertreter hatten. Ab 1. Januar 1973 schaltete Lutz die Großhändler aus und verkaufte direkt an die Gebietsvertreter. Sie hießen damit auch Direkthändler. Hatten die Münchener früher 84 verschiedene Vertragsarten mit ihrer Organisation, handelte Lutz jetzt Einheitsverträge aus, bei denen für die etwa 1000 Händler gleiche Bedingungen galten. Je nach Menge räumte ihnen die weiß-blaue Marke nun einen Verdienst von 15 bis 20 Prozent vom Verkaufspreis eines Wagens ein.

Beim Umkrempeln des Verkaufsnetzes organisierte Lutz auch gegen anfängliche Widerstand im Vorstand den Auslandsvertrieb neu. Lieferte BMW – so wie die meisten anderen Autofabriken auch – bisher an selbständige Importeure, sollte dies nun anders strukturiert werden. „Die verhältnismäßig hohe Spanne, die Importeure kassieren, ist nicht mehr gerechtfertigt," schrieb Verkaufschef Lutz 1973 im Manager-Magazin, „sie erhöht entweder die Preise für den Endverbraucher oder schmälert den Erlös des Herstellers." Deshalb kündigte BMW seinen bisherigen Importeuren die Verträge. Entweder verkauften die Handelspartner ihre Firma an

BMW, oder die Münchener gründeten parallel dazu eigene Niederlassungen. Selbst jahrzehntelange Importeure wie der Österreicher Wolfgang Denzel mußten daraufhin ihre Firma abgeben und wurden dann Angestellte in ihrem Betrieb. Lutz: „So verfügen wir seit Anfang des Jahres in Frankreich über die BMW Import SA, eine 100prozentige BMW-Tochter. In einigen anderen Ländern verhandeln wir noch." Immerhin gab von Kuenheim später offen zu, daß die von Lutz durchgeboxte Umorganisation ein entscheidender Schritt zur kontinuierlichen Erhöhung der Gewinne gewesen sei.

Wenn in der Direktionsetage allerdings von der „ungeliebten Tochter" gesprochen wurde, meinten die Manager die „BMW-Autovermietungs GmbH". 1969 von Hahnemann gegründet, fuhr sie seither nur rote Zahlen ein. Die Fahrer von Konkurrenzfahrzeugen sollten – wenn ihr Auto in der Werkstatt steht – „mit unseren Typen fremdgehen und Geschmack daran finden" (Fred Walter, Geschäftsführer der BMW-Autovermietung). Doch die Rechnung ging nicht auf. Die Kunden verlangten meist kleinere Fahrzeuge und milde Winter ließen jene ausbleiben, die ihr zerbeultes Auto zum Reparieren gegeben hatten.

So war man froh, daß sich nach einigem Umhören in der Branche ein Kaufinteressent meldete; die zum staatlichen Autokonzern Renault gehörende Verleihfirma „Europcar". Sie übernahm zum 1. März 1973 die gesamte Organisation.

Große Pläne von großen Motoren

Jedesmal, wenn das grüne 3,0 CSi-Coupé von Entwicklungschef Bernhard Osswald auf den Autobahnen rund um München unterwegs war, verstanden Porsche- und Mercedes-Fahrer die Welt nicht mehr. Der unauffällige Wagen schaffte spielend Geschwindigkeiten um 250 km/h.

Das Geheimnis dieses Autos stammte aus Alexander von Falkenhausens Versuchsküche: ein Achtzylinder-Triebwerk mit fünf Liter Hubraum und einer Leistung von 280 PS. Aus den Bauteilen von zwei Vierzylindern mit zwei Litern Hubraum hatten die Motorkonstrukteure verschiedene Achtzylinder-Triebwerke zusammengebaut. Es entstanden insgesamt zwölf Musterstücke mit Hubräumen zwischen 4 und 5 Litern, mit Vergasern und Benzineinspritzung. Seit Mitte 1972 legten sie ihre ersten Bewährungsproben auf den Prüfständen ab. Lediglich Entwicklungschef Osswald besaß ein solches Achtzylinder-Aggregat in seinem Dienstwagen.

Das waren nicht die einzigen Versuchsstücke: Zwei Sechszylinder-Maschinen hatte von Falkenhausen außerdem zu einem Zwölfzylinder-Triebwerk kombiniert. Ein Aggregat mit fünf Litern Hubraum entstand, das leicht 310 PS leistete und dessen Lauf in allen Drehzahlbereichen so ruhig war, daß ein Fünfmarkstück aufrecht stehen blieb. Insgesamt fünf Exemplare der Supermaschine wurden in Handarbeit gefertigt und der Erprobungstortur – zu der auch 500 Stunden Vollgas gehörten – unterzogen. Entwicklungschef Osswald hegte die Hoffnung, daß diese Maschinen in ferner Zukunft in das Turbo-Kunststoff-Coupé eingebaut würden, dessen Serienvorbereitungen bei Michelotti in Turin noch liefen.

Zudem träumte Osswald vom exklusiven Autobau wie er zur Vorkriegszeit üblich war: Firmen wie Horch, Maybach, Bugatti oder Hispano-Suiza lieferten Chassis mit Motoren. Der wohlhabende Kunde erwarb ein Fahrgestell und ließ es zu einem

Karosserieschneider seiner Wahl schaffen, um darauf einen – auf ganz persönlichen Geschmack abgestimmten – Aufbau in Auftrag zu geben. So stellte sich Osswald vor, daß BMW ebenfalls ein aufwendiges Fahrwerk mit Acht- oder Zwölfzylinder-Triebwerk in kleiner Serie herstellen könnte, das dann zu Preisen um 160.000 Mark an die Reichen dieser Welt verkauft würde. Doch vorerst mochte sich für Osswalds Idee im Vorstand niemand so recht begeistern.

Kontakte zum Osten

Im März 1973 sprach in München ein Angehöriger der Sowjet-Botschaft aus Rolandseck vor. Er überbrachte ein formlos gehaltenes Schreiben an den Vorstand, in dem BMW gebeten wurde, ein Angebot über die Lieferung von PKW-Motoren zu unterbreiten. Die Sowjets – unzufrieden mit dem trägen 2,5 Liter-Aggregat in ihrer „Wolga"-Limousine – hatten verschiedene Motoren geprüft; unter anderem auch die spurtstarken Sechszylinder. Nun suchten sie Kontakte mit dem Ziel, ein geeignetes Triebwerk aus dem Westen zu kaufen.
Verkaufschef Lutz und Exportleiter Winkler handelten sofort; sie riefen Moskaus Botschaft in der Bundesrepublik an und wurden von dort auch gleich zu Verhandlungen in die Sowjet-Union eingeladen. Noch Ende März jetteten beide hin. Mit den Staatshändlern besprachen sie eine Kooperation bei Motoren und Motorrädern. Denn bis dahin produzierten die Russen die alten Vorkriegsmodelle von BMW, die R 50 und R 60, ohne Lizenzen unter der Bezeichnung „Ural 50" und „Ural 60" einfach nach. Der Reise nach Moskau folgten Gegenbesuche. Unterhändler besichtigten die Produktionsstätten in Bayern und bestätigten immer wieder ihr Interesse an BMW-Motoren. Inzwischen hatten russische Techniker ihrer Wolga-Limousine ein Triebwerk von der Isar eingepaßt. Bei den ersten Fahrversuchen entdeckte man, daß Temperament und Kraft des Sechszylinders gar nicht zum behäbigen Charakter des Wolga-Chassis paßten. „Der Wagen wäre katastrophal übermotorisiert gewesen", meinte Lutz. Zudem hätte der Sechszylinder für die Russen auf die niedrige Oktanzahl des Ost-Benzins zurückentwickelt werden müssen. Doch dieser Aufwand, fanden die BMW-Männer, lohne nicht. So ging man nach den ersten losen Gesprächen wieder auseinander. Zu ernsthaften technischen Gesprächen kam es gar nicht.
Einziges Ergebnis dieser Kontakte: BMW sollte Ende des Jahres in Moskau seine Produkte ausstellen. Im Dezember 1973 zeigte Eberhard von Kuenheim den Sowjet-Bürgern acht – auf Polizeieinsatz zurechtgetrimmte – BMW-Limousinen: ausgerüstet mit Funksprech- und Tonbandgeräten. Dazu kamen noch 28 verschiedene Motorräder für den Polizeieinsatz. Zur Eröffnung der BMW-Ausstellung kamen der deutsche Botschafter in Moskau, Sahm, und der sowjetische Innenminister. Als der bei der Besichtigung einige „recht unfreundliche Formulierungen" (Die Welt) gegen Bonn vom Stapel ließ, konterte der deutsche Botschafter ebenso hart. Es entwickelte sich daraus ein zweistündiges politisches Gespräch unter vier Augen in einem Zimmerchen des Ausstellungsstandes. Schon am zweiten Tag waren sämtliche Fahrzeuge verkauft, und die BMW-Männer flogen zufrieden heim.
Die Kontakte über mehrere Monate hinweg gaben aber zu Spekulationen Anlaß. So wollte im Frühjahr 1973 das Nachrichtenmagazin „Der Spiegel" erfahren haben, daß

die Münchener auch zur DDR beste Verbindungen pflegten. Es sei geplant, im volkseigenen Betrieb „Automobilwerk Eisenach" – dort, wo vor dem Krieg schon einmal BMW-Autos entstanden – künftig nach BMW-Lizenzen den Typ „Touring 2002" vom Band laufen zu lassen. Klappte die Cooperation, würden die Münchener ganz auf die Herstellung der Schrägheck-Limousine verzichten und West-, wie Ostkunden mit diesem Modell aus Eisenach beliefern.

Doch BMW wehrte diese Nachricht als „reines Phantasieprodukt" ab. Tatsächlich waren alle Ost-Kontakte lediglich informelle Gespräche, aus denen sich für die Bayern auch in den nächsten Jahren kein Markt erschloß.

Das Doppel-Jubiläum

Genau 100.000 Mark stiftete das Münchener Unternehmen im Juni 1973 für den Bau eines Kindergartens in Milbertshofen. Grund: BMW feierte ein Doppel-Jubiläum. Das 500.000 Motorrad wurde ausgeliefert, gleichzeitig waren es 50 Jahre her, seit die weiß-blaue Marke mit dem Zweiradbau begann. Damals präsentierte BMW ein Motorrad voller neuer Konstruktionsideen, die bis heute modern geblieben sind. Der querliegende Boxermotor mit dem Getriebe verblockt, die Teleskopgabel und der Kardanantrieb waren Meilensteine im Motorradbau geworden.

Insgesamt wurden auf BMW-Motorrädern im Laufe des halben Jahrhunderts 206 Weltrekorde aufgestellt, über 2000 Erste Preise gewonnen, über 2500 Gold-Medaillen und an die 150 Meisterschaften errungen. Grund genug, das denkwürdige Datum in einer Feierstunde zu würdigen und im Werks-Museum eine Motorrad-Sonderschau zu organisieren.

Festtag für Kleinaktionäre

Als im Juli 1973 Eberhard von Kuenheim zur Hauptversammlung rief und einen von 48 auf 91 Millionen Mark gewachsenen Netto-Gewinn präsentierte, sprach ein Kleinaktionär von einem „Festtag"; denn es standen Dividendenerhöhung und Zusatzaktien in Aussicht. Ein Redner registrierte dies mit „Lob und Dank".

Trotzdem fielen in dieser Hauptversammlung auch harte Worte. Der Sprecher der Schutzgemeinschaft der Kleinaktionäre, Koch, monierte die fehlende Klarheit über den Besitzanteil der Quandt-Gruppe: „Die Minderheitsaktionäre wollen nicht verschaukelt werden." Die Kritik an der Regentschaft Herbert Quandts vertiefte ein anderer Aktionär, der Institution und Arbeit des Aufsichtsbeirats (in dem Quandt den Vorsitz führte) in dieser Form als rechtlich zweifelhaft ansah. In jedem Falle sollten die Minderheitsaktionäre über ein Aufsichtsratsmandat einen „Horchposten" (Koch) erhalten.

Trotz des blendenden Ergebnisses plädierte ein anderer Aktionär dafür, dem Vorstand die nötige Entlastung zu verweigern. Begründung des Rechtsanwalts Heinz Kühne: Der „schöne Gewinn" des vergangenen Jahres sei „unschöner Werbung" zu verdanken, die gezielt zu „Geltungsdrang und Egoismus im Individualverkehr" auffordere und damit die Unfallzahlen steigen lasse. Kühne: „Das BMW-Image ist schon weitgehend gleichbedeutend mit Angeberei."

Feuerofen mit Spiegelschrift

Der Vorstand wies Kühnes Einwände als „subjektive Empfindungen" zurück. Doch wenige Wochen später geriet die weiß-blaue Marke wirklich ins Feuer der Kritik. Im August 1973 präsentierte sie die schnellste Version der kleinen 02-Reihe: den „2002 turbo". Das 170 PS-Auto mit Turbolader trimmte man ganz auf sportlich; mit Schalensitzen, Kotflügelverbreiterungen und Heckspoiler. Unterhalb des Kühlergrill stand auf dem Luftspoiler in großer Spiegelschrift die Typenbezeichnung, womit „dem Vordermann in seinem Rückspiegel der schnelle Hintermann signalisiert" (BMW-Journal) werde. Mit dieser „Kriegsbemalung" (Spiegel) hatte man die Öffentlichkeit gegen sich aufgebracht.

Grund zur Anfrage im Bundestag: 2002 turbo mit Spiegelschrift am Frontspoiler

In diesen Monaten stellte sich nämlich heraus, daß die Unfallzahlen 1972 bedrohlich angestiegen waren. Man diskutierte über Tempolimits und glaubte, daß die Zukunft nicht im Auto, sondern in neuartigen Nahverkehrssystemen liege. Damals erarbeitete der TÜV-Rheinland in Zusammenarbeit mit dem Deutschen Verkehrssicherheitsrat (DVR) eine „inhaltsanalytische Untersuchung von Inseraten der Kraftfahrzeug-Hersteller". In dem Forschungsauftrag Nr. 77 kamen die Experten zu dem Schluß, daß Auto-Produzenten mit Sportlichkeitswerbung selbst „relativ sicherheitsbewußte Fahrer zu risikofreudigem, unfallträchtigem Fahren verleiten" könnten. Über die BMW-Werbung wurde ein hartes Urteil gefällt: „. . . kommerzialisiert, scheinbare Sportlichkeit, nämlich rücksichtsloses, gefährlichen Fahrstil."

Der „2002 turbo", der von 0 auf 100 km/h in nur 8,8 Sekunden beschleunigte, war in dieser Diskussion Wasser auf die Mühlen. Im Bundestag fragte der SPD-Abgeordnete Helmut Lenders die Bundesregierung, was sie gegen „die Auswüchse sportlicher Aufmachung bei Kraftfahrzeugen", unter anderem die „Spiegelbeschriftung turbo 2002 am Spoiler" unternehme. Staatssekretär Ernst Haar vom Bundesverkehrsministerium antwortete, daß man solche „Auswüchse mit Sorge" betrachte. Sollte tatsächlich ein Zusammenhang zwischen sportlicher Aufmachung und dem Unfallgeschehen bestehen, würde die Regierung gesetzliche Maßnahmen prüfen.

Verkaufschef Robert A. Lutz, auf der Internationalen Automobilausstellung im September 1973 auf den Wirbel um den Turbo angesprochen, wehrte unwirsch ab: „Mit tendenziös angewendeten Tricks aus der Psychologenkiste kann man fast alles beweisen." Doch innerhalb des Hauses war man unsicher geworden. In der Nacht vor der Eröffnung der Automobil-Show ließ Lutz am Ausstellungsexemplar noch die Spiegelschrift wegspritzen.

Als der Wagen vier Monate später – im Januar 1974 – auf den Markt kam, wurde er ohne „Kriegsbemalung" nur in simplen silber-metallic oder weiß geliefert.

Verbrannte Erde

Dabei hatten es sich Chefentwickler Osswald und Motorenkonstrukteur von Falkenhausen nicht träumen lassen, daß ihre Neuentwicklung soviel Staub aufwirbeln würde. Ihnen schien es wichtig, mit Hilfe des Turboladers den Motoren zu besseren Abgaswerten zu verhelfen. Ehe aber ein solcher Motor in Serie ginge, wollte man in größerem Rahmen wissen, wie sich ein Turbo-Motor im Alltagsverkehr benahm. Seit 1969 hatte von Falkenhausen ein solches Triebwerk in Erprobung.

„Ich schlage vor", hatte Osswald eines Tages in der Vorstandssitzung gemeint, „vom Turbo eine sportliche Version in limitierter Auflage zu bauen, um mehr Erfahrungen zu sammeln." So begannen bereits 1971 die Vorbereitungen zum Bau von 1000 Exemplaren des 2002 in Turboversion. Als der Tag der Vorstellung dann näherrückte, diskutierte der Vorstand, wie der kleine Kraftprotz einzuführen sei. Dabei plädierte Lutz dafür, den Wagen mit Rallyestreifen in BMW-Farben und Spiegelschrift so herzurichten, „daß es die Leute vom Stuhl reißt". Osswald hätte lieber ein weniger auffälliges Auto, doch Lutz setzte sich durch.

Nach dem Ärger um die Rallye-Streifen erschien der 2002-turbo dann doch weniger auffällig auf den Straßen. Als die ersten Exemplaren in Kundenhand gelangten, kristallisierte sich eine Schwachstelle heraus, die in den zwei Jahren Versuchszeit niemals Ärger bereitet hatte; die Auspuffanlage. Nach langer Fahrt glühte sie meist. Wenn ein turbo 2002 auf trockenem Gras abgestellt wurde, fingen die Halme Feuer. Dort, wo ein solcher BMW stand, blieb in jedem Falle verbrannte Erde zurück. Im Laufe der Zeit dehnten sich die Auspuffrohre an den Kundenwagen bis zu drei Zentimetern. Daß dennoch keine Kritik von unzufriedenen Käufern bekannt wurde, lag zum einen

an der Kulanz des Werks, zum anderen an der Käuferschicht. Denn jeder, der einen 2002 turbo erstanden hatte – das war Absprache zwischen den Vorstandsbereichen Entwicklung und Verkauf – war von den Verkäufern darauf aufmerksam gemacht worden, daß diese Rakete eben kein problemloser Alltagswagen sei.
Dies tat dann der Beliebtheit keinen Abbruch. Von den ursprünglich anvisierten 1000 Exemplaren fanden von Januar 1974 bis Juni 1975 insgesamt 1672 Turbo-Wagen ihre Käufer. Und das in einer Zeit, in der die Ölkrise Europa schüttelte, in der Sonntagsfahrverbote und Tempolimits herrschten.

Das Flossen-Coupé

Zusammen mit dem Turbo brachte BMW im Herbst 1973 ein weiteres spektakuläres Auto heraus: das Leichtbau-Coupé 3,0 CSL. Jochen Neerpasch, Chef des BMW-Motorsports, hatte für die Tourenwagen-Europameisterschaft das Coupé weiter veredelt. Durch eine Hubraumvergrößerung auf 3,5 Liter (wobei die Zylinderwandungen zusammengegossen waren) brachte die Motorenabteilung die Leistung des Sechszylinders auf 360 PS. Ein Luftleitblech, zwei Heckflossen und ein Heckflügel verbesserten die Aerodynamik des Coupés soweit, daß bei gleicher Geschwindigkeit eine Leistungseinsparung von 25 PS erzielt wurde.
Mit diesem Rennwagen holte Neerpasch vor allem im Zweikampf mit den leichteren Ford-Capri-Werkswagen 16 Siege nach München. Neben den Erfolgen zur Tourenwagen-Europameisterschaft 1972 und 1973 – bei denen Hans Stuck jr. das Coupé fuhr – gab es eindrucksvolle Siege beim 24 Stunden-Rennen in Le Mans, dem „Coup de Spa" und dem Neun-Stunden-Rennen von Kyalami (Südafrika).
Grund genug für den sportbegeisterten Verkaufschef, eine zahmere Version des Renn-Coupés ins Programm zu nehmen. Der bei Karmann in kleiner Serie gebaute „CSL" besaß nun einen 3,15 Liter-Motor, der 206 PS leistete und eine Spitze von 220 km/h erreichte. Vom Vorgänger-Modell unterschied sich der ganz neue CSL durch rot-blaue Streifen an der Seite. Garzugerne hätte Lutz das Coupé auch mit den abenteuerlich aussehenden Heckflossen verkauft. Doch das Kraftfahrt-Bundesamt in Flensburg spielte nicht mit. Für die Flossen gab es vorerst keine Allgemeine Betriebserlaubnis, da sie bei Unfällen für andere Verkehrsteilnehmer wie Messer gewirkt hätten. Deshalb lieferte BMW den Flossen-Aufsatz seinen Kunden separat zum Aufschrauben.

Die Lang-Limousinen

„Das ist doch eine verworrene Absatzstrategie", soll ein Mercedes-Direktor gegenüber dem Nachrichten-Magazin „Spiegel" BMWs Modell-Politik heruntergeputzt haben. Denn Eberhard von Kuenheim überraschte im Herbst 1973 nicht nur mit den zwei extrem sportlichen Fahrzeugtypen, sondern auch mit Neuheiten für Luxuswagen-Käufer.

Der 3,0 CSL des belgischen Luigi-Teams für die Tourenwagen-Europameisterschaft 1974

Der 3,3 L war eine Version der Sechszylinder-Limousinen, mit 100 Millimeter mehr Platz im Fondraum. Als Käufer schwebte Lutz „die jüngere Generation von Vorstandsmitgliedern, Herren zwischen 35 und 45" vor. Entsprechend war die Ausstattung; automatisches Getriebe, Stereo-Radio, Lederpolsterung, elektrische Fensterheber und Leichtmetall-Felgen. Unter der Haube des neuen Flaggschiffs saß ein 3,3 Liter-Motor, der mit 190 PS bewußt nicht auf hohe Leistung, sondern auf hohes Durchzugsvermögen getrimmt war. Mit diesem 33.000 Mark-Auto zielte BMW vor allem auf jene Kundschaft, die Mercedes-Benz bisher konkurrenzlos mit seinen verlängerten Limousinen des Typs SEL versorgte.

Ursprünglich existierten von der langen Limousine nur zwei Exemplare. An eine Fertigung dachte lange Zeit niemand. 1971 hatte Entwicklungschef Bernhard Osswald für Großaktionär Quandt und die bayerische Staatsregierung zwei Sechszylinder-Limousinen hinter den Vordertüren auseinandersägen und – zur Verlängerung des Fonds – ein Dachstück dazwischenschweißen lassen. Das dunkelblaue Exemplar erhielt Quandt, die schwarze Repräsentationslimousine der Freistaat. Als dann der neue Verkaufschef Lutz einzog und die Einzelstücke sah, sagte er sofort: „Dieses Auto kann ich verkaufen, davon möchte ich ein paar haben." Die Fertigungsabteilung plante nun, davon zwei Stück pro Tag zu bauen. Weil aber für solch kleine Serie kein Platz vorhanden war, verhandelte man mit der Stuttgarter Karosseriefabrik Baur.

In den folgenden Wochen schraubte jedoch Lutz die Absatzpläne bis auf zehn Fahrzeuge pro Tag hoch. Und dafür wiederum waren Baurs Hallen zu klein. Also beschloß der Vorstand, die Fertigung ins eigene Haus zu legen. Das neue Werk Dingolfing – in der ersten Ausbaustufe noch auf den Bau von Aggregaten spezialisiert – sollte nun die Lang-Version im Rohbau fertigen. Das bedeutete allerdings auch eine Menge Arbeit für die Techniker. Denn von den zwei bisherigen Einzelstücken gab es nur einige grobe Entwurfszeichnungen. Für eine Serie benötigte man exakte Unterlagen. Die wurden nun innerhalb „kürzester Frist" (Osswald), also in nur sechs Monaten, erstellt.

In den beiden Einzelexemplaren für Quandt und den Freistaat arbeiteten die normalen Dreiliter-Einspritzmotoren. Doch die erschienen nun Cheftechniker Osswald für das neue Flaggschiff zu sportlich. Auf den Motorprüfständen lief zu jener Zeit gerade ein Sechszylinder, der auf 3,3 Liter aufgebohrt worden war. Er war ganz auf hohes Drehmoment im unteren Drehzahlbereich hin erzogen und damit charakterlich genau einer Getriebeautomatik angepaßt. Diese Maschine, die eigentlich für kein bestimmtes Projekt bestimmt war, setzte Osswald kurzentschlossen in die Lang-Version.

In Milbertshofen hatten zu jener Zeit zwar auch die Acht- und Zwölfzylinder ihre ersten Bewährungsproben bestanden; doch diese Aggregate mochte Eberhard von Kuenheim nicht in die Lang-Limousinen bauen. Die Serien wären zu klein und die Investitionen zu hoch geworden. So blieb es auch Ende 1973 dabei, daß der einzige Achtzylinder-Wagen von BMW das Dienst-Coupé von Entwicklungsvorstand Osswald war.

Daneben grübelte Motorkonstrukteur Alexander von Falkenhausen damals wie auch der große Zwölfzylinder-Motor einem praktischen Straßentest unterzogen werden könnte; es fehlte ein passendes Auto dazu. In die normalen Motorräume der großen BMWs paßte das Fünf-Liter-Triebwerk nicht hinein. Also schneiderte sich die Abteilung Motorenkonstruktion eine Lang-Limousine eigener Machart. Einen serienmäßigen BMW 3,0 zerschnitt man an der Motorhaube und setzte ein Stück Blech so ein, daß die Frontpartie um 80 Millimeter wuchs. Jetzt paßte der Zwölfzylinder hinein. Mit dem grünen Einzelstück fuhr von Falkenhausen ausgiebige Versuche. Der 310 PS starke Wagen schaffte dabei spielend Geschwindigkeiten um 240 km/h. Es stellte sich dabei allerdings auch heraus, daß die Limousine für soviele Pferdestärken doch nicht geschaffen war: Der Umgang mit dem Wagen erforderte hinsichtlich Straßenlage einige Routine. Noch im Jahr 1973 fuhr Alexander von Falkenhausen mit seinem Wagen nach Bad Homburg zu Großaktionär Herbert Quandt und führte ihm den Prototyp vor. Beifahrer Quandt war voll des Lobes über die Laufruhe und die Geschmeidigkeit des Motors.

Während alles das vor der Öffentlichkeit geheim blieb, präsentierte BMW nach außen hin einen anderen Komfort-Wagen; den 525. Er besaß die Karosserie des 520, die sich äußerlich lediglich durch eine kleine Hutze auf der Motorhaube abhob. Darunter steckte die 2,5 Liter-Maschine, die hier jedoch nur 145 PS (gegenüber 150 PS beim 2500) leistete. Der 525 besaß nun Scheibenbremsen vorn und hinten mit erhöhter Servounterstützung, eine verstellbare Lenksäule, höher verstellbare Sitze und einen auf 70 Liter vergrößerten Benzintank.

Daß der Schriftzug 525 auch vorn am Kühlergrill prangte, entschied der Vorstand erst nach dem offiziellen Debüt. Man fürchtete nämlich, daß die Sechszylinder-Version der Mittelklasse sich nicht genug von den Vierzylinder-Typen abheben könnte.

„Kein neues Detroit"

Herbert Quandt, Mehrheitsaktionär bei BMW, Varta und den Industriewerken Karlsruhe, stärkte Ende September 1973 seine Position. Er übernahm die bis dahin bei der Witwe Inge Quandt und ihren fünf Töchtern gelegenen Anteile seines tödlich verunglückten Bruders Harald. Die 13 Prozent der BMW-Aktien tauschte Herbert Quandt gegen ein entsprechendes Paket an Daimler-Benz-Aktien ein. Über die Gründe des Aktientausches schwieg sich der Industrielle aus.
Die Spekulation der „Süddeutschen Zeitung": Quandt schätze die Ertragssituation bei BMW höher ein als die von Mercedes, zum anderen möchte er bei BMW noch freiere Hand haben als bisher. Kurz darauf gab der Bad Homburger im Bundesanzeiger offiziell bekannt, daß jetzt die Kapitalmehrheit bei ihm liege. Insider vermuteten, daß nun etwa 65 Prozent der BMW-Anteile ihm gehörten.
Während die weiß-blaue Marke noch volle Auftragsbücher besaß, klagte die Konkurrenz im Winter 1973 über Absatzschwierigkeiten. Wieder einmal glaubten die Marktstrategen, daß nun ein Sättigungsgrad im Autoverkauf erreicht sei. Doch es waren eher hohe Kreditzinsen, die damals die Käufer verschreckten und die in Bonn ausgegebene Devise „Weg vom Individualverkehr, hin zum öffentlichen Nahverkehr."
Neue Fußgängerzonen erschwerten das Autofahren in den Städten, und überhaupt machte sich eine kritische Einstellung gegenüber dem Auto breit. Die italienischen Fiat-Werke ließen wissen, daß man sich mehr als bisher auf andere Produkte als auf Personenwagen verlagern wolle, Volkswagen in Wolfsburg arbeitete an einem Nahverkehrssystem. Auch auf der BMW-Vorstandsetage machte man sich Gedanken, ob es für die Zukunft nicht zu risikoreich sei, allein auf die Herstellung von Benzinkutschen zu setzen. „Wir kennen die Grenzen des Wachstums des Automobils", hatte Eberhard von Kuenheim auf einer Hauptversammlung gesagt. Was er damit meinte, wurde im Oktober 1973 klarer: Er ließ die „BMW-Apparatebau GmbH" gründen. Nach Eintragung ins Handelsregister sollte sie sich mit Entwicklung und Herstellung von „Apparaten aller Art" beschäftigen. BMW bestätigte damals, daß es sich um eine „Vorratsgründung" handele; vorerst habe die Gesellschaft keine Funktion. Sie gab jedoch Gerüchten Nachrung, wonach BMW nun Industrieanlagen und neue Techniken entwickeln werde.
So vorsichtig von Kuenheim innerbetrieblich taktierte, so sicher gab er sich nach außen. Als er bei der Einweihung des neuen Werks Dingolfing gefragt wurde, ob es nicht schon genug Autos gebe, sagte er: „Sicher ist jedenfalls, daß es noch nicht genügend BMW-Autos gibt." Gerade in einer Zeit, in der Benzin immer teurer werde, hätten die bayerischen Wagen mit ihrem geringen Verbrauch große Chancen.
Bei der Einweihung des neuen Werks, am 22. November 1973, dankte von Kuenheim dem anwesenden Ministerpräsidenten von Bayern, Alfons Goppel, für die 1966 gegebene Staatsbürgschaft an BMW. Goppel wiederum beglückwünschte das Unternehmen und die Stadt Dingolfing zu der neuen Fabrik: „Das hier ist kein neues Detroit geworden, sondern in menschlichen Dimensionen geblieben."

„Jupp, komm nach Bayern"

Immerhin weihte BMW in einer Zeit eine neue Autofabrik ein, in der die Bonner Regierung und einige Bevölkerungsgruppen die Zukunft nicht im Auto, sondern eher in U-Bahnen und Magnetschnellbahnen sahen. „Wir wollen in Dingolfing kein Detroit und kein Neckarsulm haben", hatte Betriebsratschef Kurt Golda mit Blick auf das notleidende Neckarsulmer Audi-NSU-Werk verlangt. Und mit diesem Satz setzte er sich für maßvolle Expansion ein. Ursprünglich war nämlich das Werk Dingolfing in der Hauptausbaustufe auf eine Kapazität von 550 Wagen pro Tag hin konzipiert, doch nun begnügten sich die BMW-Manager mit 220.
Das neue Werk sollte keine Autofabrik üblicher Konzeption werden, bei der alle Fertigungsprozesse in einer Halle abliefen. Vielmehr verteilten sie sich hier auf sechs Hallen. Damit, so erläuterte Vorstandsmitglied Hans Koch, versuche BMW zu einer neuen Art von Fließbandarbeit zu kommen.
Arbeiter warb BMW damals aus dem Ruhrgebiet ab mit der Plakat-Aktion „Jupp – komm nach Bayern". Die Bayern versprachen – das war wohl einmalig – keine höheren Löhne, dafür frische Luft, blauen Himmel und saftige Wiesen. Plakattext: „Jupp, hat Dein Sohn schon mal 'ne Kuh gesehen, außer im Zoo?" Und die BMW-Werber hatten Erfolg damit: Auf Anhieb heuerten 300 Ruhrkumpels im ländlichen Dingolfing an.
Zwar hatten die Fertigungstechniker das Werk Dingolfing ganz auf den Bau der 5er-Reihe hin konzipiert, nach der Einweihung durch Bayerns Ministerpräsident begann jedoch erst einmal der Bau von Aggregaten und Hinterachsen für die Münchener Fließbänder. Ende 1973 kam die Herstellung der 3,3 L-Blechhaut hinzu.
Lastwagen brachten aus München-Milbertshofen die Rohkarosserien von Sechszylinder-Limousinen. Sie wurden hier auseinandergesägt und durch Einsatz neuer breiterer hinteren Türen und eines neuen Dachstücks zur Lang-Version gestreckt. Anschließend schleppten Lastwagen die verlängerten Roh-Blechhäute zurück ins Stammwerk, wo die Endmontage erfolgte.

Die Ölkrise und ihre Auswirkungen

Über den Industrienationen lag seit Mitte 1973 die Drohung der Öl-exportierenden Länder, die Ölpreise nicht nur drastisch anzuheben, sondern den Ölreichtum durch Boykott-Maßnahmen auch politisch zu nützen. Aus den USA kamen Meldungen, daß Autofahrer Schlange an Tankstellen stehen mußten. In Frankreich wurde im Oktober der Benzinverkauf in Kanistern verboten. Dänemark hatte zu dieser Zeit bereits ein Tempolimit von 80 km/h eingeführt. Die Holländer litten Ende November so unter dem – gegen sie verhängten – Öl-Embargo, daß sie nicht nur Geschwindigkeitsbegrenzungen, sondern auch Sonntags-Fahrverbote verordneten.
Bald drohte auch in der Bundesrepublik Benzinknappheit. Anfang Dezember 1973 schlossen manche Tankstellen, die Benzinpreise schossen von bisher rund 70 auf 90 Pfennige pro Liter hoch. Folge: Von einer Woche zur anderen sanken die

Neuzulassungen um mehr als 50 Prozent. Neuwagenverkäufe – besonders in der großen Klasse – schrumpften bis auf null, gefragt waren lediglich Sparautos. Die deutschen Autofabriken legten Kurzarbeit ein und versuchten, mit sogenannten Abfindungsverträgen die Belegschaft zu verkleinern.
Auch BMW spürte die Krise. Im Dezember sanken die Verkäufe um 65 Prozent. Noch rollten die Fließbänder kontinuierlich, noch fanden sich im Ausland genug Kunden. „Die Auslandsmärkte konnten zum ersten Mal in fast ausreichendem Maße versorgt werden", notierte der Geschäftsbericht. Doch an den exportierten Wagen gab es durch die hohe Bewertung der D-Mark kaum etwas zu verdienen. In jenen Tagen, Mitte Dezember 1973, schien keine Aussicht auf ein Ende der knappen Ölversorgung. Im Gegenteil: Schon stand fest, daß Bonn im Januar 1974 ebenfalls Sonntagsfahrverbote verordnen würde. Auf den Autobahnen galt Tempovorschrift 100. „Nach Dreikönig sah die Welt für BMW wieder heiler aus als in den beiden Rezessionsmonaten November und Dezember", verkündete der Vorstand gegenüber der Wirtschaftspresse Ende Januar optimistisch. Doch die Verkaufslage hatte sich keineswegs gebessert.
Dementsprechend nervös reagierte Eberhard von Kuenheim. Eiligst gründete er einen Krisenstab, der außer ihm noch aus Betriebsratschef Kurt Golda, Verkaufschef Robert A. Lutz, Fertigungschef Hans Koch und Personalchef Eberhardt Sarfert bestand. Zumindest telefonisch hielten die fünf immer Kontakt; falls nötig, konferierten sie bis in die Nacht hinein.
Sämtliche Zukunftprojekte wurden von einem zum anderen Tag gestoppt. Ein Brief informierte den italienischen Karossier Giovanni Michelotti kurz davon, daß die geplante Serienfertigung des Mittelmotor-Turbo-Coupés ersatzlos gestrichen werde. Eine Mitteilung, die den Italiener in arge Schwierigkeiten brachte: Er hatte nämlich dazu ein Fabrikgelände gekauft und begonnen, die Serienfertigung von 20 Exemplaren im Monat vorzubereiten. Nun bemühte er sich, das Fabrikgelände weiterzuvermieten. Da keine bindenden Verträge bestanden, zahlte BMW auch keine Abfindung.
Rigoros gestrichen wurde das innerbetriebliche Projekt der Acht– und Zwölfzylinder-Motorenentwicklung. Der großen BMW-Limousine mit der verlängerten Haube baute man den Zwölfzylinder-Motor aus und verschrottete den Wagen. Alle Triebwerke mit vier bis fünf Liter Hubraum wanderten kurzerhand in den Keller des Werksmuseums.
Es existierten regelrechte Abbaupläne, nach denen jede Abteilung des Hauses die Mannschaft verkleinern mußten. Diese Leute wurden entweder anderweitig eingesetzt oder mit sogenannten Abfindungsverträgen entlassen. Um überhaupt die Belegschaft in München-Milbertshofen zu beschäftigen, verlegte der Vorstand Arbeiten von Dingolfing ins Stammwerk. Für den 4. bis 15. Februar 1974 beantragte BMW für das neue Zweigwerk Dingolfing Kurzarbeit.
Ende Januar warteten auf dem Lagerhof 9500 unverkaufte Autos – etwa doppelt soviele wie in normalen Zeiten. Bei den Händlern standen zusätzlich etwa 13.000 BMW-Wagen. In den ersten beiden Monaten des Jahres 1974, das meldete der Geschäftsbericht, sei „BMW stärker als alle anderen Konkurrenten von der Kaufzurückhaltung des Publikums erfaßt" worden.
Im Gegensatz zu den Montagehallen herrschte in den Entwicklungsarbeiten Hochbetrieb. Der Vorstand hatte nämlich in diesen Tagen beschlossen, den 520 – entgegen früheren Plänen – doch mit der 1,8 Liter-Maschine auszustatten. Die Techniker hatten zwar die Erprobung des 520 auch mit dem 1,8 Liter-Motor schon

1971 abgeschlossen. Jetzt galt es aber, innerhalb kürzester Frist eine „Freigabe" für Einkauf und Fertigung zu erwirken. Es mußten tausende von Unterlagen erstellt werden, auf denen jede Änderung notiert, jedes Detail für die Serienherstellung des 518 festgehalten war. Die Einkaufsabteilung benötigte solche Aufstellungen, um die nötigen Teile herbeizuschaffen.

Das gleiche galt für das 2,5 CS-Coupé. Denn nachdem der Verkauf der Dreiliter-Coupés zurückging, wollte man es mit dem kleineren 2,5 Liter-Aggregat anbieten. Wozu sich Techniker in normalen Zeiten rund 12 Monate Zeit nehmen, mußte nun innerhalb weniger Wochen abgewickelt werden. Ein Stab von Fertigungs- und Marketing-Experten legten derweil fest, was sich an der Ausstattung der 5er-Karosserie sparen ließe; man „strippte den Aufbau ab" (Fachjargon). So gab es beim 518 die heizbare Heckscheibe nur gegen Aufpreis, die hinteren Sitze blieben ohne Mittelarmlehnen, die Vordersitze ohne Lehnentaschen. Es fehlte die Motorraumleuchte, Sitzbezüge und Bodenbeläge bestanden aus einfacheren Stoffqualitäten.

Trotz der kargeren Ausstattung hütete sich BMW davor, den 518 seinen Händlern als Spar-Auto anzubieten. Sie sollten die Kunden für den Neuling in der Hauptsache bei Besitzern von Audi 100- und Peugeot 504-Modellen suchen, bei denen „überragende Motorleistung nicht kaufentscheidend" (Händlerinformation) sei. Denn der 518, das wußte man genau, war das langsamste BMW-Auto, das man seit 1961 anbot. Mit einer Zeit von 13,9 Sekunden von null auf 100 km/h beschleunigte es nicht schneller als ein Opel Rekord oder ein Ford Granada.

Mitte März 1974 entspannte sich die Situation etwas: Benzin war – wenn auch teurer – wieder in ausreichenden Mengen am Markt. Bundesverkehrsminister Lauritz Lauritzen hob am 15. März nach heftiger öffentlicher Diskussion die gesetzlich vorgeschriebene Höchstgeschwindigkeit auf Autobahnen von 100 km/h wieder auf, um sie gegen eine unverbindliche Richtgeschwindigkeit 130 km/h zu ersetzen. Aber die Käuferzurückhaltung blieb. So feierte der 518 und das 2,5 CS-Coupé nur ein stilles Debüt im Mai. In den folgenden Wochen zeigte sich aber, daß der erste BMW, der mit Normalbenzin fuhr, bald ein Drittel aller Aufträge auf sich verbuchen konnte.

Auf der Suche nach dem kleinen BMW

Klein- und Kleinstwagen verkauften sich noch besser. Volkswagen brachte in jenen Monaten den Typ „Golf" auf den Markt, Audi kam mit dem noch kleineren „50". Die weiß-blauen Händler forderten im Werk ebenfalls ein kleines Fahrzeug. Deshalb überlegte der Vorstand im Frühjahr 1974, ob man kurzfristig den 1602 auch mit einem kleineren Motor von 1,5 Liter Hubraum anbieten könne. „Der kleine kostet genausoviel wie der größere Motor", konterte Entwicklungschef Osswald, „zudem braucht der kleine nicht weniger Benzin." Er schlug vor, die 1,6 Liter-Maschine auf Normalbenzin auszulegen und in der PS-Leistung zu senken. Danach sollte das Spartriebwerk in eine einfache Karosserie-Version der 02-Reihe gesteckt werden. Der Marketing-Bereich hatte nämlich eine Verbilligung der Blechhaut gefordert. Unter Zeitdruck begann der Expertenkreis wieder mit dem „Abstrippen". Sorgfältig wählte man aus, was gespart werden könne, um den kleinen BMW rund 1000 Mark billiger verkaufen zu können als den 1602. Und da sich zu jener Zeit Normalbenzin-Modelle besonders

gefragt waren, überlegte man bei der nächsten Vorstandssitzung, ob es nicht sinnvoll wäre, alle Motoren auf den billigeren Normalsprit umzustellen.
Vor allem Entwicklungschef Osswald plädierte dafür; er glaubte nämlich, daß die Preisdifferenz zwischen Super- und Normalbenzin in Zukunft besonders groß sein werde. Schließlich stand die zweite Stufe des Benzin-Bleigesetzes bevor, wonach der Bleigehalt im Treibstoff vom Januar 1976 an von 0,40 auf 0,15 Gramm pro Liter begrenzt wurde. Die Mineralöl-Industrie hatte größte Schwierigkeiten, diese Forderung im Superbenzin zu erfüllen und kündigte bereits an, daß bleifreies Benzin um etwa zwei Pfennig pro Liter teurer in der Herstellung sein werde als bisher. „Damit wird wohl der Preisabstand zwischen Normal- und Superbenzin bis auf zehn Pfennigen ansteigen", prophezeite Osswald den Vorstandskollegen.
So beschlossen die führenden BMW-Männer alle Vier- und Sechszylinder-Vergaser-Triebwerke aus Milbertshofen auf Normalbenzin umstellen zu lassen. Für Motorenkonstrukteur Alexander von Falkenhausen keine leichte Aufgabe; denn Vorbedingung war, daß die PS-Leistungen nicht sinken durften. Das bedeutete wiederum ein Anheben der Drehzahl beim höchsten Drehmoment. Im Fahrbetrieb hätte dies geringere Elastizität bei niedrigen Drehzahlen ergeben, die wiederum durch häufigeres Schalten auszugleichen ist. Da die Vierzylinder-Triebwerke nicht sehr hoch verdichtet waren, gab es bei den Entwicklungsarbeiten keine Schwierigkeiten. Als allerdings die Dreiliter-Aggregate auch auf Normalbenzin umzogen werden sollten, gaben sie doch sehr wenig Leistung ab.

Schamfrist für Lutz

„Ob er noch lange Verkaufschef von BMW bleibt, wird von Insidern bezweifelt", schrieb im Oktober 1973 das Nachrichtenmagazin „Der Spiegel", „Manager des Konkurrenten Daimler-Benz, in dessen Aufsichtsrat auch BMW-Großaktionär Herbert Quandt sitzt, rechnen für Bob Lutz nur noch mit einer Schamfrist."
Tatsächlich war der hagere, hochaufgeschossene Robert A. Lutz innerhalb des BMW-Vorstands eine umstrittene Persönlichkeit. Der Grund lag in den unterschiedlichen Auffassungen von der Gestaltung künftiger BMW-Wagen. Schon bei seinem Amtsantritt war Lutz daneben getreten; damals regte Lutz an, die sportliche Abstimmung des Opel Commodore für den BMW 520 zu übernehmen. Vergleichsfahrten hatten nämlich gezeigt, daß der Opel schneller durch Kurven zu fahren war als ein 520. Doch BMW-Chef von Kuenheim hatte bestimmt, daß mehr als bisher auf Komfort zu setzen sei.
Während der Vorstand das unauffällig-elegante Auto anstrebte, plädierte Lutz dafür, Autos mit sportlichen Attributen wie Frontspoiler, breiter Spur und Sportfelgen auf den Markt zu bringen. Der Verkaufschef meinte, BMW sei auf dem Weg „weiche" Wagen zu bauen. Er warnte eindringlich vor einer „Mercedesierung": „Wir müssen eine klare, positive Alternative bieten." Auf jeder Vorstandssitzung versuchte Lutz seine Kollegen davon zu überzeugen, daß neue Wagen eine BMW-spezifische Dynamik in Motorisierung, Fahrwerk und Ästhetik haben müßten. Lutz stand mit seiner Meinung allein da: Von Kuenheim und Osswald empfanden die Philosophie des Verkaufschefs

als „Amerikanisierung" der weiß-blauen Marke. Frontspoiler und Rallyestreifen ständen eher Sportausführungen von Großserienwagen, aber nicht den BMWs. So bildete sich bald im Vorstand die Meinung, Lutz mißverstehe die BMW-Philosophie.

Unbeliebt machte sich der – im Zeichnen neuer Linien äußerst begabte Verkaufschef vor allem bei Entwicklungs-Vorstand Bernhard Osswald. Oft ging Lutz nämlich persönlich in die Stylistik und gab den Designern Anregungen, ohne sich um Kompetenzen zu kümmern. Denn die Styling-Abteilung war dem Vorstands-Ressort Entwicklung zugeordnet. Zu lautstarken Auseinandersetzungen kam es, als Lutz die Abteilung aus Osswalds Bereich herauslösen wollte. Ähnlich wie bei anderen Firmen regte Lutz an, die BMW-Stylistik ressort-unabhängig direkt dem Vorstandsvorsitzenden unterzuordnen.

Durch seine Popularität in der Öffentlichkeit hievte die Presse den hageren smarten Verkaufschef immer wieder zum Vorstandssprecher hoch – zum Ärger des Vorstands-Chefs von Kuenheim.

Anfang 1974 verspielte Lutz auch noch die Gunst des Betriebsrates. Während der verkaufsschwachen Monate sollte Lutz eine Prognose vorgeben, welche Produktionszahlen im Krisenjahr anzupeilen sei. Lutz ließ diese Frage völlig offen und beschrieb in einem Konzept, daß 1974 verschiedene Ziele zwischen 187.000 und 145.000 Fahrzeugen vorhanden seien. Worauf ihn Betriebsratschef Kurt Golda rügte: „Das ist doch kein Konzept." Würde danach verfahren, müßte das Werk Dingolfing ganz geschlossen werden, und es ließen sich Massenentlassungen in Milbertshofen gar nicht vermeiden, warnte Golda. Denn Lutzens Produktions-Prognose war zu tief angesetzt.

Golda beschwerte sich bei Aufsichtsratschef Draeger und bei Herbert Quandt. Der Großaktionär bestimmte letztendlich persönlich, daß auch im Krisenjahr ein Ziel von 200.000 Wagen anzustreben sei; selbst wenn auf Halde gebaut würde. Dank der guten Rücklagen könne BMW die Krise ohne Entlassungen durchstehen, meinte Quandt. Zudem rechnete er fest damit, daß 1976 die Konjunktur wieder anrollen werde.

Der Verkaufschef, der nun vom Großaktionär das Planziel gesteckt bekam, war über die Aktivität des Betriebsrates und die Haltung zweier Vorstandskollegen verschnupft. Als die Kölner Ford-Werke über Mittelsmänner bei Lutz anfragten, ob er als Generaldirektor an den Rhein wechseln wolle, sagte der Verkaufschef sofort zu. Nach einem kurzen Gespräch mit Henry Ford II. in Detroit, bat Lutz in München um Aufhebung seines Vertrages und zog noch im Juli 1974 aus der Vorstandsetage im Vierzylinder-Haus aus.

Am ersten September kam der Nachfolger: Hans-Erdmann Schönbeck, zuvor Verkaufschef der VW-Tochtergesellschaft Audi-NSU. Der smarte Manager aus Ingolstadt setzte neue Schwerpunkte in der Absatz-Strategie. Er baute in den folgenden Jahren die wichtigsten Exportmärkte aus – auch wenn dadurch im Inland längere Lieferzeiten entstanden. Man könne nicht hin und wieder Fahrzeuge exportieren, meinte Schönbeck, bei verstärkter Nachfrage im Inland jedoch durch Nichtbeliefern der Auslandshändler deren Existenz gefährden. Schönbeck sah außerdem einen Schwerpunkt in noch engerer Zusammenarbeit mit den Händlern. Zwar gab es bisher schon einen Händlerbeirat, der sich sporadisch mit dem Verkaufsvorstand traf, doch Schönbeck führte erstmals regelmäßige Treffen und Beratungen mit seinen Geschäftspartnern ein.

Die Senkrecht-Taucher

Trotz des schleppenden Verkaufs liefen die langfristig geplanten Ausbaustufen im Werk Dingolfing termingerecht ab. Mitte 1974 wurde die Produktionshalle für den Karosserie-Rohbau fertig. Wie in München schon länger üblich, erhielten hier die Aufbauten in einem Elektrophorese-Tauchbad eine gleichmäßige Rostschutz-Schicht. Dabei schwimmen positiv geladene Lackteilchen in einem Bad, in das die negativ aufgeladene Blechkarosserie taucht. Die Rostschutz-Teilchen springen aufs Blech über und haften auch dort, wo Spritzpistolen sonst nicht hinreichen. Im Gegensatz zu den üblichen Elektrophorese-Tauchbädern in der Automobil-Industrie installierte die Firma Dürr, Stuttgart, im Dingolfinger-Werk die erste elektronisch gesteuerte Vertak-Anlage der Welt, bei der die Rohkarossen senkrecht in die Bäder tauchen. Vorteil: Auch kleinste Hohlräume werden phosphatiert, die kleinere Oberfläche des Lackbades ergibt zudem geringere Verdunstungsgefahr und spart Grundfläche.

Schon zwei Jahre zuvor – Mitte 1972 – hatte BMW versucht, seine Fahrzeuge rostfester zu machen. Damals experimentierte man mit einem 2002, dessen Hülle aus feuerverzinktem Blech bestand. Damit hatte BMW zwar einen fast rostfreien Wagen geschaffen; doch dort, wo das feuerverzinkte Blech mit normalem Werkstoff in Berührung kam, blühte der Rost umso stärker. Zudem stellte man fest, daß die Lackierung auf dem feuerverzinkten Blech sehr schlecht haftete. So brach man damals die Versuche mit dem vorbehandelten Blech ab und verstärkte das Bemühen, mit ausgefeilten Fertigungsanlagen besseren Rostschutz zu erreichen.

Nach der Fertigstellung der vorläufig letzten Baustufe im Werk Dingolfing begann man im Oktober 1974, die Produktionswerkzeuge für die 5er-Reihe von München nach Dingolfing zu schaffen. Im Stammwerk bekam Produktionschef Hans Koch nun Platz für neue Modelle, die einige Monate später in Serie gingen.

Motorenlieferant für Rennställe

Bei der Ehrung der erfolgreichsten Automobilsportler des Jahres 1974 wurde erstmals in der Geschichte des Rennsports ein Hersteller von Rennmotoren in den Kreis der zu Ehrenden aufgenommen. Vorstandsmitglied Bernhard Osswald nahm – stellvertretend für BMW – vom Präsidenten der „Obersten nationalen Sportkommission für den Automobilsport in Deutschland (ONS)" einen Pokal für die Erfolge des Formel-II--BMW-Motors „M 12/6" entgegen.

Motorblock und Kurbelwelle entstammten dem 2002-Serientriebwerk. Alex von Falkenhausen und sein Stellvertreter Paul Rosche hatten jedoch dazu einen Zylinderkopf gebaut, in dem 16 Ventile parallel angeordnet waren und V-förmig hingen. Das Resultat dieser Mühe: Aus zwei Liter Hubraum kam 280 PS Leistung bei 9500 Umdrehung pro Minute. Der neue M 12/6 wurde im Frühjahr 1973 zum erstenmal in einem englischen March-Rennwagen eingesetzt. Das Fahrzeug gewann auf Anhieb. Ab Mitte 1973 holten ausschließlich Formel II-Rennwagen mit dem BMW-Motor im Heck die Siegeslorbeeren.

Kein Wunder, daß 1974 das spurtstarke Triebwerk fast den gesamten Rennwagenbau in der Formel II beherrschte. Jochen Neerpaschs Motorsport GmbH. fertigte innerhalb kurzer Zeit mehr als 130 Formel-II-Maschinen in Handarbeit an und verkaufte sie in alle Welt. An den Rennen selbst beteiligte sich BMW allerdings nicht. Der Motor stand dafür allen Rennställen zur Verfügung. Dagegen bot BMW den Rennställen einen sogenannten Motoren-Service. Eine kleine Mannschaft von Ingenieuren und Mechanikern betreuten gegen Miete die Motoren-Kunden an den Rennstrecken Europas.
Die Erfolge in der Formel II ermunterten die Techniker innerhalb des Werks dazu, doch auch einmal einen Formel-I-Motor in Angriff zu nehmen. Aber der Vorstand gab dazu keine Genehmigung. Schließlich war zu jener Zeit gerade die Ölkrise überwunden und deren Folgen noch nicht abzusehen.

Der Rückschlag

„1974 wurde für die Branche zum schwierigsten Geschäftsjahr seit Jahrzehnten", notierte der Geschäftsbericht. Insgesamt waren die Zulassungen gegenüber dem Vorjahr um 16,3 Prozent gesunken. Die BMW-Zulassungen verminderten sich um acht Prozent. BMW hatte insgesamt 188.965 Wagen gebaut, rund vier Prozent weniger als 1973. Der Umsatz sank um fünf Prozent. Und deshalb kürzte von Kuenheim auch die Investitionen. Schon bestellte Motorenprüfstände wurden wieder abbestellt, Aufträge über neue Maschinen kurzerhand storniert.
Zwar konnte BMW zum Jahresende stolz verkünden, keine Massenentlassungen – wie andere Firmen – vorgenommen zu haben; die Zahl der Mitarbeiter sank allein durch Fluktuation und strikten Einstellungsstop um sieben Prozent ab. Abgesehen von den Monaten Februar und März benötigte BMW auch keine Kurzarbeitsphasen. Denn der Umzug der 5er-Baureihe ins Werk Dingolfing hatte sowieso dazu geführt, daß nicht soviele Autos gebaut werden konnten.
Dennoch: Die Lagerhalden hatten ihren Höhepunkt erreicht. Rund 60.000 neue BMWs warteten im Werk und bei den Händlern zum Jahreswechsel 1974/75 auf Käufer. Um die Halden nicht noch weiter wachsen zu lassen, beantragte BMW vorsorglich beim Arbeitsamt München für Februar 1975 sieben Tage und für März zehn Tage Kurzarbeit. Das Fachblatt „Autohaus" wunderte sich: „So mancher europäische Autohersteller steht heute vor der für ihn unfaßbaren Tatsache: Die Pferde stehen an der Tränke, aber sie saufen nicht." Denn trotz Aufhebung von Geschwindigkeitslimits und Sonntagsfahrverboten, trotz entspannter Lage am Treibstoffmarkt hielten sich die Käufer zurück. Zur Jahreswende spürte der Handel zwar „ein zartes Lüftchen" (Autohändler Wilhelm Becker), doch herrsche „noch lange kein Auto-Frühling." Selbst Eberhard von Kuenheim gab sich inzwischen pessimistisch. Zur Konjunktur befragt, antwortete er damals der „Deutschen Zeitung", daß er insgesamt „keine wesentliche Besserung" erwarte. Er rechnete erst mit einer „geringfügig lebhafteren Nachfrage" in der zweiten Jahreshälfte: „Nicht zuletzt auf Grund der im Herbst stattfindenden Automobil-Ausstellung."
Doch alle Experten täuschten sich: Ende Februar 1975 besserte sich die Verkaufssituation von Woche zu Woche. Die bereits beantragte Kurzarbeits-Periode für Anfang März ließ BMW bei den zuständigen Arbeitsämtern stornieren. Im Aufsichtsrat stellte

Betriebsratschef Kurt Golda mit Erleichterung fest, daß die lange erwartete Konjunktur in der Auto-Branche endlich „gegriffen" habe.
Früher als die Kunden der Großserienfabrikate Volkswagen, Opel und Ford hatten BMW-Käufer ihre Zurückhaltung aufgegeben. Die Nachfrage nach Modellen der Mittelklasse – besonders dem 518 – erlaubte sogar die Einführung der zweiten Arbeitsschicht in Dingolfing. Die Tagesproduktion stieg von 220 auf 350 Fahrzeugen.

Vom Spar- zum Luxusauto

Völlig unabhängig vom Gang der Konjunktur wirkten sich im Januar 1975 jene Beschlüsse aus, die der Vorstand angesichts des verkaufsschwachen Vorjahres getroffen hatte. Vom Programm wurden gestrichen:
- alle Touring-Modelle, von denen in der letzten Zeit kaum noch 100 Exemplare pro Monat zugelassen wurden
- der 2002 Turbo, dessen Auflage sowieso limitiert gewesen war
- der 2800

Auf den freiwerdenden Bändern baute BMW nun eine „zeitgerechte Modellvariante", den 1502. Er besaß einen 1,6 Liter-Motor, der auf 75 PS gedrosselt worden war. Mit einer Beschleunigung von null bis 100 in 14,3 Sekunden war der 1502 nun der langsamste Wagen im Programm. Wenn dies auch bei der Einführung schamvoll verschwiegen wurde, störte sich das Publikum ganz offensichtlich ebensowenig daran, wie an der „abgestrippten" (Werksjargon) Innenausstattung. In den folgenden Wochen fielen ein Viertel aller Bestellungen auf den 1502.
Anstatt des 2800 bot BMW nun die Lang-Version „2,8 L" an. Für dessen Entstehung war vor allem entscheidend, daß bei Behörden und Firmen ein Hubraum-Limit von 2,8 Liter für Dienstwagen bestand. Die bisherigen weiß-blauen Lang-Limousinen mit dem Dreiliter-Motor waren also für solche Kunden zu groß. Andererseits mochten solche Interessenten sich auch nicht mit dem engen Fußraum im bisherigen 2800 abfinden. Deswegen setzte man in die Lang-Limousine kurzerhand den 2,8 Liter-Motor. Er besaß – ebenso wie das Flaggschiff, der 3,3 L und 3,0 L – serienmäßig solche Komfort-Details wie Fondraumheizung, Servolenkung, zusätzliche hintere Kopfstützen und von innen einzustellender Außenspiegel.
Um auf der anderen Seite nicht die Kunden zu verlieren, die ein Kraftpaket suchten, mixte von Kuenheim aus dem Baukastenregal den 528 zusammen. In der Karosse des Mittelklassewagens steckte der kräftige 2,8 Liter-Motor. Doch für den Export nach Amerika hielt BMW noch eine andere Version bereit; den 530 i. Wegen der dort geltenden außerordentlich scharfen Abgasbestimmungen mußte BMW seine Motoren mit leistungsmindernden Abgas-Thermo-Reaktoren ausstatten. Und um ähnliche Leistungswerte wie beim 528 zu erreichen, griffen die Techniker zur Dreiliter-Einspritzmaschine, die auf Normalbenzin umerzogen wurde und trotz der Abgasentgiftung noch etwa 160 PS an die Räder brachte.

Keine British-Motor-Works

Konsequent – wie von Ex-Verkaufschef Lutz geplant – hatte BMW die Verträge der Importeure auslaufen lassen und danach den Vertrieb im jeweiligen Land durch eigene Tochtergesellschaften übernommen. Schon 1973 führte BMW in Frankreich den Import in eigener Regie durch. Anfang 1974 übernahmen neue Vertriebsgesellschaften in Italien und Belgien von den dortigen Importeuren das Geschäft. Anders in den USA: Der langjährige US-Importeur Maxie Hoffmann war 1970 von München aufgefordert worden, repräsentativere Gebäude zu bauen. Die dazu nötigen zwölf Millionen Dollar wollte Hoffmann allerdings nur dann investieren, wenn ihm dafür ein langjähriger Vertrag zugestanden würde. Nach langem Zögern hatte der Aufsichtsrat zugestimmt. Ein ganzes Jahr feilschten dann die BMW-Rechtsabteilung und Hoffmann einen solchen Vertrag aus, der von dem damaligen Generaldirektor Gerhard Wilcke genehmigt und von den beiden BMW-Vorständen Paul G. Hahnemann und Bernhard Osswald unterzeichnet worden war. Ein Vertrag, über den sich von Kuenheim nun ärgerte; denn eine kurzfristige Übernahme des Amerika-Geschäfts war damit verbaut.

Dennoch gründete BMW 1973 die „BMW of North-America Incl.", die eines Tages Hoffmanns Geschäft weiterführen sollte. Nach Aufbau der Organisation begannen Verhandlungen mit Hoffmann, gegen eine Abfindung in Millionen-Höhe freiwillig aus dem Vertrag auszusteigen. Anfang 1975 hatte das Bohren Erfolg. Wahrscheinlich verschreckt durch die Ölkrise ließ sich Hoffmann auszahlen und handelte eine kleine Beteiligung an der neuen Gesellschaft aus. Im März 1975 übernahm die BMW-Tochtergesellschaft Import und Vertrieb.

Gleichzeitig bemühten sich die neuen Männer jenseits des Ozeans, die weiß-blaue Marke besser als bisher ins Bewußtsein der Amerikaner zu rücken. Umfragen hatten nämlich ergeben, daß viele US-Bürger die Buchstaben BMW als „British Motor Works" übersetzten. Andere deuteten die Buchstaben als „Bee emm trouble you" (BMW macht Dir Ärger – ein Wortspiel mit der englischen Aussprache der Buchstaben). Das wiederum geschah in Erinnerung an frühere BMW-Wagen, die sich in den USA wegen ihrer mechanischen Unzuverlässigkeit wenig Freunde geschaffen hatten.

Um systematisch ein besseres Image aufzubauen, baten die US-Manager Sportdirektor Jochen Neerpasch um Schützenhilfe. Er trat mit wettbewerbsfähigen Tourenwagen bei den populären Rennen der IMSA-Serie an. Bereits in den ersten Rennen errang ein BMW zwei Gesamtsiege und neue Runden- und Streckenrekorde. Noch 1975 sollte Neerpasch mit seinem Team fünf weitere Gesamtsiege und elf Kategoriesiege erringen.

Auch der Show-Effekt kam nicht zu kurz: Zum Höhepunkt der amerikanischen Motorsport-Saison 1975 ließen die cleveren BMW-Manager ein Renncoupé von dem amerikanischen Maler und Bildhauer Alexander Calder in poppigen Farben bemalen. Das Kunstwerk auf Rädern startete dann beim 24 Stunden-Rennen von Le Mans, um danach als Publikums-Magnet auf internationalen Ausstellungen herumgereicht zu werden.

Um die weiß-blaue Marke in den USA bekannt zu machen, ließ Sportdirektor Jochen Neerpasch (rechts) ein Dreiliter-Coupe von dem US-Maler Alexander Calder (vorn) in bunten Farben bemalen

Die Niere hoch

Als „Automobiltechnik der 80er Jahre" pries BMW schon im Juni 1975 eine neue Modellreihe an, welche die inzwischen neun Jahre alten 02-Modelle ablösen sollten; die 3er-Reihe.
Damit startete die zweite Stufe der entwickelten neuen Typenbezeichnung: die 3 kennzeichnet die kleine Karosserie, die dahinter gestellte zweistellige Zahl den Hubraum des eingebauten Motors.
BMW hatte die Neulinge in Münchens Olympia-Stadion aufgebaut, um sie erstmals der Presse zu präsentieren. Und Vorstandsmitglied Bernhard Osswald meinte zu diesem Anlaß: „Durch sein konstruktives Konzept und seine hochwertige Technik realisiert der neue BMW einen für die automobile Zukunft entscheidenden Entwicklungsschritt."
Seit 1970 hatte er und sein Team sich mit der Entwicklung des Projekts „E-21" beschäftigt. Die Techniker entwarfen – angesichts der dauernden Kritik über zu wenig Kniefreiheit im Fond – ein Fahrzeug mit längerem Radstand und Stufenheck. Ein anderer Entwurf sah eine Schrägheck-Version vor. Beide Projekte verschwanden bald von den Konstruktions-Tischen. Denn der geringe Publikums-Erfolg der Touring-Modelle hielt die Techniker vom nochmaligen Bau einer Schrägheck-Limousine ab. Und das projektierte Modell mit dem längeren Radstand stellte sich bald als zu schwergewichtig heraus.
1972 entstand dann aber eine Bodengruppe, die zwar den gleichen Radstand wie die 02-Reihe besaß, in der Gesamtlänge jedoch gegenüber dem Vorgänger um 63

Millimeter wuchs. An diesem Fahrwerk baute man all das ein, was schon die 5er-Reihe an technischen Finessen bot. Darüberhinaus versuchten die Konstrukteure das bewährte weiterhin zu veredeln. Die Schraubenfedern an der Vorderbeinachse wurden exzentrisch zur Federbeinachse angeordnet, wodurch sich das Ansprechverhalten der Federung auf Bodenwellen verfeinerte. Die Vorderachse besaß – wie bei der 5er-Reihe – einen Nachlaufversatz, wodurch sich auch bei langsamer Fahrt die Lenkung leichter bedienen ließ. Rückstand holte man dagegen in Bezug auf Service-Erleichterung auf: Die Stoßdämpfer in den Federbeinen waren nun austauschbar. Ein Konstruktionsdetail, das andere Autofirmen längst eingeführt hatten.

Die Schräglenker-Hinterachse erhielt zusätzlich eine sogenannte Pendelstütze, die zur seitlichen Abstützung der Achse an der Karosserie diente. Dadurch wurde die Eigenbewegung der Hinterachse bei Kurvenfahrt begrenzt, was sich durch gutmütiges Fahrverhalten – auch im Grenzbereich – äußert. Durch Verwendung von zugeschweißten Hohlprofilen wogen die Schräglenker jetzt weniger, waren aber dennoch sehr steif.

Aus Kostengründen und um den Fahrer einen noch besseren Fahrbahn-Kontakt zu geben, ging Osswald von der – bei der 02-Reihe verwendeten – Schneckenrollen-Lenkung ab und auf das System der üblichen Zahnstangenlenkung über.

Überarbeitet wurden auch die Motoren. In der Grundkonstruktion blieben es zwar die bewährten Vierzylinder mit Hubräumen zwischen 1,6 bis 2 Liter. Die Brennräume gestaltete Motorenkonstrukteur Alexander von Falkenhausen so, daß darin das Benzin-Luft-Gemisch noch besser und leiser verbrannte als zuvor. Zusammen mit anderen Maßnahmen, etwa der Verwendung von Registervergasern, erzog von Falkenhausen allen Triebwerken den Durst nach Normalbenzin an, dennoch erzielte er mehr PS. Denn auch hier tangierte Osswald das Problem, das schon bei der Entwicklung der 5er-Reihe aufgetreten war. Die Karosserie der neuen Reihe mußte alle Sicherheitsdetails (Knautschzonen, Überrollbügel) vorweisen, die nach dem Stand der Technik üblich waren. Dadurch stieg das Gewicht gegenüber den früheren Modellen an. Und um zumindest ähnliche Fahrleistungen zu bieten, mußte der Motor mehr PS leisten.

Typ	1602	316	1802	318	2002	320
PS-Zahl	85	90	90	98	100	109
Leergewicht (kg)	970	1040	970	1040	990	1060
0 – 100 km/h (sek)	12,8	14,0	11,8	12,0	10,9	11,5
Höchstgeschwindigkeit (km/h)	160	161	165	168	170	173

Ganz besonderen Wert legte Osswald bei der Konstruktion auf leisen Lauf des Wagens. Dies erreichte er nicht nur durch Isolierung, sondern durch echte Geräuschdämpfung an allen Details. Durch Vergrößerung des Luftfilters und Glättung der Ansaugkanäle wurde das Ansauggeräusch leiser. Durch Aufhängung des Wasserkühlers in großvolumigen Gummilagern verschwanden Schwingungen, der 320 erhielt sogar einen kleinen Stoßdämpfer, der die Eigenbewegung des – von Natur aus etwas rauhen – Zweiliter-Aggregats auffing. Durch eine neuartige Aufhängung des Auspuffs senkte man den Auspufflärm. Die Leistung des Lüftungsgebläses stieg

zwar – gegenüber dem Vormodell – um 90, der Geräuschpegel sank dagegen um neun Prozent. „Sie können sich vorstellen", erläuterte Osswald zur Premiere der Presse, „wieviel Feinarbeit, wieviele Versuche notwendig sind, um zu solch einem überzeugendem Ergebnis zu kommen."
Von 1973 an liefen die ersten Fahrwerke im Versuch – getarnt mit dem Blechkleid eines 1602. Als es dann daran ging eine neue Karosserie zu entwerfen, wich Osswald von seiner bisher geübten Praxis, den Rat italienischer Designer einzuholen, ab. Paul Bracq, damals Hauptabteilungsleiter des Stylings, entwarf die Linien der neuen Wagen. Beim Entwurf zum Armaturenbrett hielt er sich konsequent an die Ergonomie (lat: Die Lehre von der Arbeitsleitung der Muskeln bei Bewegung und optimalen Bewegungsabläufen). Ähnlich dem Cockpit im Turbo-Coupé zogen sich in der 3er-Karosse Instrumente und Bedienungsschalter im Halbkreis um den Fahrer herum, um einen optimalen Zugriff zu sichern. In den äußeren Linien zeigte die 3er-Reihe Familienähnlichkeit mit der 5er-Reihe. Jedoch griff Bracq auch hier auf ein Detail zurück, das im Turbo-Coupé von 1972 schon einmal gezeigt worden war: die hervorgehobene BMW-Niere. Sie erlaubte es, die Motorhaube tiefer zu ziehen, ohne das typische BMW-Merkmal zu klein werden zu lassen. Denn Herbert Quandt erinnerte seine Techniker in Milbertshofen immer wieder: „Die Niere müßt Ihr unbedingt hochhalten."

Mißfallen am Heck

Die neuen kleinen BMWs fanden nach ihrer Premiere nicht überall ungeteiltes Lob. Kritisiert wurde von den Testern der – gegenüber dem Vormodell – kleinere Innenraum, die weniger sportliche Fahrwerksabstimmung und der relativ laute Motorenlauf. „Rauh aber solide", urteilte damals die „Deutsche Zeitung", und das Fachblatt „auto motor sport" schrieb vom „über den gesamten Drehzahlbereich angestrengt wirkenden BMW-Motor im lautstarkem Arbeitsgeräusch". Die ersten Testfahrten zeigten auch, daß der auf Normalbenzin umgestellte Motor natürlich eine etwas höhere Literzahl schluckte als die Vorgänger, die Superbenzin verlangten. Bei einem BMW 318 maß „auto motor sport" damals den Durchschnittsverbrauch von 13,9 Litern auf 100 Kilometer. Damit war der bayerische Wagen der durstigste unter fünf Konkurrenten der sportlichen Mittelklasse.
Große Anerkennung bekam der neue kleine BMW aber wegen seiner ungewöhnlichen Handlichkeit, seinem zukunftsweisenden Armaturenbrettes und seiner unproblematischen Straßenlage. Schrieb „auto motor sport": „Das gute Fahrgefühl, sichere Fahreigenschaften, befriedigender Fahrkomfort und außergewöhnliche Handlichkeit machen den BMW 320 zu einem rundum gelungenen Auto."
Als allerdings die Serie anlief, zeigten sich auch Kinderkrankheiten. Die nur an zwei Punkten aufgehängte Auspuffanlage löste sich oft und polterte dann gegen die Karosserie. Der Deutsche Kraftfahrzeug-Überwachungsverein (Dekra) registrierte „Probleme mit dem Fahrwerk", und die Detailverarbeitung ließ zu wünschen übrig. Als Minus kreideten Tester später der 3er-Reihe das viel zu geringe Gewicht auf der Hinterachse an, was zu schlechten Wintereigenschaften führte.

Prinzip der ergonomischen Armaturenbrettgestaltung: Alle Bedienungsknöpfe müssen im Halbkreis um den Fahrer liegen

Mehr störte Neuwagenkäufer aber damals das stilistisch zu schwer geratene Heck. Stapelweise kamen Briefe von Auto-Interessierten an Konstrukteur Bernhard Osswald, in dem Vorschläge und Zeichnungen angeboten wurden, wie das plumpe Heck des neuen BMW optisch aufzulockern sei.

Aber im Werk lag nach einer Vorstandssitzung schon die optische Lösung parat; zwischen den beiden Rücklichtern brachte man eine schwarze Kunststoffleiste an. Ab Dezember 1975 erhielten alle neuen BMWs der 3er-Reihe diese Leiste, früher gebaute Wagen wurden gegen einen Aufpreis nachgerüstet.

Zu diesem Zeitpunkt erschien dann auch die stärkste Variante der neuen 3er-Reihe: der BMW 320 i. Er besaß eine mechanische Benzineinspritzung von Bosch (K-Jetronic), durch die der Motor jetzt 125 PS leistete. Aber dafür verbrauchte die schnelle sportliche Variante auch Superbenzin. Gegenüber früheren Benzineinspritzungen unterschied sich die K-Jetronic durch mehr Wartungsfreundlichkeit und unkomplizierte Einstellung.

Die Benzin-Krise

Mineralölindustrie und Auto-Hersteller lebten in jener Zeit monatelang in Fehde mit dem Gesetzgeber. Angesichts von Umweltproblemen hatte nämlich Vater Staat das Benzin-Blei-Gesetz in zwei Stufen verordnet. 1971 mußte der Bleigehalt im Benzin auf 0,40 Gramm pro Liter herabgesetzt werden, eine Forderung, die sich noch erfüllen ließ. Zum 1. Januar 1976 trat jedoch die zweite Stufe per Gesetz in Kraft und danach durfte Benzin nur noch 0,15 Gramm Blei pro Liter enthalten. Bis zum Frühjahr 1975 jedoch konnte die Mineralölindustrie keinen gleichwertigen Ersatzstoff bieten. Blei war nämlich als Antiklopfmittel für Hochleistungsmotoren notwendig. „Das neue bleiarme Superbenzin wird möglicherweise so schlecht sein", warnte damals die ADAC-Motorwelt, „daß manche Automotoren sogar umgebaut werden müssen."

Dieser Satz löste Nervosität in allen Auto-Schmieden aus. Auch bei BMW. Denn an dem bleiarmen Treibstoff wären vor allem die vielen BMW-Einspritzmotoren, aber auch die hochverdichteten TI-Triebwerke betroffen worden. „Die Benzinreform stellt ein Volksvermögen von zehn Milliarden Mark zur Disposition", unkte Eberhard von Kuenheim.

Im Sommer 1975 schickten die Benzinfirmen erste Proben eines neuen Treibstoffes nach München. Bernhard Osswald kam damit zu katastrophalen Ergebnissen: „Mit dem Testbenzin läßt sich kaum fahren." Verzweifelt versuchten die Motorenkonstrukteure – wie in anderen Werken auch – nach Lösungen. Erst im Herbst 1975 mischte die Mineralölindustrie mit dem Treibstoff „VK 76 Super Charge II" ein Superbenzin, das allen Anforderungen – sowohl der Motorhersteller wie auch des Gesetzgebers – gerecht wurde. Lediglich an älteren Einspritz-Motoren mußte BMW im Rahmen des Kundendienstes die Verdichtung senken.

Im Auftrag von Karmann entwarf und baute der italienische Designer Giorgetto Giugiaro dieses Coupé-Karosserie „Asso di Quadri" auf der Basis des 320. Als der Wagen auf dem Turiner Autosalon im November 1976 Premiere feierte, gefiel er den BMW-Leuten vor allem deshalb nicht, weil die Frontniere zu klein geraten war

Bilanz 75: Lager geräumt

Als im Vierzylinder-Hochhaus zum Jahresende Bilanz gezogen wurde, zeigte sich, daß die Talsohle prächtig überwunden war. Seit dem zweiten Quartal arbeiteten alle BMW-Werke wieder mit voller Kapazität. Um die Nachfrage zu befriedigen, legte BMW sogar Sonderschichten ein; dennoch wuchsen die Lieferfristen von Monat zu Monat.
In der Bundesrepublik stiegen die Zulassungen von BMW-Automobilen gegenüber dem Krisenjahr 1974 um 53,7 Prozent. Im Export erzielte die weiß-blaue Marke ein Plus von 7,5 Prozent, während die Ausfuhr der übrigen deutschen Auto-Industrie auf den Stand von 1967 zurückgefallen war. Mit 221.298 gebauten Wagen übersprang BMW erstmals die magische 200.000er Grenze. Stärker noch als der Absatz, der um 40,8 Prozent heraufsprang, stieg der Jahresüberschuß von 42 auf 74 Millionen Mark. BMW gehörte damit zu den blühenden Unternehmen im Lande. Mit knapp 29.000 Menschen erreichte die bayerische Fabrik zudem den höchsten Belegschaftsstand in der Nachkriegszeit.
In den ersten Monaten 1976 hielt die Auftragsflut weiter an. Trotz immer mehr Sonderschichten bestanden für alle Modelle Lieferfristen von sechs Monaten und mehr. Die Lager im Werk und bei den Händlern waren restlos geräumt.

Lohnauftrag für Lamborghini

Bei solch guter Geschäftslage durfte Jochen Neerpaschs Motorsport-Gesellschaft wieder aktiver werden: Es fehlte ihr ein moderner Serienwagen, der gute Erbanlagen für den Motorsport besaß. Das Coupé war am Ende seiner Entwicklung, die neuen Serienwagen der 3er- und 5er-Reihe wogen durch ihre Sicherheitsdetails zuviel, um daraus einen erfolgreichen Sporttyp zu machen.
So dachte Neerpasch zuerst daran, nach dem Vorbild der Ford-Motor-Company einen leistungsfähigen Formel-I-Motor zu konstruieren, anfangs an Renn-Teams zu verkaufen und später einen eigenen Formel-I-Rennwagen zu bauen.
Dieser Plan erwies sich als zu kostspielig. So grübelte Neerpasch das zu verwirklichen, was bei BMW schon vor einem halben Jahrzehnt heranreifte; der Bau eines superschnellen Mittelmotor-Coupés. Denn zu jener Zeit schuf die Internationale Motorsport-Kommission gerade die Gruppe 5, und Neerpasch kombinierte: „Um nach diesem neuen Reglement Rennen gewinnen zu können, brauchen wir einen neuen Wagen."
Dazu nahmen die Münchener alte Kontakte wieder auf: Neerpasch fuhr zu der italienischen Sportwagenfirma Lamborghini, die schon um 1970 über den Rennfahrer Hubert Hahne mit BMW um den Bau eines Sportwagens verhandelt hatte. Die Italiener erklärten sich sofort bereit, ein solches Coupé für BMW komplett zu entwickeln – und das zu einem Preis, der in München wegen der höheren Löhne nie möglich gewesen wäre. Neerpasch stellte im Frühjahr 1976 den Italienern gleich in Aussicht, daß der künftige Sportwagen später auch bei Lamborghini in Bologna in Serie gebaut werden sollte.
Doch bis dahin sollten noch einige Jahre vergehen, in denen Neerpasch und sein Team nicht untätig bleiben mochten. Deshalb nahm man sich des 320 an, baute ihm weit ausladende Heckflossen, einen nach vorn geschobenen Frontspoiler und überdimensionale Kotflügelverbreiterungen an. Unter dem abgespeckten Blechkleid kamen viele Teile aus dem früheren Rennsport-Coupé wieder zum Einsatz; so etwa die ringsum belüfteten Scheibenbremsen und die – durch Bohrungen leichter gewordenen – hinteren Radaufhängungen. Im Kofferraum saß ein Zusatztank, sowie ein 12 Liter-Öltank. Vom ergonomischen Armaturenbrett und der komfortablen Ausstattung blieb bei dieser Renn-Version nichts übrig. Unter der Haube des Renn-320 saß eine Formel-II-Maschine, die schon in der zahmen Version rund 290 PS aus 2000 ccm Hubraum holte.
Auf der französischen Rennstrecke Paul Ricard drehte das „Trainings-Muletto" – wie das erste weiße Exemplar im Werksjargon hieß – im November 1976 die Premieren-Runden. Richtig zum Einsatz kam der Wagen allerdings erst am 13. März 1977 auf dem belgischen Grand-Prix-Kurs in Zolder. Insgesamt drei junge Leute – Durchschnittsalter 23 Jahre – erhielten hier eine Chance, mit den weißen Renn-BMWs ihr Fahrtalent unter Beweis zu stellen. Das „Junior-Team" sollte in der hart umkämpften Deutschen Rennsport-Meisterschaft Erfahrungen sammeln – für künftige größere Aufgaben in der Marken-Weltmeisterschaft. Meinte das „BMW-Journal": „Sie werden Lehrlinge sein in der besten Produktionswagenserie Europas."

Acht Siege erkämpften sich die Lehrlinge in der Klasse. Zum großen Durchbruch und zur Anknüpfung an alten Rennruhm langte dies aber nicht. So fragte denn auch die Kölner „Auto-Zeitung", warum sich BMW nur mit kleinen Autos am Rennsport beteilige. Neerpasch antwortete darauf: „Die konzentrierte Entwicklung am Mittelmotor-Coupé der 80er-Jahre läßt für ein volles Programm keine Zeit."
Vorarbeit dazu war in München der Test von Sechszylinder-Motoren mit Turboladern. Eingebaut in das altbekannte CSL-Coupé legten die 3,5 Liter-Triebwerke, die bis zu 800 PS leisteten, auf den Rennstrecken Europas ihre Bewährungsproben ab.
In Bologna hatten währenddessen unter strengster Geheimhaltung die Arbeiten zum Mittelmotor-Coupé begonnen. Es entstand ein sehr leichter Gitterrohrrahmen, an den Fahrwerks-Elemente der Dreiliter-Limousine angebaut wurden. Der italienische Designer Giorgetto Giugiaro hatte bereits dazu ein nur 1,14 Meter hohes Renn-Coupé aus Kunststoff entworfen. Besondere Merkmale; versenkbare Scheinwerfer, ein Scheibenwischer und Rückfenster mit Wabengitter.

„Lehrlinge in der besten Produktionswagenserie Europas" – „Junior-Team" am 13. März 1977 auf dem belgischen Grand-Prix-Kurs Zolder

Erste Zeichnungen zum 6er-Coupé mit versenkten Scheinwerfern

Ideen vom Turbo

Der Italiener hatte kurz zuvor schon einen Auftrag aus München erhalten: Giugiaro hatte für das Entwicklungsprojekt „E-24" ein viersitziges Coupé entworfen, das jedoch nie zum Zuge kam. Der Vorstand entschied sich für einen hauseigenen Parallelentwurf, der im März 1976 dann auf den Markt kam; die 6er-Reihe.
Seit 1973 war die Nachfrage nach den CS-Coupés kontinuierlich zurückgegangen. Deshalb galt es, so schnell wie möglich einen Nachfolger zu entwickeln. Dabei entsprach es den Erfordernissen der Serie, wiederum auf der Bodengruppe einer Limousinenreihe aufzubauen. Zu jenem Zeitpunkt eignete sich dazu aber nicht das schon ältere Chassis der 2500/2800-Typen, eher schon das moderne Fahrwerk der 5er-Reihe: Auch wenn hierbei der Radstand kleiner war als es sich BMW-Chef von Kuenheim für ein solches Edel-Coupé gewünscht hätte.
Um eine passende Linie zu finden, bestellte Entwicklungschef Osswald bei Giugiaro und dessen Firma „Ital-Design" einen Entwurf. Parallel dazu arbeitete BMWs Stylist Paul Bracq an einem Modell zum E-24. Sein Entwurf gefiel besser. Denn er hatte bewußt Ähnlichkeit mit dem futuristischen Turbo-Coupé von 1972 gesucht. Auch beim E-24 wurde die BMW-Niere durch eine Hutze hervorgehoben und die Motorhaube besonders tief heruntergezogen. Damit, so ließ BMW wissen, erziele man den günstigsten Luftwiderstand aller bis dahin in Serie gebauten BMW-Wagen. Aus Sicherheitsgründen wurde das neue Coupé nicht – wie das Vorgänger-Modell – mit pfostenlosen Seitenfenstern ausgestattet. Die B-Säule – also die Seitensäule – diente nämlich als Überrollbügel und wurde von außen durch eine schwarze Blende verdeckt. Mit Querträgern an der Vorderwand des Cockpits, Verstärkungen hinter der Fondsitzbank, sowie oberhalb der Front- und Heckscheibe wurde das Coupé so gebaut, daß es selbst strengste US-Sicherheitsbestimmungen übererfüllte. Nur in einem Punkt hinkte das neue Coupé hinter den neuesten Sicherheitsmerkmalen

hinterher; bei der Lage des Tanks. Zu jener Zeit hatte man nämlich erkannt, daß der Benzin-Tank zum Schutz gegen Auffahrunfälle vor der Hinterachse liegen müsse. Bei der Konstruktion der 3er-Reihe hatte dies Osswald auch berücksichtigt. Da aber beim Bau des 6er-Coupés die Bodengruppe der 1972 entstandenen 5er-Reihe benützt wurde – und hierbei der Tank hinter der Hinterachse lag – konnte man hieran wenig ändern.
Überhaupt mußte Osswald bei der Konstruktion des Coupés einige Kompromisse schließen: Die niedrige Gürtellinie war schuld daran, daß die Seitenfenster in heruntergekurbelten Zustand nicht ganz in den Türen verschwanden, sondern immer etwa einige Zentimeter hervorlugten. Und die hinteren Seitenfenster – im Vormodell noch ganz zu versenken – ließen sich beim 6er-Coupé nur eine Handbreit öffnen.
Dafür hatte das neue Coupé andere Qualitäten: Leichtmetall-Felgen und bronzefarbene Wärmeschutzglas rundum gehörten zur Serienausstattung. Technisch einmalig war das „Check-Controll-Board", das in ähnlicher Form allein der Experimentierwagen Turbo von 1972 getragen hatte. Durch Knopfdruck konnte der Fahrer prüfen ob

- der Kühlwasserstand in Ordnung war
- der Ölstand im Motor stimmte
- der Waschwasser-Vorrat ausreichte
- das Bremsflüssigkeitsniveau stimmte
- die Funktion von Brems- und Rücklicht gewährleistet war
- die Stärke der Bremsbeläge in Ordnung war.

Die Idee zu diesem neuartigen Anzeigegerät hatten BMW-Ingenieure ausgetüftelt. Sie kauften am Markt gängige Anzeigegeräte und Fühler, verbesserten sie nach eigenen Erfahrungen und holten schließlich die Tachometerfabrik VDO hinzu, die das Mehrzweck-Prüfinstrument serienreif machte.
Ein technischer Leckerbissen war zu jener Zeit auch die Servolenkung. Sie schaltete sich bei niedrigen Motordrehzahlen ein und bei hohen automatisch aus. Damit wollte BMW den Nachteil der bis dahin üblichen Lenkhilfen ausräumen, die bei hohem Tempo zu schwammig reagierten. Dieses neuartige System wurde übrigens seit November 1975 bei allen BMW-Modellen eingeführt, die serienmäßig Servolenkung besaßen.
Zwar hatte Bernhard Osswald die neue Kreation so ausgelegt, daß alle Sechszylinder-Motoren zwischen 2,5 und 3,3 Liter Hubraum in den Motorraum paßten und selbst die in der Schublade liegenden Acht- und Zwölfzylinder eines Tages Verwendung finden konnten, doch der Vorstand entschied, daß zur Premiere am 15. März 1976 das Coupé vorerst in zwei Versionen erscheinen sollte. Als
- 630 CS mit dem 3,0 Liter-185 PS-Doppelvergasermotor
- 633 CSi mit dem 3,3 Liter-200 PS-Einspritzmotor.
Als im Mai 1976 die kleine Serie von zehn Stück pro Tag bei der Karosseriefabrik Wilhelm Karmann in Osnabrück anlief, sollen – so verbreitete BMW – bereits Aufträge für mehr als zwölf Monate vorgelegen haben.
Darunter auch eine Bestellung von Gamal-el-Sadat, dem 19jährigen Sohn des ägyptischen Ministerpräsidenten. Anläßlich seines Besuchs in der Bundesrepublik besichtigte Gamel-el-Sadat die Münchener Fabrik und war von dem Edel-Coupé so angetan, daß er spontan eines kaufte.

Erleichterung für den Fahrer: Check-Control-Board beim 6er-Coupé

Potz 1000

Während sich Bernhard Osswald der stufenweisen Renovierung der BMW-Wagen widmete, kümmerte sich sein Stellvertreter, Dr. Karl-Heinz Radermacher, intensiv um das Motorradprogramm.
Osswald – nun über ein Jahrzehnt bei BMW – steuerte auf die Pensionsgrenze zu. Um einen nahtlosen Übergang auf eine jüngere Generation zu vollziehen, hatte Eberhard von Kuenheim schon im Oktober 1973 den promovierten Ingenieur Radermacher von den Schweinfurter Kugellager-Fabriken (SKF) als Stellvertreter Osswalds nach München geholt. Radermacher unterstand seither die gesamte Versuchsabteilung, und er entwickelte zwischen 1974 und 1976 eine neue Motorrad-Serie; die R-7.
Star im neuen Programm (das Mitte Juli 1976 vorgestellt wurde): die BMW R 100 RS. Eine Einliter-Maschine mit dem – im Windkanal entwickelten – Integral-Cockpit. Alle Instrumente waren in diese elastische Verkleidung einbezogen. In der Design-Abteilung von Hans Albrecht Muth gezeichnet, wurde das Integral-Cockpit im Windkanal des italienischen Karossiers Pininfarina in Turin auf seinen Luftwiderstand getestet. Das Ergebnis solcher Mühe blieb einzigartig auf dem Motorrad-Weltmarkt. Es machte die Maschine windschlüpfiger – selbst bei starkem Regen wurde der Helm des Motorradfahrers durch den darübergleitenden Fahrtwind kaum naß. Staunte die BMW-Hauspostille: „Potz 1000".

Die 70 PS des Einliter-Zweizylinders beschleunigten die R 100 RS in nur 4,6 Sekunden auf 100, und die Spitze lag bei etwa 200 km/h. Durch den aus konischen Ovalrohren hergestellten Doppelschleifrahmen und völlig überarbeitete Radaufhängungen besaß die Maschine eine besonders sichere Straßenlage.

Mit der Verleihung des „Premio Varrone" kürten die Italiener die neue BMW zum Motorrad des Jahres 1976. Nach dem Text der Verleihungs-Urkunde waren ästhetische Vorzüge und Charakteristika, sowie die hochentwickelte Technik die Gründe für solche Auszeichnung.

Dank des weltweiten Motorrad-Booms wuchs auch das Zweirad-Geschäft bei BMW. Aus diesem Grunde hatte Eberhard von Kuenheim bereits zum ersten Januar 1976 die vollständige organisatorische Trennung der Motorrad-Aktivitäten vom Auto-Sektor durchgeführt. Nach und nach gliederten die Milbertshofener den Motorradbau auch verwaltungs- und entwicklungsmäßig ganz aus. Sie gründeten eine Tochtergesellschaft, die in Berlin angesiedelt wurde. Zum Chef der neuen Firma stieg Diplom-Ingenieur Rudolf Graf von Schulenberg auf, der zuvor das südafrikanische BMW-Montagewerk geleitet hatte.

Welch wichtige Aufgabe Graf Schulenburg übernehmen würde, zeigte sich einige Monate später: Im April 1977 legte Bundespräsident Walter Scheel in Berlin-Spandau den Grundstein für ein neues, größeres Motorradwerk. 150 Millionen Mark investierte BMW in der geteilten Stadt, um eine Produktionskapazität von 60.000 Maschinen pro Jahr zu schaffen. Berlin erhielt dadurch 1100 neue Arbeitsplätze.

Das deutsche Staatsoberhaupt lobte in seiner Rede das Engagement in Berlin. Denn während andere Industriekonzerne mit Investitionen in der ehemaligen deutschen Hauptstadt zurückhielten und damit strukturelle Schwierigkeiten schufen, handelten die Bayern im Sinne der Bundesregierung. Versüßt hatte der Staat allerdings das „unkonventionelle Handeln" (so der Präsident der Berliner Landeszentralbank, Werner Gust) durch steuerliche Vergünstigungen und Investitions-Zulagen.

Nach der Grundsteinlegung ließ es sich Bundespräsident Walter Scheel nicht nehmen, selbst einmal auf eine R 75/7 zu steigen. Garzugerne hätte der passionierte Motorradfahrer auch eine Runde gedreht, doch die Sicherheitsbeamten waren dagegen. So versah Scheel zumindest eine bereitgestellte R 100 RS mit seinem Autogramm. Ein Jahr später stiftete BMW dieses Motorrad für eine Versteigerung zugunsten der Deutschen Krebshilfe.

Kein falscher Fünfer

Im Zuge kontinuierlicher Modellpflege lief im September 1976 – nach rund vierjähriger Bauzeit – eine verbesserte 5er-Serie im Werk Dingolfing von den Bändern. Auf den ersten Blick zu erkennen an der durch eine Hutze hervorgehobenen BMW-Niere. Dadurch bekam sie einerseits mehr Familienähnlichkeit mit der 3er- und 6er-Reihe, jedoch fiel nun die Motorhauben-Beule weg, welche die Sechszylinder-Modelle von den Vierzylindern abhob. Alle 5er-Typen erhielten größere Heckleuchten und 41 weitere Detailverbesserungen.

Die Motorleistung der Sechszylinder-Modelle, 525 und 528, wurde um jeweils fünf PS angehoben. Durch den Austausch der bisherigen Zenith-Stufenvergaser gegen

Solex-Doppelregistervergaser, sowie eine neue Gestaltung der Brennräume gerieten die Wagen servicefreundlicher. Der Tankinhalt wuchs auf 70 Liter, der Einfüllstutzen wanderte aus Sicherheitsgründen vom Heck weg an die rechte Seite. Die Dicke der Bremsbeläge stieg von 10 auf 12 Millimeter und der 528 erhielt vorn innenbelüftete Bremsscheiben.

Nur die teuren Sechszylinder bekamen serienmäßig einen elektrisch von innen einzustellenden Außenrückspiegel. Im Wageninneren verbesserten die Münchener die Belüftung durch zwei Frischluftdüsen zusätzlich, die beiden Vordertüren trugen nun Ablageboxen, und eine verbesserte Geräuschisolierung machte alle BMW 5er noch laufruhiger.

Der Wunderknabe

„Wie sehr wir von der eigenen wirtschaftlichen Zukunft überzeugt sind" erläuterte Anfang Februar 1977 BMW-Chef von Kuenheim auf einer Wirtschaftspressekonferenz. Wieder einmal hatte BMW 1976 bessere Geschäfte als die übrigen deutschen Auto-Schmieden gemacht. Zweimal hintereinander – 1975 und 1976 – war der Umsatz um jeweils 30 Prozent angestiegen und erreichte nun eine neue Rekordmarke von 4,2 Milliarden Mark. Vier Prozent davon steckte BMW in Forschung und Entwicklung, denn – so meinten die Münchener Manager – unter dem Aspekt der Elektronik sei die Technik des Autos noch lange nicht am Ende.

Kein Zweifel: BMW profitierte in jener Zeit vom allgemeinen Boom zum Qualitäts- und Luxusauto. Konkurrent Daimler-Benz hatte schon Lieferfristen bis zu vier Jahren; so stiegen viele betuchte Interessenten, die nicht so lange warten mochten, auf die weiß-blaue Marke um. Sie war allerdings auch zum Anlaufpunkt jener geworden, die aus dem Opel- oder Ford-Lager Ausschau nach etwas höherwertigem hielten. Man registrierte bei BMW auch schon Lieferfristen von einem Jahr – obwohl die Werke München, Dingolfing und Landshut mit Sonderschichten arbeiteten. Während um diese Zeit die eisenschaffende Industrie Arbeiter entließ, hatte BMW 1976 rund 3000 Arbeitsplätze geschaffen. Zehn Jahre nach der Übernahme von Glas waren in Dingolfing 7500 Leute zusätzlich eingestellt worden. Im Laufe des Jahres 1977 kamen etwa 1200 weitere Arbeitsplätze dazu. Nicht nur von daher glaubte BMW bei diesem Stück erfolgreicher Strukturpolitik seine Schulden gegenüber dem Freistaat Bayern getilgt zu haben. Auch die Darlehen, für die zwei Staatsbürgerschaften gegeben und mit denen vor einem Jahrzehnt die Glas-Fabrik übernommen worden war, hatte BMW voll bezahlt. Schrieb die „Frankfurter Allgemeine Zeitung" anerkennend: „Ein wirtschaftlicher Wunderknabe."

Besonders gefragt war 1976 die 3er-Serie, von denen BMW allein 130.000 Stück verkaufte. Knapp dahinter lag die 5er-Reihe, wobei sich die Modelle 525 und 528 besonderer Beliebtheit erfreuten. Insgesamt stellte BMW 275.000 Wagen im Jahr 1976 her. Verkaufschef Hans-Erdmann Schönbeck wußte, daß eine „Sonderkonjunktur" (Süddeutsche Zeitung) für BMW stattfand.

BMWs Bekanntheitsgrad wuchs zu jener Zeit weiter – bis in den Ostblock hinein. Davon wußte der Schriftsteller Gerhard Zwerenz in seinem Buch „Die Westdeutschen" zu berichten. So schilderte er die Reportage eines russischen Journalisten

durch die Bundesrepublik . Der meinte, die „Grenze des guten Geschmacks sei überschritten, wenn die Bayerischen Motoren-Werke gar in der Kirche Reklame machten. Er hätte einen berühmten Altar in Süddeutschland erblickt, an dem geschrieben stand: BMW." Zwerenz klärte dann den Leser auf; „Der kirchliche Altar trug, und das wohl schon seit Jahrhunderten, die Inschrift BMV, was heißt: Beata, Mater, Virgine."
Trotz der optimistischen Verkaufsprognosen, die damals Experten auch für die nächsten Monate voraussagten, blieb man in München vorsichtig gestimmt. Die nächste Absatzkrise für die deutsche Auto-Industrie, so prophezeite von Kuenheim, „kommt mit Sicherheit noch in diesem Jahrzehnt." Aber BMW habe „keine Angst vor der Zukunft". Die Selbstsicherheit, auch im härteren Konkurrenzkampf bestehen zu können, gab dem BMW-Chef das Wissen um eine Neuentwicklung, die kurz vor dem Abschluß stand und durch einen Unglücksfall wenige Wochen zuvor beinahe vorzeitig bekanntgeworden wäre.

Der BMW mit Porsche-Motor

Eine Flotte von vier Wagen unbekannten Typs rollten über die kurvenreichen Straßen der Insel Sardinien. Plötzlich kreischten Bremsen: Hinter einer Kurve hatte mitten auf der Straße ein Renault gewendet. Der erste Wagen der Vierer-Kolonne konnte nicht mehr rechtzeitig bremsen und raste ihm in die Flanke: Der Renault-Fahrer, ein Italiener, starb.
Der Unfall geschah im Herbst 1976 und hätte beinahe ein streng gehütetes Geheimnis gelüftet: Die vier grauen Wagen mit Stuttgarter Kennzeichen und verkleideter Front waren nämlich BMW-Prototypen. Nachfolger der Dreiliter-Limousinen, deren Produktion bald auslaufen sollte.
Zum Glück nahm nur die Polizei, nicht aber die örtliche Presse von dem Unglück Kenntnis: BMWs Modellreihe blieb auch auf Sardinien vorerst unerkannt.
1972 hatte die Styling-Abteilung mit den ersten Skizzen zu einer neuen, großen Limousine begonnen. Zwei Jahre lang brachten Wilhelm Hofmeister und Paul Bracq mit ihrem Team Formstudien zu Papier. Anfang 1974 – mitten in der Ölkrise – war dann auch ein Modell aus Ton im Maßstab 1 : 1 fertig. Doch nun erschien den Technikern die fünf Meter-Limousine zu protzig; sie kürzten das Modell um 14 Zentimeter.
Nachdem die endgültige Form feststand, hämmerte man in Milbertshofen in den nächsten zwölf Monaten rund 60 handgearbeitete Prototypen zurecht. Ganze 25 Exemplare davon wurden im Laufe der nächsten beiden Jahre an die Crash-Wand katapultiert. Die entscheidenden Sekunden hielten Hochgeschwindigkeits-Kameras fest, um den Knautschvorgang genau analysieren zu können. Die anderen 35 großen Limousinen gingen in die Dauererprobung. Durch Blechschürzen an Front und Heck getarnt, legten sie innerlab von 24 Monaten je 100.000 Kilometer zurück; hauptsächlich im BMW-Testgelände in Aschheim, nordöstlich von München.
Hier gibt es auf fünf Kilometer 42 Kurven, Paßkehren mit neun Prozent Steigung und Sprunghügel. Um auch extreme Beanspruchungen auszuhalten, schickte der jetzt zum Entwicklungschef aufgestiegene Karl-Heinz Radermacher die Wagen in kleinen Gruppen nach Sizilien, Nordafrika, Sardinien und in den Nordpolarkreis. Hier wurde

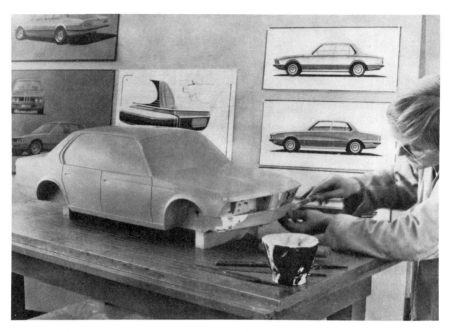

Ton-Modell-Studien zur neuen 7er-Reihe; von der Ölkrise geprägt

das Kaltstart-Verhalten und die Heizung getestet. Eine andere Gruppe von Technikern rollte nach Tunesien und Algerien. Ein Vierteljahr blieben die Wagen unter afrikanischer Sonne. Alle sechs Wochen wechselte die Mannschaft. Jede Woche schickte das Team per Post besprochene Tonbänder mit Erfahrungsberichten in die Heimat. Jede Woche schickte die Zentrale Anweisungen auf Band zurück.

Bernhard Osswald, der das Projekt „E-23" noch bis zu seiner Pension leitete, legte die Limousine so aus, daß unter die Haube nicht nur Sechszylinder, sondern auch die fertig entwickelten Acht- und Zwölfzylinder-Triebwerke paßten. Dennoch war zu keiner Zeit daran gedacht, diese Aggregate einzubauen. Der schon vor Jahren entwickelte Achtzylinder war nach dem Stand der Technik inzwischen zu groß und zu schwer. Der immer noch moderne Zwölfzylinder dagegen wurde aus anderen Gründen verbannt: Die BMW-Leute fürchteten, nach der Ölkrise damit ein zu protziges Auto anzubieten, denn der Markt hatte sich geändert. „Man würde uns das übelnehmen", meinte ein Manager.

Ganz unerwartet ergab sich dann eine andere Möglichkeit. Die Stuttgarter Sportwagen-Firma Porsche schrieb an BMW: Man habe einen 4,5 Liter großen Achtzylindermotor mit Aluminiumblock entwickelt, der, allein in einen hauseigenen Sportwagen eingebaut, auf zu geringe Stückzahlen komme. Porsche bot an, dieses Triebwerk für den Serieneinbau in eine große BMW-Limousine zu liefern.

Sowohl Techniker wie Kaufleute waren begeistert von diesem Plan. Neben den Sechszylinder-Motoren hätte man dadurch preisgünstig und ohne große Investitionen eine Achtzylinder-Variante ins Programm nehmen können. Sofort orderte Osswald ein solches Triebwerk und ließ es in einen Prototyp des E-23 einbauen. Ein ganzes Jahr lang fuhr dieser BMW mit dem Porsche-Herzen herum. Dann ging eine Absage nach Stuttgart.

Offiziell hieß es, dieser Zwitter „wäre in der Serie zu teuer geworden" (Radermacher). In Wirklichkeit lag es an der Qualität des Porsche-Motors. Der Achtzylinder erwies sich in der Limousine als wenig elastisch und trotz seiner 240 PS kaum kräftiger als die hauseigenen Sechszylinder.

Auf Sardinien erprobt: getarnter Prototyp der 7er-Reihe

Der Konkurrenz 10 Jahre voraus?

„Wir haben einen neuen großen BMW geschaffen, nicht einen Anti-Cadillac, Anti-Citroën, Anti-Jaguar, Anti-Mercedes oder Anti-Rover", erklärte Vorstandsvorsitzender Eberhard von Kuenheim, als er im Mai 1977 das Projekt E-23 als neue 7er-Reihe der Presse vorstellte.
Die neue Limousine gab es als
- 728 mit 2,8 Liter-Motor
- 730 mit 3,0 Liter-Motor
- 733 i mit 3,3 Liter-Einspritzmotor.

„Die neue Fahrzeug-Generation hat in der BMW-Geschichte die bisher härteste Erprobung auf der Straße und in prozeßgesteuerten Laboreinrichtungen durchlaufen", berichtete Entwicklungschef Radermacher. Und Verkaufschef Hans-Erdmann Schönbeck meinte stolz: „Sie sind schlicht gesagt zehn Jahre weiter."
Tatsächlich bot die Limousine einige technische Details, die es bisher in Großserien-Automobilen nicht gab. So hatten die Ingenieure das Fahrwerk völlig neu durchkonstruiert und eine neue Vorderachse geschaffen, die BMW mit dem Namen Doppelgelenk-Federbein-Achse patentieren ließ. Durch ein zusätzliches Kugelgelenk bildete sich dabei an der Vorderachse ein imaginärer Drehpunkt. Die Achslenker waren nicht mehr über ein gemeinsames Gelenk am Spurstangenhebel befestigt, sondern über zwei getrennte Gelenke. Die neue Konstruktion verhinderte, daß wegen einer gewünschten Lenkgeometrie die Bremsscheibe in die Felgenschüssel wandern

mußte. Dadurch konnten sehr große Bremsscheiben verwendet und der Lenkkomfort erheblich gesteigert werden.

Völlig neu war auch die hydraulische Hilfskraftbremse. In den letzten Jahren hatte sich immer mehr das Unterdrucksystem für die Bremskraftunterstützung durchgesetzt. Ein solcher Unterdruckverstärker nutzt die Druckdifferenz zwischen dem Unterdruck im Motor-Ansaugkrümmer und dem Athmosphärendruck aus, um eine Energiequelle zu schaffen. BMW entwickelte einen Behälter, der den Unterdruck auf Vorrat sammelte. Selbst wenn dann der Motor ausfiel, waren dadurch noch elf Vollbremsungen möglich. Die Bremsen selbst sprachen am 7er-BMW nun um 0,15 Sekunden schneller als bei anderen Modellen an, wodurch sich zum Beispiel der Bremsweg bei Tempo 130 um rund 5,40 Meter verkürzte. Durch Verwendung von Stoßdämpfern in Patronenausführung erreichte BMW eine Verringerung der Wankneigung. Damit verhinderte man das Anheben des kurveninneren Wagenaufbaues auch bei schärfster Kurvenfahrt.

Als geradezu „zukunftsweisend" stellte Radermacher bei der 7er-Premiere die kombinierte Zentralhydraulik vor. Sie versorgte sowohl Bremse wie Lenkung und Scheinwerfer-Höhenverstellung mit dem nötigen Unterdruck. Und Radermacher schloß nicht aus, daß bei künftigen Modellen dadurch noch mehr hydraulischer Komfort wie Sitzverstellung, Hydraulik-Federung und ähnliches möglich sei.

Neu waren auch die Heizdrähte in der Fahrertür-Klinke. Bei festgefrorenen Türschlössen brauchte der Fahrer nur die Klinke anzuheben, die Heizdrähte schalteten sich ein und tauten das Schloß auf.

Der Geschäftspolitik der letzten Jahre entsprechend legte BMW viel Wert darauf, das große Auto möglichst komfortabel zu machen. Zentralverriegelung – bisher gegen Aufpreis bei anderen Luxusauto-Herstellern, nicht aber bei BMW zu erhalten – wurde jetzt endlich im 730 und 733 i serienmäßig, beim 728 gegen Aufpreis angeboten. Im

Der 7er-Wagen wurde mit vielen technischen Finessen, wie zentrale Hydraulik, elektrischer Türschloßenteiser und Motor-Elektronic ausgerüstet. Bis zu 29 Elektro-Motoren sollten dem 7er-Fahrer das Leben im Auto erleichtern

Gegensatz zu der Zentralverriegelung von Mercedes und Renault, die sich der Hydraulik bedienten, arbeitete die Verriegelung von BMW auf elektro-magnetischem Weg. Höhensitz- und Lenksäulenverstellung gehörten ebenso zum Lieferumfang wie der Erste-Hilfe-Kasten in der Mittelarm-Lehne und eine besonders ausgetüftelte Fondraum-Heizung und -Belüftung. Viel Mühe investierte man in den Komfort auf den Fond-Sitzen, um auch der Kundschaft mit Chauffeur ein repräsentatives Auto anzubieten. Gegen Aufpreis gab es gar hintere Einzelsitze, die elektrisch verstellbar waren. In einem – mit allen Extras ausgerüsteten – BMW der 7er-Klasse arbeiteten dann bis zu 29 Elektro-Motoren, um alle Komfortdetails nur auf Knopfdruck bedienen zu können.

Um auch qualitativ den von Daimler-Benz in dieser Klasse geschaffenen hohen Ansprüchen gerecht zu werden, setzte BMW im Werk Dingolfing – wo die 7er-Reihe künftig gebaut wurde – eine neue Koordinaten-Meßmaschine ein. Sie überwachte Karosserieteile und registrierte Genauigkeiten bis zu dreitausendstel Millimeter. Wenn damit an einem Karosserieteil eine Fertigungsungenauigkeit von einem Bruchteil der Dicke eines Menschenhaares gemessen wurde, schlug diese Maschine schon Alarm. Verkaufschef Schönbeck: „Wir eröffnen alle potentiellen Käufern großer Exklusiv-Limousinen die Alternative."

So überschrieb denn auch die „Frankfurter Allgemeine" ihren Testbericht vom neuen BMW „Der weiß-blaue Unterschied". Gelobt wurde hierbei der laufruhige und drehfreudige Motor, die ausgezeichnete Straßenlage und die neuartige – mit den Drehzahlen des Motors gekoppelte – Servolenkung. „Kleine Bodenunebenheiten werden von der Federung zwar anstandslos geschluckt", schrieb der Tester, „doch ist das mit einem hörbaren Poltern verbunden." Insgesamt sei der Federung „eine gewisse Härte nicht abzusprechen." Weniger gefiel auch der hohe Testverbrauch (bis zu 19 Liter auf 100 km/h beim 733 i), die Sitze und der „nicht allzu üppige" Kofferraum.

Insgesamt jedoch wurde die neue 7er-Reihe mit Auszeichnungen überhäuft. Die französische Motorfachpresse verlieh ihr den „Prix Securité" (Preis für Automobilsicherheit). Nach Ansicht der Jury war der 733 i unter den Neukonstruktionen das Auto mit der wirksamsten aktiven und passiven Sicherheit. Die US-Zeitschrift „Road and Track" stufte den 733 i als besten Wagen seiner Klasse ein, und Europas Motorjournalisten wählten den großen BMW hinter dem Porsche 928 zum zweiten „Auto des Jahres 1978".

Die Stuttgarter Konkurrenz reagierte auf das Erscheinen der großen BMW-Limousinen mit einer Anzeigen-Kampagne. „Auch 1977", hieß es darin in Anspielung auf die Merces S-Klasse, „war es nicht möglich, ein noch besseres Automobil zu bauen." und die Stuttgarter Auto-Zeitschrift „auto motor sport" meinte dazu nach einem Vergleichstest: „Man kann in der Tat nicht umhin, den Merces-Werbern recht zu geben." Zwar seien die Münchener Autos weder mit sportlich-herben Fahrkomfort ausgestattet, noch gäbe es Raumeinbußen gegenüber einem 280 SE hinzunehmen. Im Gegenteil: Ein BMW 728 sei motorisch einem 280 S durchaus überlegen. Aber beim Vergleich der fast gleich-teuren Wagen BMW 733 i und Mercedes 350 SE kamen die Tester zu dem Fazit: „Der BMW 733 i ist das sportlichere und handlichere Auto, erreicht jedoch in Karosserie-Qualität und Komfort nicht den Mercedes-Standard." Auch die „Frankfurter Allgemeine Zeitung" stand dem teuersten Modell aus München recht kritisch gegenüber: „Technik und Leistung allein rechtfertigen den Kauf des 733 i gegenüber seinen billigeren Brüdern aber wohl kaum."

Unerfüllte Hoffnung

Solchen Urteilen schlossen sich denn auch die Käufer an. Schon zum Jahresende 1977 sollte sich zeigen, daß die 7er-Reihe nicht der große Verkaufserfolg wurde. Vom billigsten 728 verkauften die Händler noch 7860 Stück, vom profitableren 733 i dagegen nur rund 2000 Exemplare. Auch ein Jahr später hatte sich die Marktsituation kaum geändert. Mercedes blieb Marktführer in der Luxusklasse. Opel, die zu jener Zeit ihre neue Dreiliter-Limousine „Senator" auf den Markt brachte, überholte in den Inlandszulassungen bereits im Oktober 1978 die weiß-blauen Luxus-Limousinen.

So hieß es auch in einer internen Händler-Information: „Die Modelle der 7er-Reihe verfügen, wie wir wissen, über keinen zufriedenstellenden Auftragsbestand. Sie sind vom Markt auch noch nicht in der Weise akzeptiert, wie das wünschenswert wäre."

Wenig erfolgreich operierte BMW auch in der Coupé-Klasse. Verkaufschef Schönbeck hatte gehofft, von der 6er-Reihe 1977 rund 3000 Exemplare verkaufen zu können. Doch der Markt nahm nur 2527 Wagen ab. Schuld daran war wohl die etwas zu unaufdringliche und der Limousine zu ähnliche Linie: Zugleich aber auch die mangelnde Verarbeitungs-Qualität. Über diesen Punkt kam es zwischen der Karosserie-Fabrik Karmann und BMW zu harten Diskussionen.

Mängel in der Detailverarbeitung führten immer wieder zu teurer Nacharbeit. Dies alles gab im Herbst 1977 den Anstoß dazu, die Produktion ins Werk Dingolfing zu verlegen. Karmann lieferte nur noch Rohkarossen, die auf Lastwagen nach Niederbayern geschafft wurden. Hier vervollständigte man die Wagen. Und um die Attraktivität der Coupés zu steigern, lieferte Verkaufschef Schönbeck sie ab diesem Zeitpunkt serienmäßig und bei konstanten Preisen mit mehr Luxus aus: Lederpolster, Velourteppiche, neue Instrumente, elektrische Scheibenheber und Zentralverriegelung gehörten nun zum serienmäßigen Lieferumfang.

Möglich wurde die Produktionsverlegung ins Werk Dingolfing durch jene Fließbänder, die durch den geringeren Erfolg der 7er-Reihe nun nicht in Anspruch genommen wurden.

Der Krisen-Motor

Anläßlich der Internationalen Automobil-Ausstellung 1977 verkündete Vorstandsvorsitzender von Kuenheim neues: „Mit diesem Motor stellt sich das gesamte BMW-Automobilprogramm auf ein anderes Niveau." Mit zehn Sechszylinder-Modellen werde die weiß-blaue Marke in Zukunft zu den wichtigsten Sechszylinder-Herstellern gehören.

Im September führte BMW nämlich einen neuen kleinen Sechszylinder-Reihenmotor mit zwei Litern Hubraum ein, der künftig sowohl in den Modellen 320 wie auch im 520 geliefert wurde. Er löste die Vierzylinder-Zweiliter-Aggregate ab, die nunmehr seit elf Jahren Dienst taten. Dazu feierte ein neuer Sechszylinder mit 2,3 Liter Hubraum Premiere, der aus dem 320 ein kleines Kraftpaket zauberte. Die neuen Modelle ersetzten die bisherigen Zweiliter-Vierzylinder-Motoren der Modelle 320, 320 i und 520, 520 i. Aber auch mit den mehrzylindrigen Triebwerken blieb die bisherige Typenbezeichnung 320 und 520 bestehen. Zur äußeren Kennzeichnung der Sechszylinder wurde nur diese Bezeichnung außer am Heck auch am Frontgrill angebracht.

Einen ersten Entwurf zu diesem neuen Motor hatte Konstrukteur Alexander von Falkenhausen schon 1972 erstellt. Er hatte sogar ein Exemplar bauen lassen und es dann seinem Vorgesetzten, dem damaligen Entwicklungschef Bernhard Osswald gezeigt. Der war sehr angetan von der Laufruhe und Geschmeidigkeit des Reihensechszylinders mit zwei Liter Hubraum. Doch dann gab er die Order: „Aufhören. Das wird alles viel zu teuer." Motor und Pläne wanderten vorerst in die Rumpelkammer der Entwicklungsabteilung.

Im Herbst 1973 allerdings wurde die Frage wieder aktueller. Von Falkenhausen bekam eine Hausmitteilung vom Vorstand. Darin stand, daß man in der kleinen Klasse sehr bald neue Motoren brauche. Von Kuenheim bat um Vorschläge, was an den derzeitigen 1,6 bis 2-Liter-Vierzylindern zu verändern sei. Von Falkenhausen reagierte sofort und antwortete, es sei doch wahrscheinlich sehr attraktiv, ein ganzes Programm kleiner Sechszylinder-Aggregate zu entwickeln; ebenfalls mit Hubräumen zwischen 1,6 und 2 Liter.

Die leitenden Herren waren begeistert. Von Falkenhausen holte seinen früheren Entwurf wieder vor. Allerdings kam die Auflage, diesen Sechszylinder noch einmal zu überarbeiten. Er mußte rigoros auf preiswerte Produktion hin zugeschnitten sein. Er durfte nicht schwerer und nicht teurer werden als die bisherigen Vierzylinder – und er mußte in die damals noch in Entwicklung stehenden 3er-Modelle passen. Außerdem, so bestimmte der Vorstand, sollte der Hubraum des kleinen Sechszylinders nicht schon bei 1,6 Liter beginnen, sondern mit 1,8 Litern; dafür wünsche von Kuenheim ein 2,3 Liter-Motor zusätzlich.

Bald darauf begann von Falkenhausen mit der Umkonstruktion. Wichtigste Änderung: ein anderer Nockenwellen-Antrieb. Hatte er dazu bisher wie bei den großen Sechszylindern eine Duplex-Rollenkette verwendet, probierte von Falkenhausen nun mit einem Kunststoff-Zahnriemen eine billigere Lösung zu schaffen. Genau jene Konstruktion, die rund 13 Jahre zuvor die Dingolfinger Autofabrik Glas erstmals einführte. Der neue Motor bewährte sich auf Anhieb und von Falkenhausen ließ noch im Oktober 1973 einen 2002 im Motorraum so umbauen, daß die neue kleine Sechszylinder-Maschine hineinpaßte.

	alter Zweiliter	neuer Zweiliter
Zylinderzahl	4	6
Hubraum	1977	1990
Bohrung/Hub	89/80	80/66
Verdichtung	8,1 : 1	9,2 : 1
PS bei U/min	109 PS bei 5800 U/min	122 PS bei 6000 U/min
max. Drehmoment	16,0 mkp bei 3700 U/min	16,3 mkp bei 4000 U/min
Nockenwellenantrieb	Rollenkette	Kunststoff-Zahnriemen
Kurbelwellen-Lager	5	7

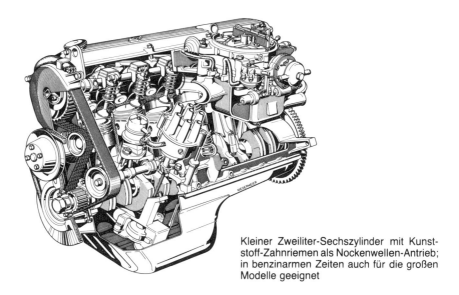

Kleiner Zweiliter-Sechszylinder mit Kunststoff-Zahnriemen als Nockenwellen-Antrieb; in benzinarmen Zeiten auch für die großen Modelle geeignet

Trotz aller Sparsamkeit ließ Alex von Falkenhausen bei der Umkonstruktion viele Details aus dem früheren Formel II-Motor in die neue Serienmaschine einfließen, so zum Beispiel die kleinen Ventilwinkel.
Mitten in dieser Arbeit brach die erste Ölkrise aus. Doch im Gegensatz zu vielen anderen Entwicklungs-Projekten, die damals ersatzlos gestrichen wurden, gingen die Entwicklungen an diesem Motor mit Hochdruck weiter. So existierte nämlich der Plan, das neue Triebwerk eventuell als Krisen-Aggregat einzusetzen. Hätte das Publikum angesichts der schlechten Zeiten die hubraumgroßen 2,5 bis 3,3 Liter-Limousinen verschmäht, wären diese Wagen mit dem kleinen 2,3 Liter-Sechszylinder geliefert worden. Auch damit hätten sie noch akzeptable Fahrleistungen erreicht. Die kleinen Limousinen wären dann mit einem 1,8 Liter-Sechszylinder ausgerüstet worden.
Doch die Ölkrise verschwand und ging in einen Auto-Boom über. Im September 1977 feierte der kleinste Sechszylinder im 320 und 520 sein Debüt. 110 Millionen Mark hatte BMW in die neue Motorenreihe investiert, aber erreicht, daß der neue Sechszylinder in weniger Arbeitsstunden hergestellt werden konnte als der frühere Vierzylinder. Mit den neuen Modellen erntete BMW in der Fachpresse viel Lob. „Wie auf Samt-Pfoten", überschrieb „Bild" einen Fahrbericht vom 320.

Der Kraft-Zwerg

Premiere feierte zu dieser Zeit der 323 i: Im Grunde eine Kombination aus der 3er-Karosserie und dem auf 2,3 Liter-vergrößerten Motor der neuen Sechszylinder-Reihe. Im Gegensatz zu den anderen Modellen verfügte der 323 i über eine verschleißfreie Transistor-Zündung und eine K-Jetronic-Einspritzanlage, die den Motor auf eine Leistung von 143 PS brachte. Damit beschleunigte das kleine Auto in nur 9,5 Sekunden von null auf 100 und schaffte eine Spitze von 192 km/h. Endlich hatte BMW damit wieder ein stark motorisiertes Auto im Programm, das den wenig erfolgreichen 320 i ablöste.

Nach Produktionsende des 2002 tii bot BMW zwar den 320 i an, doch der mochte nie die kleine Gemeinde derjenigen zufriedenstellen, die ein extrem stark motorisiertes Auto suchte. Sehr viele 2002 tii-Fahrer waren in den Jahren zwischen 1975 und 1977 auf den VW Golf GTI umgestiegen, der exzellente Fahrleistungen zum geringen Preis bot. Kundschaft, die der weiß-blauen Marke verloren ging. So fristete der 320 i am Markt ein bescheidenes Dasein. Mit dem 323 i wollte Verkaufschef Schönbeck wieder an alte tii-Zeiten anknüpfen.

Ähnlich erging es BMW mit dem 520 i. Die Einspritz-Version war in der ersten Serie sehr wartungsempfindlich und brachte mit ihren 130 PS nur gedämpfte Sportlichkeit. Ab 1975 erhielt der 520 i dann zwar eine bessere Einspritzung, jedoch – angesichts der schlechten Benzinqualitäten – einen um 5 PS gedrosselten Motor. So wurde der 520 i ebenfalls vom Sportfahrer-Kreis gemieden. In München-Milbertshofen hatte man das bald erkannt und mit dem 525 und dem 528 passende Alternativen geschaffen.

Auch das reichte vielen Anhängern der BMW-Gemeinde nicht. Bald hatte sich nämlich herumgesprochen, daß BMW einen 530 i nach den USA lieferte. Aufgrund der sehr strengen Abgasvorschriften mußte Schönbeck die hubraumstärkere Maschine – auf 160 PS gedrosselt – dorthin liefern, um in etwa die Fahrleistungen eines 525 zu erreichen. Die Deutschen träumten jedenfalls davon, einen 530 i mit 200 PS zu bekommen. Bald wurde diese Version als Geheimtip bekannt – nur wurde sie in Europa nicht geliefert.

Solche Marktlücken im Lieferprogramm nützten kleine Tuning-Firmen wie etwa Burkhard Bovensiepen mit seiner Marke „Alpina". Für den CSU-Politiker Franz-Josef Strauß rüstete er damals einen 5er zum 530 i um. Doch der Technische Überwachungsverein verweigerte die Abnahme. Es war nur der prominenteste Fall, in dem die PS-Aufrüstung auf eigene Faust scheiterte. Die Marketing-Abteilung registrierte sehr wohl, daß nach der Ölkrise die Kundschaft wieder bereit war, mehr Geld für ein Auto auszugeben – dafür aber auch mehr PS denn je einkaufen wollte.

Aus diesem Grund erschien noch im Herbst 1977 der 528 mit einem Einspritzmotor als 528 i. Die neue 177 PS-Version löste den 528 ab, der nur 165 PS auf die Straße brachte. Die Mehr-PS sorgten denn auch für flotteres Tempo. Der 528 i beschleunigte in nur 9,5 Sekunden auf 100 und schaffte eine Spitze von 208 km/h. Das Fachblatt „mot" veranstaltete damals einen großen Vierer-Vergleichstest und prüfte neben dem 528 i den Mercedes 280 E, den Ford Granada 2,8 i und den Rover 3500. Ergebnis: „Mit knappen Vorsprung von zwei Punkten gewann der Mercedes 280 E diesen Vergleichstest vor dem BMW 528 i, der mit sehr guten Motor- und Fahrleistungen erstaunlich aufholte."

Doch diese Variante sollte nicht das letzte Wort sein. Schon fuhren in der Versuchsabteilung einige Exemplare eines 533 i. Eine 5er-Limousine mit dem 3,3 Liter-200 PS-Motor. Die „Bild"-Zeitung hatte Gelegenheit, einen solchen handgearbeiteten Wagen zu fahren und maß eine Beschleunigung von 0 auf 100 km/h in neun Sekunden. „Das Ganze spielt sich nicht etwa brüllend und hart gefedert ab", schrieb der Tester bewundernd, „sondern katzenhaft leise und komfortabel." Das „Katapult auf Rädern" (Bild) sollte im Herbst 1979 in Serie gehen. Vorerst aber wurde der 533 i ab Frühjahr 1979 in die USA geliefert – allerdings mit Drosselmotor und zum stolzen Preis von 21.500 Dollar. Zum Vergleich: die US-Luxuskutsche Cadillac kostete damals 12.500 Dollar.

Die Frischluft-Version

Zum selben Zeitpunkt erweiterte BMW sein Lieferprogramm auch wieder durch eine Cabriolet-Version auf der Basis der 3er-Reihe. Gebaut wurde sie – wie schon früher – von der Karosseriefabrik Baur in Stuttgart.
Schon kurz nach Auslauf der 2002-Modelle begannen die Brüder Karl und Heinz Baur damit, den Münchenern ein neues Cabriolet anzubieten. Doch der Marketingchef in München, Peter Weiher, lehnte das ab, weil er für ein solches Fahrzeug keinen Markt mehr sah. Auch sei der organisatorische Aufwand zu groß im Verhältnis zur geringen Stückzahl.
Im Gegensatz zu früher war es nicht mehr damit getan, kompletten Autos das Dach abzuschneiden; durch die Verstärkung verschiedenster Teile lieferten die Bayern aus ihrem Lager Teilesätze nach Stuttgart. Dies hatte sich als recht kompliziert erwiesen. Deshalb wollte München keinen Sondertyp mehr.
Als dann aber Opel mit dem Aero-Kadett auf dem Markt erschien (der übrigens ebenfalls bei Baur entstand), war man in München etwas von dem Entschluß abgerückt. Denn durch die Bauweise mit festem Dachteil ließ sich eine offene Version wieder aus einer kompletten Rohkarosse herausschneiden. Wie schon gesagt, Peter Weiher sah zwar keinen Markt für ein neues Cabriolet, er stellte aber Baur anheim, doch auf eigenes Risiko ein solches Fahrzeug zu entwickeln. Würde es von BMW dann akzeptiert, könne Baur den Wagen übers BMW-Händlernetz vertreiben.
Die Schwaben bauten zwei Exemplare, und die Überprüfung beim Technischen Überwachungsverein fiel sehr positiv aus. Im Februar 1977 führte Baur den Wagen auch in München vor. Und alle Techniker in München waren angetan von dem Sondertyp. Ursprünglich sollte die Serienfertigung schon im Januar 1978 beginnen, durch Lieferengpässe verzögerte sich der Anlauf von etwa drei bis fünf Cabriolets pro Tag bis in den April hinein.

Eberhard der Glückliche

Die Geschäfte liefen blendend in München-Milbertshofen. Als Ende Juli 1977 an einem heißen Sommertag die Hauptversammlung stattfand, hielten es die Aktionäre nicht lange im Saal aus. Schon beim ersten Redner verließen viele ihre Plätze und

Wie schon Tradition, nahm sich die Karosseriefabrik Baur der 3er-Reihe an und baute daraus ein Cabrio mit Überroll-Bügel

gingen ins Freie, wo der blaue Himmel, bunte Sonnenschirme, Holzbänke, Leberkäs' und heiße Würstchen lockten. Schließlich waren die Aktionäre sicher, daß sich angesichts der glänzenden Geschäftslage im Saal keine Szenen abspielen würden. Ein Aktionärssprecher meinte, es sei „sehr schwierig, kritische Worte zu finden." Und der Arbeiter Linke, der sich als „Hobby-Aktionär" und „ganz einfacher Mann" zu Wort meldete, war auch der Meinung, er müsse sich kurzfassen, „denn draußen steht alles bereit."
Natürlich hatten die Aktionäre nichts gegen die Kapitalaufstockung und gegen Dividendenerhöhung von 18 auf 20 Prozent für 1976 einzuwenden. Nur sechs Nein-Stimmen gab es dazu. Berichtete die „Frankfurter Allgemeine Zeitung" über die Hauptversammlung: „Der Auszug der BMW-Aktionäre ins Grüne." Und das Fachblatt „auto motor sport" nannte angesichts der ungewöhnlichen Harmonie zwischen den BMW-Oberen und den Aktionären den Vorstandsvorsitzenden kurz „Eberhard, den Glücklichen".
Auch auf der nächsten Wirtschaftspresse-Konferenz konnte Kuenheim nur Positives vorweisen. „Eigentlich ist bei BMW das Jahr 1978 praktisch schon gelaufen", schrieb die „Deutsche Zeitung" im Februar, „Mit einem Rekordauftragspolster, das um 50 Prozent höher ist als vor Jahresfrist läßt sich ruhig fahren." Und die „Welt" wußte: „BMW investiert für kürzere Lieferfristen."
Von Kuenheim berichtete, wie gut die 7er-Reihe angekommen sei. „In den ersten fünf Monaten 1978", sagte er, „waren beachtlich mehr als ein Viertel aller neu zugelassenen Fahrzeuge in der oberen Fahrzeugklasse BMWs der 7er-Reihe." Und auf den sieben für BMW wichtigsten Märkten Europas lägen die Zulassungen für die 7er-Reihe zur Zeit über den ihrer bedeutendsten Konkurrenten. Außerdem verkündete von Kuenheim die ersten Markterfolge der kleinen Modelle. BMW war damit einer der maßgeblichen Hersteller von Automobilen mit Sechszylinder-Motoren geworden. Der Vorstandsvorsitzende erinnerte daran, daß der Bau von kleinvolumigen Sechszylindern schon in der Vorkriegszeit Tradition gehabt hatte. „Diese Zylinderzahl bietet so hervorragende Eigenschaften", meinte von Kuenheim, „daß es uns nicht mehr sinnvoll erscheint, uns mit der Entwicklung von Motoren mit noch mehr Zylindern zu beschäftigen. Acht- oder Zwölfzylinder-Motoren wären unsererseits jederzeit auf den Markt zu bringen. Aber wir halten sie nicht mehr für zukunftsweisend."

Die PS-Aufrüstung

Dem neuerwachten Trend zur Sportlichkeit folgend stellte BMW im Juli 1978 eine neue Coupé-Variante vor; den 635 CSi. Im Grunde war er das bisher schon bekannte viersitzige Coupé mit einer 3,5 Liter-Maschine. Es war die größte Ausführung des bisherigen Sechszylinder-Blocks. Die CSL-Renncoupés von 1973/74 trugen ein solches Triebwerk – allerdings mit vier Ventilen pro Zylinder – schon damals unter der Haube. Seither versuchten die Motorenkonstrukteure, aus diesem Vollblut eine gebrauchstüchtige, kräftige Maschine zu machen.
So entstand eine 218 PS starkes Einspritz-Triebwerk, welches das Coupé auf eine Höchstgeschwindigkeit von 222 km/h brachte und in nur 7,6 Sekunden von null auf hundert beschleunigte. Damit war der 635 CSi das schnellste viersitze Coupé deutscher Produktion. Um solche Fahrleistungen auch sicher auf die Straße zu bringen, stattete Entwicklungschef Radermacher den 635 CSi mit breiteren Reifen aus. Im Windkanal erhielt das Coupé an Front- und Heck geeignete Spoiler, die den Auftrieb senkten; was wiederum zu verbesserten Geradeauslauf bei hohem Tempo führte und höhere Kurvengeschwindigkeiten ermöglichte. Trotz aller Sportlichkeit war der Neuling ein Wunder an Sparsamkeit. BMW selbst gab den Normverbrauch des Wagens mit 10 Liter Superbenzin auf 100 Kilometer an. In der Praxis stieg bei Testfahrten der Verbrauch auch bei schärferer Gangart nie über 14 Liter an.
Übertroffen sollte der sportliche 635 CSi allerdings bald von einem anderen Auto aus gleichem Hause werden; dem M-1. Nachdem Motorsport-Direktor Jochen Neerpasch im Frühjahr 1976 der italienischen Sportwagen-Schmiede Lamborghini den Auftrag erteilt hatte, ein Mittelmotor-Coupé zu entwickeln, dauerte es nur sechs Monate, bis ein Exemplar auf den Rädern stand. Der Karosserie-Entwurf stammte von dem italienischen Designer Giorgetto Giugiaro. Um die Technik kümmerte sich Lamborghinis-Chefkonstrukteur Stanzani. Er ging dabei nach den gleichen Rezepten vor, wie schon 1972 bei dem Bau des Hahne-Hahnemann-Projektes. Die Kunststoff-Karosserie saß auf einem sehr leichten Gitterrohrrahmen. Der Motor steckte hinter den beiden Vordersitzen, aber vor der Hinterachse. Im Gegensatz zu dem damaligen Projekt übernahm man nicht einfach die Fahrwerks-Teile der großen Limousinen, sondern entwickelte spezielle Radaufhängungen mit Leichtmetall-Radträgern.
Jochen Neerpasch legte wert darauf, daß der M-1 (M= Motorsport) in erster Linie für den Renneinsatz dienen müsse. Und die Einsatzbreite mußte für Motoren zwischen 277 und 850 PS ausgelegt sein. Sportdirektor Neerpasch und sein Konstrukteur Braungart planten:
- 277 PS für die Straßenversion: ein Sechszylinder-3,5 Liter-Motor mit vier Ventilen pro Zylinder und Benzineinspritzung;
- 470 PS für die Rennversion des Reglements Gruppe 4 (für Privatfahrer), ebenfalls eine 3,5 Liter-Maschine, die jedoch bis 9 000 U/min dreht;
- 850 PS für die Rennversion des Reglements 5 (Spezialproduktionswagen für die Marken-Weltmeisterschaft), eine 3,2 Liter-4 Ventiler-Maschine mit Abgas-Turbolader.

Noch im Herbst 1976 brachte Lamborghini das erste Exemplar auf einem Lastwagen nach München. Vor hier aus ging es mit kleiner Mannschaft auf die Teststrecke von Pirelli, wo die allerersten stundenlangen Vollgasfahrten stattfanden. Auch Motorenkonstrukteur Alex von Falkenhausen saß bald am Steuer und meinte bei Tempo 250:

Den Motor von München, Karosserie und Fahrwerk aus Italien: die Endmontage des M-1 erfolgte bei Baur in Stuttgart

„Der Tacho eilt mindestens 50 km/h vor." Eine Stoppuhr wurde herbeigeschafft, der Tacho nachgemessen; er ging genau.
Über die hervorragende Straßenlage staunten alle Beteiligten – selbst Jochen Neerpasch. Die Lamborghini-Techniker allerdings wunderten sich noch über ein anderes Phänomen. Chefkonstrukteur Stanzani zu Neerpasch: „Wenn wir mit unseren Motoren hier in dieser Hitze stundenlag Vollgas führen, wären sie schon längst geplatzt."
Das Projekt „E-26" reifte weiter heran, und im Frühjahr 1977 führte Neerpasch den Vorstandsmitgliedern den neuen Wagen vor. Inzwischen hatte Lamborghini rund acht weitere Exemplare gebaut, die im Herbst 1977 zu Langstreckentests zum Nürburgring kamen. Hier zeigten die M-1 zwar erstaunliche Leistungen, doch forderten die Strapazen ihren Tribut: Da mußte die Fahrwerkseinstellung geändert werden, es gingen Räder verloren und Leichtmetallfelgen zerbrachen. Testpilot Hans Joachim Stuck gab später zu: „Die ersten Coupés liefen nicht einmal geradeaus. Der komplette Vorderwagen mußte in München umgebaut werden." Ein italienischer Testfahrer zertrümmerte sogar einen Prototyp am Baum.

Lamborghinis Finanzkrise

Doch nicht nur technische Schwierigkeiten ließen das Mittelmotor-Projekt langsam reifen. Die Bologneser Firma steckte Ende 1977 bis Anfang 1978 in einer ernsten Finanzkrise. Neerpasch mußte fürchten, daß die Sportwagen-Schmiede schloß und damit das gesamte E-26-Projekt auf der Strecke blieb.

Cockpit des M-1 in Straßenversion. Verzicht auf die bogenförmige Bedienungsanordnung

Der 3,6-Liter-Sechszylinder-Reihenmotor mit vier Ventilen pro Zylinder und zwei obenliegenden Nockenwellen leistete in der Serienversion schon 277 PS

So überlegten die Münchner, wie dem italienischen Geschäftspartner zu helfen sei. Von Kuenheim dachte sogar daran, die Anteile von Lamborghini aufzukaufen. Doch die Schweizer Eigner des italienischen Werks waren nicht geneigt, zu verkaufen. Aus diesem Grunde wiederum mochten von Kuenheim und Neerpasch keinen Vertrag zum Serienbau des Wagens mit Lamborghini abschließen, sondern man suchte schon im Frühjahr 1978 eine andere geeignete Produktionsstätte. Daraufhin zürnte ein Lamborghini-Mann gegenüber der „Welt am Sonntag": „Wenn BMW glaubt, uns ausbooten zu müssen, dann wird es dieses Mittelmotor-Coupé niemals geben."
Eine verzwickte Situation, denn am Dienstag, dem 21. Februar 1978, hatten die Vorstandsmitglieder im BMW-Vierzylinder-Haus endgültig entschieden, daß der M-1 nicht nur als Renn-Version, sondern auch als Straßen-Version in Serie gehen solle. In dieser Sitzung hatte man überlegt, ob der M-1 bei der Münchener Flugzeugfirma Messerschmitt-Bölkow-Blohm entstehen könnte. In jedem Falle schien das Risiko zu groß, einer finanziell schwachen Firma den Serienbau anzuvertrauen.
Nach langen Verhandlungen einigten sich BMW und Lamborghini auf einen geheim gehaltenen Kompromiß. BMW selbst gewann die Karosseriefabrik Baur in Stuttgart als Produktionsstätte des 100.000 Mark-teuren Coupés.
Als es am 5. Oktober 1978 zum Pariser Autosalon Premiere feierte, hatte sich die verworrene Situation geklärt. „Der Donnerkeil" (Auto-Zeitung) wurde doch noch zu einer deutsch-italienischen Co-Produktion. Die Bodengruppe schweißte die kleine Bologneser Firma Marquesa, die Kunststoff-Karosserie lieferte Giugiaros Firma „Ital-Design". Die Motoren baute Neerpaschs Motorsport GmbH. Alles zusammen schafften Lastwagen nach Stuttgart zu Baur, wo in einem kleinen Raum acht Spezialisten künftig am Tag rund zwei Exemplare aus den angelieferten Bauteilen montierten. Rund 100 Vorbestellungen sollen für den Super-Sportwagen, der einen Wendekreis von 13 Metern hatte, schon vorgelegen haben.
„Der Porsche-Killer ist da", jubelte das Fachblatt „Sportauto", und „auto motor sport" meinte nach einem Fahreindruck: „In der exklusiven Klasse der schnellen Traumwagen gehört das Bayern-Projekt sicher mit auf einen der ersten Plätze." Bewunderung fand vor allem der Motor mit seinen zwei Nockenwellen und insgesamt 24 Ventilen: „So etwas gibt es sonst bei keinem anderen Serienauto der Welt". Aber auch die Straßenlage überzeugte den Tester auf Anhieb: „Der M-1 erreicht Querbeschleunigungen von fast einem g (= Erdbeschleunigung); und dies bedeutet in der Praxis, daß es kaum ein anderes Auto gibt, das ernsthafte Chancen hat, ihm in Straßenkrümmungen zu folgen."
Um nicht abwarten zu müssen, bis 400 Exemplare fertig waren und damit die Voraussetzung der Internationalen Motorsport-Kommission zu erfüllen, dachte sich Neerpaschs Team mit dem M-1 etwas ganz neues aus; die Procar-Serie. Vor jedem der acht europäischen Grand-Prix-Rennen 1979 stellte BMW fünf M-1 in der 350 PS-Rennversion zur Verfügung. Damit sollten die fünf trainingsschnellsten Fahrer vor dem eigentlichen Rennen ein M-1-Rennen in kleinem Kreis geben. Bis auf Ferrari und Lotus gaben die Formel-I-Rennställe das Okay für ihre Fahrer.
Doch auch diese Rennen gaben dem Verkauf des M-1 wenig Auftrieb. Im Februar 1980 lieferte BMW gerade das 100. Exemplar aus; an König Hussein von Jordanien. Er hatte sieben Monate zuvor den Sportwagen bestellt. Als dann das Telegramm abging „Der BMW M-1 steht abholbereit in München," schickte der Jordanier gleich eine seiner Transportmaschinen zum Flugplatz München-Riem, wo der Chefpilot das dunkelblaue Exemplar in Empfang nahm, in das Flugzeug verstaute und abflog.

Der M-1 in der Gruppe-4-Rennausführung mit Turbo-Motoren bis zu 870 PS

Später erhielt die Rennausführung einen ausladenden Heckspoiler und breite Verkleidungen am vorderen Ende der Kunststoffhaut

Ratten-Pech

Zu einem ungewöhnlichen Unglück kam es zu jener Zeit in München-Milbertshofen. Während der Betriebsferien im Juli 1978 hatte eine Ratte in der einsamen Produktionshalle die Plastik-Isolierung des Hauptkabels am Fließband angebissen. Dabei starb sie nicht nur durch den Stromstoß, sondern verband auch noch zwei Kupferkabel miteinander. Durch den Kurzschluß wiederum setzte sich wie von Geisterhand in der menschenleeren Halle das Fließband in Bewegung. Am Ende spuckte es zum Lackieren bereitstehende Wagen der 3er-Reihe aus – alle auf einen Haufen. Genau 13 Autos landeten in einem Gewirr von Kühler, Kotflügeln und anderen Karosserieteilen. Die Wagen waren schrottreif. Ganz München lachte über dieses Unglück, das BMW rund 380.000 Mark kostete. Auf die Frage der Münchener „Abendzeitung" nach dem Begräbnis der schuldigen Ratte antwortete Pressesprecher Claus Bandow: „Das Viecherl hat eine angemessene Bestattung bekommen."

Drang zum Diesel

Schon im Herbst 1976 hatte Entwicklungschef Karl-Heinz Radermacher ein Werksgeheimnis gelüftet. „Wir arbeiten an einem Dieselmotor." Die Überraschung war beim Publikum insofern groß, weil der Selbstzünder als behäbig und träge galt und kaum zum geprägten sportlichen Image der weiß-blauen Marke paßte. Doch die Münchner konnten es sich garnicht leisten, bei dem zu jener Zeit aufkommenden Diesel-Boom abseits zu stehen.

Kurz nach der Ölkrise bestätigte das Institut für Energiewirtschaft im Auftrag des Bundesforschungsministeriums die seit Jahren bekannte Tatsache, daß ein Diesel 15 bis 20 Prozent effektiver arbeitet als ein Benzin-Triebwerk. Volkswagen brachte zu jener Zeit einen Golf mit 1,5 Liter-Diesel auf den Markt – ein Wagen, der sofort zum Verkaufsschlager avancierte. Es wurde bekannt, daß die meisten europäischen Autofirmen an neuen Diesel-Triebwerke arbeiteten – selbst so sportlich eingestellte Fabrikate wie Alfa Romeo.

So reifte auch in München der Plan, vorerst „studienhalber" (Radermacher) einen Diesel zu bauen. Da man selbst keine Erfahrungen in dieser Richtung besaß, bat man die benachbarte LKW-Firma MAN um Entwicklungshilfe. Im November 1975 verschickten die Münchner einen 3,3 Liter-Sechszylindermotor nach Augsburg zu MAN. Die Lastwagen-Experten sollten zu diesem Motor einen neuen Zylinderkopf bauen und damit die Maschine auf Dieselbetrieb umkonstruieren. Fast ein Jahr experimentierten die Techniker, doch die Ergebnisse zu einem hubraumgroßen und kräftigen Diesel blieben hinter allen Hoffnungen zurück. Notierte noch Mitte 1977 der Branchendienst „np-Motor": „Obwohl BMW vor einiger Zeit in den USA offiziell verlauten ließ, man stehe in München im Bedarfsfalle mit einem Dieselmotor Gewehr bei Fuß, ist man wohl noch weit entfernt von einem brauchbaren Konzept für eine Serienfertigung."

Tatsächlich steckte man zu jener Zeit in einer Sackgasse, und Versuchschef Manfred Huber spielte die Situation offiziell herunter: „Unser gegenwärtiges Motorenangebot ist doch optimal."

Wesentlich weiter schien zu jener Zeit nämlich die Anstalt für Verbrennungsmotoren (AVL) in Graz zu sein. Sie hatte unter Leitung von Professor Hans List einen neuartigen Dieselmotor entwickelt. Mit Hilfe von Forschungsgeldern verwendete List ein schon vor mehr als 50 Jahren praktiziertes Bauprinzip und brachte es mit moderner Isolationstechnik auf Hochglanz. Bei diesem Motor wurden Zylinderkopf und die Kolbenbahnen aus einem Stück gegosssen. So ließ sich der Lärm dämpfen, der List-Diesel lief wesentlich ruhiger als andere Selbstzünder. In Österreich feierte man diesen Motor als technische Revolution. Die Fahrzeugfabrik Steyr-Daimler-Puch kaufte denn auch gleich die AVL-Entwicklung und engagierte Lists 400 Mann-Team für die Weiterentwicklung.

Doch da Österreichs einzige Fahrzeugfabrik zu klein war, um diese Erfindung gewinnbringend zu nutzen, wärmten die Manager alte Kontakte nach München wieder auf. Steyr-Entwicklungschef Anton Dolenc stellte den neuen Motor den BMW-Technikern vor – und fand auf Anhieb Zustimmung. Gemeinsam wollte man diese Maschine zur Serienreife bringen und danach eine Motorenfabrik aufbauen. Bei einer jährlichen Stückzahl von 150.000 müßte der flüsternde Diesel mit Gewinn herzustellen sein, hieß es in einer ersten Kalkulation. BMW wollte 60.000 Dieselmotoren fürs eigene Programm abnehmen. Nach ersten Vorgesprächen bestanden Aussichten, daß die italienische Lancia rund 15.000 Stück kaufte. Auch General Motors soll an dem leisen Diesel Interesse gezeigt haben. Steyr-Puch plante, das Triebwerk als Ausgangspunkt für eine neue Traktoren-Generation zu nehmen.

Als sich beide Seiten auf eine Cooperation geeinigt hatten, führte von Kuenheim Informationsgespräche mit Bundeswirtschaftsminister Graf Lambsdorff und dessen bayerischen Kollegen Anton Jaumann. Zusammen mit Steyr-Daimler-Puch-Chef Michael Malzacher fuhr von Kuenheim dann zu Österreichs Bundeskanzler Bruno Kreisky. Nach dessen Zustimmung unterschrieben Malzacher und von Kuenheim einen Vertrag. Danach sollte noch im Herbst 1978 eine neue Gesellschaft gegründet werden, an der sich beide Teile mit je 50 Prozent beteiligen. Mit einer Investition von rund 300 Millionen Mark wurde dann 1979 ein neues Motorenwerk in Österreich begonnen, in dem rund 2000 Mitarbeiter jährlich 150.000 Diesel-Triebwerke fertigen sollten. Am 27. Juni 1978 hatte Eberhard von Kuenheim seinen Aktionären die Neuigkeit bekanntgegeben; und kurz vor Weihnachten reiste der Vorstandsvorsitzende mit einer Gruppe von BMW-Leuten nach Wien, um hier einen entsprechenden Vertrag zu unterzeichnen.

Um die politische Bedeutung der neuen „BMW-Steyr-Motoren Gesellschaft" zu unterstreichen, kam sogar Österreichs Bundeskanzler Bruno Kreisky zu Gesprächen ins Münchener Werk.

Blick in die Zukunft

Derweil hatte BMW-Entwicklungschef Radermacher seinerseits einen Diesel ausgetüftelt. Auf der Basis der M-60-Motorenreihe, der kleinen Sechszylinder, ließ er einen Motor auf 2,4 Liter aufbohren, auf Dieselbetrieb umstellen und setzte zusätzlich einen Turbolader drauf. Damit leistete das Triebwerk nun 115 PS, kaum weniger als eine entsprechende Benzin-Variante. Der Motor wog nur 185 Kilogramm und verbrauchte 25 Prozent weniger Kraftstoff als vergleichbare Aggregate. Obwohl die Fahrleistungen fast schon sportlich zu nennen waren: Eingebaut in eine 520-Limousine erreichte der Turbo-Diesel eine Spitzengeschwindigkeit von 176 km/h. Im Herbst 1978 zeigte Radermacher diesen Wagen beim ersten BMW-Workshop staunenden Motor-Journalisten. Überhaupt ließ sich der Entwicklungschef bei diesem Treffen tief in die Karten sehen.

So zeigte er noch ein anderes Zukunftsprojekt vor, an dem bei BMW intensiv gearbeitet wurde: ein Eta-Motor. Sein Name – abgeleitet vom siebten Buchstaben des griechischen Alphabets – sollte auf einen „wirkungsgrad-optimierten Otto-Motor" hinweisen. Hierbei handelte es sich um einen in der Verdichtung drastisch heraufgesetzten Otto-Motor, der jedoch in seiner Höchstleistung gedrosselt wurde. Dadurch ergab sich ein um 15 Prozent günstigerer Kraftstoff-Verbrauch.

Noch mehr Benzin ließe sich nach Meinung der BMW-Techniker sparen, wenn der Motor nur soviele Zylinder einsetzt, wie gerade benötigt werden. 1973 hatte sich Ford-Detroit mit einem solchen Motor beschäftigt, doch dann die Versuche eingestellt. Unter finanzieller Förderung des Bundesforschungsministeriums führte nun BMW neue Versuche mit einem Sechszylinder-Motor durch. Hierbei wurden drei der sechs Zylinder dann abgeschaltet, wenn der Fahrer nicht die volle PS-Leistung fordert. Die abgeschalteten Zylinder wurden mit Abgas belüftet, um sie auf Betriebstemperatur zu halten. Auf diese Weise sollte der Verschleiß durch den Anstieg der Reibleistung zwischen Kolben und Zylinder vermindert werden. Dieser „lastgeregelte" Motor befand sich aber noch im Versuchsstadium. Die Kraftstoffabschaltung und Abgasspülung sollte eines Tages elektronisch gesteuert werden. Radermacher hatte errechnet, daß ein solcher Motor 30 Prozent Benzin sparen und damit so billig wie ein Dieselmotor arbeiten würde.

In dieser Zeit schlug sich auch Weltraum-Technik im Autobau nieder. Was die Amerikaner schon Anfang der Siebziger Jahre in ihre Weltraum-Fähren und Satelliten einbauten, machten sich nun langsam auch die Auto-Techniker in aller Welt zunutze: Mikro-Prozessoren, kurz „Chips" genannt. In ihnen lassen sich auf einer winzigen Fläche eine Riesensumme von Informationen unterbringen. Diese Silikonplättchen waren inzwischen zum Herzstück jedes modernen Elektronenrechners geworden. Im Frühjahr 1978 brachte die US-Firma Cadillac in ihrem Flaggschiff „Seville" erstmals einen Bord-Computer, genannt „Tripmaster", auf den Markt. Auf Knopfdruck zeigte er an einer Digital-Anzeige, wie hoch der Durchschnittsverbrauch, wieviel Benzin im Tank ist und wie weit der Fahrer damit kommt. Kurze Zeit später rüstete auch Chrysler seinen Kleinwagen „Horizon" mit einem ähnlichen Rechner, genannt „Trip-Computer" aus. Damals sagte Cadillac-Konstrukteur John S. Elliot: „Dies ist erst der Anfang einer sehr weitgehenden Entwicklung. Die Bord-Computer der zweiten Generation werden viel mehr können."

Was die alles konnten, zeigte im Herbst 1978 BMW-Versuchsleiter Manfred Huber der Öffentlichkeit. Zusammen mit Siemens hatte BMW in zweijähriger Arbeit ein Versuchsmodell entwickelt; im Aussehen wie ein Taschenrechner mit 12 Drucktasten und einer vierstelligen Leuchtziffer-Anzeiger. „Alle Tasten haben eine Doppelfunktion", erklärte Huber, „mit jeder kann man einen Befehl eingeben, eine Information abrufen oder eine Ziffer eintasten." Der BMW-Bordcomputer warnte vor Eis, erinnerte an Autobahnausfahrten oder Schilder, schaltete die Standheizung zu einem vorprogrammierten Zeitpunkt ein oder berechnete die voraussichtliche Ankunftszeit. Er diente sogar als Diebstahlschutz; mit Hilfe einer frei wählbaren vierstelligen Kennziffer. Wurde diese Ziffer dreimal hintereinander falsch eingegeben, blockierte der Computer die Zündung und löste ein Hupsignal aus.

Computer-Elektronik kam an BMW-Autos jedoch in einem anderen Detail schon vorher zum Serieneinsatz; im Anti-Blockier-System, kurz ABS genannt. Von November 1978 an lieferte BMW seine großen Limousinen zum Aufpreis von 2000 Mark mit dem neuen Bremssystem. Und da zum selben Zeitpunkt auch Mercedes-Benz seine Flaggschiffe auf Wunsch mit ABS ausstattete, erhielten beide Firmen – wie auch der Hersteller Bosch – als Auszeichnung für dieses Sicherheitsdetail von der Zeitung „Bild am Sonntag" gemeinsam das „Goldene Lenkrad."

Seit 1959 arbeitete Daimler-Benz an einem solchen Bremssystem, Mitte der sechziger Jahre beschäftigte sich die Zulieferindustrie besonders intensiv mit dieser Neuentwicklung, die damals die Firma Teldix in Serie zu bauen versprach. Bei BMW fiel im Frühjahr 1969 die Entscheidung, Versuchswagen mit einer solchen Anti-Blockier-Anlage auszurüsten. Die Idee dazu stammte von Flugzeugen, die beim Landen aus sehr hohen Geschwindigkeiten abgebremst werden müssen. Das Grundprinzip ist einfach: Sobald die Räder bei zu starkem Druck auf das Bremspedal zu blockieren drohen, setzt eine Automatik die Bremskraft soweit herab, daß trotz vollem Pedaldrucks keine Blockiergefahr besteht. Die Arbeitsweise ähnelt dabei der in Sportfahrerkreisen geübten Stotterbremse. Beginnt der Wagen beim Bremsen auszubrechen, läßt der Fahrer das Pedal einen Augenblick los. Das Auto stabilisiert sich, danach drückt der Fahrer wieder stärker das Pedal. Dabei kann man mit dem Fuß nur mit allen vier Rädern extrem schnell stottern. Das ABS regelt jedes Rad allein. Die Vorteile sind bestechend: Selbst auf Glatteis blockierten keine Räder, und auch in Kurven bremste der Wagen sauber ab. ABS schaffte auch zwischen 10 und 40 Prozent kürzere Bremswege.

Erreicht wurde dies durch hochintegrierte Schaltkreise, die im Aufbau etwa den Mikro-Prozessoren entsprachen. Innerhalb von Mikrosekunden mußte bei der ABS-Anlage der Computer seine Entscheidungen treffen. BMW zeigte sein ABS-System erstmals 1972 in dem Flügeltüren-Turbo-Coupé, wo es allerdings noch unzuverlässig arbeitete. Die erste harte Bewährungsprobe kam beim Sechs-Stunden-Rennen auf dem Nürburgring 1974. Damals verblüffte der Rennfahrer Hans Joachim Stuck auf seinem blauen 3,0 CSL die Konkurrenten dadurch, daß er schneller in die Kurven fuhr, erst in den Kurven bremste (was gemeinhin als Sünde galt) und so sehr schnelle Trainingszeiten fuhr. Doch bis zur Serienreife vergingen danach nochmals vier Jahre.

Gipfeljahr

Als Eberhard von Kuenheim im Juni 1979 die Aktionäre zusammenrief, um ihnen das Geschäftsergebnis des Vorjahres mitzuteilen, herrschte wieder einmal allgemeine Zufriedenheit. „1978 war für die Bayerischen Motoren-Werke ihr bisher bestes Jahr", sagte von Kuenheim, „und wird es vielleicht auch bleiben, denn der Kulminationspunkt der Automobilkonjunktur ist wahrscheinlich überschritten." Die Bayern hatten, gemessen an der Konkurrenz, wieder einmal die Nase vorn: Während die Inlandszulassungen um fünf Prozent gestiegen waren, durfte BMW elf Prozent Zuwachs verbuchen. Finanzchef Erich Haiber verriet, daß die weiß-blaue Marke eine halbe Milliarde liquide Mittel besäßen, und damit habe sich BMW „eine solide Basis für die Zukunft" geschaffen.

Der Vorstandsvorsitzende erläuterte seinen Aktionären, daß im Rahmen der Energie-Diskussion die Frage nach dem Kraftstoff-Verbrauch immer wichtiger würde und neben der Elektronik und neuen Bremssystemen fürs Auto diesem Punkt besondere Aufmerksamkeit zuteil würde. Nahezu die Hälfte aller Investitionen gelte dem Bereich Forschung und Entwicklung. Und von jedem umgesetzten Hundertmarkschein gingen fünf Mark in diesen Bereich. Größtes Einzelprojekt war denn auch der geplante Bau eines Entwicklungszentrums in München, das mehrere hundert Millionen Mark kosten würde. Darin enthalten sollte ein aerodynamisches Forschungszentrum mit Windkanal und der Ausbau des technisch-wissenschaftlichen Rechenzentrums sein. Die Entwicklungsmannschaft stockte man bis auf 4000 Ingenieure auf.

Zweierlei beunruhigte den BMW-Chef allerdings in jener Zeit; die Kapazitätsausbauten in ganz Europa und den schlechten Geschäftsgang im Motorradbau. „Es gibt

Pläne zu weiteren, sehr großen Kapazitätsausbauten in ganz Europa, trotz der hier bereits vorhandenen Überkapazität", warnte von Kuenheim, „das zeugt von Optimismus, aber auch von der starken Entschlossenheit, einen unerbittlichen Konkurrenzkampf möglichst als der Überlebende zu überstehen. Überkapazitäten sollen möglichst nur die anderen haben." Kämpferisch gab sich denn auch der BMW-Chef: „Und wir machen das Spiel auch mit." Die Tageskapazität sollte im Werk Dingolfing von 600 auf 750 Autos erhöht werden, während die Fertigung in München mit gut 800 Autos kaum mehr steigerungsfähig war.

Unter den Tochtergesellschaften galt damals die „BMW-Motorrad GmbH" als „Sorgenkind" (Süddeutsche Zeitung). Ihr Umsatz war um 14 Prozent gefallen. Denn die Nachfrage nach den Motorrädern aus Bayern war gerade auf dem US-Markt um 40 Prozent gesunken. Aus diesem Grunde mußten die Investitionen auf dem Motorradsektor von 28 auf 45 Millionen Mark gesteigert werden. Nur so könne man der japanischen Konkurrenz entgegentreten.

„Automobile Exklusivität"

Noch ein Punkt ärgerte den BMW-Chef: der Verkaufserfolg der 7er-Reihe. Nach außen hin gab er das freilich nicht zu. 1978 war der Anteil an ihrer Klasse in der Bundesrepublik auf 23 Prozent gestiegen. „Mehr kann man einfach vom Schicksal nicht erwarten", kommentierte von Kuenheim gegenüber den Aktionären. Doch insgeheim hatte er und sein Verkaufschef Hans-Erdmann Schönbeck auf mehr gehofft. 1978 produzierten die Bayern von ihren großen Limousinen:

                728   = 15.000 Stück
                730   =   8.750 Stück
                733 i = 12.100 Stück

Gemessen an der Konkurrenz nur ein mittelmäßiger Erfolg. Mercedes hatte in dieser Klasse 40 Prozent, Opel mit dem Senator/Monza inzwischen schon 30 Prozent Anteil. In den ersten vier Monaten 1979 ging der Verkauf der 7er-Reihe sogar um 14,7 Prozent zurück. Dabei wurmte es die Bayern besonders, daß die Kunden die wenig profitable 728-Version bevorzugten. Sorgen bereitete BMW-Verkaufschef Schönbeck vor allem der Herbst, für den Daimler-Benz die Vorstellung der neuen S-Klasse angekündigt hatte.

So tüftelte man in München bereits seit Jahresbeginn daran, die 7er-Reihe attraktiver zu machen. Ergebnis: Die Vergaser-Motoren wurden aus dem Programm gestrichen, alle großen Sechszylinder auf Benzineinspritzung umgestellt. Im Juli 1979 stellte BMW die Modelle des Jahrgangs 1980 vor:

                728 i mit 184 PS
                732 i mit 197 PS
                735 i mit 218 PS

Den 2,8 Liter-Einspritzmotor gab es bisher schon im 528 i, beim 732 i handelte es sich im Grunde nur um eine Bezeichnungs-Korrektur. Auch der bisherige 733 i hatte nämlich nur 3,2 Liter Hubraum. Neu am 732 i war aber die Digital-Motoren-Elektronik. Dies stand für ein System mit Mikro-Computer. Er übernahm die Steuerung des

Zündwinkels und der Kraftstoffmenge. Auf diese Weise wurden Leistung, Verbrauch und Abgasverhalten positiv beeinflußt.
Der 3,5 Liter-Motor wurde unverändert aus dem Coupé übernommen. Den Erfolg vieler Feinarbeit faßte Eberhard von Kuenheim zusammen: „Ab sofort werden die BMW-Automobile im Durchschnitt aller Modelle rund sieben Prozent weniger Kraftstoff verbrauchen als die vergleichbare Modellpalette des Vorjahres." Die drei – äußerlich unveränderten – 7er-Modelle bekamen allerdings noch ein zusätzliches Modell zur Seite gestellt: den 745 i. „Wir erwarten," meinte Entwicklungschef Radermacher bei der Premiere, „daß auch in Zukunft vielfacher Wunsch nach solchen automobilen Exklusivitäten besteht." Bis auf die Typenbezeichnung war das neue Flaggschiff mit den übrigen großen BMW-Limousinen identisch. Unter der Haube steckte jedoch ein Sechszylinder-3,2 Liter-Motor, der dank eines Turboladers nun 252 PS leistete. Damit erreichte der 745 i eine Höchstgeschwindigkeit von etwa 230 km/h. „Der volle Ladedruck des Turboladers setzt bereits bei 2500 U/min ein," erklärte Radermacher, „und das führt zu einer Leistungscharakteristik, wie sie nur bei einem Saugmotor mit wesentlich größerem Hubvolumen zu realisieren gewesen wäre." Da im Motorsport der Hubraum eines Triebwerks mit Turbolader mit dem Multiplikator 1,4 gewertet wurde, hielt sich BMW an diese Formel bei der Modellbezeichnung. So entsprach die Kraft des 3,2 Liter-Turbomotors der eines 4,5 Liter Saugtriebwerks; deshalb die Typenbezeichnung „745 i".
Ausgestattet war das neue Flaggschiff im Programm mit allem, was zu jener Zeit gut und teuer war. So gab Radermacher dem 745 i als ersten Wagen der Welt serienmäßig das Antiblockier-System. Der Bord-Computer, vor wenigen Monaten als Zukunftsentwicklung vorgestellt, wurde im 745 i serienmäßig eingebaut. Der 745i besaß eine Fülle von technischen Finessen, die das Fahrerleben leichter machen sollten; die Innenbeleuchtung blieb nach den Einsteigen noch zwölf Sekunden eingeschaltet, im Zündschlüssel saß eine kleine Batterieleuchte, die im Dunkeln an der Fahrertür hilfreich war, der elektrisch beheizbare Außenspiegel sorgte für klare Sicht, die Digital-Zeituhr war als Vorwähluhr für die (als Sonderausstattung lieferbare) Standheizung ausgelegt und die Scheibenwaschanlage so konstruiert, daß dem Reinigungswasser ein spezielles Mittel zur Silikonbeseitigung auf der Windschutzscheibe beigemischt wurde.
Das etwa 52.000 Mark-teure Auto wurde zwar schon im Juli 1979 vorgestellt, aber erst im Frühjahr darauf ins Programm aufgenommen. Denn ob in Zeiten immer höherer Benzinpreise ein solches Auto am Markt Kunden finden würde, darüber war sich der Vorstand noch nicht im klaren. Immerhin wollte man zu dem – damals kurz vor der Premiere stehenden – Mercedes-Benz 500 SE eine passende Alternative haben. Radermacher: „Wir werden beweglich genug bleiben, neue oder geänderte Anforderungen jeweils schnell zu berücksichtigen." Die vernünftige Aufwertung der großen Limousinen wurde von den Kunden schon zur Internationalen Automobil-Ausstellung honoriert. Allein im September 1979 lagen die Auftragseingänge für diese Modelle um 14 Prozent über denen des Vorjahres.
Auch die Ausstattung der 6er-Coupés mit den Einspritzmotoren brachte Aufschwung. „Die Coupés haben zur Zeit die größten Zuwachsraten in unserem Modellprogramm", freute sich von Kuenheim zur IAA.

Hubraum mal 1,4; nach dieser Motorsport-Formel erhielt der 745 i mit Turbolader seine Typenbezeichnung

Die M-Reihe

Die drei Autos, die an einem heißen Juli Tag 1978 über einsame Landstraßen der Eifel huschten, hatten auf den ersten Blick nichts ungewöhnliches an sich. Nur: Vorder- und Heckpartie wollten nicht zueinander passen. Die Front ähnelte alten schwedischen Volvos und hinten saß ein Spoiler. Die Illustrierte „Bunte" lüftete den Schleier: „Die ersten Wagen der neuen BMW-Mittelklasse sind schon unterwegs."
Die Nachfolger der 5er-Reihe, diesmal mit drei Seitenfenstern, waren also schon in Erprobung. Spekulierte daraufhin die „Bunte": „Anfang 1980 sollen die jetzigen 518 bis 528 durch das neue Modell abgelöst werden." Von BMW kam zwar kein Dementi, aber ein Jahr darauf machte von Kuenheim gegenüber Journalisten seinem Ärger Luft: „Unsere 5er-Reihe, von einigen unter Ihnen zu unserer Überraschung totgesagt, ist nach wie vor erfolgreich und aktuell." Als Beweis für noch längerfristigen Weiterbau stellte BMW zur Internationalen Automobil-Ausstellung im September 1979 den „M 535 i" vor. Hierbei stand das „M" für „Motorsport". Sportdirektor Jochen Neerpaschs Gesellschaft übernahm dabei vom Werk komplette 5er-Modelle, die bei der Motorsport GmbH mit der 3,5 Liter-Maschine und mit sportlichen Accecoirs ausgerüstet wurden. Dazu gehörten: Frontspoiler, Gasdruck-Stoßdämpfer, Leichtme-

tall-Felgen und Schalensitze. Die Fertigung des 43.595 Mark-teuren und 222 km/h--schnellen Gefährts wurde dabei in Handarbeit und mit besonderer Sorgfalt auf motorsportliche Anforderungen ausgelegt. Ein Auto, das in Zukunft die Kasse der Motorsport GmbH auffrischen sollte.

Denn mit der zügigen Produktion des M 1-Sportwagens ging es in jenen Monaten nicht voran: Die italienischen Zulieferfirmen überzogen nicht nur Termine, sondern hielten oft auch die zugesicherte Material-Qualität nicht ein. So verzögerte sich die Auslieferung an Kunden. Nur wenige Exemplare fanden seit Frühjahr 1979 ihren Weg zum Besteller. Dies wiederum hatte auch Folgen für den geplanten Motorsport-Einsatz. Die geforderte Mindeststückzahl von 400 Autos innerhalb von zwei Jahren konnte nicht, wie geplant, gebaut werden; weshalb dem Wagen auch die Homologation für 1980 versagt blieb. So mußte der „M 1" vorerst weiter in der für ihn geschaffenen „Procar-Serie" ohne Konkurrenz starten. Bei BMW lief die Serienproduktion des M-1 im April 1981 nach 450 Exemplaren aus.

Daß der M-1 nicht homologiert wurde, hatte wiederum negative Auswirkungen auf den Verkauf der Straßenversion. Und der geringe Geschäftserfolg führte schließlich dazu, daß die „BMW-Motorsport GmbH" nicht – wie geplant – sich endlich selbst tragen konnte. Dies wiederum verschlechterte die Position des Direktors Jochen Neerpasch. Schon zur Internationalen Automobil-Ausstellung – im September 1979 – versuchte Neerpasch, Kontakte zu der französischen Firma Talbot zu knüpfen und sie für den Aufbau eines Formel-I-Rennstalls zu gewinnen. Die Franzosen – sehr daran interessiert den Namen säuberlich aufzupolieren – bissen an.

Im Februar 1980 gab Talbot bekannt, daß BMW-Rennsport-Direktor nach Paris überwechseln werde, um dort einen Rennstall zu installieren. Ausgemacht war, daß Neerpasch den bei BMW entwickelten Formel-I-Rennmotor mitbringen würde, für den die Franzosen dann zwei Millionen Mark nach München überweisen sollten.

Aber noch bevor die Verträge unterzeichnet waren, ließen die Franzosen Gerüchte undementiert, nach denen sie den BMW-Talbot-Motor in eigener Regie gern an interessierte Formel-I-Teams weiterverkaufen wollten. Gegen diesen Handel wehrte sich Neerpaschs Nachfolger in der Motorsport GmbH, Horst Stappert, vehement und mit Erfolg. Talbots Formel-I-Pläne platzten, was wiederum zur Folge hatte, daß die Franzosen Jochen Neerpasch wieder entließen.

Ende April 1980 verkündete ein neuer Vorstandsbeschluß bei BMW, daß nun der 1,5 Liter-Vierzylinder-Turbo-Motor mit 570 PS für die Rennsaison 1982 ausschließlich dem Brabham-Team zur Verfügung stehen werde. Danach verkaufte BMW sein Hochleistungs-Triebwerk selbst an andere Interessenten.

Kunst am Auto

Seit die Geschäfte in den letzten Jahren so glänzend liefen, genehmigte Eberhard von Kuenheim auch Geld für etwas, wofür sich bisher kein deutsches Automobilwerk aufraffen konnte; nämlich Auto und Kunst zusammenzubringen. Schon zur Motorsport-Saison 1975 ließ BMW von dem amerikanischen Maler Alexander Calder, ein Dreiliter-Coupé in bunten Farben bemalen. Dieses vierrädrige Kunstwerk startete anschließend beim 24-Stunden-Rennen in Le Mans und wurde danach auf verschiedene Ausstellungen geschickt. Sogar das New Yorker Whitney Museum of American Art zeigte das Calder-Coupé im Rahmen einer vielbeachteten Calder-Ausstellung. So entschloß sich BMW im Herbst 1976 einen zweiten amerikanischen Maler, Frank Stella, zu beauftragen, einen BMW zu bemalen. Er wählte ein weißes Renn-Coupé auf dem er ein Millimeterpapier-Muster aufbrachte. Wiederum war ein Wagen geschaffen, der auf größeren Kunst-Ausstellungen in der ganzen Welt herumgezeigt wurde.

Millimeter-Papier-Muster auf Rennwagen: US-Künstler Frank Stella mit seinem Kunstobjekt

1977 wählte BMW den Pop-Künstler Roy Lichtenstein aus, ebenfalls ein Amerikaner, der diesmal einen BMW 320 Rennwagen nach seinen – sehr eigenwilligen – Vorstellungen bemalte. Mitte April 1978 erhielt der US-Pop-Künstler Andy Warhol den Auftrag, einen Rennsportwagen zu bemalen; einen 320 i, der im Renntrimm 125.000 Dollar kostete. Ihn schmückte Warhol mit rosa Blumen auf schwarzem Untergrund. Und eigentlich sollte auch dieser Wagen beim 24-Stunden-Rennen in Le Mans starten. Doch daraus wurde aus technischen Gründen nichts.
Deshalb gab BMW Andy Warhol im Juni 1979 noch einmal Gelegenheit, ein BMW-Auto zum Kunstwerk umzufunktionieren; diesmal einen M-1. „Ich habe es so gemacht, wie man ein Haus bemalt," erklärte er später, „nur wollte ich es in fünf Minuten schaffen. Das wäre auch gegangen, aber da kam eine Mannschaft vom Fernsehen und die wollten, daß ich länger brauchte." Und so waren es 28 Minuten, bis der M-1 in expressionistischen Farben strahlte. Hernach startete er – wie es schon Tradition war – in Le Mans und belegte hier den sechsten Platz. Warum die Münchener ausgerechnet amerikanische Künstler beschäftigen, erklärte ein BMW-Sprecher damals so: „Die zeitgenössische amerikanische Bewegung, die oft intelligent und aufsehenerregend ist, ist höchst geeignet für einen Wagen auf der Rennstrecke." Und

immerhin verschaffte sich BMW gerade mit seinen rollenden Kunstwerken in den USA einen Aufmerksamkeitsgrad bei Künstlern und Intellektuellen, der sich auch in steigenden Verkaufserfolgen bemerkbar machte.

1977 gab man dem US-Pop-Künstler Roy Lichtenstein den Auftrag, einen 320-Rennwagen eigenwillig zu dekorieren

Kontakt zu Fiat?

Seit der Ayatholla Chomeni im Iran die Macht übernommen hatte, war die Welt nicht mehr in Ordnung: Der Benzinpreis übersprang im Mai 1979 die Eine-Mark-Schwelle und kletterte zügig bis auf 1,20 Mark an. Im Herbst desselben Jahres reagierten darauf die Käufer; sie bevorzugten fortan in der Hauptsache kleine Wagen. Schon im September mußten die Kölner Ford-Werke Kurzarbeit melden, weil der Verkauf des Granada und des Capri stockte, Opel spürte den neuen Abwärts-Trend zum Jahresende hin. Im ersten Halbjahr nahm die gesamte deutsche Automobil-Industrie (mit Ausnahme von Daimler-Benz) ein Minus von acht Prozent hinnehmen.
Dies traf auch BMW im gleichen Prozentsatz im Inlandsverkauf. Meinte deshalb von Kuenheim auf der Hauptversammlung, daß auch für BMW „künftig der Wind mehr von vorne" komme. Im Gegensatz zur Konkurrenz konnte die weiß-blaue Marke jedoch im ersten Halbjahr 1980 mehr Auslandsmärkte beliefern. Während andere Autofirmen über die Invasion japanischer Wagen in Deutschland klagten, paßte Verkaufschef Schönbeck das Programm japanischen Gegebenheiten an – und verzeichnete einen um 70 Prozent gesteigerten Export dorthin. Mittelpunkt des Exporterfolgs war ein auf japanische Verhältnisse umgerüsteter 518, der auf dem zweitgrößten Auto-Markt der Welt gut ankam. „Wir müssen japanisch lernen und japanisch denken", sagte von Kuenheim dazu. Dank der Exporterfolge konnte BMW auch im ersten Halbjahr seine Produktion um zwei Prozent steigern. Immerhin reagierte auch BMW auch die größere Nachfrage nach kleinen Autos: im Werk Dingolfing, wo bisher allein die 5er- und die 7er-Serie entstanden füllte Produktionschef Karl Monz Lücken durch die Umstellung auf die gefragteren 3er-Reihen.
Und an neuen energiesparenderen Modellen wurde mit Hochdruck entwickelt. Unter dem Entwicklungscode „E-30" lief der Nachfolger der 3er-Reihe seiner Premiere im Jahre 1983 entgegen. „Denkbar ist es schon, daß dieser neue Kompakt-BMW Frontantrieb besitzen wird", vermutete die „Auto-Zeitung". Zu jener Zeit fuhren auf dem BMW-Versuchsgelände auffallend viele Fronttriebler der Konkurrenz herum, so

zum Beispiel Renault 20 und Honda Civic. Entwicklungschef Karl-Heinz Radermacher meinte: „Ich könnte mir durchaus vorstellen, mechanische Berührungspunkte mit Fiat zu haben." So munkelten Branchenkenner, daß bereits ein sehr enger Kontakt nach Turin bestände. Die Italiener wollten aus München gerne Motoren beziehen und würden dafür Know-how über Frontantriebstechnik liefern. Die Verbindung über die Alpen währte aber nur kurz, denn bald schon war in München entschieden, daß die neue kleine 3er-Reihe weiterhin Hinterradantrieb haben werde.

Bis zum geplanten Erscheinungszeitpunkt erst einmal war es noch Zeit, und so trimmte Radermacher und sein Team die laufenden Modelle auf mehr Sparsamkeit. Das Vierzylinder-Modell 316 erhielt im August 1980, die auf 90 PS gedrosselte 1,8-Liter-Maschine, die zudem auf Superbenzin umgestellt wurde. Dadurch sank der Verbrauch, weil im Superbenzin mehr Energie steckt. Der 318 erhielt eine Benzineinspritzung, leistete nun 109 PS und wurde damit zum 318 i.

Lob dem freien Unternehmertum

Zu jener Zeit – im Juli 1980 – war auf der Hauptversammlung Großaktionär Quandt der Mittelpunkt. Er stand vor seinem 70. Geburtstag und trat deshalb aus Altersgründen von seinem Posten als Aufsichtsratsvorsitzender zurück. In seiner Rede erinnerte er nochmals an den Aufstieg der Firma BMW seit dem Jahre 1959, als er sich um das angeschlagene Unternehmen kümmerte. Damals beschäftigte das Unternehmen rund 3.800 Mitarbeiter und lag im Umsatz bei nur 160 Millionen Mark. 1980 waren es 42.000 Mitarbeiter mit einem Umsatz von 7,4 Milliarden Mark.

Als Quandts Nachfolger bestimmte der Aufsichtsrat Hans Graf von der Goltz (54), bisher Stellvertreter des Aufrichtsratschef. In seiner Antrittsrede vor den Aktionären würdigte von der Goltz die Verdienste von Quandt, der am Beispiel von BMW deutlich bewiesen habe, was freies Unternehmertum zu leisten vermag.

Seinem verdienten Ruhestand durfte der Industrielle Herbert Quandt jedoch nur knapp zwei Jahre genießen: am 2. Juni 1982 starb er.

Bester Kunde: Ford

Mit Hochdruck arbeitete Volker Doppelfeld an seinen neuen Aufgaben: er war gerade zum Chef der neuen BMW-Steyr-Gesellschaft berufen worden, die künftige Dieselmotore mit dem weiß-blauen Emblem bauen sollte. Mit 35 Millionen Mark Stammkapital startete die Gesellschaft im Juli 1979, bis 1984 sollte es auf 140 Millionen Mark aufgestockt werden. Sowohl die Österreicher wie auch die Bayern teilten sich die Kosten je zur Hälfte. Für die in der österreichischen Stadt Steyr zu errichtende Fabrik hatte Bundeskanzler Kreisky großzügige Investitionshilfen versprochen, aber nur langsam verwirklicht. „Ich muß heute leider dazu sagen", klagte Doppelfeldt im November 1980, „daß unserer damaligen Entscheidung mit dem Bau zu beginnen, ohne einen endgültigen Beschluß über die staatliche Förderung abgewartet zu haben, bis jetzt nicht entsprechend honoriert wurde."

Damals standen schon die Konzeptreihen fest: Ende 1982/Anfang 1983 sollte die

Produktion in dem österreichischen Motorenwerk mit dem eher konventionellen 2,4-Liter-Sechszylinder-Turbo-Diesel (M-105) beginnen; ein vom 323 i abgeleitetes Diesel-Aggregat mit neuentwickeltem Zylinderkopf. Ab 1984 würde BMW und Steyr dann einen Zweiliter-Vierzylinder-Turbo-Diesel (Werksintern M 1 genannt) in Serie nehmen, der 100 PS leistet und im wesentlichen von Professor Lists AVL-Institut entwickelt worden war. Dazu würde dann ein 3,2-Liter-Sechszylinder-Turbo-Diesel mit 150 PS gebaut, der – ebenfalls wie der Vierzylinder – zusammengegossene Kolbenlaufbahnen und Zylinderkopf besitzt. „Dank der erstmals in Großserie verwirklichten Direkteinspritzung (Hier arbeitet keine zentrale Einspritzpumpe, sondern eine getrennte Einspritzdüse für jeden Zylinder) verbraucht der BMW-Steyr-AVL-Motor um bis zu 20 Prozent weniger Sprit", verriet Doppelfeld der „Süddeutschen Zeitung". Ein 732 TDI (Turbo-Diesel-Einspritzung) würde bei konstantem Tempo 100 mit nur 6,8 Liter auf 100 km auskommen, selbst bei 180 km/h benötigte der Motor kaum 13 Liter. Durch eine Kapselung des Motors würde der neue Diesel wesentlich leiser als Konkurrenz-Triebwerke laufen.
Solche Nachrichten ließen den Ford-Präsidenten von Europa, Robert A. Lutz, aufhorchen. Er war seit längerem schon auf der Suche nach einem guten Diesel für Ford-Wagen. Zu Probefahrten flog er nach München, danach veranlaßte er, daß einige Fahrzeuge im extrem heißen Death Valley (Todestal) – im US-Bundesstaat Arizona – getestet wurden. Als auch dies zur Zufriedenheit verlief, orderte im Mai 1981 Ford-Detroit 190.000 BMW-Diesel-Aggregate, die ab 1982 im Verlauf von drei Jahren geliefert werden müßten. BMW richtete daraufhin eine eigene Abteilung ein, die den Auftrag, der pro Jahr 400 Millionen Mark Umsatz schafft, generalstabsmäßig betreuen soll. Die Amerikaner würden zuerst den 2,4-Liter-Diesel erhalten und ein Jahr später den Zweiliter-Vierzylinder, der später 75 Prozent der Dieselproduktion ausmachen dürfte.
Der Auftrag aus Detroit reichte jedoch nicht aus, um die geplante Produktion von 100.000 Aggregaten pro Jahr zu erfüllen, und so war es eine der Hauptaufgaben von Volker Doppelfeld, weitere Kunden herbeizulocken.

Zwei Anläufe

Bei 56 Grad Hitze standen ein Dutzend Männer um die Motorhaube eines Autos herum. Entwicklungschef Radermacher wollte es nämlich aus Spaß genau wissen: Läßt sich ein Spiegelei auf heißem Blech braten oder nicht? Mehrere rohe Eier wurde aufgeschlagen, doch trotz extrem heißer Motorhaube entstanden keine Spiegeleier. Enttäuscht ging die Mannschaft ins nächste Restaurant essen.
Die Truppe testete im Death Valley im Bundesstaat Arizona sieben Exemplare der neuen 5er-Serie, die Mitte 1981 auf den Markt kommen sollte. Es galt herauszufinden, ob auch am heißesten Punkt der Erde Kühlsystem und Klimatisierung, sowie die Radlager den Extrembeanspruchungen standhielten. Seit nunmehr fünf Jahren waren die neuen Modelle in Entwicklung.
1976 hatten die Arbeiten an einer neuen Mittelklasse-Reihe unter der Code-Nummer „E 28" begonnen. Die Blechhaut der Nachfolge-Modelle sollte ursprünglich größer sein als die bisherigen Wagen, der Radstand um zehn Zentimeter länger ausfallen. Damit wollte Entwicklungschef Radermacher endlich der Kritik am Raumangebot der

bisherigen 5er-Modelle gerecht werden. Äußerlich wirkten die Neuen gestreckter und besaßen drei Seitenfenster. Acht Exemplare wurden zurechtgeklopft und zu Testfahrten auf den Nürburgring geschickt. Bis 1978 dauerte die Erprobung, dann allerdings stießen die neuen Modelle im Vorstand auf harte Kritik.
Die neue Mittelklasse-Reihe würde im Raumangebot zu dicht an die 7er-Serie heranrücken: „Das wäre geplanter Kannibalismus." Denn dann stiegen die Kunden der großen Limousine auf das Mittelklasse-Modell um. Finanzchef Erich Haiber empfahl zudem, an Entwicklungsaufwand zu sparen. So begann Ende 1978 Entwicklungschef Karl-Heinz Radermacher ganz von vorn. Ein neuer Prototyp wurde geschaffen, in den Abmessungen dem bisherigen Serienmodell etwa gleich. Dach- und Türteile übernahm man vom alten Modell. Chefdesigner Claus Luthe erhielt die Anweisung, die bewährte Linie zu verfeinern, aber nicht grundsätzlich zu ändern. Im Gegensatz zu früheren Modellen zog man diesmal keine italienischen Designer zu Rate. Die Linie war nun als Keilform – nach hinten leicht ansteigend – ausgelegt, die Niere an der Front geriet breiter und flacher. Durch die Rückleuchten zog sich ein breites Chromband. Der Tank saß jetzt endlich in der aufprallsicheren Zone vor der Hinterachse, und in den Radaufhängungen glich der neue 5er den großen Flaggschiffen des Programms. Noch Ende 1980 zogen die Techniker mit ihrer Neuentwicklung in den Windkanal des Designers Pininfarina. Dort maß man einen Luftwiderstandswert von 0,394 cw – im Vergleich zu anderen Konkurrenten ein nur durchchnittlich guter Wert. Um die Aerodynamik weiter zu verbessern, schufen die Münchener neuartige, glatte Radkappen, durch die der Luftwiderstand auf 0,385 cw sank. Allerdings; serienmäßig gab es diese Radvollverblendungen nur bei den Typen 525 i und 528 i. Letzte Änderungen brachte die Arbeit im Windkanal noch an den Regenleisten, im Bereich der Heckpartie und am Unterboden.
Mit Ausnahme der 1,8-Liter-Maschine erhielten nun alle Motoren eine neue Benzin-Einspritzung, die dem dahinrollenden Wagen die Kraftstoff-Zufuhr abschaltet. Allein dadurch ergab sich eine Verbrauchssenkung von drei bis fünf Prozent.

Weg vom Inspektionsheft

„Auch im internationalen Vergleich nimmt BMW derzeit bei der Einführung der Elektronik im Automobil eine Spitzenreiterrolle ein", schrieb damals die „Frankfurter Allgemeine Zeitung" im Hinblick auf die neuen 5er-Modelle. Tatsächlich besaßen die neuen Modelle ungewöhnlich viele elektronische Hilfen für den Fahrer. Selbst die Einfachversion, der 518, besaß den „Service-Intervall-Anzeiger". Meinte Verkaufschef Hans-Erdmann Schönbeck: „Wir ändern eine Praxis, die seit Jahrzehnten von allen Autoherstellern geübt worden ist: Das Auto wird nach einer gewissen Kilometerzahl zur Inspektion gegeben." Zusammen mit dem Zulieferer VDO entwickelte BMW ein kleines Gerät, das Drehzahl und Kühlwassertemperaturen maß, dazu die Wegstrecke. Signalisierten diese Daten häufige Kaltstarts und Kurzstrecken, wertete dies der Computer als Belastungserhöhung. Die Aufforderung zum Ölwechsel am Motor oder zur Inspektion wurde dem Fahrer dann über gelb und rot aufleuchtende Lämpchen und zwei leuchtende Schriftfelder angezeigt. Die Idee, das Service-Scheckbuch durch diese Anzeige zu ersetzen, kam von der Abteilung Kundendienst, die sich dadurch eine Entlastung der Werkstätten erhoffte. Nicht ganz so revolutionär,

Eine tiefer heruntergezogene Motorhaube mit einer noch flacheren Front-Niere sowie kleinere Innenscheinwerfer; optische Unterschiede am Bug der alten (rechts) und neuen (links) 5er-Reihe.

aber dennoch neuartig war die Kraftstoff-Verbrauchsanzeige in den neuen 5er-Modellen: Im Gegensatz zu den Meßanzeigen der Konkurrenz gelang es BMW erstmals, eine genaue Anzeige in Litern auf 100 Kilometern in allen Gängen dem Fahrer zu signalisieren.

Nur den großen 5er-Modellen, 525 i und 528 i, blieb der neue Check-Control vorbehalten, der – im Gegensatz zum bisherigen System – selbständig und nicht nur auf Knopfdruck anzeigte, wenn das Kühlwasser- oder Motorölniveau absank und das Rücklicht ausfiel. BMW entwickelte auch – den im 745 i schon lieferbaren – Bord-Computer für den 528 i weiter. Für alle Modelle – ab 520 i – tüftelte man eine elektronische Heizregulierung aus, die – unabhängig von Motordrehzahl und Tempo – die einmal eingestellte Innenraumtemperatur automatisch nachregelte. Mit Hilfe der Elektronik arbeiteten an den neuen Modellen auch der Tachometer und das (im 525 i und 528 i) gegen Aufpreis lieferbare Anti-Blockier-System.

Um die Qualität des Wagens zu heben, führte man das „Dynamische Waren-Eingangs-Prüfsystem" ein. Mit Hilfe der Datenverarbeitung wurde die Qualität der Zuliefererteile stärker überwacht.

„Wir bestätigen damit die hohe Ingenieurkunst Deutschlands", sagte Verkaufschef Hans-Erdmann Schönbeck zur Premiere im Juni 1981, „die sich auch weiterhin auf den Märkten der Welt halten kann." Und wenig später, im Juli, erläuterte BMW-Chef von Kuenheim auf der Hauptversammlung die Bedeutung der neuen 5er-Reihe. „Wir wurden zu Beginn der 70er-Jahre noch vornehmlich als Anbieter eines sportlich-ambitionierten Nischen-Programms gesehen, so brachte uns gerade die 5er-Reihe den zusätzlichen Rufs großer Verläßlichkeit, hervorragender Qualität und eines gediegenen Design-Geschmacks ein."

Gerade die kaum geänderte Form des neuen Wagens gab aber zu Diskussionen Anlaß. „Tatsächlich ist der neue 5er in vielen Punkten besser. Nur: Wie bekommt man Kunden in dieses alt wirkende Auto?", fragte die „Welt". Während nämlich andere Auto-Marken nach neuen aerodynamischeren Linien suchten, blieben die Münchner ihrem alten Stil treu. Und um Kunden anzulocken, dachten sich manche Händler phantasievolles aus. Der weißblaue Vertreter im rheinischen Ratingen ließ bei der Premierenfeier den TV-Kommissar Derrick und seinen Assistenten Harry mit Martinshorn und Blaulicht vorfahren, in den Laden stürmen und rufen: „Sie sind angeklagt, den technischen Fortschritt vor den Kunden versteckt zu halten." Daraufhin zog der Händler das weiße Laken vom neuen Wagen, die Gäste klatschten Beifall. Minuten später gähnte der Platz um den 5er vor Leere. Alles drängte sich um Derrick und das Buffett. „Gerade BMW-Käufer möchten optisch darstellen, daß sie sich etwas besonderes leisten können," meinte die „Welt", „der 5er kann in dieser Hinsicht wenig bieten, er ist eher ein Aschenputtel geworden."

Innerhalb von neun Produktionsjahren waren von der alten 5er-Serie rund 700.000 Exemplare verkauft worden. Mit den neuen Modellen hoffte von Kuenheim an die Verkaufserfolge anzuschließen, denn der Neuling habe zu den vielen positiven Eigenschaften eine weitere hinzubekommen: „Die erstaunliche Wirtschaftlichkeit." Doch die, meinten Kritiker, könnte noch höher sein, wenn BMW – besonders in der Zweiliter-Klasse – einen Vier- statt Sechszylinder-Motor verwende. Denn Vierzylinder hätten weniger Reibungsfläche und liefen somit leichter und sparsamer. Um dies zu untersuchen, beauftragten die Münchener die Forschungsgesellschaft für Energietechnik und Verbrennungsmotoren von Professor Pischinger in Aachen. Er modifizierte ein Vier- und ein Sechszylinder-Triebwerk so, daß sich eine gleiche Beanspru-

Der Frankfurter Händler Euler ließ im Sommer 1981 auf eigenes Risiko bei der englischen Firma Rapport einen 728 i zum Kombi umbauen. Euler plante, eine kleine Serie dieses schnellen Nutzfahrzeuges aufzulegen

chung der Bauteile ergab. Der Wissenschaftler kam zu dem Ergebnis, die Summe mechanischer Verluste sei nicht wesentlich von der Zylinderzahl beeinflußt. Bei der Errechnung der Reibungsflächen am reinen Motor sei der Sechszylinder sogar im Vorteil. Bei den Nebenaggregaten wie Wasser- und Ölpumpe, sowie Antrieb der Nockenwelle käme dagegen der Vierzylinder besser weg. Aber die Summe aller mechanischen Reibungsverluste ergäbe ein Plus für den Sechszylinder.

Wenn auch der neue BMW weder „Auto des Jahres" wurde, noch das „Goldene Lenkrad" bekam, im Ausland fand er Anerkennung; die 300köpfige Jury der englischen „Guide of Motoring Writers", einer Vereinigung der renommiertesten

Elektrische Magnete zur Dach-Sicherung: 6er-Cabriolet von der schwäbischen Firma Tropic

Motor-Journalisten Englands, wählte den 528 i zum „Top Car 1982". Die Redaktion des Fachblatts „Autocar" erhob nach Auswertung aller Testberichte den 528 i zur besten Limousine in der großen Klasse. Und die britische Caravan Company „CI" kürte denselben Typ zum besten Zugwagen 1982.
Kurze Zeit später fanden aber auch die deutschen Kunden am neuen BMW Gefallen. Von Kuenheim registrierte Ende 1981 den „höchsten Auftragsbestand den wir je hatten."

Von Kombis und Cabrios

Für eine Programmerweiterung der weiß-blauen Marke wollten zu jener Zeit gleich zwei kleine Firmen sorgen. Der Frankfurter BMW-Händler Euler ließ bei der englischen Karosseriefabrik Rapport eine 7er-Limousine zum Kombiwagen umbauen. Euler: „Wir wollen eine kleine Serie auflegen, weil Bedarf an einem Luxus-Kombi besteht." Das erste Exemplar war bereits im Frühjahr 1981 in der Mainstadt angeliefert worden, und Euler wollte zur Automobil-Ausstellung im September seine Kreation offiziell zeigen. Doch Schwierigkeiten mit dem TÜV wie auch Abstimmungsprobleme mit München-Milbertshofen verzögerten das Kombi-Projekt immer wieder.
Im Herbst befaßte sie die schwäbische Firma Tropic dann mit dem 6er-Coupé; sie baute es zu einem Cabriolet um. Im Gegensatz zum Original aus München besaß das Frischluft-Auto vier voll versenkbare Seitenscheiben. Das Stoffverdeck öffnete und schloß sich per Elektromotor, und um den bei allen Cabriolets üblichen Verriegelungsvorgang zwischen Verdeck und Frontscheibenrahmen zu vereinfachen, entwickelte Tropic dazu fünf elektrische Magnete, die das Faltdach auf Knopfdruck verriegelten. Tropic-Chef Jürgen Weber tüftelte Pläne aus, den Wagen auch ohne Schlüssel abschließen und zünden zu können: Der Fahrer brauchte dazu nur noch eine Code-Zahl in eine Taschenrechner-ähnliche Anlage an Tür und Armaturenbrett einzutippen. So grübelte Weber auch an einer „Feuchtigkeits-Automatik": Fällt ein Regentropfen in eine Zelle zwischen den Sitzen, schließen sich automatisch Verdeck und Seitenscheiben. Zu Preisen zwischen 80.000 und 90.000 Mark plante Tropic den Wagen über ausgewählte BMW-Händler anzubieten.
In der Schweiz hatte zu jener Zeit eine Firma ebenfalls ein Cabrio aus dem 6er-Coupé gebaut: dies jedoch mit Überrollbügel und zweigeteilten Verdeck im Zuschnitt der 3er-Cabriolets von Baur. Zu dieser Zeit befaßte sich übrigens auch der Vorstand mit dem Gedanken, ein Cabriolet in eigener Regie zu fabrizieren. Denn alle Autofabriken im Lande brüteten an Ideen zu dieser – jahrelang verschmähten – Variante. Dringender war allerdings das Bestreben von Entwicklungschef Radermacher, dem 6er-Coupé nun auch die neue Technik der 5er-Reihe mitzugeben. Im März 1982 – zum Genfer Autosalon – präsentierten die Bayern ihre technisch verfeinerte Coupé-Reihe.
Die nun seit Jahren äußerlich unveränderten Coupés waren gründlich überarbeitet worden, um neben den neuen, sehr begehrten Mercedes-SEC-Coupés noch bestehen zu können.
Der 633 CSi wurde nicht mehr gebaut, nur der 628 und der 635 CSi blieben im Programm. Sie erhielten die neue Doppelgelenk-Vorderbeinachse, wie sie auch der neue 5er trug, eine weiter verfeinerte Hinterachse, sowie ein Fünfgang-Getriebe mit

Schoncharakteristik. Verkaufschef Schönbeck bot das Spitzenmodell 635 jetzt serienmäßig mit Antiblockier-System, sowie dem Bordcomputer an. Ein völlig neuartiger Stufenreflektor sorgte – erstmals bei einem Serienauto – beim Abblendlicht für intensivere Fahrbahnausleuchtung sorgen. Selbstverständlich verfügten die überarbeiteten Coupés über die Verbrauchs- und Inspektionsanzeigen.

Äußerlich zu erkennen waren die renovierten Modellen der aerodynamisch überarbeiteten Frontschürze mit integrierten Nebelscheinwerfern, den seitlich bis zu den Radausschnitten herumgezogenen Stoßstangen und einer darüberliegenden schwarzen Kunststoffblende als harmonischen Übergang zur Karrosse.

Der Motor wurde nochmals auf mehr Sparsamkeit getrimmt. Im Leerlauf drehte er nun nur noch 750 U/min, bei dahinrollendem Wagen (Schubbetrieb) sorgte die Benzineinspritzung dafür, daß kein kostbarer Saft verschwendet wurde. Und eine noch ausgetüfteltere Motor-Elektronik garantierte ebenfalls bessere Benzinausnutzung. In Zusammenhang mit dem leichteren Gewicht und der guten Windschlüpfigkeit sank so der Treibstoffverbrauch des 635 CSi gegenüber dem Vormodell um 17,9 Prozent.

Schon seit einigen Jahren investierte BMW in ein riesiges Prüffeld, dem nun ein „Aerothermisches Versuchszentrum" angeschlossen wurde. Es enthielt einen hochmodernen Windkanal, der mit einem Düsenquerschnitt von 20 Quadratmetern selbst Untersuchungen an Serienwagen und Modellen im Maßstab 1 : 1 zuließ. Dem Bau des Windkanals gingen umfangreiche Untersuchungen im französischen Institut Aerotechnique in St. Cyr voraus. Mit zwei Gebläsen konnten Windgeschwindigkeiten bis 180 km/h erzeugt werden. Daneben installierte BMW einen Kühler-Prüfstand und eine Klimakammer mit eigenem Gebläse. In dieser Klimakammer ließen sich alle in der Natur vorkommenden Temperaturextreme darstellen, wobei auch die jeweils gewünschte Luftfeuchtigkeit angepaßt wurde.

Selbst Schneestürme und ihre Auswirkungen auf Scheibenwischer und Frontscheiben-Entfrostung ließ sich so simulieren. Zur Einweihung formten die Bayern einen „aerodynamischen Versuchsträger", ein futuristisch anmutendes Coupé mit einem Luftwiderstandswert von nur 0,18 cw, an dem die Formgestalter zeigten, wie sie sich eventuell einen schnellen und wirtschaftlichen Sportwagen der 90er Jahre vorstellen könnten.

Das Export-Jahr

Gute Nachricht überbrachte Eberhard von Kuenheim zur Hauptversammlung im Juli 1982 seinen Aktionären: Obwohl die allgemeine Wirtschaftslage kaum zufriedenstellte, und die Zahl der Arbeitslosen bis auf 1,9 Millionen angestiegen war; obwohl Opel seine Aktionäre mit einem Rekordminus schockte und die japanischen Firmen starke Exportrückschläge hinnehmen mußten, bezeichnete von Kuenheim den Geschäftsgang bei BMW als „sehr zufriedenstellend". Während andere Auto-Hersteller ein Minus von fünf Prozent gegenüber 1980 einstecken mußten, blieb es bei BMW nur ein Prozent. Insgesamt stieg der Umsatz sogar um 17,9 Prozent, was vor allem auf ein überdurchschnittliches Exportgeschäft zurückzuführen war. Begünstigt durch eine zeitweise schwach bewertete D-Mark konnten deutsche Autos preisgünstig angeboten werden. „Auf den Export entfielen rund 60 Prozent des Automobilabsatzes und 66 Prozent der Motorräderd", sagte von Kuenheim in der Aktionärsversammlung. Der

Frankreich-Export schnellte um 40, der Italien-Export gar um 50 Prozent hoch. Auch die im April 1981 gegründete Werksniederlassung in Japan – die erste einer deutschen Automarke – trug bereits Früchte. Selbst in den USA erzielte BMW zweistellige Zuwachsraten. Doch der Erfolg war nicht allein auf Währungsverschiebungen zurückzuführen, sondern – so von Kuenheim – „auf die Folge konsequenter Vertriebspolitik". Kein Markt – außer dem deutschen – nahm mehr als 15 Prozent der Autoproduktion auf. Dadurch schuf Verkaufschef Hans-Erdmann Schönbeck ein Ausbalancieren zwischen den einzelnen Märkten mit ihren voneinander abweichenden Konjunkturen und damit eine breitere Risikostreuung. Im Juli übernahm BMW das spanische Importgeschäft. Nun verfügt BMW über zwölf eigene Vertriebstochtergesellschaften in den wichtigsten Auslandsmärkten.

Auch in der ersten Jahreshälfte 1982 hielt die freundliche Geschäftsstimmung an; besonders gefragt waren die 5er-Modelle. Ihr Anteil am Inlandsmarkt verdoppelte sich innerhalb Jahresfrist. Innerhalb der Vergleichsklasse erreichte diese Modellreihe den höchsten Anteil seit ihrer Einführung vor zehn Jahren. Der Marktanteil der weiß-blauen Marke wuchs dadurch in der ersten Jahreshälfte 1982 sogar von 5,4 auf sechs Prozent. Verkauften die Bayern im ersten Halbjahr nur 12.823 Wagen der 5er-Reihe, waren es ein Jahr später 27.351 Wagen. Besorgter äußerte sich von Kuenheim über das Motorradgeschäft, daß „durch ruinöse Preiskämpfe japanischer Hersteller als Folge extremer Lagerbestände und weltweit rückläufiger Nachfrage" gekennzeichnet sei.

Um die Investitionen für das neue österreichische Motorenwerk und das Forschungszentrum finanzieren zu können, schlug der Vorstandsvorsitzende vor, das Grundkapital der BMW AG um 100 Millionen auf 600 Millionen Mark zu erhöhen.

Der Bruch mit Steyr

Österreichs Bundeskanzler Bruno Kreisky tadelte Ende Februar 1982 einen Landsmann: „Ein schlechtes Benehmen". Dagegen lobte er BMW-Chef von Kuenheim: Der habe sich „sehr ordentlich" verhalten.

Den Tadel heimste sich Hans Michael Malzacher, Chef der österreichischen Firma Steyr-Daimler-Puch ein, denn er habe die Wiener Regierung über einen wichtigen Schritt nicht unterrichtet. Daß nämlich der Vertrag zwischen Steyr-Daimler-Puch und BMW über den Bau von Dieselmotoren gelöst worden war.

Vom Herbst 1982 an sollten nämlich im oberösterreichischen Steyr die BMW-Dieselmotoren produziert werden. Zwei Jahre später wollten BMW und Steyr-Daimler-Puch – die ein neues Motorenwerk aufbauten – mit der Herstellung des List-Motors beginnen. Dieses Triebwerk würde um 15 Prozent sparsamer als herkömmliche Diesel-Aggregate sein, dabei aber genauso spritzig wie ein Benzin-Triebwerk. So begnügte sich auf Versuchsfahrten ein List-Motor in einer 7er Limousine mit weniger als sieben Liter Treibstoff bei Tempo 100. Die Auto-Partner planten schon, von dem Wunder-Diesel auf einer zweiten Transferstraße 40.000 Stück pro Jahr zu montieren. Die letzten Probeläufe auf den Steyr-Versuchsstrecken brachten jedoch nur Enttäuschungen. Nach vier Jahren Erprobung waren die Kinderkrankheiten immer noch nicht ausgeheilt. Während der List-Diesel auf den Prüfständen klaglos hielt, mochte er im Auto kein langes Leben führen. Schon nach wenigen Kilometern streikte regelmäßig der Motor. Nach Einschätzung von Experten benötigte der List-Motor noch sieben bis acht Jahre Erprobungszeit.

Aber im Cooperationsvertrag stand eine Klausel, wonach im Falle, daß die für 1985 geplante Serienfertigung des List-Motors (intern M-1 genannt) nicht rechtzeitig gestartet würde, dies ein Auflösungsgrund für den Vertrag sei. So kündigte Malzacher kurzerhand die Cooperation; die Münchener mußten damit einverstanden sein, ihren österreichischen Partnern 50 Millionen Mark für das im Bau befindliche Motorenwerk zu zahlen.

Stattdessen gründeten beide noch im Februar eine Entwicklungsgesellschaft, die bis 1986 den List-Motor zur Serienreife bringen sollte. Doch eine gemeinsam eingesetzte Expertenkommission stellte dann im Mai fest, daß auch eine solche Zeitplanung zu optimistisch sei; vor 1988 würde das Aggregat nicht serienreif sein. Daraufhin kündigte von Kuenheim sofort die Mitarbeit in dieser anderthalb Monate alten Entwicklungsgesellschaft auf. Grund: Für die BMW-Modellwünsche käme der Motor zu spät auf den Markt. Die Entwicklung des neuartigen Triebwerks wurde nun Steyr allein überlassen. Entwicklungschef Karl-Heinz Radermacher sollte nun mit Hochdruck innerhalb von eineinhalb Jahren den im eigenen Hause entwickelten Diesel konventioneller Bauart zur Serienreife bringen. Im Mai 1982 lief deshalb die Fertigung von Sechszylinder-Benzinmotoren in dem österreichischen Zweigwerk an. Und schon dachten die Manager in der Zentrale an den Aufbau eines neuen Werks. Als Eberhard von Kuenheim zur Hauptversammlung 1982 erste Gedanken äußerte, bestürmten ihn Städte und Gemeinden aus Luxemburg, Belgien, Holland, Österreich und Ostfrankreich mit Grundstücksangeboten. Sogar Gouverneure einiger US-Staaten suchten den Kontakt zur weiß-blauen Marke. BMW blieb bodenständig: im November 1982 entschied Vorstand und Aufsichtsrat nach Intervention von Bayerns Ministerpräsident Strauß, in Regensburg 140 Hektar Land zu kaufen, um bis 1986 die erste Ausbaustufe zu errichten. Bis 1990 – so der Plan – würden im Regensburger Werk dann 400 Autos pro Tag gebaut.

Obwohl weltweit in der Automobilindustrie „die Auftragslage mies ist" (Eberhard von Kuenheim) setzte sich BMW auch 1982 durch: In den ersten neun Monaten verkauften die Bayern 13 Prozent mehr als im gleichen Zeitraum des Vorjahres. Im Export schaffte BMW gar ein Plus von 24 Prozent. Verkündete denn auch von Kuenheim aus der Position dessen, den es am wenigsten traf: „Seit der Wirtschaftskrise 1930/31 gab es keine so lange Rezessionsphase wie derzeit." Andere Firmen plagte Kurzarbeit, in den USA schlossen ganze Zweigwerke. Im November/Dezember 1982 kauften die Deutschen so wenig Neuwagen wie selten zuvor. Nur BMW kannte keine Absatzsorgen.

Damit dies so blieb, stellten die Bayern im September eine verbesserte 7er-Reihe vor; äußerlich zu erkennen an einem Bug mit breiterer Niere und bis zu den Radkästen herumgezogenen Stoßstangen. Unterm Blech arbeitete die „Motronic der zweiten Generation".

Zwei Monate später – im November 1982 – folgte die Weltpremiere der neuen 3er-Reihe. Sie mußte besonders gelingen, denn im Dezember stellte Daimler-Benz den neuen 190er vor; wie der BMW, ein kompakt- und aufwendig-gebautes Modell der Zweiliter-Klasse. Ein ernst zu nehmender Konkurrent für jene Kunden, die nach dem Motto „klein, aber fein" bisher von BMW fast konkurrenzlos beliefert wurden. „Schon 1970 haben wir beim 2002 mit dem Satz geworben: Zur Nachahmung empfohlen," höhnte Entwicklungschef Radermacher, „es hat zwölf Jahre gedauert." Und von

Kuenheim meinte selbstbewußt: „Wir fürchten die Konkurrenz nicht." Schließlich hatten sich die Münchener sechs Jahre lang intensiv auf die eventuelle Konfrontation vorbereitet. Unter dem Code-Namen „E-30" hatte Radermacher sogar einen Prototyp mit Frontantrieb erprobt. Mit Absicht trug der neue 3er ein „kaum verändertes Erscheinungsbild" (Automobil Revue). Der neue maß drei Zentimeter weniger in der Länge, aber 3,5 Zentimeter mehr in der Breite als seine Vorgänger. Mit 0,38 cw war die Windschnittigkeit nicht besonders gut gelungen, doch in seienm Charakter erzog Radermacher und sein Team das neue Auto mehr denn je zum sportlich-komfortablen hin. Die Motoren erhielten viel Feinschliff. Dem Zweiliter-Triebwerk installierte man eine Benzineinspritzung. Völlig neu waren auch die 4- und 5-Gang-Getriebe mit synchronisiertem Rückwärtsgang. Federn und Stoßdämpfer wurden an der Hinterachse getrennt, damit sie sauberer auf kleine Unebenheiten ansprach.

Für Sommer 1983 kündigte BMW neue Motorversionen und sogar einen Diesel an. Im Frühjahr 1983 brachte Baur vom neuen 3er ein Cabriolet und im Herbst würde man das Programm mit einer viertürigen Version aufstocken. Insider wollten gar schon von einer 160 PS-Sport-Version wissen.

Um den neuen rationell und qualitativ hochwertiger herzustellen, kaufte BMW 200 Roboter; damit stieg der Automationsgrad von bisher 46 auf 92 Prozent an.

Die Schweizer „Automobil Revue" attestierte dem neuen Wagen einen „mustergültig gestalteten Arbeitsplatz" hinterm Lenkrad und eine „weit überdurchschnittliche Laufruhe". Selbst im Vergleich mit dem Mercedes 190, so fand „Welt am Sonntag" heraus, könne der 3er bestehen. In sportlicher Hinsicht sei er sogar wieder ein Stückchen voraus.

Die Anstrengungen der BMW-Techniker, ihr Modell qualitativ zu verbessern, honorierte die Illustrierte „Bunte" mit der Feststellung, daß der kleine BMW nun zu den wohl solidest-gebauten Wagen der Welt gehöre. „So problemlos und sportlich ließ sich noch kein 3er fahren", urteilte die „Süddeutsche Zeitung".

Zwei Millionen Stück – so das Fertigungsziel – will BMW in den nächsten Jahren von diesem Typ bauen. Der Vorgänger brachte es auf 1,3 Millionen. Und um dieses hochgesteckte Ziel zu schaffen, verkündete von Kuenheim, daß langfristig die Tagesproduktion von bisher 850 auf 1200 Autos hochgeschraubt würde. Und damit wächst BMW in eine neue Größenordnung hinein.

*

„Wird ein solch angeschlagenes Unternehmen wieder gesund?" fragten sich zum Ende der vierziger Jahre nicht nur die Werksangehörigen der Bayerischen Motoren Werke, sondern alle Motorrad- und Auto-Liebhaber der Welt.

Die Existenzfrage stand für die Münchener Firma in den fünfziger Jahren im Vordergrund. Nur eine kleine Unkorrektheit in der Bilanz und die Aufmerksamkeit eines Aktionärs-Vertreters rettete die weiß-blaue Marke davor, künftig als Zuliefer-Betrieb zu arbeiten.

Die Unterstützung des Großindustriellen Herbert Quandt mit seiner automobilen Begeisterung gab BMW neue Leistungskraft, und mit einer glücklichen Modellpolitik und mehr Verkaufsfortune füllten sich in den sechziger Jahren die Kassen. Ein Jahrzehnt später gehörte das Münchener Unternehmen zu den gesündesten Automobilfabriken der Bundesrepublik.

**Technische Daten
der BMW-Modelle**

BMW Dixi 3/15 (Typ DA 1)

Karosserie:
Roadster, 2 Türen, 2 Sitze

Motor:
Wassergekühlter Vierzylinder-Viertakt-Reihenmotor, Bohrung/Hub: 56/76 mm, 748 ccm, Verdichtung 5,6 : 1, 15 DIN-PS bei 3000 U/min, seitlich stehende Ventile, seitliche Nockenwelle durch Gußeisen-Stirnräder angetrieben, zweifach gelagerte Kurbelwelle, ein Zenith-Flachstrom-Vergaser 22 K, Thermosyphon-Wasserkühlung, Druckumlauf-Schmierung
Batterie: 6 Volt/45 Ah, Lichtmaschine 60 Watt
Füllmengen: Tankinhalt 20 Liter (im Motorraum), Motoröl 2,5 Liter, Kühlsystem 5 Liter

Kraftübertragung:
Dreigang-Getriebe, Einscheiben-Trockenkupplung, Mittelschalthebel,
Frontmotor, Hinterachsantrieb

Übersetzungen:
1. Gang	3,25 : 1
2. Gang	1,82 : 1
3. Gang	1,00 : 1
R-Gang	4,21 : 1
Achsübersetzung:	4,90 : 1

Fahrwerk:
U-Profil-Rahmen mit holzrahmenverstärkter Stahlblechkarosserie, starre Vorderachse mit einer Querblattfeder, hinten Starrachse mit Viertel-Elliptikfedern
Bremsen: mechanische Seilzugbremsen auf die Vorderräder, die sowohl als Fuß-, wie als Feststellbremsen dienen
Lenkung: Schneckenrollenlenkung
Reifen: 26 × 3.50''
Felgen: Drahtspeichen-Tiefbettfelgen

Maße, Gewichte:
Länge 2800 mm, Breite 1170 mm, Höhe 1625 mm, Radstand 1905 mm, Spurweite vorn 1000 mm, hinten 1030 mm, Leergewicht 440 kg, zulässiges Gesamtgewicht 700 kg

Verbrauch:
6 Liter Normalbenzin auf 100 km

Fahrleistungen:
Höchstgeschwindigkeit 75 km/h

Preis:
Roadster   2.750 RM
Tourenwagen   2.800 RM

Produktionszahlen: 5.307 Stück

Bauzeit:
Von Dezember 1927 bis Juni 1929

Merkmale:
Gering überarbeiteter Lizenzbau des englischen Austin Seven

BMW Dixi 3/15 (Typ DA 2)

Karosserie:
Roadster, 2 Türen, 2 Sitze
Tourenwagen, 2 Türen, 4 Sitze
Coupé, 2 Türen, 2 Sitze
Limousine, 2 Türen, 4 Sitze

Motor:
Wassergekühlter Vierzylinder-Viertakt-Reihenmotor, Bohrung/Hub: 56/76 mm, 748 ccm, Verdichtung 5,6 : 1, 15 DIN-PS bei 3000 U/min, seitlich stehende Ventile, seitliche Nockenwelle durch Gußeisen-Stirnräder angetrieben, zweifach gelagerte Kurbelwelle, ein Solex-Flachstrom-Vergaser, Thermosyphon-Wasserkühlung, Druckumlauf-Schmierung
Batterie: 6 Volt/45 Ah, Lichtmaschine 60 Watt
Füllmengen: Tankinhalt 20 Liter (im Motorraum), Motoröl 2,5 Liter, Kühlsystem 5 Liter

Kraftübertragung:
Dreigang-Getriebe, Einscheiben-Trockenkupplung, Mittelschalthebel, Frontmotor, Hinterachsantrieb

Übersetzungen:
1. Gang	3,25 : 1
2. Gang	1,82 : 1
3. Gang	1,00 : 1
R-Gang	4,21 : 1
Achsübersetzung:	5,35 : 1

Fahrwerk:
U-Profil-Rahmen mit holzrahmenverstärkter Stahlblechkarosserie, starre Vorderachse mit einer Querblattfeder, hinten Starrachse mit Viertel-Elliptikfedern
Bremsen: mechanische Seilzugbremsen auf alle vier Räder
Handbremse: Seilzug auf die Vorderräder
Lenkung: Schneckenrollenlenkung
Reifen: 24 × 7''
Felgen: Drahtspeichenfelgen

Maße, Gewichte:
Länge 3000 mm, Breite 1275 mm, Höhe 1625 mm, Radstand 1905 mm, Spurweite vorn 1000 mm, hinten 1030 mm, Leergewicht 485 bis 550 kg, zulässiges Gesamtgewicht 800 kg

Verbrauch:
6 Liter Normalbenzin auf 100 km

Fahrleistungen:
Höchstgeschwindigkeit 75 km/h

Preis:

	Juli 1929	Januar 1930	
Roadster	2.200,–	2.175,–	RM
Tourenwagen	2.200,–	2.175,–	RM
Limousine	2.500,–	2.475,–	RM

Produktionszahlen: 9.318 Stück

Bauzeit:
Von April 1929 bis Januar 1931

Merkmale:
Geänderte Hinterachsübersetzung, Vierradbremsen, verstellbare Vordersitze, starre Vorderachse

BMW Dixi 3/15 (DA 4)

Karosserie:
Roadster, 2 Türen, 2 Sitze
Tourenwagen, 2 Türen, 3–4 Sitze
Limousine, 2 Türen, 4 Sitze (Karosserie: Ambi-Budd)
Coupé, 2 Türen, 2 Sitze
Cabriolet, 2 Türen, 2 Sitze

Motor:
Wassergekühlter Vierzylinder-Viertakt-Reihenmotor, Bohrung/Hub: 56/76 mm, 748 ccm, Verdichtung 5,6 : 1, 15 DIN-PS bei 3000 U/min, seitlich stehende Ventile, seitliche Nockenwelle durch Gußeisen-Stirnräder angetrieben, zweifach gelagerte Kurbelwelle, ein Solex-Flachstromvergaser, Thermosyphon-Wasserkühlung, Druckumlauf-Schmierung
Batterie: 6 Volt/45 Ah, Lichtmaschine 60 Watt
Füllmengen: Tankinhalt 20 Liter (im Motorraum), Motoröl 2,5 Liter, Kühlsystem 5 Liter

Kraftübertragung:
Dreigang-Getriebe, Einscheiben-Trockenkupplung, Mittelschalthebel, Frontmotor, Hinterachsantrieb

Übersetzungen:
1. Gang   3,25 : 1
2. Gang   1,82 : 1
3. Gang   1,00 : 1
R-Gang   4,21 : 1
Achsübersetzung: 5,35 : 1

Fahrwerk:
U-Profil-Rahmen mit holzrahmenverstärkter aufgeschraubter Stahlblechkarosserie, Vorderräder ohne Achse an einer Querblattfeder aufgehängt, hinten Starrachse mit Viertel-Elliptikblattfedern
Bremsen: mechanische Seilzugbremsen auf alle vier Räder
Handbremse: Seilzug auf die Vorderräder
Lenkung: Schneckenrollenlenkung
Reifen: 4.00-18''
Felgen: Halbflachfelgen mit Drahtspeichen und Radkappen

Maße, Gewichte:
Länge 3000 mm, Breite 1275 mm, Höhe 1625 mm, Radstand 1905 mm, Spurweite vorn 1000 mm, hinten 1030 mm, Leergewicht 470–550 kg, zulässiges Gesamtgewicht 800 kg

Verbrauch:
6 Liter Normalbenzin auf 100 km

Fahrleistungen:
Höchstgeschwindigkeit 75 km/h

Preis:
Roadster	2.175,–	RM
Tourenwagen	2.175,–	RM
Limousine	2.475,–	RM
Coupé	2.575,–	RM
Cabriolet	2.675,–	RM

Produktionszahlen: 1.480 Stück

Baujahr:
von Februar 1931 bis Februar 1932

Merkmale:
An Querblattfeder aufgehängte Vorderräder („Schwingachse"), Limousine im Innenraum um 20 cm verlängert, etwas kleinere Reifen, überarbeitete Karosserie mit Kurbelfenstern

BMW Wartburg 3/15 (Typ DA 3)

Karosserie:
Roadster, 2 Sitze

Motor:
Wassergekühlter Vierzylinder-Viertakt-Reihenmotor, Bohrung/Hub: 76/56 mm, 748 ccm, 18 DIN-PS bei 3500 U/min, Verdichtung 7,0 : 1, seitlich stehende Ventile, seitliche Nockenwelle durch Gußeisen-Stirnräder angetrieben, zweifach gelagerte Kurbelwelle, ein Solex-Flachstromvergaser, Thermosyphon-Wasserkühlung, Druckumlaufschmierung
Batterie: 6 Volt/45 Ah, Lichtmaschine 60 Watt
Füllmengen: Tankinhalt 20 Liter (im Motorraum), Motoröl 2,5 Liter, Kühlsystem 5 Liter

Kraftübertragung:
Dreigang-Getriebe, Einscheiben-Trockenkupplung, Mittelschalthebel, Frontmotor, Hinterachsantrieb

Übersetzungen:
1. Gang	3,25 : 1
2. Gang	1,82 : 1
3. Gang	1,00 : 1
R-Gang	4,21 : 1
Achsübersetzung:	5,36 : 1

Fahrwerk:
U-Profil-Rahmen mit aufgeschraubter und holzrahmenverstärkter Aluminium-Bootsheck-Karosserie, vorn Starrachse mit einer Querblattfeder, hinten Starrachse mit Viertel-Elliptikblattfedern
Bremsen: mechanische Seilzugbremsen auf vier Räder
Handbremse: mechanische Seilzugbremsen auf die Vorderräder
Lenkung: Schneckenrollenlenkung
Reifen: 26 × 3.50''
Felgen: Halbflachfelgen mit Drahtspeichen

Maße, Gewichte:
Länge 3100 mm, Breite 1150 mm, Höhe 1300 mm, Radstand 1905 mm, Spurweite 1000 mm vorn, 1030 mm hinten, Leergewicht 410 kg,

Verbrauch:
6,7 Liter Normalbenzin auf 100 km

Fahrleistungen:
Höchstgeschwindigkeit 85 km/h

Preis:
Roadster   3.100,– RM

Produktionszahlen: 150 Stück

Bauzeit:
von März 1930 bis Februar 1932

BMW AM 1 (und 3)

Karosserie:
Roadster, 2 Türen, 2 Sitze (Karosserie: Daimler-Benz)
Tourenwagen, 2 Türen, 4 Sitze (Karosserie: Daimler-Benz)
Limousine, 2 Türen, 4 Sitze (Karosserie: Daimler-Benz)
Cabriolet, 2 Türen, 4 Sitze (Karosserie: Daimler-Benz)

Motor:
Wassergekühlter Vierzylinder-Viertakt-Reihenmotor, Bohrung/Hub: 56/80 mm, 782 ccm, Verdichtung 5,6 : 1, 20 DIN-PS bei 3500 U/min, hängende Ventile, über Stoßstangen und Kipphebel angetrieben, eine seitliche Nockenwelle durch Rollenkette angetrieben, Wasserkühlung durch Pumpe, zweifach gelagerte Kurbelwelle, ein Solex-Flachstromvergaser
Batterie: 6 Volt/45 Ah, Gleichstrom-Lichtmaschine 60 Watt
Füllmengen: Tankinhalt 25 Liter (Tank im Motorraum), Motoröl 2,5 Liter, Wasserkühlung 7,5 Liter

Kraftübertragung:
Dreigang-Getriebe, Einscheibentrockenkupplung, Mittelschalthebel
Frontmotor, Hinterachsantrieb

Übersetzungen:
1. Gang   4,00 : 1
2. Gang   1,82 : 1
3. Gang   1,00 : 1
R-Gang   4,20 : 1
Achsübersetzung: 5,90 : 1

Fahrwerk:
Zentralkasten-Niederrahmen, mit Holzgerippe-verstärkter Stahlblechkarosserie verschraubt, vorn Einzelradaufhängung an einer Querblattfeder ohne Führung, hinten Pendelachse mit einer Querblattfeder
Bremsen: mechanische Seilzug-Trommelbremsen auf alle Räder, Handbremse auf die Hinterräder
Lenkung: Schneckenrollenlenkung
Reifen: 4.50 x 17 – Felgen: Tiefbett 2,75 x 17

Maße, Gewichte:
Länge 3200 mm, Breite 1420 mm, Höhe 1550 mm, Radstand 2150 mm, Spurweite vorn und hinten 1100 mm, Wendekreisdurchmesser 10,50 m, Leergewicht 650 kg (Limousine), 580 kg (Tourenwagen)

Verbrauch:
7,5 Liter Normalbenzin auf 100 km

Fahrleistungen:
Höchstgeschwindigkeit 80 km/h

Preis:
Tourenwagen, Roadster	2 650	RM
Limousine	2 650	RM
Cabriolet	3 260	RM

Produktionszahlen: ca. 3100 Stück

Baujahr:
von März 1932 bis Februar 1933

Merkmale:
Neukonstruktion. Neuer Motor und etwas größere Karosserie im Dixi-Stil, Vorderachse wieder ohne Führung der Räder, Dreigang-Getriebe, Nockenwellen-Antrieb jetzt über Rollenketten anstatt über Stirnräder.

BMW AM 4

Karosserie:
Roadster, 2 Türen, 2 Sitze (Karosserie: Daimler-Benz)
Tourenwagen, 2 Türen, 4 Sitze (Karosserie: Daimler-Benz)
Limousine, 2 Türen, 4 Sitze (Karosserie: Daimler-Benz)
Cabriolet, 2 Türen, 4 Sitze (Karosserie: Daimler-Benz)

Motor:
Wassergekühlter Vierzylinder-Viertakt-Reihenmotor, Bohrung/Hub: 56/80 mm, 782 ccm, Verdichtung 5,6 : 1, 20 DIN-PS bei 3500 U/min, hängende Ventile, über Stoßstangen und Kipphebel angetrieben, eine seitliche Nockenwelle durch Rollenkette angetrieben, Wasserkühlung durch Pumpe, zweifach gelagerte Kurbelwelle, ein Solex-Flachstromvergaser
Batterie: 6 Volt/45 Ah, Gleichstrom-Lichtmaschine 60 Watt
Füllmengen: Tankinhalt 25 Liter (Tank im Motorraum), Motoröl 2,5 Liter, Wasserkühlung 7,5 Liter

Kraftübertragung:
Viergang-Getriebe, Einscheibentrockenkupplung, Mittelschalthebel
Frontmotor, Hinterachsantrieb

Übersetzungen:
1. Gang   4,30 : 1
2. Gang   2,64 : 1
3. Gang   1,62 : 1
4. Gang
R-Gang   4,10 : 1
Achsübersetzung: 5,85 : 1

Fahrwerk:
Zentralkasten-Niederrahmen, mit Holzgerippe verstärkter Stahlblechkarosserie verschraubt, vorn Einzelradaufhängung an einer Querblattfeder ohne Führung, hinten Pendelachse mit einer Querblattfeder
Bremsen: mechanische Seilzug-Trommelbremsen auf alle Räder, Handbremse auf die Hinterräder

Lenkung: Schneckenrollenlenkung
Reifen: 4.50 x 17 – Felgen: Tiefbett 2,75 x 17

Maße, Gewichte:
Länge 3200 mm, Breite 1420 mm, Höhe 1550 mm, Radstand 2150 mm, Spurweite vorn und hinten 1100 mm, Wendekreisdurchmesser 10,50 m, Leergewicht 650 kg (Limousine), 580 kg (Tourenwagen)

Verbrauch:
7,5 Liter Normalbenzin auf 100 km

Fahrleistungen:
Höchstgeschwindigkeit 80 km/h

Preis:
Tourenwagen, Roadster   2 650   RM
Limousine   2 650   RM
Cabriolet   3 260   RM

Produktionszahlen: 4 115 Stück

Baujahr:
von März 1933 bis Januar 1934

Merkmale:
Gegenüber AM 1 und 3 jetzt mit Viergang-Getriebe und geänderter Achsübersetzung

BMW 303

Karosserie:
Limousine, 2 Türen, 4 Sitze (Karosserie: Daimler-Benz)
Cabriolet, 2 Türen, 4 Sitze (Karosserie: Daimler-Benz)

Motor:
Wassergekühlter Sechszylinder-Viertakt-Reihenmotor, Bohrung/Hub: 56/80 mm, 1173 ccm, Verdichtung 5,6 : 1, 30 PS bei 4000 U/min, hängende Ventile durch Stoßstangen und Kipphebel angetrieben, seitliche Nockenwelle durch Rollenkette angetrieben, vierfach gelagerte Kurbelwelle, Wasserpumpe, zwei Flachstromvergaser Solex 26 BFLV
Batterie: 6 Volt/75 Ah, Gleichstrom-Lichtmaschine 90 Watt
Füllmengen: Tankinhalt 35 Liter, Motoröl 4 Liter, Kühlsystem 7,5 Liter

Kraftübertragung:
Teilsynchronisiertes Viergang-Getriebe (3. und 4. Gang synchronisiert), Einscheibentrockenkupplung, Mittelschalthebel, Frontmotor, Hinterachsantrieb

Übersetzungen:
1. Gang	4,42 : 1
2. Gang	2,54 : 1
3. Gang	1,65 : 1
4. Gang	1,00 : 1
R-Gang	4,45 : 1
Achsübersetzung:	5,15 : 1

Fahrwerk:
Rohrrahmen (mit Querträgern) mit holzrahmenverstärkter Stahlblechkarosserie verschraubt; vorn ein Querlenker unten und eine Querblattfeder oben; hinten Starrachse mit Halbelliptikfedern; vorn und hinten mechanische Stoßdämpfer
Bremsen: mechanische Innenbacken-Seilzugbremsen auf alle Räder, Handbremse mit Seilzug auf die Hinterräder
Lenkung: Zahnstangenlenkung
Reifen: 5.25-16 – Felgen: 3,25 D x 16

Maße, Gewichte:
Länge 3900 mm, Breite 1440 mm, Höhe 1550 mm, Radstand 2400 mm, Spurweite vorn 1153 mm, hinten 1220 mm, Leergewicht 820 kg, zulässiges Gesamtgewicht 1280 kg, Wendekreisdurchmesser 11 Meter

Verbrauch:
10,5 Liter Normalbenzin auf 100 km

Fahrleistung:
Höchstgeschwindigkeit 90 km/h

Preis:
Limousine	3.600	RM
Cabriolet	4.400	RM

Produktionszahlen: 2300 Stück

Bauzeit:
(Debüt: Februar 1933) von April 1933 bis März 1934

Merkmale:
Von Grund auf neues Modell mit neuentwickeltem Sechszylindermotor

BMW 309

Karosserie:
Limousine, 2 Türen, 4 Sitze (Karosserie: Daimler-Benz)
Cabrio-Limousine, 2 Türen, 4 Sitze (Karosserie: Daimler-Benz)
Cabriolet, 2 Türen, 4 Sitze (Karosserie: Daimler-Benz)
Cabriolet, 2 Türen, 2 Sitze (Karosserie: Daimler-Benz)

Motor:
Wassergekühlter Vierzylinder-Viertakt-Reihenmotor, Bohrung/Hub: 58/80 mm, 845 ccm, Verdichtung 5,5 : 1, 22 PS bei 4000 U/min, hängende Ventile durch Stoßstangen und Kipphebel angetrieben, seitliche Nockenwelle durch Rollenkette angetrieben, zweifach gelagerte Kurbelwelle, Wasserpumpe, ein Flachstrom-Vergaser Solex 26 BFLV
Batterie: 6 Volt/45 Ah, Gleichstrom-Lichtmaschine 60 Watt
Füllmengen: Tankinhalt 35 Liter, Motoröl 2,5 Liter, Kühlsystem 6 Liter

Kraftübertragung:
Teilsynchronisiertes Viergang-Getriebe (3. und 4. Gang synchronisiert), Einscheibentrockenkupplung, Mittelschalthebel
Frontmotor,
Hinterachsantrieb

Übersetzungen:
1. Gang	4,42 : 1
2. Gang	2,54 : 1
3. Gang	1,65 : 1
4. Gang	1,00 : 1
R-Gang	4,45 : 1
Achsübersetzung:	5,85 : 1

Fahrwerk:
Rohrrahmen (mit Querträgern) mit holzrahmenverstärkter Stahlblechkarosserie verschraubt; vorn ein Querlenker unten und eine Querblattfeder oben; hintere Starrachse mit Halbelliptikfedern; vorn und hinten mechanische Stoßdämpfer

Bremsen: mechanische Innenbacken-Seilzugbremsen auf alle Räder, Handbremse mit Seilzug auf die Hinterräder
Lenkung: Zahnstangenlenkung
Reifen: 5.25-16 – Felgen: 3,25 D x 16

Maße, Gewichte:
Länge 3900 mm, Breite 1440 mm, Höhe 1550 mm, Radstand 2400 mm, Spurweite vorn 1153 mm, hinten 1220 mm, Leergewicht 750 kg, zulässiges Gesamtgewicht 1200 kg, Wendekreisdurchmesser 11 Meter

Verbrauch:
8,8 Liter Normalbenzin auf 100 km

Fahrleistungen:
Höchstgeschwindigkeit 82 km/h

Preis:
Limousine   3.200   RM
Cabriolet 2sitzig   4.000   RM
Cabriolet 4sitzig   4.200   RM
Cabrio-Limousine   3.400   RM

Produktionszahlen: 6.000 Stück

Bauzeit:
von Februar 1934 bis Juni 1936

Merkmale:
Nachfolge-Modell des AM 4. Weiterentwickelte Karosserie des 303 mit verbessertem Vierzylindermotor.

BMW 315

Karosserie:
Limousine, 2 Türen, 4 Sitze (Karosserie: Daimler-Benz)

Cabrio-Lim., 2 Türen, 4 Sitze (Karosserie: Daimler-Benz)
Cabriolet, 2 Türen, 4 Sitze (Karosserie: Daimler-Benz)
Cabriolet, 2 Türen, 2 Sitze (Karosserie: Reutter, Stuttgart)

Motor:
Wassergekühlter Sechszylinder-Viertakt-Reihenmotor, Bohrung/Hub: 58/94 mm, 1490 ccm, Verdichtung 5,5 : 1, 34 PS bei 4000 U/min, hängende Ventile durch Stoßstangen und Kipphebel angetrieben, seitliche Nockenwelle durch Rollenkette angetrieben, vierfach gelagerte Kurbelwelle, Wasserpumpe, zwei Flachstromvergaser Solex 26 BFLV
Batterie: 6 Volt/75 Ah, Gleichstrom-Lichtmaschine 90 Watt
Füllmengen: Tankinhalt 35 Liter, Motoröl 4 Liter, Kühlsystem 7,5 Liter

Kraftübertragung:
Teilsynchronisiertes Viergang-Getriebe (3. und 4. Gang synchronisiert), Einscheibentrockenkupplung, Mittelschaltung

Übersetzungen:
1. Gang	4,08 : 1
2. Gang	2,35 : 1
3. Gang	1,52 : 1
4. Gang	1,00 : 1
R-Gang	4,20 : 1
Achsübersetzung:	5,15 : 1

Fahrwerk:
Rohrrahmen (mit Querträgern) mit holzrahmenverstärkter Stahlblechkarosserie verschraubt; vorn ein Querlenker unten und eine Querblattfeder oben; hinten Starrachse mit Halbelliptikfedern; vorn und hinten mechanische Stoßdämpfer
Bremsen: mechanische Innenbacken-Seilzugbremsen auf alle Räder, Handbremse mit Seilzug auf die Hinterräder
Lenkung: Zahnstangenlenkung
Reifen: 525-16 – Felgen: 3,25 D x 16

Maße, Gewichte:
Länge 3900 mm, Breite 1440 mm, Höhe 1550 mm, Radstand 2400 mm, Spurweite vorn 1153, hinten 1220 mm, Leergewicht 830 kg, zulässiges Gesamtgewicht 1270 kg, Wendekreisdruchmesser 11 Meter

Verbrauch:
10,8 Liter Normalbenzin auf 100 km

Fahrleistungen:
Höchstgeschwindigkeit 100 km/h

Preis:
Limousine	3.750	RM
Cabrio-Lim.	3.950	RM
Cabriolet 4sitzig	4.400	RM
Cabriolet 2sitzig	4.750	RM

Produktionszahlen: 9.765 Stück

Bauzeit:
von April 1934 bis März 1935

Merkmale:
Weiterentwickelte Karosserie des 303 mit von 1,2 auf 1,5 Liter aufgebohrtem Sechszylindermotor

BMW 315/1

Karosserie:
Roadster, 2 Türen, 2 Sitze (Karosserie: Reutter, Stuttgart)

Motor:
Wassergekühlter Sechszylinder-Viertakt-Reihenmotor, Bohrung/Hub: 58/94 mm, 1490 ccm, Verdichtung 6,8 : 1, 40 PS bei 4300 U/min, hängende Ventile durch Stoßstangen und Kipphebel angetrieben, seitliche Nockenwelle durch Rollenkette angetrieben, vierfach gelagerte Kurbelwelle, Wasserpumpe, drei Flachstromvergaser Solex 26 BFRV
Batterie: 6 Volt/75 Ah, Gleichstrom-Lichtmaschine 90 Watt
Füllmengen: Tankinhalt 35 Liter, Motoröl 4 Liter, Kühlsystem 7,5 Liter

Kraftübertragung:
Teilsynchronisiertes Viergang-Getriebe (3. und 4. Gang synchronisiert), Einscheibentrockenkupplung, Mittelschaltung

Übersetzungen:
1. Gang	4,08 : 1
2. Gang	2,35 : 1
3. Gang	1,52 : 1
4. Gang	1,00 : 1
R-Gang	4,20 : 1
Achsübersetzung:	5,15 : 1

Fahrwerk:
Rohrrahmen (mit Querträgern) mit holzrahmenverstärkter Stahlblechkarosserie verschraubt; vorn ein Querlenker unten und eine Querblattfeder oben; hinten Starrachse mit Halbelliptikfedern; vorn und hinten mechanische Stoßdämpfer
Bremsen: mechanische Innenbacken-Seilzugbremsen auf alle Räder, Handbremse mit Seilzug auf die Hinterräder
Lenkung: Zahnstangenlenkung
Reifen: 5.25-16 – Felgen: 3,25 D x 16

Maße, Gewichte:
Länge 3800 mm, Breite 1440 mm, Höhe 1350 mm, Radstand 2400 mm, Spurweite vorn 1153, hinten 1220 mm, Leergewicht 750 kg, zulässiges Gesamtgewicht 1100 kg, Wendekreisdurchmesser 11 Meter

Verbrauch:
11 Liter Normalbenzin auf 100 km

Fahrleistungen:
Höchstgeschwindigkeit 120 km/h

Preis:
Roadster   5.200   RM

Produktionszahlen: 243 Stück

Bauzeit:
von Juni 1934 bis April 1935

Merkmale:
Von der 315-Limousine abgeleiteter Sportwagen mit kürzerer Außenlänge. Motor mit 6 PS Mehrleistung, durch höhere Verdichtung und drei anstatt zwei Vergasern.

BMW 319

Karosserie:
Limousine, 2 Türen, 4 Sitze (Karosserie: Daimler-Benz)
Cabrio-Limousine, 2 Türen, 4 Sitze (Karosserie: Daimler-Benz)
Cabriolet, 2 Türen, 4 Sitze (Karosserie: Daimler-Benz)
Cabriolet, 2 Türen, 2 Sitze (Karosserie: Daimler-Benz)

Motor:
Wassergekühlter Sechszylinder-Viertakt-Reihenmotor, Bohrung/Hub: 65/96 mm, 1911 ccm, Verdichtung 5,5 : 1, 45 PS bei 3750 U/min, hängende Ventile durch Stoßstange und Kipphebel angetrieben, seitliche Nockenwelle durch Rollenkette angetrieben, vierfach gelagerte Kurbelwelle, Wasserpumpe, automatisch arbeitende Kühlerjalousie, zwei Solex-Flachstromvergaser 26 BFLV
Batterie: 6 Volt/75 Ah, Gleichstrom-Lichtmaschine 90 Watt
Füllmengen: Tankinhalt 40 Liter, Motoröl 4 Liter, Kühlsystem 7,5 Liter

Kraftübertragung:
Teilsynchronisiertes Viergang-Getriebe (3. und 4. Gang synchronisiert), Einscheibentrockenkupplung, Mittelschalthebel
Frontmotor, Hinterachsantrieb

Übersetzungen:
1. Gang	3,63 : 1
2. Gang	2,07 : 1
3. Gang	1,50 : 1
4. Gang	1,00 : 1
R-Gang	3,90 : 1
Achsübersetzung:	4,38 : 1

Fahrwerk:
Rohrrahmen (mit Querträgern) mit holzrahmenverstärkter Stahlblechkarosserie verschraubt; vorn ein Querlenker unten und eine Querblattfeder oben; hinten Starrachse mit Halbelliptikfedern; vorn und hinten hydraulische Teleskopstoßdämpfer
Bremsen: mechanische Innenbacken-Seilzugbremsen auf alle Räder, Handbremse mit Seilzug auf die Hinterräder
Lenkung: Zahnstangenlenkung
Reifen: 5.25-16 – Felgen: 3,25 D x 16

Maße, Gewichte:
Länge 3900 mm, Breite 1440 mm, Höhe 1550 mm, Radstand 2400 mm, Spurweite vorn 1153, hinten 1220 mm, Leergewicht 850 kg, zulässiges Gesamtgewicht 1300 kg, Wendekreisdurchmesser 11 Meter

Verbrauch:
11 Liter Normalbenzin auf 100 km

Fahrleistungen:
Höchstgeschwindigkeit 115 km/h

Preis:
Limousine	4.150	RM
Cabrio-Lim.	4.300	RM
Cabriolet, 4sitzig	4.800	RM
Cabriolet 2sitzig	5.150	RM

Produktionszahlen: 6.659 Stück

Bauzeit:
von April 1935 bis März 1936

Merkmale:
Wie Typ 315, jedoch mit vergrößertem Motor, Übergang von mechanische auf hydraulische Teleskopstoßdämpfer

BMW 319/1

Karosserie:
Roadster, 2 Türen, 2 Sitze (Karosserie: Reutter, Stuttgart)
Sport-Cabriolet, 2 Türen, 2 Sitze

Motor:
Wassergekühlter Sechszylinder-Viertakt-Reihenmotor, Bohrung/Hub: 65/95 mm, 1911 ccm, Verdichtung 6,8 : 1, 55 PS bei 4000 U/min, hängende Ventile durch Stoßstangen und Kipphebel angetrieben, seitliche Nockenwelle durch Rollenkette angetrieben, vierfach gelagerte Kurbelwelle, Wasserpumpe, automatisch arbeitende Kühlerjalousie, drei Solex-Flachstromvergaser 30 BFRH
Batterie: 6 Volt/75 Ah, Gleichstrom-Lichtmaschine 90 Watt
Füllmengen: Tankinhalt 50 Liter, Motoröl 4 Liter, Kühlsystem 7,5 LIter

Kraftübertragung:
Teilsynchronisiertes Viergang-Getriebe (3. und 4. Gang synchronisiert),
Einscheibentrockenkupplung, Mittelschalthebel
Frontmotor, Hinterachsantrieb

Übersetzungen:
1. Gang	3,63 : 1
2. Gang	2,07 : 1
3. Gang	1,38 : 1
4. Gang	1,00 : 1
R-Gang	3,90 : 1
Achsübersetzung:	4,50 : 1

Fahrwerk:
Rohrrahmen (mit Querträgern) mit holzrahmenverstärkter Stahlblechkarosserie verschraubt; vorn ein Querlenker unten und eine Querblattfeder oben; hinten Starrachse mit Halbelliptikfedern; vorn und hinten hydraulische Teleskopstoßdämpfer
Bremsen: mechanische Innenbacken-Seilzugbremsen auf alle Räder, Handbremse mit Seilzug auf die Hinterräder
Lenkung: Zahnstangenlenkung
Reifen: 5.25-16 – Felgen: 3,25 D x 16

Maße, Gewichte:
Länge 3800 mm, Breite 1440 mm, Höhe 1350 mm, Radstand 2400 mm, Spurweite vorn 1153, hinten 1220 mm, Leergewicht 550 kg, zulässiges Gesamtgewicht 1140 kg, Wendekreisdurchmesser 11 Meter

Verbrauch:
11 Liter Normalbenzin auf 100 km

Fahrleistungen:
Höchstgeschwindigkeit 130 km/h

Preis:
Roadster   5.800   RM

Produktionszahlen: 178 Stück

Bauzeit:
von April 1935 bis August 1936

Merkmale:
Karosserie wie Typ 315/1, jedoch mit querlaufenden Kühlrippen an der Motorhaube
(Foto: als Sport-Cabriolet)

BMW 329

Karosserie:
Cabriolet, 2 Türen, 4 Sitze

Motor:
Wassergekühlter Sechszylinder-Viertakt-Reihenmotor, Bohrung/Hub: 65/96 mm, 1911 ccm, Verdichtung 5,6 : 1, 45 PS bei 3750 U/min, hängende Ventile durch Stoßstangen und Kipphebel angetrieben, seitliche Nockenwelle durch Rollenkette angetrieben, vierfach gelagerte Kurbelwelle, Wasserpumpe, automatisch arbeitende Kühlerjalousie, zwei Solex-Flachstromvergaser 26 BFLV
Batterie: 6 Volt/75 Ah, Gleichstrom-Lichtmaschine 90 Watt
Füllmengen: Tankinhalt 40 Liter, Motoröl 4 Liter, Kühlsystem 7,5 Liter

Kraftübertragung:
Teilsynchronisiertes Viergang-Getriebe (3. und 4. Gang synchronisiert),
Einscheibentrockenkupplung, Mittelschalthebel
Frontmotor, Hinterachsantrieb

Übersetzungen:
1. Gang	3,63 : 1
2. Gang	2,07 : 1
3. Gang	1,50 : 1
4. Gang	1,00 : 1
R-Gang	3,90 : 1
Achsübersetzung:	4,38 : 1

Fahrwerk:
Rohrrahmen (mit Querträgern) mit holzrahmenverstärkter Stahlblechkarosserie verschraubt;
vorn ein Querlenker unten und eine Querblattfeder oben; hinten Starrachse mit
Halbelliptikfedern; vorn und hinten hydraulische Teleskopstoßdämpfer
Bremsen: mechanische Innenbacken-Seilzugbremsen auf alle Räder, Handbremse mit
Seilzug auf die Hinterräder
Lenkung: Zahnstangenlenkung
Reifen: 5.25-16 – Felgen: 3,25 D x 16

Maße, Gewichte:
Länge 4000 mm, Breite 1440 mm, Höhe 1550 mm, Radstand 2400 mm, Spurweite vorn
1153, hinten 1220 mm, Leergewicht 880 kg, zulässiges Gesamtgewicht 1300 kg,
Wendekreisdurchmesser 11 Meter

Verbrauch:
11,5 Liter Normalbenzin auf 100 km

Fahrleistungen:
Höchstgeschwindigkeit 110 km/h

Preis:
Cabriolet   4.950   RM

Produktionszahlen: 1.179 Stück

Bauzeit:
von April 1936 bis Juni 1937

Merkmale:
Fahrwerk und Motor vom Typ 319, Cabriolet-Karosserie jedoch an der Front im Stil des
326 gehalten. Übergangsmodell bis zum Anlauf des 320

BMW 325

Karosserie:
Geländewagen, 4 Türen, 4 Sitze (Karosserie: Autenrieth, Darmstadt)

Motor:
Wassergekühlter Sechszylinder-Viertakt-Reihenmotor, Bohrung/Hub: 66/96 mm, 1971 ccm, Verdichtung 6,0 : 1, 45 PS bei 3750 U/min, hängende Ventile durch Stoßstangen und Kipphebel angetrieben, seitliche Nockenwelle durch Rollenkette angetrieben, vierfach gelagerte Kurbelwelle, Wasserpumpe, ein Flachstromvergaser Solex 26 BFLV
Batterie: 12 Volt/50 Ah, Drehstrom-Lichtmaschine 190 Watt
Füllmengen: Tankinhalt 60 Liter, Motoröl 6,5 Liter, Kühlsystem 12 Liter

Kraftübertragung:
Fünfgang-Getriebe, vier Differentiale, Einscheibentrockenkupplung, Mittelschalthebel, Frontmotor, Allrad-Antrieb

Übersetzungen:
1. Gang	5,01 : 1
2. Gang	2,86 : 1
3. Gang	1,90 : 1
4. Gang	1,00 : 1
5. Gang	0,90 : 1
Achsübersetzung:	4,85 : 1

(Zwischengetriebe-Übersetzung: 1,36 : 1)

Fahrwerk:
Kastenprofil-Rahmen mit halbselbsttragender Stahlblechkarosserie verschweißt; vorn und hinten je doppelte Querlenker und je zwei Schraubenfedern pro Rad, hydraulische Teleskopstoßdämpfer
Bremsen: mechanische Vierrad-Trommelbremsen, Handbremse durch Seilzug auf alle Räder
Lenkung: Vierrad-Spindellenkung
Reifen: 6.00 – 18 Gelände

Maße, Gewichte:
Länge 3900 mm, Breite 1690 mm, Höhe 1900 mm, Radstand 2400 mm, Spurweite vorn und hinten 1400 mm, Wendekreisdurchmesser 12,7 Meter (mit eingeschlagener Vierradlenkung 6,5 Meter), Leergewicht 1770 kg, zulässiges Gesamtgewicht 2200 kg.

Verbrauch:
18 Liter Normalbenzin auf 100 km (Gelände: 25 Liter)

Fahrleistungen:
Höchstgeschwindigkeit 80 km/h

Preis:
Geländewagen   7 800   RM

Produktionszahlen: 3225 Stück

Bauzeit:
von September 1937 bis März 1940

Merkmale:
Vierradgelenkter Geländewagen mit Motor des 320

BMW 326

Karosserie:
Limousine, 4 Türen, 5 Sitze (Karosserie: Ambi-Budd, Berlin)
Cabriolet, 4 Türen, 5 Sitze (Karosserie: Baur, Stuttgart)
Cabriolet, 2 Türen, 5 Sitze (Karosserie: Baur, Stuttgart)

Motor:
Wassergekühlter Sechszylinder-Viertakt-Motor in Reihe, Bohrung/Hub: 66/96 mm, 1971 ccm, Verdichtung 6,0 : 1, 50 DIN-PS bei 3750 U/min, hängende Ventile, durch Stoßstange und Kipphebel angetrieben; seitliche Nockenwelle durch Rollenkette angetrieben, Wasserpumpe, vierfach gelagerte Kurbelwelle, zwei Solex-Flachstromvergaser 26 BFLV
Batterie: 6 Volt/75 Ah, Gleichstrom-Lichtmaschine 90 Watt
Füllmengen: Tankinhalt 65 Liter, Motoröl 4 Liter, Kühlsystem 7,5 Liter

Kraftübertragung:
Teilsynchronisiertes Viergang-Getriebe (Freilauf im 1. u. 2. Gang),
Einscheibentrockenkupplung, Mittelschalthebel
Frontmotor, Hinterachsantrieb

Übersetzungen:
1. Gang	3,85 : 1
2. Gang	2,38 : 1
3. Gang	1,54 : 1
4. Gang	1,00 : 1
R-Gang	4,05 : 1
Achsübersetzung:	4,87 : 1

Fahrwerk:
Tiefbett-Kastenrahmen mit halbselbsttragender Stahlblechkarosserie verschweißt; vorn ein
Dreieck-Querlenker oben, eine Querblattfeder unten, hinten Starrachse mit Drehstabfedern,
Teleskopstoßdämpfer vorn und hinten,
Bremsen: hydraulische Vierrad-Trommelbremsen, Handbremse mit Seilzug
Lenkung: Zahnstangenlenkung
Reifen: 5.25 – 17 (ab 1937: 5.50–16) – Felgen: 3.25 x 17 (ab 1937: 3.50 x 16)

Maße, Gewichte:
Länge 4600 mm, Breite 1600 mm, Höhe 1500 mm, Radstand 2870 mm, Radstand vorn
1300, hinten 1400 mm, Leergewicht 1125 kg, zulässiges Gesamtgewicht 1700 kg,
Wendekreisdurchmesser 12 m

Verbrauch:
12,5 Liter Normalbenzin auf 100 km

Fahrleistungen:
Höchstgeschwindigkeit 115 km/h, Beschleunigung 0–100 km/h in 34 sek.

Preis:
Limousine	5 500	RM
Cabriolet 4tür.	7 300	RM
Cabriolet 2tür.	6 650	RM

Produktionszahlen: 15 936 Stück

Bauzeit:
(Debüt: Februar 1936) von Juni 1936 bis März 1941

Merkmale:
Von Grund auf neues Modell mit modifiziertem 319-Motor. 1939 Modellüberarbeitung, zu
erkennen an der durchgehenden Front-Stoßstange

BMW 327

Karosserie:
Cabriolet, 2 Türen, 2 Sitze (Karosserie: Autenrieth, Darmstadt)
Coupé, 2 Türen, 2+2 Sitze (Karosserie: Ambi-Budd, Berlin)

Motor:
Wassergekühlter Sechszylinder-Viertakt-Motor in Reihe, Bohrung/Hub: 66/96 mm, 1971 ccm, Verdichtung 6,3 : 1, 55 DIN-PS bei 4500 U/min, hängende Ventile, durch Stoßstange und Kipphebel angetrieben; seitliche Nockenwelle durch Rollenkette angetrieben, Wasserpumpe, vierfach gelagerte Kurbelwelle, zwei Solex-Flachstromvergaser 26 BFLV
Batterie: 6 Volt/75 Ah, Gleichstrom-Lichtmaschine 90 Watt
Füllmengen: Tankinhalt 50 Liter, Motoröl 4 Liter, Kühlsystem 7,5 Liter

Kraftübertragung:
Teilsynchronisiertes Viergang-Getriebe (Freilauf im 1. u. 2. Gang) ab 1938:
Vollsynchronisiertes Viergang-Getriebe, Einscheibentrockenkupplung, Mittelschalthebel, Frontmotor, Hinterachsantrieb

Übersetzungen:

		ab 1938
1. Gang	3,85 : 1	3,75 : 1
2. Gang	2,38 : 1	2,28 : 1
3. Gang	1,54 : 1	1,48 : 1
4. Gang	1,00 : 1	1,00 : 1
R-Gang	4,05 : 1	3,95 : 1
Achsübersetzung:	3,90 : 1	

Fahrwerk:
Kastenrahmen mit halbselbsttragender Stahlblechkarosserie verschweißt; vorn ein Dreieck-Querlenker oben, eine Querblattfeder unten, hinten Starrachse mit Halbelliptikfedern, Teleskopstoßdämpfer vorn und hinten
Bremsen: hydraulische Vierrad-Trommelbremsen, Handbremse mit Seilzug
Lenkung: Zahnstangenlenkung
Reifen: 5.50 – 16 – Felgen: 3.50 x 16

Maße, Gewichte:
Länge 4500 mm, Breite 1600 mm, Höhe 1420 mm, Radstand 2750 mm, Spurweite vorn und hinten 1300 mm, Leergewicht 1100 kg, zulässiges Gesamtgewicht 1600 kg, Wendekreisdurchmesser 11 m

Verbrauch:
11,5 Liter Normalbenzin auf 100 km

Fahrleistungen:
Höchstgeschwindigkeit 125 km/h, Beschleunigung 0–100 km/h in 34 sek.

Preis:
Cabriolet   7 500 RM
Coupé   7 450 RM

Produktionszahlen: 1 304 Stück

Bauzeit:
Cabriolet ab November 1937/Coupé ab Okt. 1938 bis März 1941

Merkmale:
Sportversion auf der Basis des 326 aufbauend, mit in die Karosserie eingebauten Scheinwerfern und 100 mm kürzerem Radstand.

BMW 328

Karosserie:
Roadster, 2 Türen, 2 Sitze (Karosserie: Autenrieth, Darmstadt)

Motor:
Wassergekühlter Sechszylinder-Viertakt-Reihenmotor, Bohrung/Hub: 66/96 mm, Verdichtung 7,5 : 1, 80 PS bei 5000 U/min, Leichtmetall-Zylinderkopf, sphärische Brennräume, V-förmig hängende Ventile (in zwei Reihen) von Stoßstangen und Kipphebeln angetrieben, seitliche Nockenwelle von Rollenkette angetrieben, vierfach gelagerte Kurbelwelle, Wasserpumpe, Ölkühler, drei Solex-Fallstromvergaser 30 JF
Batterie: 6 Volt/75 Ah, Gleichstrom-Lichtmaschine 130 Watt
Füllmengen: Tankinhalt 50 (gegen Aufpreis: 100) Liter, Motoröl 4 Liter, Kühlsystem 7,5 Liter

Kraftübertragung:
Teilsynchronisiertes Viergang-Getriebe, Einscheibentrockenkupplung, Mittelschalthebel, Frontmotor, Hinterachsantrieb

Übersetzungen:

	(Hurth-Getriebe)	(ZF-Getriebe)
1. Gang	3,63 : 1	3,07 : 1
2. Gang	2,07 : 1	1,82 : 1
3. Gang	1,50 : 1	1,25 : 1
4. Gang	1,00 : 1	1,00 : 1
R-Gang	3,93 : 1	3,38 : 1
Achsübersetzung:	3,88 : 1	3,75 : 1

Fahrwerk:
Rohrrahmen-Chassis (mit Querträgern) mit halbselbsttragender Stahlblechkarosserie (Motorhaube aus Aluminiumblech) verschweißt; vorn ein Querlenker unten, eine Querblattfeder oben; hinten Starrachse mit Halbelliptikfedern; vorn und hinten hydraulische Teleskopstoßdämpfer
Bremsen: hydraulische Vierrad-Trommelbremsen auf alle Räder, Handbremse durch Seilzug auf die Hinterräder
Lenkung: Zahnstangenlenkung
Reifen: 5.25 (gegen Aufpreis 5.50) 16 – Felgen: 3,25 D x 16

Maße, Gewichte:
Länge 3900 mm, Breite 1550 mm, Höhe 1400 mm, Radstand 2400 mm, Spurweite vorn 1153, hinten 1220 mm, Leergewicht 820 kg, zulässiges Gesamtgewicht 1210 kg, Wendekreisdurchmesser 10,5 Meter

Verbrauch:
14 Liter Normalbenzin auf 100 km

Fahrleistungen:
Höchstgeschwindigkeit 150 km/h

Preis:
Roadster   7.400   RM

Produktionszahlen: 462 Stück

Bauzeit:
(Debüt: August 1936) von Februar 1937 bis März 1941

Merkmale:
Schnellster Zweiliter-Serien-Wagen Europas, erstes in Serie gebautes Auto mit Leichtmetall-Zylinderkopf, Fahrwerk vom Modell 319/1

BMW 327/328

Karosserie:
Cabriolet, 2 Türen, 2+2 Sitze (Karosserie: Ambi-Budd, Berlin)
Coupé, 2 Türen, 2+2 Sitze (Karosserie: Ambi-Budd, Berlin)

Motor:
Wassergekühlter Sechszylinder-Viertakt-Motor in Reihe, Bohrung/Hub: 66/96 mm, 1971 ccm, Verdichtung 7,5 : 1, 80 DIN-PS bei 5000 U/min, V-förmig hängende Ventile, durch Stoßstange und Kipphebel angetrieben, Leichtmetall-Zylinderkopf, seitliche Nockenwelle durch Rollenkette angetrieben, Wasserpumpe, vierfach gelagerte Kurbelwelle, drei Solex-Fallstromvergaser 30 JF
Batterie: 6 Volt/75 Ah, Gleichstrom-Lichtmaschine 90 Watt
Füllmengen: Tankinhalt 50 Liter, Motoröl 4 Liter, Kühlsystem 7,5 Liter

Kraftübertragung:
Vollsynchronisiertes Viergang-Getriebe, Einscheibentrockenkupplung, Mittelschalthebel, Frontmotor, Hinterachsantrieb

Übersetzungen:
1. Gang	3,75 : 1
2. Gang	2,28 : 1
3. Gang	1,48 : 1
4. Gang	1,00 : 1
R-Gang	3,95 : 1
Achsübersetzung:	3,90 : 1

Fahrwerk:
Tiefbett-Kastenrahmen mit halbselbsttragender Stahlblechkarosserie verschweißt; vorn ein Dreieck-Querlenker oben, eine Querblattfeder unten, hinten Starrachse mit Halbelliptikfedern, Teleskopstoßdämpfer vorn und hinten
Bremsen: hydraulische Vierrad-Trommelbremsen, Handbremse mit Seilzug auf die Hinterräder
Lenkung: Zahnstangenlenkung
Reifen: 5.50 – 16 – Felgen: 3,50 x 16

Maße, Gewichte:
Länge 4500 mm, Breite 1600 mm, Höhe 1420 mm, Radstand 2750 mm, Spurweite vorn und hinten 1300 mm, Leergewicht 1100 kg, zulässiges Gesamtgewicht 1400 kg, Wendekreisdurchmesser 11 m

Verbrauch:
14 Liter Normalbenzin auf 100 km

Fahrleistungen:
Höchstgeschwindigkeit 140 km/h, Beschleunigung 0–100 km/h in ca. 32 Sek.

Preis:
Cabriolet   8 130   RM
Coupé   8 100   RM

Produktionszahlen: 569 Stück

Bauzeit:
Cabriolet von April 1938/Coupé ab Oktober 1938 bis März 1941

Merkmale:
Kombination aus 327 Karosse und Fahrwerk mit dem 80 PS-Motor des 328. Luxusausstattung.

BMW 320

Karosserie:
Limousine, 2 Türen, 4 Sitze
Cabriolet, 2 Türen, 4 Sitze (Karosserie: Baur, Stuttgart)

Motor:
Wassergekühlter Sechszylinder-Viertakt-Reihenmotor, Bohrung/Hub: 66/96 mm, 1971 ccm, Verdichtung 6,0 : 1, 45 DIN-PS bei 3750 U/min, hängende Ventile, durch Stoßstange und Kipphebel angetrieben; seitliche Nockenwelle durch Rollenkette angetrieben, Wasserpumpe, vierfach gelagerte Kurbelwelle, ein Flachstromvergaser Solex 30 BFLVS
Batterie: 8 Volt/75 Ah, Gleichstrom-Lichtmaschine 90 Watt
Füllmengen: Tankinhalt 50 Liter, Motoröl 4 Liter, Kühlsystem 7,5 Liter

Kraftübertragung:
Teilsynchronisiertes Viergang-Getriebe (3. und 4. Gang), Einscheibentrockenkupplung, Mittelschalthebel
Frontmotor, Hinterachsantrieb

Übersetzungen:
1. Gang   3,66 : 1
2. Gang   2,22 : 1
3. Gang   1,51 : 1
4. Gang   1,00 : 1
R-Gang   3,95 : 1
Achsübersetzung: 4,38 (ab 1938: 4,55) : 1

Fahrwerk:
Kastenrahmen mit halbselbsttragender Stahlblechkarosserie verschweißt; vorn Dreieckquerlenker unten, eine querliegende Blattfeder oben, hinten Starrachse mit Halbelliptikfedern, Teleskopstoßdämpfer vorn und hinten
Lenkung: Zahnstangenlenkung
Bremsen: hydraulische Vierrad-Trommelbremsen, Handbremse mit Seilzug auf die Hinterräder
Reifen: 5.20 – 16 – Felgen 3.25 x 16

Maße, Gewichte:
Länge 4500 mm, Breite 1540 mm, Höhe 1500 mm, Radstand 2750 mm, Spurweite vorn 1160 mm, hinten 1300 mm, Leergewicht 1000 kg, zulässiges Gesamtgewicht 1400 kg, Wendekreisdurchmesser 12 m

Verbrauch:
11 Liter Normalbenzin auf 100 km

Fahrleistungen:
Höchstgeschwindigkeit 110 km/h, Beschleunigung 0–100 km/h in 37 sek.

Preis:
Limousine   4 500 RM
Cabriolet   5 250 RM

Produktionszahlen: 4 185 Stück

Bauzeit:
von Juli 1937 bis Januar 1939

Merkmale:
Neues kleines BMW-Modell, erster BMW-Pkw mit nicht-ausstellbarer Windschutzscheibe, Vorderachse vom 319. In Eisenach gefertigte Karosserie. 326-Motor, jedoch mit einem Vergaser bestückt.

BMW 321

Karosserie:
Limousine, 2 Türen, 4 Sitze
Cabriolet, 2 Türen, 4 Sitze (Karosserie: Baur, Stuttgart)

Motor:
Wassergekühlter Sechszylinder-Viertakt-Reihenmotor, Bohrung/Hub: 66/96 mm, 1971 ccm, Verdichtung 6,0 : 1, 45 DIN-PS bei 3750 U/min, hängende Ventile, durch Stoßstange und Kipphebel angetrieben; seitliche Nockenwelle durch Rollenkette angetrieben, Wasserpumpe, vierfach gelagerte Kurbelwelle, ein Flachstromvergaser Solex 30 BFLVS
Batterie: 6 Volt/75 Ah, Gleichstrom-Lichtmaschine 90 Watt
Füllmengen: Tankinhalt 50 Liter, Motoröl 4 Liter, Kühlsystem 7,5 Liter

Kraftübertragung:
Teilsynchronisiertes Viergang-Getriebe (3. und 4. Gang), Einscheibentrockenkupplung, Mittelschalthebel
Frontmotor, Hinterachsantrieb

Übersetzungen:
1. Gang	3,66 : 1
2. Gang	2,22 : 1
3. Gang	1,51 : 1
4. Gang	1,00 : 1
R-Gang	3,95 : 1
Achsübersetzung:	4,38 (ab 1938: 4,55) : 1

Fahrwerk:
Kastenrahmen mit halbselbsttragender Stahlblechkarosserie verschweißt; vorn Dreieckquerlenker oben, eine querliegende Blattfeder unten, hinten Starrachse mit Halbelliptikfedern, Teleskopstoßdämpfer vorn und hinten
Lenkung: Zahnstangenlenkung
Bremsen: hydraulische Vierrad-Trommelbremsen, Handbremse mit Seilzug auf die Hinterräder
Reifen: 5.50-16 – Felgen: 3.50 x 16

Maße, Gewichte:
Länge 4500 mm, Breite 1540 mm, Höhe 1500 mm, Radstand 2750 mm, Spurweite vorn 1300 mm, hinten 1300 mm, Leergewicht 1000 kg, zulässiges Gesamtgewicht 1400 kg, Wendekreisdurchmesser 12 m

Verbrauch:
11 Liter Normalbenzin auf 100 km

Fahrleistungen:
Höchstgeschwindigkeit 110 km/h, Beschleunigung 0–100 km/h in 37 sek.

Preis:
Limousine	4 800	RM
Cabriolet	5 650	RM

Produktionszahlen: 3 696 Stück

Bauzeit:
Wie Modell 320, jedoch mit der Vorderachse des Modells 326, breiterer Vorderspur und breiteren Reifen.

BMW 335

Karosserie:
Limousine, 4 Türen, 5 Sitze
Cabriolet, 2 Türen, 5 Sitze (Karosserie: Baur, Stuttgart)
Cabriolet, 4 Türen, 5 Sitze (Karosserie: Baur, Stuttgart)

Motor:
Wassergekühlter Sechszylinder-Viertakt-Reihenmotor, Bohrung/Hub: 82/110 mm, 3485 ccm, Verdichtung 5,8 : 1, 90 PS bei 3500 U/min, hängende Ventile durch Stoßstangen und Kipphebel angetrieben, seitliche Nockenwelle durch Stirnräder angetrieben, vierfach

gelagerte Kurbelwelle, Wasserpumpe, ein Flachstrom-Doppelregister-Vergaser Solex 35 VMNOVS
Batterie: 12 Volt/62 Ah, Gleichstrom-Lichtmaschine 150 Watt
Füllmengen: Tankinhalt 65 Liter, Motoröl 7 Liter, Kühsystem 14 Liter

Kraftübertragung:
vollsychronisiertes Viergang-Getriebe, Einscheibentrockenkupplung, Mittelschalthebel, Frontmotor, Hinterachsantrieb

Übersetzungen:
1. Gang	3,89 : 1
2. Gang	2,16 : 1
3. Gang	1,36 : 1
4. Gang	1,00 : 1
R-Gang	4,10 : 1
Achsübersetzung:	3,90 : 1

Fahrwerk:
Kastenrahmen mit halbselbsttragender Stahlblechkarosserie verschweißt; vorn Dreieckquerlenker unten, eine Querblattfeder oben; hinten Starrachse mit längs angeordneter Drehstab-Federung; vorn und hinten Teleskopstoßdämpfer
Bremsen: hydraulische Vierrad-Trommelbremsen, Handbremse mit Seilzug auf die Hinterräder
Lenkung: Zahnstangenlenkung
Reifen: 6.00-16 – Felgen: 4,00 E x 16

Maße, Gewichte:
Länge 4840 mm, Breite 1700 mm, Höhe 1665 mm, Radstand 2984 mm, Spurweite vorn 1306, hinten 1404 mm, Leergewicht 1300 kg, zulässiges Gesamtgewicht 1760 kg, Wendekreisdurchmesser 12,5 Meter

Verbrauch:
15 Liter Normalbenzin auf 100 km

Fahrleistungen:
Höchstgeschwindigkeit 145 km/h, Beschleunigung 0-100 km/h in ca. 14 Sekunden

Preis:
Limousine	7 850	RM
Cabriolet 2tür.	9 050	RM
Cabriolet 4tür.	9 660	RM

Produktionszahlen: 410 Stück

Bauzeit:
(Debüt September 1938) von Februar 1939 bis März 1940

Merkmale:
Neukonstruierter Motor mit Stirnrädern und Registervergaser, Fahrgestell und Karosserie auf dem Typ 326 basierend

BMW 501

Karosserie:
Limousine, 4 Türen, 5 Sitze (Daten für Prototyp 1951 in Klammern).

Motor:
Wassergekühlter Sechszylinder-Viertakt-Reihenmotor, Bohrung/Hub: 66/96 mm, 1971 ccm, Verdichtung 6,8 : 1 (6,3 : 1), 65 DIN-PS bei 4400 U/min (60 DIN-PS bei 4000 U/min), max. Drehm. 12,2 mkp bei 2500 U/min, hängende Ventile, seitliche Nockenwelle durch Rollenkette angetrieben, vierfach gelagerte Kurbelwelle, ein Fallstrom-Doppelvergaser Solex 30 PAAJ.
Batterie: 12 Volt/50 Ah, Gleichstrom-Lichtmaschine 160 Watt.
Füllmengen: Tankinhalt 58 Liter, Motoröl 4,5 Liter, Getriebe 1,25 Liter, Kühlsystem 7 Liter.

Kraftübertragung:
Sperrsynchronisiertes Viergang-Getriebe (Freilauf im 1. Gang), Einscheiben-Trockenkupplung, Lenkradschaltung. Frontmotor, Hinterachsantrieb.

Übersetzungen:
1. Gang	4,24	: 1
2. Gang	2,35	: 1
3. Gang	1,49	: 1
4. Gang	1,00	: 1
R-Gang	5,38	: 1
Achsübersetzung	4,225	: 1

Fahrwerk:
Kastenrahmen mit Längs- und Rohrquerträgern, Stahlblechkarosserie, vorn doppelte Dreieck-Querlenker, hinten Starrachse mit Dreieck-Schublenker (Banjo-Achse), einstellbare Drehstabfedern sowie Teleskopstoßdämpfer vorn und hinten.
Bremsen: hydraulische Vierrad-Trommelbremsen, Bremsfläche 840 cm^2.
Lenkung: Kegelradlenkung (Übersetzung 16,5 : 1).
Reifen: 5.50-16 – Felgen: 4.00 E-16

Maße, Gewichte:
Länge 4730 (4700) mm, Breite 1780 (1750) mm, Höhe 1530 mm, Radstand 2835 mm, Spurweite vorn 1343 (1340) mm, hinten 1430 (1400) mm, Leergewicht 1285 kg, zulässiges Gesamtgewicht 1725 kg, Wendekreisdurchmesser 11 m.

Verbrauch:
12 Liter auf 100 km (Normalbenzin).

Fahrleistungen:
Höchstgeschwindigkeit 138 km/h (135 km/h).

Preis:
501 Limousine   15.150,–   DM

Produktionszahlen:
1.708 Stück.

Bauzeit:
(Debüt Prototyp 17. April 1951) Von Oktober 1952 bis Februar 1954.

Merkmale:
Von Grund auf neues Modell mit Zweiliter-Sechszylinder-Motor, der zwar neu durchkonstruiert, im wesentlichen aber auf dem Vorkriegs-Motor des 326 basiert. Prototyp mit Schmetterlings-Scheibenwischer.

BMW 501/2

Karosserie:
501 A Limousine, 4 Türen, 5 Sitze – Luxusausführung
501 B Limousine, 4 Türen, 5 Sitze – Standardausführung
501 A Coupé, 2 Türen, 2 Sitze (Karosserie Baur, Stuttgart)
501 A Cabriolet, 4 Türen, 5 Sitze (Karosserie Baur, Stuttgart)
501 A Cabriolet, 2 Türen, 2 Sitze (Karosserie Baur, Stuttgart)

Motor:
Wassergekühlter Sechszylinder-Viertakt-Reihenmotor, Bohrung/Hub: 66/96 mm, 1971 ccm, Verdichtung 6,8 : 1, 72 DIN-PS bei 4400 U/min, maximales Drehmoment 13,3 mkp bei 2500 U/min, hängende Ventile, seitliche Nockenwelle durch Kette angetrieben, vierfach gelagerte Kurbelwelle, ein Fallstrom-Doppelvergaser Solex 32 PAJTA.
Batterie: 12 Volt/50 Ah, Gleichstrom-Lichtmaschine 160 Watt.
Füllmengen: Tankinhalt 58 Liter, Motoröl 4,5 Liter, Getriebe 1,5 Liter, Kühlsystem 6,5 Liter.

Kraftübertragung:
Sperrsynchronisiertes Viergang-Getriebe, Einscheiben-Trockenkupplung, Lenkradschaltung. Frontmotor, Hinterachsantrieb.

Übersetzungen:
1. Gang	4,14 : 1
2. Gang	2,35 : 1
3. Gang	1,49 : 1
4. Gang	1,00 : 1
R-Gang	5,38 : 1
Achsübersetzung:	4,225 : 1

Fahrwerk:
Kastenrahmen mit Längs- und Rohrquerträgern, Stahlblechkarosserie, vorn doppelte Dreieck-Querlenker, hinten Starrachse mit Dreieck-Schublenker (Banjo-Achse), einstellbare Drehstabfedern sowie Teleskopstoßdämpfer vorn und hinten.
Bremsen: hydraulische Vierrad-Trommelbremsen, Bremsfläche 840 cm^2.
Lenkung: Kegelradlenkung (Übersetzung 16,5 : 1).
Reifen: 5.50-16 – Felgen: 4.00 E-16

Maße, Gewichte:
Länge 4730 mm, Breite 1780 mm, Höhe 1530 mm, Radstand 2835 mm, Spurweite vorn 1343 mm, hinten 1430 mm.
Leergewicht 1285 kg, zulässiges Gesamtgewicht 1720 kg, Wendekreisdurchmesser 11 m.

Verbrauch:
13 Liter auf 100 km (Normalbenzin).

Fahrleistungen:
Höchstgeschwindigkeit 145 km/h.

Preis:

	März 1954	Aug. 1954	
501 A Limousine	14.180,–	13.150,–	DM
501 B Limousine	12.680,–	11.950,–	DM

Produktionszahlen:
501 A   2.251 Stück;   501 B   1.371 Stück.

Bauzeit:
Von März 1954 bis April 1955.

Merkmale:
Weiterentwickelter Motor mit nunmehr 72 PS Leistung; Getriebe nun ohne Freilauf im ersten Gang, höhere Spitzengeschwindigkeit (145 anstatt 138 km/h) und ein um einen Liter gestiegenen Normverbrauch. Äußerlich keine Änderung.

BMW 501/3

Karosserie:
Limousine, 4 Türen, 5 Sitze, Luxusausführung;
Coupé, 2 Türen, 2 + 2 Sitze (Karosserie Baur, Stuttgart);
Cabriolet, 2 Türen, 2 + 2 Sitze (Karosserie Baur, Stuttgart).

Motor:
Wassergekühlter Sechszylinder-Viertakt-Reihenmotor, Bohrung/Hub: 68/96, 2077 ccm, Verdichtung 7,0 : 1, 72 DIN-PS bei 4500 U/min, maximales Drehmoment 13,8 mkp bei 2500 U/min, hängende Ventile, seitliche Nockenwelle durch Kette angetrieben, vierfach gelagerte Kurbelwelle, ein Fallstrom-Doppelvergaser Solex 32 PAJTA.
Batterie: 12 Volt/56 Ah, Gleichstrom-Lichtmaschine 160 Watt.
Füllmengen: Tankinhalt 58 Liter, Motoröl 4,5 Liter, Getriebe 1,5 Liter, Kühlsystem 6,5 Liter.

Kraftübertragung:
Sperrsynchronisiertes Viergang-Getriebe, Einscheiben-Trockenkupplung, Lenkradschaltung. Frontmotor, Hinterachsantrieb.

Übersetzungen:
1. Gang	4,14 : 1	
2. Gang	2,30 : 1	
3. Gang	1,49 : 1	
4. Gang	1,00 : 1	
R-Gang	5,38 : 1	
Achsübersetzung:	4,555 : 1	auf Wunsch 4,225 : 1

Fahrwerk:
Kastenrahmen mit Längs- und Rohrquerträgern, Stahlblechkarosserie, vorn doppelte Dreieck-Querlenker, hinten Starrachse mit Dreieck-Schublenker (Banjo-Achse), einstellbare Drehstabfedern sowie Teleskopstoßdämpfer vorn und hinten.
Bremsen: hydraulische Vierrad-Trommelbremsen, Bremsfläche 940 cm^2.
Lenkung: Kegelradlenkung (Übersetzung 16,5 : 1).
Reifen: 5.50-16" – Felgen: 4.00 E × 16

Maße, Gewichte:
Länge 4730 mm, Breite 1780 mm, Höhe 1530 mm, Radstand 2835 mm, Spurweite vorn 1322 mm, hinten 1408 mm.
Leergewicht 1295 kg, zulässiges Gesamtgewicht 1800 kg, Wendekreisdurchmesser 11 m.

Verbrauch:
12 Liter auf 100 km (Normalbenzin).

Fahrleistungen:
Höchstgeschwindigkeit 145 km/h.

Preis:

	April 1955	Juli 1956	
Limousine	12.500,–	11.500,–	DM
Coupé	17.800,–	–	DM
Cabriolet	17.950,–	–	DM

Produktionszahlen: 4.645 Stück.

Bauzeit:
Von April 1955 bis Dezember 1958.

Merkmale:
Motor von 1971 auf 2077 ccm vergrößert, bei gleichbleibenden 72 PS etwas höheres Drehmoment (13,8 anstatt 13,3 mkp). Vergrößerte Bremsfläche, verschiedene Achsübersetzungen. Äußerlich keine Änderungen.

BMW 502 V8

Karosserie:
Limousine, 4 Türen, 5 Sitze
Coupé, 2 Türen 2 + 2 Sitze (Karosserie Baur, Stuttgart)
Cabriolet, 2 Türen 2 + 2 Sitze (Karosserie Baur, Stuttgart)
Cabriolet, 24 Türen 42 Sitze (Karosserie Baur, Stuttgart)

Motor:
Wassergekühlter Achtzylinder-Viertakt-Motor in V-Form (90°), Bohrung/Hub: 74/75 mm, 2580 ccm, Verdichtung 7,0 : 1, 95 DIN-PS bei 4800 U/min, maximales Drehmoment 18,0 mkp bei 2500 U/min, hängende Ventile, Leichtmetall-Zylinderblock, nasse Laufbuchsen, zentrale Nockenwelle durch Kette angetrieben, fünffach gelagerte Kurbelwelle, ein Fallstrom-Doppelvergaser Solex 30 PAAI.
Batterie: 12 Volt/56 Ah, Gleichstrom-Lichtmaschine 160 Watt.
Füllmengen: Tankinhalt 70 Liter, Motoröl 5,5 Liter, Kühlsystem 7,5 Liter.

Kraftübertragung:
Sperrsynchronisiertes Viergang-Getriebe, Einscheiben-Trockenkupplung, Lenkradschaltung. Frontmotor, Hinterachsantrieb.

Übersetzungen:
1. Gang	3,78 : 1
2. Gang	2,35 : 1
3. Gang	1,49 : 1
4. Gang	1,00 : 1
R-Rang	5,38 : 1
Achsübersetzung	4,225 : 1

Fahrwerk:
Kastenrahmen mit Längs- und Rohrquerträgern, Stahlblechkarosserie, vorn doppelte Dreieck-Querlenker, hinten Starrachse mit Dreieck-Schublenker, einstellbare Drehstabfedern und Teleskopstoßdämpfer vorn und hinten.
Bremsen: hydraulische Vierrad-Trommelbremsen, Bremsfläche 1050 cm^2.
Lenkung: Kegelradlenkung (Übersetzung 16,5 : 1).
Reifen: 6.40-16 – Felgen: 4.50 K × 15

Maße, Gewichte:
Länge 4730 mm, Breite 1780 mm, Höhe 1530 mm, Radstand 2835 mm, Spurweite vorn 1330 mm, hinten 1416 mm.
Leergewicht 1365 kg, zulässiges Gesamtgewicht 1800 kg, Wendekreisdurchmesser 11 m.

Verbrauch:
14 Liter auf 100 km (Superbenzin).

Fahrleistungen:
Höchstgeschwindigkeit 160 km/h, Beschleunigung 0–100 km/h in 16,8 sek.

Preis:
502 Limousine	17.800,–	DM
502 Coupé	21.800,–	DM
Cabriolet 2tür.	21.900,–	DM
Cabriolet 4tür.	21.900,–	DM

Produktionszahlen: 461 Stück.

Bauzeit:
Juli 1954 bis Februar 1955.

Merkmale:
Neu entwickelter Achtzylinder 2,6-Liter-Motor mit Aluminium-Block, neue Getriebeübersetzungen, größerer Tank, verstärkte Bremsen, breitere Reifen, höheres Gewicht. Äußerlich von den 6-Zylindern zu unterscheiden durch das V 8-Zeichen in der Mitte der Kofferraum-Klappe, sowie Chromleiste unter der Fensterkante.

BMW 502 (ab 1958: 2,6)

Karosserie:
Limousine, 4 Türen, 5 Sitze.
Coupé, 2 Türen 2 + 2 Sitze (Karosserie Baur, Stuttgart)
Cabriolet, 2 Türen 2 + 2 Sitze (Karosserie Baur, Stuttgart)

Motor:
Wassergekühlter Achtzylinder-Viertakt-Motor in V-Form (90°), Bohrung/Hub: 74/75 mm, 2580 ccm, Verdichtung 7,0 : 1, 95 DIN-PS bei 4800 U/min, maximales Drehmoment 18,0 mkp bei 2500 U/min, hängende Ventile, Leichtmetall-Zylinderblock, nasse Laufbuchsen, zentrale Nockenwelle durch Kette angetrieben, fünffach gelagerte Kurbelwelle, ein Fallstrom-Doppelvergaser Zenith 32 NDIX.
Batterie: 12 Volt/56 Ah, Gleichstrom-Lichtmaschine 160 Watt.
Füllmengen: Tankinhalt 70 Liter, Motoröl 6,5 Liter, Kühlsystem 10 Liter.

Kraftübertragung:
Sperrsynchronisiertes Viergang-Getriebe, Einscheiben-Trockenkupplung, Lenkradschaltung.
Frontmotor, Hinterachsantrieb.

Übersetzungen:
1. Gang	3,78	: 1
2. Gang	2,35	: 1
3. Gang	1,49	: 1
4. Gang	1,00	: 1
R-Gang	5,38	: 1
Achsübersetzung	4,225	: 1

Fahrwerk:
Kastenrahmen mit Längs- und Rohrquerträgern, Stahlblechkarosserie, vorn doppelte Dreieck-Querlenker, hinten Starrachse mit Dreieck-Schublenker, einstellbare Drehstabfedern und Teleskopstoßdämpfer vorn und hinten.
Bremsen: hydraulische Vierrad-Trommelbremsen, Bremsfläche 1070 cm^2.
Lenkung: Kegelradlenkung (Übersetzung 16,5 : 1).
Reifen: 6.40-15 – Felgen: 4^1/$_2$ K × 15

Maße, Gewichte:
Länge 4730 mm, Breite 1780 mm, Höhe 1530 mm, Radstand 2835 mm, Spurweite vorn 1330 mm, hinten 1416 mm.
Leergewicht 1365 kg, zulässiges Gesamtgewicht 1900 kg, Wendekreisdurchmesser 12 m.

Verbrauch:
14 Liter auf 100 km (Superbenzin).

Fahrleistungen:
Höchstgeschwindigkeit 160 km/h, Beschleunigung 0–100 km/h in 16,8 sek.

Preis:

	Febr. 1955	März 1956	März 1958	April 1960	
502 Limousine	16.480,–	16.950,–	16.450,–	17.450,–	DM

Produktionszahlen: 5.494 Stück.

Bauzeit:
Von Februar 1955 bis August 1961.

Merkmale:
Gegenüber Vormodell 502 V 8 bessere Ausstattung des Innenraums, ab 1958 vergrößerte Heckscheibe

BMW 2600

Karosserie:
Limousine, 4 Türen, 5 Sitze.

Motor:
Wassergekühlter Achtzylinder-Viertakt-Motor in V-Form (90°), Bohrung/Hub: 74/75 mm, 2580 ccm, Verdichtung 9,0 : 1, 100 DIN-PS bei 4800 U/min, maximales Drehmoment 18,5 mkp bei 2500 U/min, hängende Ventile, Leichtmetall-Zylinderblock, nasse Laufbuchsen, zentrale Nockenwelle durch Kette angetrieben, fünffach gelagerte Kurbelwelle, ein Fallstrom-Doppelvergaser Zenith 32 NDIX.
Batterie: 12 Volt/56 Ah, Gleichstrom-Lichtmaschine 160 Watt.
Füllmengen: Tankinhalt 70 Liter, Motoröl 6,5 Liter, Kühlsystem 10 Liter.

Kraftübertragung:
Sperrsynchronisiertes Viergang-Getriebe, Einscheiben-Trockenkupplung, Lenkradschaltung. Frontmotor, Hinterachsantrieb.

Übersetzungen:
1. Gang	3,71 : 1
2. Gang	2,27 : 1
3. Gang	1,49 : 1
4. Gang	1,00 : 1
R-Gang	3,49 : 1
Achsübersetzung	4,225 : 1

Fahrwerk:
Kastenrahmen mit Längs- und Rohrquerträgern, Stahlblechkarosserie, vorn doppelte Dreieck-Querlenker, hinten Starrachse mit Dreieck-Schublenker, einstellbare Drehstabfedern und Teleskopstoßdämpfer vorn und hinten.
Bremsen: Servo-Vierrad-Bremssystem, vorne Scheiben-, hinten Trommelbremsen, Bremsbelagfläche 1256 cm^2.
Lenkung: Kegelradlenkung (Übersetzung 16,5 : 1).
Reifen: 6.40-15

Maße, Gewichte:
Länge 4730 mm, Breite 1780 mm, Höhe 1530 mm, Radstand 2835 mm, Spurweite vorn 1330 mm, hinten 1416 mm.
Leergewicht 1425 kg, zulässiges Gesamtgewicht 1900 kg, Wendekreisdurchmesser 11 m.

Verbrauch:
13,2 Liter auf 100 km (Superbenzin).

Fahrleistungen:
Höchstgeschwindigkeit 160 km/h, Beschleunigung 0–100 km/h in 17,4 sek.

Preis:
2600 Limousine   16.240,– DM

Produktionszahlen: 741 Stück (inkl. 2600 L).

Bauzeit:
Von September 1961 bis März 1964.

Merkmale:
Gegenüber Modell 2,6 Leistungssteigerung von 95 auf 100 PS, höheres Drehmoment, geänderte Getriebeübersetzungen, neue Scheibenbrems-Anlage mit Bremshilfe, höheres Leergewicht, neue Ausstattung des Innenraums

BMW 2600 L

Karosserie:
Limousine, 4 Türen, 5 Sitze.

Motor:
Wassergekühlter Achtzylinder-Viertakt-Motor in V-Form (90°), Bohrung/Hub: 74/75 mm, 2580 ccm, Verdichtung 9,0 : 1, 110 DIN-PS bei 4900 U/min, maximales Drehmoment 18,6 mkp bei 3000 U/min, hängende Ventile, Leichtmetall-Zylinderblock, nasse Laufbuchsen, zentrale Nockenwelle durch Kette angetrieben, fünffach gelagerte Kurbelwelle, ein Fallstrom-Doppelvergaser Zenith 32 NDIX.
Batterie: 12 Volt/56 Ah, Gleichstrom-Lichtmaschine 160 Watt.
Füllmengen: Tankinhalt 70 Liter, Motoröl 5,5 Liter, Kühlsystem 10 Liter.

Kraftübertragung:
Sperrsynchronisiertes Viergang-Getriebe, Einscheiben-Trockenkupplung, Lenkradschaltung. Frontmotor, Hinterachsantrieb.

Übersetzungen:
1. Gang	3,71	: 1
2. Gang	2,27	: 1
3. Gang	1,49	: 1
4. Gang	1,00	: 1
R-Gang	3,49	: 1
Achsübersetzung	4,225	: 1

Fahrwerk:
Kastenrahmen mit Längs- und Rohrquerträgern, Stahlblechkarosserie, vorn doppelte Dreieck-Querlenker, hinten Starrachse mit Dreieck-Schublenkern, einstellbare Drehstabfedern und Teleskopstoßdämpfer vorn und hinten.
Bremsen: Servo-Vierrad-Bremssystem, vorne Scheiben-, hinten Trommelbremsen, Bremsbelagfläche 1256 cm^2.
Lenkung: Kegelradlenkung (Übersetzung 16,5 : 1).
Reifen: 6.40-15

Maße, Gewichte:
Länge 4730 mm, Breite 1780 mm, Höhe 1530 mm, Radstand 2835 mm, Spurweite vorn 1330 mm, hinten 1416 mm.
Leergewicht 1425 kg, zulässiges Gesamtgewicht 1900 kg, Wendekreisdurchmesser 11 m.

Verbrauch:
13,2 Liter auf 100 km (Superbenzin).

Fahrleistungen:
Höchstgeschwindigkeit 165 km/h, Beschleunigung 0–100 km/h, in 16 sek.

Preis:
2600 L Limousine   18.240,– DM

Produktionszahlen: 741 Stück (inkl. 2600).

Bauzeit:
Von September 1961 bis März 1964.

Merkmale:
Luxusausführung des 2600 mit 110-PS-Motor. Gegenüber 2600 bessere Innenausstattung, äußerlich an breiter seitlicher Zierleiste, Chromeinrahmung der Fenster und zusätzlichen Nebelscheinwerfern zu erkennen. Neue runde Rückleuchten (vom Motorrad übernommen).

BMW 502 V8 (ab 1958: 3200 L)

Karosserie:
Limousine, 4 Türen, 5 Sitze.

Motor:
Wassergekühlter Achtzylinder-Viertakt-Motor in V-Form (90°), Bohrung/Hub: 82/75 mm, 3168 ccm, Verdichtung 7,2 : 1, 120 DIN-PS bei 4800 U/min, maximales Drehmoment 22,3 mkp bei 2000 U/min, hängende Ventile, Leichtmetall-Zylinderblock, nasse Laufbuchsen, zentrale Nockenwelle durch Kette angetrieben, fünffach gelagerte Kurbelwelle, ein Fallstrom-Doppelvergaser Zenith 32 NDIX.
Batterie: 12 Volt/56 Ah, Gleichstrom-Lichtmaschine 160 Watt.
Füllmengen: Tankinhalt 70 Liter, Motoröl 6,5 Liter, Kühlsystem 7,5 Liter.

Kraftübertragung:
Sperrsynchronisiertes Viergang-Getriebe, Einscheiben-Trockenkupplung, Lenkradschaltung. Frontmotor, Hinterachsantrieb.

Übersetzungen:

	bis 1959	ab 1960
1. Gang	3,78 : 1	3,71 : 1
2. Gang	2,35 : 1	2,27 : 1
3. Gang	1,49 : 1	1,49 : 1
4. Gang	1,00 : 1	1,00 : 1
R-Gang	5,38 : 1	3,49 : 1
Achsübersetzung	3,89 : 1	3,90 : 1

Fahrwerk:
Kastenrahmen mit Längs- und Rohrquerträgern, Stahlblechkarosserie, vorn doppelte Dreieck-Querlenker, hinten Starrachse mit Dreieck-Schublenker, einstellbare Drehstabfedern und Teleskopstoßdämpfer vorn und hinten.
Bremsen: hydraulische Vierrad-Trommelbremsen, Bremsfläche 1070 cm^2, (ab September 1959: Scheibenbremsen vorn).
Lenkung: Kegelradlenkung (Übersetzung 16,5 : 1).
Reifen: 6.50-15; Felgen: 4$^1/_2$ K × 15

Maße, Gewichte:
Länge 4730 mm, Breite 1780 mm, Höhe 1530 mm, Radstand 2835 mm, Spurweite vorn 1330 mm, hinten 1416 mm.
Leergewicht 1470 kg, zulässiges Gesamtgewicht 1900 kg, Wendekreisdurchmesser 12 m.

Verbrauch:
15 Liter auf 100 km (Superbenzin).

Fahrleistungen:
Höchstgeschwindigkeit 170 km/h, Beschleunigung 0–100 km/h in 15 sek.

Preis:

	Okt. 1955	Febr. 1956	Sept. 1957	April 1960	
502-V 8 Limousine	17.850,–	18.350,–	17.850,–	18.850,–	DM

Produktionszahlen: 2.582 Stück.

Bauzeit:
Von Oktober 1955 bis August 1961.

Merkmale:
Von 2,6 auf 3,2 Liter vergrößerter Achtzylinder-Motor mit nunmehr 120 PS, ab September 1959 Scheibenbremsen vorn, höhere Spitzengeschwindigkeit und höheres Leergewicht: Äußerlich gegenüber dem 2,6-Liter-Modell keine Änderungen.

BMW 3200 L

Karosserie:
Limousine, 4 Türen, 5 Sitze.

Motor:
Wassergekühlter Achtzylinder-Viertakt-Motor in V-Form (90°), Bohrung/Hub: 82/75 mm, 3168 ccm, Verdichtung 9,0 : 1, 140 DIN-PS bei 5400 U/min, maximales Drehmoment 24,2 mkp bei 3000 U/min, Leichtmetall-Zylinderblock, nasse Laufbuchsen, hängende Ventile, zentrale Nockenwelle durch Kette angetrieben, fünffach gelagerte Kurbelwelle, ein Fallstrom-Doppelvergaser Zenith 36 NDIX.
Batterie: 12 Volt/56 Ah, Gleichstrom-Lichtmaschine 160 Watt.
Füllmengen: Tankinhalt 70 Liter, Motoröl 6,5 Liter, Kühlsystem 10 Liter.

Kraftübertragung:
Sperrsynchronisiertes Viergang-Getriebe, Einscheiben-Trockenkupplung, Lenkradschaltung. Frontmotor, Hinterachsantrieb.

Übersetzungen:
1. Gang	3,71 : 1
2. Gang	2,27 : 1
3. Gang	1,49 : 1
4. Gang	1,00 : 1
R-Gang	3,49 : 1
Achsübersetzung	3,89 : 1

Fahrwerk:
Kastenrahmen mit Längs- und Rohrquerträgern, Stahlblech-Karosserie, vorn doppelte Dreieck-Querlenker, hinten Starrachse mit Dreieck-Schublenkern, vorn und hinten einstellbare Drehstabfedern und Teleskopstoßdämpfer, Panhardstab hinten.
Bremsen: Servo-Vierrad-Bremssystem, vorn Scheiben-, hinten Trommelbremsen, Bremsbelagfläche 1256 cm².
Lenkung: Kegelradlenkung (Übersetzung 16,5 : 1).
Reifen: 6.40-15

Maße, Gewichte:
Länge 4730 mm, Breite 1780 mm, Höhe 1530 mm, Radstand 2835 mm, Spurweite vorn 1330 mm, hinten 1416 mm.
Leergewicht 1460 kg, zulässiges Gesamtgewicht 1900 kg, Wendekreisdurchmesser 12 m.

Verbrauch
10–12 Liter auf 100 km (Superbenzin).

Fahrleistungen:
Höchstgeschwindigkeit 175 km/h, Beschleunigung 0–100 km/h in 13,3 sek.

Preis:
3200 L Limousine   19.640,– DM

Produktionszahlen: 416 Stück.

Bauzeit:
Von September 1961 bis August 1963.

Merkmale:
Durch höhere Verdichtung auf 140 PS gebrachte Motorleistung, höheres Drehmoment, äußerlich an den runden Rückleuchten (vom Motorrad übernommen) zu erkennen.

BMW 502 Super (ab 1958: 3200 S)

Karosserie:
Limousine, 4 Türen, 5 Sitze.

Motor:
Wassergekühlter Achtzylinder-Viertakt-Motor in V-Form (90°), Bohrung/Hub: 82/75 mm, 3168 ccm, Verdichtung 7,3 : 1, 140 DIN-PS bei 4800 U/min, maximales Drehmoment 22,6 mkp bei 2500–4000 U/min, Leichtmetall-Zylinderblock, nasse Laufbuchsen, hängende Ventile, zentrale Nockenwelle durch Kette angetrieben, fünffach gelagerte Kurbelwelle, zwei Fallstrom-Doppelvergaser Zenith 32 NDIX.
Batterie: 12 Volt/56 Ah, Gleichstrom-Lichtmaschine 200 Watt.
Füllmengen: Tankinhalt 70 Liter, Motoröl 6,5 Liter, Kühlsystem 11 Liter.

Kraftübertragung:
Sperrsynchronisiertes Viergang-Getriebe, Einscheiben-Trockenkupplung, Lenkradschaltung. Frontmotor, Hinterachsantrieb.

Übersetzungen:

	bis 1959	ab 1960
1. Gang	3,78 : 1	3,71 : 1
2. Gang	2,35 : 1	2,27 : 1
3. Gang	1,49 : 1	1,49 : 1
4. Gang	1,00 : 1	1,00 : 1
R-Gang	5,38 : 1	3,49 : 1
Achsübersetzung	3,90 : 1	3,90 : 1

Fahrwerk:
Kastenrahmen mit Längs- und Rohrquerträgern, Stahlblech-Karosserie, vorn doppelte Dreieck-Querlenker, hinten Starrachse mit Dreieck-Schublenkern, vorn und hinten einstellbare Drehstabfedern und Teleskopstoßdämpfer.
Bremsen: Servo-Vierrad-Trommelbremse, Bremsbelagfläche 1070 cm^2, (ab September 1959: Scheibenbremsen vorne).
Lenkung: Kegelradlenkung (Übersetzung 16,5 : 1).
Reifen: 6.70-15

Maße, Gewichte:
Länge 4730 mm, Breite 1780 mm, Höhe 1530 mm, Radstand 2835 mm, Spurweite vorn 1330 mm, hinten 1416 mm.
Leergewicht 1470 kg, zulässiges Gesamtgewicht 2000 kg, Wendekreisdurchmesser 12 m.

Verbrauch:
16 Liter auf 100 km (Superbenzin).

Fahrleistungen:
Höchstgeschwindigkeit 180 km/h, Beschleunigung 0–100 km/h in 14 sek.

Preis:

	April 1957	Juli 1958	Sept. 1959	April 1960
502-Super-Limousine	19.450,–	19.768,–	20.240,–	21.240– DM

Produktionszahlen: 1.158 Stück.

Bauzeit:
Von April 1957 bis August 1961.

Merkmale:
Gegenüber 3200 L einfachere Karosserieausstattung, jedoch mit 140 PS-Motor, stärkere Lichtmaschine. Äußerlich von 3200 L nicht zu unterscheiden.

BMW 3200 Super

Karosserie:
Limousine, 4 Türen, 5 Sitze.

Motor:
Wassergekühlter Achtzylinder-Viertakt-Motor in V-Form (90°), Bohrung/Hub: 82/75 mm, 3168 ccm, Verdichtung 9,0 : 1, 160 DIN-PS bei 5600 U/min, maximales Drehmoment 24,5 mkp bei 3600 U/min, Leichtmetall-Zylinderblock, nasse Laufbuchsen, hängende Ventile, zentrale Nockenwelle durch Kette angetrieben, fünffach gelagerte Kurbelwelle, zwei Solex-Registervergaser 34 PAITA.
Batterie: 12 Volt/56 Ah, Gleichstrom-Lichtmaschine 200 Watt.
Füllmengen: Tankinhalt 70 Liter, Motoröl 6,5 Liter, Kühlsystem 10 Liter.

Kraftübertragung:
Sperrsynchronisiertes Viergang-Getriebe, Einscheiben-Trockenkupplung, Lenkradschaltung, wahlweise Mittelschaltung.
Frontmotor, Hinterachsantrieb.

Übersetzungen:
1. Gang	3,71 : 1
2. Gang	2,27 : 1
3. Gang	1,49 : 1
4. Gang	1,00 : 1
R-Gang	3,49 : 1
Achsübersetzung	3,89 : 1

Fahrwerk:
Kastenrahmen mit Längs- und Rohrquerträgern, Stahlblech-Karosserie, vorn doppelte Dreieck-Querlenker, Stabilisator, hinten Starrachse mit Dreieck-Schublenkern, Panhardstab, vorn und hinten einstellbare Drehstabfedern und Teleskopstoßdämpfer.
Bremsen: Servo-Vierrad-Bremssystem, vorn Scheiben-, hinten Trommelbremsen, Bremsbelagfläche 1256 cm².
Lenkung: Kegelradlenkung (Übersetzung 16,5 : 1).
Reifen: 7.00-15.

Maße, Gewichte:
Länge 4730 mm, Breite 1780 mm, Höhe 1530 mm, Radstand 2835 mm, Spurweite vorn 1330 mm, hinten 1416 mm.
Leergewicht 1470 kg, zulässiges Gesamtgewicht 2000 kg, Wendekreisdurchmesser 12 m.

Verbrauch:
16 Liter auf 100 km (Superbenzin).

Fahrleistungen:
Höchstgeschwindigkeit 190 km/h, Beschleunigung 0–100 km/h in 13,5 sek.

Preis:
3200 Super Limousine   21.240,–   DM

Produktionszahlen: 1.027 Stück.

Bauzeit:
Von September 1961 bis März 1964.

Merkmale:
Auf 160 PS angestiegene Motorleistung, stärkeres Drehmoment, anstatt Zenith nun Solex-Registervergaser, Hinterachse mit Panhardstab, serienmäßig mit vorderen Scheibenbremsen ausgerüstet, breitere Reifen. Äußerlich keine Änderungen.

BMW 505

Karosserie:
Pullman-Limousine (Karosserie: Ghia-Aigle) 4 Türen, 6 Sitze.

Motor:
Wassergekühlter Achtzylinder-Viertakt-Motor in V-Form (90°), Bohrung/Hub: 82/75 mm, 3168 ccm, Verdichtung 7,2 : 1, 120 DIN-PS bei 4800 U/min, maximales Drehmoment 21,4 mkp bei 2500 U/min, hängende Ventile, Leichtmetall-Zylinderblock, nasse Laufbuchsen, zentrale Nockenwelle durch Kette angetrieben, fünffach gelagerte Kurbelwelle, ein Fallstrom-Doppelvergaser Zenith 32 NDIX.
Batterie: 12 Volt/56 Ah, Gleichstrom-Lichtmaschine 160 Watt.
Füllmengen: Tankinhalt 80 Liter, Motoröl 6,5 Liter, Kühlsystem 10 Liter.

Kraftübertragung:
Sperrsynchronisiertes Viergang-Getriebe, Einscheiben-Trockenkupplung, Lenkradschaltung. Frontmotor, Hinterachsantrieb.

Übersetzungen:
1. Gang   3,78 : 1
2. Gang   2,35 : 1
3. Gang   1,49 : 1
4. Gang   1,00 : 1
R-Gang   5,38 : 1
Achsübersetzung 4,225 : 1

Fahrwerk:
Kastenrahmen mit Längs- und Rohrquerträgern, Stahlblechkarosserie, vorn doppelte Dreieck-Querlenker, hinten Starrachse mit Dreieck-Schublenkern, einstellbare Drehstabfedern und Teleskopstoßdämpfer vorn und hinten.
Bremsen: hydraulische Vierrad-Trommelbremsen mit Servo.
Lenkung: Kegelradlenkung (Übersetzung 16,5 : 1).
Reifen: 6.70-15; Felgen: $4^{1}/_{2}$ K × 15

Maße, Gewichte:
Länge 5070 mm, Breite 1825 mm, Höhe 1630 mm, Radstand 3035 mm, Spurweite vorn 1345 mm, hinten 1429 mm, Leergewicht 1800 kg.

Verbrauch:
ca. 18 Liter auf 100 km (Superbenzin).

Fahrleistungen:
Höchstgeschwindigkeit 150 km/h.

Preis:

Produktionszahlen: 2 Stück.

Bauzeit:
(Debüt September 1955).

Merkmale:
Neue Karosserie mit Luxus-Innenausstattung auf dem von 2835 auf 3035 mm verlängerten Chassis des V 8, größerer Tank, breitere Reifen.

BMW 503 (Serie I und II)

Karosserie:
Coupé (Karosserieentwurf Graf Goertz), 2 Türen, 2 + 2 Sitze.
Cabriolet (Karosserieentwurf Graf Goertz), 2 Türen, 2 + 2 Sitze.

Motor:
Wassergekühlter Achtzylinder-Viertakt-Motor in V-Form (90°), Bohrung/Hub: 82/75 mm, 3168 ccm, Verdichtung 7,3 : 1, 140 DIN-PS bei 4800 U/min, maximales Drehmoment 22,6 mkp bei 2000–4000 U/min, Leichtmetall-Zylinderblock, nasse Laufbuchsen, hängende Ventile, zentrale Nockenwelle durch Kette angetrieben, fünffach gelagerte Kurbelwelle, zwei Fallstrom-Doppelvergaser Zenith 32 NDIX.
Batterie: 12 Volt/56 Ah, Gleichstrom-Lichtmaschine 200 Watt.
Füllmengen: Tankinhalt 75 Liter, Motoröl 6,5 Liter, Kühlsystem 11 Liter.

Kraftübertragung:
Sperrsynchronisiertes Viergang-Getriebe, Einscheiben-Trockenkupplung, Mittelschaltung.
Frontmotor, Hinterachsantrieb.

Übersetzungen:

		auf Wunsch
1. Gang	3,78 : 1	3,54 : 1
2. Gang	2,35 : 1	2,02 : 1
3. Gang	1,49 : 1	1,395 : 1
4. Gang	1,00 : 1	1,00 : 1
R-Gang	5,38 : 1	5,03 : 1
Achsübersetzung	3,90 : 1	

Fahrwerk:
Kastenrahmen mit Längs- und Rohrquerträgern, Aluminiumblech-Karosserie, vorn doppelte Dreieck-Querlenker, hinten Starrachse mit Dreieck-Schublenkern, vorn und hinten einstellbare Drehstabfedern und Teleskopstoßdämpfer.

Bremsen: Servo-Vierrad-Trommelbremsen, Bremsfläche 1256 cm^2.
Lenkung: Kegelradlenkung (Übersetzung 16,5 : 1).
Reifen: 6.00-16; Felgen 4.50 E × 16

Maße, Gewichte:
Länge 4750 mm, Breite 1710 mm, Höhe 1440 mm, Radstand 2835 mm, Spurweite vorn 1400, hinten 1420 mm.
Leergewicht 1412 kg, zulässiges Gesamtgewicht 1800 kg, Wendekreisdurchmesser 11 m.

Verbrauch:
12,8 Liter auf 100 km (Superbenzin).

Fahrleistungen:
Höchstgeschwindigkeit 190 km/h, Beschleunigung 0–100 km/h in 13 sek.

Preis:

	Mai 1956	Dez. 1957	Juli 1958	
503 Coupé	29.500,–	31.500,–	32.950,–	DM
503 Cabriolet	29.500,–	31.500,–	32.950,–	DM

Produktionszahlen: Serie I   214 Stück; Serie II   264 Stück.

Bauzeit:
(Debüt September 1955) Serie I von Mai 1956 bis November 1957: Serie II von Dezember 1957 bis März 1959.

Merkmale:
Neue Coupe und Cabriolet-Karosserie auf unverändertem Limousinen-Fahrgestell, jedoch Serie I: Getriebe unter dem Vordersitz und Lenkradschaltung, Serie II: Getriebe am Motor verblockt und Mittelschaltung

BMW 507 (Serie I und II)

Karosserie:
Cabriolet (Karosserieentwurf Graf Goertz), 2 Türen, 2 Sitze.

Motor:
Wassergekühlter Achtzylinder-Viertakt-Motor in V-Form (90°), Bohrung/Hub: 82/75 mm, 3168 ccm, Verdichtung 7,8 : 1, 150 DIN-PS bei 5000 U/min, maximales Drehmoment 24,0 mkp bei 4000 U/min, Leichtmetall-Zylinderblock, nasse Laufbuchsen, hängende Ventile, zentrale Nockenwelle durch Kette angetrieben, fünffach gelagerte Kurbelwelle, zwei Fallstrom-Doppelvergaser Zenith 32 NDIX.
Batterie: 12 Volt/56 Ah, Gleichstrom-Lichtmaschine 200 Watt.
Füllmengen: Tankinhalt 110 Liter, Motoröl 6 Liter, Kühlsystem 10 Liter.

Kraftübertragung:
Sperrsynchronisiertes Viergang-Getriebe, Einscheiben-Trockenkupplung, Lenkradschaltung (ab August 1958: Mittelschaltung).
Frontmotor, Hinterachsantrieb.

Übersetzungen:
1. Gang	3,387 : 1
2. Gang	2,073 : 1
3. Gang	1,364 : 1
4. Gang	1,000 : 1
R-Gang	3,180 : 1
Achsübersetzung:	wahlweise 3,9 / 3,7 / 3,4 : 1

Fahrwerk:
Kastenrahmen mit Längs- und Rohrquerträgern, Leichtmetall-Karosserie, vorn doppelte Dreieck-Querlenker, Stabilisator, hinten Starrachse mit Dreieck-Schublenkern und Panhardstab, vorn und hinten einstellbare Drehstabfedern und Teleskopstoßdämpfer.

Bremsen: Servo-Vierrad-Trommelbremsen (ab August 1958: vorn Scheiben-, hinten Trommelbremsen), Bremsfläche 1256 cm².
Lenkung: Kegelradlenkung (Übersetzung 16,5 : 1).
Reifen: 6.00-16; Felgen 4.50 × 16

Maße, Gewichte:
Länge 4380 mm, Breite 1650 mm, Höhe 1260 mm, Radstand 2480 mm, Spurweite vorn 1445 mm, hinten 1425 mm.
Leergewicht 1220 kg, zulässiges Gesamtgewicht 1500 kg, Wendekreisdurchmesser 10,5 m.

Verbrauch:
12,2 Liter auf 100 km (Superbenzin).

Fahrleistungen:
Höchstgeschwindigkeit 190–220 km/h (je nach Achsübersetzung),
Beschleunigung 0–100 km/h in 8–10 sek. (je nach Achsübersetzung).

Preis:

	Nov. 1956	April 1957	Juli 1958	
507 Cabriolet	26.500,–	28.500,–	29.950,–	DM
Aufpreis für Hardtop	1.500,–			DM

Produktionszahlen:
Serie I 43 Stück; Serie II 209 Stück.

Bauzeit:
(Debüt September 1955) Serie I von November 1956 bis März 1957; Serie II von April 1957 bis März 1959.

Merkmale:
Neu konstruierte Sportwagenkarosserie auf dem Rahmen des BMW 3200 S: Radstand von 2835 auf 2480 mm verkürzt. Erster deutscher Wagen mit vorderen Scheibenbremsen/Serie II: ab August 1958; 110-Liter-Tank, Mittelschaltung.

BMW 3200 CS

Karosserie:
Coupé (Karosserieentwurf Nuccio Bertone/Italien), 2 Türen, 4 Sitze.

Motor:
Wassergekühlter Achtzylinder-Viertakt-Motor in V-Form (90°), Bohrung/Hub: 82/75 mm, 3168 ccm, Verdichtung 9,0 : 1, 160 DIN-PS bei 5600 U/min, maximales Drehmoment 24,5 mkp bei 3600 U/min, Leichtmetall-Zylinderblock, nasse Laufbuchsen, hängende Ventile, zentrale Nockenwelle durch Kette angetrieben, fünffach gelagerte Kurbelwelle, zwei Fallstrom-Registervergaser Solex 34 PAITA.
Batterie: 12 Volt/56 Ah, Gleichstrom-Lichtmaschine 200 Watt.
Füllmengen: Tankinhalt 75 Liter, Motoröl 6,5 Liter, Kühlsystem 11 Liter.

Kraftübertragung:
Sperrsynchronisiertes Viergang-Getriebe, Einscheiben-Trockenkupplung, Mittelschaltung, wahlweise Lenkradschaltung.
Frontmotor, Hinterachsantrieb.

Übersetzungen:

		auf Wunsch
1. Gang	3,71 : 1	3,397 : 1
2. Gang	2,27 : 1	2,073 : 1
3. Gang	1,49 : 1	1,364 : 1
4. Gang	1,00 : 1	1,000 : 1
R-Gang	3,49 : 1	3,180 : 1
Achsübersetzung	3,89 : 1	3,700 : 1

Fahrwerk:
Kastenrahmen mit Längs- und Rohrquerträgern, Stahlblech-Karosserie, vorn doppelte Dreieck-Querlenker, hinten Starrachse mit Dreieck-Schublenker, vorn und hinten einstellbare Drehstabfedern und Teleskopstoßdämpfer.
Bremsen: Servo-Vierrad-Bremssystem, vorn Scheiben-, hinten Trommelbremsen, Bremsbelagfläche 1300 cm².
Lenkung: Kegelradlenkung (Übersetzung 16,5 : 1).
Reifen: 185-15 SP (bei 3,70 :1), 7.00-15 (bei 3,89 : 1).

Maße, Gewichte:
Länge 4850 mm, Breite 1760 mm, Höhe 1470 mm, Radstand 2835 mm, Spurweite vorn 1330 mm, hinten 1416 mm.
Leergewicht 1450 kg, zulässiges Gesamtgewicht 1900 kg, Wendekreisdurchmesser 12,5 m.

Verbrauch:
11,7 Liter auf 100 km (Superbenzin).

Fahrleistungen:
Höchstgeschwindigkeit 200 km/h, Beschleunigung 0–100 km/h in 11 sek.

Preis:
3200 CS Coupé   29.850,–   DM

Produktionszahlen: 538 Stück.

Bauzeit:
(Debüt 15. September 1961) Von Februar 1962 bis September 1965.

Merkmale:
Coupé-Karosserie auf dem Fahrgestell des 3200 S, jedoch mit Mittelschaltung und breiteren Reifen.

BMW Glas 3000 V8

Karosserie:
Coupé, 2 Türen, 4 Sitze (Karosserie; Pietro Frua/Italien).

Motor:
Wassergekühlter Achtzylinder-Viertakt-Motor in V-Form, Bohrung/Hub: 78/78 mm, 2982 ccm, Verdichtung 9,2 : 1, 160 DIN-PS bei 5100 U/min, maximales Drehmoment 24,0 mkp bei 3400–4400 U/min, V-förmig hängende Ventile, zwei obenliegende Nockenwellen durch Kunststoffzahnriemen angetrieben, Leichtmetall-Zylinderköpfe, fünffach gelagerte Kurbelwelle, drei Fallstrom-Register-Doppelvergaser Solex 35 DDIS, Transistorzündung.
Batterie: 12 Volt/55 Ah, Drehstrom-Lichtmaschine 500 Watt.
Füllmengen: Tankinhalt 80 Liter, Motoröl 6,5 Liter, Kühlsystem 15,5 Liter.

Kraftübertragung:
Sperrsynchronisiertes Viergang-Getriebe, Einscheiben-Trockenkupplung, Mittelschaltung. Frontmotor, Hinterachsantrieb.

Übersetzungen:
1. Gang	3,918 : 1
2. Gang	2,133 : 1
3. Gang	1,361 : 1
4. Gang	1,000 : 1
R-Gang	3,483 : 1
Achsübersetzung	3,365 : 1 (auf Wunsch 3,345 : 1)

Fahrwerk:
Selbsttragende Stahlblechkarosserie, vorn doppelte Dreieck-Querlenker, Schraubenfedern, Gummizusatzfedern, Querstabilisator, hinten De-Dion-Achse mit Panhardstab, niveauregulierendes Boge-Hydramat-Federbein, Längsblattfedern, vorn und hinten Teleskopstoßdämpfer.
Bremsen: ATE-Dunlop-Vierradscheibenbremsen mit Servo, hinten innenliegende Scheiben, Bremsbelagfläche 2565 cm^2.
Lenkung: Kugelmutterlenkung mit Servo (Übersetzung 15,7 : 1).
Reifen: 7,35/185 H 14 – Felgen: 5½ J × 14

Maße, Gewichte:
Länge 4600 mm, Breite 1750 mm, Höhe 1380 mm, Radstand 2500 mm, Spurweite vorn 1432 mm, hinten 1412 mm.
Leergewicht 1350 kg, zulässiges Gesamtgewicht 1800 kg, Wendekreisdurchmesser 11,5 m.

Verbrauch:
13,4 Liter auf 100 km (Superbenzin).

Fahrleistungen:
Höchstgeschwindigkeit 200 km/h, Beschleunigung 0–100 km/h in 9,0 sek.

Preis:

	Sept. 1967	Jan. 1968	Juli 1968	
3000 V8 Coupé	23.600,–	23.848,–	24.064,80	DM

Produktionszahlen: 71 Stück.

Bauzeit:
September 1967 bis September 1968.

Merkmale:
Bei der von BMW übernommenen Firma Glas entwickeltes Coupé mit ursprünglich 2,6-Liter-Achtzylindermotor.

BMW Isetta 250 (300)

Karosserie:
Motorcoupé (Lizenz ISO), 1 Fronttür, 2 Sitze.
Cabriolet, 1 Fronttür, 2 Sitze.

Motor:
Luft-/Gebläsegekühlter Einzylinder-Viertakt-Motor, Bohrung/Hub: 68/68 (72/73) mm, 245 (298) ccm, Verdichtung 6,8 (7,0) : 1, 12 (13) DIN-PS bei 5800 (5200) U/min, maximales Drehmoment 1,45 (1,88) mkp bei 4500 (4600) U/min, hängende Ventile, seitliche Nockenwelle durch Kette angetrieben, zweifach gelagerte Kurbelwelle, ein Schiebervergaser Bing 1/24.
Batterie: 12 Volt/24 Ah, Gleichstrom-Lichtmaschine 130 Watt.
Füllmengen: Tankinhalt 13 Liter, Motoröl 1,25 Liter (ab Herbst 1955: 1,5 Liter, ab Frühjahr 1956: 1,75 Liter).

Kraftübertragung:
Viergang-Getriebe mit Klauenschaltung, Einscheiben-Trockenkupplung, Schalthebel an der linken Seite. Mittelmotor seitlich rechts angeordnet, Hinterachsantrieb.

Übersetzungen:
1. Gang	4,35 : 1
2. Gang	2,22 : 1
3. Gang	1,52 : 1
4. Gang	1,17 : 1
R-Gang	12,15 : 1
Achsübersetzung	2,31 : 1

Fahrwerk:
Stahlrohrrahmen mit Stahlblechkarosserie verschraubt, vorn geschobene Schwingarme und Schraubenfedern, Gummipuffer und Reibscheiben, hinten Starrachse mit Viertelelliptikfedern, Teleskopstoßdämpfer.
Bremsen: Hydraulische Trommelbremsen, Bremsfläche 325 cm^2.
Lenkung: Spindellenkung (Übersetzung: 15,4 : 1).
Reifen: 4.80-10; Felgen: 3.00 × 10

Maße, Gewichte:
Länge 2285 mm, Breite 1380 mm, Höhe 1340 mm, Radstand 1500 mm, Spurweite vorn 1200 mm, hinten 520 mm.
Leergewicht 350 kg, zulässiges Gesamtgewicht 580 kg.

Verbrauch:
4 (4,5) Liter auf 100 km (Normalbenzin).

Fahrleistungen:
Höchstgeschwindigkeit 85 km/h.

Preis:
	April 1955	März 1956	
Isetta 250	2.580,–	2.776,–	DM
Isetta 300	–	2.886,–	DM

Produktionszahlen:
Isetta 250   33.345 Stück; Isetta 300   18.629 Stück.

Bauzeit:
Von April 1955 bis März 1957 (Isetta 300: von Februar 1956 bis März 1957).

Merkmale:
Von der italienischen Firma ISO in Lizenz genommenes Mobil, von BMW jedoch mit dem eigenem Einzylinder-Viertakt-Motor ausgestattet.

BMW Isetta Export 57 – 250 (300)

Karosserie:
Motocoupé, 1 Fronttür, 2 Sitze.

Motor:
Luft-/Gebläsegekühlter Einzylinder-Viertakt-Motor, Bohrung/Hub: 68/68 (72/73 mm), 245 (298) ccm, Verdichtung 6,8 (7,0) : 1, 12 (13) DIN-PS bei 5800 (5200) U/min, maximales Drehmoment 1,45 (1,88) mkp bei 4500 (4600) U/min, hängende Ventile, seitliche Nockenwelle durch Kette angetrieben, zweifach gelagerte Kurbelwelle, ein Schiebervergaser Bing 1/22.
Batterie: 12 Volt/24 Ah, Gleichstrom-Lichtmaschine 130 Watt.
Füllmengen: Tankinhalt 13 Liter, Motoröl 1,75 Liter.

Kraftübertragung:
Viergang-Getriebe mit Klauenschaltung, Einscheiben-Trockenkupplung, Schalthebel an der linken Seite. Mittelmotor seitlich rechts angeordnet, Hinterachsantrieb.

Übersetzungen:
1. Gang	4,35 : 1
2. Gang	2,22 : 1
3. Gang	1,52 : 1
4. Gang	1,17 : 1
R-Gang	12,15 : 1
Achsübersetzung	2,31 : 1

Fahrwerk:
Stahlrohrrahmen mit Stahlblechkarosserie verschraubt, vorn gezogene Längsschwingarme und Schraubenfedern, hinten Starrachse mit Viertelelliptikfedern, vorn und hinten Teleskopstoßdämpfer, vier Räder (für Export auch mit hinterem Einzelrad ab 1959).
Bremsen: Hydraulische Trommelbremsen, Bremsfläche 325 cm^2.
Lenkung: Spindellenkung (Übersetzung 15,4 : 1).
Reifen: 4.80-10

Maße, Gewichte:
Länge 2285 mm, Breite 1380 mm, Höhe 1340 mm, Radstand 1500 mm, Spurweite vorn 1200 mm, hinten 520 mm.
Leergewicht 360 kg, zulässiges Gesamtgewicht 590 kg.

Verbrauch:
3,7 (3,9 Liter) auf 100 km (Normalbenzin).

Fahrleistungen:
Höchstgeschwindigkeit 85 km/h.

Preis: Okt. 1956   Okt. 1958
Isetta 250   2.776,–   2.690,–   DM
Isetta 300   2.886,–   2.795,–   DM

Produktionszahlen: Isetta 250   53.365 Stück; Isetta 300   54.784 Stück.

Bauzeit:
Oktober 1956 bis Mai 1962.

Merkmale:
Anfangs parallel zur Normal-Isetta gebautes Luxusmodell mit etwas größerem Innenraum und Schiebefenstern.

BMW 600

Karosserie:
Limousine, 1 Fronttür, 1 Türe seitlich rechts, 4 Sitze.

Motor:
Luft-/Gebläsegekühlter Zweizylinder-Viertakt-Boxermotor, Bohrung/Hub: 74/68 mm, 582 ccm, Verdichtung 6,8 : 1, 19,5 DIN-PS bei 4500 U/min, maximales Drehmoment 3,9 mkp bei 3000 U/min, V-förmig hängende Ventile, Leichtmetall-Kurbelgehäuse, zentrale Nockenwelle durch Zahnräder angetrieben, dreifach gelagerte Kurbelwelle, ein Flachstrom-Vergaser Zenith 28 KLP 1.
Batterie: 12 Volt/24 Ah, Gleichstrom-Lichtmaschine 130/190 Watt.
Füllmengen: Tankinhalt 26 Liter, Motoröl 2,0 Liter.

Kraftübertragung:
(Getriebe mit Motor verblockt) Vollsynchronisiertes Viergang-Getriebe, Einscheiben-Trockenkupplung, Mittelschalthebel. Heckmotor, Hinterachsantrieb.

Übersetzungen:
1. Gang	3,540 : 1
2. Gang	1,940 : 1
3. Gang	1,270 : 1
4. Gang	0,846 : 1
R-Gang	3,450 : 1
Achsübersetzung	5,43 : 1

Fahrwerk:
Stahlrohrrahmen mit Stahlblechkarosserie verschraubt, vorn gezogene Längsschwingarme und Schraubenfedern, hinten gezogene Längslenker, vorn und hinten Teleskopstoßdämpfer.
Bremsen: Hydraulische Vierrad-Trommelbremsen, Bremsfläche 432 cm^2.
Lenkung: Spindellenkung (Übersetzung 16 : 1).
Reifen: 5.20-10; Felgen: 3.50 × 10

Maße, Gewichte:
Länge 2900 mm, Breite 1400 mm, Höhe 1375 mm, Radstand 1700 mm, Spurweite vorn 1220 mm, hinten 1174 mm.
Leergewicht 550 kg, zulässiges Gesamtgewicht 900 kg, Wendekreisdurchmesser ca. 8 m.

Verbrauch:
6,5 Liter auf 100 km (Normalbenzin).

Fahrleistungen:
Höchstgeschwindigkeit 100 km/h, Beschleunigung 0-100 km/h in 60 sek.

Preis:
600 Limousine   3.985,–   DM

Produktionszahlen: 34.813 Stück.

Bauzeit:
Von Dezember 1957 bis November 1959.

BMW 700

Karosserie:
Coupé, 2 Türen, 2 + 2 Sitze.
Limousine, 2 Türen, 4 Sitze, Standard- und Luxusausführung (Karosserieentwurf: Michelotti / Italien).

Motor:
Luft-/Gebläsegekühlter Zweizylinder-Viertakt-Boxermotor, Bohrung/Hub: 78/73 mm, 697 ccm, Verdichtung 7,5 : 1, 30 DIN-PS bei 5000 U/min, maximales Drehmoment 5,1 mkp bei 3400 U/min, hängende Ventile, zentrale Nockenwelle durch Zahnräder angetrieben, Leichtmetall-Kurbelgehäuse, dreifach gelagerte Kurbelwelle, ein Solex-Fallstrom-Vergaser 34 PCI.
Batterie: 12 Volt/24 Ah, Gleichstrom-Lichtmaschine, 130/190 Watt.
Füllmengen: Tankinhalt 33 Liter, Motoröl 2,25 Liter.

Kraftübertragung:
Vollsynchronisiertes Viergang-Getriebe, Einscheiben-Trockenkupplung, Mittelschaltung. Heckmotor, Hinterachsantrieb.

Übersetzungen:
1. Gang	3,540 : 1
2. Gang	1,940 : 1
3. Gang	1,270 : 1
4. Gang	0,839 : 1
R-Gang	3,450 : 1
Achsübersetzung	5,430 : 1

Fahrwerk:
Selbsttragende Stahlblechkarosserie, vorn gezogene Doppel-Längsschwingarme, Schraubenfedern, hinten gezogene Schräglenker, Schraubenfedern, vorn und hinten Teleskopstoßdämpfer.
Bremsen: Hydraulische Vierrad-Trommelbremsen, Bremsfläche 588 cm^2.
Lenkung: Zahnstangenlenkung (Übersetzung 17,85 : 1).

Maße, Gewichte:
Länge 3540 mm, Breite 1480 mm, Höhe 1270 (Lim. 1345) mm, Radstand 2120 mm, Spurweite vorn 1270 mm, hinten 1200 mm
Leergewicht 630 (Lim. 640) kg, zulässiges Gesamtgewicht 860 (Lim. 960) kg, Wendekreisdurchmesser 9,25 m.

Verbrauch:
5,9 Liter auf 100 km (Normalbenzin).

Fahrleistungen:
Höchstgeschwindigkeit 125 (Lim. 120) km/h, Beschleunigung 0–100 km/h in 26 (Lim. 30) sek.

Preis:

	Sept. 1959	Dez. 1959	Febr. 1961	Sept. 1962	
700 Coupé	5.300,–	5.300,–	5.300,–	5.500,–	DM
700 Limousine	–	4.760,–	4.760,–	–	DM
700 Luxus-Limousine	–	–	4.995,–	–	DM

Produktionszahlen:
Coupé 22.241, Limousine 41.618, Luxus-Limousine 14.089 Stück.

Bauzeit:
Coupé (Debüt Juni 1959) von September 1959 bis Februar 1963.
Limousine von Dezember 1959 bis Februar 1962.
Luxus-Limousine von Februar 1961 bis April 1962.

Merkmale:
Neu entwickelter Kleinwagen, basierend auf dem BMW 600-Fahrgestell.

BMW 700 C

Karosserie:
Coupé, 2 Türen, 2 + 2 Sitze (Karosserieentwurf Michelotti / Italien).

Motor:
Luft-/ Gebläsegekühlter Zweizylinder-Viertakt-Boxermotor, Bohrung/Hub: 78/73 mm, 697 ccm, Verdichtung 7,5 : 1, 32 DIN-PS bei 5000 U/min, maximales Drehmoment 5,1 mkp bei 3400 U/min, hängende Ventile, zentrale Nockenwelle durch Zahnräder angetrieben, Leichtmetall-Kurbelgehäuse, dreifach gelagerte Kurbelwelle, ein Solex-Fallstrom-Vergaser 34 PCI.
Batterie: 12 Volt/24 Ah, Gleichstrom-Lichtmaschine 130/190 Watt.
Füllmengen: Tankinhalt 33 Liter, Motoröl 2,25 Liter.

Kraftübertragung:
Vollsynchronisiertes Viergang-Getriebe, Einscheiben-Trockenkupplung, Mittelschaltung. Heckmotor, Hinterachsantrieb.

Übersetzungen:
1. Gang 3,540 : 1
2. Gang 1,940 : 1
3. Gang 1,270 : 1
4. Gang 0,839 : 1
R-Gang 3,450 : 1
Achsübersetzung 5,43 : 1

Fahrwerk:
Selbsttragende Stahlblechkarosserie, vorn gezogene Doppel-Längsschwingarme, Schraubenfedern, hinten gezogene Schräglenker, Schraubenfedern, vorn und hinten Teleskopstoßdämpfer.
Bremsen: Hydraulische Vierrad-Trommelbremsen, Bremsfläche 588 cm^2.
Lenkung: Zahnstangenlenkung (Übersetzung 17,85 : 1).

Maße, Gewichte:
Länge 3540 mm, Breite 1480 mm, Höhe 1270 mm, Radstand 2120 mm, Spurweite vorn 1270 mm, hinten 1200 mm.
Leergewicht 630 kg, zulässiges Gesamtgewicht 860 kg, Wendekreisdurchmesser 9,50 m.

Verbrauch:
5,9 Liter auf 100 km (Normalbenzin).

Fahrleistungen:
Höchstgeschwindigkeit 125 km/h, Beschleunigung 0–100 km/h in 26 sek.

Preis:
700 Coupé 5.500,– DM

Produktionszahlen: 1.651 Stück.

Bauzeit:
Von Februar 1963 bis April 1964.

Merkmale:
Gegenüber dem BMW 700 Coupé hat der 700 C einen von 30 auf 32 PS gebrachten Motor. Äußerlich keine Veränderungen.

BMW 700 Sport

Karosserie:
Coupé, 2 Türen, 2 + 2 Sitze.
Cabriolet, 2 Türen, 2 Sitze (Karosserie: Baur, Stuttgart).

Motor:
Luft-/Gebläsegekühlter Zweizylinder-Viertakt-Boxermotor, Bohrung/Hub: 78/73 mm, 697 ccm, Verdichtung 9,0 : 1, 40 DIN-PS bei 5700 U/min, maximales Drehmoment 5,2 mkp bei 4000–5500 U/min, hängende Ventile, zentrale Nockenwelle durch Zahnräder angetrieben, Leichtmetall-Kurbelgehäuse, dreifach gelagerte Kurbelwelle, zwei Solex-Fallstrom-Vergaser 34 PCI.
Batterie: 12 Volt/24 Ah, Gleichstrom-Lichtmaschine 130/190 Watt.
Füllmengen: Tankinhalt 33 Liter, Motoröl 2,25 Liter.

Kraftübertragung:
Vollsynchronisiertes Viergang-Getriebe, Einscheiben-Trockenkupplung, Mittelschaltung. Heckmotor, Hinterachsantrieb.

Übersetzungen:

	Coupé	Cabriolet
1. Gang	2,667 : 1	3,540 : 1
2. Gang	1,600 : 1	1,940 : 1
3. Gang	1,148 : 1	1,270 : 1
4. Gang	0,839 : 1	0,839 : 1
R-Gang	3,450 : 1	3,450 : 1
Achsübersetzung	5,430 : 1	

Fahrwerk:
Selbsttragende Stahlblechkarosserie, vorn gezogene Doppel-Längsschwingarme, Schraubenfedern, hinten gezogene Längslenker, Schraubenfedern, Stabilisator beim Coupé, vorn und hinten Teleskopstoßdämpfer.

Bremsen: Hydraulische Vierrad-Trommelbremsen, Bremsfläche 588 cm².
Lenkung: Zahnstangenlenkung (Übersetzung 17,85 : 1).
Reifen: 5.20-12; Felgen: 3.50 × 12

Maße, Gewichte:
Länge 3540 mm, Breite 1480 mm, Höhe 1240 (Cabriolet 1290) mm, Radstand 2120 mm,
Spurweite vorn 1270 mm hinten 1200 mm.
Leergewicht 630 (Cabriolet 680) kg, zulässiges Gesamtgewicht 860 (Cabriolet 910) kg,
Wendekreisdurchmesser 9,50 m.

Verbrauch: 7 Liter auf 100 km (Superbenzin).

Fahrleistungen: Höchstgeschwindigkeit 135 km/h, Beschleunigung 0–100 km/h in 19,6 sek.

Preis:
700 Sport Coupé   5.850,– DM   700 Sport Cabriolet   6.950,– DM

Produktionszahlen: Coupé 11.139 Stück; Cabriolet 2.592 Stück.

Bauzeit: Coupé August 1960 bis April 1964. Cabriolet September 1961 bis November 1964.

Merkmale:
Sportversion durch höhere Verdichtung und zwei Vergasern auf 40 PS Leistung gebracht.
Geänderte Getriebeübersetzungen. Nur beim Coupé: Stabilisator an der Hinterachse.
Höhere Spitzengeschwindigkeit. Äußerlich zu erkennen an dem Schriftzug „Sport" am Heck.

BMW LS

Karosserie:
LS-Limousine, 2 Türen, 4 Sitze.
LS-Standard-Limousine, 2 Türen, 4 Sitze.

Motor:
Luft-/Gebläsegekühlter Zweizylinder-Viertakt-Boxermotor, Bohrung/Hub: 78/73 mm, 697 ccm, Verdichtung 7,5 : 1, 32 DIN-PS bei 4000–5000 U/min, maximales Drehmoment 5,1 mkp bei 3400 U/min, hängende Ventile (in V), zentrale Nockenwelle durch Zahnräder angetrieben, Leichtmetall-Kurbelgehäuse, dreifach gelagerte Kurbelwelle, ein Solex-Fallstrom-Vergaser 34 PCI.
Batterie: 12 Volt/24 Ah, Gleichstrom-Lichtmaschine 130 Watt.
Füllmengen: Tankinhalt 33 Liter, Motoröl 2,25 Liter.

Kraftübertragung:
Vollsynchronisiertes Viergang-Getriebe, Einscheiben-Trockenkupplung, Mittelschaltung. Heckmotor, Hinterachsantrieb.

Übersetzungen:
1. Gang	3,540 : 1
2. Gang	1,940 : 1
3. Gang	1,270 : 1
4. Gang	0,839 : 1
R-Gang	3,450 : 1
Achsübersetzung	5,43 : 1

Fahrwerk:
Selbsttragende Stahlblechkarosserie, vorn gezogene Doppel-Längsschwingarme, Schraubenfedern, hinten gezogene Längslenker, Schraubenfedern, vorn und hinten Teleskopstoßdämpfer.
Bremsen: Hydraulische Vierrad-Trommelbremsen, Bremsfläche 588 cm^2.
Lenkung: Zahnstangenlenkung (Übersetzung 17,85 : 1).
Reifen: 5.50-12

Maße, Gewichte:
Länge 3860 mm, Breite 1480 mm, Höhe 1360 mm, Radstand 2280 mm, Spurweite vorn 1270 mm, hinten 1200 mm.
Leergewicht 680 kg, zulässiges Gesamtgewicht 1050 kg, Wendekreisdurchmesser 9,80 m.

Verbrauch:
5,9 Liter auf 100 km (Normalbenzin).

Fahrleistungen:
Höchstgeschwindigkeit 120 km/h, Beschleunigung 0–100 km/h in 32,5 sek.

Preis:

	März 1962	Jan. 1963	März 1963	März 1964	
LS-Limousine	5.320,–	5.240,–	5.240,–	4.985,–	DM
LS-Standard-Limousine	–	4.785,–	4.995,–	–	DM

Produktionszahlen: LS-Limousine 90.987 Stück; LS-Standard-Limousine 2.043 Stück.

Bauzeit:
LS-Limousine März 1962 bis September 1965;
LS-Standard-Limousine Januar 1963 bis November 1963.

Merkmale:
Gegenüber 700-Limousine hat der LS einen um 160 mm verlängerten Radstand, damit längere Karosserie mit mehr Platz auf den Fondsitzen und im hinteren Motorraum, Motor jetzt mit 32 PS Leistung.

BMW LS Coupé

Karosserie:
Coupé, 2 Türen, 2 + 2 Sitze. (Karosserie: Baur, Stuttgart).

Motor:
Luft-/ Gebläsegekühlter Zweizylinder-Viertakt-Boxermotor, Bohrung/Hub: 78/73 mm, 697 cm, Verdichtung 9,0 : 1, 40 DIN-PS bei 5700 U/min, maximales Drehmoment 5,2 mkp bei 4000–5000 U/min, hängende Ventile (in V), zentrale Nockenwelle durch Zahnräder angetrieben, Leichtmetall-Kurbelgehäuse, dreifach gelagerte Kurbelwelle, zwei Solex-Fallstrom-Vergaser 34 PCI.
Batterie: 12 Volt/24 Ah, Gleichstrom-Lichtmaschine, 130/190 Watt.
Füllmengen: Tankinhalt 33 Liter, Motoröl 2,25 Liter.

Kraftübertragung:
Vollsynchronisiertes Viergang-Getriebe, Einscheiben-Trockenkupplung, Mittelschaltung. Heckmotor, Hinterachsantrieb.

Übersetzungen:

1. Gang	3,540 : 1	4. Gang	0,839 : 1
2. Gang	1,940 : 1	R-Gang	3,450 : 1
3. Gang	1,270 : 1	Achsübersetzung	5,43 : 1

Fahrwerk:
Selbsttragende Stahlblechkarosserie, vorn gezogene Doppel-Längsschwingarme, Schraubenfedern, hinten gezogene Längslenker, Schraubenfedern, vorn und hinten Teleskopstoßdämpfer.
Bremsen: Hydraulische Vierrad-Trommelbremsen, Bremsfläche 588 cm^2.
Lenkung: Zahnstangenlenkung (Übersetzung 17,8 : 1).
Reifen: 5.50-12; Felgen: 3.50 × 12

Maße, Gewichte:
Länge 3860 mm, Breite 1480 mm, Höhe 1300 mm, Radstand 2280 mm, Spurweite vorn 1270 mm, hinten 1200 mm.
Leergewicht 690 kg, zulässiges Gesamtgewicht 1050 kg, Wendekreisdurchmesser 9 m.

Verbrauch:
5,9 Liter auf 100 km (Superbenzin).

Fahrleistungen:
Höchstgeschwindigkeit 135 km/h, Beschleunigung 0–100 km/h in 20,4 sek.

Preis:
LS-Coupé   5.850,–   DM

Produktionszahlen: 1.756 Stück.

Bauzeit:
Von Oktober 1964 bis September 1965.

Merkmale:
Gegenüber 700 C besitzt das LS-Coupé jetzt den 40 PS-Motor der Sport-Version, einen von 2120 auf 2280 mm verlängerten Radstand mit neugestaltetem Heck, Verbesserungen in der Innenausstattung.

BMW 1500

Karosserie:
Limousine, 4 Türen, 4 Sitze (Daten des Prototyps in Klammern).

Motor:
Wassergekühlter Vierzylinder-Viertakt-Reihenmotor, um 30^0 nach rechts geneigt, Bohrung/Hub: 82/71 mm, 1499 ccm, Verdichtung 8,8 (8,2) : 1, 80 (75) DIN-PS bei 5700 (5500) U/min, maximales Drehmoment 12,0 mkp 3000 U/min, schräghängende Ventile, obenliegende Nockenwelle durch Kette angetrieben, Leichtmetall-Zylinderkopf (Leichtmetall-Zylinderblock, nasse Laufbuchsen), fünffach gelagerte Kurbelwelle, ein Solex-Fallstrom-Vergaser 34 PICB.
Batterie: 6 Volt/77 Ah, Gleichstrom-Lichtmaschine 200 Watt.
Füllmengen: Tankinhalt 53 Liter, Motoröl 4,25 Liter, Kühlsystem 7 Liter.

Kraftübertragung:
Sperrsynchronisiertes Viergang-Getriebe, Einscheiben-Trockenkupplung, Mittelschaltung.
Frontmotor, Hinterachsantrieb.

Übersetzungen:
1. Gang	3,816 : 1	(3,592 : 1)
2. Gang	2,070 : 1	(2,105 : 1)
3. Gang	1,330 : 1	(1,419 : 1)
4. Gang	1,000 : 1	(1,000 : 1)
R-Gang	4,153 : 1	(4,028 : 1)
Achsübers.	4,375 : 1	(4,110 : 1)

Fahrwerk:
Selbsttragende Stahlblechkarosserie, vorn Federbeine und Dreieck-Querlenker (gegen Aufpreis: Stabilisator vorn), hinten schrägstehende Längslenker und Schraubenfedern, vorn und hinten Gummizusatzfedern und Teleskopstoßdämpfer.
Bremsen: Hydraulisches Vierrad-Bremssystem, vorn Scheiben-, hinten Trommelbremsen.
Lenkung: Schneckenrollenlenkung (Übersetzung 17,58 : 1).
Reifen: 6.00-14 (5.90-13); gegen Aufpreis: 165 SR 14.

Maße, Gewichte:
Länge 4500 mm, Breite 1710 mm, Höhe 1450 mm, Radstand 2550 mm, Spurweite vorn 1320 mm, hinten 1366 mm.
Leergewicht 1050 (950) kg, zulässiges Gesamtgewicht 1450 kg, Wendekreisdurchmesser 10,5 m.

Verbrauch:
9,9 Liter auf 100 km (Superbenzin).

Fahrleistungen:
Höchstgeschwindigkeit 150 km/h, Beschleunigung 0–100 km/h in 16,8 sek.

Preis:
	Aug. 1962	März 1964	
1500 Limousine	9.485,–	8.990,–	DM

Produktionszahlen: 23.807 Stück.

Bauzeit:
(Debüt des Prototyps 15. Sept. 1961) Von August 1962 bis Dezember 1964.

Merkmale:
Von Grund auf neukonstruierter Mittelklassewagen ursprünglich ausgelegt auf einen 1,3 Liter-Motor.

BMW 1600

Karosserie:
Limousine, 4 Türen, 4 Sitze.

Motor:
Wassergekühlter Vierzylinder-Viertakt-Reihenmotor, um 30° nach rechts geneigt, Bohrung/Hub: 84/71 mm, 1573 ccm, Verdichtung 8,6 : 1, 83 DIN-PS bei 5500 U/min, maximales Drehmoment 12,6 mkp bei 3000 U/min, schräghängende Ventile, obenliegende Nockenwelle durch Kette angetrieben, Leichtmetall-Zylinderkopf, fünffach gelagerte Kurbelwelle, ein Solex-Fallstrom-Vergaser 36 PDSI.
Batterie: 6 Volt/77 Ah, Gleichstrom-Lichtmaschine 200 Watt.
Füllmengen: Tankinhalt 53 Liter, Motoröl 4,25 Liter, Kühlsystem 7 Liter.

Kraftübertragung:
Sperrsynchronisiertes Viergang-Getriebe, Einscheiben-Trockenkupplung, Mittelschaltung. Frontmotor, Hinterachsantrieb.

Übersetzungen:
1. Gang	3,816 : 1
2. Gang	2,070 : 1
3. Gang	1,330 : 1
4. Gang	1,000 : 1
R-Gang	4,153 : 1
Achsübersetzung	4,375 : 1

Fahrwerk:
Selbsttragende Stahlblechkarosserie, vorn Federbeine und Dreieck-Querlenker, hinten schrägstehende Längslenker und Schraubenfedern, vorn und hinten Gummizusatzfedern und Teleskopstoßdämpfer.

Bremsen: Hydraulisches Vierrad-Bremssystem, vorn Scheiben-, hinten Trommelbremsen.
Lenkung: Schneckenrollenlenkung (Übersetzung 17,58 : 1).
Reifen: 6.00-14; gegen Aufpreis: 165 SR 14

Maße, Gewichte:
Länge 4500 mm, Breite 1710 mm, Höhe 1450 mm, Radstand 2550 mm, Spurweite vorn 1320 mm, hinten 1366 mm.
Leergewicht 1050 kg, zulässiges Gesamtgewicht 1450 kg, Wendekreisdurchmesser 10,5 m.

Verbrauch:
10,5 Liter auf 100 km (Superbenzin).

Fahrleistungen:
Höchstgeschwindigkeit 150 km/h, Beschleunigung 0–100 km/h in 16,8 sek.

Preis:
1600 Limousine   9.485,– DM

Produktionszahlen: 10.278 Stück.

Bauzeit:
Von April 1964 bis Juni 1966.

Merkmale:
Von April bis Dezember 1964 neben dem 1500 gebaute Version mit 1,6 Liter-Motor. Äußerlich nur durch Typenbezeichnung „1600" am Heck zu unterscheiden. Geänderte Getriebeabstufungen und neuer Vergaser.

BMW 1800

Karosserie:
Limousine, 4 Türen, 4 Sitze.

Motor:
Wassergekühlter Vierzylinder-Viertakt-Reihenmotor, um 30° nach rechts geneigt, Bohrung/Hub: 84/80 mm, 1773 ccm, Verdichtung 8,6 : 1, 90 DIN-PS bei 5250 U/min, maximales Drehmoment 14,6 mkp bei 3000 U/min, schräghängende Ventile, obenliegende Nockenwelle durch Kette angetrieben, Leichtmetall-Zylinderkopf, fünffach gelagerte Kurbelwelle, ein Fallstrom-Vergaser Solex 38 PDSI.
Batterie: 6 Volt/77 Ah, Gleichstrom-Lichtmaschine 300 Watt.
Füllmengen: Tankinhalt 53 Liter, Motoröl 4,25 Liter, Kühlsystem 7 Liter.

Kraftübertragung:
a) Sperrsynchronisiertes Viergang-Getriebe, Einscheiben-Trockenkupplung, Mittelschaltung.
b) Ab April 1966 gegen Aufpreis: ZF-Getriebeautomat (hydraulischer Wandler, Dreigang-Planetengetriebe).
Frontmotor, Hinterachsantrieb.

Übersetzungen:

	a)	b)
1. Gang	3,816 : 1	2,56 : 1
2. Gang	2,070 : 1	1,52 : 1
3. Gang	1,330 : 1	1,00 : 1
4. Gang	1,000 : 1	–
R-Gang	4,153 : 1	2,00 : 1
Achsübers.	4,22 : 1	4,11 : 1

Fahrwerk:
Selbsttragende Stahlblechkarosserie, vorn Federbeine und Dreieck-Querlenker, hinten schrägstehende Längslenker und Schraubenfedern, vorn und hinten Gummizusatzfedern und Teleskopstoßdämpfer.
Bremsen: Servo-Vierrad-Bremssystem, vorn Scheiben-, hinten Trommelbremsen.
Lenkung: Schneckenrollenlenkung (Übersetzung 17,58 : 1).
Reifen: 6.00 S 14 (gegen Aufpreis: 165 SR 14); Felgen: 4 1/2 × 14

Maße, Gewichte:
Länge 4500 mm, Breite 1710 mm, Höhe 1450 mm, Radstand 2550 mm, Spurweite vorn 1320 mm, hinten 1366 mm.
Leergewicht 1070 kg, zulässiges Gesamtgewicht 1470 kg, Wendekreisdurchmesser 10,5 m.

Verbrauch:
11 Liter auf 100 km (Superbenzin).

Fahrleistungen:
Höchstgeschwindigkeit 160 km/h, Beschleunigung 0–100 km/h in 13,2 sek.

Preis:

	Jan. 1963	April 1966	Jan. 1968	Juli 1968	
1800 Limousine	9.985,–	10.400,–	10.615,–	10.711,50	DM
1800 Lim. m. Autom.	–	11.600,–	11.825,–	11.932,50	DM

Produktionszahlen: 102.090 Stück.

Bauzeit:
Von September 1963 bis Juli 1968.

Merkmale:
Gegenüber dem Modell 1500 mit 1,8 Liter-Maschine ausgerüstet, größere Lichtmaschine; äußerlich zu erkennen an der Typenbezeichnung „1800" am Heck, sowie seitlichen Chromzierleisten.

BMW 1800

Karosserie:
Limousine, 4 Türen, 4 Sitze.

Motor:
Wassergekühlter Vierzylinder-Viertakt-Reihenmotor, um 30° nach rechts geneigt, Bohrung/ Hub: 89/71 mm, 1766 ccm, Verdichtung 8,6 : 1, 90 DIN-PS bei 5250 U/min, maximales Drehmoment 14,6 mkp bei 3000 U/min, schräghängende Ventile, obenliegende Nockenwelle durch Kette angetrieben, Leichtmetall-Zylinderkopf, fünffach gelagerte Kurbelwelle, ein Fallstrom-Vergaser Solex 38 PDSI.
Batterie: 12 Volt/44 Ah, Drehstrom-Lichtmaschine 490 Watt.
Füllmengen: Tankinhalt 55 Liter, Motoröl 4,25 Liter, Kühlsystem 7 Liter.

Kraftübertragung:
a) Sperrsynchronisiertes Viergang-Getriebe, Einscheiben-Trockenkupplung, Mittelschaltung.
b) Gegen Aufpreis: ZF-Getriebeautomatik (hydraulischer Wandler, Dreigang-Planetengetriebe).
Frontmotor, geteilte Kardanwelle, Hinterachsantrieb.

Übersetzungen:

	a)	b)
1. Gang	3,853 : 1	2,56 : 1
2. Gang	2,053 : 1	1,52 : 1
3. Gang	1,345 : 1	1,00 : 1
4. Gang	1,000 : 1	–
R-Gang	4,180 : 1	2,00 : 1
Achsübersetzung:	4,11 : 1	

Fahrwerk:
Selbsttragende Stahlblechkarosserie, vorn Federbeine und Dreieck-Querlenker, hinten schrägstehende Längslenker und Schraubenfedern, vorn und hinten Gummizusatzfedern und Teleskopstoßdämpfer (gegen Aufpreis: Stabilisatoren).
Bremsen: Servo-Vierrad-Bremsen mit Doppel-Zweikreis-Bremssystem, vorn Scheiben-, hinten Trommelbremsen, Bremsbelagfläche 1480 cm².
Lenkung: Schneckenrollenlenkung.
Reifen: 6.45/165 S-14 (gegen Aufpreis: 165 SR-14) – Felgen: 5 J × 14

Maße, Gewichte:
Länge 4500 mm, Breite 1710 mm, Höhe 1450 mm, Radstand 2550 mm, Spurweite vorn 1340 mm, hinten 1366 mm.
Leergewicht 1100 kg, zulässiges Gesamtgewicht 1500 kg, Wendekreisdurchmesser 10,5 m.

Verbrauch:
10,5 Liter auf 100 km (Superbenzin).

Fahrleistungen:
Höchstgeschwindigkeit 160 km/h, Beschleunigung 0–100 km/h in 13,0 sek.

Preis:

	Aug. 1968	Nov. 1969	
1800 Limousine	10.812,–	11.577,30	DM
1800 Lim. m. Autom.	11.888,–	12.798,30	DM

Produktionszahlen: 30.981 Stück.

Bauzeit:
Von August 1968 bis Dezember 1970.

Merkmale:
Gegenüber Vormodell 1800 jetzt mit neu entwickeltem Motor, dessen Block vom Modell 2000 abstammt, in Daten und Leistung jedoch dem Vormodell gleicht. Neues Doppel-Zweikreis-Bremssystem, Drehstrom-Lichtmaschine; neu gestaltetes Armaturenbrett. Äußerlich zu erkennen an breiterem Typenschild „1800" am Heck, sowie scharz eloxiertem Kühlergrill mit zwei Chromstreifen.

BMW 1800

Karosserie:
Limousine, 4 Türen, 4 Sitze.

Motor:
Wassergekühlter Vierzylinder-Viertakt-Reihenmotor, um 30° nach rechts geneigt, Bohrung/Hub: 89/71 mm, 1766 ccm, Verdichtung 8,6 : 1, 90 DIN-PS bei 5250 U/min, maximales Drehmoment 14,6 mkp bei 3000 U/min, schräghängende Ventile, obenliegende Nockenwelle durch Kette angetrieben, Leichtmetall-Zylinderkopf, fünffach gelagerte Kurbelwelle, ein Fallstrom-Vergaser Solex 38 PDSI.
Batterie: 12 Volt/44 Ah, Drehstrom-Lichtmaschine 500 Watt.
Füllmengen: Tankinhalt 55 Liter, Motoröl 4,25 Liter, Kühlsystem 7 Liter.

Kraftübertragung:
Sperrsynchronisiertes Viergang-Getriebe, Einscheiben-Trockenkupplung, Mittelschaltung.
Frontmotor, geteilte Kardanwelle, Hinterachsantrieb.

Übersetzungen:
1. Gang	3,835 : 1
2. Gang	2,053 : 1
3. Gang	1,345 : 1
4. Gang	1,000 : 1
R-Gang	4,180 : 1
Achsübersetzung	4,110 : 1

Fahrwerk:
Selbsttragende Stahlblechkarosserie, vorn Federbeine und Dreieck-Querlenker, hinten schrägstehende Längslenker und Schraubenfedern, vorn und hinten Gummizusatzfedern und Teleskopstoßdämpfer (gegen Aufpreis: Stabilisatoren).
Bremsen: Servo-Doppel-Zweikreis-Bremssystem, vorn Scheiben-, hinten Trommelbremsen, Bremsbelagfläche 1480 cm^2.
Lenkung: Schneckenrollenlenkung (gegen Aufpreis: mit Servo).
Reifen: 165 SR-14 – Felgen: 5 J × 14

Maße, Gewichte:
Länge 4500 mm, Breite 1710 mm, Höhe 1450 mm, Radstand 2550 mm, Spurweite vorn 1340 mm, hinten 1386 mm.
Leergewicht 1130 kg, zulässiges Gesamtgewicht 1550 kg, Wendekreisdurchmesser 10,5 m.

Verbrauch:
10,5 Liter auf 100 km (Superbenzin).

Fahrleistungen:
Höchstgeschwindigkeit 160 km/h, Beschleunigung 0–100 km/h in 13,0 sek.

Preis:

	Mai 1971	Sept. 1971	Jan. 1972	
1800 Limousine	11.988,–	12.370,–	12.870,–	DM

Produktionszahlen: 8.039 Stück.

Bauzeit:
(Debüt Januar 1971) Von Mai 1971 bis Juli 1972.

Merkmale:
Technisch wie Vormodell, jedoch nun mit der Karosserie des Modells 2000 ausgestattet. Erkennbar nur an der Typenbezeichnung „1800" am Heck.

BMW 1800 TI

Karosserie:
Limousine, 4 Türen, 4 Sitze.

Motor:
Wassergekühlter Vierzylinder-Viertakt-Reihenmotor, um 30° nach rechts geneigt, Bohrung/Hub: 84/80 mm, 1773 ccm, Verdichtung 9,5 : 1, 110 DIN-PS bei 5800 U/min, maximales Drehmoment 15,1 mkp bei 4000 U/min, schräghängende Ventile, obenliegende Nockenwelle durch Kette angetrieben, Leichtmetall-Zylinderkopf, fünffach gelagerte Kurbelwelle, zwei Flachstrom-Doppelvergaser Solex 40 PHH.
Batterie: 6 Volt/66 Ah, Drehstrom-Lichtmaschine 360 Watt.
Füllmengen: Tankinhalt: 53 Liter, Motoröl 4,25 Liter, Kühlsystem 7 Liter.

Kraftübertragung:
Sperrsynchronisiertes Viergang-Getriebe, Einscheiben-Trockenkupplung, Mittelschaltung. Frontmotor, geteilte Kardanwelle, Hinterachsantrieb.

Übersetzungen:
1. Gang	3,816 : 1
2. Gang	2,070 : 1
3. Gang	1,330 : 1
4. Gang	1,000 : 1
R-Gang	4,153 : 1
Achsübersetzung:	4,11 : 1

Fahrwerk:
Selbsttragende Stahlblechkarosserie, vorn Federbeine und Dreieck-Querlenker, hinten schrägstehende Längslenker, Stabilisator und Schraubenfedern, vorn und hinten Gummizusatzfedern und Teleskopstoßdämpfer.
Bremsen: Servo-Vierrad-Bremssystem, vorn Scheiben-, hinten Trommelbremsen, Bremsbelagfläche 1480 cm^2.
Lenkung: Schneckenrollenlenkung (Übersetzung 17,6 : 1).
Reifen: 6.00 S-14 (gegen Aufpreis: 165 SR-14) – Felgen: 5 JK × 14

Maße, Gewichte:
Länge 4500 mm, Breite 1710 mm, Höhe 1450 mm, Radstand 2550 mm, Spurweite vorn 1330 mm, hinten 1376 mm.
Leergewicht 1040 kg, zulässiges Gesamtgewicht 1440 kg, Wendekreisdurchmesser 10,5 m.

Verbrauch:
10,5 Liter auf 100 km (Superbenzin).

Fahrleistungen:
Höchstgeschwindigkeit 170 km/h, Beschleunigung 0–100 km/h in 11,8 sek.

Preis:

	Jan. 1963	April 1966
1800 TI Limousine	10.960,–	11.160,– DM

Produktionszahlen: 18.417 Stück.

Bauzeit:
(Debüt: September 1963) Von Oktober 1963 bis Dezember 1966.

Merkmale:
Sportversion des Typs 1800, jedoch mit zwei Doppelvergasern und einer Leistungssteigerung auf 110 PS, sportlich-luxuriöse Ausstattung, Stabilisator an der Vorderachse. Äußerlich gegenüber dem 1800 zu erkennen an den nicht vorhandenen seitlichen Chromleisten, Typenbezeichnung „1800 TI" am Heck.

BMW 1800 TI/SA

Karosserie:
Limousine, 4 Türen, 4 Sitze.

Motor:
Wassergekühlter Vierzylinder-Viertakt-Reihenmotor, um 30° nach rechts geneigt, Bohrung/Hub: 84/80 mm, 1773 ccm, Verdichtung 10,5 : 1, 130 DIN-PS bei 6100 U/min, maximales Drehmoment 16,0 mkp bei 5100–5400 U/min, schräghängende Ventile, obenliegende Nockenwelle durch Kette angetrieben, Leichtmetall-Zylinderkopf, fünffach gelagerte Kurbelwelle, zwei Doppel-Horizontalvergaser Weber 45 DCOE.
Batterie: 6 Volt/66 Ah, Drehstrom-Lichtmaschine 360 Watt.
Füllmengen: Tankinhalt 53 Liter (gegen Aufpreis: 105 Liter), Motoröl 4,25 Liter, Kühlsystem 7 Liter.

Kraftübertragung:
Sperrsynchronisiertes Fünfgang-Getriebe, Einscheiben-Trockenkupplung, Mittelschaltung. Frontmotor, geteilte Kardanwelle, Hinterachsantrieb.

Übersetzungen:

1. Gang	3,330 : 1
2. Gang	2,150 : 1
3. Gang	1,565 : 1
4. Gang	1,225 : 1
5. Gang	1,000 : 1
R-Gang	3,542 : 1
Achsübersetzung:	wahlweise 5,86/4,75/4,22/4,11

Fahrwerk:
Selbsttragende Stahlblechkarosserie, vorn Federbeine und Dreieck-Querlenker, hinten schrägstehende Längslenker und Schraubenfedern, vorn und hinten Gummizusatzfedern, Teleskopstoßdämpfer und Stabilisatoren.

Bremsen: Servo-Vierrad-Bremssystem, vorn Scheiben-, hinten Trommelbremsen.
Lenkung: Schneckenrollenlenkung (Übersetzung 14,51 : 1).
Reifen: 165 HR-14; Felgen 5 JK × 14

Maße, Gewichte:
Länge 4500 mm, Breite 1710 mm, Höhe 1450 mm, Radstand 2550 mm, Spurweite vorn 1330 mm, hinten 1376 mm.
Leergewicht 1040 kg, zulässiges Gesamtgewicht 1440 kg, Wendekreisdurchmesser 10,5 m.

Verbrauch:
11,8 Liter auf 100 km (Superbenzin).

Fahrleistungen:
Höchstgeschwindigkeit 180 km/h, Beschleunigung 0–100 km/h in 9,2 sek.

Preis:
1800 TI/SA Limousine   13.415,−   DM

Produktionszahlen: 200 Stück.

Bauzeit:
Von Januar 1965 bis Juni 1965.

Merkmale:
Wettbewerbsversion. Höhere Verdichtung, 130 PS, 5-Gang-Getriebe, Stabilisatoren vorn und hinten, abgemagerte Ausstattung, limitierte Auflage 200 Stück nur in Silbermetallic. Gegenüber 1800 TI äußerlich an breiteren Reifen und Typenbezeichnung TI/SA zu erkennen.

BMW 2000 TI

Karosserie:
Limousine, 4 Türen, 4 Sitze.

Motor:
Wassergekühlter Vierzylinder-Viertakt-Reihenmotor, um 30° nach rechts geneigt, Bohrung/Hub: 89/80 mm, 1990 ccm, Verdichtung 9,3 : 1, 120 DIN-PS bei 5500 U/min, maximales Drehmoment 17,0 mkp bei 3600 U/min, schräghängende Ventile, obenliegende Nockenwelle durch Kette angetrieben, Leichtmetall-Zylinderkopf, fünffach gelagerte Kurbelwelle, zwei Flachstrom-Doppelvergaser Solex 40 PHH.
Batterie: 12 Volt/44 Ah, Drehstrom-Lichtmaschine 500 Watt.
Füllmengen: Tankinhalt 55 Liter, Motoröl 4,25 Liter, Kühlsystem 7 Liter.

Kraftübertragung:
Sperrsynchronisiertes Viergang-Getriebe, Einscheiben-Trockenkupplung, Mittelschaltung.
Frontmotor, geteilte Kardanwelle, Hinterachsantrieb.

Übersetzungen:
1. Gang	3,835 : 1
2. Gang	2,053 : 1
3. Gang	1,345 : 1
4. Gang	1,000 : 1
R-Gang	4,180 : 1
Achsübersetzung	3,90 : 1

Fahrwerk:
Selbsttragende Stahlblechkarosserie, vorn Federbeine und Dreieck-Querlenker, hinten schrägstehende Längslenker und Schraubenfedern, vorn und hinten Gummizusatzfedern, Teleskopstoßdämpfer und Stabilisatoren.
Bremsen: Servo-Vierrad-Bremssystem, vorn Scheiben-, hinten Trommelbremsen, Bremsbelagfläche 1480 cm^2.
Lenkung: Schneckenrollenlenkung (Übersetzung 15,5 : 1).
Reifen: 6.95/175 H 14 (gegen Aufpreis: 175 SR 14).

Maße, Gewichte:
Länge 4500 mm, Breite 1710 mm, Höhe 1450 mm, Radstand 2550 mm, Spurweite vorn 1330 mm, hinten 1376 mm.
Leergewicht 1100 kg, zulässiges Gesamtgewicht 1540 kg, Wendekreisdurchmesser 10,5 m.

Verbrauch:
10,8 Liter auf 100 km (Superbenzin).

Fahrleistungen:
Höchstgeschwindigkeit 180 km/h, Beschleunigung 0–100 km/h in 10,8 sek.

Preis:

	Jan. 1966	Jan. 1968	Juli 1968	
2000 TI Limousine	11.760,–	11.748,–	11.854,50	DM

Produktionszahlen: 6.480 Stück.

Bauzeit:
Von Januar 1966 bis Juli 1968.

Merkmale:
Nachfolger des 1800 TI. Zweiliter-Motor mit höherer Verdichtung und zwei Doppelvergasern in der äußerlich unveränderten Karosserie des 1800 TI. Gegenüber 1800 TI nur an der Typenbezeichnung „2000 TI" am Frontgrill und am Heck zu erkennen.

BMW 2000

Karosserie:
Limousine, 4 Türen, 4 Sitze.

Motor:
Wassergekühlter Vierzylinder-Viertakt-Reihenmotor, um 30° nach rechts geneigt, Bohrung/Hub: 89/80 mm, 1990 ccm, Verdichtung 8,5 : 1, 100 DIN-PS bei 5500 U/min, maximales Drehmoment 16,0 mkp bei 3000 U/min, schräghängende Ventile, obenliegende Nockenwelle durch Kette angetrieben, Leichtmetall-Zylinderkopf, fünffach gelagerte Kurbelwelle, ein Fallstrom-Vergaser Solex 40 PDSI.
Batterie: 12 Volt/44 Ah, Drehstrom-Lichtmaschine 490 Watt.
Füllmengen: Tankinhalt 55 Liter, Motoröl 4,25 Liter, Kühlsystem 7 Liter.

Kraftübertragung:
a) Sperrsynchronisiertes Viergang-Getriebe, Einscheiben-Trockenkupplung, Mittelschaltung.
b) Gegen Aufpreis: automatisches ZF-Getriebe (hydraulischer Wandler und Dreigang-Planetengetriebe).
Frontmotor, geteilte Kardanwelle, Hinterachsantrieb.

Übersetzungen:

	a)	b)
1. Gang	3,835 : 1	2,56 : 1
2. Gang	2,053 : 1	1,52 : 1
3. Gang	1,345 : 1	1,00 : 1
4. Gang	1,000 : 1	–
R-Gang	4,180 : 1	2,00 : 1
Achsübersetzung	4,11 : 1	

Fahrwerk:
Selbsttragende Stahlblechkarosserie, vorn Federbeine und Dreieck-Querlenker, hinten schrägstehende Längslenker und Schraubenfedern, vorn und hinten Gummizusatzfedern und Teleskopstoßdämpfer (gegen Aufpreis: Stabilisator hinten).

Bremsen: Servo-Vierrad-Bremssystem, vorn Scheiben-, hinten Trommelbremsen, Bremsbelagfläche 1480 cm².
Lenkung: Schneckenrollenlenkung (Übersetzung 15,5 : 1).
Reifen: 6.45/165 S-14 (gegen Aufpreis: 165 SR-14) – Felgen: 5 JK × 14

Maße, Gewichte:
Länge 4500 mm, Breite 1710 mm, Höhe 1445 mm, Radstand 2550 mm, Spurweite vorn 1330 mm, hinten 1376 mm.
Leergewicht 1130 kg, zulässiges Gesamtgewicht 1550 kg, Wendekreisdurchmesser 10,5 m.

Verbrauch:
10,8 Liter auf 100 km (Superbenzin).

Fahrleistungen:
Höchstgeschwindigkeit 168 km/h, Beschleunigung 0–100 km/h in 12,4 sek.

Preis:

	Jan. 1966	Jan. 1968	Juli 1968	
2000 Limousine	11.475,–	11.693,–	11.799,30	DM
2000 mit Automatik	12.675,–	13.013,–	13.131,30	DM

Produktionszahlen: 62.399 Stück.

Bauzeit: Von Januar 1966 bis Juni 1968.

Merkmale:
Parallelmodell zum 1800. Veränderte Front- und Heckpartie. Stärkerer Motor, Drehstrom-Lichtmaschine. Typenbezeichnung „2000" in der Mitte des Kofferraum-Deckel-Abschlusses.

BMW 2000

Karosserie:
Limousine, 4 Türen, 4 Sitze.

Motor:
Wassergekühlter Vierzylinder-Viertakt-Reihenmotor, um 30° nach rechts geneigt, Bohrung/Hub: 89/80 mm, 1990 ccm, Verdichtung 8,5 : 1, 100 DIN-PS bei 5500 U/min, maximales

Drehmoment 16,0 mkp bei 3000 U/min, schräghängende Ventile, obenliegende Nockenwelle durch Kette angetrieben, Leichtmetall-Zylinderkopf, fünffach gelagerte Kurbelwelle, ein Fallstrom-Vergaser Solex 40 PDSI.
Batterie: 12 Volt/44Ah, Drehstrom-Lichtmaschine 490 Watt.
Füllmengen: Tankinhalt 55 Liter, Motoröl 4,25 Liter, Kühlsystem 7 Liter.

Kraftübertragung:
a) Sperrsynchronisiertes Viergang-Getriebe, Einscheiben-Trockenkupplung, Mittelschaltung.
b) Gegen Aufpreis: automatisches ZF-Getriebe (hydraulischer Wandler und Dreigang-Planetengetriebe).
Frontmotor, geteilte Kardanwelle, Hinterachsantrieb.

Übersetzungen:

	a)	b)
1. Gang	3,853 : 1	2,56 : 1
2. Gang	2,053 : 1	1,52 : 1
3. Gang	1,345 : 1	1,00 : 1
4. Gang	1,000 : 1	–
R-Gang	4,180 : 1	2,00 : 1
Achsübersetzung	4,11 : 1	

Fahrwerk:
Selbsttragende Stahlblechkarosserie, vorn Federbeine und Dreieck-Querlenker, hinten schrägstehende Längslenker und Schraubenfedern, vorn und hinten Gummizusatzfedern und Teleskopstoßdämpfer (gegen Aufpreis: Stabilisatoren).
Bremsen: Servo-Doppel-Zweikreis-Bremssystem, vorn Scheiben-, hinten Trommelbremsen, Bremsbelagfläche 1480 cm^2.
Lenkung: Schneckenrollenlenkung.
Reifen: 6.45/165 S-14 (ab August 1970: 165 SR-14) – Felgen 5 J × 14

Maße, Gewichte:
Länge 4500 mm, Breite 1710 mm, Höhe 1445 mm, Radstand 2550 mm, Spurweite vorn 1340 mm, hinten 1376 mm.
Leergewicht 1130 kg, zulässiges Gesamtgewicht 1550 kg, Wendekreisdurchmesser 10,5 m.

Verbrauch:
10,7 bis 11,7 Liter auf 100 km (Superbenzin).

Fahrleistungen:
Höchstgeschwindigkeit 168 km/h, Beschleunigung 0–100 km/h in 12,4 sek.

Preis:

	Aug.1968	Nov. 1969	Jan. 1971	Sept. 1971	Jan. 1972	
2000 Lim.	11.800,–	12.676,20	12.876,–	13.290,–	13.790,–	DM
2000 m. Autom.	12.976,–	13.897,20	13.986,–	14.440,–	14.990,–	DM

Produktionszahlen: 58.096 Stück.

Bauzeit:
Ab August 1968 bis Januar 1972.

Merkmale:
Neues Armaturenbrett und neugestaltete Innenausstattung, Doppel-Zweikreis-Bremssystem. Äußerlich vom Vormodell am Typenschild „2000" an der rechten Seite der Kofferraum-Stirnwand zu unterscheiden.

BMW 2000 TI-lux

Karosserie:
Limousine, 4 Türen, 4 Sitze.

Motor:
Wassergekühlter Vierzylinder-Viertakt-Reihenmotor, um 30° nach rechts geneigt, Bohrung/Hub: 89/80 mm, 1990 ccm, Verdichtung 9,3 : 1, 120 DIN-PS bei 5500 U/min, maximales Drehmoment 17,0 mkp bei 3600 U/min, schräghängende Ventile, obenliegende Nockenwelle durch Kette angetrieben, Leichtmetall-Zylinderkopf, fünffach gelagerte Kurbelwelle, zwei Flachstrom-Doppelvergaser Solex 40 PHH.
Batterie: 12 Volt/44 Ah, Drehstrom-Lichtmaschine 490 Watt.
Füllmengen: Tankinhalt 55 Liter, Motoröl 4,25 Liter, Kühlsystem 7 Liter.

Kraftübertragung:
Sperrsynchronisiertes Viergang-Getriebe, Einscheiben-Trockenkupplung, Mittelschaltung. Frontmotor, geteilte Kardanwelle, Hinterachsantrieb.

Übersetzungen:
1. Gang	3,835 : 1
3. Gang	2,053 : 1
3. Gang	1,345 : 1
4. Gang	1,000 : 1
R-Gang	4,180 : 1
Achsübersetzung	3,900 : 1

Fahrwerk:
Selbsttragende Stahlblechkarosserie, vorn Federbeine und Dreieck-Querlenker, hinten schrägstehende Längslenker und Schraubenfedern, vorn und hinten Gummizusatzfedern und Teleskopstoßdämpfer (gegen Aufpreis: Stabilisatoren, ab Herbst 1966 serienmäßig).
Bremsen: Servo-Vierrad-Bremssystem, vorn Scheiben-, hinten Trommelbremsen, Bremsbelagfläche 1480 cm^2.
Lenkung: Schneckenrollenlenkung.
Reifen: 6.95/175 H 14 (gegen Aufpreis: 175 SR 14)

Maße, Gewichte:
Länge 4500 mm, Breite 1710 mm, Höhe 1445 mm, Radstand 2550 mm, Spurweite vorn 1330 mm, hinten 1376 mm.
Leergewicht 1140 kg (Sportausführung 1100 kg), zulässiges Gesamtgewicht 1540 kg, Wendekreisdurchmesser 10,5 m.

Verbrauch:
10 Liter auf 100 km (Superbenzin).

Fahrleistungen:
Höchstgeschwindigkeit 180 km/h, Beschleunigung 0–100 km/h in 10,8 sek.

Preis:

	Juli 1966	Jan. 1968	Juli 1968	
TI-lux Limousine	12.750,–	12.769,–	12.866,90	DM

Produktionszahlen: 12.413 Stück.

Bauzeit: Von August 1966 bis Juni 1968.

Merkmale:
Parallelmodell zum 2000 TI. Dessen Mechanik und Fahrwerk im Kleid des 2000. Äußerlich zu erkennen nur an breiten Reifen (175 H 14) und Typenbezeichnung „2000 TI-lux" am Heck.

BMW 2000 tilux

Karosserie:
Limousine, 4 Türen, 4 Sitze.

Motor:
Wassergekühlter Vierzylinder-Viertakt-Reihenmotor, um 30° nach rechts geneigt, Bohrung/Hub: 89/80 mm, 1990 ccm, Verdichtung 9,3 : 1, 120 DIN-PS bei 5500 U/min, maximales

Drehmoment 17,0 mkp bei 3600 U/min, schräghängende Ventile, obenliegende Nockenwelle durch Kette angetrieben, Leichtmetall-Zylinderkopf, fünffach gelagerte Kurbelwelle, zwei Horizontal-Doppelvergaser Solex 40 PHH.
Batterie: 12 Volt/44 Ah, Drehstrom-Lichtmaschine 490 Watt.
Füllmengen: Tankinhalt 55 Liter, Motoröl 4,25 Liter, Kühlsystem 7 Liter.

Kraftübertragung:
Sperrsynchronisiertes Viergang-Getriebe, Einscheiben-Trockenkupplung, Mittelschaltung. Frontmotor, geteilte Kardanwelle, Hinterachsantrieb.

Übersetzungen:
1. Gang	3,835 : 1
2. Gang	2,053 : 1
3. Gang	1,345 : 1
4. Gang	1,000 : 1
R-Gang	4,096 : 1
Achsübersetzung	3,9 : 1

Fahrwerk:
Selbsttragende Stahlblechkarosserie, vorn Federbeine und Dreieck-Querlenker, hinten schrägstehende Längslenker und Schraubenfedern, vorn und hinten Gummizusatzfedern, Teleskopstoßdämpfer, Stabilisatoren.
Bremsen: Servo-Doppel-Zweikreis-Bremssystem, vorn Scheiben-, hinten Trommelbremsen, Bremsbelagfläche 1480 cm^2.
Lenkung: Schneckenrollenlenkung.
Reifen: 175 SR-14; Felgen: 5$^1/_2$ J × 14

Maße, Gewichte:
Länge 4500 mm, Breite 1710 mm, Höhe 1445 mm, Radstand 2550 mm, Spurweite vorn 1330 mm, hinten 1375 mm.
Leergewicht 1140 kg, zulässiges Gesamtgewicht 1540 kg, Wendekreisdurchmesser 10,5 m.

Verbrauch:
11 Liter auf 100 km (Superbenzin).

Fahrleistungen:
Höchstgeschwindigkeit 180 km/h, Beschleunigung 0–100 km/h in 10,8 sek.

Preis:	Aug. 1968	Nov. 1969	
2000 tilux Limousine	12.865,–	13.764,–	DM

Produktionszahlen: 5.027 Stück.

Bauzeit: Von Juli 1968 bis März 1970.

Merkmale:
Nachfolger des 2000 TI-lux. Jetzt mit neugestaltetem Armaturenbrett und luxuriöser Innenausstattung. Zweikreis-Bremssystem. Äußerlich zu erkennen an der Typenbezeichnung „2000 tilux" an Kühlergrill und Heck.

BMW 2000 tii

Karosserie:
Limousine, 4 Türen, 4 Sitze.

Motor:
Wassergekühlter Vierzylinder-Viertakt-Reihenmotor, um 30° nach rechts geneigt, Bohrung/Hub: 89/80 mm, 1990 ccm, Verdichtung 10,0 : 1, 130 DIN-PS bei 5 800 U/min, maximales Drehmoment 18,1 mkp bei 4500 U/min, schrägstehende Ventile, obenliegende Nockenwelle durch Kette angetrieben, Leichtmetall-Zylinderkopf, fünffach gelagerte Kurbelwelle, mechanische Saugrohr-Benzineinspritzung (Kugelfischer).
Batterie: 12 Volt/44 Ah, Drehstrom-Lichtmaschine 630 Watt.
Füllmengen: Tankinhalt 55 Liter, Motoröl 4,25 Liter, Kühlsystem 7 Liter.

Kraftübertragung:
a) Sperrsynchronisiertes Viergang-Getriebe, Einscheiben-Trockenkupplung, Mittelschaltung.
b) Gegen Aufpreis: sperrsynchronisiertes Fünfgang-Getriebe, Einscheiben-Trockenkupplung, Mittelschaltung.
Frontmotor, geteilte Kardanwelle, Hinterachsantrieb.

Übersetzungen:

	a)	b)
1. Gang	3,764 : 1	3,362 : 1
2. Gang	2,020 : 1	2,160 : 1
3. Gang	1,320 : 1	1,579 : 1
4. Gang	1,000 : 1	1,241 : 1
5. Gang	–	1,000 : 1
R-Gang	4,000 : 1	4,000 : 1
Achsübersetzung	3,9 : 1	

Fahrwerk:
Selbsttragende Stahlblechkarosserie, vorn Federbeine und Dreieck-Querlenker, hinten schrägstehende Längslenker und Schraubenfedern, vorn und hinten Gummizusatzfedern, Teleskopstoßdämpfer und Stabilisatoren.

Bremsen: Servo-Doppel-Zweikreis-Bremssystem, vorn Scheiben-, hinten Trommelbremsen, Bremsbelagfläche 1480 cm^2.
Lenkung: Schneckenrollenlenkung.
Reifen: 175 HR-14 – Felgen: 5$^1/_2$ J x 14

Maße, Gewichte:
Länge 4500 mm, Breite 1710 mm, Höhe 1445 mm, Radstand 2550 mm, Spurweite vorn 1340 mm, hinten 1386 mm.
Leergewicht 1 160 kg (Sportausführung 1 100 kg), zulässiges Gesamtgewicht 1 560 kg, Wendekreisdurchmesser 10,5 m.

Verbrauch:
10,7 Liter auf 100 km (Superbenzin).

Fahrleistungen:
Höchstgeschwindigkeit 185 km/h, Beschleunigung 0–100 km/h in 10,4 sek. (mit 5-Gang-Getriebe: 9,9 sek.).

Preis:

	Jan. 1970	Jan. 1971	Sept. 1971	Jan. 1972	
2000 tii Limousine	14.290,–	14.496,60	14.960,–	15.460,–	DM

Produktionszahlen: 1.952 Stück.

Bauzeit: (Debüt September 1969) Von Dezember 1969 bis Juli 1972.

Merkmale:
Nachfolger des 2000 tilux. Jetzt mit Einspritz-Motor und 130 PS Leistung, stärkere Lichtmaschine, wahlweise Fünfgang-Getriebe. Äußerlich zu erkennen am schwarzen Kühlergrill mit dem Typenschild „tii", sowie Typenbezeichnung am Heck.

BMW 2000 CA/C

Karosserie:
Coupé, 2 Türen, 4 Sitze (Karosserie: Wilhelm Karmann, Osnabrück).

Motor:
Wassergekühlter Vierzylinder-Viertakt-Reihenmotor, um 30° nach rechts geneigt, Bohrung/Hub: 89/80 mm, 1990 ccm, Verdichtung 8,5 : 1, 100 DIN-PS bei 5500 U/min, maximales Drehmoment 16,0 mkp bei 3000 U/min, schräghängende Ventile, obenliegende Nockenwelle durch Kette angetrieben, Leichtmetall-Zylinderkopf, fünffach gelagerte Kurbelwelle, ein Fallstromvergaser Solex 36–40 PDSIT.
Batterie: 12 Volt/44 Ah, Drehstrom-Lichtmaschine 500 Watt.
Füllmengen: Tankinhalt 55 Liter, Motoröl 4,25 Liter, Kühlsystem 7 Liter.

Kraftübertragung:
a) CA: automatisches ZF-Getriebe, hydraulischer Wandler und Dreigang-Planetengetriebe.
b) 2000 C: sperrsynchronsiertes Viergang-Getriebe, Einscheiben-Trockenkupplung, Mittelschaltung.
Frontmotor, geteilte Kardanwelle, Hinterachsantrieb.

Übersetzungen:

	a)	b)
1. Gang	2,56 : 1	3,835 : 1
2. Gang	1,52 : 1	2,053 : 1
3. Gang	1,00 : 1	1,345 : 1
4. Gang	–	1,000 : 1
R-Gang	2,00 : 1	4,180 : 1
Achsübersetzung	4,11 : 1	4,110 : 1

Fahrwerk:
Selbsttragende Stahlblechkarosserie, vorn Federbeine und Dreieckquerlenker, hinten schrägstehende Längslenker und Schraubenfedern, vorn und hinten Gummizusatzfedern und Teleskopstoßdämpfer (gegen Aufpreis: Stabilisatoren).
Bremsen: Servo-Vierrad-Bremssystem, vorn Scheiben-, hinten Trommelbremsen, Bremsbelagsfläche: 1480 cm^2.
Lenkung: Schneckenrollenlenkung.
Reifen: 175 H-14 – Felgen: 5 1/2 J × 14

Maße, Gewichte:
Länge 4530 mm, Breite 1670 mm, Höhe 1360 mm, Radstand 2550 mm, Spurweite vorn 1330 mm, hinten 1380 mm.
Leergewicht 1180 kg, zulässiges Gesamtgewicht 1580 kg, Wendekreisdurchmesser 10,5 m.

Verbrauch:
10,7 Liter auf 100 km (Superbenzin).

Fahrleistungen:
Höchstgeschwindigkeit 172 km/h, Beschleunigung 0–100 km/h in 12,0 sek.

Preis:

	Sept. 1965	Jan. 1968	Juli 1968	
2000 C/A Coupé	17.750,–	17.743,–	17.904,30	DM
2000 C Coupé	16.905,–	16.951,–	17.105,10	DM

Produktionszahlen: 3.692 Stück.

Bauzeit:
Ab September 1965 bis Juli 1968.

Merkmale:
Mechanik und Fahrwerk des 2000 mit neugestalteter Coupé-Karosserie.

BMW 2000 CS

Karosserie:
Coupé, 2 Türen, 4 Sitze (Karosserie: Wilhelm Karmann, Osnabrück).

Motor:
Wassergekühlter Vierzylinder-Viertakt-Reihenmotor, um 30° nach rechts geneigt, Bohrung/Hub: 89/90 mm, 1990 ccm, Verdichtung 9,3 : 1, 120 DIN-PS bei 5500 U/min, maximales Drehmoment 17,0 mkp bei 3600 U/min, schräghängende Ventile, obenliegende Nockenwelle durch Kette angetrieben, Leichtmetall-Zylinderkopf, fünffach gelagerte Kurbelwelle, zwei Solex-Doppel-Flachstrom-Vergaser 40 PHH.
Batterie: 12 Volt/44 Ah, Drehstrom-Lichtmaschine 500 Watt.
Füllmengen: Tankinhalt 55 Liter, Motoröl 4,25 Liter, Kühlsystem 7 Liter.

Kraftübertragung:
Sperrsynchronisiertes Viergang-Getriebe, Einscheiben-Trockenkupplung, Mittelschaltung. Frontmotor, geteilte Kardanwelle, Hinterachsantrieb.

Übersetzungen:
1. Gang	3,835 : 1
2. Gang	2,053 : 1
3. Gang	1,345 : 1
4. Gang	1,000 : 1
R-Gang	4,180 : 1
Achsübersetzung	3,900 : 1

Fahrwerk:
Selbsttragende Stahlblechkarosserie, vorn Federbeine und Dreieck-Querlenker, hinten schrägstehende Längslenker und Schraubenfedern, vorn und hinten Gummizusatzfedern, Teleskopstoßdämpfer (gegen Aufpreis: Stabilisatoren).
Bremsen: Servo-Vierrad-Bremssystem, vorn Scheiben-, hinten Trommelbremsen, Bremsbelagfläche 1480^2.
Lenkung: Schneckenrollenlenkung.
Reifen: 175 H-14 – Felgen: 5 $^1/_2$ J × 14

Maße, Gewichte:
Länge 4530 mm, Breite 1670 mm, Höhe 1360 mm, Radstand 2550 mm, Spurweite vorn 1330 mm, hinten 1380 mm.
Leergewicht 1180 kg, zulässiges Gesamtgewicht 1580 kg, Wendekreisdurchmesser 10,5 m.

Verbrauch:
10,9 Liter auf 100 km (Superbenzin)

Fahrleistungen:
Höchstgeschwindigkeit 185 km/h, Beschleunigung 0–100 km/h in 11,0 sek.

Preis:

	Sept. 1965	Jan. 1968	Juli 1968	
2000 CS Coupé	17.500,–	17.501,–	17.660,10	DM

Produktionszahlen: 9.999 Stück.

Bauzeit:
(Debüt September 1965) Von Februar 1966 bis August 1968.

Merkmale:
Unterschiede zum C/CA: 120 PS-Maschine und ausschließlich mit Schaltgetriebe lieferbar. Äußerlich keine Unterschiede bis auf Typenbezeichnung „2000 CS" am Heck.

BMW 1502

Karosserie:
Limousine, 2 Türen, 4 Sitze

Motor:
Wassergekühlter Vierzylinder-Viertakt-Reihenmotor, um 30° nach rechts geneigt, Bohrung/Hub: 84/71 mm, 1573 ccm, Verdichtung 8,0 : 1, 75 DIN-PS bei 5800 U/min, maximales Drehmoment 12,0 mkp bei 3700 U/min, schräghängende Ventile, obenliegende Nockenwelle durch Kette angetrieben, Leichtmetall-Zylinderkopf, fünffach gelagerte Kurbelwelle, ein Fallstrom-Vergaser Solex 38 PDSI
Batterie: 12 Volt/36 Ah, Drehstrom-Lichtmaschine 490 Watt
Füllmengen: Tankinhalt 50 Liter, Motoröl 4,25 Liter, Kühlsystem 7 Liter

Kraftübertragung:
Sperrsynchronisiertes Viergang-Getriebe, Einscheiben-Trockenkupplung, Mittelschaltung
Frontmotor, geteilte Kardanwelle, Hinterachsantrieb

Übersetzungen:
1. Gang	3,764 : 1
2. Gang	2,020 : 1
3. Gang	1,320 : 1
4. Gang	1,000 : 1
R-Gang	4,096 : 1
Achsübersetzung:	4,110 : 1

Fahrwerk:
Selbsttragende Stahlblechkarosserie, vorn Federbeine und Dreieck-Querlenker, hinten schrägstehende Längslenker und Schraubenfedern, vorn und hinten Gummizusatzfedern, Teleskopstoßdämpfer

Bremsen: Servo-Zweikreis-Bremssystem, vorn Scheiben-, hinten Trommelbremsen
Lenkung: Schneckenrollenlenkung (Übersetzung 17,58 : 1)
Reifen: 165 SR 13 – Felgen: 4½ J × 13

Maße, Gewichte:
Länge 4230 mm, Breite 1590 mm, Höhe 1410 mm, Radstand 2500 mm, Spurweite vorn und hinten 1330 mm,
Leergewicht 980 kg, zulässiges Gesamtgewicht 1380 kg, Wendekreisdurchmesser 10,3 m

Verbrauch:
12 Liter Normalbenzin auf 100 km

Fahrleistungen:
Höchstgeschwindigkeit 157 km/h, Beschleunigung 0–100 km/h in 14,5 Sek.

Preis:

	Jan. 1975	März 1975	August 1975	Mai 1976	März 1977	
Limousine	11.390,–	11,750,–	12.380,–	12.880,–	13.380,–	DM

Produktionszahlen: 71.976 Stück

Bauzeit:
Von Januar 1975 bis August 1977

Merkmale:
Ausstattungsmäßig abgemagerte Version des 1602. Motor gedrosselt auf 75 PS, statt Doppel-Zweikreis-Bremse nur Zweikreis-Bremse, äußerlich zu erkennen an fehlender Seitenzierleiste und Typenbezeichnung am Heck.

BMW 1600-2

Karosserie:
Limousine, 2 Türen, 4 Sitze.
Cabriolet, 2 Türen, 2 + 2 Sitze (Karosserie Baur, Stuttgart).

Motor:
Wassergekühlter Vierzylinder-Viertakt-Reihenmotor, um 30° nach rechts geneigt, Bohrung/Hub: 84/71 mm, 1573 ccm, Verdichtung 8,6 : 1, 85 DIN-PS bei 5700 U/min, maximales Drehmoment 12,6 mkp bei 3000 U/min, schräghängende Ventile (in V 52°), obenliegende Nockenwelle durch Kette angetrieben, Leichtmetall-Zylinderkopf, fünffach gelagerte Kurbelwelle, ein Solex-Fallstrom-Vergaser 38 PDSI.
Batterie: 6 Volt/77 Ah, Gleichstrom-Lichtmaschine 250 Watt (ab Januar 1969: Drehstrom-Lichtmaschine 490 Watt).
Füllmengen: Tankinhalt 46 Liter, Motoröl 4,25 Liter, Kühlsystem 7 Liter.

Kraftübertragung:
Sperrsynchronisiertes Viergang-Getriebe, Einscheiben-Trockenkupplung, Mittelschaltung.
Frontmotor, geteilte Kardanwelle, Hinterachsantrieb.

Übersetzungen:

1. Gang	3,835 : 1
2. Gang	2,053 : 1
3. Gang	1,345 : 1
4. Gang	1,000 : 1
R-Gang	4,180 : 1
Achsübersetzung	4,110 : 1

Fahrwerk:
Selbsttragende Stahlblechkarosserie, vorn Federbeine und Dreieck-Querlenker, hinten schrägstehende Längslenker und Schraubenfedern, vorn und hinten Gummizusatzfedern und Teleskopstoßdämpfer.
Bremsen: Servo-Vierrad-Bremsen (ab Januar 1969: Doppel-Zweikreis-System), vorn Scheiben-, hinten Trommelbremsen.
Lenkung: Schneckenrollenlenkung (Übersetzung 17,58 : 1).
Reifen: 6.00 S 13, gegen Aufpreis 165 SR-13 (ab August 1970 serienmäßig)
Felgen: 4½ J × 13

Maße, Gewichte:
Länge 4230 mm, Breite 1590 mm, Höhe 1420 mm, (Cabriolet 1360 mm), Radstand 2500 mm, Spurweite vorn und hinten 1320 mm. Leergewicht Limousine 903 kg, Cabriolet 980 kg, zulässiges Gesamtgewicht 1320 kg, Wendekreisdurchmesser 10,3 m.

Verbrauch:
9,9 Liter auf 100 km (Superbenzin).

Fahrleistungen:
Höchstgeschwindigkeit 160 km/h, Beschleunigung 0–100 km/h in 13,3 sek.

Preis:

	April 1966	Jan. 1968	Juli 1968	Nov. 1969	Jan. 1971	
1600–2 Limousine	8.650,–	8.679,–	8.758,–	9.280,–	9.990,–	DM
1600–2 Cabriolet	11.980,–	11.979,–	12.088,–	13.253,–	13.253,–	DM

Produktionszahlen: 144.516 Stück.

Bauzeit:
Limousine (Debüt: 7. März 1966) ab April 1966 bis April 1971, Cabriolet ab September 1967 bis Dezember 1971.

Merkmale:
Nachfolger des viertürigen Typs 1600. Neue Karosserie, Motor vom Vorgänger, jedoch nun mit Leistungssteigerung von 83 auf 85 PS.

BMW 1602

Karosserie:
Limousine, 2 Türen, 4 Sitze.
Cabriolet, 2 Türen, 2 + 2 Sitze (Karosserie Baur, Stuttgart).

Motor:
Wassergekühlter Vierzylinder-Viertakt-Reihenmotor, um 30° nach rechts geneigt, Bohrung/Hub: 84/71 mm, 1573 ccm, Verdichtung 8,6 : 1, 85 DIN-PS bei 5700 U/min, maximales Drehmoment 12,6 mkp bei 3000 U/min, schräghängende Ventile (in V 52°), obenliegende Nockenwelle durch Kette angetrieben, Leichtmetall-Zylinderkopf, fünffach gelagerte Kurbelwelle, ein Solex-Fallstrom-Vergaser 38 PDSI.
Batterie: 12 Volt/44 Ah, Drehstrom-Lichtmaschine 490 Watt.
Füllmengen: Tankinhalt 46 Liter, Motoröl 4,25 Liter, Kühlsystem 7 Liter.

Kraftübertragung:
Sperrsynchronisiertes Viergang-Getriebe, Einscheiben-Trockenkupplung, Mittelschaltung.
Frontmotor, geteilte Kardanwelle, Hinterachsantrieb.

Übersetzungen:
1. Gang	3,764 : 1
2. Gang	2,020 : 1
3. Gang	1,320 : 1
4. Gang	1,000 : 1
R-Gang	4,096 : 1
Achsübersetzung:	3,64 : 1

Fahrwerk:
Selbsttragende Stahlblechkarosserie, vorn Federbeine und Dreieck-Querlenker, hinten schrägstehende Längslenker und Schraubenfedern, vorn und hinten Gummizusatzfedern, Teleskopstoßdämpfer.
Bremsen: Servo-Doppel-Zweikreis-Bremssystem, vorn Scheiben-, hinten Trommelbremsen.
Lenkung: Schneckenrollenlenkung (Übersetzung 17,58 : 1).
Reifen: 165 SR 13 – Felgen: 4½ J × 13 H 2

Maße, Gewichte:
Länge 4230 mm, Breite 1590 mm, Höhe 1410 mm, Radstand 2500 mm, Spurweite vorn und hinten 1320 mm.
Leergewicht 970 kg, zulässiges Gesamtgewicht 1370 kg, Wendekreisdurchmesser 10,3 m.

Verbrauch:
9,9 Liter auf 100 km (Superbenzin).

Fahrleistungen:
Höchstgeschwindigkeit 160 km/h, Beschleunigung 0–100 km/h in 13,3 sek.

Preis:

	Mai 1971	Sept. 1971	Jan. 1972	Febr. 1973
1602 Limousine	9.990,–	10.250,–	10.645,–	11.100,– DM

Produktionszahlen: 87.804 Stück

Bauzeit:
Von Mai 1971 bis August 1973

Merkmale:
Typenbezeichnung jetzt 1602, Stoßstangen mit Gummiauflagen, seitliche Stoßleisten aus Gummi, serienmäßig Gürtelreifen, geänderte Übersetzungen im Getriebe,

BMW 1602

Karosserie:
Limousine, 2 Türen, 4 Sitze
Cabriolet (mit Überrollbügel), 2 Türen, 2 + 2 Sitze (Karosserie Baur, Stuttgart)

Motor:
Wassergekühlter Vierzylinder-Viertakt-Reihenmotor, um 30° nach rechts geneigt, Bohrung/Hub: 84/71 mm, 1573 ccm, Verdichtung 8,6 : 1, 85DIN-PS bei 5700 U/min, maximales Drehmoment 13,2 mkp bei 3500 U/min, schräghängende Ventile (in V 52°), obenliegende Nockenwelle, durch Kette angetrieben, Leichtmetall-Zylinderkopf, fünffach gelagerte Kurbelwelle, ein Solex-Fallstrom-Vergaser 38 PDSI
Batterie: 12 Volt/44 Ah, Drehstrom-Lichtmaschine 630 Watt
Füllmengen: Tankinhalt 46 Liter, Motoröl 4,25 Liter, Kühlsystem 7 Liter

Kraftübertragung:
Sperrsynchronisiertes Viergang-Getriebe, Einscheiben-Trockenkupplung, Mittelschaltung
Frontmotor, geteilte Kardanwelle, Hinterachsantrieb

Übersetzungen:
1. Gang	3,764 : 1
2. Gang	2,020 : 1
3. Gang	1,320 : 1
4. Gang	1,000 : 1
R-Gang	4,096 : 1
Achsübersetzung:	4,11 : 1

Fahrwerk:
Selbsttragende Stahlblechkarosserie, vorn Federbeine und Dreieck Querlenker, hinten schrägstehende Längslenker und Schraubenfedern, vorn und hinten Gummizusatzfedern, Teleskopstoßdämpfer
Bremsen: Servo-Doppel-Zweikreis-Bremssystem, vorn Scheiben-, hinten Trommelbremsen
Lenkung: Schneckenrollenlenkung (Übersetzung 17,58 : 1)
Reifen: 165 SR 13. – Felgen: 5 J × 13 H 2

Maße, Gewichte:
Länge 4250 mm, Breite 1590 mm, Höhe 1410 mm, Radstand 2500 mm, Spurweite vorn und hinten 1320 mm
Leergewicht 970 kg, zulässiges Gesamtgewicht 1370 kg, Wendekreisdurchmesser 10,3 m

Verbrauch:
9,9 Liter auf 100 km (Superbenzin)

Fahrleistungen:
Höchstgeschwindigkeit 160 km/h, Beschleunigung 0–100 km/h in 12,8 sek.

Preis:
	Sept. 1973
1602 Lim.	11.280,– DM

Produktionszahlen: 47.139 Stück.

Bauzeit:
Von September 1973 bis Juni 1975

Merkmale:
Motor mit mehr Drehmoment, stärkere Lichtmaschine, geänderte Achsübersetzung, verbesserte Innenausstattung, rechteckige statt runde Heckleuchten.

BMW 1600 TI

Karosserie:
Limousine, 2 Türen, 4 Sitze.

Motor:
Wassergekühlter Vierzylinder-Viertakt-Reihenmotor, um 30° nach rechts geneigt, Bohrung/Hub: 84/71 mm, 1573 ccm, Verdichtung 9,5 : 1, 105 DIN-PS bei 6000 U/min, maximales Drehmoment 13,4 mkp bei 4500 U/min, schräghängende Ventile (in V 52°), obenliegende Nockenwelle durch Kette angetrieben, Leichtmetall-Zylinderkopf, fünffach gelagerte Kurbelwelle, zwei Horizontal-Doppelvergaser Solex 40 PHH.
Batterie: 12 Volt/44 Ah, Drehstrom-Lichtmaschine 490 Watt.
Füllmengen: Tankinhalt 46 Liter, Motoröl 4,25 Liter, Kühlsystem 7 Liter.

Kraftübertragung:
Sperrsynchronisiertes Viergang-Getriebe, Einscheiben-Trockenkupplung, Mittelschaltung.
Frontmotor, geteilte Kardanwelle, Hinterachsantrieb.

Übersetzungen:
1. Gang	3,835 : 1
2. Gang	2,053 : 1
3. Gang	1,345 : 1
4. Gang	1,000 : 1
R-Gang	4,180 : 1
Achsübersetzung	3,64 : 1

Fahrwerk:
Selbsttragende Stahlblechkarosserie, vorn Federbeine und Dreieck-Querlenker, hinten schrägstehende Längslenker und Schraubenfedern, vorn und hinten Gummizusatzfedern und Teleskopstoßdämpfer.
Bremsen: Servo-Vierrad-Bremssystem, vorn Scheiben-, hinten Trommelbremsen.
Lenkung: Schneckenrollenlenkung (Übersetzung 17,58 : 1).
Reifen: 165 SR 13 – Felgen: $4^{1}/_{2}$ J × 13

Maße, Gewichte:
Länge 4230 mm, Breite 1590 mm, Höhe 1410 mm, Radstand 2500 mm, Spurweite vorn und hinten 1320 mm.
Leergewicht 935 kg, zulässiges Gesamtgewicht 1335 kg, Wendekreisdurchmesser 10,3 m.

Verbrauch:
10,6 Liter auf 100 km (Superbenzin).

Fahrleistungen:
Höchstgeschwindigkeit 170 km/h, Beschleunigung 0–100 km/h in 10,8 sek.

Preis:

	Sept. 1967	Jan. 1968	Juli 1968	
1600 TI-Limousine	9 950,–	10 032,–	10 123,–	DM

Produktionszahlen: 10 836 Stück.

Bauzeit:
Von Oktober 1967 bis November 1968 (Debüt am 15. September 1967).

Merkmale:
Viervergaser-Motor mit 105 PS Leistung, serienmäßig mit Gürtelreifen, Drehzahlmesser. Äußerlich nur durch Typenbezeichnung 1600 TI an Front und Heck erkenntlich.

BMW 1600 GT

Karosserie:
Coupé, 2 Türen, 2 + 2 Sitze (Karosserie: Pietro Frua/Italien).

Motor:
Wassergekühlter Vierzylinder-Viertakt-Reihenmotor, Bohrung/Hub: 84/71 mm, 1573 ccm, Verdichtung 9,5 : 1, 105 DIN-PS bei 6000 U/min, maximales Drehmoment 13,4 mkp bei 4500 U/min, schräghängende Ventile (in V 52°), obenliegende Nockenwelle durch Kette angetrieben, Leichtmetall-Zylinderkopf, fünffach gelagerte Kurbelwelle, zwei Horizontal-Doppelvergaser Solex 40 PHH.

Batterie: 12 Volt/44 Ah, Drehstom-Lichtmaschine 490 Watt.
Füllmengen: Tankinhalt 55 Liter, Motoröl 4,25 Liter, Kühlsystem 7 Liter.

Kraftübertragung:
Sperrsynchronisiertes Viergang-Getriebe, Einscheiben-Trockenkupplung, Mittelschaltung.
Frontmotor, geteilte Kardanwelle, Hinterachsantrieb.

Übersetzungen:
1. Gang	3,835 : 1
2. Gang	2,053 : 1
3. Gang	1,345 : 1
4. Gang	1,000 : 1
R-Gang	4,180 : 1
Achsübersetzung	3,64 : 1

Fahrwerk:
Selbsttragende Stahlblechkarosserie, vorn doppelte Dreieck-Querlenker mit Schraubenfedern, hinten schrägstehende Längslenker und Schraubenfedern, vorn und hinten Stabilisatoren, Gummizusatzfedern und Teleskopstoßdämpfer.
Bremsen: Servo-Vierrad-Bremssystem, vorn Scheiben-, hinten Trommelbremsen.
Lenkung: Schneckenrollenlenkung (Übersetzung 17,58 : 1).
Reifen: 155 HR-14; Felgen 4 ½ J × 14

Maße, Gewichte:
Länge 4050 mm, Breite 1550 mm, Höhe 1280 mm, Radstand 2320 mm, Spurweite vorn und hinten 1260 mm.
Leergewicht 960 kg, zulässiges Gesamtgewicht 1330 kg, Wendekreisdurchmesser 9,6 m.

Verbrauch:
10,3 Liter auf 100 km (Superbenzin).

Fahrleistungen:
Höchstgeschwindigkeit 190 km/h, Beschleunigung 0–100 km/h in 11,2 sek.

Preis:
	Sept. 1967	Jan. 1968	Juli 1968	
1600 GT Coupé	15 860,–	15 851,–	15 995,–	DM

Produktionszahlen: 1 255 Stück.

Bauzeit:
Von September 1967 bis August 1968.

Merkmale:
Karosserie des Glas GT jedoch mit eingepaßter BMW-Niere und runden Rückleuchten des BMW 1600-2. Schräglenker-Hinterachse hinten und – gegenüber dem Glas GT – geänderter Tank. Motor vom BMW 1600 TI.

BMW 1802

Karosserie:
Limousine, 2 Türen, 4 Sitze.

Motor:
Wassergekühlter Vierzylinder-Viertakt-Reihenmotor, um 30° nach rechts geneigt, Bohrung/Hub: 89/71 mm, 1766 ccm, Verdichtung 8,6 : 1, 90 DIN-PS bei 5250 U/min, maximales Drehmoment 14,6 mkp bei 3000 U/min, schräghängende Ventile, obenliegende Nockenwelle durch Kette angetrieben, Leichtmetall-Zylinderkopf, fünffach gelagerte Kurbelwelle, ein Fallstrom-Vergaser Solex 38 PDSI.
Batterie: 12 Volt/44 Ah, Drehstrom-Lichtmaschine 490 Watt.
Füllmengen: Tankinhalt 46 Liter, Motoröl 4,25 Liter, Kühlsystem 7 Liter.

Kraftübertragung:
Sperrsynchronisiertes Viergang-Getriebe, Einscheiben-Trockenkupplung, Mittelschaltung. Frontmotor, geteilte Kardanwelle, Hinterachsantrieb.

Übersetzungen:
1. Gang	3,764 : 1
2. Gang	2,020 : 1
3. Gang	1,320 : 1
4. Gang	1,000 : 1
R-Gang	4,096 : 1
Achsübersetzung	4,110 : 1

Fahrwerk:
Selbsttragende Stahlblechkarosserie, vorn Federbeine und Dreieck-Querlenker, hinten schrägstehende Längslenker und Schraubenfedern, vorn und hinten Gummizusatzfedern, Teleskopstoßdämpfer.
Bremsen: Servo-Doppel-Zweikreis-Bremssystem, vorn Scheiben-, hinten Trommelbremsen.
Lenkung: Schneckenrollenlenkung (Übersetzung 17,58 : 1).
Reifen: 165 SR 13 – Felgen: $4^1/_2$ J × 13 H 2

Maße, Gewichte:
Länge 4230 mm, Breite 1590 mm, Höhe 1410 mm, Radstand 2500 mm, Spurweite vorn und hinten 1320 mm.
Leergewicht 970 kg, zulässiges Gesamtgewicht 1370 kg, Wendekreisdurchmesser 10,3 m.

Verbrauch:
9,9 Liter auf 100 km (Superbenzin).

Fahrleistungen:
Höchstgeschwindigkeit 165 km/h, Beschleunigung 0–100 km/h in 12,2 sek.

Preis:

	Mai 1971	Sept. 1971	Jan. 1972	Febr. 1973	
1802 Limousine	10 434,–	10 770,–	11 195,–	11 700,–	DM

Produktionszahlen: 61 118 Stück.

Bauzeit:
(Debüt 20. April 1971) Von Mai 1971 bis August 1973.

Merkmale:
Mischung aus dem Baukasten-Regal. Motor vom 1800 mit Karosserie der 02-Modelle. Äußerlich nur an Typenbezeichnung 1802 zu erkennen.

BMW 1802

Karosserie:
Limousine, 2 Türen, 4 Sitze

Motor:
Wassergekühlter Vierzylinder-Viertakt-Reihenmotor, um 30° nach rechts geneigt, Bohrung/Hub: 89/71 mm, 1766 ccm, Verdichtung 8,6 : 1, 90 DIN-PS bei 5250 U/min, maximales Drehmoment 14,6 mkp bei 3000 U/min, schräghängende Ventile (in V 52°), obenliegende Nockenwelle durch Kette angetrieben, Leichtmetall-Zylinderkopf, fünffach gelagerte Kurbelwelle, ein Solex-Fallstrom-Vergaser 38 PDSI.

Batterie: 12 Volt/44 Ah, Drehstrom-Lichtmaschine 630 Watt.
Füllmengen: Tankinhalt 46 Liter, Motoröl 4,25 Liter, Kühlsystem 7 Liter.

Kraftübertragung:
Sperrsynchronisiertes Viergang-Getriebe, Einscheiben-Trockenkupplung, Mittelschaltung.
Frontmotor, geteilte Kardanwelle, Hinterachsantrieb.

Übersetzungen:
1. Gang	3,764 : 1
2. Gang	2,020 : 1
3. Gang	1,320 : 1
4. Gang	1,000 : 1
R-Gang	4,096 : 1
Achsübersetzung:	4,11 : 1

Fahrwerk:
Selbsttragende Stahlblechkarosserie, vorn Federbeine und Dreieck-Querlenker, hinten schrägstehende Längslenker und Schraubenfedern, vorn und hinten Gummizusatzfedern, Teleskopstoßdämpfer.
Bremsen: Servo-Doppel-Zweikreis-Bremssystem, vorn Scheiben-, hinten Trommelbremsen.
Lenkung: Schneckenrollenlenkung (Übersetzung 17,58 : 1).
Reifen: 165 SR 13 − Felgen: 5 J × 13 H 2.

Maße, Gewichte:
Länge 4230 mm, Breite 1590 mm, Höhe 1410 mm, Radstand 250 mm, Spurweite vorn und hinten 1348 mm.
Leergewicht 970 kg, zulässiges Gesamtgewicht 1370 kg, Wendekreisdurchmesser 10,3 m.

Verbrauch:
9,9 Liter auf 100 km (Superbenzin).

Fahrleistungen:
Höchstgeschwindigkeit 165 km/h, Beschleunigung 0–100 km/h in 11,8 sek.

Preis:
	Sept. 1973
Limousine	11 880,− DM

Produktionszahlen: 22 234 Stück.

Bauzeit:
Vom 15. September 1973 bis Juni 1975.

Merkmale:
Stärkere Lichtmaschine, geänderte Achsübersetzung, rechteckige Rückleuchten.

BMW 2002

Karosserie:
Limousine, 2 Türen, 4 Sitze.
Cabriolet, 2 Türen 2 + 2 Sitze (Karosserie Baur)
Cabriolet mit Überroll-Bügel, 2 Türen, 2 + 2 Sitze (Karosserie Baur).

Motor:
Wassergekühlter Vierzylinder-Viertakt-Reihenmotor, um 30° nach rechts geneigt, Bohrung/Hub: 89/80 mm, 1990 ccm, Verdichtung 8,5 : 1, 100 DIN-PS bei 5500 U/min, maximales Drehmoment 16 mkp bei 3000 U/min, schräghängende Ventile (in V 52°), obenliegende Nockenwelle durch Kette angetrieben, Leichtmetall-Zylinderkopf, fünffach gelagerte Kurbelwelle, ein Fallstromvergaser Solex 40 PDSI.
Batterie: 12 Volt/44 Ah, Drehstrom-Lichtmaschine 490 Watt (ab April 71: 650 Watt).
Füllmengen: Tankinhalt 46 Liter, Motoröl 4,25 Liter, Kühlsystem 7 Liter.

Kraftübertragung:
a) Sperrsynchronisiertes Viergang-Getriebe, Einscheiben-Trockenkupplung, Mittelschaltung.
b) Gegen Aufpreis: automatisches ZF-Getriebe (hydraulischer Wandler, Dreigang-Planetengetriebe), Wählhebel in der Mitte.
Frontmotor, geteilte Kardanwelle, Hinterachsantrieb.

Übersetzungen:

	a)	b)
1. Gang	3,764 : 1	2,56 : 1
2. Gang	2,020 : 1	1,52 : 1
3. Gang	1,320 : 1	1,00 : 1
4. Gang	1,000 : 1	–
R-Gang	4,096 : 1	2,00 : 1
Achsübersetzung	3,64 : 1	

Fahrwerk:
Selbsttragende Stahlblechkarosserie, vorn Federbeine und Dreieck-Querlenker, hinten schrägstehend Längslenker und Schraubenfedern, vorn und hinten. Gummizusatzfedern, Stabilisatoren und Teleskopstoßdämpfer Servo-Vierrad-Bremsen (ab Jan. 69: Doppel-Zweikreissystem), vorn Scheiben-, hinten Trommelbremsen Lenkung: Schneckenrollenlenkung (Übersetzung 17,58 : 1).
Reifen: 165 SR 13 – Felgen: $4^1/_2$ J × 13

Maße, Gewichte:
Länge 4230 mm, Breite 1590 mm, Höhe 1410 mm (Cabriolet 1360 mm), Radstand 2500 mm, Spurweite vorn und hinten 1330 mm.
Leergewicht 990 kg (Cabriolet 1060 kg), zulässiges Gesamtgewicht 1390 kg, Wendekreisdurchmesser 10,3 m.

Verbrauch:
10 Liter auf 100 km (Superbenzin).

Fahrleistungen:
Höchstgeschwindigkeit 170 km/h, Beschleunigung 0–100 km/h in 10,9 sek.

Preis:

	Jan. 1968	Juli 1968	Nov. 1969	Jan. 1971	
Limousine	9 394,–	9 479,–	9 978,–	10 767,–	DM
2002 m. Autom.	10 714,–	10 560,–	10 656,–	11 988,–	DM

	Mai 1971	Sept. 1971	Jan. 1972	Febr. 1973	
2002 Limousine	10 878,–	11 230,–	11 695,–	12 300,–	DM
2002 Lim./Autom.	12 099,–	12 490,–	12 995,–	13 650,–	DM
Cabrio./Überrollb.	14 985,–	14 985,–	15 490,–	15 985,–	DM
2002 Cabriolet	14 208,–	–	–	–	DM

Produktionszahlen: 256 788 Stück.

Bauzeit:
Limousine ab Jan. 1968 bis April 1971 – Limousine mit Detailänderungen (Scheuerleiste) von Mai 1971 bis August 1973 – Cabriolet ab April 1971 bis Aug. 1971 – Cabriolet mit Überrollbügel ab Aug. 1971 (Debüt Febr. 1971) bis August 1973.

Merkmale:
Mischung aus dem Baukasten-Regal. Motor des 2000 in der Karosserie der kleinen BMWs. Äußerlich zu erkennen an dem schwarz abgedeckten Kühlergrill sowie Typenbezeichnung 2002 hinten. Von 1971 bis 1973 mit seitlicher Scheuerleiste.

BMW 2002

Karosserie:
Limousine, 2 Türen, 4 Sitze,
Cabriolet mit Überroll-Bügel, 2 Türen, 2 + 2 Sitze (Karosserie Baur).

Motor:
Wassergekühlter Vierzylinder-Viertakt-Reihenmotor, um 30° nach rechts geneigt, Bohrung/Hub: 89/80 mm, 1990 ccm, Verdichtung 8,5 : 1, 100 DIN-PS bei 5500 U/min, maximales Drehmoment 16,0 mkp bei 3000 U/min, schräghängende Ventile (in V 52°), obenliegende Nockenwelle durch Kette angetrieben, Leichtmetall-Zylinderkopf, fünffach gelagerte Kurbelwelle, ein Solex-Fallstrom-Vergaser 40 PDSI.
Batterie: 12 Volt/44 Ah, Drehstrom-Lichtmaschine 630 Watt.
Füllmengen: Tankinhalt 46 Liter, Motoröl 4,25 Liter, Kühlsystem 7 Liter.

Kraftübertragung:
a) Sperrsynchronisiertes Viergang-Getriebe, Einscheiben-Trockenkupplung, Mittelschaltung,
b) Gegen Aufpreis: automat. ZF-Getriebe (hydraul. Wandler, Dreigang-Planetengetriebe), Wählhebel in der Mitte.
Frontmotor, geteilte Kardanwelle, Hinterachsantrieb.

Übersetzungen:

	a)	b)
1. Gang	3,764 : 1	2,56 : 1
2. Gang	2,020 : 1	1,52 : 1
3. Gang	1,320 : 1	1,00 : 1
4. Gang	1,000 : 1	–
R-Gang	4,096 : 1	2,00 : 1
Achsübersetzung	3,64 : 1	

Fahrwerk:
Selbsttragende Stahlblechkarosserie, vorn Federbeine und Dreieck-Querlenker, hinten schrägstehende Längslenker und Schraubenfedern, vorn und hinten Gummizusatzfedern, Teleskopstoßdämpfer, Stabilisatoren.
Bremsen: Servo-Doppel-Zweikreis-Bremssystem, vorn Scheiben-, hinten Trommelbremsen.
Lenkung: Schneckenrollenlenkung (Übersetzung 17,58 : 1).
Reifen: 165 SR 13 – Felgen: 5 J × 13 H 2.

Maße, Gewichte:
Länge 4230 mm, Breite 1590 mm, Höhe 1410 mm (Cabriolet 1360 mm), Radstand 2500 mm, Spurweite vorn und hinten 1348 mm.
Leergewicht 990 kg, zulässiges Gesamtgewicht 1390 kg, Wendekreisdurchmesser 10,3 m.

Verbrauch:
10,0 Liter auf 100 km (Superbenzin).

Fahrleistungen:
Höchstgeschwindigkeit 170 km/h, Beschleunigung 0–100 km/h in 10,9 sek.

Preis:

	Sept. 1973
Limousine	12 530,– DM
Lim. m. Autom.	13 880,– DM
Cabriolet m. Überrollbügel	16 215,– DM

Produktionszahlen: 22 234 Stück.

Bauzeit:
Vom 15. September 1973 bis Juni 1975.

Merkmale:
Verbesserte Innenausstattung, stärkere Lichtmaschine, breitere Felgen, rechteckige Rückleuchten.

BMW 2002 ti

Karosserie:
Limousine, 2 Türen, 4 Sitze.

Motor:
Wassergekühlter Vierzylinder-Viertakt-Reihenmotor, um 30° nach rechts geneigt, Bohrung/Hub: 89/80 mm, 1990 ccm, Verdichtung 9,3 : 1, 120 DIN-PS bei 5500 U/min, maximales Drehmoment 17,0 mkp bei 3600 U/min, schräghängende Ventile, obenliegende Nockenwelle durch Kette angetrieben, Leichtmetall-Zylinderkopf, fünffach gelagerte Kurbelwelle, zwei Horizontal-Doppelvergaser Solex 40 PHH.
Batterie: 12 Volt/44 Ah, Drehstrom-Lichtmaschine 500 Watt.
Füllmengen: Tankinhalt 46 Liter, Motoröl 4,25 Liter, Kühlsystem 7 Liter.

Kraftübertragung:
a) Sperrsynchronisiertes Viergang-Getriebe, Einscheiben-Trockenkupplung, Mittelschaltung.
b) Gegen Aufpreis: vollsynchronisiertes Fünfgang-Getriebe, Einscheiben-Trockenkupplung, Mittelschaltung.
Frontmotor, geteilte Kardanwelle, Hinterachsantrieb.

Übersetzungen:

	a)	b)
1. Gang	3,835 : 1	3,368 : 1
2. Gang	2,053 : 1	2,160 : 1
3. Gang	1,345 : 1	1,579 : 1
4. Gang	1,000 : 1	1,241 : 1
5. Gang	–	1,000 : 1
R-Gang	4,180 : 1	4,000 : 1
Achsübersetzung	3,65 : 1	3,65 : 1

Fahrwerk:
Selbsttragende Stahlblechkarosserie, vorn Federbeine und Dreieck-Querlenker, hinten schrägstehende Längslenker und Schraubenfedern, Gummizusatzfedern, Stabilisatoren und Teleskopstoßdämpfer vorn und hinten.
Bremsen: Servo-Doppel-Zweikreis-Bremssystem, vorn Scheiben-, hinten Trommelbremsen.
Lenkung: Schneckenrollenlenkung (Übersetzung 17,58 : 1).
Reifen: 165 HR 13 – Felgen: 5 J × 13.

Maße, Gewichte:
Länge 4230 mm, Breite 1590 mm, Höhe 1410 mm, Radstand 2500 mm, Spurweite vorn und hinten 1348 mm.
Leergewicht 940 kg, zulässiges Gesamtgewicht 1350 kg, Wendekreisdurchmesser 10,3 m.

Verbrauch:
10,3 Liter auf 100 km (Superbenzin).

Fahrleistungen:
Höchstgeschwindigkeit 185 km/h, Beschleunigung 0–100 km/h in 9,4 sek.

Preis:

	Okt. 1968	Nov. 1969	Jan. 1971	
2002 ti Limousine	10 989,–	11 988,–	12 321,–	DM

Produktionszahlen: 14 744 Stück.

Bauzeit:
(Debüt: 5. September 1968). Von Oktober 1968 bis April 1971.

Merkmale:
Sportlichere Innenausstattung, Viervergaser-Motor mit 120 PS Leistung, gegenüber 2002 äußerlich nur an Typenbezeichnung „2002 ti" an Front und Heck zu erkennen.

BMW 2002 tii

Karosserie:
Limousine, 2 Türen, 4 Sitze.

Motor:
Wassergekühlter Vierzylinder-Viertakt-Reihenmotor, um 30° nach rechts geneigt, Bohrung/ Hub: 89/80 mm, 1990 ccm, Verdichtung 9,5 : 1, 130 DIN-PS bei 5800 U/min, maximales Drehmoment 18,1 mkp bei 4500 U/min, schräghängende Ventile, obenliegende Nockenwelle durch Kette angetrieben, Leichtmetall-Zylinderkopf, fünffach gelagerte Kurbelwelle, mechanische Saugrohr-Benzineinspritzung (Kugelfischer PL-04).
Batterie: 12 Volt/44 Ah, Drehstrom-Lichtmaschine 630 Watt.
Füllmengen: Tankinhalt 46 Liter, Motoröl 4,25 Liter, Kühlsystem 7 Liter.

Kraftübertragung:
a) Sperrsynchronisiertes Viergang-Getriebe, Einscheiben-Trockenkupplung, Mittelschaltung.
b) Gegen Aufpreis: sperrsynchronisiertes Fünfgang-Getriebe, Einscheiben-Trockenkupplung, Mittelschaltung.
Frontmotor, geteilte Kardanwelle, Hinterachsantrieb.

Übersetzungen:

	a)	b)
1. Gang	3,764 : 1	3,368 : 1
2. Gang	2,020 : 1	2,160 : 1
3. Gang	1,320 : 1	1,579 : 1
4. Gang	1,000 : 1	1,241 : 1
5. Gang	–	1,000 : 1
R-Gang	4,096 : 1	4,000 : 1
Achsübersetzung	3,64 : 1	3,64 : 1

Fahrwerk:
Selbsttragende Stahlblechkarosserie, vorn Federbeine und Dreieck-Querlenker, hinten schrägstehende Längslenker und Schraubenfedern, vorn und hinten Gummizusatzfedern, Stabilisatoren und Teleskopstoßdämpfer.
Bremsen: Servo-Doppel-Zweikreis-Bremssystem, vorn Scheiben-, hinten Trommelbremsen.
Lenkung: Schneckenrollenlenkung (Übersetzung 17,58 : 1).
Reifen: 165 HR 13 – Felgen: 5 J × 13 H 2

Maße, Gewichte:
Länge 4230 mm, Breite 1590 mm, Höhe 1410 mm, Radstand 2500 mm, Spurweite vorn und hinten 1348 mm.
Leergewicht 990 kg, zulässiges Gesamtgewicht 1390 kg, Wendekreisdurchmesser 10,3 m.

Verbrauch:
8,8 Liter auf 100 km (Superbenzin).

Fahrleistungen:
Höchstgeschwindigkeit 186 km/h, Beschleunigung 0–100 km/h in 9,4 sek.

Preis:

	Mai 1971	Sept. 1971	Jan. 1972	Febr. 1973	
2002 tii Limousine	12 765,–	13 180,–	13 740,–	14 400,–	DM

Produktionszahlen: 30 948 Stück.

Bauzeit:
(Debüt 20. April 1971) von Mai 1971 bis August 1973.

Merkmale:
Nachfolger des 2002 ti mit Einspritzmotor. Äußerlich nur an Typenbezeichnung am Heck zu erkennen.

BMW 2002 tii

Karosserie:
Limousine, 2 Türen, 4 Sitze.

Motor:
Wassergekühlter Vierzylinder-Viertakt-Reihenmotor, um 30° nach rechts geneigt, Bohrung/Hub: 89/80 mm, 1990 ccm, Verdichtung 9,5 : 1, 130 DIN-PS bei 5800 U/min, maximales Drehmoment 18,1 mkp bei 4500 U/min, schräghängende Ventile (in V 52°), obenliegende Nockenwelle durch Kette angetrieben, Leichtmetall-Zylinderkopf, fünffach gelagerte Kurbelwelle, mechanische Saugrohr-Benzineinspritzung (Kugelfischer PL-04).
Batterie: 12 Volt/44 Ah, Drehstrom-Lichtmaschine 630 Watt.
Füllmengen: Tankinhalt 46 Liter, Motoröl 4,25 Liter, Kühlsystem 7 Liter.

Kraftübertragung:
a) Sperrsynchronisiertes Viergang-Getriebe, Einscheiben-Trockenkupplung, Mittelschaltung.
b) Gegen Aufpreis: sperrsynchronisiertes Fünfgang-Getriebe, Einscheiben-Trockenkupplung, Mittelschaltung.
Frontmotor, geteilte Kardanwelle, Hinterachsantrieb.

Übersetzungen:

	a)	b)
1. Gang	3,764 : 1	3,368 : 1
2. Gang	2,020 : 1	2,160 : 1
3. Gang	1,320 : 1	1,579 : 1
4. Gang	1,000 : 1	1,241 : 1
5. Gang	–	1,000 : 1
R-Gang	4,096 : 1	4,000 : 1
Achsübersetzung	3,64 : 1	

Fahrwerk:
Selbsttragende Stahlblechkarosserie, vorn Federbeine und Dreieck-Querlenker, hinten schrägstehende Längslenker und Schraubenfedern, vorn und hinten Gummizusatzfedern, Teleskopstoßdämpfer.
Bremsen: Servo-Doppel-Zweikreis-Bremssystem, vorn Scheiben-, hinten Trommelbremsen.
Lenkung: Schneckenrollenlenkung (Übersetzung 17,58 : 1).
Reifen: 165 HR 13 – Felgen: 5 J × 13 H 2

Maße, Gewichte:
Länge 4230 mm, Breite 1590 mm, Höhe 1410 mm, Radstand 2500 mm, Spurweite vorn und hinten 1348 mm.
Leergewicht 990 kg, zulässiges Gesamtgewicht 1390 kg, Wendekreisdurchmesser 10,3 m.

Verbrauch:
8,8 Liter auf 100 km (Superbenzin).

Fahrleistungen:
Höchstgeschwindigkeit 186 km/h, Beschleunigung 0–100 km/h in 9,4 sek.

Preis:

	Sept. 1973
Limousine	14 630,– DM

Produktionszahlen: 7 755 Stück.

Bauzeit:
Vom 15. September 1973 bis Juni 1975.

Merkmale:
Verbesserte Innenausstattung, verstärkte Lichtmaschine, rechteckige Heckleuchten.

BMW 2002 turbo

Karosserie:
Limousine, 2 Türen, 4 Sitze.

Motor:
Wassergekühlter Vierzylinder-Viertakt-Reihenmotor, um 30° nach rechts geneigt, Bohrung/Hub: 89/80 mm, 1990 ccm, Verdichtung 6,9 : 1 (im Motor), 170 DIN-PS bei 5800 U/min, maximales Drehmoment 24,5 mkp bei 4000 U/min, schräghängende Ventile, obenliegende Nockenwelle durch Kette angetrieben, Leichtmetall-Zylinderkopf, fünffach gelagerte Kurbelwelle, mechanische Saugrohr-Benzineinspritzung (Schäfer PL-04) mit Turbolader KKK BLD.
Batterie: 12 Volt/44 Ah, Drehstrom-Lichtmaschine 630 Watt.
Füllmengen: Tankinhalt 70 Liter, Motoröl 4,25 Liter, Kühlsystem 7 Liter.

Kraftübertragung:
a) Sperrsynchronisiertes Viergang-Getriebe, Einscheiben-Trockenkupplung, Sperrdifferential, Mittelschaltung.
b) Gegen Aufpreis: sperrsynchronisiertes Fünfgang-Getriebe, Einscheiben-Trockenkupplung, Sperrdifferential, Mittelschaltung.
Frontmotor, geteilte Kardanwelle, Hinterachsantrieb.

Übersetzungen:

	a)	b)
1. Gang	3 351 : 1	3,368 : 1
2. Gang	1,861 : 1	2,160 : 1
3. Gang	1,279 : 1	1,579 : 1
4. Gang	1,000 : 1	1,241 : 1
5. Gang	–	1,000 : 1
R-Gang	3,650 : 1	3,650 : 1
Achsübersetzung	3,360 : 1	3,360 : 1

Fahrwerk:
Selbsttragende Stahlblechkarosserie, vorn Federbeine und untere Dreieck-Querlenker, hinten schrägstehende Längslenker und Schraubenfedern vorn und hinten Gummizusatzfedern, Teleskopstoßdämpfer.
Bremsen: Doppel-Zweikreis-Bremssystem mit Servo, vorn innenbelüftete Scheibenbremsen, hinten Trommelbremsen.
Lenkung: Schneckenrollenlenkung (Übersetzung 17,58 : 1).
Reifen: 185/70 VR 13 – Felgen: 5 ½ J × 13 H 2

Maße, Gewichte:
Länge 4220 mm, Breite 1620 mm, Höhe 1410 mm, Radstand 2500 mm, Spurweite vorn und hinten 1362 mm.
Leergewicht 1035 kg, zulässiges Gesamtgewicht 1440 kg, Wendekreisdurchmesser 10,4 m.

Verbrauch:
9,7 Liter auf 100 km (Superbenzin).

Fahrleistungen:
Höchstgeschwindigkeit 211 km/h, Beschleunigung 0–100 km/h in 7,0 sek.

Preis:

	Sept. 1973	März 1974	Juni 1974	
Limousine	18 720,–	19 980,–	20 780,–	DM

Produktionszahlen: 1 672 Stück.

Bauzeit:
(Debüt 13. September 1973) von Januar 1974 bis Januar 1975.

Merkmale:
Erstes BMW-Serienfahrzeug mit Turbolader, äußerlich an Front- und Heckspoiler zu erkennen, Einzelexemplare wurden mit rot-blauen Seitenstreifen ausgeliefert.

BMW Touring 1600

Karosserie:
Limousine, 2 Türen, 4 Sitze (Karosserieentwurf: Giovanni Michelotti).

Motor:
Wassergekühlter Vierzylinder-Viertakt-Reihenmotor, um 30° nach rechts geneigt, Bohrung/Hub: 84/71 mm, 1573 ccm, Verdichtung 8,6 : 1, 85 DIN-PS bei 5700 U/min, maximales Drehmoment 12,6 mkp bei 3000 U/min, schräghängende Ventile (in V 52°), obenliegende Nockenwelle durch Kette angetrieben, Leichtmetall-Zylinderkopf, fünffach gelagerte Kurbelwelle, ein Fallstromvergaser Solex 38 PDSI.
Batterie: 12 Volt/44 Ah, Drehstrom-Lichtmaschine 490 Watt.
Füllmengen: Tankinhalt 52 Liter, Motoröl 4,25 Liter, Kühlsystem 7 Liter.

Kraftübertragung:
Sperrsynchronisiertes Viergang-Getriebe, Einscheiben-Trockenkupplung, Mittelschaltung. Frontmotor, geteilte Kardanwelle, Hinterachsantrieb.

Übersetzungen:
1. Gang	3,764 : 1
2. Gang	2,020 : 1
3. Gang	1,320 : 1
4. Gang	1,000 : 1
R-Gang	4,096 : 1
Achsübersetzung	4,110 : 1

Fahrwerk:
Selbsttragende Stahlblechkarosserie, vorn Federbeine und Dreieck-Querlenker, hinten schrägstehende Längslenker und Schraubenfedern, vorn und hinten Gummizusatzfedern, Stabilisatoren und Teleskopstoßdämpfer.
Bremsen: Servo-Doppel-Zweikreis-Bremssystem, vorn Scheiben-, hinten Trommelbremsen.
Lenkung: Schneckenrollenlenkung (Übersetzung 17,58 : 1).
Reifen: 165 SR 13 – Felgen: $4^{1}/_{2}$ J × 13

Maße, Gewichte:
Länge 4110 mm, Breite 1590 mm, Höhe 1380 mm, Radstand 2500 mm, Spurweite vorn und hinten 1348 mm.
Leergewicht 1030 kg, zulässiges Gesamtgewicht 1450 kg, Wendekreisdurchmesser 10,3 m.

Verbrauch:
9,6 Liter auf 100 km (Superbenzin).

Fahrleistungen:
Höchstgeschwindigkeit 160 km/h, Beschleunigung 0–100 km/h in 12,8 sek.

Preis:

	Mai 1971	Sept. 1971	Jan. 1972	
Touring 1600	10.656,–	10.940,–	11.320,–	DM

Produktionszahlen: 4.379 Stück.

Bauzeit:
Von Mai 1971 bis Dezember 1972.

Merkmale:
Dreitürige Karosserie auf verkürztem 1600-Chassis.

BMW Touring 1800 (ab Dez. 1972: Touring 1802)

Karosserie:
Limousine, 2 Türen, 4 Sitze (Karosserieentwurf: Giovanni Michelotti).

Motor:
Wassergekühlter Vierzylinder-Viertakt-Reihenmotor, um 30° nach rechts geneigt, Bohrung/Hub: 89/71 mm, 1766 ccm, Verdichtung 8,6 : 1, 90 DIN-PS bei 5250 U/min, maximales Drehmoment 14,6 mkp bei 3000 U/min, schräghängende Ventile, obenliegende Nockenwelle

durch Kette angetrieben, Leichtmetall-Zylinderkopf, fünffach gelagerte Kurbelwelle, ein Fallstrom-Vergaser Solex 38 PDSI.
Batterie: 12 Volt/44 Ah, Drehstrom-Lichtmaschine 490 Watt (ab Sept. 1973: 630 Watt).
Füllmengen: Tankinhalt 52 Liter, Motoröl 4,25 Liter, Kühlsystem 7 Liter.

Kraftübertragung:
Sperrsynchronisiertes Viergang-Getriebe, Einscheiben-Trockenkupplung, Mittelschaltung. Frontmotor, geteilte Kardanwelle, Hinterachsantrieb.

Übersetzungen:
1. Gang	3,764 : 1
2. Gang	2,020 : 1
3. Gang	1,320 : 1
4. Gang	1,000 : 1
R-Gang	4,096 : 1
Achsübersetzung	3,640 : 1

Fahrwerk:
Selbsttragende Stahlblechkarosserie, vorn Federbeine und Dreieck-Querlenker, hinten schrägstehende Längslenker und Schraubenfedern, vorn und hinten Gummizusatzfedern und Teleskopstoßdämpfer.
Bremsen: Servo-Doppel-Zweikreis-Bremssystem, vorn Scheiben-, hinten Trommelbremsen.
Lenkung: Schneckenrollenlenkung (Übersetzung 17,58 : 1).
Reifen: 165 SR 13 – Felgen: $4^1/_2$ J × 13 H 2

Maße, Gewichte:
Länge 4110 mm, Breite 1590 mm, Höhe 1380 mm, Radstand 2500 mm, Spurweite vorn und hinten 1348 mm.
Leergewicht 1030 kg, zulässiges Gesamtgewicht 1450 kg, Wendekreisdurchmesser 10,3 m.

Verbrauch:
9,9 Liter auf 100 km (Superbenzin).

Fahrleistungen:
Höchstgeschwindigkeit 165 km/h, Beschleunigung 0–100 km/h in 12 sek.

Preis:

	Sept. 1971	Jan. 1972	Febr. 1973	Sept. 1973	
Touring 1800	11.460,–	11.870,–	12.400,–	12.580,–	DM

Produktionszahlen: 4.075 Stück.

Bauzeit:
Von September 1971 bis Januar 1975.

Merkmale:
Dreitürige Karosserie auf verkürztem Chassis der 02-Reihe, gegenüber dem Touring 1600 nur an Typenbezeichnung „Touring 1800" zu unterscheiden.

BMW Touring 2000 (ab Dez. 1972: Touring 2002)

Karosserie:
Limousine, 2 Türen, 4 Sitze (Karosserieentwurf: Giovanni Michelotti).

Motor:
Wassergekühlter Vierzylinder-Viertakt-Reihenmotor, um 30° nach rechts geneigt, Bohrung/Hub: 89/90 mm, 1990 ccm, Verdichtung 8,5 : 1, 100 DIN-PS bei 5500 U/min, maximales Drehmoment 16 mkp bei 3000 U/min, schräghängende Ventile (in V 52°), obenliegende Nockenwelle durch Kette angetrieben, Leichtmetall-Zylinderkopf, fünffach gelagerte Kurbelwelle, ein Fallstromvergaser Solex 40 PDSI.
Batterie: 12 Volt/44 Ah, Drehstrom-Lichtmaschine 490 Watt (ab Sept. 1973: 630 Watt).
Füllmengen: Tankinhalt 52 Liter, Motoröl 4,25 Liter, Kühlsystem 7 Liter.

Kraftübertragung:
a) Sperrsynchronisiertes Viergang-Getriebe, Einscheiben-Trockenkupplung, Mittelschaltung,
b) Gegen Aufpreis: automatisches ZF-Getriebe (hydraulischer Wandler, Dreigang-Planetengetriebe) – von Januar 1972 bis Januar 1973.
Frontmotor, geteilte Kardanwelle, Hinterachsantrieb.

Übersetzungen:

	a)	b)
1. Gang	3,764 : 1	2,56 : 1
2. Gang	2,020 : 1	1,52 : 1
3. Gang	1,320 : 1	1,00 : 1
4. Gang	1,000 : 1	–
R-Gang	4,096 : 1	2,00 : 1
Achsübersetzung	3,640 : 1	

Fahrwerk:
Selbsttragende Stahlblechkarosserie, vorn Federbeine und Dreieck-Querlenker, hinten schrägstehende Längslenker und Schraubenfedern, vorn und hinten Stabilisatoren, Gummizusatzfedern und Teleskopstoßdämpfer.
Bremsen: Servo-Doppel-Zweikreis-Bremssystem, vorn Scheiben-, hinten Trommelbremsen.
Lenkung: Schneckenrollenlenkung (Übersetzung 17,58 : 1).
Reifen: 165 SR 13 – Felgen: 4½ J × 13 H 2 (ab Sept. 1973: 5 J × 13 H 2)

Maße, Gewichte:
Länge 4110 mm, Breite 1590 mm, Höhe 1380 mm, Radstand 2500 mm, Spurweite vorn und hinten 1348 mm.
Leergewicht 1030 kg, zulässiges Gesamtgewicht 1450 kg, Wendekreisdurchmesser 10,3 m.

Verbrauch:
10 Liter auf 100 km (Superbenzin).

Fahrleistungen:
Höchstgeschwindigkeit 170 km/h, Beschleunigung 0–100 km/h in 10,9 sek.

Preis:

	Mai 1971	Sept. 1971	Jan. 1972	Febr. 1973	Sept. 1973	
Touring 2000	11.544,–	11.920,–	12.370,–	13.000,–	13.230,–	DM
Touring 2000 m. Autom.	12.765,–	13.180,–	13.670,–	–	–	DM

Produktionszahlen: 15.969 Stück.

Bauzeit:
(Debüt 20. April 1971) von Mai 1971 bis Januar 1975.

Merkmale:
Gegenüber den kleineren Touring-Modellen nur an anderer Typenbezeichnung zu unterscheiden. Ab September 1973: stärkere Lichtmaschine, breitere Felgen.

BMW Touring 2000 tii (ab Dez. 1972: Touring 2002 tii)

Karosserie:
Limousine, 2 Türen, 4 Sitze (Karosserieentwurf: Giovanni Michelotti).

Motor:
Wassergekühlter Vierzylinder-Viertakt-Reihenmotor, um 30° nach rechts geneigt, Bohrung/Hub: 89/80 mm, 1990 ccm, Verdichtung 9,5 : 1, 130 DIN-PS bei 5800 U/min, maximales

Drehmoment 18,1 mkp bei 4500 U/min, schräghängende Ventile, obenliegende Nockenwelle durch Kette angetrieben, Leichtmetall-Zylinderkopf, fünffach gelagerte Kurbelwelle, mechanische Saugrohr-Benzineinspritzung (Kugelfischer PL-04).
Batterie: 12 Volt/44 Ah, Drehstrom-Lichtmaschine 630 Watt.
Füllmengen: Tankinhalt 52 Liter, Motoröl 4,25 Liter, Kühlsystem 7 Liter.

Kraftübertragung:
a) Sperrsynchronisiertes Viergang-Getriebe, Einscheiben-Trockenkupplung, Mittelschaltung.
b) Gegen Aufpreis: sperrsynchronisiertes Fünfgang-Getriebe, Einscheiben-Trockenkupplung, Mittelschaltung.
Frontmotor, geteilte Kardanwelle, Hinterachsantrieb.

Übersetzungen:

	a)	b)
1. Gang	3,764 : 1	3,368 : 1
2. Gang	2,020 : 1	2,160 : 1
3. Gang	1,320 : 1	1,579 : 1
4. Gang	1,000 : 1	1,241 : 1
5. Gang	–	1,000 : 1
R-Gang	4,096 : 1	4,000 : 1
Achsübersetzung	3,640 : 1	3,640 : 1

Fahrwerk:
Selbsttragende Stahlblechkarosserie, vorn Federbeine und Dreieck-Querlenker, hinten schrägstehende Längslenker und Schraubenfedern, Stabilisatoren, Gummizusatzfedern und Teleskopstoßdämpfer vorn und hinten.
Bremsen: Servo-Doppel-Zweikreis-Bremssystem, vorn Scheiben-, hinten Trommelbremsen.
Lenkung: Schneckenrollenlenkung (Übersetzung 17,58 : 1).
Reifen: 165 HR 13 – Felgen: 5 J × 13 H 2

Maße, Gewichte:
Länge 4110 mm, Breite 1590 mm, Höhe 1380 mm, Radstand 2500 mm, Spurweite vorn und hinten 1348 mm.
Leergewicht 1030 kg, zulässiges Gesamtgewicht 1450 kg, Wendekreisdurchmesser 10,3 m.

Verbrauch:
8,8 Liter auf 100 km (Superbenzin).

Fahrleistungen:
Höchstgeschwindigkeit 184 km/h, Beschleunigung 0–100 km/h in 9,4 sek.

Preis:

	Juni 1971	Sept. 1971	Jan. 1972	Febr. 1973	Sept. 1973
Touring 2000 tii	13.653,–	14.090,–	14.415,–	15.100,–	15.330,– DM

Produktionszahlen: 5.783 Stück.

Bauzeit:
(Debüt 20. Januar 1971) von Mai 1971 bis Januar 1975.

Merkmale:
Sportlichste Ausführung der Touring-Reihe, äußerlich zu unterscheiden an Leichtmetall-Felgen.

BMW 2500

Karosserie:
Limousine, 4 Türen, 5 Sitze.

Motor:
Wassergekühlter Sechszylinder-Viertakt-Reihenmotor, Bohrung/Hub: 86/71,6 mm, 2494 ccm, Verdichtung 9,0 : 1, 150 DIN-PS bei 6000 U/min, maximales Drehmoment 21,5 mkp bei 3700 U/min, schräghängende Ventile, obenliegende Nockenwelle durch Kette angetrieben, Leichtmetall-Zylinderkopf, siebenfach gelagerte Kurbelwelle, zwei Fallstrom-Registervergaser Solex 35/40 INAT mit Startautomatik.
Batterie: 12 Volt/55 Ah, Drehstrom-Lichtmaschine 630 Watt.
Füllmengen: Tankinhalt 75 Liter, Motoröl 5,75 Liter, Kühlsystem 12 Liter,

Kraftübertragung:
a) Sperrsynchronisiertes Viergang-Getriebe, Einscheiben-Trockenkupplung, Mittelschaltung.
b) Gegen Aufpreis: automatisches ZF-Getriebe (hydraulischer Wandler, Dreigang-Planetengetriebe), Wählhebel in der Mitte.
Frontmotor, geteilte Kardanwelle, Hinterachsantrieb.

Übersetzungen:

	a)	b)
1. Gang	3,850 : 1	2,50 : 1
2. Gang	2,080 : 1	1,50 : 1
3. Gang	1,375 : 1	1,00 : 1
4. Gang	1,000 : 1	–
R-Gang	4,130 : 1	2,00 : 1
Achsübersetzung	3,640 : 1	3,64 : 1

Fahrwerk:
Selbsttragende Stahlblechkarosserie, vorn Federbeine, untere Dreieck-Querlenker mit Zugstrebe, hinten schrägstehende Längslenker, Federbeine (gegen Aufpreis: Stabilisatoren, hydraulische Boge-Niveauregulierung), vorn und hinten Gummizusatzfedern, Schraubenfedern, Teleskopstoßdämpfer.

Bremsen: Servo-Vierrad-Scheibenbremsen mit Doppel-Zweikreis-System, Bremsbelagfläche 2752 cm².
Lenkung: Schneckenrollenlenkung (gegen Aufpreis mit Servo), Übersetzung 18,9 : 1.
Reifen: 175 HR 14 – Felgen: 6 J × 14

Maße, Gewichte:
Länge 4700 mm, Breite 1750 mm, Höhe 1450 mm, Radstand 2692 mm, Spurweite vorn 1446 mm, hinten 1464 mm.
Leergewicht 1340 kg, zulässiges Gesamtgewicht 1810 kg, Wendekreisdurchmesser 10,5 m.

Verbrauch:
10,9 Liter auf 100 km (Superbenzin).

Fahrleistungen:
Höchstgeschwindigkeit 190 km/h, Beschleunigung 0–100 km/h in 10,4 sek.

Preis:

	Okt. 1968	Nov. 1969	Jan. 1971	April 1971	
2500 Limousine	15.485,–	16.350,30	16.872,–	16.983,–	DM
2500 Limousine mit Automatik	16.817,–	17.793,30	18.315,–	18.426,–	DM

Produktionszahlen: 50.015 Stück.

Bauzeit:
Ab Oktober 1968 bis August 1971.

Merkmale:
Von Grund auf neues Modell mit Sechszylinder-Motor.

BMW 2500

Karosserie:
Limousine, 4 Türen, 5 Sitze.

Motor:
Wassergekühlter Sechszylinder-Viertakt-Reihenmotor, Bohrung/Hub: 80/71,6 mm, 2494 ccm, Verdichtung 9,0 : 1, 150 DIN-PS bei 6000 U/min, maximales Drehmoment 21,5 mkp bei 3700 U/min, schräghängende Ventile, obenliegende Nockenwelle durch Kette angetrieben, Leichtmetall-Zylinderkopf, siebenfach gelagerte Kurbelwelle, zwei Fallstrom-Registervergaser Solex 35/40 INAT mit Startautomatik.
Batterie: 12 Volt/55 Ah, Drehstrom-Lichtmaschine 630 Watt.
Füllmengen: Tankinhalt 75 Liter, Motoröl 5,75 Liter, Kühlsystem 12 Liter.

Kraftübertragung:
a) Sperrsynchronisiertes Viergang-Getriebe, Einscheiben-Trockenkupplung, Mittelschaltung.
b) Gegen Aufpreis: automatisches ZF-Getriebe (hydraulischer Wandler, Dreigang-Planetengetriebe), Wählhebel in der Mitte.
Frontmotor, geteilte Kardanwelle, Hinterachsantrieb.

Übersetzungen:

	a)	b)
1. Gang	3,855 : 1	2,5 : 1
2. Gang	2,203 : 1	1,5 : 1
3. Gang	1,401 : 1	1,0 : 1
4. Gang	1,000 : 1	–
R-Gang	4,300 : 1	2,0 : 1
Achsübersetzung	3,640 : 1	

Fahrwerk:
Selbsttragende Stahlblechkarosserie, vorn Federbeine, untere Dreieck-Querlenker mit Zugstrebe, Stabilisator, hinten schrägstehende Längslenker, Federbeine (gegen Aufpreis: Differentialbremse), vorn und hinten Gummizusatzfedern, Schraubenfedern, Teleskopstoßdämpfer.
Bremsen: Servo-Vierrad-Scheibenbremsen mit Doppel-Zweikreis-System, Bremsbelagfläche 2752 cm^2.
Lenkung: Schneckenrollenlenkung (gegen Aufpreis mit Servo), Übersetzung 18,9 : 1.
Reifen: 175 HR 14 – Felgen: 6 J × 14 H 2

Maße, Gewichte:
Länge 4700 mm, Breite 1750 mm, Höhe 1450 mm, Radstand 2692 mm, Spurweite vorn 1446 mm, hinten 1464 mm.
Leergewicht 1340 kg, zulässiges Gesamtgewicht 1810 kg, Wendekreisdurchmesser 10,5 m.

Verbrauch:
10,9 Liter auf 100 km (Superbenzin).

Fahrleistungen:
Höchstgeschwindigkeit 190 km/h, Beschleunigung 0–100 km/h in 10,4 sek.

Preis:

	Sept. 1971	Jan. 1972	Febr. 1973	Sept. 1973	
2500 Limousine	17.530,–	18.280,–	19.200,–	19.650,–	DM
2500 Lim. m. Aut.	19.020,–	19.780,–	20.750,–	21.200,–	DM

März 1974	Juni 1974	März 1975	Aug. 1975	Mai 1976	März 1977	
20.540,–	21.280,–	22.430,–	23.260	24.350,–	25.450,–	DM
22.120,–	22.860,–	24.010,–	24.840,–	25.930,–	27.030,–	DM

Produktionszahlen: 35.341 Stück.

Bauzeit:
Ab September 1971 bis März 1977.

Merkmale:
Äußerliche Änderungen, rundum laufende Stoßleisten, geänderte Zwangsentlüftung an der Heckscheibe, Stoßstangen mit Gummi belegt.

BMW 2500 / 2,8 l (Exportausf.: BMW Bavaria)

Karosserie:
Limousine, 4 Türen, 5 Sitze.

Motor:
Wassergekühlter Sechszylinder-Viertakt-Reihenmotor, Bohrung/Hub: 86/80 mm, 2788 ccm, Verdichtung 9,0 : 1, 170 DIN-PS bei 6000 U/min, maximales Drehmoment 24 mkp bei 3700 U/min, schräghängende Ventile, obenliegende Nockenwelle durch Kette angetrieben, Leichtmetall-Zylinderkopf, siebenfach gelagerte Kurbelwelle, zwei Fallstrom-Registervergaser Solex 35/40 INAT mit Startautomatik.
Batterie: 12 Volt/55 Ah, Drehstrom-Lichtmaschine 650 Watt.
Füllmengen: Tankinhalt 75 Liter, Motoröl 5,75 Liter, Kühlsystem 12 Liter.

Kraftübertragung:
a) Sperrsynchronisiertes Viergang-Getriebe, Einscheiben-Trockenkupplung, Mittelschaltung.
b) Gegen Aufpreis: automatisches ZF-Getriebe (hydraulischer Wandler, Dreigang-Planetengetriebe), Wählhebel in der Mitte.
Frontmotor, geteilte Kardanwelle, Hinterachsantrieb.

Übersetzungen:

	a)	b)
1. Gang	3,850 : 1	2,5 : 1
2. Gang	2,080 : 1	1,5 : 1
3. Gang	1,375 : 1	1,0 : 1
4. Gang	1,000 : 1	–
R-Gang	4,130 : 1	2,0 : 1
Achsübersetzung	3,450 : 1	

Fahrwerk:
Selbsttragende Stahlblechkarosserie, vorn Federbeine, untere Dreieck-Querlenker mit Zugstrebe, hinten schrägstehende Längslenker, Federbeine (gegen Aufpreis: Stabilisatoren), vorn und hinten Gummizusatzfedern, Schraubenfedern, Teleskopstoßdämpfer.
Bremsen: Servo-Vierrad-Scheibenbremsen mit Doppel-Zweikreis-System, Bremsbelagfläche 2752 cm^2.
Lenkung: Schneckenrollenlenkung (gegen Aufpreis mit Servo).
Reifen: 175 HR 14 – Felgen: 6 J × 14

Maße, Gewichte:
Länge 4700 mm, Breite 1750 mm, Höhe 1450 mm, Radstand 2692 mm, Spurweite vorn 1446 mm, hinten 1464 mm.
Leergewicht 1300 kg, zulässiges Gesamtgewicht 1775 kg, Wendekreisdurchmesser 10,5 m.

Verbrauch:
10,9 Liter auf 100 km (Superbenzin).

Fahrleistungen:
Höchstgeschwindigkeit 200 km/h, Beschleunigung 0–100 km/h in 9,4 sek.

Preis:
2500 Limousine 17.871,– DM
2500 Limousine
mit Automatik 19.314,– DM

Produktionszahlen: Siehe Modell 2500.

Bauzeit:
Von April 1971 bis August 1971.

Merkmale:
Karosserie und Innenausstattung wie Modell 2500, jedoch mit 2,8-Liter-Motor.

BMW 2800

Karosserie:
Limousine, 4 Türen, 5 Sitze.

Motor:
Wassergekühlter Sechszylinder-Viertakt-Reihenmotor, Bohrung/Hub: 86/80 mm, 2788 ccm, Verdichtung 9,0 : 1, 170 DIN-PS bei 6000 U/min, maximales Drehmoment 24,0 mkp bei 3700 U/min, schräghängende Ventile, obenliegende Nockenwelle durch Kette angetrieben, Leichtmetall-Zylinderkopf, siebenfach gelagerte Kurbelwelle, zwei Fallstrom-Registervergaser Solex 35/40 INAT mit Startautomatik.
Batterie: 12 Volt/55 Ah, Drehstrom-Lichtmaschine 630 Watt.
Füllmengen: Tankinhalt 75 Liter, Motoröl 5,75 Liter, Kühlsystem 12 Liter.

Kraftübertragung:
a) Sperrsynchronisiertes Viergang-Getriebe, Einscheiben-Trockenkupplung, Mittelschaltung.
b) Gegen Aufpreis: automatisches ZF-Getriebe (hydraulischer Wandler, Dreigang-Planetengetriebe), Wählhebel in der Mitte.
Frontmotor, geteilte Kardanwelle, Hinterachsantrieb.

Übersetzungen:

	a)	b)
1. Gang	3,850 : 1	2,5 : 1
2. Gang	2,080 : 1	1,5 : 1
3. Gang	1,375 : 1	1,0 : 1

4. Gang	1,000 : 1	–
R-Gang	4,130 : 1	2,0 : 1
Achsübersetzung	3,450 : 1	

Fahrwerk:
Selbsttragende Stahlblechkarosserie, vorn Federbeine, untere Dreieck-Querlenker mit Zugstrebe, hinten schrägstehende Längslenker, Federbeine, hydraulische Boge-Niveauregulierung, Differentialbremse (gegen Aufpreis: Stabilisatoren), vorn und hinten Gummizusatzfedern, Schraubenfedern, Teleskopstoßdämpfer.
Bremsen: Servo-Vierrad-Scheibenbremsen mit Doppel-Zweikreis-System, Bremsbelagfläche 2752 cm^2.
Lenkung: Schneckenrollenlenkung (gegen Aufpreis mit Servo), Übersetzung 18,9 : 1.
Reifen: 175 HR 14 (ab August 1969: DR 70 HR 14) – Felgen: 6 J × 14

Maße, Gewichte:
Länge 4700 mm, Breite 1750 mm, Höhe 1450 mm, Radstand 2692 mm, Spurweite vorn 1446 mm, hinten 1464 mm.
Leergewicht 1340 kg, zulässiges Gesamtgewicht 1810 kg. Wendekreisdurchmesser 10,5 m.

Verbrauch:
10,9 Liter auf 100 km (Superbenzin).

Fahrleistungen:
Höchstgeschwindigkeit 200 km/h, Beschleunigung 0–100 km/h in 9,4 sek.

Preis:

	Jan. 1969	Nov. 1969	Jan. 1971	
2800 Limousine	17.250,–	18.448,20	18.981,–	DM
2800 Limousine mit Automatik	18.582,–	19.913,40	20.424,–	DM

Produktionszahlen: 34.875 Stück.

Bauzeit:
Von Januar 1969 bis August 1971.

Merkmale:
Wie 2500, jedoch stärkerer Motor, Sperrdifferential und Niveauregulierung an der Hinterachse serienmäßig. Reichhaltigere Innenausstattung.

BMW 2800

Karosserie:
Limousine, 4 Türen, 5 Sitze.

Motor:
Wassergekühlter Sechszylinder-Viertakt-Reihenmotor, Bohrung/Hub: 86/80 mm, 2788 ccm, Verdichtung 9,0 : 1, 170 DIN-PS bei 6000 U/min, maximales Drehmoment 24,0 mkp bei 3700 U/min, schräghängende Ventile, obenliegende Nockenwelle durch Kette angetrieben, Leichtmetall-Zylinderkopf, siebenfach gelagerte Kurbelwelle, zwei Fallstrom-Registervergaser Solex 35/40 INAT mit Startautomatik.
Batterie: 12 Volt/55 Ah, Drehstrom-Lichtmaschine 630 Watt.
Füllmengen: Tankinhalt 75 Liter, Motoröl 5,75 Liter, Kühlsystem 12 Liter.

Kraftübertragung:
a) Sperrsynchronisiertes Viergang-Getriebe, Einscheiben-Trockenkupplung, Mittelschaltung.
b) Gegen Aufpreis: automatisches ZF-Getriebe (hydraulischer Wandler, Dreigang-Planetengetriebe), Wählhebel in der Mitte.
Frontmotor, geteilte Kardanwelle, Hinterachsantrieb.

Übersetzungen:

	a)	b)
1. Gang	3,855 : 1	2,5 : 1
2. Gang	2,203 : 1	1,5 : 1
3. Gang	1,401 : 1	1,0 : 1
4. Gang	1,000 : 1	–
R-Gang	4,300 : 1	2,0 : 1
Achsübersetzung	3,450 : 1	3,45 : 1

Fahrwerk:
Selbsttragende Stahlblechkarosserie, vorn Federbeine, untere Dreieck-Querlenker mit Zugstrebe, Stabilisator, hinten schrägstehende Längslenker, Federbeine (gegen Aufpreis: Differentialbremse), vorn und hinten Gummizusatzfedern, Schraubenfedern, Teleskopstoßdämpfer.
Bremsen: Servo-Vierrad-Scheibenbremsen mit Doppel-Zweikreis-System, Bremsbelagfläche 2752 cm^2.
Lenkung: Schneckenrollenlenkung (gegen Aufpreis mit Servo), Übersetzung 18,9 : 1.
Reifen: 195/70 HR 14 – Felgen: 6 J × 14 – H 2

Maße, Gewichte:
Länge 4700 mm, Breite 1750 mm, Höhe 1450 mm, Radstand 2692 mm, Spurweite vorn 1446 mm, hinten 1464 mm.
Leergewicht 1340 kg, zulässiges Gesamtgewicht 1810 kg, Wendekreisdurchmesser 10,5 m.

Verbrauch:
10,9 Liter auf 100 km (Superbenzin).

Fahrleistungen:
Höchstgeschwindigkeit 200 km/h, Beschleunigung 0–100 km/h in 9,4 sek.

Preis:

	Sept. 1971	Jan. 1972	Febr. 1973	Sept. 1973	März 1974	Juni 1974	
2800 Limousine	18.450,–	19.250,–	20.300	20.750,–	21.700,–	22.530,–	DM
2800 m. Autom.	19.940,–	20.750,–	21.850,–	22.300,–	23.280,–	23.910,–	DM

Produktionszahlen: 8.356 Stück.

Bauzeit:
Von September 1971 bis Januar 1975.

Merkmale:
Äußerliches face-lift, geänderte Zwangsentlüftung, gummibelegte Stoßstangen, Niveauregulierung nun gegen Aufpreis, ebenso Sperrdifferential. Neue Felgen. Lenksäulen- und Sitzhöhenverstellung serienmäßig.

BMW 2,8 L

Karosserie:
Limousine, 4 Türen, 5 Sitze

Motor:
Wassergekühlter Sechszylinder-Viertakt-Reihenmotor, Bohrung/Hub: 86/80 mm, 2788 ccm, Verdichtung 9,0 : 1, 170 DIN-PS bei 6000 U/min, maximales Drehmoment 23,8 mkp bei 3700 U/min, schräghängende Ventile, obenliegende Nockenwelle durch Kette angetrieben,

Leichtmetall-Zylinderkopf, siebenfach gelagerte Kurbelwelle, zwei Fallstrom-Registervergaser Zenith 35/40 INAT mit Startautomatik.
Batterie: 12 Volt/55 Ah, Drehstrom-Lichtmaschine 770 Watt
Füllmengen: Tankinhalt 75 Liter, Motoröl 5,75 Liter, Kühlsystem 12 Liter.

Kraftübertragung:
a) Sperrsynchronisiertes Viergang-Getriebe, Einscheiben-Trockenkupplung, Mittelschaltung.
b) Gegen Aufpreis: automatisches ZF-Getriebe (hydraulischer Wandler, Dreigang-Planetengetriebe) Wählhebel in der Mitte.
Frontmotor, geteilte Kardanwelle, Hinterachsantrieb.

Übersetzungen:

	a)	b)
1. Gang	3,855 : 1	2,52 : 1
2. Gang	2,203 : 1	1,56 : 1
3. Gang	1,401 : 1	1,00 : 1
4. Gang	1,000 : 1	–
R-Gang	4,300 : 1	2,00 : 1
Achsübersetzung	3,640 : 1	

Fahrwerk:
Selbsttragende Stahlblechkarosserie, vorn Federbeine, untere Dreieck-Querlenker mit Zugstrebe, Stabilisator, hinten schrägstehende Längslenker, Federbeine, vorn und hinten Gummizusatzfedern, Schraubenfedern, Teleskopstoßdämpfer.
Bremsen: Servo-Vierrad-Scheibenbremsen mit Doppel-Zweikreis-System, Bremsbelagfläche 2752 cm².
Lenkung: Schneckenrollenlenkung (gegen Aufpreis mit Servo), Übersetzung 18,9 : 1.
Reifen: 195/70 HR 14 – Felgen: 6 J × 14 H 2

Maße, Gewichte:
Länge 4800 mm, Breite 1750 mm, Höhe 1450 mm, Radstand 2792 mm, Spurweite vorn 1480 mm, hinten 1486 mm, Wendekreisdurchmesser 11,3 m.
Leergewicht 1440 kg, zulässiges Gesamtgewicht 1900 kg.

Verbrauch:
11,2 Liter auf 100 km (Superbenzin)

Fahrleistungen:
Höchstgeschwindigkeit 195 km/h, Beschleunigung 0–100 km/h in 10 sek.

Preis:

	März 1975	Aug. 1975	Mai 1976	März 1977	
2,8 L	25.980,–	26.980,–	28.340,–	29.550,–	DM
2,8 L m. Automatik	27.560,–	28.560,–	29.920,–	31.180,–	DM

Produktionszahlen: 5.429 Stück.

Bauzeit:
Von Mai 1975 bis März 1977.

Merkmale:
Gegenüber dem 2800 eine um 100 mm im Radstand verlängerte Karosserie, mit größerem Fondabteil. Dadurch höheres Gewicht, geringere Fahrleistungen, geänderte Achsübersetzung.

BMW 3,0 S

Karosserie:
Limousine, 4 Türen, 5 Sitze.

Motor:
Wassergekühlter Sechszylinder-Viertakt-Reihenmotor, Bohrung/Hub: 89/80 mm, 2985 ccm, Verdichtung 9,0 : 1, 180 DIN-PS bei 6000 U/min, maximales Drehmoment 26,0 mkp bei 3700 U/min, schräghängende Ventile, obenliegende Nockenwelle durch Kette angetrieben, Leichtmetall-Zylinderkopf, siebenfach gelagerte Kurbelwelle, zwei Fallstrom-Registervergaser Solex 35/40 INAT mit Startautomatik.
Batterie: 12 Volt/55 Ah, Drehstrom-Lichtmaschine 630 Watt.
Füllmengen: Tankinhalt 75 Liter, Motoröl 5,75 Liter, Kühlsystem 12 Liter.

Kraftübertragung:
a) Sperrsynchronisiertes Viergang-Getriebe, Einscheiben-Trockenkupplung, Mittelschaltung.
b) Gegen Aufpreis: automatisches ZF-Getriebe (hydraulischer Wandler, Dreigang-Planetengetriebe), Wählhebel in der Mitte.
Frontmotor, geteilte Kardanwelle, Hinterachsantrieb.

Übersetzungen:

	a)	b)
1. Gang	3,855 : 1	2,5 : 1
2. Gang	2,203 : 1	1,5 : 1
3. Gang	1,401 : 1	1,0 : 1
4. Gang	1,000 : 1	–
R-Gang	4,300 : 1	2,0 : 1
Achsübersetzung	3,450 : 1	3,45 : 1

Fahrwerk:
Selbsttragende Stahlblechkarosserie, vorn Federbeine, untere Dreieck-Querlenker mit Zugstrebe, Stabilisator, hinten schrägstehende Längslenker, Federbeine (gegen Aufpreis: Differentialbremse), vorn und hinten Gummizusatzfedern, Schraubenfedern, Teleskopstoßdämpfer.
Bremsen: Innenbelüftete Servo-Vierrad-Scheibenbremsen mit Doppel-Zweikreis-System, Bremsbelagfläche 2752 cm², hinten Bremskraftregler.
Lenkung: Kugelmutter-Lenkung mit Servo.
Reifen: 195/70 VR 14 – Felgen: 6 J × 14 H 2.

Maße, Gewichte:
Länge 4700 mm, Breite 1750 mm, Höhe 1450 mm, Radstand 2692 mm, Spurweite vorn 1446 mm, hinten 1464 mm.
Leergewicht 1380 kg, zulässiges Gesamtgewicht 1850 kg, Wendekreisdurchmesser 10,5 m.

Verbrauch:
11,4 Liter auf 100 km (Superbenzin).

Fahrleistungen:
Höchstgeschwindigkeit 205 km/h, Beschleunigung 0–100 km/h in 8,4 sek.

Preis:

	Mai 1971	Sept. 1971	Jan. 1972	Febr. 1973	Sept. 1973	
3,0 S Limousine	19.980,–	20.620,–	21.490,–	22.600,–	22.930,–	DM
3,0 m. Autom.	21.423,–	22.110,–	22.990,–	24.150,–	24.480,–	DM

	März 1974	Juni 1974	März 1975	Aug. 1975	Mai 1976	März 1977	
3,0 S Limousine	23.980,–	24.860,–	26.990,–	27.960,–	29.300,–	30.400,–	DM
3,0 m. Autom.	25.560,–	26.440,–	28.570,–	29.540,–	30.880,–	31.980,–	DM

Produktionszahlen: 51.145 Stück.

Bauzeit:
(Debüt 20. April 1971) von April 1971 bis März 1977.

Merkmale:
Dreiliter-Motor, innenbelüftete vordere Bremsscheiben, breite Chromeinrandung der Fenster, schwarz abgedeckter Kühlergrill. Neue Heckleuchten, rundumlaufende Scheuerleiste, bessere Innenausstattung als 2500. Geänderte Zwangsentlüftung an der hinteren Dachsäule, Heckscheibe leicht nach innen versetzt, weichere Federung; Nackenstützen und Leselampen im Fond.

BMW 3,0 Si

Karosserie:
Limousine, 4 Türen, 5 Sitze.

Motor:
Wassergekühlter Sechszylinder-Viertakt-Reihenmotor, Bohrung/Hub: 89/80 mm, 2985 ccm, Verdichtung 9,5 : 1, 200 DIN-PS bei 5500 U/min, maximales Drehmoment 27,7 mkp bei 4300 U/min, schräghängende Ventile, obenliegende Nockenwelle durch Kette angetrieben, Leichtmetall-Zylinderkopf, siebenfach gelagerte Kurbelwelle, elektronische Bosch-Benzineinspritzung „D-Jetronic".
Batterie: 12 Volt/55 Ah, Drehstrom-Lichtmaschine 770 Watt.
Füllmengen: Tankinhalt 75 Liter, Motoröl 5,75 Liter, Kühlsystem 12 Liter.

Kraftübertragung:
a) Sperrsynchronisiertes Viergang-Getriebe, Einscheiben-Trockenkupplung, Mittelschaltung.
b) Von Jan. 72 bis Jan. 73 gegen Aufpreis: automatisches Borg-Warner-Getriebe (hydraul. Wandler, Dreigang-Planetengetriebe), Wählhebel in der Mitte.
Frontmotor, geteilte Kardanwelle, Hinterachsantrieb.

Übersetzungen:

	a)	b)
1. Gang	3,855 : 1	2,5 : 1
2. Gang	2,203 : 1	1,5 : 1
3. Gang	1,401 : 1	1,0 : 1
4. Gang	1,000 : 1	–
R-Gang	4,300 : 1	2,0 : 1
Achsübersetzung	3,450 : 1	3,45 : 1

Fahrwerk:
Selbsttragende Stahlblechkarosserie, vorn Federbeine, untere Dreieck-Querlenker mit Zugstrebe, Stabilisator, hinten schrägstehende Längslenker, Federbeine (gegen Aufpreis: Differentialbremse), vorn und hinten Gummizusatzfedern, Schraubenfedern, Teleskopstoßdämpfer.
Bremsen: Innenbelüftete Servo-Vierrad-Scheibenbremsen mit Doppel-Zweikreis-System, Bremsbelagfläche 2752 cm^2, hinten Bremskraftregler.
Lenkung: Kugelmutter-Lenkung mit Servo, Übersetzung 18,5 : 1.
Reifen: 195/70 VR 14 − Felgen: 6 J × 14 H 2.

Maße, Gewichte:
Länge 4700 mm, Breite 1750 mm, Höhe 1450 mm, Radstand 2692 mm, Spurweite vorn 1446 mm, hinten 1464 mm.
Leergewicht 1380 kg, zulässiges Gesamtgewicht 1850 kg, Wendekreisdurchmesser 10,5 m.

Verbrauch:
11,2 Liter auf 100 km (Superbenzin).

Fahrleistungen:
Höchstgeschwindigkeit 211 km/h, Beschleunigung 0–100 km/h in 7,8 sek.

Preis:

	Sept. 1971	Jan. 1972	Febr. 1973	Juli 1972	Sept. 1973	März 1974	
3,0 Si Lim.	22.690,−	23.590,−	24.800,−	25.090,−	25.130,−	26.280,−	DM
3,0 Si m. Aut.	−	25.090,−	−	−	−	−	DM

	Juni 1974	März 1975	Aug. 1975	Mai 1976	
3,0 Si Limousine	27.280,−	29.500,−	30.580,−	32.060,−	DM
3,0 Si m. Autom.	−	−	−	−	DM

Produktionszahlen: 18.961 Stück.

Bauzeit:
Vom 1. September 1971 bis August 1976.

Merkmale:
Einspritzmotor, vorn und hinten belüftete Bremsscheiben, Stabilisator vorn.

BMW 3,0 Si

Karosserie:
Limousine, 4 Türen, 5 Sitze.

Motor:
Wassergekühlter Sechszylinder-Viertakt-Reihenmotor, Bohrung/Hub: 89/80 mm, 2985 ccm, Verdichtung 9,0 : 1, 195 DIN-PS bei 5500 U/min, maximales Drehmoment 27,2 mkp bei 4300 U/min, schräghängende Ventile, obenliegende Nockenwelle durch Kette angetrieben, Leichtmetall-Zylinderkopf, siebenfach gelagerte Kurbelwelle, elektronische Bosch-Benzineinspritzung „L-Jetronic".
Batterie: 12 Volt/55 Ah, Drehstrom-Lichtmaschine 770 Watt.
Füllmengen: Tankinhalt 75 Liter, Motoröl 5,75 Liter, Kühlsystem 12 Liter.

Kraftübertragung:
a) Sperrsynchronisiertes Viergang-Getriebe, Einscheiben-Trockenkupplung, Mittelschaltung.
b) Gegen Aufpreis: automatisches ZF-Getriebe (hydraulischer Wandler, Dreigang-Planetengetriebe), Wählhebel in der Mitte.
Frontmotor, geteilte Kardanwelle, Hinterachsantrieb.

Übersetzungen:

	a)	b)
1. Gang	3,855 : 1	2,52 : 1
2. Gang	2,203 : 1	1,56 : 1
3. Gang	1,401 : 1	1,00 : 1
4. Gang	1,000 : 1	–
R-Gang	4,300 : 1	2,50 : 1
Achsübersetzung	3,450 : 1	

Fahrwerk:
Selbsttragende Stahlblechkarosserie, vorn Federbeine, untere Dreieck-Querlenker mit Zugstrebe, Stabilisator, hinten schrägstehende Längslenker, Federbeine, vorn und hinten Gummizusatzfedern, Schraubenfedern, Teleskopstoßdämpfer.
Bremsen: Innenbelüftete Servo-Vierrad-Scheibenbremsen mit Doppel-Zweikreis-System, hinten Bremskraftregler.

Lenkung: Kugelmutter-Lenkung mit Servo, Übersetzung 18,5 : 1.
Reifen: 195/70 VR 14 – Felgen: 6 J × 14 H 2.

Maße, Gewichte:
Länge 4700 mm, Breite 1750 mm, Höhe 1450 mm, Radstand 2692 mm, Spurweite vorn 1446 mm, hinten 1464 mm, Wendekreisdurchmesser 10,5 m.
Leergewicht 1380 kg, zulässiges Gesamtgewicht 1850 kg.

Verbrauch:
11,2 Liter auf 100 km (Superbenzin).

Fahrleistungen:
Höchstgeschwindigkeit 210 km/h, Beschleunigung 0–100 km/h in 8,2 sek.

Preis:

	Sept. 1976	März 1977
3,0 Si	32.060,–	33.200,– DM
3,0 Si m. Automatik	33.640,–	34.780,– DM

Produktionszahlen: 954 Stück.

Bauzeit:
Von September 1976 bis März 1977.

Merkmale:
Motorleistung von 200 auf 195 PS gedrosselt. Niedrigere Verdichtung, neue Benzineinspritzung „L-Jetronic".
Äußerlich zum Vormodell 3,0 Si keine Unterschiede.

BMW 3,0 L

Karosserie:
Limousine, 4 Türen, 5 Sitze.

Motor:
Wassergekühlter Sechszylinder-Viertakt-Reihenmotor, Bohrung/Hub: 89/90 mm, 2985 ccm, Verdichtung 9,0 : 1, 180 DIN-PS bei 6000 U/min, maximales Drehmoment 26,0 mkp bei 3700 U/min, schräghängende Ventile, obenliegende Nockenwelle durch Kette angetrieben,

Leichtmetall-Zylinderkopf, siebenfach gelagerte Kurbelwelle, zwei Fallstrom-Vergaser Zenith 35/40 INAT mit Startautomatik.
Batterie: 12 Volt/55 Ah, Drehstrom-Lichtmaschine 770 Watt.
Füllmengen: Tankinhalt 75 Liter, Motoröl 5,75 Liter, Kühlsystem 12 Liter.

Kraftübertragung:
a) Sperrsynchronisiertes Viergang-Getriebe, Einscheiben-Trockenkupplung, Mittelschaltung.
b) Gegen Aufpreis: automatisches Borg-Warner-Getriebe (hydraulischer Wandler, Dreigang-Planetengetriebe) Wählhebel in der Mitte.
Frontmotor, geteilte Kardanwelle, Hinterachsantrieb.

Übersetzungen:

	a)	b)
1. Gang	3,855 : 1	2,52 : 1
2. Gang	2,203 : 1	1,56 : 1
3. Gang	1,401 : 1	1,00 : 1
4. Gang	1,000 : 1	–
R-Gang	4,300 : 1	2,00 : 1
Achsübersetzung:	3,450 : 1	

Fahrwerk:
Selbsttragende Stahlblechkarosserie, vorn Federbeine, untere Dreiecks-Querlenker mit Zugstrebe, Stabilisator, hinten schrägstehende Längslenker, Federbeine, vorn und hinten Gummizusatzfedern, Schraubenfedern, Teleskopstoßdämpfer.
Bremsen: Innenbelüftete Servo-Vierrad-Scheibenbremsen mit Doppel-Zweikreis-System, hinten Bremskraftregler, Bremsbelagfläche 2752 cm^2.
Lenkung: Kugelmutter-Lenkung mit Servo und Sicherheitslenksäule.
Reifen: 195/70 HR 14 – Felgen: 6 J × 14 H 2.

Maße, Gewichte:
Länge 4800 mm, Breite 1750 mm, Höhe 1450 mm, Radstand 2792 mm, Spurweite vorn 1446 mm, hinten 1464 mm, Wendekreisdurchmesser 11,2 m.
Leergewicht 1470 kg, zulässiges Gesamtgewicht 1900 kg.

Verbrauch:
11,5 Liter auf 100 km (Superbenzin).

Fahrleistungen:
Höchstgeschwindigkeit 200 km/h, Beschleunigung 0–100 km/h in 9,5 sek.

Preis:

	März 1975	Aug. 1975	Mai 1976	März 1977	
3,0 L	28.920,–	29.980,–	31.420,–	32.550,–	DM
3,0 L m. Automatik	30.500,–	31.560,–	33.000,–	34.130,–	DM

Produktionszahlen: 4.368 Stück.

Bauzeit:
Von Mai 1975 bis März 1977.

Merkmale:
Dreiliter-Motor in der verlängerten Karosserie des 2800 L. Gegenüber 2800 L bessere Innenausstattung, äußerlich nur an anderer Typenbezeichnung zu erkennen.

BMW 3,3 L

Karosserie:
Limousine, 4 Türen, 5 Sitze

Motor:
Wassergekühlter Sechszylinder-Viertakt-Reihenmotor, um 30° nach rechts geneigt, Bohrung/Hub: 89/88,4 mm, 3295 ccm, Verdichtung 9,0 : 1, 190 DIN-PS bei 5500 U/min, maximales Drehmoment 29,5 mkp bei 3500 U/min, V-förmig hängende Ventile, obenliegende Nockenwelle durch Kette angetrieben, siebenfach gelagerte Kurbelwelle, zwei Fallstrom-Registervergaser Zenith 35/40 INAT mit Startautomatik
Batterie: 12 Volt/55 Ah, Drehstrom-Lichtmaschine 770 Watt
Füllmengen: Tankinhalt 75 Liter, Motoröl 5,75 Liter, Kühlsystem 12 Liter, Getriebe 2 Liter

Kraftübertragung:
a) Automatisches Borg-Warner-Getriebe (hydraulischer Wandler mit Dreigang-Planetengetriebe), Wählhebel in der Mitte
b) Ab 1975 wahlweise ohne Minderpreis: sperrsynchronisiertes Viergang-Getriebe, Einscheiben-Trockenkupplung, Mittelschaltung
Frontmotor, geteilte Kardanwelle, Hinterachsantrieb

Übersetzungen:

	a)	b)
1. Gang	2,390 : 1	3,855 : 1
2. Gang	1,450 : 1	2,202 : 1
3. Gang	1,000 : 1	1,401 : 1

4. Gang	–	1,000 : 1
R-Gang	2,000 : 1	4,096 : 1
Achsübersetzung	3,450 : 1	

Fahrwerk:
Selbsttragende Stahlblechkarosserie, vorn Federbeine und Dreieckquerlenker, Stabilisator, hinten schrägstehende Längslenker, Federbeine, vorn und hinten Schraubenfedern, Teleskopstoßdämpfer und Gummi-Zusatzfedern.
Bremsen: Doppel-Zweikreis-Bremssystem mit Servo, vorn und hinten Scheibenbremsen.
Lenkung: Schneckenrollenlenkung mit Servo (serienmäßig).
Reifen: 195/70 VR 14 – Felgen: 6 J × 14 H 2 (Leichtmetall).

Maße, Gewichte:
Länge 4800 mm, Breite 1750 mm, Höhe 1450 mm, Radstand 2792 mm, Spurweite vorn 1480, hinten 1486 mm, Wendekreisdurchmesser 11,3 m
Leergewicht 1520 kg, zulässiges Gesamtgewicht 1980 kg

Verbrauch:
11, 9 Liter auf 100 km (Superbenzin)

Fahrleistungen:
Höchstgeschwindigkeit 205 km/h, Beschleunigung 0 –100 km/h in 9,3 sek.

Preis:

	Aug. 1973	März 1974	Juni 1974	März 1975	
Limousine	35.600,–	37.550,–	38.980,–	39.980,–	DM

Produktionszahlen: 1.622 Stück

Bauzeit:
(Debüt August 1973) Von März 1974 bis März 1975.

Merkmale:
Luxuslimousine, serienmäßig mit Lederpolsterung und automatischem Getriebe, sowie 10 cm längerem Radstand wie Modell 2500.

BMW 3,3 Li

Karosserie:
Limousine, 4 Türen, 5 Sitze

Motor:
Wassergekühlter Sechszylinder-Viertakt-Reihenmotor, um 30° nach rechts geneigt, Bohrung/Hub: 89/86 mm, Verdichtung 9,0 : 1, 3205 ccm, 197 DIN-PS bei 5500 U/min, maximales Drehmoment 28,5 mkp bei 4300 U/min, V-förmig hängende Ventile, obenliegende Nockenwelle durch Kette angetrieben, siebenfach gelagerte Kurbelwelle, elektronisch gesteuerte Benzineinspritzung Bosch-Jetronic
Batterie: 12 Volt/55 Ah, Drehstrom-Lichtmaschine 770 Watt
Füllmengen: Tankinhalt 75 Liter, Motoröl 5,75 Liter, Kühlsystem 12 Liter, Getriebe 2 Liter

Kraftübertragung:
a) Sperrsynchronisiertes Viergang-Getriebe, Einscheiben-Trockenkupplung, Mittelschaltung
b) Gegen Aufpreis: automatisches Borg-Warner-Getriebe (hydraulischer Wandler mit Dreigang-Planetengetriebe), Wählhebel in der Mitte,
Frontmotor, geteilte Kardanwelle, Hinterachsantrieb.

Übersetzungen:	a)	b)
1. Gang	3,855 : 1	2,390 : 1
2. Gang	2,202 : 1	1,450 :
3. Gang	1,401 : 1	1,000 :
4. Gang	1,000 : 1	–
R-Gang	4,300 : 1	2,090 : 1
Achsübersetzung	3,450 : 1	

Fahrwerk:
Selbsttragende Stahlblechkarosserie, vorn Federbeine und Dreieckquerlenker, Stabilisator, hinten schrägstehende Längslenker, Federbeine, vorn und hinten Schraubenfedern, Teleskopstoßdämpfer und Gummizusatzfedern.
Bremsen: Doppel-Zweikreis-Bremssystem mit Servo, vorn und hinten Scheibenbremsen (vorn innenbelüftete Bremsscheiben).
Lenkung: Schneckenrollenlenkung mit Servo (ab November 1975: Kugelmutterlenkung mit Motordrehzahl-abhängiger Verstärkung (Hydrolenkung)
Reifen: 195/70 VR 14 – Felgen: 6 J × 14 H 2 (Leichtmetall).

Maße, Gewichte:
Länge 4800 mm, Breite 1750 mm, Höhe 1450 mm, Radstand 2792 mm, Spurweite vorn 1480, hinten 1486 mm, Wendekreisdurchmesser 11,3 m
Leergewicht 1520 kg, zulässiges Gesamtgewicht 1980 kg.

Verbrauch:
11,5 Liter auf 100 km (Superbenzin).

Fahrleistungen:
Höchstgeschwindigkeit 205 km/h, Beschleunigung 0-100 km/h in 9 sek.

Preis:	April 1975	Mai 1976	März 1977	
Limousine	41.380,–	43.320,–	44.900,–	DM
Limousine m. Autom.	42.960,–	44.900,–	46.480,–	DM

Produktionszahlen: 1.649 Stück.

Bauzeit:
Von April 1975 bis Juli 1977.

Merkmale:
Nachfolge-Modell des 3,3 L mit etwas im Hubraum reduziertem Einspritz-Motor, mit Benzin-Einspritzung, aber schwächerem Drehmoment, jedoch 7 PS Mehrleistung. Äußerlich nur durch Typenbezeichnung am Heck erkenntlich. Innenbelüftete Bremsscheiben vorn.

BMW 2800 CS

Karosserie:
Coupé, 2 Türen, 4 Sitze (Karosserie: Wilhelm Karmann, Osnabrück).

Motor:
Wassergekühlter Sechszylinder-Viertakt-Reihenmotor, Bohrung/Hub: 86/80 mm, 2877 ccm, Verdichtung 9,0 : 1, 170 DIN-PS bei 6000 U/min, maximales Drehmoment 24,0 mkp bei 3700 U/min, schräghängende Ventile, obenliegende Nockenwelle durch Kette angetrieben, Leichtmetall-Zylinderkopf, siebenfach gelagerte Kurbelwelle, zwei Fallstrom-Registervergaser Solex 35/40 INAT mit Startautomatik.
Batterie: 12 Volt/55 Ah, Drehstrom-Lichtmaschine 630 Watt.
Füllmengen: Tankinhalt 70 Liter, Motoröl 5,75 Liter, Kühlsystem 12 Liter.

Kraftübertragung:
a) Sperrsynchronisiertes Viergang-Getriebe, Einscheiben-Trockenkupplung, Mittelschaltung,
b) Gegen Aufpreis: automatisches ZF-Getriebe (hydraulischer Wandler mit Dreigang-Planetengetriebe), Wählhebel in der Mitte.
Frontmotor, geteilte Kardanwelle, Hinderachsantrieb.

Übersetzungen:

	a)	b)
1. Gang	3,855 : 1	2,50 : 1
2. Gang	2,080 : 1	1,50 : 1
3. Gang	1,375 : 1	1,00 : 1
4. Gang	1,000 : 1	–
R-Gang	4,130 : 1	2,00 : 1
Achsübersetzung	3,450 : 1	3,45 : 1

Fahrwerk:
Selbsttragende Stahlblechkarosserie, vorn Federbeine, untere Dreieck-Querlenker mit Zugstrebe, hinten schrägstehende Längslenker, Differentialbremse (gegen Aufpreis: hydraulische Niveauregulierung), vorn und hinten Stabilisatoren, Gummizusatzfedern, Schraubenfedern, Teleskopstoßdämpfer.
Bremsen: Doppel-Zweikreis-Bremssystem mit Servo, vorn Scheiben-, hinten Trommelbremsen.
Lenkung: Schneckenrollenlenkung mit Servo, Übersetzung 18,5 : 1.
Reifen: 175 HR 14 (ab August 1969; 195/70 HR 14) – Felgen: 6 J × 14 H 2

Maße, Gewichte:
Länge 4660 mm, Breite 1670 mm, Höhe 1370 mm, Radstand 2625 mm, Spurweite vorn 1446 mm, hinten 1402 mm.
Leergewicht 1130 kg, zulässiges Gesamtgewicht 1710 kg, Wendekreisdurchmesser 10,5 m.

Verbrauch:
10,9 Liter auf 100 km (Superbenzin).

Fahrleistungen:
Höchstgeschwindigkeit 200 km/h, Beschleunigung 0–100 km/h in 9,1 sek.

Preis:

	Okt. 1968	Nov. 1969	Jan. 1971	
2800 CS Coupé	22.977,–	24.508,80	24.975,–	DM
2800CS Coupé mit Automatik	24.309,–	25.851,90	26.307,–	DM

Produktionszahlen: 9.400 Stück.

Bauzeit:
Von Oktober 1968 bis April 1971.

Merkmale:
Coupé-Karosse mit der Mechanik des 2800. Jedoch hinten Trommelbremsen und hinten keine Federbeine (wie Limousine), sondern einfache Schraubenfedern. Gegenüber 2000 CS: andere Kühlerfront, seitliche Kühlluftschlitze, längere Motorhaube.

BMW 2,5 CS

Karosserie:
Coupé, 2 Türen, 4 Sitze (Karosserie: Wilhelm Karmann, Osnabrück).

Motor:
Wassergekühlter Sechszylinder-Viertakt-Reihenmotor, Bohrung/Hub: 86/71,6 mm, 2494 ccm, Verdichtung 9,0 : 1, 150 DIN-PS bei 6000 U/min, maximales Drehmoment 21,5 mkp bei 3700 U/min, schräghängende Ventile, obenliegende Nockenwelle durch Kette angetrieben, Leichtmetall-Zylinderkopf, siebenfach gelagerte Kurbelwelle, zwei Fallstrom-Registervergaser Zenith 32/40 INAT mit Startautomatik.
Batterie: 12 Volt/55 Ah, Drehstrom-Lichtmaschine 630 Watt.
Füllmengen: Tankinhalt 70 Liter, Motoröl 5,75 Liter, Kühlsystem 12 Liter.

Kraftübertragung:
a) Sperrsynchronisiertes Viergang-Getriebe, Einscheiben-Trockenkupplung, Mittelschaltung,
b) Gegen Aufpreis: automatisches ZF-Getriebe (hydraulischer Wandler, Dreigang-Planetengetriebe), Wählhebel in der Mitte.
Frontmotor, geteilte Kardanwelle, Hinterachsantrieb.

Übersetzungen:

	a)	b)
1. Gang	3,855 : 1	2,56 : 1
2. Gang	2,202 : 1	1,52 : 1
3. Gang	1,401 : 1	1,00 : 1
4. Gang	1,000 : 1	–
R-Gang	4,300 : 1	2,00 : 1
Achsübersetzung	3,640 : 1	

Fahrwerk:
Selbsttragende Stahlblechkarosserie, vorn Federbeine, untere Dreiecksquerlenker mit Zugstrebe, hinten schrägstehende Längslenker, Gummizusatzfedern, Schraubenfedern, Teleskopstoßdämpfer, Stabilisator vorn.
Bremsen: Innenbelüftete Servo-Vierrad-Scheibenbremsen mit Doppel-Zweikreis-Bremssystem, hinten Bremskraftregler.
Lenkung: Schneckenrollenlenkung (gegen Aufpreis mit Servo).
Reifen: 175 HR 14 – Felgen: 6 J × 14 H 2

Maße, Gewichte:
Länge 4660 mm, Breite 1670 mm, Höhe 1370 mm, Radstand 2625 mm, Spurweite vorn 1446 mm, hinten 1398 mm, Wendekreisdurchmesser 10,7 m.
Leergewicht 1400 kg, zulässiges Gesamtgewicht 1770 kg.

Fahrleistungen:
Höchstgeschwindigkeit 200 km/h, Beschleunigung 0–100 km/h in 10,5 sek.

Verbrauch:
11,0 Liter auf 100 km (Superbenzin).

Preis:

	Juni 1974	März 1975	Aug. 1975	
2,5 CS	28.550,–	30.180,–	31.220,–	DM
2,5 CS m. Automatik	30.180,–	31.760,–	32.800,–	DM

Produktionszahlen: 844 Stück.

Bauzeit:
Von April 1974 bis Dezember 1975.

Merkmale:
Gegenüber dem 3,0 CS einfachere Innenausstattung, 150 PS-Motor, Servolenkung nur gegen Aufpreis, kein Stabilisator hinten, äußerlich nur durch anderes Typenschild zu unterscheiden. Hintere Seitenscheiben feststehend.

BMW 3,0 CS

Karosserie:
Coupé, 2 Türen, 4 Sitze (Karosserie: Wilhelm Karmann, Osnabrück).

Motor:
Wassergekühlter Sechszylinder-Viertakt-Reihenmotor, Bohrung/Hub: 89/80 mm, 2985 ccm, Verdichtung 9,0 : 1, 180 DIN-PS bei 6000 U/min, maximales Drehmoment 26,0 mkp bei 3700 U/min, schräghängende Ventile, obenliegende Nockenwelle durch Kette angetrieben, Leichtmetall-Zylinderkopf, siebenfach gelagerte Kurbelwelle, zwei Fallstrom-Registervergaser Solex 35/40 INAT mit Startautomatik.
Batterie: 12 Volt/55 Ah, Drehstrom-Lichtmaschine 630 Watt.
Füllmengen: Tankinhalt 70 Liter, Motoröl 5,75 Liter, Kühlsystem 12 Liter.

Kraftübertragung:
a) Sperrsynchronisiertes Viergang-Getriebe, Einscheiben-Trockenkupplung, Mittelschaltung,
b) Gegen Aufpreis: automatisches ZF-Getriebe (hydraulischer Wandler, Dreigang-Planetengetriebe), Wählhebel in der Mitte.
Frontmotor, geteilte Kardanwelle, Hinterachsantrieb.

Übersetzungen:

	a)	b)
1. Gang	3,855 : 1	2,50 : 1
2. Gang	2,203 : 1	1,50 : 1
3. Gang	1,401 : 1	1,00 : 1
4. Gang	1,000 : 1	–
R-Gang	4,300 : 1	2,00 : 1
Achsübersetzung	3,450 : 1	3,45 : 1

Fahrwerk:
Selbsttragende Stahlblechkarosserie, vorn Federbeine, untere Dreieck-Querlenker mit Zugstrebe, hinten schrägstehende Längslenker, Differentialbremse, vorn und hinten Stabilisatoren, Gummizusatzfedern, Schraubenfedern, Teleskopstoßdämpfer.
Bremsen: Innenbelüftete Servo-Vierrad-Scheibenbremsen mit Doppel-Zweikreis-Bremssystem, Bremsbelagfläche 2752 cm², hinten Bremskraftregler.
Lenkung: Schneckenrollenlenkung mit Servo.
Reifen: 195/70 VR 14 – Felgen: 6 J × 14 H 2

Maße, Gewichte:
Länge 4660 mm, Breite 1670 mm, Höhe 1370 mm, Radstand 2625 mm, Spurweite vorn 1446 mm, hinten 1402 mm.
Leergewicht 1380 kg, zulässiges Gesamtgewicht 1750 kg, Wendekreisdurchmesser 10,5 m.

Verbrauch:
11,2 Liter auf 100 km (Superbenzin).

Fahrleistungen:
Höchstgeschwindigkeit 213 km/h, Beschleunigung 0–100 km/h in 8,2 sek.

Preis:

	Mai 1971	Sept. 1971	Jan. 1972	Febr. 1973	Sept. 1973	
3,0 CS Coupé	26.973,–	27.840,–	28.590,–	30.800,–	30.540,–	DM
3,0 CS Coupé mit Automatik	28.416,–	29.330,–	30.450,–	31.850,–	32.090,–	DM
	März 1974	Juni 1974	März 1975	Aug. 1975		
	31.930,–	32.980,–	34.720,–	35.900,–	DM	
	33.510,–	34.560,–	36.300,–	37.480,–	DM	

Produktionszahlen: 11.666 Stück.

Bauzeit:
(Debüt 11. März 1971) Von April 1971 bis Dezember 1975.

Merkmale:
Gegenüber 2800 CS jetzt vorn und hinten innenbelüftete Bremsscheiben, Stoßstange mit Gummibelag, schwarz abgedeckter Kühlergrill, einschließlich BMW-Niere.

BMW 3,0 CSi

Karosserie:
Coupé, 2 Türen, 4 Sitze (Karosserie: Wilhelm Karmann, Osnabrück).

Motor:
Wassergekühlter Sechszylinder-Viertakt-Reihenmotor, Bohrung/Hub: 89/80 mm, 2985 ccm, Verdichtung 9,5 : 1, 200 DIN-PS bei 5500 U/min, maximales Drehmoment 27,7 mkp bei

4300 U/min, schräghängende Ventile, obenliegende Nockenwelle durch Kette angetrieben, Leichtmetall-Zylinderkopf, siebenfach gelagerte Kurbelwelle, elektronische Bosch-Benzingeinspritzung.
Batterie: 12 Volt/55 Ah, Drehstrom-Lichtmaschine 770 Watt.
Füllmengen: Tankinhalt 70 Liter, Motoröl 5,75 Liter, Kühlsystem 12 Liter.

Kraftübertragung:
Sperrsynchronisiertes Viergang-Getriebe, Einscheiben-Trockenkupplung, Mittelschaltung. Frontmotor, geteilte Kardanwelle, Hinterachsantrieb.

Übersetzungen:
1. Gang	3,855 : 1
2. Gang	2,203 : 1
3. Gang	1,401 : 1
4. Gang	1,000 : 1
R-Gang	4,300 : 1
Achsübersetzung	3,450 : 1

Fahrwerk:
Selbsttragende Stahlblechkarosserie, vorn Federbeine, untere Dreieck-Querlenker mit Zugstrebe, hinten schrägstehende Längslenker, Differentialbremse, vorn und hinten Stabilisatoren, Gummizusatzfedern, Schraubenfedern, Teleskopstoßdämpfer.
Bremsen: Innenbelüftete Servo-Vierrad-Scheibenbremsen mit Doppel-Zweikreis-System, Bremsbelagfläche 2752 cm^2, hinten Bremskraftregler.
Lenkung: Schneckenrollenlenkung mit Servo.
Reifen: 195/70 VR 14 – Felgen: 6 J × 14 H 2

Maße, Gewichte:
Länge 4660 mm, Breite 1670 mm, Höhe 1370 mm, Radstand 2625 mm, Spurweite vorn 1446 mm, hinten 1402 mm.
Leergewicht 1380 kg, zulässiges Gesamtgewicht 1750 kg, Wendekreisdurchmesser 10,5 m.

Verbrauch:
10,9 Liter auf 100 km (Superbenzin).

Fahrleistungen:
Höchstgeschwindigkeit 220 km/h, Beschleunigung 0–100 km/h in 7,7 sek.

Preis:

	Sept. 1971	Jan. 1972	Febr. 1973	Sept. 1973	
3,0 CSi Coupé	29.440,–	30.650,–	32.100,–	32.340,–	DM
	März 1974	Juni 1974	März 1975	Aug. 1975	
	33.810,–	34.980,–	36.820,–	38.080,–	DM

Produktionszahlen: 8.142 Stück.

Bauzeit:
Von 1. September 1971 bis Dezember 1975.

Merkmale:
200 PS-Einspritzmotor, gegenüber 3,0 CS nur durch Typenbezeichnung am Heck zu unterscheiden.

BMW 3,0 CSL

Karosserie:
Coupé, 2 Türen, 4 Sitze (Karosserie: Wilhelm Karmann, Osnabrück).

Motor:
Wassergekühlter Sechszylinder-Viertakt-Reihenmotor, Bohrung/Hub: 89/80 mm, 2986 ccm, (ab August 1972: Bohrung/Hub: 89,25/80, 3003 ccm), Verdichtung 9,0 : 1, 180 DIN-PS bei 6000 U/min, maximales Drehmoment 26,0 mkp bei 3700 U/min, schräghängende Ventile, obenliegende Nockenwelle durch Kette angetrieben, Leichtmetall-Zylinderkopf, siebenfach gelagerte Kurbelwelle, zwei Fallstrom-Registervergaser Solex 35/40 INAT mit Startautomatik.
Batterie: 12 Volt/36 Ah, Drehstrom-Lichtmaschine 630 Watt.
Füllmengen: Tankinhalt 70 Liter, Motoröl 5,75 Liter, Kühlsystem 12 Liter.

Kraftübertragung:
Sperrsynchronisiertes Viergang-Getriebe, Einscheiben-Trockenkupplung, Mittelschaltung. Frontmotor, geteilte Kardanwelle, Hinterachsantrieb.

Übersetzungen:
1. Gang	3,855 : 1
2. Gang	2,203 : 1
3. Gang	1,401 : 1
4. Gang	1,000 : 1
R-Gang	4,300 : 1
Achsübersetzung	3,450 : 1

Fahrwerk:
Selbsttragende Stahlblechkarosserie (Türen und Klappen aus Aluminiumblech), vorn Federbeine, untere Dreieck-Querlenker mit Zugstrebe, hinten schrägstehende Längslenker, Differentialbremse, vorn und hinten Gummizusatzfedern, Schraubenfedern, Teleskopstoßdämpfer.
Bremsen: Innenbelüftete Servo-Vierrad-Scheibenbremsen mit Doppel-Zweikreis-Bremssystem, Bremsbelagfläche 2752 cm^2.
Lenkung: Schneckenrollenlenkung.
Reifen: 195/70 VR 14 – Felgen: 7 J × 14 H 2

Maße, Gewichte:
Länge 4630 mm, Breite 1710 mm, Höhe 1370 mm, Radstand 2625 mm, Spurweite vorn 1446 mm, hinten 1422 mm.
Leergewicht 1165 kg, zulässiges Gesamtgewicht ca. 1650 kg, Wendekreisdurchmesser 10,5 m.

Verbrauch:
10,9 Liter auf 100 km (Superbenzin).

Fahrleistungen:
Höchstgeschwindigkeit 215 km/h, Beschleunigung 0–100 km/h in 7,4 sek.

Preis:

	Mai 1972	Aug. 1972	Febr. 1973
3,0 CSL	31.950,–	31.245,–	32.700,– DM

Produktionszahlen: ca. 650 Stück.

Bauzeit:
Von Mai 1971 bis August 1973.

Merkmale:
Abgemagerte Sport-Innenausstattung mit Leder-Sport-Lenkrad, Motorhaube und Türen aus Aluminium, serienmäßig ohne vordere Stoßstange, dafür mit kleinem Frontspoiler. Breitere Felgen und Reifen, Chromeinfassungen an den Radkästen.

BMW 3,0 CSL

Karosserie:
Coupé, 2 Türen, 4 Sitze (Karosserie: Wilhelm Karmann, Osnabrück).

Motor:
Wassergekühlter Sechszylinder-Viertakt-Reihenmotor, Bohr./Hub: 89,25/80 mm, 3003 ccm, Verdichtung 9,5 : 1, 200 DIN-PS bei 5500 U/min, maximales Drehmoment 27,7 mkp bei

4300 U/min, schräghängende Ventile, obenliegende Nockenwelle durch Kette angetrieben, Leichtmetall-Zylinderkopf, siebenfach gelagerte Kurbelwelle, elektronische Benzineinspritzung (Bosch) mit Startautomatik.
Batterie: 12 Volt/36 Ah, Drehstrom-Lichtmaschine 770 Watt.
Füllmengen: Tankinhalt 70 Liter, Motoröl 5,75 Liter, Kühlsystem 12 Liter.

Kraftübertragung:
Sperrsynchronisiertes Viergang-Getriebe, Einscheiben-Trockenkupplung, Mittelschaltung. Frontmotor, geteilte Kardanwelle, Hinterachsantrieb.

Übersetzungen:
1. Gang	3,855 : 1
2. Gang	2,203 : 1
3. Gang	1,401 : 1
4. Gang	1,000 : 1
R-Gang	4,300 : 1
Achsübersetzung	3,250 : 1

Fahrwerk:
Selbsttragende Stahlblechkarosserie (Türen und Klappen aus Aluminium-Blech), vorn Federbeine, untere Dreieck-Querlenker mit Zugstrebe, hinten schrägstehende Längslenker, Differentialbremse, vorn und hinten Gummizusatzfedern, Schraubenfedern, Teleskopstoßdämpfer.
Bremsen: Innenbelüftete Servo-Vierrad-Scheibenbremsen mit Doppel-Zweikreis-Bremssystem, Bremsbelagfläche 2752 cm^2.
Lenkung: Schneckenrollenlenkung.
Reifen: 195/70 VR 14 – Felgen: 7 J × 14 H 2

Maße, Gewichte:
Länge 4630 mm, Breite 1730 mm, Höhe 1370 mm, Radstand 2625 mm, Spurweite vorn 1426 mm, hinten 1422 mm.
Leergewicht 1165 kg, zulässiges Gesamtgewicht ca. 1650 kg, Wendekreisdurchmesser 10,5 m.

Verbrauch:
10 Liter auf 100 km/h (Superbenzin).

Fahrleistungen:
Höchstgeschwindigkeit 220 km/h, Beschleunigung 0–100 km/h in 6,9 sek.

Preis:
	Aug. 1972	Febr. 1973	
3,0 CSL	31.245,–	32.700,–	DM

Produktionszahlen: ca. 100 Stück.

Bauzeit:
Von August 1972 bis August 1973.

Merkmale:
Jetzt mit Einspritzmotor, straßentaugliche Innenausstattung, serienmäßig Aluminium-Felgen, äußerlich zu erkennen am seitlichen Rallye-Streifen.

BMW 3,0 CSL

Karosserie:
Coupé, 2 Türen, 4 Sitze (Karosserie: Wilhelm Karmann, Osnabrück).

Motor:
Wassergekühlter Sechszylinder-Viertakt-Reihenmotor, Bohrung/Hub: 89,25/84 mm, 3153 ccm, Verdichtung 9,5 : 1, 206 DIN-PS bei 5600 U/min, maximales Drehmoment 29,2 mkp bei 5600 U/min, schräghängende Ventile, obenliegende Nockenwelle durch Kette angetrieben, Leichtmetall-Zylinderkopf, siebenfach gelagerte Kurbelwelle, elektronische Benzineinspritzung (Bosch) mit Startautomatik.
Batterie: 12 Volt/55 Ah, Drehstrom-Lichtmaschine 630 Watt.
Füllmengen: Tankinhalt 72 Liter, Motoröl 5,75 Liter, Kühlsystem 12 Liter.

Kraftübertragung:
Sperrsynchronisiertes Viergang-Getriebe, Einscheiben-Trockenkupplung, Mittelschaltung. Frontmotor, geteilte Kardanwelle, Hinterachsantrieb.

Übersetzungen:
1. Gang	3,855 : 1
2. Gang	2,202 : 1
3. Gang	1,401 : 1
4. Gang	1,000 : 1
R-Gang	4,300 : 1
Achsübersetzung	3,250 : 1

Fahrwerk:
Selbsttragende Stahlblechkarosserie (Türen und Klappen aus Aluminium-Blech), vorn Federbeine, untere Dreieck-Querlenker mit Zugstrebe, hinten schrägstehende Längslenker, Federbeine, Differentialbremse, vorn und hinten Gummizusatzfedern, Schraubenfedern, Gasdruck-Stoßdämpfer.
Bremsen: Innenbelüftete Servo-Vierrad-Scheibenbremsen mit Doppel-Zweikreis-Bremssystem, Bremsbelagfläche 2752 cm².
Lenkung: Schneckenrollen-Lenkung (Übersetzung 18,9 : 1).
Reifen: 195/70 VR 14 – Felgen: 7 J × 14 H 2

Maße, Gewichte:
Länge 4630 mm, Breite 1730 mm, Höhe 1370 mm, Radstand 2625 mm, Spurweite vorn 1470 mm, hinten 1426 mm.
Leergewicht 1250 kg, zulässiges Gesamtgewicht 1650 kg, Wendekreisdurchmesser 10,5 m.

Verbrauch:
10,9 Liter auf 100 km (Superbenzin).

Fahrleistungen:
Höchstgeschwindigkeit 220 km/h, Beschleunigung 0–100 km/h in 7,1 sek.

Preis:

	Sept. 1973
Coupé	35.700,– DM

Produktionszahlen: ca. 100 Stück.

Bauzeit:
Von 13. September 1973 bis Dezember 1975.

Merkmale:
Motor mit aufgebohrtem Hubraum, aber nur 6 PS Mehrleistung. Äußerlich zu erkennen an abschraubbarem Heckspoiler, Leitblech an der Dachhinterkante, Leitstege auf den Vorder-Kotflügeln. Tiefergezogener Frontspoiler.

BMW Turbo

Karosserie:
Coupé, 2 Flügeltüren, 2 Sitze.

Motor:
Vierzylinder-Einspritzmotor des BMW 2 002 tii, jedoch mit Abgas-Turbolader, 200 DIN-PS, maximales Drehmoment 23,8 mkp, Verdichtung 1 : 6,8.

Kraftübertragung:
Sperrsynchronisiertes Viergang-Getriebe, Achsübersetzung 2,37 : 1.
Mittelmotor, Hiunterachsantrieb.

Fahrwerk:
Vorn Federbeinachse mit querliegenden und gekreuzten Drehstabfedern.
Hinten: Mit Motor und Getriebe in einem gemeinsamen Fahrschemel gelagerte Federbeinachse.
Bremsen: Innenbelüftete Scheibenbremsen vorn und hinten, Scheibenbremsen hinten mit Schwimmrahmen-Bremssattel und Handbremse.
Reifen: 4,75/11,2–14 – Felgen: LM 9½ J × 14
Karosserie: Rahmen-Bodenanlage mit Aufbaugerüst selbsttragend ausgebildet, Front- und Heck-Kunststoffteil mit Stahlblechkarosserie verschraubt.

Maße, Gewichte:
Länge 4155 mm, Breite 1880 mm, Höhe 1100 mm, Radstand 2400 mm, Spurweite vorn 1550 mm, hinten 1530 mm, Leergewicht 980kg.

Fahrleistungen:
Höchstgeschwindigkeit 250 km/h
Beschleunigung 0–100 km/h in 6,6 sec.

Produktionszahl:
2 Stück.

Debüt:
23. August 1972.

BMW 518

Karosserie:
Limousine, 4 Türen, 5 Sitze

Motor:
Wassergekühlter Vierzylinder-Viertakt-Reihenmotor, um 30° nach rechts geneigt, Bohrung/Hub: 89 / 71 mm, 1766 ccm, Verdichtung 8,6 : 1, 90 DIN-PS bei 5500 U/min, maximales Drehmoment 14,5 mkp bei 3 500 U/min, V-förmig hängende Ventile, obenliegende Nockenwelle durch Kette angetrieben, fünffach gelagerte Kurbelwelle, ein Fallstrom-Registervergaser Solex 38 PDSI mit Startautomatik.

Batterie: 12 Volt/36 Ah, Drehstromlichtmaschine 630 Watt
Füllmengen: Tankinhalt 56 Liter, Motoröl 4,25 Liter, Kühlsystem 7 Liter.

Kraftübertragung:
Sperrsynchronisiertes Viergang-Getriebe, Einscheiben-Trockenkupplung, Mittelschaltung
Frontmotor, geteilte Kardanwelle, Hinterachsantrieb

Übersetzungen:
1. Gang	3,764 : 1
2. Gang	2,022 : 1
3. Gang	1,320 : 1
4. Gang	1,000 : 1
R-Gang	4,096 : 1
Achsübersetzung:	4,44 : 1

Fahrwerk:
Selbsttragende Stahlblechkarosserie mit integriertem Überrollbügel und Knautschzonen
vorn und hinten, vorn Federbeine und Dreiecksquerlenker, Stabilisator, hinten
schrägstehende Längslenker, Federbeine (gegen Aufpreis: Stabilisator), vorn und hinten
Schraubenfedern, Teleskopstoßdämpfer und Gummi-Zusatzfedern
Bremsen: Doppel-Zweikreis-Bremssystem mit Servo, vorn Scheibenbremsen, hinten
Trommelbremsen
Lenkung: Schneckenrollenlenkung, (gegen Aufpreis: verstellbare Lenksäule),
Sicherheitslenksäule
Reifen: 175 SR 14 – Felgen: 5$^1/_2$ J x 14 H 2

Maße, Gewichte:
Länge 4620 mm, Breite 1690 mm, Höhe 1425 mm, Radstand 2636 mm, Spurweite vorn
1406, hinten 1442 mm, Wendekreisdurchmesser 10,8 m
Leergewicht 1260 kg, zulässiges Gesamtgewicht 1700 kg

Verbrauch: 9,9 Liter auf 100 km (Superbenzin)

Fahrleistungen:
Höchstgeschwindigkeit 163 km/h, Beschleunigung 0-100 km/h in 14,5 sek.

Preis:
	Juni 1974	März 1975	
Lim.	14.870,–	15.580,–	DM

Produktionszahlen: 33.632 Stück

Bauzeit: von Juni 1974 bis Juli 1975

Merkmale:
Wie Modell 520, jedoch mit 1,8 Liter-Motor und einfacherer Innenausstattung; heizbare
Heckscheibe nur gegen Aufpreis lieferbar, hinten keine Mittelarmstütze, keine Radzierringe.

BMW 518

Karosserie:
Limousine, 4 Türen, 4 Sitze

Motor:
Wassergekühlter Vierzylinder-Viertakt-Reihenmotor, um 30° nach rechts geneigt, Bohrung/Hub: 89/71 mm, 1766 ccm, Verdichtung 8,3 : 1, 90 DIN-PS bei 5500 U/min, maximales Drehmoment 14,3 mkp bei 3500 U/min. V-förmig hängende Ventile, obenliegende Nockenwelle durch Kette angetrieben, fünffach gelagerte Kurbelwelle, ein Fallstrom-Registervergaser Solex 32/32 DIDTA mit Startautomatik
Batterie: 12 Volt/55 Ah, Drehstromlichtmaschine 630 Watt
Füllmengen: Tankinhalt 70 Liter, Motoröl 4,25 Liter, Kühlsystem 7 Liter,

Kraftübertragung:
Sperrsynchronisiertes Viergang-Getriebe, Einscheiben-Trockenkupplung, Mittelschaltung
Frontmotor, geteilte Kardanwelle, Hinterachsantrieb

Übersetzungen:
1. Gang	3,764 : 1
2. Gang	2,022 : 1
3. Gang	1,320 : 1
4. Gang	1,000 : 1
R-Gang	4,096 : 1
Achsübersetzung:	4,44 : 1

Fahrwerk:
Selbsttragende Stahlblechkarosserie mit integriertem Überrollbügel und Knautschzonen vorn und hinten, vorn Federbeine und Dreiecksquerlenker, Stabilisator, hinten schrägstehende Längslenker, Federbeine (gegen Aufpreis: Stabilisator), vorn und hinten Schraubenfedern, Teleskopstoßdämpfer und Gummi-Zusatzfedern
Bremsen: Doppel-Zweikreis-Bremssystem mit Servo, vorn Scheibenbremsen, hinten Trommelbremsen
Lenkung: Schneckenrollenlenkung (gegen Aufpreis: verstellbare Lenksäule), Sicherheitslenksäule, gegen Aufpreis: Servolenkung mit Motordrehzahl-abhängiger Verstärkung
Reifen: 175 SR 14 – Felgen: 5½ J x 14 H 2

Maße, Gewichte:
Länge 4620 mm, Breite 1690 mm, Höhe 1425 mm, Radstand 2636 mm, Spurweite vorn 1406, hinten 1442 mm, Wendekreisdurchmesser 10,8 m
Leergewicht 1275 kg, zulässiges Gesamtgewicht 1700 kg

Verbrauch: 10,5 Liter auf 100 km (Normalbenzin)

Fahrleistungen:
Höchstgeschwindigkeit 160 km/h, Beschleunigung 0–100 km/h in 15 sek.

Preis:
	Aug. 1975	Mai 1976
Limousine	16.640,–	17.260,– DM

Produktionszahlen: 15.963 Stück

Bauzeit: Von August 1975 bis August 1976

Merkmale:
Wie 518, jedoch mit auf Normalbenzin umgestellte Maschine, geänderte Verdichtung, geringeres Drehmoment, stärkere Lichtmaschine,

BMW 518

Karosserie:
Limousine, 4 Türen, 5 Sitze

Motor:
Wassergekühlter Vierzylinder-Viertakt-Reihenmotor, um 30° nach rechts geneigt, Bohrung/Hub: 89/71 mm, 1766 ccm, Verdichtung 8,3 : 1, 90 DIN-PS bei 5500 U/min, maximales Drehmoment 14,3 mkp bei 3500 U/min, V-förmig hängende Ventile, obenliegende Nockenwelle durch Kette angetrieben, fünffach gelagerte Kurbelwelle, ein Fallstrom-Registervergaser Solex 32/32 DIDTA mit Startautomatik
Batterie: 12 Volt/55 Ah, Drehstromlichtmaschine 770 Watt
Füllmengen: Tankinhalt 70 Liter, Motoröl 4,25 Liter, Kühlsystem 7 Liter,

Kraftübertragung:
a) Sperrsynchronisiertes Viergang-Getriebe, Einscheiben-Trockenkupplung, Mittelschaltung
b) Ab August 1977 gegen Aufpreis: automatisches Getriebe (ZF-HP 22), (hydraulischer Wandler mit Dreigang-Planetengetriebe), Wählhebel in der Mitte
Frontmotor, geteilte Kardanwelle, Hinterachsantrieb

Übersetzungen:

	a)	b)
1. Gang	3,764 : 1	2,560 : 1
2. Gang	2,022 : 1	1,520 : 1
3. Gang	1,320 : 1	1,000 : 1
4. Gang	1,000 : 1	–
R-Gang	4,096 : 1	2,000 : 1
Achsübersetzung:	4,44 : 1	

Fahrwerk:
Selbsttragende Stahlblechkarosserie mit integriertem Überrollbügel und Knautschzonen vorn und hinten, vorn Federbeine und Dreiecksquerlenker, Stabilisator, hinten schrägstehende Längslenker, Federbeine, gegen Aufpreis: Stabilisator, vorn und hinten Schraubenfedern, Teleskopstoßdämpfer und Gummi-Zusatzfedern
Bremsen: Doppel-Zweikreis-Bremssystem mit Servo, vorn Scheibenbremsen, hinten Trommelbremsen
Lenkung: Schneckenrollenlenkung, (gegen Aufpreis: verstellbare Lenksäule), Sicherheitslenksäule, gegen Aufpreis Servolenkung mit Motordrehzahl-abhängiger Verstärkung (Hydrolenkung)
Reifen: 175 SR-14 – Felgen: 5½J × 14 H 2

Maße, Gewichte:
Länge 4620 mm, Breite 1690 mm, Höhe 1425 mm, Radstand 2636 mm, Spurweite vorn 1406, hinten 1442 mm, Wendekreisdurchmesser 10,8 m
Leergewicht 1275 kg, zulässiges Gesamtgewicht 1700 kg

Verbrauch:
10,5 Liter auf 100 km (Normalbenzin)

Fahrleistungen:
Höchstgeschwindigkeit 160 km/h,
Beschleunigung 0–100 km/h in 15 sek.

Preis:

	Aug. 1976	März 1977	Aug. 1977	Jan. 1978	
Limousine	17.260,–	17.980,–	17.980,–	18.145,–	DM
Lim. m. Automatik	–	–	19.360,–	19.525,–	DM

	Mai 1978	Jan. 1979	Aug. 1979	April 1980	Juni 1981	
	18.780,–	19.100,–	19.550,–	20.300,–	20.950,–	DM
	20.220,–	–	–	–	–	DM

Produktionszahlen: 82.923 Stück

Bauzeit:
Von September 1976 bis Mai 1981

Merkmale:
Face-Lift: BMW-Niere durch eine Hutze hervorgehoben, größere Heckleuchten. Von 1977–1978 mit Getriebeautomatik lieferbar.

BMW 520

Karosserie:
Limousine, 4 Türen, 4 Sitze.

Motor:
Wassergek. Vierzyl.-Viert.-Reihenm., Bohrung/Hub: 89/80 mm, 1990 ccm, Verd. 9,0 : 1, 115 DIN-PS b. 5800 U/min, maxim. Drehmom. 16,5 mkp b. 3700 U/min, V-förmig häng. Vent., obenl. Nockenw. durch Kette angetr., fünff. gel. Kurbelw., zwei Stromb.-Gleichdr.-Verg. 175 CDET m. Startautom.
Batterie: 12 Volt/55 Ah, Drehstrom-Lichtmaschine 630 Watt.
Füllmengen: Tankinhalt 56 Liter (gegen Aufpreis 70 Liter), Motoröl 4,25 Liter, Kühlsystem 7,20 Liter.

Kraftübertragung:
a) Sperrsynchronisiertes Viergang-Getriebe, Einscheiben-Trockenkupplung, Mittelschaltung.
b) Gegen Aufpreis: sperrsynchronisiertes Fünfgang-Getriebe, Einscheiben-Trockenkupplung, Mittelschaltung.
c) Gegen Aufpreis: automatisches Getriebe (hydraulischer Wandler, mit Dreigang-Planetengetriebe), Wählhebel in der Mitte.
Frontmotor, geteilte Kardanwelle, Hinterachsantrieb.

Übersetzungen:

	a)	b)	c)
1. Gang	3,76 : 1	3,37 : 1	2,56 : 1
2. Gang	2,02 : 1	2,16 : 1	1,52 : 1
3. Gang	1,32 : 1	1,58 : 1	1,00 : 1
4. Gang	1,00 : 1	1,24 : 1	–
5. Gang	–	1,00 : 1	–
R-Gang	4,10 : 1	4,00 : 1	2,00 : 1
Achsübersetzung	4,11 : 1		

Fahrwerk:
Selbsttragende Stahlblechkaross. mit integriertem Überrollbügel und Knautschzonen vorn und hinten, vorn Dreieck-Querlenker, Zugstreben, (gegen Aufpreis: Stabilisator), Federbeine, hinten schräggestellte Längslenker, Federbeine m. Schrauben- u. Zusatzfedern, Teleskopstoßdämpfer.
Bremsen: Doppel-Zweikreis-Bremssystem mit Servo und Bremskraftregler, vorn Scheiben-, hinten Trommelbremsen.
Lenkung: Schneckenrollenlenkung (System: ZF-Gemmer) mit Sicherheitslenksäule (gegen Aufpreis: Längsverstellung um 40 mm).
Reifen: 175 SR 14 – Felgen: 5½J × 14 H 2

Maße, Gewichte:
Länge 4620 mm, Breite 1690 mm, Höhe 1425 mm, Radstand 2636 mm, Spurweite vorn 1406 mm, hinten 1442 mm.
Leergewicht 1230 kg, zulässiges Gesamtgewicht 1700 kg, Wendekreisdurchmesser 10,5 m.

Verbrauch:
10,7 Liter auf 100 km (Superbenzin).

Fahrleistungen:
Höchstgeschwindigkeit 173 (Automatik: 168) km/h, Beschleunigung 0–100 km/h in 12,3 sek.

Preis:

	Sept. 1972	Febr. 1973	Sept. 1973	März 1974	
Limousine	14.490,–	14.985,–	15.265,–	15.870,–	DM
Lim. m. Autom.	15.790,–	16.335,–	16.615,–	17.220,–	DM

	Juni 1974	März 1975	Aug. 1975	Mai 1976	
Limousine	16.390,–	17.240,–	17.840,–	18.600,–	DM
Lim. m. Autom.	17.740,–	18.590,–	19.190,–	19.950,–	DM

Produktionszahlen: (incl. 520i) 126.515 Stück

Bauzeit:
Ab 13. September 1972 bis Juli 1976

Merkmale:
Nachfolgemodell der 2000er Reihe. Von Grund auf neu konstruiert. Zweiliter-Motor vom Vormodell, durch Modellpflege jedoch jetzt mit 115 PS Leistung.

BMW 520

Karosserie:
Limousine, 4 Türen, 4 Sitze

Motor:
Wassergekühlter Vierzylinder-Viertakt-Reihenmotor, um 30° nach rechts geneigt, Bohrung/
Hub: 89/80 mm, 1990 ccm, Verdichtung 9,0 : 1, 115 DIN-PS bei 5800 U/min, maximales
Drehmoment 16,5 mkp bei 3700 U/min, V-förmig hängende Ventile, obenliegende
Nockenwelle durch Kette angetrieben, fünffach gelagerte Kurbelwelle, ein Fallstrom-
Register-Vergaser Solex 4 A 1 mit Startautomatik
Batterie: 12 Volt/55 Ah, Drehstrom-Lichtmaschine 630 Watt
Füllmengen: Tankinhalt 70 Liter, Motoröl 4,25 Liter, Kühlsystem 7,20 Liter

Kraftübertragung:
a) sperrsynchronisiertes Viergang-Getriebe, Einscheiben-Trockenkupplung, Mittelschaltung
b) gegen Aufpreis: automatisches Getriebe (hydraulischer Wandler mit Dreigang-
Planetengetriebe), Wählhebel in der Mitte.
Frontmotor, geteilte Kardanwelle, Hinterachsantrieb

Übersetzungen:

	a)	b)
1. Gang	3,76 : 1	2,56 : 1
2. Gang	2,02 : 1	1,52 : 1
3. Gang	1,32 : 1	1,00 : 1
4. Gang	1,00 : 1	–
R-Gang	4,10 : 1	2,00 : 1
Achsübersetzung:	4,11 : 1	

Fahrwerk:
Selbsttragende Stahlblechkarosserie mit integriertem Überrollbügel und Knautschzonen
vorn und hinten, vorn Dreieck-Querlenker mit Zugstreben und Federbeinen (gegen Aufpreis:
Stabilisator), hinten schrägstehende Längslenker, Federbeine vorn und hinten Gummi-
Zusatzfedern, Teleskopstoßdämpfer, Schraubenfedern
Bremsen: Doppel-Zweikreis-Bremssystem mit Servo und Bremskraftregler vorn Scheiben-,
hinten Trommelbremsen

Lenkung: Schneckenrollenlenkung mit Sicherheitslenksäule (gegen Aufpreis: Längsverstellung um 40 mm)
Reifen: 175 SR 14 – Felgen: 5½ J × 14 H-2

Maße, Gewichte:
Länge 4620 mm, Breite 1690 mm, Höhe 1425 mm, Radstand 2636 mm, Spurweite vorn 1406 mm, hinten 1442 mm, Wendekreisdurchmesser 10,5 m
Leergewicht 1230 kg, zulässiges Gesamtgewicht 1700 kg

Verbrauch:
10,7 Liter auf 100 km (Superbenzin)

Fahrleistungen:
Höchstgeschwindigkeit 174 km/h, Beschleunigung 0–100 km/h in 12,3 sek.

Preis:

	Aug. 1976	März 1977	
Lim.	18.600,–	19.400,–	DM
Lim.m.Autom.	19.950,–	20.750,–	DM

Produktionszahlen: 21.589 Stück

Bauzeit:
Von August 1976 bis August 1977

Merkmale:
Wie 520, jedoch jetzt mit 70 Liter-Tank, mit Solex-Vergaser und facegeliftetem Kleid. BMW-Niere durch Hutze hervorgehoben, größere Rückleuchten.

BMW 520/6

Karosserie:
Limousine, 4 Türen, 4 Sitze

Motor:
Wassergekühlter Sechszylinder-Viertakt-Reihenmotor, um 30° nach rechts geneigt, Bohrung/Hub: 80/66 mm, 1990 ccm, Verdichtung 9,2 : 1, 122,4 DIN-PS bei 6000 U/min, maximales Drehmoment 16,3 mkp bei 4000 U/min, V-förmig hängende Ventile, obenliegende Nockenwelle durch Kunststoff-Zahnriemen angetrieben, Leichtmetall-Zylinderkopf, siebenfach gelagerte Kurbelwelle, ein Fallstrom-Registervergaser Solex 4 A 1 mit Startautomatik
Batterie: 12 Volt/44 Ah, Drehstromlichtmaschine 770 Watt
Füllmengen: Tankinhalt 70 Liter, Motoröl 4,75 Liter, Kühlsystem 12 Liter,

Kraftübertragung:
a) sperrsynchronisiertes Viergang-Getriebe, Einscheiben-Trockenkupplung, Mittelschaltung
b) gegen Aufpreis: automatisches Getriebe (ZF-HP 22), (hydraulischer Wandler mit Dreigang-Planetengetriebe), Wählhebel in der Mitte.
Frontmotor, geteilte Kardanwelle, Hinterachsantrieb

Übersetzungen:

	a)	b)
1. Gang	3,764 : 1	2,560 : 1
2. Gang	2,022 : 1	1,520 : 1
3. Gang	1,320 : 1	1,000 : 1
4. Gang	1,000 : 1	–
R-Gang	4,096 : 1	2,090 : 1
Achsübersetzung:	3,90 : 1	

Fahrwerk:
Selbsttragende Stahlblechkarosserie mit integriertem Überrollbügel und Knautschzonen vorn und hinten, vorn Federbeine und Dreiecksquerlenker, Stabilisator, hinten schrägstehende Längslenker, Federbeine, vorn und hinten Schraubenfedern, Teleskopstoßdämpfer und Gummi-Zusatzfedern
Bremsen: Doppel-Zweikreis-Bremssystem mit Servo, vorn Scheibenbremsen, hinten Trommelbremsen, Bremskraftregler
Lenkung: Schneckenrollenlenkung, (gegen Aufpreis: verstellbare Lenksäule), Sicherheitslenksäule, gegen Aufpreis: Servolenkung mit Motordrehzahl-abhängiger Verstärkung (Hydro-Lenkung), Übersetzung 19,3 : 1
Reifen: 175 SR 14 – Felgen: 5½ J × 14 H 2

Maße, Gewichte:
Länge 4620 mm, Breite 1690 mm, Höhe 1425 mm, Radstand 2636 mm, Spurweite vorn 1406, hinten 1442 mm, Wendekreisdurchmesser 10,5 m
Leergewicht 1310 kg, zulässiges Gesamtgewicht 1770 kg

Verbrauch:
10,3 Liter auf 100 km (Superbenzin)

Fahrleistungen:
Höchstgeschwindigkeit 180 km/h, Beschleunigung 0–100 km/h in 12,4 sek.

Preis:

	Aug. 1977	Jan. 1978	Mai 1978	Jan. 1979	April 1980	Jan. 1981	
520	20.200,–	20.385,–	21.300,–	21.700,–	23.150,–	25.400,–	DM
520 m.Autom.	21.580,–	21.765,–	22.740,–	23.150,–	24.700,–	26.950,–	DM

Produktionszahlen: 151.959 Stück

Bauzeit:
Von 26. August 1977 bis Juli 1981

Merkmale:
Wie Modell 520, jedoch mit Sechszylinder-Motor. Neues Styling der Räder und des Lenkrads. Ins Vorderfenster-Dreieck vorgerückter Seitenspiegel. Äußerlich durch Typenbezeichnung am Frontgrill erkenntlich.

BMW 520 i

Karosserie:
Limousine, 4 Türen, 4 Sitze.

Motor:
Wassergekühlter Vierzylinder-Viertakt-Reihenmotor, Bohrung/Hub: 89/80 mm, 1990 ccm, Verdichtung 9,5 : 1, 130 DIN-PS bei 5800 U/min, maximales Drehmoment 18,1 mkp bei 4500 U/min, V-förmig hängende Ventile, obenliegende Nockenwelle durch Kette angetrieben, Leichtmetall-Zylinderkopf, fünffach gelagerte Kurbelwelle, mechanische Einspritzpumpe.
Batterie: 12 Volt/55 Ah, Drehstrom-Lichtmaschine 630 Watt.
Füllmengen: Tankinhalt 56 Liter (gegen Aufpreis 70 Liter), Motoröl 4,25 Liter, Kühlsystem 7,20 Liter.

Kraftübertragung:
a) Sperrsynchronisiertes Viergang-Getriebe, Einscheiben-Trockenkupplung, Mittelschaltung.
b) Gegen Aufpreis; sperrsynchronisiertes Fünfgang-Getriebe, Einscheiben-Trockenkupplung, Mittelschaltung.
Frontmotor, geteilte Kardanwelle, Hinterachsantrieb.

Übersetzungen:

	a)	b)
1. Gang	3,76 : 1	3,37 : 1
2. Gang	2,02 : 1	2,16 : 1
3. Gang	1,32 : 1	1,58 : 1
4. Gang	1,00 : 1	1,24 : 1
5. Gang	–	1,00 : 1
R-Gang	4,11 : 1	4,00 : 1
Achsübers.	3,90 : 1	3,90 : 1

Fahrwerk:
Selbsttragende Stahlblechkarosserie, vorn Dreieck-Querlenker, Zugstreben, Stabilisator, Federbeine hinten schräggestellte Längslenker, Federbeine mit Schraubenfedern u. Zusatzfedern, Teleskopstoßdämpfer.
Bremsen: Doppel-Zweikreis-Bremssystem mit Servo und Bremskraftregler, vorn Scheiben-, hinten Trommelbremsen.
Lenkung: Schneckenrollenlenkung (System: ZF-Gemmer) mit Sicherheitslenksäule (gegen Aufpreis: Längsverstellung um 40 mm).
Reifen: 175 HR 14 – Felgen: 5^1/$_2$J × 14 H 2

Maße, Gewichte:
Länge 4620 mm, Breite 1690 mm, Höhe 1425 mm, Radstand 2636 mm, Spurweite vorn 1406 mm, hinten 1442 mm.
Leergewicht 1250 kg, zulässiges Gesamtgewicht 1700 kg, Wendekreisdurchmesser 10,5 m.

Verbrauch:
9,9 Liter auf 100 km (Superbenzin).

Fahrleistungen:
Höchstgeschwindigkeit 183 km/h, Beschleunigung 0–100 km/h in 11,1 sek.

Preis:

	Sept. 1972	Febr. 1973	Sept. 1973
Limousine	15.670,–	16.500,–	16.780,– DM

Produktionszahlen: 17.023 Stück

Bauzeit:
Ab 13. September 1972 bis Juli 1975.

Merkmale:
Nachfolgemodell der TI-Reihe. Wie 520, jedoch mit 130 PS-Einspritzmotor, Fünfgang-Getriebe auf Wunsch, Stabilisator an der Vorderachse. Äußerlich zu erkennen nur an Typenbezeichnung.

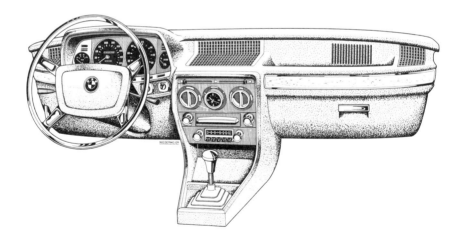

BMW 520 i

Karosserie:
Limousine, 4 Türen, 4 Sitze

Motor:
Wassergekühlter Vierzylinder-Viertakt-Reihenmotor, um 30° nach rechts geneigt, Bohrung/Hub: 89/80 mm, 1990 ccm, Verdichtung 9,3 : 1, 125 DIN-PS bei 5700 U/min, maximales Drehmoment 17,5 mkp bei 4350 U/min, V-förmig hängende Ventile, obenliegende Nockenwelle durch Kette angetrieben, fünffach gelagerte Kurbelwelle, elektronische Saugrohr-Benzineinspritzung Bosch K-Jetronic
Batterie: 12 Volt/55 Ah, Drehstrom-Lichtmaschine 770 Watt
Füllmengen: Tankinhalt 70 Liter, Motoröl 4,25 Liter, Kühlsystem 7 Liter,

Kraftübertragung:
Sperrsynchronisiertes Viergang-Getriebe, Einscheiben-Trockenkupplung, Mittelschaltung Frontmotor, geteilte Kardanwelle, Hinterachsantrieb

Übersetzungen:
1. Gang	3,764 : 1
2. Gang	2,022 : 1
3. Gang	1,320 : 1
4. Gang	1,000 : 1
R-Gang	4,096 : 1
Achsübersetzung:	3,90 : 1

Fahrwerk:
Selbsttragende Stahlblechkarosserie mit integriertem Überrollbügel und Knautschzonen vorn und hinten, vorn Federbeine und Dreiecksquerlenker, Stabilisator, hinten schrägstehende Längslenker, Federbeine, Stabilisator, vorn und hinten Schraubenfedern, Teleskopstoßdämpfer und Gummi-Zusatzfedern
Bremsen: Doppel-Zweikreis-Bremssystem mit Servo, vorn Scheibenbremsen, hinten Trommelbremsen
Lenkung: Schneckenrollenlenkung, (gegen Aufpreis: verstellbare Lenksäule), Sicherheitslenksäule, gegen Aufpreis: Servolenkung mit Motordrehzahl-abhängiger Verstärkung
Reifen: 175 HR 14 – Felgen: $5^{1}/_{2}$ J × 14 H 2

Maße, Gewichte:
Länge 4620 mm, Breite 1690 mm, Höhe 1425 mm, Radstand 2636 mm, Spurweite vorn 1406, hinten 1442 mm, Wendekreisdurchmesser 10,8 m
Leergewicht 1295 kg, zulässiges Gesamtgewicht 1700 kg

Verbrauch:
11,5 Liter auf 100 km (Superbenzin)

Fahrleistungen:
Höchstgeschwindigkeit 181 km/h, Beschleunigung 0–100 km/h in 12 sek.

Preis:

	Aug. 1975	Mai 1976	März 1977
Lim.	19.580,–	20.420,–	21.300,– DM

Bauzeit:
Von August 1975 bis Juli 1977

Merkmale:
Wie Vormodell 520 i, jedoch mit neuer Benzineinspritzung, heruntergesetzter Verdichtung und Leistung, äußerlich unverändert.

BMW 525

Karosserie:
Limousine, 4 Türen, 4 Sitze

Motor:
Wassergekühlter Sechszylinder-Viertakt-Reihenmotor, um 30° nach rechts geneigt, Bohrung/Hub: 86/71,6 mm, 2494 ccm, Verdichtung 9,0 : 1, 145 DIN-PS bei 6000 U/min maximales

Drehmoment 21,2 mkp bei 4000 U/min, V-förmig hängende Ventile, obenliegende
Nockenwelle durch Kette angetrieben, siebenfach gelagerte Kurbelwelle, zwei Fallstrom-
Registervergaser Zenith 32/40 INAT mit Startautomatik
Batterie: 12 Volt/55Ah, Drehstrom-Lichtmaschine 630 Watt
Füllmengen: Tankinhalt 58 (ab 1975: 70) Liter, Motoröl 5,75 Liter Kühlsystem 12 Liter,

Kraftübertragung:
a) Sperrsynchronisiertes Viergang-Getriebe, Einscheiben-Trockenkupplung, Mittelschaltung
b) Gegen Aufpreis: automatisches Getriebe (ZF-HP 22), (hydraulischer Wandler mit
Dreigang-Planetengetriebe), Wählhebel in der Mitte
Frontmotor, geteilte Kardanwelle, Hinterachsantrieb

Übersetzungen:

	a)	b)
1. Gang	3,855 : 1	2,560 : 1
2. Gang	2,202 : 1	1,520 : 1
3. Gang	1,401 : 1	1,000 : 1
4. Gang	1,000 : 1	–
R-Gang	4,096 : 1	2,000 : 1
Achsübersetzung:	3,64 : 1	

Fahrwerk:
Selbsttragende Stahlblechkarosserie mit integriertem Überrollbügel und Knautschzonen
vorn und hinten, vorn Federbeine und untere Dreiecksquerlenker mit Zugstrebe, Stabilisator,
hinten schrägstehende Längslenker, Federbeine, Stabilisator, vorn und hinten
Schraubenfedern, Teleskopstoßdämpfer und Gummi-Zusatzfedern
Bremsen: Doppel-Zweikreis-Bremssystem mit Servo, vorn Scheibenbremsen (innenbelüftet),
hinten Scheibenbremsen, Bremskraftregler
Lenkung: Schneckenrollenlenkung, verstellbare Sicherheitslenksäule, Servolenkung, ab
Novemb. 1975: Servo mit Motordrehzahl-abhängiger Verstärkung (Hydro-Lenkung)
Reifen: 175 HR 14 – Felgen: 5½ J × 14 H 2

Maße, Gewichte:
Länge 4620 mm, Breite 1690 mm, Höhe 1425 mm, Radstand 2636 mm, Spurweite vorn
1406, hinten 1442 mm, Wendekreisdurchmesser 10,8 m
Leergewicht 1380 kg, zulässiges Gesamtgewicht 1810 kg

Verbrauch:
12,1 Liter auf 100 km (Superbenzin)

Fahrleistungen:
Höchstgeschwindigkeit 192 km/h, Beschleunigung 0–100 km/h in 10,5 sek.

Preis:

	Sept. 1973	März 1974	Juni 1974	März 1975	Aug. 1975	Mai 1976	
Limousine	17.505,–	18.490,–	19.180,–	20.180,–	20.930,–	21.820,–	DM
Lim. m. Aut.	19.055,–	20.040,–	20.730,–	21.730,–	22.480,–	23.370,–	DM

Produktionszahlen: 45.679 Stück

Bauzeit:
Von September 1973 bis Juli 1976

Merkmale:
520 mit Sechszylindermotor und luxuriöserer Ausstattung, zu erkennen an der Hutze auf
der Motorhaube, sowie Typenbezeichnung 525 hinten und am Frontgrill.

BMW 525

Karosserie:
Limousine, 4 Türen, 4 Sitze

Motor:
Wassergekühlter Sechszylinder-Viertakt-Reihenmotor, um 30° nach rechts geneigt, Bohrung/Hub: 86/71,6 mm, 2494 ccm, Verdichtung 9,0 : 1, 150 DIN-PS bei 5800 U/min, maximales Drehmoment 21,8 mkp bei 4000 U/min, V-förmig hängende Ventile, obenliegende Nockenwelle durch Kette angetrieben, siebenfach gelagerte Kurbelwelle, zwei Fallstrom-Registervergaser Solex 4 A 1 mit Startautomatik
Batterie: 12 Volt/55 Ah, Drehstromlichtmaschine 770 Watt
Füllmengen: Tankinhalt 70 Liter, Motoröl 5,75 Liter, Kühlsystem 12 Liter,

Kraftübertragung:
a) sperrsynchronisiertes Viergang-Getriebe, Einscheiben-Trockenkupplung, Mittelschaltung
b) gegen Aufpreis: automatisches Getriebe (ZF-HP 22), (hydraulischer Wandler mit Dreigang-Planetengetriebe), Wählhebel in der Mitte
Frontmotor, geteilte Kardanwelle, Hinterachsantrieb

Übersetzungen:

	a)	b)
1. Gang	3,855 : 1	2,560 : 1
2. Gang	2,202 : 1	1,520 : 1
3. Gang	1,401 : 1	1,000 : 1
4. Gang	1,000 : 1	–
R-Gang	4,096 : 1	2,000 : 1
Achsübersetzung:	3,64 : 1	

Fahrwerk:
Selbsttragende Stahlblechkarosserie mit integriertem Überrollbügel und Knautschzonen vorn und hinten, vorn Federbeine und untere Dreiecksquerlenker mit Zugstrebe, Stabilisator, hinten schrägstehende Längslenker, Federbeine, Stabilisator, vorn und hinten Schraubenfedern, Teleskopstoßdämpfer und Gummi-Zusatzfedern

Bremsen: Doppel-Zweikreis-Bremssystem mit Servo, vorn Scheibenbremsen (innenbelüftet), hinten Scheibenbremsen, Bremskraftregler
Lenkung: Schneckenrollenlenkung, verstellbare Sicherheitslenksäule, gegen Aufpreis: Servolenkung mit Motordrehzahl-abhängiger Verstärkung (Hydro-Lenkung)
Reifen: 175 HR 14 – Felgen: $5^{1}/_{2}$ J × 14 H 2

Maße, Gewichte:
Länge 4620 mm, Breite 1690 mm, Höhe 1425 mm, Radstand 2636 mm, Spurweite vorn 1406, hinten 1442 mm, Wendekreisdurchmesser 10,8 m
Leergewicht 1380 kg, zulässiges Gesamtgewicht 1810 kg

Verbrauch:
11,1 Liter auf 100 km (Superbenzin)

Fahrleistungen:
Höchstgeschwindigkeit 192 km/h, Beschleunigung 0–100 km/h in 10,5 sek.

Preis:

	Aug. 1976	März 1977	Jan. 1978	Mai 1978	
Lim.	21.820,–	22.800,–	23.005,–	23.950,–	DM
Lim. m. Aut.	23.370,–	24.350,–	24.585,–	25.630,–	DM

	Jan. 1979	Aug. 1979	Apr. 1980	Jan. 1981	
Lim.	24.380,–	24.950,–	25.950,–	29.000,–	DM
Lim. m. Aut.	26.060,–	26.670,–	27.740,–	30.190,–	DM

Produktionszahlen: 88 704 Stück

Bauzeit:
Von August 1976 bis Juli 1981

Merkmale:
Face-Lift: BMW-Niere durch eine Hutze hervorgehoben, hinten größere Heckleuchten, Motor jetzt mit 150 PS Leistung und neuen Solex-Vergasern / Ab August 1977: neues Styling der Räder und des Lenkrads, neues Kofferraum-Schloß und ins Vorderfenster-Dreieck gerückter Seitenspiegel.

BMW 528

Karosserie:
Limousine, 4 Türen, 4 Sitze

Motor:
Wassergekühlter Sechszylinder-Viertakt-Reihenmotor, um 30° nach rechts geneigt, Bohrung/Hub: 86/80 mm, 2788 ccm, Verdichtung 9,0 : 1, 165 DIN-PS bei 5800 U/min, maximales Drehmoment 25,8 mkp bei 4000 U/min, V-förmig hängende Ventile, obenliegende Nockenwelle durch Kette angetrieben, siebenfach gelagerte Kurbelwelle, zwei Fallstrom-Registervergaser Zenith 35/40 INAT mit Startautomatik
Batterie: 12 Volt/55 Ah, Drehstrom-Lichtmaschine 770 Watt
Füllmengen: Tankinhalt 70 Liter, Motoröl 5,75 Liter, Kühlsystem 12 Liter,

Kraftübertragung:
a) sperrsynchronisiertes Viergang-Getriebe, Einscheiben-Trockenkupplung, Mittelschaltung
b) gegen Aufpreis: automatisches Getriebe (ZF-HP 22), (hydraulischer Wandler mit Dreigang-Planetengetriebe), Wählhebel in der Mitte
Frontmotor, geteilte Kardanwelle, Hinterachsantrieb

Übersetzungen:

	a)	b)
1. Gang	3,855 : 1	2,560 : 1
2. Gang	2,202 : 1	1,520 : 1
3. Gang	1.401 : 1	1,000 : 1
4. Gang	1,000 : 1	–
R-Gang	4,096 : 1	2,000 : 1
Achsübersetzung:	3,64 : 1	

Fahrwerk:
Selbsttragende Stahlblechkarosserie mit integriertem Überrollbügel und Knautschzonen vorn und hinten, vorn Federbeine und untere Dreiecksquerlenker mit Zugstrebe, Stabilisator, hinten schrägstehende Längslenker, Federbeine, Stabilisator, vorn und hinten Schraubenfedern, Teleskopstoßdämpfer und Gummi-Zusatzfedern
Bremsen: Doppel-Zweikreis-Bremssystem mit Servo, vorn Scheibenbremsen (innenbelüftet), hinten Scheibenbremsen

Lenkung: Kugelmutterlenkung, verstellbare Lenksäule, Sicherheitslenksäule, gegen Aufpreis: Servolenkung, ab Nov. 75: mit Motordrehzahl-abhängiger Verstärkung (Hydrolenkung)
Reifen: 195/70 HR 14 – Felgen: 6 J × 14 H 2

Maße, Gewichte:
Länge 4620 mm, Breite 1690 mm, Höhe 1425 mm, Radstand 2636 mm, Spurweite vorn 1406, hinten 1442 mm, Wendekreisdurchmesser 10,8 m
Leergewicht 1415 kg, zulässiges Gesamtgewicht 1840 kg

Verbrauch:
11,5 Liter auf 100 km (Superbenzin)

Fahrleistungen:
Höchstgeschwindigkeit 198 km/h, Beschleunigung 0–100 km/h in 10 sek.

Preis:

	März 1975	Mai 1976	März 1977	
Limousine	22.530,–	23.260,–	24.400,–	DM
Lim. m. Autom.	24.110,–	24.840,–	25.980,–	DM

Produktionszahlen: 34.410 Stück

Bauzeit:
Von Januar 1975 bis Juli 1976

Merkmale:
wie 525, jedoch mit 2,8 Liter-Maschine, äußerlich nur durch Typenbezeichnung zu erkennen.

BMW 528

Karosserie:
Limousine, 4 Türen, 4 Sitze

Motor:
Wassergekühlter Sechszylinder-Viertakt-Reihenmotor, um 30° nach rechts geneigt, Bohrung/Hub: 86/80 mm, 2788 ccm, Verdichtung 9,0 : 1, 170 DIN-PS bei 5800 U/min, maximales Drehmoment 25,8 mkp bei 4000 U/min, V-förmig hängende Ventile, obenliegende Nockenwelle durch Kette angetrieben, siebenfach gelagerte Kurbelwelle, zwei Fallstrom-Registervergaser Solex 4 A 1 mit Startautomatik
Batterie: 12 Volt/55 Ah, Drehstromlichtmaschine 770 Watt
Füllmengen: Tankinhalt 70 Liter, Motoröl 5,75 Liter, Kühlsystem 12 Liter,

Kraftübertragung:
a) Sperrsynchronisiertes Viergang-Getriebe, Einscheiben-Trockenkupplung, Mittelschaltung
b) Gegen Aufpreis: automatisches Getriebe (ZF-HP 22), (hydraulischer Wandler mit Dreigang-Planetengetriebe), Wählhebel in der Mitte
Frontmotor, geteilte Kardanwelle, Hinterachsantrieb

Übersetzungen:	a)	b)
1. Gang	3,855 : 1	2,560 : 1
2. Gang	2,202 : 1	1,520 : 1
3. Gang	1,401 : 1	1,000 : 1
4. Gang	1,000 : 1	–
R-Gang	4,096 : 1	2,000 : 1
Achsübersetzung:	3,64 : 1	

Fahrwerk:
Selbsttragende Stahlblechkarosserie mit integriertem Überrollbügel und Knautschzonen vorn und hinten, vorn Federbeine und untere Dreiecksquerlenker mit Zugstrebe, Stabilisator, hinten schrägstehende Längslenker, Federbeine, Stabilisator, vorn und hinten Schraubenfedern, Teleskopstoßdämpfer und Gummi-Zusatzfedern
Bremsen: Doppel-Zweikreis-Bremssystem mit Servo, vorn Scheibenbremsen (innenbelüftet), hinten Scheibenbremsen, Bremskraftregler
Lenkung: Kugelmutterlenkung, verstellbare Lenksäule, Sicherheitslenksäule, Servolenkung mit Motordrehzahl-abhängiger Verstärkung (Hydrolenkung)
Reifen: 195/70 HR 14 – Felgen: 6 J × 14 H 2

Maße, Gewichte:
Länge 4620 mm, Breite 1690 mm, Höhe 1425 mm, Radstand 2636 mm, Spurweite vorn 1406, hinten 1442 mm, Wendekreisdurchmesser 10,8 m
Leergewicht 1395 kg, zulässiges Gesamtgewicht 1840 kg

Verbrauch:
10,8 Liter auf 100 km (Superbenzin)

Fahrleistungen:
Höchstgeschwindigkeit 198 km/h, Beschleunigung 0–100 km/h in 9,5 sek.

Preis:	Aug. 1976	Mai 1976	März 1977	
Lim.	23.360,–	24.400,–	25.500,–	DM
Lim. m. Aut.	24.940,–	25.980,–	27.080,–	DM

Produktionszahlen: 12.125 Stück

Bauzeit:
Von August 1976 bis August 1977

Merkmale:
Face-Lift: BMW-Niere durch eine Hutze hervorgehoben, größere Heckleuchten, Motor jetzt mit 170 PS Leistung und neuen Solex-Vergasern.

BMW 528 i

Karosserie:
Limousine, 4 Türen, 4 Sitze

Motor:
Wassergekühlter Sechszylinder-Viertakt-Reihenmotor, um 30° nach rechts geneigt, Bohrung/
Hub: 86/80 mm, 2788 ccm, Verdichtung 9,0 : 1, 177 DIN-PS bei 5800 U/min, maximales
Drehmoment 24,0 mkp bei 4300 U/min, V-förmig hängende Ventile, obenliegende
Nockenwelle durch Kette angetrieben, siebenfach gelagerte Kurbelwelle, Transistor-
Zündung, elektronische Benzineinspritzung Bosch-L-Jetronic
Batterie: 12 Volt/55 Ah, Drehstromlichtmaschine 770 Watt
Füllmengen: Tankinhalt 70 Liter, Motoröl 5,75 Liter, Kühlsystem 12 Liter,

Kraftübertragung:
a) sperrsynchronisiertes Viergang-Getriebe, Einscheiben-Trockenkupplung, Mittelschaltung
b) gegen Aufpreis: automatisches Getriebe (ZF-HP 22), (hydraulischer Wandler mit
Dreigang-Planetengetriebe), Wählhebel in der Mitte
Frontmotor, geteilte Kardanwelle, Hinterachsantrieb

Übersetzungen:

	a)	b)
1. Gang	3,855 : 1	2,560 : 1
2. Gang	2,203 : 1	1,520 : 1
3. Gang	1,402 : 1	1,000 : 1
4. Gang	1,000 : 1	–
R-Gang	3,640 : 1	2,000 : 1
Achsübersetzung:	3,90 : 1	

Fahrwerk:
Selbsttragende Stahlblechkarosserie mit integriertem Überrollbügel und Knautschzonen
vorn und hinten, vorn Federbeine und untere Dreiecksquerlenker mit Zugstrecke,
Stabilisator, hinten schrägstehende Längslenker, Federbeine, Stabilisator, vorn und hinten
Schraubenfedern, Teleskopstoßdämpfer und Gummi-Zusatzfedern

Bremsen: Doppel-Zweikreis-Bremssystem mit Servo, vorn Scheibenbremsen (innenbelüftet), hinten Scheibenbremsen, Bremskraftregler
Lenkung: Kugelmutterlenkung, verstellbare Lenksäule, Sicherheitslenksäule, Servolenkung mit Motordrehzahl-abhängiger Verstärkung (Hydrolenkung)
Reifen: 195/70 VR 14 – Felgen: 6 J × 14 H 2

Maße, Gewichte:
Länge 4620 mm, Breite 1690 mm, Höhe 1425 mm, Radstand 2636 mm, Spurweite vorn 1406, hinten 1442 mm, Wendekreisdurchmesser 10,8 m
Leergewicht 1410 kg, zulässiges Gesamtgewicht 1870 kg

Verbrauch:
10,6 Liter auf 100 km (Superbenzin)

Fahrleistungen:
Höchstgeschwindigkeit 208 km/h, Beschleunigung 0–100 km/h in 9,3 sek.

Preis:

	Aug. 1977	Jan. 1978	Mai 1978	Jan. 1979	Aug. 1979	April 1980	Jan. 1981	
Lim.	26.850,–	27.095,–	27.950,–	28.450,–	29.150,–	30.300,–	32.450,–	DM
L. m. A.	28.430,–	28.630,–	29.600,–	30.130,–	30.870,–	32.090,–	34.240,–	DM

Produktionszahlen: (bis 31.12.80) 67.321 Stück

Bauzeit:
Von 26. August 1977

Merkmale:
Wie 528, jedoch mit Einspritz-Motor und Transistor-Zündung, 25 kg schwerer als 528. VR-Reifen neues Styling der Räder und des Lenkrads, neues Kofferraumschloß, ins Fenster-Dreieck verlegter Seitenspiegel.

BMW M 535 i

Karosserie:
Limousine, 4 Türen, 4 Sitze

Motor:
Wassergekühlter Sechszylinder-Viertakt-Reihenmotor, um 30° nach rechts geneigt, Bohrung/Hub: 93,4/84 mm, 3453 ccm, Verdichtung 9,3 : 1, 218 DIN-PS bei 5200 U/min, maximales Drehmoment 31,6 mkp bei 4000 U/min, V-förmig hängende Ventile, obenliegende Nockenwelle durch Kette angetrieben, siebenfach gelagerte Kurbelwelle, Transistor-Spulenzündung, elektronische Benzineinspritzung Bosch L-Jetronic
Batterie: 14 Volt/55 Ah, Drehstrom-Lichtmaschine 910 Watt
Füllmengen: Tankinhalt 70 Liter, Motoröl 5,75 Liter, Kühlsystem 12 Liter,

Kraftübertragung:
Sperrsynchronisiertes Fünfgang-Getriebe, Einscheiben-Trockenkupplung, Mittelschaltung
Frontmotor, geteilte Kardanwelle, Hinterachsantrieb

Übersetzungen:

		wahlweise
1. Gang	3,855 : 1	3,717 : 1
2. Gang	2,203 : 1	2,403 : 1
3. Gang	1,402 : 1	1,766 : 1
4. Gang	1,236 : 1	1,236 : 1
5. Gang	1,000 : 1	1,000 : 1
R-Gang	4,233 : 1	4,233 : 1
Achsübersetzung:	3,25 : 1	

Fahrwerk:
Selbsttragende Stahlblechkarosserie mit integriertem Überrollbügel und Knautschzonen vorn und hinten, vorn Federbeine und untere Dreiecksquerlenker mit Zugstrebe, Stabilisator,

hinten schrägstehende Längslenker, Federbeine, Stabilisator, vorn und hinten
Schraubenfedern, Gasdruckstoßdämpfer und Gummi-Zusatzfedern
Bremsen: Doppel-Zweikreis-Bremssystem mit Servo, vorn Scheibenbremsen (innenbelüftet),
hinten (innenbelüftet) Scheibenbremsen, Bremskraftregler
Lenkung: Kugelmutterlenkung, verstellbare Lenksäule, Sicherheitslenksäule, Servolenkung
mit Motordrehzahl-abhängiger Verstärkung (Hydrolenkung)
Reifen: 195/70 VR 14 – Felgen: 6 J × 14 H 2

Maße, Gewichte:
Länge 4620 mm, Breite 1690 mm, Höhe 1425 mm, Radstand 2636 mm, Spurweite vorn
1422, hinten 1432 mm, Wendekreisdurchmesser 11,2 m
Leergewicht 1430 kg, zulässiges Gesamtgewicht 1870 kg.

Verbrauch:
10,6 Liter auf 100 km (Superbenzin)

Fahrleistungen:
Höchstgeschwindigkeit 222 km/h, Beschleunigung 0–100 km/h in 7,6 sek.

Preis:
	August 1979	Januar 1981	
Limousine	43.595,–	44.300,–	DM

Produktionszahlen: 1.410 Stück

Bauzeit:
ab September 1979 bis Juli 1981

Merkmale:
Kombination aus der 5er-Karosserie und dem 3,5 Liter Motor. Sportliche Ausrüstung mit
Schalensitzen und Frontspoiler; Hergestellt von der BMW-Motorsport GmbH

BMW 518

Karosserie:
Limousine, 4 Türen, 4 Sitze

Motor:
Wassergekühlter Vierzylinder-Viertakt-Reihenmotor, Bohrung/Hub: 89/71 mm, 1766 ccm, Verdichtung 9,5 : 1, 90 DIN-PS bei 5500 U/min, maximales Drehmoment 140 Nm bei 4000 U/min, V-förmig hängende Ventile, obenliegende Nockenwelle durch Kette angetrieben, Leichtmetall-Zylinderkopf, fünffach gelagerte Kurbelwelle, Transistorzündung, ein Fallstrom-Registervergaser 2 B 4
Batterie: 12 Volt/44 Ah (ab Aug. 1982: 65 Ah), Drehstrom-Lichtmaschine 630 Watt
Füllmengen: Tankinhalt 70 Liter, Motoröl 4,25 Liter, Kühlsystem 7 Liter

Kraftübertragung:
a) Sperrsynchronisiertes Viergang-Getriebe, hydraulische Membranfederkupplung, Mittelschaltung
b) Gegen Aufpreis: sperrsynchronisiertes Fünfgang-Getriebe, Membranfederkupplung, Mittelschaltung
Frontmotor, geteilte Kardanwelle, Hinterachsantrieb

Übersetzungen:	a)	b)
1. Gang	3,764 : 1	3,822 : 1
2. Gang	2,043 : 1	2,202 : 1
3. Gang	1,320 : 1	1,402 : 1
4. Gang	1,000 : 1	1,000 : 1
5. Gang	–	0,813 : 1
R-Gang	4,096 : 1	3,705 : 1
Achsübersetzung:	4,270 : 1	

Fahrwerk:
Selbsttragende Stahlblechkarosserie mit integriertem Überrollbügel und Knautschzonen vorn und hinten, vorn Radaufhängungen an Doppelgelenk-Federbeinen (mit kleinem pos. Lenkrollradius und Nachlaufversatz), Querlenker, Stabilisator, Bremsnickausgleich, hinten Einzelradaufhängung an schrägstehenden Längslenkern, Federbeinen mit Schraubenfedern, Bremsnickausgleich
Bremsen: Zweikreis-Bremssystem mit Servo, vorn Schreiben-, hinten Trommelbremsen
Lenkung: ZF-Schneckenrollen-Lenkung (Übersetzung 21,4 : 1) mit Sicherheitslenksäule und geteilter, verschiebbarer Lenkspindel
Reifen: 175 SR 14 – Felgen: 5½ J x 14 H 2

Maße, Gewichte:
Länge 4620 mm, Breite 1700 mm, Höhe 1415 mm, Radstand 2625 mm, Spurweite vorn 1430 mm, hinten 1470 mm, Wendekreisdurchmesser 10,4
Leergewicht 1160 kg, zulässiges Gesamtgewicht 1670 kg

Verbrauch:
(l/100 km, Superbenzin) 90 km/h = 7,0 l, 120 km/h = 9,5 l, Stadt 11,1 l (mit Viergang-Getriebe)

Fahrleistungen:
Höchstgeschwindigkeit 164 km/h, Beschleunigung 0–100 km/h in 14 Sek.

Preis	Juni 1981	August 1981	Januar 1982	August 1982	Februar 1983	
Limousine	20 950,–	21 350,–	21 950,–	22.700.–	23.200,–	DM

Bauzeit:
ab Juni 1981

Merkmale:
Neuentwickelte 5er-Reihe, jedoch mit Dach- und Seitenpreßteilen des Vormodells. Radaufhängungen denen der 7er-Reihe angeglichen. Tank jetzt vor der Hinterachse. Neuartiger Service-Intervall-Anzeiger.

BMW 520 i

Karosserie:
Limousine, 4 Türen, 4 Sitze

Motor:
Wassergekühlter Sechszylinder-Viertakt-Reihen-Motor, Bohrung/Hub: 80/66 mm, 1990 ccm, Verdichtung 9,8 : 1, 125 DIN-PS bei 5800 U/min, maximales Drehmoment 165 Nm bei 4500 U/min, V-förmig hängende Ventile, obenliegende Nockenwelle durch Kunststoff-Zahnriemen angetrieben, siebenfach gelagerte Kurbelwelle, Transistorzündung, Leichtmetall-Zylinderkopf, mechanische Bosch-Benzineinspritzung K-Jetronic
Batterie: 12 Volt/44 Ah, Drehstrom-Lichtmaschine 910 Watt
Füllmengen: Tankinhalt 70 Liter, Motoröl 5,75 Liter, Kühlsystem 12 Liter

Kraftübertragung
a) Sperrsynchronisiertes Viergang-Getriebe, hydraulische Membranfederkupplung, Mittelschaltung
b) Gegen Aufpreis: sperrsynchronisiertes Fünfgang-Getriebe, hydraulische Membranfederkupplung, Mittelschaltung
c) Gegen Aufpreis: automatisches Getriebe ZF-3-HP22 (hydraulischer Wandler, mit Dreigang-Planeten-Getriebe), Wählhebel in der Mitte
Frontmotor, geteilte Kardanwelle, Hinterachsantrieb

Übersetzungen:

	a)	b)	c)
1. Gang	3,764 : 1	3,822 : 1	2,56 : 1
2. Gang	2,043 : 1	2,202 : 1	1,52 : 1
3. Gang	1,320 : 1	1,402 : 1	1,00 : 1
4. Gang	1,000 : 1	1,000 : 1	–
5. Gang	–	0,813 : 1	–
R-Gang	4,096 : 1	3,705 : 1	2,00 : 1
Achsübersetzung:	3,91 : 1		

Fahrwerk
Selbsttragende Stahlblechkarosserie mit integriertem Überrollbügel und Knautschzonen, vorn Radaufhängung an Doppelgelenk-Federbeinen (mit kleinem positiven Lenkrollradius und Nachlaufversatz), Querlenker, Stabilisator, Bremsnickausgleich, hinten Einzelradaufhängung an schrägstehenden Längslenkern, Federbeine mit Schraubenfedern, Bremsnickausgleich
Bremsen: Zweikreis-Bremssystem mit Servo, vorn Scheiben-, hinten Trommelbremsen
Lenkung: ZF-Kugelmutter-Hydrolenkung mit Sicherheitslenksäule und verschiebbarer Lenkspindel
Reifen: 175 HR-14 – Felgen: 5$^1/_2$ J × 14 H 2

Maße, Gewichte:
Länge 4620 mm, Breite 1700 mm, Höhe 1415 mm, Radstand 2625 mm, Spurweite vorn 1430, hinten 1470 mm, Leergewicht 1220 kg, zulässiges Gesamtgewicht 1730 kg, Wendekreisdurchmesser 10,4 m

Verbrauch:
(l/100 km, Superbenzin) 90 km/h = 7,3 l, 120 km/h = 9,6 l, Stadt = 12,5 l

Fahrleistungen:
Höchstgeschwindigkeit 185 km/h, Beschleunigung 0–100 km/h in 11,8 Sek.

Preis:

	Juni 1981	August 1981	Januar 1982	August 1982	Februar 1983	
Limousine	24.900,–	25.400,–	26.100,–	27.400,–	28.000,–	DM

Bauzeit:
Ab Juni 1981

Merkmale:
Gegenüber 518 mit Sechszylinder-Motor und neuartiger Benzineinspritzung, Servolenkung, Service-Intervall-Anzeiger und elektronische Heizungstemperaturregelung.

BMW 525 i

Karosserie:
Limousine, 4 Türen, 4 Sitze

Motor:
Wassergekühlter Sechszylinder-Viertakt-Reihen-Motor, Bohrung/Hub: 86/71,6 mm, 2494 ccm, Verdichtung 9,6 : 1, 150 DIN-PS bei 5500 U/min, maximales Drehmoment 215 Nm bei 4000 U/min, V-förmige hängende Ventile, obenliegende Nockenwelle durch Rollenkette angetrieben, siebenfach gelagerte Kurbelwelle, Transistorzündung, Leichtmetall-Zylinderkopf, elektronische Bosch-Benzineinspritzung L-Jetronic mit Kraftstoffabschaltung im Schiebebetrieb
Batterie: 12 Volt/55 Ah, Drehstrom-Lichtmaschine 910 Watt
Füllmengen: Tankinhalt 70 Liter, Motoröl 5,75 Liter, Kühlsystem 12 Liter

Kraftübertragung:
a) Sperrsynchronisiertes Viergang-Getriebe, hydraulische Membranfederkupplung, Mittelschaltung
b) Gegen Aufpreis: sperrsynchronisiertes Fünfgang-Getriebe, hydraulische Membranfederkupplung, Mittelschaltung
c) Gegen Aufpreis: automatisches Getriebe ZF 3-HP22 (hydraulischer Wandler mit Dreigang-Planeten-Getriebe), Wählhebel in der Mitte
Frontmotor, geteilte Kardanwelle, Hinterachsantrieb

Übersetzungen:

	a)	b)	c)
1. Gang	3,855 : 1	3,822 : 1	2,56 : 1
2. Gang	2,203 : 1	2,202 : 1	1,52 : 1
3. Gang	1,402 : 1	1,402 : 1	1,00 : 1
4. Gang	1,000 : 1	1,000 : 1	–
5. Gang	–	0,813 : 1	–
R-Gang	4,300 : 1	3,705 : 1	2,00 : 1
Achsübersetzung:	3,45 : 1		

Fahrwerk:
Selbsttragende Stahlblechkarosserie mit integriertem Überrollbügel und Knautschzonen, vorn Radaufhängung an Doppelgelenk-Federbeinen (mit kleinem positivem Lenkrollradius und Nachlaufversatz), Querlenker, Stabilisator, Bremsnickausgleich, hinten Einzelradaufhängung an schrägstehenden Längslenkern, Federbeine mit Schraubenfedern, Bremsnickausgleich
Bremsen: Zweikreis-Bremssystem mit Servo, angeschlossen an das Drucksystem der Hydrolenkung mit Bremsdruckregler und Druckspeicher, vorn innenbelüftete Scheibenbremse, hinten Scheibenbremse
Lenkung: ZF-Kugelmutter-Hydrolenkung (mit Servo), Sicherheitslenksäule mit geteilter, verschiebbarer Lenkspindel
Reifen: 175 HR 14 – Felgen: 5½ J × 14 H 2

Maße, Gewichte:
Länge 4620 mm, Breite 1700 mm, Höhe 1415 mm, Radstand 2625 mm, Spurweite vorn 1430, hinten 1470 mm, Leergewicht 1290 kg, zulässiges Gesamtgewicht 1800 kg, Wendekreisdurchmesser 10,4 m

Verbrauch:
(l/100 km, Superbenzin) 90 km/h = 8,0 l, 120 km/h = 10,0 l, Stadt = 14,1 l (mit Viergang-Getriebe)

Fahrleistungen:
Höchstgeschwindigkeit 197 km/h, Beschleunigung 0–100 km/h in 9,9 Sek.

Preis:

	Juni 1981	August 1981	Januar 1982	August 1982	Februar 1983	
Limousine	29.000,–	29.550,–	30.400,–	31.850,–	32.550,–	DM

Bauzeit:
Ab Juni 1981

Merkmale:
Check-Kontroll-Einheit im Polsterteil zwischen den Sonnenblenden, Fahrersitz-Höhenverstellung, Kraftstoffverbrauchs- und Service-Intervall-Anzeiger. Äußerlich gegenüber 520 i nur durch Typenbezeichnung zu unterscheiden.

BMW 528 i

Karosserie:
Limousine, 4 Türen, 4 Sitze

Motor:
Wassergekühlter Sechszylinder-Viertakt-Reihen-Motor, Bohrung/Hub: 86/80 mm, 2788 ccm, Verdichtung 9,3 : 1, 184 DIN-PS bei 5800 U/min, maximales Drehmoment 240 Nm bei 4200 U/min, V-förmig hängende Ventile, obenliegende Nockenwelle durch Kette angetrieben, siebenfach gelagerte Kurbelwelle, Transistorzündung, Leichtmetall-Zylinderkopf, elektronische Bosch-Benzineinspritzung L-Jetronic mit Kraftstoffabschaltung im Schiebebetrieb
Batterie: 12/Volt/55 Ah, Drehstrom-Lichtmaschine 910 Watt
Füllmengen: Tankinhalt 70 Liter, Motoröl 5,75 Liter, Kühlsystem 12 Liter

Kraftübertragung:
a) Sperrsynchronisiertes Fünfgang-Getriebe mit Rückwärtsgang-Synchronisation, hydraulische Membranfederkupplung, Mittelschaltung
b) Gegen Aufpreis: automatisches Getriebe ZF 3-HP22 (hydraulischer Wandler mit Dreigang-Planeten-Getriebe), Wählhebel in der Mitte
Frontmotor, geteilte Kardanwelle, Hinterachsantrieb

Übersetzungen:

	a)	b)
1. Gang	3,822 : 1	2,56 : 1
2. Gang	2,202 : 1	1,52 : 1
3. Gang	1,402 : 1	1,00 : 1
4. Gang	1,000 : 1	–
5. Gang	0,813 : 1	–
R-Gang	3,705 : 1	2,00 : 1
Achsübersetzung:	3,45 : 1	

Fahrwerk
Selbsttragende Stahlblechkarosserie mit integriertem Überrollbügel und Knautschzonen, vorn Radaufhängung an Doppelgelenk-Federbeinen (mit kleinem positiven Lenkrollradius und Nachlaufversatz), Querlenker, Stabilisator, Bremsnickausgleich, hinten Einzelradaufhängung an schrägstehenden Längslenkern, Federbeine mit Schraubenfedern, Bremsnickausgleich, Anfahrtauchreduzierung, Stabilisator
Bremsen: Zweikreis-Bremssystem mit Servo, angeschlossen an das Drucksystem der Hydrolenkung mit Bremsdruckregler und Druckspeicher, vorn innenbelüftete Scheibenbremsen, hinten Scheibenbremsen
Lenkung: ZF-Kugelmutter-Hydrolenkung (mit Servo), Sicherheitslenksäule mit geteilter, verschiebbarer Lenkspindel
Reifen: 195/70 VR 14 – Felgen: 6 J × 14 H 2

Maße, Gewichte:
Länge 4620 mm, Breite 1700 mm, Höhe 1415 mm, Radstand 2625 mm, Spurweite vorn 1430, hinten 1460 mm, Leergewicht 1320 kg, zulässiges Gesamtgewicht 1830 kg, Wendekreisdurchmesser 10,4 m

Verbrauch:
(l/100 km, Superbenzin) 90 km/h = 6,9 l, 120 km/h = 8,6 l, Stadt = 14,9 l (mit Fünfgang-Getriebe)

Fahrleistungen:
Höchstgeschwindigkeit 209 km/h, Beschleunigung 0–100 km/h in 8,9 Sek.

Preis:

	Juni 1981	August 1981	Januar 1982	August 1982	Februar 1983
Limousine	32.450,–	33.100,–	34.050,–	35.150,–	36.000,– DM
Aufpreis Automatik	1.850,– DM				

Bauzeit:
Ab Juni 1981

Merkmale:
Wie 525 i, jedoch serienmäßig mit Spar-Fünfgang-Getriebe, Anfahrtauchreduzierung an der Hinterachse. Äußerlich an Typenbezeichnungen und Radvollblenden (damit Luftwiderstandswert 0,385 cw) zu erkennen.

BMW 316

Karosserie:
Limousine, 2 Türen, 4 Sitze.
Cabriolet, 2 Türen, 2 + 2 Sitze (Karosserie: Baur, Stuttgart).

Motor:
Wassergekühlter Vierzylinder-Viertakt-Reihenmotor, um 30° nach rechts geneigt, Bohrung/Hub: 84/71 mm, 1563 ccm, Verdichtung 8,3 : 1, 90 DIN-PS bei 6000 U/min, maximales Drehmoment 12,5 mkp bei 4000 U/min, schräghängende Ventile, obenliegende Nockenwelle durch Kette angetrieben, fünffach gelagerte Kurbelwelle, ein Fallstrom-Registervergaser Solex 32 DIDTA mit Startautomatik.
Batterie: 12 Volt/36 Ah, Drehstrom-Lichtmaschine 630 Watt.
Füllmengen: Tankinhalt 52 Liter, (ab Sept. 77: 58 Liter), Motoröl 4,25 Liter, Kühlsystem 7 Liter.

Kraftübertragung:
a) Sperrsynchronisiertes Viergang-Getriebe, Einscheiben-Trockenkupplung, Mittelschaltung.
b) Gegen Aufpreis: automatisches ZF-Getriebe (hydraulischer Wandler, Dreigang-Planetengetriebe), Wählhebel in der Mitte.
Frontmotor, geteilte Kardanwelle, Hinterachsantrieb.

Übersetzungen:

	a)	b)
1. Gang	3,764 : 1	2,478 : 1
2. Gang	2,022 : 1	1,476 : 1
3. Gang	1,320 : 1	1,000 : 1
4. Gang	1,000 : 1	–
R-Gang	4,096 : 1	2,000 : 1
Achsübersetzung	4,100 : 1	

Fahrwerk:
Selbsttragende Stahlblechkarosserie, vorn Federbeine, untere Dreieck-Querlenker mit Zugstrebe, Stabilisator, hinten schrägstehende Längslenker, Federbeine, vorn und hinten Gummizusatzfedern gegen Aufpreis: Stabilisator, Schraubenfedern und Teleskopstoßdämpfer, hinten Pendelstütze.
Bremsen: Servo-Doppel-Zweikreis-Bremssystem, vorn Scheiben-, hinten Trommelbremsen.
Lenkung: Zahnstangenlenkung, Sicherheitslenksäule, Übersetzung 19,0 : 1.
Reifen: 165 SR 13 – Felgen: 5 J × 13

Maße, Gewichte:
Länge 4355 mm, Breite 1610 mm, Höhe 1380 mm, Radstand 2563 mm, Spurweite vorn 1386 mm, hinten 1399 mm, Wendekreisdurchmesser 10,6 m.
Leergewicht 1040 kg, zulässiges Gesamtgewicht 1420 kg.

Verbrauch:
9,9 Liter auf 100 km (Normalbenzin).

Fahrleistungen:
Höchstgeschwindigkeit 161 km/h, Beschleunigung 0–100 km/h in 14 sek.

Preis:

	Aug. 1975	Mai 1976	März 1977	Jan. 1978	
Limousine	13.980,–	14.580,–	14.980,–	15.118,–	DM
	Mai 1978	Jan. 1979	Aug. 1979	Apr. 1980	
	15.680,–	15.920,–	16.250,–	16.950,–	DM

Produktionszahlen: 307.183 Stück

Bauzeit:
Von August 1975 bis Juli 1980.
Cabriolet: Ab Dezember 1977 bis Juli 1980.

Merkmale:
Nachfolger des 1602 mit auf Normalbenzin umgestellter, bisher schon verwendeter 1,6-Liter-Maschine – nun mit 90 PS-Leistung. Neue Karosserie mit Knautschzonen und eingebauten Überrollbügel. Modell jedoch schwerer gegenüber 1602.

BMW 316

Karosserie:
Limousine, 2 Türen, 4 Sitze
Cabriolet, 2 Türen, 2+2 Sitze (Karosserie: Baur, Stuttgart)

Motor:
Wassergekühlter Vierzylinder-Viertakt-Reihenmotor, Bohrung/Hub: 89/71 mm, 1766 ccm, Verdichtung 9,5 : 1, 90 DIN-PS bei 5500 U/min, maximales Drehmoment 14,3 mkp bei 4000 U/min, schräghängende Ventile, obenliegende Nockenwelle durch Kette angetrieben, Leichtmetall-Zylinderkopf, fünffach gelagerte Kurbelwelle, Transistorzündung, ein Solex-

Fallstrom-Registervergaser mit Kalt- und Warmlauf-Automatik TN 2 B4
Batterie: 12 Volt/36 Ah, Drehstrom-Lichtmaschine 630 Watt
Füllmengen: Tankinhalt 58 Liter, Motoröl 4,25 Liter, Kühlsystem 7 Liter

Kraftübertragung:
a) Sperrsynchronsiertes Viergang-Getriebe, Einscheibentrockenkupplung, Mittelschalthebel
b) Gegen Aufpreis: sperrsynchronsiertes Fünfgang-Getriebe, Einscheibentrockenkupplung, Mittelschalthebel
c) Gegen Aufpreis: sperrsynchronsiertes Fünfgang-Getriebe, Einscheibentrockenkupplung, Mittelschalthebel
d) gegen Aufpreis: Automatik-Getriebe (hydraulischer Wandler mit Dreigang-Planetengetriebe), Mittelschalthebel
Frontmotor, zweigeteilte Kardanwelle, Hinterachsantrieb

Übersetzungen:	a)	b)	c)	d)
1. Gang	3,764:1	3,681:1	3,764:1	2,478:1
2. Gang	2,043:1	2,002:1	2,325:1	1,478:1
3. Gang	1,320:1	1,329:1	1,612:1	1,000:1
4. Gang	1,000:1	1,000:1	1,229:1	–
5. Gang	–	0,8053:1	1,000:1	–
R-Gang	4,096:1	3,680:1	4,096:1	2,090:1
Achsübersetzung:	3,91:1			

Fahrwerk:
Selbsttragende Stahlblechkarosserie; vorn Federbeine mit schräg angestellten Schraubenfedern, Gummizusatzfedern und Drehstab-Stabilisator, Nachlaufversatz; hinten schrägstehende Längslenker, Federbeine mit Schraubenfedern und Gummizusatzfedern, Pendelstütze am Hinterachsgetriebe, Bremsnickausgleich; Teleskopstoßdämpfer
Bremsen: Zweikreis-Servo-Bremssystem mit Bremsdruckminderer, vorn Scheiben-, hinten Trommelbremsen
Lenkung: Zahnstangenlenkung mit Sicherheitslenksäule
Reifen: 165 SR – 13 – Felgen: 5 J x 13

Maße, Gewichte:
Länge 4355 mm, Breite 1610 mm, Höhe 1380 mm, Radstand 2563 mm, Spurweite vorn 1366, hinten 1373 mm, Leergewicht 1020 kg, zulässiges Gesamtgewicht 1440 kg, Wendekreisdurchmesser 10,20 m

Verbrauch (ECE):
90 km/h = 6,8 l/100 km, 120 km/h = 9,3 l/100 km, Stadt = 11,0 l/100 km (Superbenzin)

Fahrleistungen:
Höchstgeschwindigkeit 163 km/h, Beschleunigung 0–100 km/h in 12,5 sek.

Preis:	Aug. 1980	Feb. 1981	Aug. 1981	Jan. 1982	Aug. 1982
Limousine	16.950,–	17.200,–	17.600,–	18.050,–	18.650,– DM

Produktionszahlen: 8.296 Stück (bis 31. 12. 81)

Bauzeit:
Ab 27. August 1980

Merkmale:
Unveränderte Karosserie mit auf 90 PS gedrosseltem 1,8 Liter-Motor, neues Getriebe; Bezugsstoffe, Türverkleidungen, Teppiche, Kopfstützen und Innenfarben aus der 7er-Reihe Verbrauchssenkung gegenüber dem Vormodell 316: fünf Prozent. Rückspiegel im Frontfenster-Dreieck.

BMW 315

Karosserie:
Limousine, 2 Türen, 4 Sitze

Motor:
Wassergekühlter Vierzylinder-Viertakt-Reihenmotor, Bohrung/Hub: 84/71 mm, 1573 ccm, Verdichtung 9,5 : 1, 75 DIN-PS bei 5800 U/min, maximales Drehmoment 110 Nm bei 3200 U/min, schräghängende Ventile, Transistorzündung, obenliegende Nockenwelle durch Kette angetrieben, Leichtmetall-Zylinderkopf, fünffach gelagerte Kurbelwelle, Pierburg-Fallstrom-Vergaser 1 B 2 mit Vollstartautomatik
Batterie: 12 Volt/36 Ah, Drehstrom-Lichtmaschine 630 Watt
Füllmengen: Tankinhalt 58 Liter, Motoröl 4,25 Liter, Kühlsystem 7 Liter, Hinterachse 1,25 Liter

Kraftübertragung:
a) Synchronisiertes Viergang-Getriebe (System Borg Warner) Einscheiben-Trocken-Tellerfederkupplung, Mittelschaltung
b) gegen Aufpreis: synchronisiertes Fünfgang-Getriebe (System Borg Warner), Einscheiben-Trocken-Tellerfederkupplung, Mittelschaltung
Frontmotor, geteilte Kardanwelle, Hinterachsantrieb

Übersetzungen:

	a)	b)
1. Gang	3,764 : 1	3,681 : 1
2. Gang	2,043 : 1	2,002 : 1
3. Gang	1,320 : 1	1,329 : 1
4. Gang	1,000 : 1	1,000 : 1
5. Gang	–	0,8053 : 1
R-Gang	4,096 : 1	3,681 : 1
Achsübersetzung:	4,11 : 1	

Fahrwerk:
Selbsttragende Stahlblechkarosserie, vorn Federbeine mit Dreieck-Querlenkern, schräg angestellte Schraubenfedern, Drehstab-Stabilisator, hinten schrägstehende Längslenker,

Federbeine mit Schraubenfedern, Pendelstütze am Hinterachsgetriebe, Bremsnichausgleich; vorn und hinten Gummizusatzfedern.
Bremsen: Zweikreis-Servo-Bremsanlage mit Bremsdruckregler, vorn Scheiben-, hinten Trommelbremsen
Lenkung: Zahnstangenlenkung mit Sicherheitslenksäule, Gesamtübersetzung 21,1 : 1
Reifen: 165 SR-13–Felgen: 5 J × 13

Maße, Gewichte:
Länge 4355 mm, Breite 1610 mm, Höhe 1380 mm, Radstand 2563 mm, Spurweite vorn 1366, hinten 1373 mm, Leergewicht 1010 kg, zulässiges Gesamtgewicht 1440 kg, Wendekreisdurchmesser 10,4 m

Verbrauch:
bei 90 km/h 4-Gang = 6,8 l/100 km   5-Gang = 6,0 l/100 km
bei 120 km/h 4-Gang = 9,0 l/100 km   5-Gang = 8,2 l/100 km
Stadtverkehr 4-Gang = 10,5 l/100 km   5-Gang = 10,5 l/100 km
(Superbenzin)

Fahrleistungen:
Höchstgeschwindigkeit 154 km/h, Beschleunigung 0-100 km/h in 14,8 sek.

Preis:

	Feb. 1981	Aug. 1981	Jan. 1982	Aug. 1982	
Lim.	15.850,–	16.200,–	16.608,–	17.150,–	DM

Bauzeit:
ab 2. Februar 1981

BMW 318

Karosserie:
Limousine, 2 Türen, 4 Sitze.
Cabriolet, 2 Türen, 2 + 2 Sitze (Karosserie: Baur, Stuttgart).

Motor:
Wassergekühlter Vierzylinder-Viertakt-Reihenmotor, um 30° nach rechts geneigt, Bohrung/Hub: 89/71 mm, 1754 ccm, Verdichtung 8,3 : 1, 98 DIN-PS bei 5800 U/min, maximales

Drehmoment 14,5 mkp bei 4000 U/min, schräghängende Ventile, obenliegende Nockenwelle durch Kette angetrieben, fünffach gelagerte Kurbelwelle, ein Fallstrom-Registervergaser Solex 32/32 DIDTA mit Startautomatik.
Batterie: 12 Volt/36 Ah, Drehstrom-Lichtmaschine 630 Watt.
Füllmengen: Tankinhalt 52 Liter (ab Sept. 77: 58 Liter), Motoröl 4,25 Liter, Kühlsystem 7 Liter.

Kraftübertragung:
a) Sperrsynchronisiertes Viergang-Getriebe, Einscheiben-Trockenkupplung, Mittelschaltung.
b) Gegen Aufpreis: automatisches ZF-Getriebe (hydraulischer Wandler, Dreigang-Planetengetriebe), Wählhebel in der Mitte.
Frontmotor, geteilte Kardanwelle, Hinterachsantrieb.

Übersetzungen:

	a)	b)
1. Gang	3,764 : 1	2,478 : 1
2. Gang	2,022 : 1	1,478 : 1
3. Gang	1,320 : 1	1,000 : 1
4. Gang	1,000 : 1	–
R-Gang	4,096 : 1	2,000 : 1
Achsübersetzung	3,900 : 1	

Fahrwerk:
Selbsttragende Stahlblechkarosserie, vorn Federbeine, untere Dreieck-Querlenker mit Zugstrebe, Stabilisator, hinten schrägstehende Längslenker, Federbeine, vorn und hinten Gummizusatzfedern, Stabilisator (serienmäßig von März bis August 1976, vorher und nachher gegen Aufpreis), Schraubenfedern und Teleskopstoßdämpfer, hinten Pendelstütze.
Bremsen: Servo-Doppel-Zweikreis-Bremssystem, vorn Scheiben-, hinten Trommelbremsen.
Lenkung: Zahnstangenlenkung, Lenkungsdämpfer, Sicherheitslenksäule, Übersetzung 19,0 : 1.
Reifen: 165 SR 13 – Felgen: 5 J × 13

Maße, Gewichte:
Länge 4355 mm, Breite 1610 mm, Höhe 1380 mm, Radstand 2563 mm, Spurweite vorn 1386 mm, hinten 1399 mm, Wendekreisdurchmesser 10,6 m.
Leergewicht 1040 kg, zulässiges Gesamtgewicht 1420 kg.

Verbrauch:
10,1 Liter auf 100 km (Normalbenzin).

Fahrleistungen:
Höchstgeschwindigkeit 168 km/h, Beschleunigung 0–100 km/h in 12 sek.

Preis:	Aug. 1975	Mai 1976	März 1977	Jan. 1978	
Limousine	14.850,–	15.460,–	15.980,–	16.125,–	DM
	Mai 1978	Jan. 1979	Aug. 1979	April 1980	
	16.700,–	16.980,–	17.350,–	18.000,–	DM

Produktionszahlen: 83.291 Stück

Bauzeit:
Ab August 1975 bis Juli 1980
Cabriolet: ab Dezember 1977 bis Juli 1980

Merkmale:
Nachfolger des 1802. Auf Normalbenzin umgestellter 1,8-Liter-Motor mit 8 PS Mehrleistung.
Gegenüber 316: Lenkungsdämpfer, Halogen-Scheinwerfer.

BMW 318 i

Karosserie:
Limousine, 2 Türen, 4 Sitze
Cabriolet, 2 Türen, 2+2 Sitze (Karosserie: Baur, Stuttgart)

Motor:
Wassergekühlter Vierzylinder-Viertakt-Reihenmotor, Bohrung/Hub: 89/71 mm, 1766 ccm, Verdichtung 10 : 1, 105 PS bei 5800 U/min, maximales Drehmoment 14,8 mkp bei 4500 U/min, schräghängende Ventile, obenliegende Nockenwelle durch Kette angetrieben, Leichtmetall-Zylinderkopf, fünffach gelagerte Kurbelwelle, Transistorzündung, Bosch K-Jetronic-Benzineinspritzung
Batterie: 12 Volt/36 Ah, Drehstrom-Lichtmaschine 910 Watt
Füllmengen: Tankinhalt 58 Liter, Motoröl 4,25 Liter, Kühlsystem 7 Liter

Kraftübertragung:
a) Sperrsynchronisiertes Viergang-Getriebe, Einscheibentrockenkupplung, Mittelschalthebel
b) Gegen Aufpreis: sperrsynchronisiertes Fünfgang-Getriebe, Einscheibentrockenkupplung, Mittelschalthebel
c) Gegen Aufpreis: sperrsynchronisiertes Fünfgang-Getriebe, Einscheibentrockenkupplung, Mittelschalthebel
d) Gegen Aufpreis: Automatik-Getriebe (hydraulischer Wandler mit Dreigang-Planetengetriebe), Mittelschalthebel
Frontmotor, geteilte Kardanwelle, Hinterachsantrieb

Übersetzungen:

	a)	b)	c)	d)
1. Gang	3,764:1	3,681:1	3,764:1	2,478:1
2. Gang	2,043:1	2,002:1	2,325:1	1,478:1
3. Gang	1,320:1	1,329:1	1,612:1	1,000:1
4. Gang	1,000:1	1,000:1	1,229:1	–
5. Gang	–	0,8053:1	1,000:1	–
R-Gang	4,096:1	3,681:1	4,096:1	2,090:1
Achsübersetzung:	3,91:1			

Fahrwerk:
Selbsttragende Stahlblechkarosserie, vorn Federbeine mit schräg angestellten Schraubenfedern, Gummizusatzfedern und Drehstab-Stabilisator, Nachlaufversatz; hinten schrägstehende Längslenker, Federbeine mit Schraubenfedern und Gummizusatzfedern, Pendelstütze am Hinterachsgetriebe, Bremsnickausgleich, Drehstab-Stabilisator; Teleskopstoßdämpfer
Bremsen: Zweikreis-Servo-Bremssystem mit Bremsdruckminderer, vorn Scheiben-, hinten Trommelbremsen
Lenkung: Zahnstangenlenkung mit Sicherheitslenksäule
Reifen: 165 SR – 13 – Felgen: 5 J x 13

Maße, Gewichte:
Länge 4355 mm, Breite 1610 mm, Höhe 1380 mm, Radstand 2563 mm, Spurweite vorn 1366, hinten 1373 mm, Leergewicht 1030 kg, zulässiges Gesamtgewicht 1450 kg, Wendekreisdurchmesser 10,20 m

Verbrauch (ECE):
90 km/h = 7,1 l/100 km, 120 km/h = 9,1 l/100 km, Stadt = 10,4 l/100 km (Superbenzin)

Fahrleistungen:
Höchstgeschwindigkeit 179 km/h, Beschleunigung 0–100 km/h in 11,5 sek.

Preis:	Aug. 1980	Feb. 1981	Aug. 1981	Jan. 1982	Aug. 1982	
Limousine	18.800,–	19.100,–	19.600,–	20.100,–	20.800,–	DM

Produktionszahlen: 125.434 Stück (bis 31. 12. 81)

Bauzeit:
Ab 27. August 1980

Merkmale:
Unveränderte Karosserie mit 1,8 Liter-Einspritzmotor, neue Getriebe; Bezugsstoffe, Türverkleidungen, Teppiche, Kopfstützen und Innenfarben aus der 7er-Reihe. Verbrauchssenkung gegenüber Vormodell: fünf Prozent.

BMW 320

Karosserie:
Limousine, 2 Türen, 4 Sitze.

Motor:
Wassergekühlter Vierzylinder-Viertakt-Reihenmotor, um 30° nach rechts geneigt, Bohrung/Hub: 89/80 mm, 1977 ccm, Verdichtung 8,1 : 1, 109 DIN-PS bei 5800 U/min, maximales Drehmoment 16,0 mkp bei 3700 U/min, schräghängende Ventile, obenliegende Nockenwelle durch Kette angetrieben, fünffach gelagerte Kurbelwelle, ein Fallstrom-Registervergaser Solex 32/32 DIDTA mit Startautomatik, Aggregat-Stoßdämpfer.
Batterie: 12 Volt/36 Ah, Drehstrom-Lichtmaschine 630 Watt.
Füllmengen: Tankinhalt 52 Liter, Motoröl 4,25 Liter, Kühlsystem 7 Liter.

Kraftübertragung:
a) Sperrsynchronisiertes Viergang-Getriebe, Einscheiben-Trockenkupplung, Mittelschaltung.
b) Gegen Aufpreis: automatisches ZF-Getriebe (hydraulischer Wandler, Dreigang-Planetengetriebe), Wählhebel in der Mitte.
Frontmotor, geteilte Kardanwelle, Hinterachsantrieb.

Übersetzungen:	a)	b)
1. Gang	3,764 : 1	2,478 : 1
2. Gang	2,022 : 1	1,478 : 1
3. Gang	1,320 : 1	1,000 : 1
4. Gang	1,000 : 1	–
R-Gang	4,096 : 1	2,000 : 1
Achsübersetzung	3,900 : 1	

Fahrwerk:
Selbsttragende Stahlblechkarosserie, vorn Federbeine, untere Dreieck-Querlenker mit Zugstrebe, Stabilisator, hinten schrägstehende Längslenker, Federbeine, vorn und hinten Gummizusatzfedern gegen Aufpreis: Stabilisator (ab März 1976 serienmäßig), Schraubenfedern und Teleskopstoßdämpfer, hinten Pendelstütze.
Bremsen: Servo-Doppel-Zweikreis-Bremssystem, vorn Scheiben-, hinten Trommelbremsen.
Lenkung: Zahnstangenlenkung, Lenkungsdämpfer, Sicherheitslenksäule, Übersetzung 19,0 : 1.
Reifen: 165 SR 13 – Felgen: 5 J × 13

Maße, Gewichte:
Länge 4355 mm, Breite 1610 mm, Höhe 1380 mm, Radstand 2563 mm, Spurweite vorn 1386 mm, hinten 1399 mm, Wendekreisdurchmesser 10,6 m.
Leergewicht 1060 kg, zulässiges Gesamtgewicht 1440 kg.

Verbrauch:
11,5 Liter auf 100 km (Normalbenzin).

Fahrleistungen:
Höchstgeschwindigkeit 173 km/h, Beschleunigung 0–100 km/h in 11,5 sek.

Preis:	Aug. 1975	Mai 1976	März 1977	
Limousine	15.880,–	16.580,–	17.280,–	DM
Lim. m. Autom.	17.230,–	17.930,–	18.630,–	DM

Produktionszahlen: 187.840 Stück (incl. 320i)

Bauzeit:
Von August 1975 bis Juli 1977.

Merkmale:
Nachfolger des 2002, jedoch mit auf Normalbenzin umgestellten Zweiliter-Motor, der 9 PS mehr leistet. Serienmäßig mit Lenkungsdämpfer und Stoßdämpfer zwischen Motor und Karosse ausgestattet. Äußerlich an Typenbezeichnung hinten und vorderen Doppelscheinwerfern gegenüber 316/318 zu erkennen. Gegenüber 316/318: Aggregat-Stoßdämpfer, Doppel-Halogenscheinwerfer.

BMW 320 i

Karosserie:
Limousine, 2 Türen, 4 Sitze.

Motor:
Wassergekühlter Vierzylinder-Viertakt-Reihenmotor, um 30° nach rechts geneigt, Bohrung/Hub: 89/80 mm, 1977 ccm, Verdichtung 9,3 : 1, 125 DIN-PS bei 5700 U/min, maximales Drehmoment 17,5 mkp bei 5700 U/min, schräghängende Ventile, obenliegende Nockenwelle durch Kette angetrieben, fünffach gelagerte Kurbelwelle, elektronische Benzineinspritzung Bosch K-Jetronic, Aggregat-Stoßdämpfer.
Batterie: 12 Volt/36 Ah, Drehstrom-Lichtmaschine 630 Watt.
Füllmengen: Tankinhalt 52 Liter, Motoröl 4,25 Liter, Kühlsystem 7 Liter.

Kraftübertragung:
Sperrsynchronisiertes Viergang-Getriebe, Einscheiben-Trockenkupplung, Mittelschaltung. Frontmotor, geteilte Kardanwelle, Hinterachsantrieb.

Übersetzungen:
1. Gang	3,764 : 1
2. Gang	2,022 : 1
3. Gang	1,320 : 1
4. Gang	1,000 : 1
R-Gang	4,096 : 1
Achsübersetzung	3,640 : 1

Fahrwerk:
Selbsttragende Stahlblechkarosserie, vorn Federbeine, untere Dreieck-Querlenker mit Zugstrebe, Stabilisator, hinten schrägstehende Längslenker, Federbeine, vorn und hinten Gummizusatzfedern, Stabilisator, Schraubenfedern und Teleskopstoßdämpfer, hinten Pendelstütze.
Bremsen: Servo-Doppel-Zweikreis-Bremssystem, vorn Scheiben-, hinten Trommelbremsen.
Lenkung: Zahnstangenlenkung m. Sicherheitslenksäule und Lenkungsdämpfer, Übersetzung 19,0 : 1.
Reifen: 185/70 HR 13 – Felgen: 5½ J × 13

Maße, Gewichte:
Länge 4355 mm, Breite 1610 mm, Höhe 1380 mm, Radstand 2563 mm, Spurweite vorn 1386 mm, hinten 1399 mm, Wendekreisdurchmesser 10,6 m.
Leergewicht 1080 kg, zulässiges Gesamtgewicht 1460 kg.

Verbrauch:
10,1 Liter auf 100 km (Superbenzin).

Fahrleistungen:
Höchstgeschwindigkeit 182 km/h, Beschleunigung 0–100 km/h in 10 sek.

Preis:

	Nov. 1975	Mai 1976	März 1977
Limousine	17.980,–	18.630,–	19.380,– DM

Bauzeit:
Von November 1975 bis Juli 1977.

Merkmale:
Nachfolger des 2002 tii. Einziges Modell der 3er-Reihe, das Superbenzin benötigt.

BMW 320/6

Karosserie:
Limousine, 2 Türen, 4 Sitze.
Cabriolet, 2 Türen, 2 + 2 Sitze (Karosserie: Baur, Stuttgart).

Motor:
Wassergekühlter Sechszylinder-Viertakt-Reihenmotor, um 30° nach rechts geneigt, Bohrung/Hub: 80/66 mm, 1990 ccm, Verdichtung 9,2 : 1, 122 DIN-PS bei 6000 U/min, maximales Drehmoment 16,3 mkp bei 4000 U/min, schräghängende Ventile, obenliegende Nockenwelle durch Kunststoff-Zahnriemen angetrieben, siebenfach gelagerte Kurbelwelle, ein Fallstrom-Registervergaser Solex 4 A 1 mit Startautomatik, Aggregat-Stoßdämpfer.
Batterie: 12 Volt/45 Ah, Drehstrom-Lichtmaschine 910 Watt.
Füllmengen: Tankinhalt 58 Liter, Motoröl 4,75 Liter, Kühlsystem 12 Liter.

Kraftübertragung:
a) Sperrsynchronisiertes Viergang-Getriebe, Einscheiben-Trockenkupplung, Mittelschaltung.
b) Gegen Aufpreis: automatisches ZF-Getriebe (hydraulischer Wandler, Dreigang-Planetengetriebe), Wählhebel in der Mitte.
Frontmotor, geteilte Kardanwelle, Hinterachsantrieb.

Übersetzungen:

	a)	b)
1. Gang	3,764 : 1	2,478 : 1
2. Gang	2,022 : 1	1,478 : 1
3. Gang	1,320 : 1	1,000 : 1
4. Gang	1,000 : 1	–
R-Gang	4,096 : 1	2,090 : 1
Achsübersetzung	3,640 : 1	

Fahrwerk:
Selbsttragende Stahlblechkarosserie, vorn Federbeine, untere Dreieck-Querlenker mit Zugstrebe, Stabilisator, hinten schrägstehende Längslenker, Federbeine, vorn und hinten Gummizusatzfedern, Stabilisator, Schraubenfedern und Teleskopstoßdämpfer, hinten Pendelstütze.
Bremsen: Servo-Doppel-Zweikreis-Bremssystem, vorn Scheiben-, hinten Trommelbremsen.
Lenkung: Zahnstangenlenkung (gegen Aufpreis mit Servo), Sicherheitslenksäule und Lenkungsdämpfer, Übersetzung 21,1 : 1.
Reifen: 185/70 HR 13 – Felgen: 5½ J × 13

Maße, Gewichte:
Länge 4355 mm, Breite 1610 mm, Höhe 1380 mm, Radstand 2563 mm, Spurweite vorn 1386 mm, hinten 1399 mm, Wendekreisdurchmesser 10,3 m.
Leergewicht 1150 kg, zulässiges Gesamtgewicht 1550 kg.

Verbrauch:
9,5 Liter auf 100 km (Superbenzin).

Fahrleistungen:
Höchstgeschwindigkeit 181 km/h, Beschleunigung 0–100 km/h in 10,7 sek.

Preis:

	Aug. 1977	Jan. 1978	Mai 1978	Jan. 1979	Aug. 1979	
Limousine	17.980,–	18.145,–	18.950,–	19.300,–	19.850,–	DM
Lim. m. Autom.	19.330,–	–	–	20.750,–	21.335,–	DM

April 1980	Sept. 1980	Jan. 1981	Aug. 1981	Jan. 1982	Aug. 1982	
20.600,–	20.700,–	20.950,–	21.400,–	22.300,–	23.000,–	DM
22.150,–	22.250,–	22.500,–	23.000,–	23.900,–	24.600,–	DM

Produktionszahlen: 252.077 Stück (bis 31.12.81)

Bauzeit:
Ab 26. August 1977.

Merkmale:
Wie Modell 320, jedoch mit neuem Sechszylindermotor, stärkere elektrische Anlage; äußerlich nur durch Typenbezeichnung 320 zusätzlich am Frontgrill zu erkennen.

BMW 323 i

Karosserie:
Limousine, 2 Türen, 4 Sitze.
Cabriolet, 2 Türen, 2 + 2 Sitze (Karosserie: Baur, Stuttgart).

Motor:
Wassergekühlter Sechszylinder-Viertakt-Reihenmotor, um 30° nach rechts geneigt, Bohrung/Hub: 80/76,8 mm, 2315 ccm, Verdichtung 9,5 : 1, 143 DIN-PS bei 6000 U/min, maximales Drehmoment 19,4 mkp bei 4500 U/min, schräghängende Ventile, obenliegende Nockenwelle durch Kunststoff-Zahnriemen angetrieben, siebenfach gelagerte Kurbelwelle, elektronische Benzineinspritzung Bosch K-Jetronic, Transistorzündung, Aggregat-Stoßdämpfer.
Batterie: 12 Volt/55 Ah, Drehstrom-Lichtmaschine 910 Watt.
Füllmengen: Tankinhalt 58 Liter, Motoröl 4,75 Liter, Kühlsystem 12 Liter.

Kraftübertragung:
a) Sperrsynchronisiertes Viergang-Getriebe, Einscheiben-Trockenkupplung, Mittelschaltung.
b) Gegen Aufpreis: automatisches Getriebe (hydraulischer Wandler mit Dreigang-Planetengetriebe), Wählhebel in der Mitte.
Frontmotor, geteilte Kardanwelle, Hinterachsantrieb.

Übersetzungen:

	a)	b)
1. Gang	3,764 : 1	2,478 : 1
2. Gang	2,022 : 1	1,478 : 1
3. Gang	1,320 : 1	1,000 : 1
4. Gang	1,000 : 1	–
R-Gang	4,096 : 1	2,090 : 1
Achsübersetzung	3,450 : 1	

Fahrwerk:
Selbsttragende Stahlblechkarosserie, vorn Federbeine, untere Dreieck-Querlenker mit Zugstrebe, Stabilisator, hinten schrägstehende Längslenker, Federbeine, vorn und hinten Gummizusatzfedern, Stabilisator, Schraubenfedern und Teleskopstoßdämpfer, hinten Pendelstütze.
Bremsen: Servo-Doppel-Zweikreis-Bremssystem, vorn innenbelüftete Scheibenbremsen, hinten Scheibenbremsen.
Lenkung: Zahnstangenlenkung (gegen Aufpreis mit Servo), Sicherheitslenksäule und Lenkungsdämpfer, Übersetzung 21,1 : 1.
Reifen: 185/70 HR 13 – Felgen: 5½ J × 13

Maße, Gewichte:
Länge 4355 mm, Breite 1610 mm, Höhe 1380 mm, Radstand 2563 mm, Spurweite vorn 1386 mm, hinten 1399 mm, Wendekreisdurchmesser 10,3 m.
Leergewicht 1180 kg, zulässiges Gesamtgewicht 1570 kg.

Verbrauch:
9,2 Liter auf 100 km (Superbenzin).

Fahrleistungen:
Höchstgeschwindigkeit 190 km/h, Beschleunigung 0–100 km/h in 9,5 sek.

Preis:

	Nov. 1977	Jan. 1978	Mai 1978	Jan. 1979	Aug. 1979	April 1980	
Limousine	20.350,–	20.535,–	21.450,–	21.850,–	22.500,–	23.350,–	DM

	Sept. 1980	Jan. 1981	Aug. 1981	Jan. 1982	
	23.550,–	23.900,–	24.400,–	25.400,–	DM

Produktionszahlen: (bis 31.12.80) 86.051 Stück

Bauzeit:
Ab November 1977.

Merkmale:
320 mit neuem 2,3-Liter-Sechszylinder. Serienmäßig mit Transistorzündung und vier Scheibenbremsen.

BMW 728

Karosserie:
Limousine, 4 Türen, 5 Sitze.

Motor:
Wassergekühlter Sechszylinder-Viertakt-Reihenmotor, um 30° nach rechts geneigt, Bohrung/Hub 86/80 mm, 2788 ccm, Verdichtung 9,0 : 1, 170 DIN-PS bei 5800 U/min, maximales Drehmoment 23,8 mkp bei 4000 U/min, V-förmig hängende Ventile, obenliegende Nockenwelle durch Kette angetrieben, siebenfach gelagerte Kurbelwelle, ein Doppelregister-Vergaser Solex 4 A 1 m. Startautomatik.
Batterie: 12 Volt/55 Ah, Drehstrom-Lichtmaschine 710 Watt.
Füllmengen: Tankinhalt 85 Liter (Tank vor der Hinterachse), Motoröl 5,75 Liter, Kühlsystem 12 Liter, Getriebe 2,0 Liter.

Kraftübertragung:
a) Sperrsynchronisiertes Viergang-Getriebe, Einscheiben-Trockenkupplung, Mittelschaltung.
b) Gegen Aufpreis: automatisches ZF-Getriebe (hydraulischer Wandler mit Dreigang-Planetengetriebe), Wählhebel in der Mitte.
Frontmotor, geteilte Kardanwelle, Hinterachsantrieb.

Übersetzungen:

	a)	b)
1. Gang	3,855 : 1	2,478 : 1
2. Gang	2,203 : 1	1,478 : 1
3. Gang	1,402 : 1	1,000 : 1
4. Gang	1,000 : 1	–
R-Gang	4,300 : 1	2,090 : 1
Achsübersetzung	3,640 : 1	

Fahrwerk:
Selbsttragende Stahlblechkarosserie mit integriertem Überrollbügel und Knautschzonen vorn und hinten, vorn Doppelgelenk-Federbeine (mit kleinem Stabilisator, positivem Lenkrollradius und Nachlaufwerk), Brems- und Stabilisator-Nickausgleich, hinten schrägstehende Längslenker, Federbeine und Bremsnickausgleich, vorn und hinten Schraubenfedern, Teleskopstoßdämpfer und Gummi-Zusatzfedern.
Bremsen: Zweikreis-Bremssystem mit Servo und Druckspeicher, vorn und hinten Scheibenbremsen (vorn belüftete Bremsscheiben), bemeinsame Hydraulikpumpe für Bremse und Lenkung, Bremskraftregler.
Lenkung: Kugelmutterlenkung mit Motordrehzahl-abhängiger Verstärkung (Hydrolenkung), längsverstellbare Sicherheitslenksäule, Übersetzung 15,2 : 1.
Reifen: 195/70 HR 14 – Felgen: 6 J × 14 H 2-B.

Maße, Gewichte:
Länge 4860 mm, Breite 1800 mm, Höhe 1430 mm, Radstand 2795 mm, Spurweite vorn 1508 mm, hinten 1522 mm, Wendekreisdurchmesser 11,4 m.
Leergewicht 1530 kg, zulässiges Gesamtgewicht 2000 kg.

Verbrauch:
11,5 Liter auf 100 km (Superbenzin).

Fahrleistungen:
Höchstgeschwindigkeit 192 km/h, Beschleunigung 0–100 km/h in 10,1 sek.

Preis:

	Mai 1977	Jan. 1978	Mai 1978	Jan. 1979	
Limousine	29.300,–	29.565,–	30.850,–	31.400,–	DM
Lim. m. Autom.	30.880,–	31.165,–	32.500,–	33.080,–	DM

Produktionszahlen: 25.432 Stück

Bauzeit:
Von 17. Mai 1977 bis Juli 1979.

Merkmale:
Von Grund auf neukonstruierte Limousine (Nachfolger des 2,8 L) mit 2,8 Liter-Motor und weiterentwickeltem Dreikugelwirbelwannen-Brennraum. Bremssystem mit Druckspeicher und gemeinsamer Druckpumpe für Servobremse und Servolenkung. Elektronischer Tachometer.

BMW 728 i

Karosserie:
Limousine, 4 Türen, 5 Sitze.

Motor:
Wassergekühlter Sechszylinder-Viertakt-Reihenmotor, um 30° nach rechts geneigt, Bohrung/Hub: 86/80 mm, 2788 ccm, Verdichtung 9,3 : 1, 184 DIN-PS bei 5800 U/min, maximales Drehmoment 24,5 mkp bei 4200 U/min, V-förmig hängende Ventile, obenliegende

Nockenwelle durch Kette angetrieben, siebenfach gelagerte Kurbelwelle, elektronische Benzin-Einspritzung Bosch L-Jetronic.
Batterie: 12 Volt/65 Ah, Drehstrom-Lichtmaschine 710 Watt.
Füllmenge: Tankinhalt 85 Liter (Tank vor der Hinterachse), Motoröl 5,75 Liter, Kühlsystem 12 Liter, Getriebe 2,0 Liter.

Kraftübertragung:
a) Sperrsynchronisiertes Viergang-Getriebe, Einscheiben-Trockenkupplung, Mittelschaltung.
b) Gegen Aufpreis: automatisches ZF-Getriebe (hydraulischer Wandler mit Dreigang-Planetengetriebe), Wählhebel in der Mitte.
Frontmotor, geteilte Kardanwelle, Hinterachsantrieb.

Übersetzungen:	a)	b)
1. Gang	3,855 : 1	2,478 : 1
2. Gang	2,203 : 1	1,478 : 1
3. Gang	1,402 : 1	1,000 : 1
4. Gang	1,000 : 1	–
R-Gang	4,300 : 1	2,090 : 1
Achsübersetzung	3,640 : 1	

Fahrwerk:
Selbsttragende Stahlblechkarosserie mit integriertem Überrollbügel und Knautschzonen vorn und hinten, vorn Doppelgelenk-Federbeine (mit kleinem positivem Lenkrollradius und Nachlaufversatz), Brems- und Stabilisator-Nickausgleich, hinten schräggestellte Längslenker, Federbeine und Bremsnickausgleich, vorn und hinten Schraubenfedern, Teleskopstoßdämpfer und Gummi-Zusatzfedern.
Bremsen: Zweikreis-Bremssystem mit Servo und Druckspeicher, vorn und hinten Scheibenbremsen (vorn belüftete Bremsscheiben), gemeinsame Hydraulikpumpe für Bremse und Lenkung, Bremskraftregler.
Lenkung: Kugelmutterlenkung mit Motordrehzahl-abhängiger Verstärkung, (Hydrolenkung) längsverstellbare Sicherheitslenksäule, Übersetzung 15,2 : 1.
Reifen: 195/70 HR 14 – Felgen: 6 J × 14 H 2-B.

Maße, Gewichte:
Länge 4860 mm, Breite 1800 mm, Höhe 1430 mm, Radstand 2795 mm, Spurweite vorn 1508 mm, hinten 1522 mm, Wendekreisdurchmesser 11,4 m.
Leergewicht 1530 kg (ab Juli 1980: 1480 kg), zulässiges Gesamtgewicht 1960 kg.

Verbrauch:
(l/100 km) 90 km/h = 8,6, 120 km/h = 11,1, Stadt = 17,8 (ab Juli 1980: 15,1) l Superbenzin.

Fahrleistungen:
Höchstgeschwindigkeit 196 km/h, Beschleunigung 0–100 km/h in 9,5 sek.

Preis

	August 79	April 1980	Jan. 1981	Aug. 1981	Jan. 1982	Aug. 1982	
728 i	33.700,–	35.100,–	35.700,–	36.450,–	37.400,–	39.350,–	DM
728 i m. Autom.	35.420,–	36.890,–	37.490,–	38.300,–	39.250,–	42.150,–	DM

Produktionszahlen: 37.188 Stück   (bis 31.12.81)

Bauzeit:
Ab August 1979 bis 30. August 1982

Merkmale:
Nachfolge-Modell des 728, jedoch jetzt mit Einspritz-Motor. Äußerlich nur an Typenbezeichnung zu erkennen.

BMW 730

Karosserie:
Limousine, 4 Türen, 5 Sitze.

Motor:
Wassergekühlter Sechszylinder-Viertakt-Reihenmotor, um 30° nach rechts geneigt, Bohrung/Hub: 89/80 mm, 2986 ccm, Verdichtung 9,0 : 1, 184 DIN-PS bei 5800 U/min, maximales Drehmoment 26,0 mkp bei 3500 U/min, V-förmig hängende Ventile, obenliegende Nockenwelle durch Kette angetrieben, siebenfach gelagerte Kurbelwelle, ein Doppelregistervergaser Solex 4 A 1 mit Startautomatik.
Batterie: 12 Volt/55 Ah, Drehstrom-Lichtmaschine 770 Watt.
Füllmengen: Tankinhalt 85 Liter (Tank vor der Hinterachse), Motoröl 5,75 Liter, Kühlsystem 12 Liter, Getriebe 2,0 Liter.

Kraftübertragung:
a) Sperrsynchronisiertes Viergang-Getriebe, Einscheiben-Trockenkupplung, Mittelschaltung.
b) Gegen Aufpreis: automatisches ZF-Getriebe (hydraulischer Wandler mit Dreigang-Planetengetriebe), Wählhebel in der Mitte.
Frontmotor, geteilte Kardanwelle, Hinterachsantrieb.

Übersetzungen:

	a)	b)
1. Gang	3,855 : 1	2,478 : 1
2. Gang	2,203 : 1	1,478 : 1
3. Gang	1,402 : 1	1,000 : 1
4. Gang	1,000 : 1	–
R-Gang	4,300 : 1	2,090 : 1
Achsübersetzung	3,450 : 1	

Fahrwerk:
Selbsttragende Stahlblechkarosserie mit integriertem Überrollbügel und Knautschzonen vorn und hinten, vorn Doppelgelenk-Federbeine (mit kleinem positivem Lenkrollradius und Nachlaufversatz), Brems- und Stabilisator-Nickausgleich, hinten schrägstehende Längslenker, Federbeine und Bremsnickausgleich, vorn und hinten Schraubenfeder, Teleskopstoßdämpfer und Gummi-Zusatzfedern.
Bremsen: Zweikreis-Bremssystem mit Servo und Druckspeicher, vorn und hinten Scheibenbremsen (vorn belüftete Bremsscheiben), gemeinsame Hydraulikpumpe für Bremse und Lenkung, Bremskraftregler.
Lenkung: Kugelmutterlenkung mit Motordrehzahl-abhängiger Verstärkung (Hydrolenkung), längsverstellbare Sicherheitslenksäule, Übersetzung 15,2 : 1.
Reifen: 205/70 HR 14 – Felgen: 6½ J × 14 H 2-B.

Maße, Gewichte:
Länge 4860 mm, Breite 1800 mm, Höhe 1430 mm, Radstand 2795 mm, Spurweite vorn 1502 mm, hinten 1516 mm, Wendekreisdurchmesser 11,4 m.
Leergewicht 1580 kg, zulässiges Gesamtgewicht 2050 kg.

Verbrauch:
11,9 Liter auf 100 km (Superbenzin).

Fahrleistungen:
Höchstgeschwindigkeit 200 km/h, Beschleunigung 0–100 km/h in 9,6 sek.

Preis:

	Mai 1977	Jan. 1978	Mai 1978	Jan. 1979	
Limousine	33.600,–	33.905,–	34.850,–	35.500,–	DM
Limousine m. Autom.	35.180,–	35.505,–	36.500,–	37.180,–	DM

Produktionszahlen: 17.144 Stück

Bauzeit:
Von 17. Mai 1977 bis Juli 1979.

Merkmale:
Wie 728, jedoch mit Dreiliter-Motor und weiterentwickeltem Brennraum. Andere Spurweiten, breiteren Reifen, kürzere Achsübersetzung, Fondsitzbank mit Einzelsitzmulden und Kopfstützen, Check-Controll-Board. Äußerlich nur durch andere Typenbezeichnungen zu erkennen.

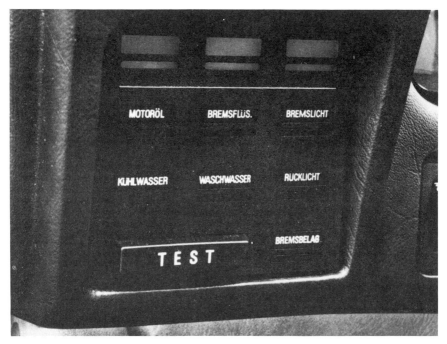

Check-Controll-Board beim 730

BMW 733 i (ab Aug. 1979: 732 i)

Karosserie:
Limousine, 4 Türen, 5 Sitze.

Motor:
Wassergekühlter Sechszylinder-Viertakt-Reihenmotor, um 30° nach rechts geneigt, Bohrung/Hub: 89/86 mm, 3210 ccm, Verdichtung 9,0 : 1, 197 DIN-PS bei 5500 U/min, maximales Drehmoment 28,5 mkp bei 4300 U/min, V-förmig hängende Ventile, obenliegende Nockenwelle durch Kette angetrieben, siebenfach gelagerte Kurbelwelle, kontaktlose Transistor-Zündung, elektronische Benzineinspritzung Bosch L-Jetronic (ab August 1979: Digital Motoren-Elektronik).
Batterie: 12 Volk/65 Ah, Drehstrom-Lichtmaschine 910 Watt.
Füllmengen: Tankinhalt 85 Liter (Tank vor der Hinterachse), Motoröl 5,75 Liter, Kühlsystem 12 Liter, Getriebe 2,0 Liter.

Kraftübertragung:
a) Sperrsynchronisiertes Viergang-Getriebe, Einscheiben-Trockenkupplung, Mittelschaltung.
b) Gegen Aufpreis: automatisches ZF-Getriebe (hydraulischer Wandler mit Dreigang-Planetengetriebe), Wählhebel in der Mitte.
Frontmotor, geteilte Kardanwelle, Hinterachsantrieb.

Übersetzungen:

	a)	b)
1. Gang	3,855 : 1	2,478 : 1
2. Gang	2,203 : 1	1,478 : 1
3. Gang	1,402 : 1	1,000 : 1
4. Gang	1,000 : 1	–
R-Gang	4,300 : 1	2,090 : 1
Achsübersetzung	3,450 : 1	

Fahrwerk:
Selbsttragende Stahlblechkarosserie mit integriertem Überrollbügel und Knautschzonen vorn und hinten, vorn Doppelgelenk-Federbeine (mit kleinem positivem Lenkrollradius und Nachlaufversatz), Brems- und Stabilisator-Nickausgleich, hinten schrägstehende Längslenker, Federbeine und Bremsnickausgleich, vorn und hinten Schraubenfedern, Teleskopstoßdämpfer und Gummi-Zusatzfedern.
Bremsen: Zweikreis-Bremssystem mit Servo und Druckspeicher, vorn und hinten Scheibenbremsen (vorn belüftete Bremsscheiben), gemeinsame Hydraulikpumpe für Bremse und Lenkung, Bremskraftregler.
Lenkung: Kugelmutterlenkung mit Motordrehzahl-abhängiger Verstärkung (Hydrolenkung), längsverstellbare Sicherheitslenksäule, Übersetzung 15,2 : 1.
Reifen: 205/70 HR 14 – Felgen: 6½ J × 14 H 2-B.

Maße, Gewichte:
Länge 4860 mm, Breite 1800 mm, Höhe 1430 mm, Radstand 2795 mm, Spurweite vorn 1502 mm, hinten 1516 mm, Wendekreisdurchmesser 11,4 m.
Leergewicht 1600 (ab Juli 1980: 1510) kg, zulässiges Gesamtgewicht 2000 kg.

Verbrauch:
11,8 Liter auf 100 km (Superbenzin)/90 km/h = 8,9/120 km/h = 11,5/Stadt = 18,7 (ab Juli 1980: 17,5) l.

Fahrleistungen:
Höchstgeschwindigkeit 205 km/h, Beschleunigung 0–100 km/h in 8,9 sek.

Preis:	Mai 1977	Jan. 1978	Mai 1978	Jan. 1979	Aug. 1979	
Limousine	38.600,–	38.950,–	39.950,–	40.700,–	37.700,–	DM
Lim. m. Autom.	40.180,–	40.550,–	41.600,–	42.380,–	39.429,–	DM
	Apr. 1980	Jan. 1981	Aug. 1981	Jan. 1982	Aug. 1982	
	39.300,–	39.950,–	40.800,–	41.900,–	44.150,–	DM
	41.090,–	41.740,–	42.650,–	43.750,–	46.400,–	DM

Produktionszahlen:
(bis 31.8.79) 733i 27.877 Stück
(bis 31.12.81) 732i 20.441 Stück

Bauzeit:
Ab 17. Mai 1977 bis 30. August 1982

Merkmale:
Wie 730, jedoch mit 3,2 Liter-Einspritzmotor. VR-Reifen, serienmäßig mit Bronze-farbenem Wärmeschutzdämm-Glas, bessere Innenausstattung, Verbandskasten in der Mittelarmlehne, stärkere Lichtmaschine und Batterie; äußerlich nur durch Typenbezeichnung zu unterscheiden.
Ab August 1979: Umbenennung in 732 i. Damit verbunden: Ausstattungsabmagerungen und Senkung des Preises. L-Jetronic mit neuartiger digitaler Motor-Elektronik.

BMW 735 i

Karosserie:
Limousine, 4 Türen, 5 Sitze

Motor:
Wassergekühlter Sechszylinder-Viertakt-Reihenmotor, um 30° nach rechts geneigt, Bohrung/Hub: 93,4/84 mm, 3453 ccm, Verdichtung 9,3 : 1, 218 DIN-PS bei 5200 U/min, maximales Drehmoment 31,6 mkp bei 4000 U/min, V-förmig hängende Ventile, obenliegende Nockenwelle durch Kette angetrieben, siebenfach gelagerte Kurbelwelle, Transistor-Spulenzündung, elektronische Benzineinspritzung Bosch L-Jetronic.
Batterie: 12 Volt/65 Ah, Drehstrom-Lichtmaschine 910 Watt.
Füllmengen: Tankinhalt 85 Liter (Tank vor der Hinterachse), Motoröl 5,75 Liter, Kühlsystem 12 Liter, Getriebe 2,0 Liter.

Kraftübertragung:
a) Sperrsynchronisiertes Fünfgang-Getriebe, Einscheiben-Trockenkupplung, Mittelschaltung.
b) Gegen Aufpreis: automatisches ZF-Getriebe (hydraulischer Wandler mit Dreigang-Planetengetriebe), Wählhebel in der Mitte.
Frontmotor, geteilte Kardanwelle, Hinterachsantrieb.

Übersetzungen:

	a)	b)
1. Gang	3,822 : 1	2,478 : 1
2. Gang	2,202 : 1	1,478 : 1
3. Gang	1,398 : 1	1,000 : 1
4. Gang	1,000 : 1	–
5. Gang	0,813 : 1	–
R-Gang	3,705 : 1	2,090 : 1
Achsübersetzung	3,250 : 1	

Fahrwerk:
Selbsttragende Stahlblechkarosserie mit integriertem Überrollbügel und Knautschzonen vorn und hinten, vorn Doppelgelenk-Federbeine (mit kleinem positivem Lenkrollradius und Nachlaufversatz), Brems- und Stabilisator-Nickausgleich, hinten schrägstehende Längslenker, Federbeine und Bremsnickausgleich, vorn und hinten Schraubenfedern, Teleskopstoßdämpfer und Gummi-Zusatzfedern.

Bremsen: Zweikreis-Bremssystem mit Servo und Druckspeicher, vorn und hinten Scheibenbremsen (vorn belüftete Bremsscheiben), gemeinsame Hydraulikpumpe für Bremse und Lenkung, Bremskraftregler.
Lenkung: Kugelmutterlenkung mit Motordrehzahl-abhängiger Verstärkung (Hydrolenkung), längsverstellbare Sicherheitslenksäule, Übersetzung 15,2 : 1.
Reifen: 205/70 VR 14 – Felgen: $6^{1}/_{2}$ J × 14 H 2-B.

Maße, Gewichte:
Länge 4860 mm, Breite 1800 mm, Höhe 1430 mm, Radstand 2795 mm, Spurweite vorn 1502 mm, hinten 1516 mm, Wendekreisdurchmesser 11,4 m.
Leergewicht 1520 kg, zulässiges Gesamtgewicht 1900 (ab Juli 1980: 2000) kg.

Verbrauch:
90 km/h = 8,6/120 km/h = 11,0/Stadt = 20,0 (ab Juli 1980: 18,3) l/100 km.

Fahrleistungen:
Höchstgeschwindigkeit 212 km/h, Beschleunigung 0–100 km/h in 8,0 sek.

Preise:

	Aug. 1979	April 1980	Jan. 1981	Aug. 1981	Jan. 1982	Aug. 1982	
735 i	43.750,–	45.600,–	46.350,–	46.350,–	48.500,–	50.250,–	DM
735 i m. Autom.	44.600,–	48.285,–	48.140,–	48.200,–	50.350,–	52.850,–	DM

Produktionszahlen: (bis 31.12.1981)   16.457 Stück

Bauzeit:
Ab August 1979 bis 30. August 1982

Merkmale:
Neue Kombination der 7er-Limousine mit dem 3,5 Liter-Motor aus dem 635 CSi. Ausstattungsmerkmale entsprechen denen der früheren 733 i-Limousine.

BMW 745 i

Karosserie:
Limousine, 4 Türen, 5 Sitze.

Motor:
Wassergekühlter Sechszylinder-Viertakt-Reihenmotor, um 30° nach rechts geneigt, Bohrung/Hub: 89/86 mm, 3210 ccm, Verdichtung 7,0 : 1, 252 DIN-PS (185 kW) bei 5500 U/min, maximales Drehmoment 360 Nm (37,0 kp) bei 4300 U/min, V-förmig hängende Ventile, obenliegende Nockenwelle durch Kette angetrieben, siebenfach gelagerte Kurbelwelle, Transistor-Spulenzündung, elektronische Benzineinspritzung Bosch L-Jetronic mit Luftmengenmesser und Abgas-Turbolader.
Batterie: 12 Volt/66 Ah, Drehstrom-Lichtmaschine 910 Watt.
Füllmengen: Tankinhalt 85 Liter (Tank vor der Hinterachse), Motoröl 5,75 Liter, Kühlsystem 12 Liter, Getriebe 2,0 Liter.

Kraftübertragung:
a) Vollsynchronisiertes Fünfgang-Getriebe, Zweischeiben-Tellerfederkupplung mit gezogener Betätigung, Mittelschaltung.
b) Wahlweise (ab Serienbeginn ausschließlich) automatisches ZF-Getriebe (hydraulischer Wandler, Dreigang-Planetengetriebe) – gegenüber 735 i verstärkt –/Wählhebel in der Mitte.
Frontmotor, geteilte Kardanwelle, Hinterachsantrieb.

Übersetzungen:

	a)	b)
1. Gang	3,799 : 1	2,478 : 1
2. Gang	2,275 : 1	1,478 : 1
3. Gang	1,439 : 1	1,000 : 1
4. Gang	1,000 : 1	–
5. Gang	0,842 : 1	–
R-Gang	3,527 : 1	2,090 : 1
Achsübersetzung:	3,380 : 1	3,250 : 1

Fahrwerk:
Selbsttragende Stahlblechkarosserie mit integriertem Überrollbügel und Knautschzonen vorn und hinten, vorn Doppelgelenk-Federbeine (mit kleinem positiven Lenkrollradius und Nachlaufversatz), Brems- und Nickausgleich, Stabilisator, hinten schrägstehende Längslenker, Federbeine und Bremsnickausgleich, hydropneumatische Niveauregulierung, vorn und hinten Schraubenfedern, Teleskopstoßdämpfer und Gummi-Zusatzfedern.
Bremsen: Zweikreis-Bremssystem mit Servo und Druckspeicher, vorn und hinten Scheibenbremsen (25 mm dick), (vorn belüftete Bremsscheiben), gemeinsame Hydraulikpumpe für Bremse und Lenkung, Bremskraftregler, Antiblockier-System (ABS).
Lenkung: Kugelmutterlenkung mit Motordrehzahl-abhängiger Verstärkung (Hydrolenkung), längsverstellbare Sicherheitslenksäule, Übersetzung: 15,2 : 1.
Reifen: 205/70 VR 14 – Felgen: 6½ J × 14 H 2-B Leichtmetall.

Maße, Gewichte:
Länge 4860 mm, Breite 1800 mm, Höhe 1430 mm, Radstand 2795 mm, Spurweite vorn 1502 mm, hinten 1516 mm, Wendekreisdurchmesser 11,4 m.
Leergewicht 1590 kg, zulässiges Gesamtgewicht 2070 kg.

Verbrauch:
bei 90 km/h = 8,9 l – bei 120 km/h = 11,5 l/100 km – Stadtverkehr = 21,5 l (ab Juli 1980: 17,1) l/100 km (Superbenzin).

Fahrleistungen:
Höchstgeschwindigkeit 220 km/h, Beschleunigung 0–100 km/h in 7,5 sek.

Preis:

	Juni 1980	Sept. 1980	Jan. 1981	Aug. 1981	Jan. 1982	Aug. 1982	
Limousine	52.000,–	54.200,–	55.100,–	56.150,–	57.650,–	61.250,–	DM

Produktionszahlen:
(bis 31.12.81)   4.656 Stück

Bauzeit:
(Debüt Juli 1979) ab Juni 1980 bis 30. August 1982

Merkmale:
Erstes Serienfahrzeug der Welt, das ohne Aufpreis mit Antiblockiersystem und Bordcomputer ausgestattet ist. Gegenüber dem 735 i äußerlich nur durch Typenbezeichnung zu unterscheiden. Umfangreiche Serienausstattung wie Türschloßenteisung, heizbarer Außenspiegel, Innenleuchte mit 12 sek. Verzögerung.

BMW 630 CS

Karosserie:
Coupé, 2 Türen, 4 Sitze (Karosserie: Wilhelm Karmann, Osnabrück).

Motor:
Wassergekühlter Sechszylinder-Viertakt-Reihenmotor, um 30° nach rechts geneigt, Bohrung/Hub: 89/80 mm, 2985 ccm, Verdichtung 9,0 : 1, 185 DIN-PS bei 5800 U/min, maximales Drehmoment 26,0 mkp bei 3500 U/min, V-förmig hängende Ventile, obenliegende Nockenwelle durch Kette angetrieben, siebenfach gelagerte Kurbelwelle, ein Fallstrom-Registervergaser Solex 4 A 1 mit Startautomatik.
Batterie: 12 Volt/66 Ah, Drehstrom-Lichtmaschine 770 Watt.
Füllmengen: Tankinhalt 70 Liter, Motoröl 6 Liter, Kühlsystem 12 Liter. Hinterachse 1,5 Liter, Getriebe 2,0 Liter.

Kraftübertragung:
a) Sperrsynchronisiertes Viergang-Getriebe, Einscheibentrockenkupplung, Mittelschaltung,
b) Gegen Aufpreis: automatisches ZF-Getriebe (hydraulischer Wandler mit Dreigang-Planetengetriebe), Wählhebel in der Mitte.
Frontmotor, geteilte Kardanwelle, Hinterachsantrieb.

Übersetzungen:

	a)	b)
1. Gang	3,855 : 1	2,478 : 1
2. Gang	2,203 : 1	1,478 : 1
3. Gang	1,402 : 1	1,000 : 1
4. Gang	1,000 : 1	–
R-Gang	4,300 : 1	2,090 : 1
Achsübersetzung	3,64 : 1	

Fahrwerk:
Selbsttragende Stahlblechkarosserie mit integriertem Überollbügel und Knautschzonen vorn und hinten, vorn Federbeine und Dreiecksquerlenker, Stabilisator, hinten schrägstehende Längslenker, Federbeine, Stabilisator, vorn und hinten Schraubenfedern, Teleskopstoßdämpfer und Gummi-Zusatzfedern.
Bremsen: Doppel-Zweikreis-Bremssystem mit Servo, vorn und hinten Scheibenbremsen (vorn innenbelüftet).
Lenkung: Schneckenrollenlenkung mit verstellbarer Sicherheitslenksäule, Servolenkung mit Motordrehzahl-abhängiger Verstärkung (Hydro-Servo).
Reifen: 195/70 VR 14 – Felgen: 6 J × 14 Leichtmetall

Maße, Gewichte:
Länge 4755 mm, Breite 1725 mm, Höhe 1365 mm, Radstand 2626 mm, Spurweite vorn 1422 mm, hinten 1487 mm, Wendekreisdurchmesser 11,2 m.
Leergewicht 1475 kg, zulässiges Gesamtgewicht 1830 kg.

Verbrauch:
11,9 Liter auf 100 km (Superbenzin).

Fahrleistungen:
Höchstgeschwindigkeit 211 km/h, Beschleunigung 0–100 km/h in 9,0 sek.

Preis:

	März 1976	März 1977	Jan. 1978	Mai 1978	Jan. 1979	
Coupé	40.600,–	42.300,–	42.685,–	43.900,–	44.700,–	DM
C. m. Autom.	42.180,–	43.880,–	44.285,–	45.550,–	46.380,–	DM

Produktionszahlen: 5.770 Stück

Bauzeit:
Von März 1976 bis Juni 1979.

Merkmale:
Von Grund auf neues Coupé auf der Basis der 5er-Reihe, jedoch mit Dreiliter-Motor. Erstmalige Serieneinführung der Hydrolenkung und des Check-Control-Boards.

BMW 628 CSI

Karosserie:
Coupé, 2 Türen, 4 Sitze (Karosserie: Wilhelm Karmann, Osnabrück).

Motor:
Wassergekühlter Sechszylinder-Viertakt-Reihenmotor, um 30° nach rechts geneigt, Bohrung/Hub: 86/80 mm, 2788 ccm, Verdichtung 9,3 : 1, 184 DIN-PS bei 5800 U/min, maximales Drehmoment 24,5 mkp bei 4200 U/min, V-förmig hängende Ventile, obenliegende Nockenwelle durch Kette angetrieben, siebenfach gelagerte Kurbelwelle, elektronische Benzineinspritzung Bosch-Jetronic.
Batterie: 12 Volt/55 Ah, Drehstrom-Lichtmaschine 770 Watt.
Füllmengen: Tankinhalt 70 Liter, Motoröl 6 Liter, Kühlsystem 12 Liter, Hinterachse 1,5 Liter, Getriebe 2,0 Liter.

Kraftübertragung:
a) Sperrsynchronisiertes Viergang-Getriebe, Einscheibentrockenkupplung, Mittelschaltung,
b) Gegen Aufpreis: automatisches ZF-Getriebe (hydraulischer Wandler mit Dreigang-Planetengetriebe), Wählhebel in der Mitte.
Frontmotor, geteilte Kardanwelle, Hinterachsantrieb.

Übersetzungen:

	a)	b)
1. Gang	3,855 : 1	2,478 : 1
2. Gang	2,203 : 1	1,478 : 1
3. Gang	1,402 : 1	1,000 : 1
4. Gang	1,000 : 1	–
R-Gang	4,300 : 1	2,090 : 1
Achsübersetzung	3,640 : 1	

Fahrwerk:
Selbsttragende Stahlblechkarosserie mit integriertem Überrollbügel und Knautschzonen; vorn und hinten, vorn Federbeine und Dreiecksquerlenker, Stabilisator; hinten schrägstehende Längslenker, Federbeine, Stabilisator, vorn und hinten Schraubenfedern und Teleskopstoßdämpfer und Gummi-Zusatzfedern.

Bremsen: Doppel-Zweikreis-Bremssystem mit Servo, vorn und hinten Scheibenbremsen (vorn innenbelüftet).
Lenkung: Schneckenrollenlenkung mit verstellbarer Sicherheitslenksäule, Servolenkung mit Motordrehzahl-abhängiger Verstärkung (Hydro-Lenkung), Übersetzung 15,7 : 1.
Reifen: 195/70 HR 14 – Felgen: 6 J × H 2 14 B Leichtmetall

Maße, Gewichte:
Länge 4755 mm, Breite 1725 mm, Höhe 1365 mm, Radstand 2626 mm, Spurweite vorn 1422 mm, hinten 1487 mm, Wendekreisdurchmesser 11,2 m.
Leergewicht 1460 kg, zulässiges Gesamtgewicht 1850 kg.

Verbrauch (ECE):
Liter auf 100 km (Superbenzin): 90 km/h = 8,1 l; 120 km/h 10,1 l; Stadt 14,9 l

Fahrleistungen:
Höchstgeschwindigkeit 208 km/h, Beschleunigung 0–100 km/h in 9,3 sek.

Preis:

	Juli 1979	April 1980	Jan. 1981	Aug. 1981	Jan. 1982	
628 CSI	46.000,–	47.800,–	48.600,–	49.350,–	50.650,–	DM
628 CSI m. Autom.	47.720,–	49.590,–	50.390,–	51.200,–	52.500,–	DM

Produktionszahlen: 2.089 Stück (bis 31.12.81)

Bauzeit:
Von Juli 1979 bis März 1982

Merkmale:
Nachfolge-Modell des 630 CS mit 2,8 Liter-Einspritzmotor.

BMW 633 CSI (ab Sept. 1980: 632 CSI)

Karosserie:
Coupé, 2 Türen, 4 Sitze (Karosserie: Wilhelm Karmann, Osnabrück).

Motor:
Wassergekühlter Sechszylinder-Viertakt-Reihenmotor, um 30° nach rechts geneigt, Bohrung/Hub: 89/86 mm, 3205 ccm, Verdichtung 9,0 : 1, 200 DIN-PS (ab August 1979, 197 DIN-PS), bei 5500 U/min, maximales Drehmoment 28,5 mkp (ab August, 29,0 mkp) bei 4300 U/min, V-förmig hängende Ventile, obenliegende Nockenwelle durch Kette angetrieben, siebenfach gelagerte Kurbelwelle, elektronisch gesteuerte Benzineinspritzung Bosch L-Jetronic, Transistorzündung (ab August 1979: Digitale Motor-Elektronik).
Batterie: 12 Volt/66 Ah, Drehstrom-Lichtmaschine 910 Watt.
Füllmengen: Tankinhalt 70 Liter, Motoröl 6 Liter, Kühlsystem 12 Liter, Hinterachse 1,5 Liter, Getriebe 2,0 Liter.

Kraftübertragung:
a) Sperrsynchronisiertes Viergang-Getriebe, Einscheibentrockenkupplung, Mittelschaltung,
b) Gegen Aufpreis: automatisches ZF-Getriebe (hydraulischer Wandler mit Dreigang-Planetengetriebe), Wählhebel in der Mitte.
Frontmotor, geteilte Kardanwelle, Hinterachsantrieb.

Übersetzungen:

	a)	b)
1. Gang	3,855 : 1	2,478 : 1
2. Gang	2,203 : 1	1,478 : 1
3. Gang	1,402 : 1	1,000 : 1
4. Gang	1,000 : 1	–
R-Gang	4,300 : 1	2,090 : 1
Achsübersetzung	3,250 : 1	

Fahrwerk:
Selbsttragende Stahlblechkarosserie mit integriertem Überrollbügel und Knautschzonen vorn und hinten, vorn Federbeine und Dreiecksquerlenker, Stabilisator, hinten schrägstehende Längslenker, Federbeine, Stabilisator, vorn und hinten Schraubenfedern und Teleskopstoßdämpfer und Gummi-Zusatzfedern.
Bremsen: Doppel-Zweikreis-Bremssystem mit Servo, vorn und hinten Scheibenbremsen (vorn innenbelüftet).
Lenkung: Schneckenrollenlenkung mit verstellbarer Lenksäule, Sicherheitslenksäule, Servolenkung mit Motordrehzahl-abhängiger Verstärkung (Hydro-Servo).
Reifen: 195/70 VR 14 – Felgen: 6 J × 14 Leichtmetall

Maße, Gewichte:
Länge 4755 mm, Breite 1725 mm, Höhe 1365 mm, Radstand 2626 mm, Spurweite vorn 1422 mm, hinten 1487 mm, Wendekreisdurchmesser 11,2 m.
Leergewicht 1460 kg, zulässiges Gesamtgewicht 1850 (1830) kg.

Verbrauch:
Liter auf 100 km (Superbenzin): 90 km/h 8,6 l; 120 km/h = 10,3 l; Stadt = 16,9 l

Fahrleistungen:
Höchstgeschwindigkeit 216 km/h, Beschleunigung 0–100 km/h in 8,5 (ab Aug. 1979: 7,9) sek.

Preis:

	März 1976	März 1977	Jan. 1978	Mai 1978	Jan. 1979	Aug. 1979	
Coupé	43.100,–	44.900,–	45.305,–	46.500,–	47.300,–	48.700,–	DM
C. m. A.	44.680,–	46.480,–	46.905,–	48.150,–	48.950,–	50.420,–	DM

	April 1980	Jan. 1981	Aug. 1981	Jan. 1982	
Coupé	50.600,–	51.450,–	52.250,–	53.600,–	DM
C. m. Automatik	52.390,–	53.240,–	54.100,–	55.450,–	DM

Produktionszahlen: 15.785 Stück (bis 31.12.81)

Bauzeit:
Von März 1976 bis März 1982

Merkmale:
Wie 630 CS, jedoch mit 200 PS-Einspritzmotor, stärkerer Lichtmaschine, und luxuriösere Innenausstattung.

BMW 635 CSI

Karosserie:
Coupé, 2 Türen, 4 Sitze.

Motor:
Wassergekühlter Sechszylinder-Viertakt-Reihenmotor, um 30° nach rechts geneigt, Bohrung/Hub: 93,4/84 mm, 3453 ccm, Verdichtung 9,3 : 1 (ab 1982: 10 : 1), 218 DIN-PS bei 5200 U/min, maximales Drehmoment 31,0 (ab August 1979: 31,6) mkp bei 4000 U/min, V-förmig hängende Ventile, obenliegende Nockenwelle durch Kette angetrieben, siebenfach gelagerte Kurbelwelle, Transistor-Spulenzündung, elektronische Benzineinspritzung Bosch L-Jetronic (ab August 1980: Digitale Motoren-Elektronik).
Batterie: 14 Volt/66 Ah, Drehstrom-Lichtmaschine 910 Watt.
Füllmengen: Tankinhalt 70 Liter, Motoröl 5,75 Liter, Kühlsystem 12 Liter, Hinterachse 1,5 Liter, Getriebe 2 Liter.

Kraftübertragung:
a) Sperrsynchronisiertes Fünfgang-Getriebe, Einscheiben-Trockenkupplung, Mittelschaltung.
b) Gegen Aufpreis ab August 1979: autom. ZF-Getriebe, Wählhebel in der Mitte.
Frontmotor, geteilte Kardanwelle, Hinterachsantrieb.

Übersetzungen:

	a)	b)
1. Gang	3,717 : 1	2,478 : 1
2. Gang	2,403 : 1	1,478 : 1

3. Gang	1,766 : 1	1,000 : 1
4. Gang	1,263 : 1	–
5. Gang	1,000 : 1	–
R-Gang	4,234 : 1	2,090 : 1
Achsübersetzung	3,07 : 1	

Fahrwerk:
Selbsttragende Stahlblechkarosserie mit integriertem Überollbügel und vorderen und hinteren Knautschzonen, vorn Federbeine mit Dreieckquerlenker, Stabilisator, hinten schrägstehende Längslenker, Federbeine, Stabilisator, vorn und hinten Schraubenfedern, Teleskopstoßdämpfer und Gummizusatzfedern
Bremsen: Doppel-Zweikreis-Bremssystem mit Servo, vorn Scheibenbremsen mit innenbelüfteten Bremsscheiben, hinten Scheibenbremsen
Lenkung: Kugelmutterlenkung mit verstellbarer Sicherheitslenksäule, Servolenkung mit Motordrehzahl-abhängiger Verstärkung (Hydro-Lenkung), Übersetzung 16,9 : 1.
Reifen: 195/70 VR 14 – Felgen: 6 ½ J × 14 (Leichtmetall)

Maße, Gewichte:
Länge 4755 mm, Breite 1725 mm, Höhe 1365 mm, Radstand 2626 mm, Spurweite vorn 1422 mm, hinten 1487 mm, Wendekreisdurchmesser 11,2 m.
Leergewicht 1520 kg (ab 1980: 1480 kg), zulässiges Gesamtgewicht 1860 kg.

Verbrauch:
Liter auf 100 km (Superbenzin): 90 km/h = 7,5 l; 120 km/h = 9,5 l; Stadt = 18,0 l

Fahrleistungen:
Höchstgeschwindigkeit 222 km/h, Beschleunigung 0–100 km/h in 7,6 sek.

Preis:

	Juli 1978	Jan. 1979	Aug. 1979	April 1980	Jan. 1981	Aug. 1981	Jan. 1982
635 CSI	49.400,–	50.400,–	51.900,–	54.000,–	54.900,–	55.750,–	57.200,– DM
635 CSI m. Autom.	–	–	52.170,–	54.280,–	55.280,–	57.600,–	59.050,– DM

Produktionszahlen: 11.694 Stück (bis 31.12.81)

Bauzeit:
Von 10. Juli 1978 bis März 1982

Merkmale:
Coupé mit 3,5 Liter-Motor, breiteren Felgen, Recaro-Sitzen und Fünfgang-Getriebe. Äußerlich an Frontspoiler unter der vorderen Stoßstange und Gummi-Spoiler auf der Kofferraumhaube, sowie seitlichen Zierstreifen zu erkennen.

BMW 628 CSI

Karosserie:
Coupé, 2 Türen, 4 Sitze (Roh-Karosserie: Wilhelm Karmann, Osnabrück).

Motor:
Wassergekühlter Sechszylinder-Viertakt-Reihenmotor, um 30° nach rechts geneigt, Bohrung/Hub: 86/80 mm, 2788 ccm, Verdichtung 9,3 : 1, 184 DIN-PS bei 5800 U/min, maximales Drehmoment 24,5 mkp bei 4200 U/min, V-förmig hängende Ventile, obenliegende Nockenwelle durch Kette angetrieben, siebenfach gelagerte Kurbelwelle, elektronische Benzineinspritzung Bosch-Jetronic mit Schubabschaltung, Transistorzündung
Batterie: 12 Volt/55 Ah, Drehstrom-Lichtmaschine 770 Watt.
Füllmengen: Tankinhalt 70 Liter, Motoröl 6 Liter, Kühlsystem 12 Liter, Hinterachse 1,5 Liter, Getriebe 2,0 Liter.

Kraftübertragung:
a) Sperrsynchronisiertes Fünfganggetriebe, Einscheibentrockenkupplung, Mittelschaltung,
b) Gegen Aufpreis: automatisches ZF-Getriebe (hydraulischer Wandler mit Dreigang-Planetengetriebe), Wählhebel in der Mitte.
Frontmotor, geteilte Kardanwelle, Hinterachsantrieb.

Übersetzungen:

	a	b)
1. Gang	3,822 : 1	2,478 : 1
2. Gang	2,202 : 1	1,478 : 1
3. Gang	1,398 : 1	1,000 : 1
4. Gang	1,000 : 1	–
5. Gang	0,813 : 1	–
R-Gang	4,300 : 1	2,090 : 1
Achsübersetzung	3,460 : 1	

Fahrwerk:
Selbsttragende Stahlblechkarosserie mit integriertem Überrollbügel und Knautschzonen vorn und hinten, vorn Federbeine und Dreiecksquerlenker, Stabilisator, hinten schrägstehende Längslenker, Federbeine, Stabilisator (Doppelgelenk-Federbein-Achse); vorn und hinten Schraubenfedern und Teleskopstoßdämpfer und Gummi-Zusatzfedern.

Bremsen: Doppel-Zweikreis-Bremssystem mit Servo, vorn und hinten Scheibenbremsen (vorn innenbelüftet).
Lenkung: Schneckenrollenlenkung mit verstellbarer Sicherheitslenksäule, Servolenkung mit Motordrehzahl-abhängiger Verstärkung (Hydro-Servo), Übersetzung 15,7 : 1.
Reifen: 205/70 VR 14 – Felgen: 6½ J × 14 Leichtmetall

Fahrleistungen:
Höchstgeschwindigkeit 208 km/h, Beschleunigung 0–100 km/h in 9,3 sek.

Preis:

	Juni 1982	Aug. 1982	Februar 1983	
628 CSI	51.800,–	53.400,–	54.600,–	DM

Maße, Gewichte:
Länge 4755 mm, Breite 1725 mm, Höhe 1365 mm, Radstand 2630 mm, Spurweite vorn 1430 mm, hinten 1460 mm, Wendekreisdurchmesser 11,2 m.
Leergewicht 1430 kg, zulässiges Gesamtgewicht 1850 kg.

Verbrauch (ECE):
Liter auf 100 km (Superbenzin): 90 km/h = 6,8 l; 120 km/h 8,8 l; Stadt 14,3 l (5-Gang)

Bauzeit:
(Debüt: 2. März 1982) ab Juni 1982

Merkmale:
Im Fahrwerk auf der 1961 vorgestellten 5er-Reihe basierend. Äußerlich jetzt dem 635 CSI angeglichen, neuer Frontspoiler mit integrierten Nebelscheinwerfern, bis zum Radausschnitt herumgezogene Hechstoßstange

BMW 635 CSI

Karosserie:
Coupé, 2 Türen, 4 Sitze (Rohkarrosserie: Wilhelm Karmann, Osnabrück)

Motor:
Wassergekühlter Sechszylinder-Viertakt-Reihenmotor, um 30° nach rechts geneigt, Bohrung/Hub: 92/86 mm, 3430 ccm, Verdichtung 10 : 1, 218 DIN-PS bei 5200 U/min, maximales Drehmoment 310 Nm bei 4000 U/min, V-förmig hängende Ventile, obenliegende Nockenwelle durch Kette angetrieben, siebenfach gelagerte Kurbelwelle, Transistor-Spulenzündung, Digitale Motoren-Elektronik mit Schubabschaltung und Leerlauf-Drehzahl-Absenkung
Batterie: 14 Volt/66 Ah, Drehstrom-Lichtmaschine 910 Watt.
Füllmengen: Tankinhalt 70 Liter, Motoröl 5,75 Liter, Kühlsystem 12 Liter, Hinterachse 1,5 Liter, Getriebe 2 Liter.

Kraftübertragung:
a) Sperrsynchronisiertes Fünfgang-Getriebe, binscheiben-Trockenkupplung, Mittelschaltung.
b) wahlweise: Sperrsynchronisiertes Sport-Fünfgang-Getriebe, Einscheiben-Trockenkupplung, Mittelschaltung.
c) Gegen Aufpreis: automatisches ZF-Getriebe, Wählhebel in der Mitte.
Frontmotor, geteilte Kardanwelle, Hinterachsantrieb.

Übersetzungen:

	a)	b)	c)
1. Gang	3,822 : 1	3,717 : 1	2,478 : 1
2. Gang	2,202 : 1	2,403 : 1	1,478 : 1
3. Gang	1,398 : 1	1,766 : 1	1,000 : 1
4. Gang	1,000 : 1	1,263 : 1	–
5. Gang	0,813 : 1	1,000 : 1	–
R-Gang	3,705 : 1	4,234 : 1	2,090 : 1
Achsübersetzung	3,07 : 1		

Fahrwerk:
Selbsttragende Stahlblechkarosserie mit eingebautem Überollbügel und Knautschzonen vorn und hinten; vorn Federbeine mit Dreieckquerlenkern, Stabilisator; hinten schrägstehende Längslenker, Federbeine, Stabilisator, (Doppelgelenk-Federbein-Achse), vorn und hinten Schraubenfedern, Teleskopstoßdämpfer und Gummizusatzfedern.
Bremsen: Doppel-Zweikreis-Bremssystem mit Servo, vorn und hinten Scheibenbremsen (vorn innenbelüftet), Anti-Blockier-System.
Lenkung: Kugelmutterlenkung mit verstellbarer Sicherheitslenksäule, Servo mit Motordrehzahl-abhängiger Verstärkung (Hydro-Lenkung), Übersetzung 16,9 : 1.
Reifen: 195/70 VR 14 – Felgen: 6 ½ J × 14 (Leichtmetall)

Maße, Gewichte:
Länge 4755 mm, Breite 1725 mm, Höhe 1365 mm, Radstand 2630 mm, Spurweite vorn 1430 mm, hinten 1460 mm, Wendekreisdurchmesser 11,20 Meter
Leergewicht 1430 kg, zulässiges Gesamtgewicht 1860 kg.

Verbrauch:
Liter auf 100 km (Superbenzin): 90 km/h = 7,2 l; 120 km/h = 8,8 l; Stadt = 15,7 l (5-Gang)

Fahrleistungen:
Höchstgeschwindigkeit 225 km/h, Beschleunigung 0 auf 100 km/h in 7,2 sek.

Preis:

	Juni 1982	Aug. 1982	Februar 1983	
635 CSI	61.300,–	63.200,–	64.600,–	DM

Bauzeit:
(Debüt 2. März 1982) Ab Juni 1982

Merkmale:
Im Fahrwerk aud der 1981 vorgestellten neuen 5er-Reihe basierend. Ausgerüstet mit verbessertem Bord-Computer, Service-Intervall-Anzeiger und Check-Control-Board; Digitale Motor-Elektronik mit Schubabschaltung, Leerlauf-Drehzahl-Absenkung, höherer Verdichtung, mehr Drehmoment. Äußerlich zu erkennen: Neuer Frontspoiler mit integrierten Nebelscheinwerfern. Bis zu den Radausschnitten herumgezogene Heckstoßstange.

BMW M-1

Karosserie:
Coupé, 2 Türen, 2 Sitze (Entwurf: Ital-Design, Giorgetto Giugiaro/Bau: Baur, Stuttgart).

Motor:
Wassergekühlter Sechszylinder-Viertakt-Reihenmotor, Bohrung/Hub: 84/93,4 mm, 3453 ccm, Verdichtung 9,0 : 1, 277 DIN-PS bei 6500 U/min, maximales Drehmoment 33,0 mkp bei 5000 U/min, V-förmig hängende Ventile, 4 Ventile pro Zylinder, zwei obenliegende Nockenwellen durch Rollenketten angetrieben, siebenfach gelagerte Kurbelwelle, mechanische Kugelfischer-Benzineinspritzung, elektronische Digital-Zündung.
Füllmengen: Tankinhalt 116 Liter (2 Tanks á 58 Liter, vor der Hinterachse), Motoröl 5,75 Liter, Kühlsystem 12 Liter.
Batterie: 12 Volt/55 Ah, Drehstrom-Lichtmaschine 770 Watt.

Kraftübertragung:
Sperrsynchronisiertes Fünfgang-Getriebe, Zweischeiben-Trockenkupplung, Mittelschaltung. Mittelmotor (vor der Hinterachse), Sperrdifferential, geteilte Kardanwelle, Hinterachsantrieb.

Übersetzungen:
1. Gang	2,420 : 1
2. Gang	1,610 : 1
3. Gang	1,140 : 1
4. Gang	0,846 : 1
5. Gang	0,704 : 1
R-Gang	2,860 : 1
Achsübersetzung	4,220 : 1

Fahrwerk:
Kunststoffkarosserie mit Gitterrohrrahmen, vorn doppelte Dreiecks-Querlenker, hinten doppelte Querlenker, vorn und hinten Leichtmetall-Radträger, Bilstein-Gasdruckstoßdämpfer und Stabilisatoren, Schraubenfedern.
Bremsen: Zweikreis-Bremssystem mit Servo, vorn und hinten Scheibenbremsen mit innenbelüfteten Bremsscheiben.
Lenkung: Zahnstangenlenkung mit längsverstellbarer Sicherheitslenksäule.
Reifen: vorn 205/55 VR 16, hinten 225/50 VR 16 – Felgen: vorn 7 J × 16 J, hinten 8 J × 16 J (Leichtmetall).

Maße, Gewichte:
Länge 4360 mm, Breite 1824 mm, Höhe 1135 mm, Radstand 2560 mm, Spurweite vorn 1550 mm, hinten 1576 mm, Wendekreisdurchmesser 13 m.
Leergewicht 1290 kg, zulässiges Gesamtgewicht 1600 kg.

Verbrauch:
Liter auf 100 km (Superbenzin): 90 km/h = 8,9 l; 120 km/h = 10,1 l; Stadt = 19,6 l

Fahrleistungen:
Höchstgeschwindigkeit 262 km/h, Beschleunigung 0–100 km/h in 5,6 sek.

Preis:

	Nov. 1978	Juli 1979	
Coupé	100.000,–	113.000,–	DM

Produkitonszahlen: 307 Stück

Bauzeit:
(Debüt 5. Oktober 1978) Von November 1978 bis April 1981.

Merkmale:
Von Grund auf neues Hochleistungs-Coupé, abgeleitet von M-1 Rennsport-Coupé.

BMW 316

Karosserie:
Limousine, 2 Türen, 4 Sitze
Limousine, 4 Türen, 4 Sitze (ab Herbst 1983)
Cabriolet, 2 Türen, 2+2 Sitze (Karosserie Baur, Stuttgart)

Motor:
Wassergekühlter Vierzylinder-Viertakt-Reihenmotor, um 30° nach rechts geneigt, Bohrung/Hub: 89/71 mm, 1766 ccm, Verdichtung 9,5 : 1, 90 DIN-PS (66 kW) bei 5500 U/min, maximales Drehmoment 140 Nm bei 4000 U/min, schräghängende Ventile, obenliegende Nockenwelle durch Rollenkette angetrieben, fünffach gelagerte Kurbelwelle, Leichtmetall-Zylinderkopf, drehzahlabhängiger Viskoselüfter, Transistor-Zündung in Hybrid-Technik, Warm- und Kaltlauf-Startautomatik, ein 2B4-Register-Vergaser
Batterie: 12 Volt/44 Ah, Drehstrom-Lichtmaschine 910 Watt
Füllmengen: Tankinhalt 55 Liter, Motoröl 4,0 Liter, Kühlsystem 7 Liter, Getriebe 2,0 Liter, Hinterachse 1,5 Liter

Kraftübertragung:
a) Viergang-Getriebe mit Kurzwegsynchronisierung, Membran-Federkupplung, Mittelschaltung
b) gegen Aufpreis: Fünfgang-Getriebe (5. Gang als Spargang) mit Kurzwegsynchronisierung, Einscheiben-Trockenkupplung, Mittelschaltung
c) gegen Aufpreis: automatisches ZF-Getriebe (hydraulischer Wandler mit Dreigang-Planetengetriebe), Wählhebel in der Mitte, Frontmotor, geteilte Kardanwelle, Hinterachsantrieb

Übersetzungen:

	a)	b)	c)
1. Gang	3,76 : 1	3,72 : 1	2,478 : 1
2. Gang	2,04 : 1	2,02 : 1	1,478 : 1
3. Gang	1,32 : 1	1,32 : 1	1,000 : 1
4. Gang	1,00 : 1	1,00 : 1	–
5. Gang	–	0,81 : 1	–
R-Gang	4,10 : 1	3,45 : 1	2,090 : 1
Achsübersetzung:	3,64 : 1		

Fahrwerk:
Selbsttragende Stahlblechkarosserie, vorn Eingelenk-Federbeinachse mit getrennt angelenktem hintenliegenden Stabilisator, sichelförmige Querlenker, Querkraft- und Bremsnickausgleich; hinten Schräglenker mit Pfeilungswinkel 15°, Stoßdämpfer und Tonnenfeder getrennt angeordnet, Anfahr-Nickausgleich
Bremsen: Servo-Zweikreis-Bremssystem, vorn und hinten Scheibenbremsen
Lenkung: Zahnstangenlenkung, Sicherheitslenksäule, Lenkungsdämpfer, Übersetzung 21,4 : 1,4
Reifen: 175/70 HR 14 – Felgen: 5 J × 14 Stahl

Maße, Gewichte:
Länge 4325 mm, Breite 1645 mm, Höhe 1380 mm, Radstand 2570 mm, Spurweite vorn 1407, hinten 1415 mm, Wendekreisdurchmesser 10,5 m, Leergewicht 990 kg, zulässiges Gesamtgewicht 1450 kg

Verbrauch:
(Liter auf 100 km, Superbenzin)

	4-Gang	5-Gang	Automatik
Tempo 90	6,6	5,9	7,2
Tempo 120	8,7	7,9	9,6
Stadt	10,9	10,9	10,3

Fahrleistungen:
Höchstgeschwindigkeit 175 km/h, Beschleunigung 0–100 km/h in 12,4 sek.

Preis: Dezember 1982 Februar 1983
Limousine 2-türig 19.250,– 19.850,– DM

Bauzeit:
(Debüt: 15. November 1982)
2-tür. Limousine: ab Dezember 1982
4-türig. Limousine: ab Herbst 1983
Cabriolet: ab Januar 1983

Merkmale:
Neue Karosserie mit verbessertem cw-Wert (0,38 gegenüber Vormodell 0,45). Neues Fahrwerk, überarbeitete Motoren, neu konstruiertes leichteres Getriebe. Gegenüber Vormodell in der Länge kürzer (30 mm), etwas breiter (+ 35 mm), innen etwas größer.

BMW 318 i

Karosserie:
Limousine, 2 Türen, 4 Sitze
Limousine, 4 Türen, 4 Sitze (ab Herbst 1983)
Cabriolet, 2 Türen, 2+2 Sitze (Karosserie Baur, Stuttgart)

Motor:
Wassergekühlter Vierzylinder-Viertakt-Reihenmotor, um 30° nach rechts geneigt, Bohrung/Hub: 89/71 mm, 1766 ccm, Verdichtung 10,0 : 1, 105 DIN-PS (77 kW) bei 5800 U/min, maximales Drehmoment 145 Nm bei 4500 U/min, schräghängende Ventile, obenliegende Nockenwelle durch Rollenkette angetrieben, fünffach gelagerte Kurbelwelle, Leichtmetall-Zylinderkopf, drehzahlabhängiger Viskoselüfter, Transistor-Zündung in Hybrid-Technik, Warm- und Kaltlauf-Startautomatik, Bosch-K-Jetronic-Benzineinspritzung
Batterie: 12 Volt/44 Ah, Drehstrom-Lichtmaschine 910 Watt
Füllmengen: Tankinhalt 55 Liter, Motoröl 4,0 Liter, Kühlsystem 7 Liter, Getriebe 2,0 Liter, Hinterachse 1,5 Liter

Kraftübertragung:
a) Viergang-Getriebe mit Kurzwegsynchronisierung, Einscheiben-Trockenkupplung, Mittelschaltung
b) gegen Aufpreis: Fünfgang-Getriebe (5. Gang als Spargang) mit Kurzwegsynchronisierung, Einscheiben-Trockenkupplung, Mittelschaltung
c) gegen Aufpreis: automatisches ZF-Getriebe (hydraulischer Wandler mit Dreigang-Planetengetriebe), Wählhebel in der Mitte Frontmotor, geteilte Kardanwelle, Hinterachsantrieb

Übersetzungen:

	a)	b)	c)
1. Gang	3,76 : 1	3,72 : 1	2,478 : 1
2. Gang	2,04 : 1	2,04 : 1	1,478 : 1
3. Gang	1,32 : 1	1,34 : 1	1,000 : 1
4. Gang	1,00 : 1	1,00 : 1	–
5. Gang	–	0,82 : 1	–
R-Gang	4,10 : 1	3,54 : 1	2,090 : 1
Achsübersetzung:	364 : 1		

Fahrwerk:
Selbsttragende Stahlblechkarosserie, vorn Eingelenk-Federbeinachse mit getrennt angelenktem Stabilisator, sichelförmige Querlenker, Querkraft- und Bremsnickausgleich; hinten Schräglenker mit Pfeilungswinkel 15°, Stoßdämpfer und Tonnenfeder getrennt angeordnet, Anfahr-Nickausgleich
Bremsen: Servo-Zweikreis-Bremssystem, vorn und hinten Scheibenbremsen
Lenkung: Zahnstangenlenkung, Sicherheitslenksäule, Lenkungsdämpfer, Übersetzung 21,4 : 1
Reifen: 175/70 HR 14 – Felgen: 5 J × 14 Stahl

Maße, Gewichte:
Länge 4325 mm, Breite 1645 mm, Höhe 1380 mm, Radstand 2570 mm, Spurweite vorn 1407, hinten 1415 mm, Wendekreisdurchmesser 10,5 m, Leergewicht 1000 kg, zulässiges Gesamtgewicht 1460 kg

Verbrauch:
(Liter auf 100 km, Superbenzin)

	4-Gang	5-Gang	Automatik
Tempo 90	6,5	5,9	7,2
Tempo 120	8,5	7,7	9,4
Stadt	10,4	10,4	9,8

Fahrleistungen:
Höchstgeschwindigkeit 184 km/h, Beschleunigung 0–100 km/h in 11,2 sek.

Preis:

	Dezember 1982	Februar 1983	
Limousine 2-türig	21.550,–	22.200,–	DM

Bauzeit:
(Debüt: 15. November 1982)
2-tür. Limousine: ab Dezember 1982
4-türig. Limousine: ab Herbst 1983
Cabriolet: ab Januar 1983

Merkmale:
Äußerlich dem 316 gleich, jedoch andere Typenbezeichnung am Heck. Gleiche Ausstattung, jedoch mit Einspritzmotor und elektrischer Kraftstoffpumpe

BMW 320 i

Karosserie:
Limousine, 2 Türen, 4 Sitze
Limousine, 4 Türen, 4 Sitze (ab Herbst 1983)
Cabriolet, 2 Türen, 2+2 Sitze (Karosserie Baur, Stuttgart)

Motor:
Wassergekühlter Sechszylinder-Viertakt-Reihenmotor, um 30° nach rechts geneigt, Bohrung/ Hub: 80/66 mm, 1990 ccm, Verdichtung 9,8 : 1, 125 DIN-PS (92 kW) bei 5800 U/min,

maximales Drehmoment 170 Nm bei 4000 U/min, schräghängende Ventile, obenliegende Nockenwellen durch Kunststoff-Zahnriemen angetrieben, siebenfach gelagerte Kurbelwelle, Leichtmetall-Zylinderkopf, drehzahlabhängiger Viskoselüfter, Transistor-Zündung in Hybrid-Technik, Warm- und Kaltlauf-Startautomatik, elektronische Benzineinspritzung L-Jetronic mit Schubabschaltung
Batterie: 12 Volt/44 Ah, Drehstrom-Lichtmaschine 910 Watt
Füllmengen: Tankinhalt 55 Liter, Motoröl 4,3 Liter, Kühlsystem 10,5 Liter, Getriebe 2,0 Liter, Hinterachse 1,5 Liter

Kraftübertragung:
a) Fünfgang-Getriebe (5. Gang als Spargang) mit Kurzwegsynchronisierung (auch R-Gang), Einscheiben-Trockenkupplung, Mittelschaltung
b) gegen Aufpreis: automatisches ZF-Getriebe (hydraulischer Wandler mit Dreigang-Planetengetriebe), Wählhebel in der Mitte, Frontmotor, geteilte Kardanwelle, Hinterachsantrieb

Übersetzungen:

	a)	b)
1. Gang	3,83 : 1	2,478 : 1
2. Gang	2,19 : 1	1,478 : 1
3. Gang	1,40 : 1	1,000 : 1
4. Gang	1,00 : 1	–
5. Gang	0,81 : 1	–
R-Gang	3,45 : 1	2,090 : 1
Achsübersetzung:	3,45 : 1	

Fahrwerk:
Selbsttragende Stahlblechkarosserie, vorn Eingelenk-Federbeinachse mit getrennt angelenktem hintenliegenden Stabilisator, sichelförmige Querlenker, Querkraft- und Bremsnickausgleich; hinten Schräglenker mit Pfeilungswinkel 15°, Stoßdämpfer und Tonnenfeder getrennt angeordnet, Anfahr-Nickausgleich
Bremsen: Servo-Zweikreis-Bremssystem, vorn und hinten Scheibenbremsen (Bremsscheiben vorn: innenbelüftet)
Lenkung: Zahnstangenlenkung, Sicherheitslenksäule, Lenkungsdämpfer, Übersetzung 21,4 : 1
Reifen: 195/60 HR 14 – Felgen: 5 1/2 J × 14 Stahl

Maße, Gewichte:
Länge 4325 mm, Breite 1645 mm, Höhe 1380 mm, Radstand 2570 mm, Spurweite vorn 1407, hinten 1415 mm, Wendekreisdurchmesser 10,5 m, Leergewicht 1050 kg, zulässiges Gesamtgewicht 1510 kg

Verbrauch:

(Liter auf 100 km, Superbenzin)	5-Gang(Spar)	Automatik
Tempo 90	6,2	7,5
Tempo 120	8,1	9,7
Stadt	11,9	11,6

Fahrleistungen:
Höchstgeschwindigkeit 196 km/h, Beschleunigung 0–100 km/h in 10,4 sek.

Preis:	Dezember 1982	Februar 1983	
Limousine 2-türig	24.550,–	25.400,–	DM

Bauzeit:
(Debüt: 15. November 1982)
2-tür. Limousine: ab Dezember 1982
4-türig. Limousine: ab Herbst 1983
Cabriolet ab Januar 1983

Merkmale:
Äußerlich wie 318 i, jedoch andere Typenbezeichnung. Mehrausstattung gegenüber 318 i: Innen im Dachhimmel eingelegte Sonnenblenden, luxuriöser Stoffbezug, Veloursteppiche, Check-Control, Drehzahlmesser mit Verbrauchsmeß-Anzeiger, Digitaluhr, Doppelfanfare, Kofferraum-Leuchte.

BMW 323 i

Karosserie:
Limousine, 2 Türen, 4 Sitze
Limousine, 4 Türen, 4 Sitze (ab Herbst 1983)
Cabriolet, 2 Türen, 2+2 Sitze (Karosserie Baur, Stuttgart)

Motor:
Wassergekühlter Sechszylinder-Viertakt-Reihenmotor, um 30° nach rechts geneigt, Bohrung/Hub: 80/76,8 mm, 2316 ccm, Verdichtung 9,8 : 1, 139 DIN-PS (102 kW) bei 5300 U/min, maximales Drehmoment 205 Nm bei 4000 U/min, schräghängende Ventile, obenliegende Nockenwelle durch Kunststoff-Zahnriemen angetrieben, siebenfach gelagerte Kurbelwelle, Leichtmetall-Zylinderkopf, drehzahlabhängiger Viskoselüfter, Transistor-Zündung in Hybrid-Technik, Warm- und Kaltlauf-Startautomatik, elektronische L-Jetronik Benzineinspritzung mit Schubabschaltung
Batterie: 12 Volt/44 Ah, Drehstrom-Lichtmaschine 910 Watt
Füllmengen: Tankinhalt 55 Liter, Motoröl 4,3 Liter, Kühlsystem 10,5 Liter, Getriebe 2,0 Liter, Hinterachse 1,5 Liter

Kraftübertragung:
a) Fünfgang-Getriebe (5. Gang als Spargang) mit Kurzweg-Synchronisierung (auch R-Gang), Einscheiben-Trockenkupplung mit Übertotpunktfeder, Mittelschaltung
b) gegen Aufpreis: Fünfgang-Getriebe mit Kurzwegsynchronisierung (auch R-Gang), Einscheiben-Trockenkupplung, Pedal mit Übertotpunktfeder zur Reduzierung der Pedalkraft, Mittelschaltung
c) gegen Aufpreis: automatisches ZF-Getriebe (hydraulischer Wandler mit Dreigang-Planetengetriebe), Wählhebel in der Mitte
Frontmotor, geteilte Kardanwelle, Hinterachsantrieb

Übersetzungen:

	a)	b)	c)
1. Gang	3,83 : 1	3,71 : 1	2,478 : 1
2. Gang	2,19 : 1	2,40 : 1	1,478 : 1
3. Gang	1,40 : 1	1,76 : 1	1,000 : 1
4. Gang	1,00 : 1	1,26 : 1	–
5. Gang	0,81 : 1	1,00 : 1	–
R-Gang	3,46 : 1	4,23 : 1	2,090 : 1
Achsübersetzung:	3,25 : 1		

Fahrwerk:
Selbsttragende Stahlblechkarosserie, vorn Eingelenk-Federbeinachse mit getrennt angelenktem hintenliegenden Stabilisator, sichelförmige Querlenker, Querkraft- und Bremsnickausgleich; hinten Schräglenker mit Pfeilungswinkel 15°, Stoßdämpfer und Tonnenfeder getrennt angeordnet, Anfahr-Nickausgleich, nach hinten gekröpfter Stabilisator
Bremsen: Servo-Zweikreis-Bremssystem, vorn und hinten Scheibenbremsen (Bremsscheiben vorn: innenbelüftet), Faustsattel-Scheibenbremsen hinten mit integrierter Trommelhandbremse, Bremsbelagverschleißfühler hinten rechts
Lenkung: Zahnstangenlenkung, Sicherheitslenksäule, Lenkungsdämpfer,
Übersetzung 21,4 : 1
Reifen: 195/60 VR 14 – Felgen: 5 $^1/_2$J × 14 Stahl

Maße, Gewichte:
Länge 4325 mm, Breite 1645 mm, Höhe 1380 mm, Radstand 2570 mm, Spurweite vorn 1407, hinten 1415 mm, Wendekreisdurchmesser 10,5 m, Leergewicht 1080 kg, zulässiges Gesamtgewicht 1540 kg

Verbrauch:

(Liter auf 100 km, Superbenzin)	5-Gang(Spar)	5-Gang(Sport)	Automatik
Tempo 90	6,3	7,2	7,6
Tempo 120	8,2	9,2	9,7
Stadt	12,1	13,3	11,8

Fahrleistungen:
Höchstgeschwindigkeit 202 km/h, Beschleunigung 0–100 km/h in 9,2 sek.

Preis:

	Dezember 1982	Februar 1983	
Limousine 2-türig	27.400,–	28.350,–	DM

Bauzeit:
(Debüt: 15. November 1982)
2-tür. Limousine: ab Dezember 1982
4-türig. Limousine: ab Herbst 1983
Cabriolet: ab Januar 1983

Merkmale:
Wie 320 i, jedoch: Gummi-Heckspoiler, andere Typenbezeichnung, Nebelscheinwerfer in der Frontschürze eingebaut, Doppelrohr-Auspuff mit Doppelendrohr. Mehrausstattung gegenüber 320 i: Verstärktes Hinterachsgehäuse, Bremsbelagverschleißfühler hinten rechts.

BMW 728 i

Karosserie:
Limousine, 4 Türen, 5 Sitze

Motor:
Wassergekühlter Sechszylinder-Viertakt-Reihenmotor, um 30° nach rechts geneigt, Bohrung/Hub: 86/80 mm, 2788 ccm, Verdichtung 9,3 : 1, 184 DIN-PS (135 kW) bei 5800 U/min, maximales Drehmoment 240 Nm bei 4200 U/min, Leichtmetall-Zylinderkopf, V-förmig hängende Ventile, obenliegende Nockenwelle durch Kette angetrieben, siebenfach gelagerte Kurbelwelle, Transistorzündung in Hybrid-Technik, elektronische Benzineinspritzung L-Jetronic, Viscoselüfter
Batterie: 12 Volt/65 Ah, Drehstrom-Lichtmaschine 910 Watt
Füllmengen: Tankinhalt 100 Liter, Motoröl 5,75 Liter, Kühlsystem 12 Liter, Getriebe 2,0 Liter

Kraftübertragung:
a) sperrsynchronisiertes Fünfgang-Getriebe (5. Gang als Spargang ausgelegt), Einscheiben-Trockenkupplung, Mittelschaltung
b) gegen Aufpreis: automatisches ZF-Getriebe (hydraulischer Wandler mit Viergang-Planetengetriebe, Wählhebel in der Mitte)
Frontmotor, geteilte Kardanwelle, Hinterachsantrieb

Übersetzungen:

	a)	b)
1. Gang	3,822 : 1	2,478 : 1
2. Gang	2,202 : 1	1,478 : 1
3. Gang	1,398 : 1	1,000 : 1
4. Gang	1,000 : 1	0,810 : 1
5. Gang	0,813 : 1	–
R-Gang	3,705 : 1	2,090 : 1
Achsübersetzung:	3,640 : 1	2,930 : 1

Fahrwerk:
Selbsttragende Stahlblechkarosserie mit integriertem Überrollbügel und Knautschzonen vorn und hinten, vorn Doppelgelenk-Federbein-Achse (mit kleinem positiven Lenkrollradius und Nachlaufversatz), Brems- und Nickausgleich, Stabilisator; hinten schrägstehende Längslenker, Federbeine und Bremsnickausgleich, vorn und hinten Schraubenfedern, Teleskopstoßdämpfer und Gummi-Zusatzfedern
Bremsen: Zweikreis-Bremssystem mit Servo und Druckspeicher, vorn und hinten Scheibenbremsen (vorn belüftete Bremsscheiben), gemeinsame Hydraulikpumpe für Bremse und Lenkung, Bremskraftregler

Lenkung: Kugelmutterlenkung mit Motordrehzahl-abhängiger Verstärkung (Hydrolenkung), längsverstellbare Sicherheitslenksäule, Übersetzung 15,7 : 1
Reifen: 195/70 HR 14 – Felgen: 6 J × 14 H 2-B (Leichtmetall)

Maße, Gewichte:
Länge 4860 mm, Breite 1800 mm, Höhe 1430 mm, Radstand 2795 mm, Spurweite vorn 1502, hinten 1524 mm, Wendekreisdurchmesser 11,6 m, Leergewicht 1470 kg, zulässiges Gesamtgewicht 1980 kg

Verbrauch:
(Liter/100 km, Superbenzin) 90 km/h = 7,9 l / 120 km/h = 10,2 l, Stadt = 15,1 l (5-Gang)

Fahrleistungen:
Höchstgeschwindigkeit 201 km/h, Beschleunigung 0–100 km/h in 9,5 Sek.

Preis	September 1982	Februar 1983	
Limousine	39.350,–	40.200,–	DM

Bauzeit:
ab September 1982

Merkmale:
Äußerlich zu erkennen an neuer Front mit gequetschter BMW-Niere. Größerer Tank, stärkere Lichtmaschine, neue Getriebe

BMW 732 i

Karosserie:
Limousine, 4 Türen, 5 Sitze

Motor:
Wassergekühlter Sechszylinder-Viertakt-Reihenmotor, um 30° nach rechts geneigt, Bohrung/Hub: 89/86 mm, 3210 ccm, Verdichtung 10,0 : 1, 197 DIN-PS (145 kW) bei 5500 U/min, maximales Drehmoment 285 Nm bei 4300 U/min, Leichtmetall-Zylinderkopf, V-förmig hängende Ventile, obenliegende Nockenwelle durch Kette angetrieben, siebenfach gelagerte Kurbelwelle, Transistorzündung in Hybrid-Technik, Motronic II, Viscose-Lüfter
Batterie: 12 Volt/65 Ah, Drehstrom-Lichtmaschine 910 Watt
Füllmengen: Tankinhalt 100 Liter, Motoröl 5,75 Liter, Kühlsystem 12 Liter, Getriebe 2,0 Liter

Kraftübertragung:
a) sperrsynchronisiertes Fünfgang-Getriebe (5. Gang als Spargang ausgelegt), Einscheiben-Trockenkupplung, Mittelschaltung
b) gegen Aufpreis: automatisches ZF-Getriebe (hydraulischer Wandler mit Viergang-Planetengetriebe, Wählhebel in der Mitte
c) dasselbe Automat-Getriebe mit Umschalter auf Economy-Arbeitsweise – an Motronic angeschlossen,
Frontmotor, geteilte Kardanwelle, Hinterachsantrieb

Übersetzungen:	a)	b)	c)
1. Gang	3,822 : 1	2,478 : 1	2,478 : 1
2. Gang	2,202 : 1	1,478 : 1	1,478 : 1
3. Gang	1,398 : 1	1,000 : 1	1,000 : 1
4. Gang	1,000 : 1	0,810 : 1	0,810 : 1
5. Gang	0,813 : 1	–	–
R-Gang	3,705 : 1	2,090 : 1	2,090 : 1
Achsübersetzung:	3,250 : 1	2,930 : 1	2,930 : 1

Fahrwerk:
Selbsttragende Stahlblechkarosserie mit integriertem Überrollbügel und Knautschzonen vorn und hinten, vorn Doppelgelenk-Federbein-Achse (mit kleinem positiven Lenkrollradius und Nachlaufversatz), Brems- und Nickausgleich, Stabilisator; hinten schrägstehende Längslenker, Federbeine und Bremsnickausgleich, vorn und hinten Schraubenfedern, Teleskopstoßdämpfer und Gummi-Zusatzfedern
Bremsen: Zweikreis-Bremssystem mit Servo und Druckspeicher, vorn und hinten Scheibenbremsen (vorn belüftete Bremsscheiben), gemeinsame Hydraulikpumpe für Bremse und Lenkung, Bremskraftregler
Lenkung: Kugelmutterlenkung mit Motordrehzahl-abhängiger Verstärkung (Hydrolenkung), längsverstellbare Sicherheitslenksäule, Übersetzung 15,7 : 1
Reifen: 205/70 VR 14 – Felgen: 6 ½ J × 14

Maße, Gewichte:
Länge 4860 mm, Breite 1800 mm, Höhe 1430 mm, Radstand 2795 mm, Spurweite vorn 1502, hinten 1524 mm, Wendekreisdurchmesser 11,6 m, Leergewicht 1500 kg, zulässiges Gesamtgewicht 2010 kg

Verbrauch:
(Liter/100 km, Superbenzin) 90 km/h = 8,4 l / 120 km/h = 10,2 l, Stadt = 16,8 l (5-Gang)

Fahrleistungen:
Höchstgeschwindigkeit 202 km/h, Beschleunigung 0–100 km/h in 8,8 Sek.

Preis:	September 1982	Februar 1983	
Limousine	44.150,–	45.150,–	DM

Bauzeit:
September 1982

Merkmale:
Äußerlich zu erkennen an neuer Front mit gequetschter BMW-Niere. Größerer Tank, digitale Motor-Elektronic der 2. Generation, neues Automatik-Getriebe mit Electronic

BMW 735 i

Karosserie:
Limousine, 4 Türen, 5 Sitze

Motor:
Wassergekühlter Sechszylinder-Viertakt-Reihenmotor, um 30° nach rechts geneigt, Bohrung/Hub: 92/86 mm, 3430 ccm, Verdichtung 10,0 : 1, 218 DIN-PS (160 kW) bei 5200 U/min, maximales Drehmoment 310 Nm bei 4000 U/min, Leichtmetall-Zylinderkopf, V-förmig hängende Ventile, obenliegende Nockenwelle durch Kette angetrieben, siebenfach gelagerte Kurbelwelle, Transistorzündung in Hybrid-Technik, Motronic II, Viscoselüfter
Batterie: 12 Volt/65 Ah, Drehstrom-Lichtmaschine 910 Watt
Füllmengen: Tankinhalt 100 Liter, Motoröl 5,75 Liter, Kühlsystem 12 Liter, Getriebe 2,0 Liter

Kraftübertragung:
a) sperrsynchronisiertes Fünfgang-Getriebe (5. Gang als Spargang ausgelegt), Einscheiben-Trockenkupplung, Mittelschaltung
b) gegen Aufpreis: automatisches ZF-Getriebe (hydraulischer Wandler mit Viergang-Planetengetriebe und Umschalter auf Economy-Arbeitsweise), Wählhebel in der Mitte
c) dasselbe Automat-Getriebe mit Umschalter auf Economy-Arbeitsweise, an Motronic angeschlossen,
Frontmotor, geteilte Kardanwelle, Hinterachsantrieb

Übersetzungen:	a)	b)	c)
1. Gang	3,822 : 1	2,478 : 1	2,478 : 1
2. Gang	2,202 : 1	1,478 : 1	1,478 : 1
3. Gang	1,398 : 1	1,000 : 1	1,000 : 1
4. Gang	1,000 : 1	0,810 : 1	0,810 : 1
5. Gang	0,813 : 1	–	–
R-Gang	3,705 : 1	2,090 : 1	2,090 : 1
Achsübersetzung:	3,250 : 1	3,460 : 1	3,460 : 1

Fahrwerk:
Selbsttragende Stahlblechkarosserie mit integriertem Überrollbügel und Knautschzonen vorn und hinten, vorn Doppelgelenk-Federbein-Achse (mit kleinem positiven Lenkrollradius und Nachlaufversatz), Brems- und Nickausgleich, Stabilisator; hinten schrägstehende Längslenker, Federbeine und Bremsnickausgleich, vorn und hinten Schraubenfedern, Teleskopstoßdämpfer und Gummi-Zusatzfedern
Bremsen: Zweikreis-Bremssystem mit Servo und Druckspeicher, vorn und hinten Scheibenbremsen (vorn belüftete Bremsscheiben), gemeinsame Hydraulikpumpe für Bremse und Lenkung, Bremskraftregler
Lenkung: Kugelmutterlenkung mit Motordrehzahl-abhängiger Verstärkung (Hydrolenkung), längsverstellbare Sicherheitslenksäule, Übersetzung 15,7 : 1
Reifen: 205/70 VR 14 – Felgen: 6 ½ J × 14 H 2-B (Leichtmetall)

Maße, Gewichte:
Länge 4860 mm, Breite 1800 mm, Höhe 1430 mm, Radstand 2795 mm, Spurweite vorn 1502, hinten 1524 mm, Wendekreisdurchmesser 11,6 m, Leergewicht 1500 kg, zulässiges Gesamtgewicht 2010 kg

Verbrauch:
(Liter/100 km, Superbenzin) 90 km/h = 8,1 l / 120 km/h = 10,0 l, Stadt = 16,8 l (5-Gang)

Fahrleistungen:
Höchstgeschwindigkeit 211 km/h, Beschleunigung 0–100 km/h in 7,9 Sek.

Preis:
	September 1982	Februar 1983	
Limousine	50.250,–	51.350,–	DM

Bauzeit:
ab September 1982

Merkmale:
Äußerlich zu erkennen an neuer Front mit gequetschter BMW-Niere. Größerer Tank, digitale Motor-Electronic der II. Generation, neues Automatik-Getriebe mit Electronic

BMW 745 i

Karosserie:
Limousine, 4 Türen, 5 Sitze

Motor:
Wassergekühlter Sechszylinder-Viertakt-Reihenmotor, um 30° nach rechts geneigt, Bohrung/Hub: 92/86 mm, 3430 ccm, Verdichtung 8,0 : 1, 262 DIN-PS (185 kW) bei 5200 U/min, maximales Drehmoment 380 Nm bei 2200 U/min, Leichtmetall-Zylinderkopf, V-förmig hängende Ventile, obenliegende Nockenwelle durch Kette angetrieben, siebenfach gelagerte Kurbelwelle, Transistorzündung mit Hybrid-Technik, Motronic II, Turbolader, Viscose-Lüfter
Füllmengen: Tankinhalt 100 Liter, Motoröl 5,75 Liter, Kühlsystem 12 Liter, Getriebe 2,0 Liter

Kraftübertragung:
a) automatisches ZF-Getriebe (hydraulischer Wandler mit Viergang-Planetengetriebe und Umschalter auf Economy-Arbeitsweise), Wählhebel in der Mitte
Frontmotor, geteilte Kardanwelle, Hinterachsantrieb

Übersetzungen:

	a)
1. Gang	2,478 : 1
2. Gang	1,478 : 1
3. Gang	1,000 : 1
4. Gang	0,810 : 1
R-Gang	2,090 : 1
Achsübersetzung:	2,930 : 1

Fahrwerk:
Selbsttragende Stahlblechkarosserie mit integriertem Überrollbügel und Knautschzonen vorn und hinten, vorn Doppelgelenk-Federbein-Achse (mit kleinem positiven Lenkrollradius und Nachlaufversatz), Brems- und Nickausgleich, Stabilisator; hinten schrägstehende Längslenker, Federbeine und Bremsnickausgleich, vorn und hinten Schraubenfedern, Teleskopstoßdämpfer und Gummi-Zusatzfedern
Bremsen: Zweikreis-Bremssystem mit Servo und Druckspeicher, vorn und hinten Scheibenbremsen (vorn belüftete Bremsscheiben), gemeinsame Hydraulikpumpe für Bremse und Lenkung, Bremskraftregler
Lenkung: Kugelmutterlenkung mit Motordrehzahl-abhängiger Verstärkung (Hydrolenkung), längsverstellbare Sicherheitslenksäule, Übersetzung 15,7 : 1
Reifen: 205/70 VR 14 – Felgen: 6 ½ J × 14 H 2-B (Leichtmetall)

Maße, Gewichte:
Länge 4860 mm, Breite 1800 mm, Höhe 1430 mm, Radstand 2795 mm, Spurweite vorn 1502, hinten 1524 mm, Wendekreisdurchmesser 11,6 m, Leergewicht 1590 kg, zulässiges Gesamtgewicht 2100 kg

Verbrauch:
(Liter/100 km, Superbenzin) 90 km/h = 8,6 l / 120 km/h = 10,4 l, Stadt = 16,5 l

Fahrleistungen:
Höchstgeschwindigkeit 228 km/h, Beschleunigung 0–100 km/h in 7,9 Sek.

Preis:

	September 1982	Februar 1983	
Limousine	61.250,–	62.650,–	DM

Bauzeit:
ab September 1982

Merkmale:
Äußerlich zu erkennen an neuer Front mit rundlicher BMW-Niere. Größerer Tank, digitale Motor-Electronic der 2. Generation, neues Automatik-Getriebe mit Electronic.

Betriebswirtschaftliche Daten der BMW AG

Umsätze von 1926 – 1982

1926	9,00	**Vorkriegszeit**
1927	17,00	in Millionen RM
1928	27,20	
1929	40,00	
1930	36,50	
1931	27,50	
1932	19,70	
1933	32,80	
1934	81,16	
1935	127,87	
1936	81,16	
1937	143,63	
1938	179,62	
1939	275,77	
1940	287,79	
1941	385,08	
1942	560,80	
1943	410,00	
1944	302,00	

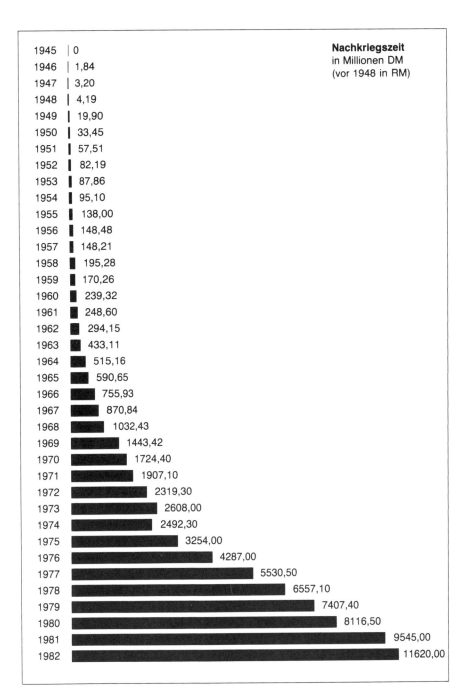

Nachkriegszeit
in Millionen DM
(vor 1948 in RM)

Jahr	Wert
1945	0
1946	1,84
1947	3,20
1948	4,19
1949	19,90
1950	33,45
1951	57,51
1952	82,19
1953	87,86
1954	95,10
1955	138,00
1956	148,48
1957	148,21
1958	195,28
1959	170,26
1960	239,32
1961	248,60
1962	294,15
1963	433,11
1964	515,16
1965	590,65
1966	755,93
1967	870,84
1968	1032,43
1969	1443,42
1970	1724,40
1971	1907,10
1972	2319,30
1973	2608,00
1974	2492,30
1975	3254,00
1976	4287,00
1977	5530,50
1978	6557,10
1979	7407,40
1980	8116,50
1981	9545,00
1982	11620,00

Motorradproduktion von 1926 – 1982

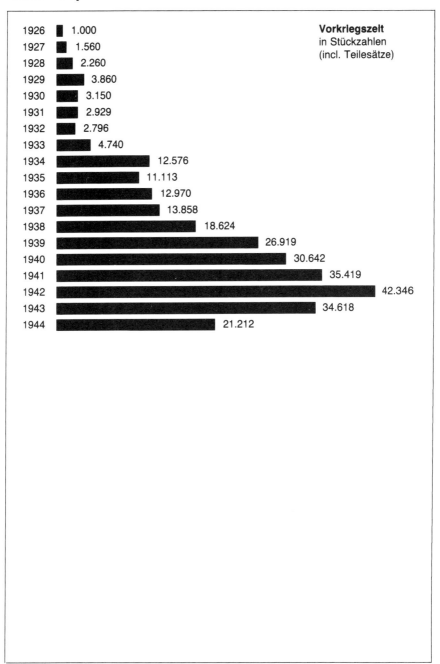

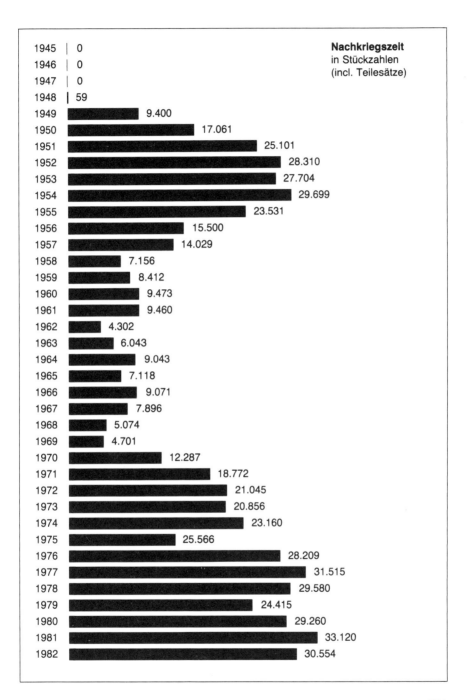

Nachkriegszeit in Stückzahlen (incl. Teilesätze)

Jahr	Stückzahl
1945	0
1946	0
1947	0
1948	59
1949	9.400
1950	17.061
1951	25.101
1952	28.310
1953	27.704
1954	29.699
1955	23.531
1956	15.500
1957	14.029
1958	7.156
1959	8.412
1960	9.473
1961	9.460
1962	4.302
1963	6.043
1964	9.043
1965	7.118
1966	9.071
1967	7.896
1968	5.074
1969	4.701
1970	12.287
1971	18.772
1972	21.045
1973	20.856
1974	23.160
1975	25.566
1976	28.209
1977	31.515
1978	29.580
1979	24.415
1980	29.260
1981	33.120
1982	30.554

Autoproduktion von 1928 – 1982

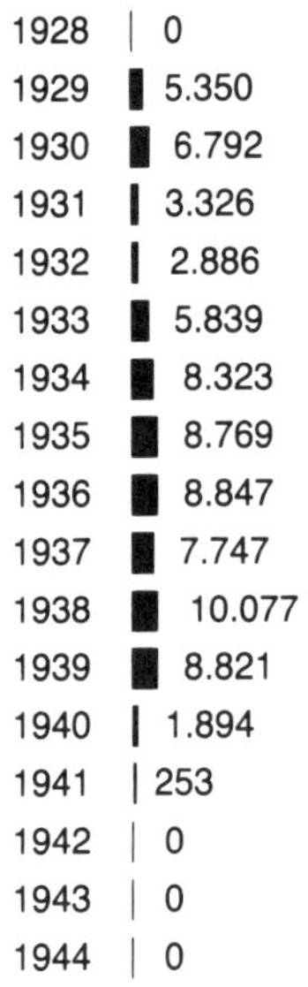

Jahr	Stückzahl
1928	0
1929	5.350
1930	6.792
1931	3.326
1932	2.886
1933	5.839
1934	8.323
1935	8.769
1936	8.847
1937	7.747
1938	10.077
1939	8.821
1940	1.894
1941	253
1942	0
1943	0
1944	0

Vorkriegszeit
in Stückzahlen
(incl. Teilesätze)

(Zivil- und Militärfahrzeuge)

Nachkriegszeit in Stückzahlen (incl. Teilesätze)

Jahr	Stückzahl
1945	0
1946	0
1947	0
1948	0
1949	0
1950	0
1951	0
1952	49
1953	1.645
1954	3.471
1955	17.478
1956	35.436
1957	40.371
1958	51.081
1959	36.609
1960	53.888
1961	52.943
1962	53.527
1963	57.880
1964	61.766
1965	67.709
1966	74.076
1967	87.618
1968	116.547
1969	147.841
1970	161.165
1971	164.701
1972	182.858
1973	197.446
1974	188.965
1975	221.298
1976	275.022
1977	290.236
1978	320.853
1979	336.981
1980	341.031
1981	351.545
1982	378.769

Belegschaft von 1926 – 1982

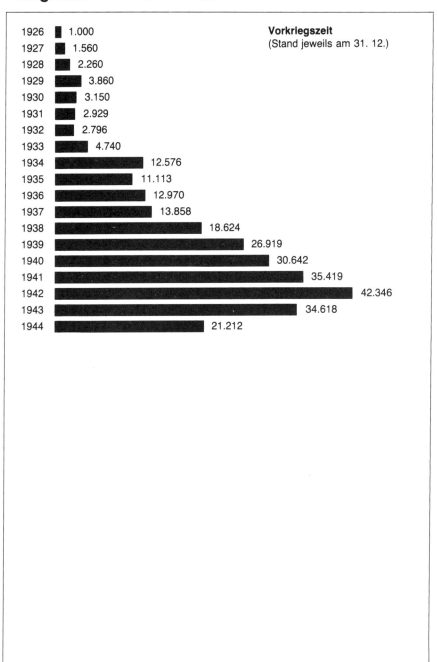

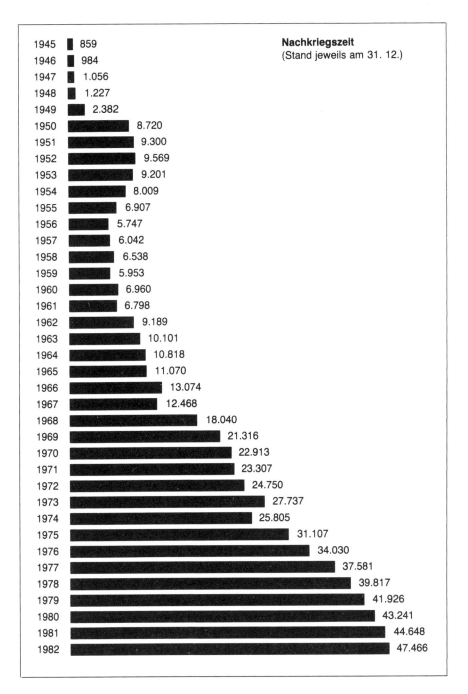

Jahresüberschüsse von 1945 – 1982

Nachkriegszeit
ohne Verlust-
bzw. Gewinnvorträge
in Millionen DM
(vor 1948 in RM)

Jahr	Betrag
1945	0
1946	1,000
1947	1,000
1948	1,900
1948	1,900
1950	0,100
1951	0,728
1952	0,100
1953	0,066
1954	1,155
1955	0,105
1956	6,390
1957	6,476
1958	12,000
1959	9,199
1960	0
1961	0
1962	2,500
1963	3,824
1964	6,461
1965	9,199
1966	10,700
1967	12,240
1968	17,062
1969	22,856
1970	34,225
1971	32,225
1972	92,946
1973	93,183
1974	42,000
1975	73,496
1976	127,811
1977	127,656
1978	150,600
1979	175,000
1980	100,000
1981	100,000
1982	Ergebnis lag bei Redaktionsschluß noch nicht vor

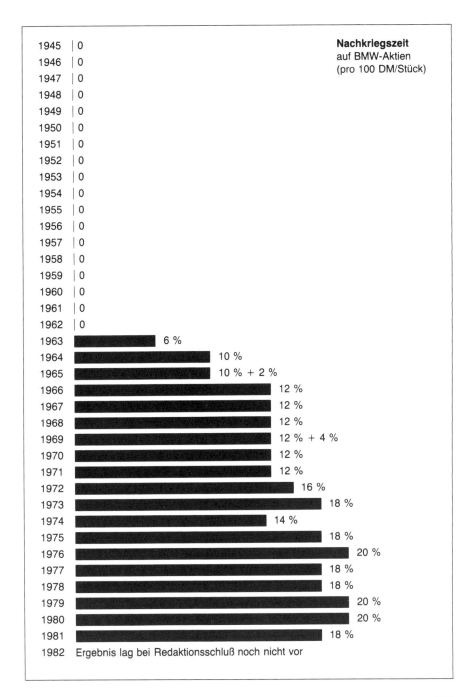

Stammkapital

Nachkriegszeit
in Millionen DM
(vor 1948 in RM)

Jahr	Wert
1945	100,00
1946	100,00
1947	100,00
1948	100,00
1949	100,00
1950	30,00
1951	30,00
1952	30,00
1953	30,00
1954	30,00
1955	30,00
1956	30,00
1957	30,00
1958	30,00
1959	30,00
1960	22,50
1961	60,29
1962	60,55
1963	60,66
1964	62,62
1965	75,00
1966	100,00
1967	100,00
1968	100,00
1969	100,00
1970	200,00
1971	250,00
1972	250,00
1973	275,00
1974	300,00
1975	300,00
1976	330,00
1977	396,00
1978	500,00
1979	500,00
1980	500,00
1981	500,00
1982	600,00

**Produktionszahlen (nach Typen)
im Automobilbereich**

Produktion von 1929 – 1943

	1929	1930	1931	1932	1933	1934
Dixi		5.350				
Dixi			6.792	3.326	480	
AM 4 (3/20)				2.406	4.453	356
303					1.386	914
309						3.658
315						3.390
315/1						
319 und 319/1						4
320						
321						
325						
326						
326						
327						
327						
327/28						
328						
329						
332						
335						
337						

1935	1936	1937	1938	1939	1940	1941	1942	1943
1.880	462							
3.705	2.390	280						
54	10	11						
3.139	3.265	238						
	7	1.518	2.660					
			55	3.073	489	79		
		18	1.612	1.214	381			
	2.098							
		4.939	4.705	3.313	763	118		
		14	746					
				368	140	36		
			132	427	10			
	2	171	164	125				
	621	558						
					1			
	1		3	301	85	20		
					25	6		

Produktion von 1952 – 1966

	1952	1953	1954	1955	1956	1957
501 (65 PS)	49	1.645	14			
501 (72 PS)			1.818	433		
501 B			1.349	22		
501/3				1.928	1.752	704
502 V 8 (2,6 l)			286	175		
502 ab 1958: 2600 + 2600 L				1.697	1.244	541
502 V 8 (3200 L)			4	308	569	265
502 Super (3200 S)					2	36
505				2		
503/1					156	58
503/2						6
507/1				2	13	28
507/2						63
3200 CS						
Isetta 250				12.911	16.191	17.023
Isetta 300					15.509	21.315
Isetta 300 (3-Rad)						
600						332
700 Coupé (30 PS)						
700 Coupé (32 PS)						
700 Sport-Coupé						
LS Coupé						
700 Limousine						
700 Luxus-Limousine						
LS Limousine						
LS Standard-Limousine						
700 Cabriolet						

1958	1959	1960	1961	1962	1963	1964	1965	1966
165	68	15	13					
730	885	187	406	294	234	17		
463	425	268	456	236	4			
207	331	191	640	454	312	12		
208	50							
98	48							
			3	25	142	253	115	
10.211	13.475	9.728	5.144	2.027				
11.812	9.820	6.778	6.728	1.451				
	1.555	41	9					
27.187	7.294							
	2.635	12.550	4.895	2.041	191			
					1.214	437		
		943	4.895	3.115	1.794	392		
						222	1.534	
	27	23.187	18.197	207				
			11.610	2.479				
				38.776	22.657	22.018	7.536	
					2.043			
			18	685	1.302	592		

Produktion von 1962 – 1976

	1962	1963	1964	1965	1966	1967
1500	1.773	19.634	2.436			
1600			2.131	6.395	1.202	
1800		5.430	28.686	39.652	14.486	9.576
1800 TI			2.923	4.570	8.694	3.475
1800 TI/SA				200		
2000						23.509
2000 TI						1.992
2000 TI-lux						6.195
2000 tii						
2000 C/CA					5	1.100
2000 CS					52	4.125
Glas 3000V-8						7
1600-2/1602						36.575
1600 TI						5.901
1600 GT						58
1600 Cabrio						
1802						
2002						12
2002 ti						
2002 tii						
1600/1602 Touring						
1800/1802 Touring						
2000/2000 tii/2002/2002 tii Touring						
2002 Cabrio						
1502						
2002 Turbo						

1968	1969	1970	1971	1972	1973	1974	1975	1976
8.381	12.023	14.837	7.653	386	444	384		
21.492	19.195	14.570	10.603	666	1.048	372		
571								
3.777	2.971	1.141						
	25	490	1.405	1				
359	136							
1.282	800	65						
64								
31.089	28.266	33 952	26.176	39.825	21.803	38.000	9.139	
4.935								
1.197								
518	653	746	21					
			14.675	25.421	21.022	19.353	2.881	
29.095	37.150	48.234	50.857	46.647	43.805	48.705	24.333	10.081
961	4.901	7.500	1.382					
			10.694	9.917	10.337	6.425	1.330	
			1.998	2.341	40			
			269	1.633	1.856	317		
			7.794	6.667	6.077	1.314		
			435	415	843	309	270	
						18	41.337	17.010
					7	1.477	188	

Produktion von 1968 – 1982

	1968	1969	1970	1971	1972	1973
2500		2.560	20.004	17.217	10.241	12.366	13.366
2800		2	13.211	14.017	7.645	5.023	2.371
2,8 L						
3,0 S				11.064	14.348	13.817
3,0 L						
3,0 Si				1.944	5.745	6.356
3,3 L						3
3,3 Li						
2800 CS		138	3.400	5.243	619	
3,0 CS				2.855	3.778	2.781
3,0 CSi/CSL				1.061	3.002	3.245
2,5 CS						
630 CSI						
628 CSI						
633 CSI						
635 CSI						
728						
728 i						
730						
733 i						
732 i						
735 i						
745 i						
M 1						

1974	1975	1976	1977	1978	1979	1980	1981	1982
4.726	5.065	3.091	495					
948	14							
	2.441	2.988	384					
6.958	2.656	2.120	182					
	2.702	1.582	84					
2.363	2.209	1.202	96					
1.131	488							
	397	196	56					
1.574	678							
747	585							
373	471							
			2.518	924	249			
					286	1.018	785	
			3.263	3.387	2.439	2.043	1.781	7.601
				1.286	3.755	3.567	3.086	
			7.660	14.290	3.482			
					11.953	14.230	9.997	11.456
			4.965	8.274	3.905			
			7.331	11.525	8.485	97	439	
					2.353	9.952	8.136	9.627
					3.696	6.984	5.777	6.893
						2.175	2.481	1.514
					4	112	191	

Produktion von 1972 – 1982

	1972	1973	1974	1975
520	10.701	35.571	19.328	19.234
520 i		2.203	9.169	2.456	3.196
520**				
520/6				
518 (Superbenzin)			9.848	23.784
518 (Normalbenzin)				
518**				
525 (145 PS)		3.668	19.760	16.567
525 (150 PS)				
528 (165 PS)				9.885
528 (170 PS)				
528 i				
530 i			2.000	5.202
535 i*				
528 e*				
316				10.629
316/1,8				
318				10.446
318 i				
320				22.274
320 i				
320/6				
323 i				
315				

* nur für Export
** mit hervorgehobener Niere

1976	1977	1978	1979	1980	1981	1982
24.452	17.229					
2.587	17.229	1.168	605			
	5.973	36.116	40.860	37.746	31.264	60.585
14.814						
3.670	19.098	17.025	16.540	15.491	16.648	26.675
5.684						
12.262	18.792	15.125	18.477	11.602	12.446	17.542
10.485						
12.125						
	13.481	13.628	22.387	17.825	16.798	24.654
7.353	7.648	5.667	5.284	16.798		
				919	491	2.586
					4.228	11.946
42.166	52.833	53.802	46.418	55.900	45.435	
				8.296	8.296	30.530
14.618	20.369	20.897	16.961			
				53.755	71.739	68.696
34.037	75.113	28.414	28.002			
40.000						
	18.389	61.798	66.305	60.247	45.338	28.506
	37	18.467	31.123	36.424	33.205	22.763
					33.115	47.100

**Aufsichtsrats- und Vorstandsmitglieder
1918 bis 1982**

Vorstandsmitglieder 1930 − 1945

	1930	1931	1932	1933	1934	1935
Franz-Josef Popp (ab 1918)	V	V	V	V	V	V
Max Friz (ab 1925)	M	M	M	M	M	M
Richard Voigt (ab 1925)	M					
Fritz Klopfer	M	M	M			
Arnold Neubroch	M	M				
Franz Klebe		M	M	M	M	M
Fritz Hille						M
Dr. Max Wrba						
Heinrich Schuld						
Fritz Fiedler						
Bruno Bruckmann						
Wilhelm Schaaf						
Kurt Donath						

V = Vorstandsvorsitzender; STV = Stellvertretender Vorstandsvorsitzender

1936	1937	1938	1939	1940	1941	1942	1943	1944	1945
V	V	V	V	V	V	29.5.			
M	30.9.								
M	M	M	STV	STV	STV	1.7.	V	V	
		21.9.	st	st	st	st	st	st	
			M						
				st	st	st	st	st	
					st	st	st	st	
							4.3.	STV	V
									M

M = Vorstandsmitglied; st = Stellvertretendes Vorstandsmitglied

Vorstandsmitglieder 1946 – 1966

	1946 – 1951	1952	1953	1954	1955	1956
Kurt Donath (ab 1945)	M	M	M	M	M	M
Hanns Grewening	M	M	M	M	M	30. 4.
Fritz Fiedler	st	st	st	st	st	24.10.
Heinrich Krafft v. Dellmensingen	st	st	st	st	st	M
Dr. Heinz Seyfried				1.10.	st	st
Willy Black					1.1.	st
Ernst Hof						1.11.
Dr. Heinrich Richter-Brohm						
Ernst Kämpfer						
Robert Pertuss						
Wilhelm Gieschen						
Paul G. Hahnemann						
Dr. Karl Heinz Sonne						
Karl Monz						
Friedrich W. Pollmann						
Bernhard Osswald						
Gerhard Wilcke						

V = Vorstandsvorsitzender; M = Vorstandsmitglied

1957	1958	1959	1960	1961	1962	1963	1964	1965	1966
28.2.									
M	M	M	15.8.						
st	12.2.								
st	30.4.								
M	M								
1.3.	V	V	21.2.						
	13.2.	M	M	M	M	30.4.			
			1.11.	1.9.					
				1.9.	M	M	M	M	M
				1.9.	st	1.4.	M	M	M
					15.2	V	V	31.3.	
						4.10.	M	M	M
						4.10.	M	M	M
						st	st	st	M
						M	M	1.4.	V

STV = Stellvertretender Vorstandsvorsitzender; st = Stellvertretendes Vorstandsmitglied

Vorstandsmitglieder 1967 – 1982

	1967	1968	1969	1970	1971	1972
Wilhelm Gieschen	M	M	M	M	31. 8	
Paul G. Hahnemann	M	M	M	STV	28.10.	
Dr. Karl Heinz Sonne						
Karl Monz	M	M	M	M	M	M
Friedrich W. Pollmann	M	M	30.9.			
Bernhard Osswald	M	M	M	M	M	M
Gerhard Wilcke	V	V	31.12.			
E. Heinrich Kirchheim			st	30.6.		
Eberhard von Kuenheim				V	V	V
Hans Koch						1.10.
Robert A. Lutz						M
Horst W. Urban						M
Dr Karl-Heinz Radermacher						
Hans-Erdmann Schönbeck						
Dr. Eberhard C. Sarfert						
Dr. Helmut Schäfer						
Dr. Erich Haiber						
Dr. Gunter Kramer						
Volker Doppelfeld						

V = Vorstandsvorsitzender; M = Vorstandsmitglied; G = Generalbevollmächtigter

1973	1974	1975	1976	1977	1978	1979	1980	1981	1982
M	M	30.9.							
M	M	31.12.							
V	V	V	V	V	V	V	V	V	V
M	M	M	M	M	M	M	M	M	M
M	31.7.								
G									
1.10.	st	st	1.1.	M	M	M	M	M	M
	1.9.	M	M	M	M	M	M	M	M
	G	G	M	1.10.	STV	STV	STV	STV	STV
		8.10.	12.9.	M	M	M	M	M	M
	1.1.	M	M	M	M	M	M	1.4.	
						G	G	G	G	G
									1.4.	M

STV = Stellvertretender Vorstandsvorsitzender; st = Stellvertretendes Vorstandsmitglied;

Aufsichtsratsmitglieder 1923 – 1936

	1923	1924	1925	1926
Camillo Castiglioni	A	A	A	A
Albert Pinner	A	A	A	A
Max v. Wassermann	A	A	A	A
Frh. Theod. v. Cramer-Klett	A	A	A	A
Friedr. Ritter v. Raffler	A	A	A	A
Hermann Bachrach	A	A		
Josef Böhm	A	A	A	
Raimund Hergt	A	A	A	A
Fritz Wehner	A	A	A	A
Berthold Schweiger	A	A	A	A
Michael Gabriel	A	A		
Pacifico Ferro	A	A		
Josef Förg (a)	A	A	A	A
Heinrich Wölfl (a)			A	A
Dr. Emil Georg v. Stauss				V
Dr. Eduard Nelken				A
Dr. Rudolf Weydenhammer				A
Carl Hagen				
Carl Schippert				
Arno Christ (a)				
Fritz Ifland (a)				
Louis Hagen				
Ludwig Weil				

V = Vorsitzender des Aufsichtsrats; STV = Stellvertreter des Aufsichtsratsvorsitzenden

1927	1928	1929	1930	1931	1932	1933	1934	1935	1936
A	A								
A	A	A	A	A					
A	A	A	A	A	A	A			
A	A	A	A						
A	A	A	A						
A	A	A	A						
A	A	A	A	A					
A	A								
A	A	A							
V	V	V	V	V	V	V	V	V	V
A									
A	A	A	A						
A	A	A	A	A	A	A	A		
A	A	A	A						
		A	A						
			A	A					
			A	A					
				A	A				

T = Treuhänder; A = Aufsichtsratsmitglied; (a) = Arbeitnehmervertreter

Aufsichtsratsmitglieder 1931 – 1945

	1931	1932	1933	1934	1935
Dr. Emil Georg v. Stauss	V	V	V	V	V
Max H. Schmid	A	A	A	A	A
Hans Noris	A	A	A	A	A
Robert Vigier (a)	A				
Wilhelm Kissel		A	A	A	A
Wilhelm Kleemann		A			
Otto Hoffmann (a)		A			
Oskar Lang (a)		A			
Alfred Blinzig			A	A	
Gustav Wilhelm v. Mallinckrodt			A	A	A
Hermann Esser				A	
Dr. Victor v. Rintelen				A	A
Dr. Hans Schippel				A	A
Hans Rummel				STV	STV
Dr. Walter Borbet				A	A
Georg O. Rienecker					A
Dr. Walter Rohland					
Arthur Tix					
Franz-Josef Popp					

V = Vorsitzender des Aufsichtsrats; STV = Stellvertreter des Aufsichtsratsvorsitzenden

1936	1937	1938	1939	1940	1941	1942	1943	1944	1945
V	V	V	V	V	V	V	V	V	V
A	A	A	A	A	A	A	A	A	A
A	A	A	A	A	A	A	A	A	A
A	A	A	A	A	A	A	A	A	A
A	A	A	A	A	A	A	A	A	A
A	A	A	A	A	A	A	A	A	A
A	A	A	A	A	A	A	A	A	A
STV	STV	STV	STV	STV	STV	STV	STV	STV	STV
A	A	A	A	A	A	A	A	A	A
A	A	A	A	A	A	A	A	A	A
						A	A	A	A
						A	A	A	A
						A	A		

T = Treuhänder; A = Aufsichtsratsmitglied; (a) = Arbeitnehmer-Vertreter

Aufsichtsratsmitglieder 1946 – 1961

	1946 – 1947	1948	1949	1950	1951
Dr. Hans Karl v. Mangoldt-Reiboldt		T	T	V	V	V
Felix Bassermann					STV
Hermann Enzensberger					A
Dr. Emil Flatz					A
Dr. Max Grasmann					A
Dr. Karl Max v. Hellingrath					A
Gustav Wilhelm v. Malinckrodt					A
Max H. Schmidt					A
Max Schobert					
Hans Höhn (a)					
Kurt Volkmann (a)					
Ernst Matthiensen					A
Willy Friz (a)					A
Alois Gründl (a)					A
Robert Michalke					
Ludwig Roth (a)					
Dr. Dr. Alfred Jamin					
Dr. Robert Frowein					
Dr. Dr. Wolfgang Ritscher (a)					
Dr. Hans Feith					
Kurt Golda (a)					
Justus Schmidt (a)					
Dr. Ulrich Biel					
Hermann Krages					

V = Vorsitzender des Aufsichtsrats; STV = Stellvertreter des Aufsichtsratsvorsitzenden

1952	1953	1954	1955	1956	1957	1958	1959	1960	1961
V	V	V	V	V	V	V	17.5.		
STV	STV	STV	STV	STV					
A	A	A	A	A	A	A	STV	STV	
A	A	A	A	A	A	A	23.5.		
A	A	A	A	A	A	A	STV	30.11.	
A	A	30.10.							
A	A	A	A	A	30.12.				
A	12.12.								
26.4.	12.12.								
A	A	A	A	A	A	A	A	30.11.	
A	A	31.3.							
A	A	A	A	A	A	A	17.5.		
A	A	A	A	A	15.10.				
A	A	A	23. 9.						
		2.12.	A	A	15.10.				
		29.10.	15.11.						
		30.11.	A	A	30.12.				
			A	STV	STV	22.12.			
			15.11.	A	A	A	A	A	20.10.
						V	V		
					15.12.	A	A	A	A
					15.10.	A	A	A	A
					30.12.	A	A	A	20.10.
					30.12.	A	16.12.		

T = Treuhänder; A = Aufsichtsratsmitglied; (a) = Arbeitnehmer-Vertreter

Aufsichtsratsmitglieder 1960 – 1970

	1960	1961	1962	1963
Kurt Golda (a)	A	A	A	A
Justus Schmidt (a)	A	A	A	A
Prof. Dr. Dr. Alfons Wagner			V	V
Dr. Friedrich Mathern	30.11.	A	A	A
Dr. Johannes Semler			V	19.10.
Valentin Heins			1.2.	20.10.
Dr. Peter Lach			1.2.	20.10.
Gerhard Wilcke		1.2.	STV	STV	STV
Dr. Fritz Aurel Goergen		A		
Dr. Jacques Koerfer			20.10.	A	A
Dr. Hermann Karoli				31.8.	V
Dr. Hans Peter				
Dr. Rudolf Draeger				

V = Vorsitzender des Aufsichtsrats; STV = Stellvertreter des Aufsichtsratsvorsitzenden

1964	1965	1966	1967	1968	1969	1970
A	A	A	A	A	A	A
A	A	A	A	A	A	A
A	A	31.12.				
STV	28.2.					
A	STV	STV	STV	STV	4.7.	
V	V	V	V	V	V	V
		15.3.	A	A	A	A
		15.3.	A	A	STV	STV

T = Treuhänder; A = Aufsichtsratsmitglied; (a) = Arbeitnehmer-Vertreter

Aufsichtsratsmitglieder 1969 – 1982

	1969	1970	1971	1972
Kurt Golda (a)	A	A	A	A
Dr. Hermann Karoli	V	V	V	7.7.
Dr. Hans Peter	A	A	A	A
Dr. Rudolf Draeger	STV	STV	STV	V
Joachim-Hans von Hinckeldey	4.7.	A	A	STV
Eberhard Klausnitzer (a)		12.10.	A	A
Gerhard Wilcke				7.7.
Dr. Herbert Quandt				
Hans Graf v. d. Goltz				
Gerhard Vieweg				
Dr. Peter Lach				
Hans Jürgen Koppenberg				
Karl Theodor Jacob				
Dr. Werner Uhde				
Johann Vilsmeier (a)				
Dr. Guido G. Sandler				
Dr. Kurt Wessing				
Eberhard v. Heusinger				

V = Vorsitzender des Aufsichtsrats; STV = Stellvertreter des Aufsichtsratsvorsitzenden

1973	1974	1975	1976	1977	1978	1979	1980	1981	1982
A	A	A	A	A	A	A	A	A	A
A	A	14.1.							
V	V	A	A	A	A	A	A	A	A
STV	4.7.								
A	A	A	A	A	A	A	A	A	A
A									
B - V	V	V	V	V	V	V	STV	STV	STV
B	STV	STV	STV	STV	STV	STV	V	V	V
B									
B									
	4.7.	A	A	A	27.6.	A	A	A	A
			A	A					
			7.5.	A	27.6.				
		A	A	A	A	A	A	A	A
					27.6.	A	A	A	A
					27.6.	A	A	A	A
					27.6.	A	A	A	A

B = Beirat; A = Aufsichtsratsmitlied; (a) = Arbeitnehmer-Vertreter

Beteiligungen

ab 1945	BMW-Verwaltungsgesellschaft GmbH, München-Allach (beschlagnahmt von 1945 bis 1955) 1955 Umbenennung: BMW-Triebwerkbau GmbH, München-Allach (Beteiligung 100 %) Okt. 1955: Teileverkauf an MAN Juli 1960: Teileverkauf an MAN Juni 1965: Verkauf der Restanteile an MAN
ab 1945	BMW-Maschinenfabrik Spandau GmbH, Berlin-Spandau (von 1945–1965: Beteiligung 100 % über die BMW-Triebwerkbau, München-Allach) ab Juni 1965: Direktbeteiligung
ab 1965	BMW Italia S. p. A., Verona/Italien (Beteiligung 30 %) 1966: Verkauf
ab 1966	BMW (Australia) Pty, Ltd. (Beteiligung 10 %) Prahan, Vic., Australien Vertrieb von BMW Erzeugnissen (Gesellschaftskapital 50 000 A$)
ab 1966	Hans Glas GmbH, Dingolfing (Beteiligung) ab Januar 1968 als BMW-Werk Dingolfing eingegliedert
ab 1968	Schorsch Meier GmbH, München, Vertriebsgesellschaft (Beteiligung 100 %) (Stammkapital 300.000 DM)
ab 1968	BMW-Vertriebs-GmbH, München, Motorradvertriebsgesellschaft (Beteiligung 50 %) daraus 1976 hervorgegangen: BMW Motorrad GmbH, München, Herstellung und Vertrieb von BMW Motorrädern Stammkapital 12,0 Mio. DM (Beteiligung 100 %)
ab 1969	BMW-Autovermietung GmbH, München (Beteiligung 50 %) März 1973: Verkauf
ab 1971	Auto-Kühn GmbH, Berlin, Autohandelsgesellschaft (Beteiligung 100 %)
ab 1971	BMW-Kredit GmbH, Frankfurt, Finanzierungsgesellschaft (Beteiligung 50 %) (Stammkapital 9 Millionen DM)
ab 1972	Bavaria-Wirtschaftsagentur GmbH, München, Versicherungsvermittlung (Beteiligung 100 %) (Stammkapital 200 000 DM)

ab 1972	BMW (South Africa) (Pty.) Ltd., Pretoria, Südafrika
Gesellschaftskapital 200 000 R
(Beteiligung 51 %, ab 1974: 100 %)
Gesellschaftskapital ab März 1975: 5 Mio. R
Gesellschaftskapital ab 1976: 8,9 Mio. R
(Kapitalbeteiligung ab 1976:
48,9 % BMW (South Africa) (Investments) (Pty.) Ltd., Pretoria +
51.1 % BMW Holding AG, Basel)
ab 1972	BMW Motorsport GmbH, München
Beteiligung am Motorsport
Stammkapital 200 000 DM
(Beteiligung 100 %)
ab 1972	BMW France, Bagneux, Frankreich
Vertrieb von BMW Erzeugnissen
Gesellschaftskapital 10,0 Mio. FF
(Beteiligung 100 %)
ab 1973	BMW-Apparatebau GmbH, München
Stammkapital 20 000 DM
(Beteiligung 100 %)
ab 1973	Auto Motor Leasing GmbH, München
Leasing von Automobilen u. Motorrädern
Stammkapital 500 000 DM
(Beteiligung 50 %)
ab 1973	BMW Maschinenfabrik Spandau GmbH, Berlin
Anlagenbetriebsgesellschaft für Werk und Niederlassung Berlin
Stammkapital 6,0 Mio DM
(Beteiligung 100 %)
ab 1973	BMW Belgium S.A.N.V., Kontich, Belgien
Vertrieb von BMW Erzeugnissen
Gesellschaftskapital 25,0 Mio. bfrs.
(Beteiligung 100 %)
ab 1973	Bavaria Società Importazioni e Vendite S.p.A., Mailand, Italien
Vertrieb von BMW Erzeugnissen
Gesellschaftskapital 1,0 Mrd. Lit.
(ab 1975: 5,0 Mrd. Lit)
(Beteiligung 50 %, Stimmrecht 100 %)
ab 1973	BMW of North America, inc., Montvale, N.J., USA
Vertrieb von BMW Erzeugnissen
Gesellschaftskapital 10,0 Mio. US $
(Beteiligung 100 %)
(ab März 1975 Geschäftsbeginn)

ab 1973 Bavaria Autohaus GmbH, Frankfurt
Vertrieb von BMW Erzeugnissen
Stammkapital 400 000 DM
(Beteiligung 100 %)

ab 1975 BMW Holding AG, Basel, Schweiz
Gesellschaftskapital 10,0 Mio sfrs.
(Beteiligung 100 %)
Geschäftszweck: Koordinierung internationaler Aktivitäten der BMW-AG.

ab 1976 BMW Overseas Enterprises N.V. Willemstad, Curacao N.A.
Finanzierungsgesellschaft
Stammkapital 2,0 Mio. DM
(Beteiligung 100 %)

ab 1976 BMW Motag S.A., Dielsdorf, Schweiz
Vertrieb von BMW Erzeugnissen
Gesellschaftskapital 500 000 sfrs.
(Beteiligung: BMW Holding, Basel, 100 %)

ab 1976 Obermeyer Project-Management GmbH, München
Planungsgesellschaft
Stammkapital 400 000 DM
(Beteiligung 50 %)

ab 1976 BMW Austria Pty., Springvale Vic. Australien
Stammkapital 0,05 Mio. A $
(Beteiligung 10 %, ab 1978: 100 %)

ab 1977 BMW Austria Ges.mbH., Salzburg, Österreich
Stammkapital 15 Mio öS
(Beteiligung 100 %)

ab 1978 BMW (GB) Ltd., London, Großbritannien
Stammkapital 2,0 Mio £
(Beteiligung 100 %)

ab 1978 BMW Distributors Eastern Canada Ltd.,
Scarborgough, Ontario
Stammkapital 0,02 Mio. can$
(Beteiligung 20 %)

ab 1979 BMW-Steyr-Motoren Ges.m.b.H.,
Steyr, Österreich
Stammkapital 50 Mio. öS.
Entwicklung, Produktion und Vertrieb von Dieselmotoren
(Beteiligung 50 %)
(ab 1982: 100 %)

Mein Dank gilt all denen, die mit ihrem Wissen, persönlichen Unterlagen und großen Opfern an Zeit dabei geholfen haben, dieses Buch zu schreiben. Sie haben es ermöglicht, eine automobil-historische Epoche vor dem Vergessen zu bewahren. Stellvertretend für viele andere seien hier diejenigen genannt, denen mein besonderer Dank gilt:

      Herrn Heinz u. Karl Baur
      Herrn Helmut Werner Bönsch
      Herrn Kurt Donath †
      Herrn Alexander v. Falkenhausen
      Herrn Hans Fleischmann
      Herrn Kurt Golda
      Herrn Dr. h. c. Hermann Holbein
      Herrn Bern Klein
      Herrn Giovanni Michelotti †
      Herrn Bernhard Osswald
      Herrn Rudolf Schleicher
      Herrn Helmut Schwandtner
      Herrn Albert Siedler

                                                            Hanns-Peter Rosellen

Foto-Quellen:

Textteil: BMW (114), Wendler (24), Style-Auto (18), Baur (13), Rosellen (11), Donat (6), von Falkenhausen (6), Frazer-Nash (5), Siedler (5), Lehmann (4), Frua (4), Auto Motor Sport (4), Schleicher (3), Bristol (3), Hoffmann (2), Hahne (2), Ball (2), Giugiaro (1), Beutler (1), Euler (1), Tropic (1), BUNTE (1).
Datenteil: BMW (198)

BMW-Stammbaum I

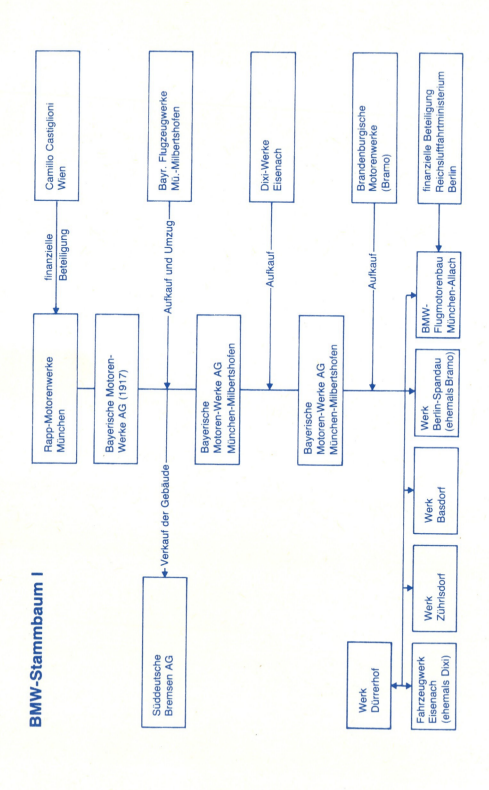